ちくま学芸文庫

民俗地名語彙事典

松永美吉

日本地名研究所 編

筑摩書房

目次

民俗地名語彙事典

ちくま学芸文庫版序

金田久璋

時には、ふとこんなことを考えてみたりする。サン゠テクジュペリの『星の王子さま』の冒頭で、著者と思しき飛行機乗りの「ぼく」が、サハラ砂漠で不時着して、人の住んでいるところから、一〇〇〇マイルもはなれた砂地で立ち往生する場面。実際の著者の体験が反映しているとも言われているが、ご存じの通り、そこで目を覚ましたところ星の王子さまと遭遇することになる。これまで「親身になって話をするあいて」がいないぼくのまえに、はじめてこころを通わせる不思議な幼い友人が現れるのだ。

このような場合、不時着した位置は計器である程度わかるのだろうが、モーリタニア、モロッコ、アルジェリアにまたがる、南北一七〇〇キロメートル、一〇〇〇万平方キロメートルもの、アラビア語でサハーラ、何もない荒野を意味する途方もない荒涼とした砂漠にあっては、たとえ何らかの地名や記号があってもごく大雑把なものに違いない（少なくとも当時は）。茫漠とした砂礫の荒野に投げ出されるのであるから、際限のない存在の不安と恐怖に見舞われる。ホガール山地やアイル山地、ティベス山地のエミクーシ山やオアシスなどには名があり、砂漠地帯の隊商なら星の位置で現在地がおおよそわかるのかもしれない。

とはいえ、翻って考えれば、日本のようないたるところに公称、通称、あるいは私称のあらゆる地名までもが私たちを取り巻いているのは、ひとえに人間と生活に深くかかわる風土と大地、さらに言えば生息する根拠地としての地形があり、往古からの文化が根付き、息づいてきたからである。すなわち、地名は人間の実存とアイデンティティーを保証する歴史的な文化装置にほかならない。自分の立ち位置を確認できるのは唯一地名である。単なる無機質な記号などではないのだ。ところが案外と日本人は大切な地名をおろそかにしがちなところがある。地名は人とともに生きていることを忘れてはならない。

さて、このたびちくま学芸文庫の一冊として発刊される、松永美吉のまさしく畢生の大作『民俗地名語彙事典』については、すでに高い評価が定まっており、吉田東伍の『大日本地名辞書』とともに類まれな名著であることには変わりない。残念ながら文庫版にあたってある程度は削除せざるを得ず、その代わり日本地名研究所のスタッフの献身的な尽力によって、巻末に丁寧な索引をつけて簡便に利用しやすくしたことで、座右の書として日々繙いていただきたいものである。自分が住まいする場所や生活の根拠地、あるいは出自の地があらためて身近な意味のあるトポスとして蘇ってくるに相違ない。日本人の名字が約九割方地名に根拠を持つとされることからも、家系の探索にも応用が期待できる。

「これまでの五十音引きに配列された地名事典は、結論だけを強調して筆者の独断を押しつけるものが多い。利用者には一見便利なようであるが、むしろ有害な影響を及ぼしていることがすくなくない」と、初代所長の谷川健一が「序」でのべているように、日本における地名研究には恣意的な地名の語源説が多くみられる。いわゆる民俗語源説の横行である。「地名の研究は、柳田国男によって先鞭がつけられたが、その後民俗学界では地名研究はほとんど発展しなかった」と谷川は続けている。「私共は充分に信頼するに足る五十音引きの地名辞典をもっていない。本書は、六十年の歳月をかけて博捜された地名語彙の一大集成であり、その刊行の意義は大なるものがある」と全幅の信頼と期待を本書に寄せている。

また、本書の特色は「地名と民俗との関係をこまかく叙した」ことにあるとものべている。かねがね、当今の民俗学の研究は科学的思考が要求されることから、抽象的で論理的な傾向が強く、得てして豊かな民俗的感性が欠如していると指摘されていたが、長年谷川が熱望してきた感性あふれる民俗誌的な記述が、本書の地名の解説に芳醇に応用されていることにも注目したい。凡庸な類書との違いがこの点においてことさら際立っているのである。

著者松永美吉は九州運輸局下関支局に勤務しながら、若くして柳田国男や地理学者の山口貞夫の影響を強く受け、とりわけ山口の遺志を受け継ぎ「地形名彙」に深く関心を寄せてきた。また、仕事柄気象の研究にもことさら深く関わり、人間界を取り巻く自然環境を表す民俗語彙も多数採録している。「地名は切子細工のように多面体」(谷川)である限り、もとより学際的な研究が求められる。本書を手掛かりに一層の研究の進展を期待したい。

(かねだ・ひさあき　日本地名研究所所長)

凡例

Ⅰ、本書は、『日本民俗文化資料集成』（三一書房）第一三、一四巻として、民俗と地名に関わる語彙を集大成した松永美吉著の『民俗地名語彙事典』上、下を底本としている。

Ⅱ、ちくま学芸文庫に収めるにあたり、日本地名研究所編のもとに削除、追記、加筆した原則は以下の通りである。

○語彙事典の性格から、文庫版一冊に収まるように、底本の大幅削減を行った。削除にあたっては次のようなことに留意した。

・松永美吉が蒐集した膨大な資料と、それらをまとめる松永の熱意をできる限り尊重する。

・地質、天候、海洋関係の方言などで地名に直接結びつかない項目、他の項目と重複する説明などを中心に削除する。

○底本になかった索引を設ける。但し、事典の項目と同じ読みのものは拾わずに、違う読みの地名語彙のみとする。（例えば、イの項で「イイ」の「飯田」は拾わず、「イナゴ」にある「ヨナゴ」を拾う。）

○合併等で変更した新地名を、松永自身も（　）内に表示したことに倣って、現在の地名を（　）内表記として追加した。また、消滅した郷内などの複数の自治体については最小限にしぼり「など」とした。

○歴史的社会的慣習から、漢字表記が統一していない文字がある。（例：曽於市と曾利など）

○新地名追記以外に、現在の地名研究で注目されている数カ所に加筆をしたが、特に松永の文意を損なうものでないので区別はしていない。

○底本において、各語の末尾に以下の引用書目が明記されており、松永の努力を生かす上からも極力残すこととした。

〔『綜合』〕『綜合日本民俗語彙』（民俗学研究所）

〔『全辞』〕『全国方言辞典』（東條操編）

〔『全辞補遺』〕『全国方言辞典補遺』（東條操編）

〔『国誌』〕大日本国誌
〔『日本の地名』〕『日本の地名』（鏡味完二）。松尾俊郎『日本の地名　歴史のなかの風土』は、〔松尾『日本の地名』〕とした。
〔『集解』〕『日本民家語彙集解』（日本建築学会民家語彙録部会編纂）
〔『旅伝』〕『旅と伝説』
〔『民伝』〕『民間伝承』
○その他、『分類農村語彙』→『農村語彙』、『分類祭祀習俗語彙』→『祭祀習俗語彙』など、書目名を一部略した。
なお、巻末に、一括して、本事典の主要引用文献目録を付載したが、これらは底本刊行時点までの参考文献である。

ア

アイ ① 越後、会津地方で表層雪崩をいう。アワという地方もある〔『新編会津風土記』、『綜合』〕。軽い新雪の表層がすべり落ちること。また寒あけの雪の表面が固くなった上に新雪が三〇センチ以上も積れば人の声、ウサギが走っただけでも雪崩が発生する。福島県耶麻郡山都町（喜多方市）〔『山都町史』民俗編〕。

② アイノモノ、アエノモノともいう。古い文書には会物と書いた例が多く、相物、間物、四十物、五十物なども書いているが、意味は採取期と採取期との中間の食物で、鮮魚のない間をつなぐ食物の意と思われる。主として干して貯えてある魚類、海産物、鰹節、干海老の類をいう。アイモノの中ではなかったとみえて、シオアイモノ（塩合物）という用語例もある。四十物や五十物と書いてアイモノと訓ませるようになると、この品目の中に塩物も入ったかも知れぬ。島根県隠岐のアイモノブネ（合物船）のことは『太平記』の御船出の条で有名である〔『分類食物習俗語彙』〕。鎌倉七座の一つに相物座があった。相物屋は塩魚その他の水産加工品を売る問屋の古称であった。アイモノは主に塩魚、乾物をいったのであるが、交通不便な昔は鮮魚よりも塩魚、乾魚の取引の方が広い地域で一般的に行われていたであろう。今日アイモノ（アエモノ）という名称が、対馬などでは魚類全体をいうことから考えて、アイモノは魚類の意に用いられたことと思われる。したがって、アイのつく海村は漁業と関係ある地名と解することができる。

なおアイはアエ（饗）で、飲食のもてなし、饗応、馳走のことで、相ノ島は饗ノ島、相ノ浜は饗ノ浜で、付近の特定の神社に魚介類をお供えする役割の漁場のことであるという説がある。

饗場（アエバ）という地名は、関東や中部地方などの内陸や海岸にもあって、祭りの日に神を迎えて饗応するアエノコトという行事をする場所と見なし、相（合、間）場もこれと同じと解釈するものもある。

しかし、相浦（相ノ浦）、相浜、相島、相瀬、相賀、相崎などアイを冠する漁村のアイ（相、合、会、間、藍）は漁業、漁場を指すものとみていいのではないか。

またアイ、アイノカゼ（アユ、アユノカゼ）と呼ぶ風位名がある。夏の季節風で主として日本海沿岸で、古くから大体北寄りの風で、太平洋沿岸の一部にも使用されている。しかし各地に散在する海岸地名や、島の名をすべてこの風に結びつけるのは無理であろう〔松尾『日本の地名』〕。

近傍の漁場を志摩でアイといった〔『国誌』、『分類方言辞典』〕。

③淡路島三原地方で、川や池沼などの底に沈澱している泥土〔『農村語彙』、『全辞』、『綜合』〕。

④湧水（阿由知、吾湯市、愛智、鮎田）〔『日本の地名』〕。

⑤旧河床の低地（相ノ田、飽田）〔『日本の地名』〕。アイノタ参照。

⑥村境のアイ（相）の神（相ノ島＝長崎県。郡境で二分、相原）〔『日本の地名』〕。

⑦鮎（鮎川、鮎返ノ滝）〔『日本の地名』〕。

アイカワ　川の出合う所（相川）〔『地名の由来』〕。

アイシオ　紀州潮岬付近で黒潮に反流する沿岸流。つまりホンシオに対するワキシオ（脇潮、ワイシオ）である〔『旅伝』一六の八〕。

アイノタ　相の田。武蔵にはことに多く、旧二万分の一地図にも歴然としている。以前の荒川の跡が水田となり、地形は他所に比して一段と低く、川跡の顕然たるものがある。これが多く字名を付して相の田と呼んだものである〔『農村語彙』〕。

アオ　①湿地、アワの転（青、粟生《アオ》、××阿保《アオ》、明《ア》海《オ》、相合《アオ》谷、安居《アオ》台、泥《オ》障作《オックリ》、青野、青田）〔『日本の地名』〕。

②青緑色（アオバネ越＝青粘土の峠、青木ヶ原、青塚、青葉山）〔『日本の地名』〕。

③吹きだまりや除雪して流した雪で川が埋まって水が溢れること。その箇所が青くなって見えるからアオツクという。富山県礪波地方〔『礪波民俗語彙』〕。『和名抄』に阿遠《ヲヲ》郷があるが、平城宮出土の木簡文書にはここが「遠敷郡青郷」と出ている。

④アオは淡水（真水）のこと。筑後川は有明海の満潮時に海水が上流に向かって遡り、川口から二六キロの久留米市まで水位、流速の影響を受ける。特に河口部から一〇キロまでの間では、上流よりの淡水と有明海よりの茶色に濁った海水とが混合し、比重の大きい海水は淡水の下に入り、二層に分離する。満潮時に押し上げられた淡水は色が青く澄み、この地方ではアオと呼んでいる。水稲の生育に支障のない塩分濃度は一

○○○ppmであるから、熟練した農民は口中にこの川水を含んで経験的に取水時期を判断し、ポンプや樋門からクリークに導入して灌漑用水として使用している。これをアオ取り水という。

⑤ 沖縄には奥武（オー）、奥武島、アフ島やアフシマノ嶽（御嶽《ウタキ》名）、アヲヤマノ嶽（御嶽《ウタキ》名、オー（アオ）島（オール島）ともいう。オールは沖縄方言で青色のこと。チールは黄色、クールは黒色）の地名がある。久米島の奥武島は『おもろさうし』には「あお島」と記されており、そこにあるウタキの名は『琉球国由来記』には「あうのたけ」と記されているものもある。漢文で記された『琉球国旧記』と照合してみると、『由来記』のアフ、アウ、アホは『旧記』にはほとんど青の字が宛てられ、まれに阿島、阿符と記されている。沖縄におけるオーの地名の土地は無人で古代の墓があった所が多い。古代の沖縄の人は、青の世界をあの世と考えていたのではないかと思われる。死者の世界を平和な、物足りた幸福な世界として青で表現したのではないか。『おもろさうし』から古代沖縄の色彩観念をぬき出してみると、赤、白、青、黒の四色である。赤、白、黒の色は概念がはっきりしているが、青は赤と黒との中間色である。したがって青は暗黒でもなければ、赤、白をもって表わす明るい世界でもなく、淡い世界である。『古事記』『万葉集』では、色彩に関する形容詞は赤し、青し、白し、黒しの四語しかないという〔佐竹昭広〕。

沖縄には洞窟墓が多い。外光の入りこんでくる洞窟の中は、いつも淡い明るさがある。そこから青の世界が生まれたのかも知れない。青は死者の色のようである。古墳の集中するところにアオの名のついたところがある。

沖縄の国頭郡大宜味村の喜如嘉《キジョカ》の海神《ウミカミ》祭のときにうたわれる「諸神を送る」に「アウの神送《ウ》くやびら……」という一節がある。アウの神は、海の彼方にあって豊饒をもたらすニライカナイの神であろう。ニライカナイの神を祀ってある島、あるいはニライカナイの神が一時滞在される島にも、青の島という名がつけられたものであろう。古代の墓がなくても、海の神の祀られている所が青であったのだろう〔『神と村』、仲松弥秀『地名の話』〕。

橙からは赤だが、黄色まではアオである（江戸時代に出た萌黄色の草双紙を青本といっている。また『日本言語地図』①によれば青森県、八丈島、沖縄県の一部では黄色をアオといっている。岐阜県吉城郡船津町（飛騨市）や上宝町（高山市）でも黄色をアオといい、オミナエシをアオバナと呼んでいる（『北飛騨の方言』）ところからみると、沖縄だけでなく本土でも黄色がアオであったのである。

アオキヤマ　杉檜などの山。愛知県西加茂郡（豊田市、みよし市）。

アオキ　①　常緑樹、群馬県勢多郡（渋川市、前橋市、桐生市、みどり市）（『分類方言辞典』）、青木ヶ原（『日本の地名』）。
②　大樹《オーキ》の訛（青木、青ノ木《オー》）（『日本の地名』）。
③　アオ（湿地）の転（『日本の地名』）。
④　「オギ」への当て字（青木《オギ》、青鬼《オギ》、青木《オーギ》、青去《オギ》もこれか）。
③と④の例が多い。分布は関東～中部に著しい（『日本の地名』）。

アオタ　オータ。オダに通ずる。故に必ずしも田を意味しない（青田、粟生《アオ》田、青宇《アオウ》田）とも解せられるのである（『地名の由来』）。

アオノ　①　宮崎県の最南端、都井岬の野生馬（岬馬）の牧場の斜面にできている横縞の段のこと。数百年にわたって野生馬が斜面を横に横にと草を食べて行って踏み固めてできたもの。馬は一定時間、一定空間を守るという。「〽岬よいとこ　牧場の馬は　露にまみれて　あおの渡る」（岬音頭の一節）（『毎日新聞』昭和39・1・29、『RKBテレビ』昭和40・11・28、『朝日新聞』昭和53・1・6）。
②　青野。夏から秋にかけて山々の草木が青々と茂っている頃のことを、長野県上伊那郡三峰《みぶ》川渓谷（伊那市）で（『狩りの語部』）。

アオヤギ　①　アオキ（青緑の樹）、アオ（湿地）の転（青柳山、青柳《アオヤ》）。
②　青い柳。この例は多い（青柳）。
この地名は関東が中心で、近畿、岩手中南部に及ぶ（『日本の地名』）。

アオヤマ　①　雪の多い山。岐阜県揖斐郡徳山村（揖斐川町）櫨原《ハゼハラ》（『分類方言辞典』）。
②　青い山（『日本の地名』）。草木が青々と茂っている山（『地名の由来』）。
③　大山の訛（青山、阿生山）関東～北越と尾張以西の西日本に分布（『日本の地名』）。

④　東京の高級住宅地に似せて各地に命名しているが、もとは墓地の名〔『おもしろ地名北九州事典』〕という。

アカ　①　福島県石城郡（いわき市）や茨城、千葉県のやや広い地域で、いわゆる田園のこと。ノアカとも（ノアカ仕事――などという）。

県（アガタ）の略だという説〔『常陸国誌』下〕や、上総山武郡では農民をアカウドといい、山部赤人はこの地から出たという〔『俚言集覧』〕説があるが確かでない〔『磐城北神谷の話』、『農村語彙』〕。

②　伊豆の田方郡（一部、伊豆市など）の漁民の語。大波の次に来る小さい波〔『静岡県方言集』、『漁村語彙』〕。伊豆大島でも、波のある時大波が暫く続くと、今度は静かになる時がある。それをいう。ヨドとも〔『静岡県方言集』〕。

③　赤城はギが接尾語とすれば、アカギは「赤いところ」「赤い山」であろう。赤山、赤岳、赤倉、赤岩、赤石なども同じ。赤城山は土、石が赤いから〔『地名のはなし』〕。

④　船底に溜まる汚水。淦水《かんすい》。

⑤　閼伽の水。梵語で水のこと。「閼伽」というところから仏に手向ける水のこと。

アガイ　地面の高い所、サガイの対。沖縄首里でかみ。〔『沖縄語辞典』〕。

アカキ　飛騨越中境にあって、上ノ岳と黒部五郎岳との間の双峰をもつ最高の突起がアカキ岳である。黒部源流へおちるアカキ沢の頭にあたる。アカキの呼び名は品右衛門その他信州の山人夫の呼称であった。山名のアカキは沢の名前からの転用のようだが、この種の山名は他にも少ないから、上州赤城山などと共に注意に値する。四国にはアカギヲ（赤城尾）という山名がある〔『旅伝』一五の三、『山と人と生活』〕。

群馬県の赤城山は、霊魂の帰る山として信仰を集めており、赤城の山霊はこれら祖先の霊の集合したものではないか。「地蔵岳」「血の池」など今も残る地名は、赤城山が霊場化したり、地獄極楽世界が想定された時代のあったことを思わせる〔『赤城の神』、『朝日新聞』平成2・10・7〕。

アカノッポー　赤土の瘦地。関東でクロッポーに対す〔『地形名彙』〕。

アカノッポは赤土。クロノッポは黒土。赤土の瘦地を茨城県多賀郡（日立市）で〔『分類方言辞典』〕。栃木県佐野市、栃木市、安蘇郡（佐野市）、上都賀郡

（鹿沼市、日光市）・下都賀郡（一部、下野市）、芳賀郡、那須郡（一部、大田原市など）でも〔『栃木県方言辞典』〕。

アカサカ　全国の坂名のうち最も多い名は赤坂という。次いで長坂、小坂、大坂、高坂の類。土の色の赤い坂が赤坂〔『毎日新聞』「余録」昭和59・2・3〕。

アカダ　俗に渋水などという鉄分の多い水田で「シブタ」（渋田）とも。山形県でも〔『開拓と地名』〕。

アカハネ　関東で赤土をいう。三河でも赤く禿げた山、邑楽郡（邑楽町など）でも赤土〔『地形名彙』〕。東京都の赤羽のほかに同じ地名は群馬、栃木、福島、宮城、岩手、新潟、千葉、神奈川、愛知などにあり「赤埴」と書いてアカバネと訓むのが奈良に、アカバニと訓むのが栃木に、アカハニと訓むのが福島にある。赤埴とは「赤い粘土」、埴は埴輪のハニで粘土のこと。赤羽の羽は埴の宛字で赤い粘土のこと。この土のある所は遠くからでもそれとわかり、昔は土器など作るのにこの土の用途は多かったのであろう。

羽根、羽根沢、羽田（ハネタ）、羽川、羽生（ハニュウ、ハネフ）、白羽（静岡）、青羽根（静岡）、黒羽（茨城、栃木）〔『地名語源辞典』、『農村語彙』、『綜合』、『全辞』〕。

アカボッケ　関東地方で崖をバッケというのはホッケ、ホキ、ホケ（歩危）と同じくガケの意。赤土の崖〔『綜合』〕。茨城県北相馬郡小見川の岸、福島県南会津郡檜枝岐川の上流などにある〔『地名語源辞典』〕。

アカミ　アカミナグラの下略らしい。日本海側は新潟県にあり、太平洋沿岸は奥羽地方から静岡、愛知、三重、山口、大分、宮崎などにある。香川県香川郡の直島などでは、これをイロというところもある。昼間イワシなどの大群が浮遊してきで海面が盛り上がり赤味をさす兆候をいう。宮城県亘理郡荒浜村（亘理町）ではシビ（鮪）の魚群のみにこの名がある。群れが大きくなると茄子色に見えるという。宮崎県の都井岬付近ではイワシのアカミ、鰤のアカミなどいろいろの名がある。タコすなわち黒鯛のアカミになって下る頃は椿の花盛りだという〔『綜合』、『全辞』、『新潟県史』民俗編一巻〕。

アカミズ　北から南に流れる親潮に雪融け水が混っているので、赤いのだという。

陸中の海村で黒潮をアサギミズ、これに対して親潮すなわち寒流をアカミズという〔『漁村語彙』〕。

アカメ ①アカ（赤）メ（河畔の狭い土地）。近畿～東海西部に多い（赤目）〔『日本の地名』〕。

② 酸化度の高い銑鉄をつくるのに適した砂鉄を赤目という。タタラ吹きでは砂鉄を使用の便宜上、赤目を「赤目」（角閃花崗岩のもので褐鉄鉱を含むもの）と「紅葉」（角閃花崗岩の特に色彩の赤色のもの）との二つに分けている〔『鉄の生活史』〕。

アガリ ① 排水自在の田を広島県安芸郡熊野町呉地で。アガリジともいう。水につからぬ田で、硬い田だという。稲は倒れず、収穫量も多い〔同地人、森正登談〕。

② 琉球で、太陽の上がる方角。東をアガリ、東大東島はヒガシオオアガリ島。

アガリット 上がり口、登り口、坂道や階段などに登るところを栃木県で。アガリットに対して下り口、下り道をオリット〔『栃木県方言辞典』〕。

アキ アキ（安芸、阿岐）は、海岸立地型が中心であって、海洋関係の地名であろう。山陰地方のヤスキ（安来《ヤスキ》、安木《ヤスキ》）なども海岸にあるからアキの仲間であろう。上代はアギが正しいそうだから、伊勢国阿漕（アコギ）浦とも関係があるのであろうか。アコギ↓アギならば、アコ（網子）で、漁撈民族をそのまま意味することになろう。

秋田、飽田などのアキと、この二音節のアキ、アギとは異質であろう。前者は低湿地をいうアクタ（芥）と関係があるか〔『地名の由来』〕。

アギ ① 陸、おか。沖縄で〔『沖縄語辞典』〕。南島。アゲに同じ〔『全辞』〕。

② ダン（その項参照）に似ているが、上流が岩でなく、砂利でフチをなしている所。新潟県南魚沼郡魚野川流域（南魚沼市）〔『越後南魚沼郡民俗誌』〕。

アキジ 冬の間空地にしておき、春に耕す所。ハルジも同じ。日当たり悪く地力劣る。高知県吾川郡池川町（仁淀川町）椿山〔『焼畑のむら』〕。

アク 灰水をアクというのは一般に使われているが、灰をアクというのは庄内〔『はまおぎ』〕、東北地方、および栃木、群馬、新潟、長野、三重、高知、宮崎、鹿児島の各県で。なお、岩手、宮城、福島の各県ではアグ〔『全辞』、『言葉―風土と思考』、『栃木県方言辞典』〕。

灰水をアクというのは、灰のことをアクといったのがもとで、灰でアクミズを作るので、灰水をも単にアクというようになったのであろう。このことは、灰をアクという地方が言語学的に存在するという事実が教えてくれる〔『言語地理学』〕。

秋田県鹿角郡（鹿角市）で、灰の塊をアクマラといい〔『分類方言辞典』〕、同県大曲市（大仙市）の角間町ではユルリ（イロリ）の灰をホドアグといい〔『民伝』二〇の三〕、山形県庄内では、白くて軽く飛び立ちやすい灰をアクベという〔『分類方言辞典』〕。

また群馬県多野郡で、石灰岩をアクイワといい〔『分類方言辞典』〕、栃木県でも同様、石灰製造業者をアクヤという〔『栃木県方言辞典』〕。同県下都賀郡小野寺村（栃木市）では石灰山をアクヤマ〔『言葉―風土と思考』〕、長野県塩尻市宗賀床尾地区では、石灰岩質の山をアクヤマといい、十数年前までは石灰を掘っていたという〔『毎日新聞』昭和40・5・27〕。

アクイ　徳島市の西の鮎喰《アクイ》川は、昔は鮎が沢山とれた川であるというのが定説だが、ここは地質が中央構造線と御荷鉾《ミカブ》構造線に挟まれた三波《サバ》川帯に属していて、地すべりが頻発する地帯だから、アクイとは岸が崩れるか、湿地が崩壊する意と解釈される。現実に台風期には、この川の両岸の山や岸が崩れる地域で、アは畦（岸）または湿地で、クイは崩れる意であろう。構造線（断層地帯）と地すべり崩壊地名とは相関関係にあるが、地すべりと崩壊とは似て非なるものである。しかし地名の分類では同一視せざるを得ない〔小川豊『地名と風土』二〕。

アグオトシ　顎落し道。雪路の悪いこと。一歩一歩上ったり下ったりして、顎を欠くような路。雪の山村の片足落としの路を形容した語。アグはオトガイ、アゴのこと。下顎の落ちるような悪い雪路のこと。岩手県雫石で〔『山村民俗誌』〕。

アクソ　アクタ、アクツ、アクトに同じ。安房〔『国誌』〕で低湿地。茨城県多賀郡（日立市など）で低地〔『分類方言辞典』〕。岩手県遠野地方にもアクソがある〔『方言研究』六〕。飽之浦、飽見、飽間、阿久根、阿久原などアクのつく地名は大抵、低湿地〔松尾『日本の地名』〕。

アクタ　①安房〔『国誌』〕で低湿地（芥、阿久田、悪田、明田、安久田、垢田、飽田）〔『分類方言辞典』、『日本の地名』〕。

アクタの語は西日本型で、これが東日本に移って関東のアクタ、アクトとなった〔『地名の由来』〕と説いている。

② 塵芥はチリとアクタの意味だが、チリ、ゴミ、アクタの区別はむずかしい。ゴミトリを芥取り、糞尿塵芥を運搬する小舟を芥舟という。アクタはクタと同意で、クタは腐るの語根で、腐れたもの、朽ちたもの、更にはしなびたものや気力のなくなったものを含む、ガラクタ、クタビレル、いっしょクタなどのクタ。梅雨を卯の花クタシというのも卯の花を腐らせる雨のこと、海人が海藻のくずを集めて焚く火をアクタ火、人の欠点を言い罵るのをアクタモクタという。芥藻屑のことで、上のアクタにひかれてモクタとつけたのだが、下を主にしてモクズというと上はアクズとなり、これが転じてアクゾモクゾ、アクゾウモクゾウなどという悪態の言葉も。いずれも同じくつまらぬ物事を譬えていった言葉。アクタのアは接頭語と解するよりほかない〔『ことばの手帖』〕。

アクチ　アクタの転（悪地、大明地、明地《アケチ》、明地峠《アケチダワ》）〔『日本の地名』〕。

アクツ　茨城県稲敷郡（一部、稲敷市など）で低い地、一般に崖の意、故に圷などと宛てる〔『地形名彙』〕。圷は栃木、茨城、群馬などにある地名。

茨城県猿島郡五霞《ゴカ》村（五霞町）付近や埼玉県北葛飾郡（一部、久喜市など）では堤防（土手）の外側、すなわち川に面した畑。栃木県にも塩谷郡に阿久津町（高根沢町）があった。仙台の岩沼地方では、阿武隈川沿岸に広い地域にわたりアクツがあり、良質の土地でこれを所有する大地主をアクツ百姓としているという。『常陸方言』には、上野、下野、常陸にアクツ、アクトの語があったという。

「今年の洪水はでかかったから、またアクトが大変できた」といい、洪水の濁流が川岸に沈澱させた泥が積んでできた所で、かなり広い地域に、多いときは一〇センチ積み上げ、よく肥えた土なので作物がよくできる。

阿久津、肥土《アクト》、明土《アクト》、明津、悪津、悪途、悪土などと宛てるが、「悪」としたのは洪水のことや使用済みの用水を排水することを「悪水」というので、悪水によって生じた「悪土《アクト》」が原意か〔『綜合』、『全辞』、『地名語源辞典』、『方言研究』六号、『地名のはなし』〕。

アクト　アクタの転。川沿いの低地。関東北部（例えば栃木県佐野市、河内郡で川沿いの低地）から奥羽に多い。青森県弘前市に悪戸、新潟県見附市に悪戸川、茨城県古河《コガ》市に悪戸新田、埼玉県熊谷市に川原明戸《カワラアクト》など。

　埼玉県北葛飾郡（一部、久喜市など）で、河川の水源の両側にある畠をいう。またソトノともいう。

　青森県三戸郡五戸町付近では、アクトバタケといって畑地の中で最優良の耕地。この畑は粘土混じりの川砂で非常に豊沃で、場所も家から近く、野からは遠く、豪雨の時にも差しつかえなく、田にしても上田になる土地でありながら、水に近いのに灌漑が不便で田にはならない所である。

　『地名の研究』（柳田国男）によれば、この土地はもと川荒によって生じた新地で、川原の義と説かれ、同じ寄地の石川原などと異なって、こちらは洪水などの際に流出する細土の沈澱したものであろう。

　阿久戸、阿久登、阿久刀、安久戸、開戸、飽戸、堆、明土、飽土、肥土、悪途、悪戸、明戸などと宛てる〔『綜合』、『日本の地名』、『地名語源辞典』、『方言研究』六号、『栃木県方言辞典』〕。

アゲ　富山付近で岡〔『地形名彙』〕。

　琉球、鳥取、山口で、アギといい、海に対して陸のこと。

　天草、鹿児島県出水郡（一部、出水市など）で、浜に対して岡方の村居を一般にそういう。瀬戸内中部の島々では、浜部落（浦）に対して、山手部落をアゲといい、山口県大島郡には安下庄《アゲノショウ》があり、古く藩政資料などには地方《ヂカタ》ともいっている。

　富山県東礪波郡（南砺市、砺波市）では岡のこと。信州上田、和歌山、淡路島、高知県高岡郡などでは土地が高燥で水害の憂いのない、良質の米のとれる田。高知県吾川郡大崎（仁淀川町）では山道の山手側。秋田県南秋田郡（一部、潟上市、男鹿市）では水田用の水溜、溜池を。楊田、阿気、阿下、阿下喜など〔『全辞』、『綜合』、『方言学概論』、『日本の離島』、『分類方言辞典』、『日本の地名』〕。

アゲシ　冬期落し水をして二毛作のできる田。三重県一志郡（津市、松阪市）で。あるいはこれをアガリという所もある（香川県仲多度郡）。京都府竹野郡（京丹後市）では高い土地にある水田、また山口県周防大島では畦畔の土手〔『全辞』、『農村語彙』、『日本の地名』〕。

アゲタ　アゲ、アンダは土地が高く乾いており、したがって水害の憂いなく米の質のよい所をいった。この語の残っているのは和歌山県、淡路島、徳島県、高知県などで地域的に割合広い。広島県安芸郡熊野町などでアガリジというのも同じであろう。アゲタというのは古い用語で愛媛県宇和地方では高みにある田、福岡県の旧企救郡（北九州市）でも排水よき田（『門司市史』には、北九州市門司区楠原の小字に上《ア》ケ田、上田《アゲタ》切通、大里の小字にも上《ア》ケ田あり）、長崎県上五島（新上五島町）では干田、乾燥田。熊本県玉名郡（一部、玉名市など）、壱岐でも、水がなく米麦など二毛作のできる田で、深田に対し浅田のこと。徳島県那賀郡（一部、阿南市）那賀町、海部郡（海陽町、美波町、牟岐町）でアンゲ、香川県仲多度郡で冬期落し水をして二毛作のできる田をアガリという所もある。

ところが江戸時代アガリダ、アガリチといえば意味が異なり、百姓がなんらかの罪科により、没収された土地や田畑をいった。これをアゲタ、アゲチともいい、揚田、上田、挙田《アゲタ》、明田と宛てる。

なお和歌山県日高郡上山路村（田辺市）で神田をアゲタという。オンダともいい、熊野さんのアゲタというように用いる（『分類祭祀習俗語彙』、『農村語彙』、『郷土史辞典』、『綜合』、『日本の地名』、『全辞』、『藩政時代百姓語彙』、『離島生活の研究』）。

アケッパ　新潟県下の農家で、敷地内に設けた塵埃などの掃き溜め、堆肥積み場を兼ねている所。山形県最上郡地方の民家で、塵棄て場をアケッパともアケズバともいうのも同じ（『集解』）。

アゲハタケ　地面が高く水あたりの悪い畑、富山県水島村（小矢部市）で。同県東礪波郡鷹栖村（砺波市）ではオカバタケという（『礪波民俗語彙』）。

アゲヤマ　上山。焼畑に伐るとき誤って樹上より落ちて死を遂げた者あると上げ山と称し、この山の一部分を爾後、焼畑にせぬことを山の神に誓いを立てて、残してある区域。宮崎県東臼杵郡椎葉村（『後狩詞記』、『椎葉の山民』）。

アゲロの山　新潟県の上路、長野県の上籠。山姥は神であるとか、妖怪であるとかいったことは、山姥伝承の過程で様々に変化したものであって、謡曲「山姥」は、越後国上路で、山姥の山廻《ヤマメグリ》することを「曲舞」で謡われていて「京童でも申し慣われている（京童でも知っている）」謡であって、山姥とは、山に住む鬼女であると「曲舞」ではしている。「山姥が山めぐりするぞ苦しき」といい、ツレは遊女で「百ま山姥」といっている（田中斉「山姥研究試論の要旨」『日本民俗学』一八一号）。

アゴ ① 穀物の種を蒔くため作った小溝、畝の間であろう（『農村語彙』、『綜合』、『土佐民俗記』）。

② 顎。石垣の石の前面下部（『日本の石垣』）。

アゴミ 小さい堀、溝。茨城県真壁郡（筑西市、桜川市）。「アゴふむ」は幾歩あるか数えること。茨城。アゴ、アグは踵、歩幅のことでアゴミは跨ぎ所の意。アゴムは跨ぐこと、溝をアゴムなどという。東国（『物類称呼』）、茨城県の南部、千葉県長生郡、伊豆三宅島、愛知県旧碧海郡（岡崎市など）、福井県敦賀（『全辞』）。

アゴミチ 北秋田郡（一部、北秋田市、大館市）でマタギ詞、ぬかる雪道。根子《ネッコ》集落（『マタギ』）。

アサ 『岩波古語辞典』の「浅し」の項に「『深し』の対、アセ（褪）と同根。深さが少ない、薄い、低い意。（浅、薄）とは同根の語の母音交替形」とあるが、地名の方からも同じことがいえる。地名のアサは「浅し」のアサであって、二音節の安佐、厚狭ははたしてアサ（浅）しと同様かどうか十分な検討を要する。

「浅い」の形容詞が地名に用いられる場合、例えば浅沢（岩手県花巻市）という地名は、奥行きが深くない短い沢、水深の浅い小さい沢という意の命名であろう。浅川、浅瀬、浅谷、浅越、浅江など皆同義であろう。

浅山は、朝山などの宛字もあるが、奥深くない近くの低い山と解される。浅田、朝田、麻田となると「浅し」のアサか「麻」のアサかが問題となるが、少なくとも「朝田」については実地検討が必要であろう。要するに、アサは川谷にそった命名ではなかろうか。『広辞苑』に「アサバ（浅場）」を「岸、川の瀬などで浅くなっている場所」としている。埼玉県坂戸市浅《アサ》羽《ヘ》がある（『地名の由来』）。

アザ ① 波の侵蝕によってできた洞穴。三重県北牟婁郡須賀利村（尾鷲市）（『方言』八の一）。

ささなみの波越す安暫《アザ》にふる小雨間も置きて吾が思はなくに（『万葉集』巻一二、三〇四六）。

（ささなみの波越す安暫にふる小雨のように絶え間をおいて私は思っていないことよ）。

上代でも、何かそうした地勢上の特殊な穴や窪みなどを指したものかも知れない（『万葉集注釈』一二巻）というが、今一つはっきりしない。また「田のあぜ、断崖と見る説もある」（『岩波古語辞典』）。

② 埋葬する穴。島根県隠岐郡知夫村（『分類方言辞

典』）。

アサカ　アスカの転。近畿に多い。浅香、浅嘉、安積、朝香、朝坂（『日本の地名』）。

アサガラ　秋の彼岸に入るとヒシオが浅くなり、アサマジメから午前十一時頃までヒシオ七合ミチシオ三合の割合でヒシオが多く行くようになる。そのヒシオをいう。翌春の二月の彼岸近くまで続く。壱岐で。ユウガラ参照（『旅伝』一〇の一二、一一の四）。

アサギ　沖縄でシマ（集落）の草分け家（ニーヤー）の近くに祖霊神への祭場（拝所、アサギ）があり、シマは祖霊神の棲む森（クサテノモリ）によって守護される（『図説・集落』）。

アサギミズ　岩手県沿岸で黒潮をいう。これに対して親潮すなわち寒流をアサミズという（『漁村語彙』、『綜合』）。

アサクサ　フカクサ（深草）の反語で、砂礫地で芝草の少ない地。浅草、浅草山、朝草山（『日本の地名』）。

アサダ　乾田。湿田はフカダ。福岡県朝倉郡杷木町（朝倉市）赤谷（『福岡県史』民俗資料編、『ムラの生活』下）。

アサヒ　①　上越境の清水峠の東側にアサヒと呼ぶ山がある。羽越国境の朝日連峰は有名だが、この朝日岳も朝の旭光をよく受けて輝くからの命名であろう。南アルプスのアサヨ岳（朝与と書くは宛字）も、朝日に関する呼び名であろう。北アルプスの白馬岳の近くの旭岳も、白馬岳から見ればまず第一に旭光を受けて輝く峰である。他にも同名の山は多い。ヒザキ参照（『旅伝』一五の一）。

②　朝日がよく当たる場所というのが一般的だが、四季を通じて朝日が当たらない湿地だったりして、アサヒでなくアサイ（浅い）で、地下水か伏流水が浅いようである（小川豊『歴史地名通信』三号）。

③　高貴なる人は、朝日夕日の照らさぬ地を墓地として葬り、棺には高価な朱を詰め、漆で塗ることから「朝日さし夕日かがやくその下に漆万杯黄金《コガネ》万杯しや」。これに類似の歌が各地にあり、これに付随した伝説が様々にある（『日本民俗学辞典』）。

アサヒナ　①　早朝から日のよく当たる所。

②　「旭野」の説（朝比奈、朝比奈平、朝夷《ヒナ》）（『日本の地名』）。

アサヒユウヒ　朝日長者の伝説。各地に数多く、そこには長者屋敷跡があって、大方は埋蔵金伝説を伴い、これに関連して一首の歌を伝える。「朝日射し夕日輝くそのもとに小判千枚株が千枚」とか「朝日さす夕日かがやく木の下に黄金千杯うるし万杯」。現実にその木がある所が多い。埼玉県秩父郡の東秩父村のように、この類の歌碑のある所さえある。「朝日夕日」の名称もこの歌による。

伝説の中で、長者の栄華とその没落とを物語るものは最もはなやかであり、またそのために最後まで残りうる性質をもつことは、どこの国でも同じである。ことに財宝を埋めてあるという口碑は、現在でも民間でひそかに信じられている実例が珍しくない。

朝日長者と伝える中にも、兵庫県加西郡北条町（加西市）に伝えるものは、権勢を誇る長者が扇をもって夕日を呼び戻すと、太陽は朝日のように輝いたので目がくらんで死んだといい、田植えの日ということを除けば、鳥取の湖山長者と異なるところはない。

長者屋敷といわれる地に朝日壇と呼ばれる土地も多く、この伝説の分布は関東から中部地方にかけては数多く知られ、四国、九州、対馬にもある。東北は岩手、宮城両県にあるが、岩手県平泉町字花立の南西方の金鶏山は藤原秀衡が雌雄の金鶏を埋めた所といい、「朝日さし」の歌をここにも伝えている。

埋められている金の鶏が大晦日かあるいは元日の朝、鳴くというところ〈岐阜県土岐郡笠原町〈多治見市〉〉や、村が窮乏に陥ったときは鶏が鳴いて知らせるから、そこを掘れば救われるところ〈三重県一志郡久居町〈津市〉〉もある。また元日の朝の鶏鳴で年の吉凶を占うというところも各地にある〔「朝日夕日」の項丸山久子『世界大百科事典』一、平凡社〕。

この伝説は、理想の場所を指す文学的表現で、長者とは富める人のことだといい、朝日長者もこれだという。また遊女の長も長者という〔『日本民俗事典』〕。

また中山太郎は「わが国では、古く貴族や豪族の墓地を選定するとき、その条件は朝日、夕日の照る処とし、そこは古墳に外ならぬ」として多くの事例を挙げている〔『日本民俗学辞典』〕。

アサブカ　水中にあって平らな磯、福島県旧石城郡豊間村薄磯（いわき市）〔『民伝』五の二〕。

アサマ　信州佐久地方で浅間山の焼石や軽石を呼ぶ〔『地形名彙』〕。

①『岩波古語辞典』は「奥深くないこと、あらわなこと」としている。上信国界の活火山浅間山と、富士

山（別名浅間山）は共にコニーデ式の秀麗な山。これらの高峰を奥深くない「浅ま」というのは、いかにも見当外れのようだが、これらの孤峰は逆に人里から近くにみえる山、あらわにみえる山ゆえ「浅ま」と呼んだものと考えられる〔『地名の由来』〕。

② 朝、早朝。栃木県〔『栃木県方言辞典』〕。

アサマチ 兵庫県宍粟郡（宍粟市、姫路市）地方の農家で、敷地内で主家の前方に作られた畑〔『集解』〕。

アサヤマ 雑木山、福島県石城郡草野村（いわき市）〔『磐城北神谷の話』〕。

アシ ① 交通の困難な谷（芦谷、足谷、芦倉、芦見山）。

② 墓場（足堀、足山などこれか）。

③ 足（足洗場）。

④ 葦（芦原、葦原）〔『日本の地名』〕。

アジ ① 東北地方の海岸に立地するアジの地名は、

青森県西津軽郡鰺ヶ沢（アジガサワ）町
秋田県男鹿市阿治ヶ島（アジガシマ）
宮城県牡鹿郡牡鹿町（石巻市）網地（アジ）

アジは網を打つ海浜の意と考えられ、漁場としてのアミジの約と思われる。

② 内陸にあるアジはアシ、アチの変化した語が多くみられそうである。『和名抄』の因幡国高草郡味野（アチノ）郷が、後にアジノと呼ばれる例からみてアシ、アジ、アチが相互に変化し得るからである。

上田正昭は『神名帳』にみえる大和国の「於美阿志（オミアシ）神社」に阿智使主（アチオミ）を祀っているところからオミアシはオミアチの転訛かといっている〔『古代再発見』〕。阿智使主とは、上田のいう百済系渡来人で、古地名として中部以西に「阿智、阿知」があり、これらの一部がアジと呼ばれた可能性があり、渡来人の居住地としてのアジも考えねばならない。またアシの転訛となると、他にアシ（足）、アシ（葦）、ア（悪）しが考えられ、内陸にある味川、味見川などは葦（アシ）の意よりも、人が入りにくい悪谷（アシタニ）の如き河谷の地であろう〔『地名の由来』〕。

アジキ イシキの転か、自然堤防上にみる（安食、阿式、芦《ア》城《シキ》）〔『日本の地名』〕。

アジジロ 足白。強い雨のため、大地や水面が白くはねかえるのを形容した語、強雨のことを壱岐で〔『地域と伝承』〕。

アシダニ 足谷、芦谷と書く。実は悪谷で人の入らぬ谷、以前の荒地または葬地であろう〔『地形名彙』〕。
信越の山地でアシ谷、東奥の山地でハズレ山、九州南部の山地でヘソ山というのは、皆同様の山をいうようである。この山に入るとドシーンと音がしたとか、くわっと瞳がくらんで後は何もわからなかった——というような出来事に遭遇する。これを見究めようという勇者も同じ怪異に逢って帰ってくる。時とすると四十日も五十日もただ憑かれたもののようにぶらぶらして仕事もつかれぬ状態となるという〔『新青年』一七の八〕。

芦谷、足谷、足山。島根県簸川郡湖陵町（出雲市）の足谷のように、別名、死人谷という地もある。死体を見たとか、血が流れていたという伝承もある。傍らに若宮、阿弥陀堂もみられる。島根県鹿足郡津和野町笹山の足谷には今も共同墓地があり、その上方の大元の森には、粗略にすると上から松明が落ちてくるという伝承があり、盆花を採る。奈良県吉野郡井光（川上村）、山口県玖珂郡武安（岩国市）などにこの地名の所は多い。

平素近づかない恐ろしい所で、傍に樹木で祀る山の神、森神があり、焼畑耕作地でもある〔『畑作の民俗』〕。

アシナカダ　足半田。山口県大島郡周防大島で山田の方でアシナカ一足と換えたというような小さい田〔『綜合』〕。

アジバ　網場をそういうのは、アジロバのつまったものではないかと思うが、都会では往々、魚市場のことをそういっている〔『漁村語彙』〕。

アシビナー　遊庭の意。村の辻の広場を沖縄で。そこで綱引きがあったり、節供、休日に老人が寄りあったりする。現在でも八月踊りの踊場とされる〔『綜合』、『伊波普猷全集』第一一巻〕。

アジロ　三重県北牟婁郡、土佐、愛媛、中国、九州で漁場のこと。三重県尾鷲市では魚のよく集まる所。熊本県天草郡大矢野島では網の漁場。元来、網を曳く場所をアジロといったものだろう。長崎市茂木では、ある一定のノバのことで、海岸まで含むといい〔『方言』六の一〇〕、大隅ではたんに海浜の意味。伊予の興居島では沖の釣場を。周防大島では、海に迫った山の木立ちが暗くなっていて、鰯がよく集まる海岸で、沖にイソがなければよい網代が異なるという。こういう漁場に網をおろしたり、釣をしたりする権利金をアジロ料とかアジロ金などという所がふえてきた。

また松茸の生えている場所をもアジロという。熊野地方では、誰々のアジロなどといい、その人だけが知っていて、他の者の知らない採取地を指す（『漁村語彙』、『全辞』、『綜合』、『熊本県民俗事典』）。

アズ ①『万葉集』巻一四に次の二首がある。

あず（安受）の上に駒を繋ぎて危《アヤ》ほかど人妻子ろを息《イキ》に吾《ワ》がする（三五三九）

（崖の崩れの上に馬を繋いだように危ないけれど、人妻であるあの子を命にかけて私は思っている）

アズは崩れた崖、そういう所に馬を繋ぐのは危ないので「危ほかど」の譬喩の序である。

あず（安受）辺《へ》から駒の行このす危《アヤ》はとも人妻子ろをまゆかせらふも（三五四一）

（崩れた岸の所を通って駒が行くように危いけれども、人妻であるあの子を「まゆかせらふも」〈誘惑するよ〉）

アズ（坍）は田中道麿は「字鏡に坍、崩岸也、久豆礼又阿須とある是也、俗に云がけの危き所也」と説いた。『新撰字鏡』（五）に「坍　上甘（土）紺二反崩岸也久豆礼又阿須」とある（正宗・森本『万葉集大辞典』ア行）。『天治字鏡』などの古い辞書にある坍（崩れ岸）という字は日本の造字であろう。「阿須《アス》」の字も当てられ阿須、阿須川などあり、また明、明日《アス》のつくのもある。

アズはまたアゾともいい、山岳語としても用いられ、谷筋が崩れて岩などが堆積している所をいう。

埼玉県飯能市阿須（市の南部で入間川右岸）は『新編武蔵風土記稿』には入間川の洪水により土砂が崩れ「阿須ヶ崖」という数十丈の崖をつくった旨を記している。

対馬厳原町（対馬市）阿須は阿須湾に臨み、山裾が崖をつくって海岸にわっている。琵琶湖の西岸に注ぐ安曇《アド》川は下流に安曇川町（高島市）がある。安曇はアドのほかアズ（アヅ）、アトとも呼ばれ古くは阿戸、安土、足利とも書くが、いずれも当て字。安曇川は上流、中流の両岸は断崖の多い川。この川の支流に麻生《アソ》川あり。両岸の急な谷で、麻生の部落もそうした谷合の小部落。それもアゾ、アソの類ではないか。こうした地形にある阿曾原、阿蘇などの地名も同様であろう。なおアスという語には川、海などの浅くなる意味もある。「山は裂け海はあせなむ世なりとも」（源実朝）のアセである。アスには浅を当て「浅す」と訓ませている。

霞ヶ浦の出口あたりから利根川河口付近にかけて、古く入江の形をなした「安是湖（アゼノウミ）」はアセた海の意である。

対馬の上島と下島の間の浅《ア》海《ソウ》湾（浅茅湾）もこれと同様であろうか。

和歌山県有田川上流の阿瀬川や、青森県津軽平野の黒石市あたりを西流する浅瀬《アセ》石《イシ》川はこの辺で広い氾濫原を乱流しており、この名の一適例であろう。浅瀬石は浅石、汗石とも書かれている。あちこちにある浅川（朝川）はまさに文字通りである。

崩崖をいうアズ、アスと土砂が堆積した川、海の浅くなるアズ、アスとは語源的につながるのではあるまいか。

崩岸、崩崖が、その下に土石の堆積面を作ることに主体が移れば、そうした堆積地形をいう名称になるであろう〔松尾『日本の地名』、アゾの項参照〕。

なお「伊豆半島から静岡、和歌山、三重の各県と豊後水道側の九州の海岸に分布するアゼトウナという植物があるが、それは生育の場所からみて、おそらく昔はアザトウナと称していたのがアゼトウナに転訛したものであろう」〔『植物和名の語源』〕とあるが、アズに生えるのであるから、アズトウナの転訛ではあるまいか。

② 福岡県の旧企救郡（北九州市）で、溝や川等へ流れこんだ口に堆積する、また流れ出た辺のやわらかな細砂をいう〔『藩政時代百姓語彙』〕。同県久留米市大善寺町では、池底の腐土をいい〔『日本の民俗』福岡〕、同県春日市付近でも、河溝の細砂《アズ》、河原の淀に溜るアズ（堆積土）は苗床に使う〔『筑紫の里ことば』〕。佐賀では川に流れる芥をアズ〔『全辞』〕、壱岐でも堀や溝などの底に溜まる泥土〔『全辞』〕をいうが、宅地田畠の土の流失を防ぐため、地所の下部に多くの溜池を設け、これをアズダメとかアンダメといい、ここに溜まった泥土を時折持運ぶ〔『綜合』〕。これらのアズは崩壊によって生じたアズである。

③ 山や畑などの境界。伊豆大島、御蔵島。アゾに同じ〔『全辞』〕。

アスカ ① 河内国の安宿（アスカ）からの地名の移動かも分からぬが、古代地名の用法からみればスミカ、アリカ、ヤマカのカ（所）が接尾語で、アスが語幹であろう。アスは崩壊地を意味し、高峻な絶壁でなくとも、川岸の土手のような低い崖にも用いる。

奈良盆地の飛鳥地方は、古い遺跡ほど山麓の近くにあり、石舞台や古墳や飛鳥神社などは、山に近い。アスカの地名の成立した所は、より山地に近い所であろう。飛鳥神社付近の山の斜面に崩壊地がみられる。アス（崖の崩れた）カ（所）の地と考えられる。石舞台古墳も傾斜面にあり、度重なる洪水で、石室を覆っていた盛土が流失して、巨大な石室を露出している所で、いかにもこの土地が土砂流が激しく崩壊地を意味する地であったかが知れる〔『地名の由来』〕。

② アソ（水の浅い所）の転（飛鳥、明日香）〔『日本の地名』〕。

アズキ 小豆坂、小豆沢、小豆島、小豆畑も崩崖のアズ（垳）である〔『日本の地名』〕。

東京都板橋区小豆沢町（旧豊島区志村大字小豆沢）はアズキサワではなくアズサワである。竜福寺付近を通る崖岸《アズ》に基づくものであろう。茨城県北茨城市華川《ハナカワ》町小豆畑《アズハタ》（ハタはおそらく端《ハタ》であろう）も小豆をアズとよんでいるが、大北川の支流、花園川の中流の狭い谷にある部落で、この地名も崖にちなむアズであろう。

小豆の地名は「厚木」とも書かれる。愛知県岡崎市羽根町の小豆坂は、また厚木坂とも書かれた。アズとアズキは同じ言葉のように受けとれ、アズが生活に身近な食料のアズキに転じ、小豆の字が当てられたのではないか。瀬戸内の小豆島《ショウド》（香川県小豆郡）はもと、アズキシマとよばれ、上代からこの名で知られている。ショウドシマとよぶようになったのは小豆郡（公的にはショウズで、普通ショウドともいう）が設けられた明治十三年以後のこと（ついでにいえば、この島は海岸にも内部にも、崖地の多い所であるが、中でも島の中央より東寄りにあって怪岩奇峰のあるこの島第一の景勝、寒霞渓は、カンカケの名でよばれて鍵掛（鉤掛）、神懸、神駆などの字が当てられた。寒霞渓（徳富蘇峰の命名とか）を含めて、峻しい峠や崖地には鍵掛や鍵掛峠の地名を見うける。カンカケ、ガンカケ、ガツカケなどは、崩れた崖地や絶壁をいう語である。鍵掛をカギカケ、カイカケとよぶ所もある〔松尾『日本の地名』〕。

アズキトギ アズキアライともアズキサラサラとも。分布は広く各地にある。

川端で小豆を洗う音がする。もう夜が明けたのかな。

お祭りでもないのに、赤飯にする小豆を誰がといでいるのだろうかと出てみると、誰もいなかった。ムジナの仕業といっていた。長野県岡谷市での例〔『峠ふところの村』〕。

正体を見もしないで、正体をなぜ小豆ときめたかも不思議である〔『綜合』〕。

アズチ　アズチは弓の練習場の矢の的をおく土の台のこと。垜、堋、安土、的山などと書く。

織田信長の安土城のあった滋賀県の琵琶湖の中南部の入江に面した町の安土の北に伊庭（イバ）という集落あり、イバは射場でアズチと関係があるか〔『地名語源辞典』〕。

アズチは富士山を水平に切ったような形、つまり袴腰の形と同じ形であり、アズチ形には、ハカマゴシの別名もある。アズチ山は、こうした袴腰式の山形を、矢場のアズチに見立てたもの。

長崎県の的山《アズチ》大島（北松浦郡大島村〔平戸市〕大字的山）は、島の南岸にある的山湾の奥に的山港をもつ。この島は玄武岩による台状地形を成し、島内最高の平《ヒラ》の《ノ》辻《ツジ》（二一六メートル、辻は山の意）は名の如く、平頂のアズチ形を呈し、付近通航船の好目標。この島を小豆《アズキ》島と呼んだというが、アズキはアズチの転であろう〔『地名の探究』〕。

アズマ、アズマヤ　①アズマヤ（四阿）山をアズマ山と呼んでいる。アズマヤ型の山名は『出雲風土記』の楯縫郡に「阿豆麻夜山」がみえるから、かなり上古から用いた山名である。アズマヤとは、四方に屋根を葺いた家屋のことで、アズマヤという屋根の形は、ちょうど富士山と同じ形をしている。このアズマヤ山は、諸所でアズマヤ山と呼ばれる。

岩代羽前界のアズマ（吾妻山）は、いくつかの峰頂をもつが、この山全体がアズマヤ（四阿）に似ていることからの呼称であろう。

岩手県紫波郡の東根（アズマネ）山、宮城県名取郡（名取市）の東（アズマ）岳、群馬県桐生市の吾妻山（四八一メートル）、信州と上州界のアズマサン（四阿山、後に吾妻山、二三三三メートル）も四阿に似ているからにちなむ名。上州吾妻郡のアズマ（吾嬬山、一一一六メートル）も同様。

アズマ山に吾妻、東の字を用いるのは当て字で東国、方位の意ではない。アサマとアズマとの関係は不明。アサマの分布圏にアズマは乏しく、アズマの分布圏にアサマのない理由も不明。神社名の伝播があることも考えられる〔『地名の由来』、『旅伝』一五の四〕。

② 「入野」（東に入りこんだ）地形。ごく稀な例（東《アツ》間《マ》）〔『日本の地名』〕。

アセ 水の浅い所。アソの転（阿瀬、阿瀬津、安瀬部、阿施部、阿世潟、汗見、汗入場《アセリバ》）〔『日本の地名』〕。

アゼ ① 島根県鹿足郡で、機《ハタ》の経糸の上下二列の交叉するところをいい、東北地方のアヤとほぼ同じ。畔をアゼというのは全国的だが、沖縄では田の畔《アゼ》をアブシ、畔間をアジマーといって四辻を指す。校倉《アゼクラ》という木材を組んだ建物またはアザナウという言葉から考えると、アゼは本来、縦横に通った線のことらしい。

周防大島でもアブシは田の畔であるが、アゼは別で泥を塗る所である〔『綜合』〕。広島県安芸郡熊野町呉地でも、田の泥を塗る所がアゼで、田の境界の小径や、上の田と下の田との間の斜面は共にゲシといい、ゲシに生えた草は、上の田の者が刈り取る〔同地、盛正登談〕。北海道では田のことをアゼ〔『日本言語地図』④別冊〕といい、田の境界の小径をアゼというのは勿論だが、柳田国男はアゼは、もっと広く採草地を兼ねていたと説いている。

栃木県では、田や畑についている小道、田と田、畑と畑との境界をアゼやアゼミチといい、クロとは別だとしているが、田植え前に畦の内側を塗ることをアゼヌリともクロヌリともいう〔『栃木県方言辞典』〕。山口県豊浦郡菊川町（下関市）では段状になった田と田との間の斜面をもアゼといっている〔同地人談〕。

セマチ（田の区画）の境界は、人が一人通れる幅の盛り土があり、これがアゼ（畦）であるが、田には水を溜めるので上手の田には、アゼが不可欠でアゼを削ることは堅く禁じられている。それで境界いじりの好きな人をアゼセセリといって嫌われる。水引き（配水）は、上から下へタゴシ（田越し）配水だから、アゼのミナクチ（水口）は一定していて、勝手に変更することは許されない。福岡県春日市付近で〔白水昇談〕。

熊本県でも、耕地を広めようとしてアゼをすこしずつ削ったりするのをアゼセセリといい、転じて欲の深いことにも使う〔『失なわれてゆく村のことわざ・言葉』〕。

② 岩手県胆沢郡（奥州市）では、川岸の湾入した所。高知県長岡郡本山町では川手の畔〔『全辞』〕。

③ 浅い川の畔、アソの転（阿瀬、阿瀬津、安瀬津、阿施部、安是湖、畦倉、畦田）〔『日本の地名』〕。

アソ ① 阿蘇ヶ岳（青森県南津軽郡大鰐町の東＝急斜面の山）。

安蘇山（群馬県の榛名火山群の一峰、今は相馬山という＝著しい崖崩れの山）

阿曾（福井県敦賀市＝著しい断層崖）

阿曾淵（岡山県阿哲郡大佐町（新見市）＝狭い崖谷）

阿蘇（熊本県阿蘇山＝カルデラ壁の崖谷）

阿蘇（宮崎県東臼杵郡北浦町（延岡市）＝付近は著しい海食崖の海岸）

アソという地名の中には、麻生（アソフ、アサフ）がつまって麻生（アソ）というのもあるが、アソの音に近いからといって、何でも同義とするのは危険である。

九州の阿蘇山のアソは、古語のアズ（崖のくずれた所）と解してまず誤りないであろう。アズは初めから、濁音であったかどうかは疑問である。清音のアス（阿須）という地名もあり、これもまた崖のくずれたような所に立地する。

阿須（アズ）＝埼玉県飯能市

阿須（アス）＝長崎県下県郡厳原町（対馬市）

アスという地名も、アズと同様な立地が多い。

岐阜県恵那郡坂下町（中津川市）合郷（アスゴウ）＝幼年期状の崖谷。

島根県邑智郡羽須美村（邑南町）阿須那（アスナ）＝急崖下の集落。

京都府船井郡日吉町（南丹市）明日ヶ谷（アスガタニ）＝狭小な崖谷に立地する。

阿蘇山のアソは、アスの母音交替であると考えたい。阿蘇の地名の初見は『景行紀』に「阿蘇国」としてあらわれ「阿蘇山」は見えない。この時の地名説話は、この国の「阿蘇都彦、阿蘇都媛」の二つの神が、人と化して天皇を迎えたので「阿蘇」と名付けたという。この二神は『神名帳』のいう「健磐竜命神社、阿蘇比咩神社」である。阿蘇彦のことを、健磐竜と呼んでいるが、健は美称で、磐竜が本名であるなら、阿蘇の地名の原義は磐竜＝岩立（イワタツ）で、阿蘇大カルデラ壁の溶岩の崖である。磐竜がカルデラ壁の形容であるなら、カルデラの崖の崩れた国の形状をアス→アソと名付けたことも理解できる。

なお『和名抄』には陸奥国色麻郡安蘇郷、下野国安蘇郡安蘇郷、備中国賀夜郡阿宗（安曾）郷などがあるが、これらは九州の阿蘇の地名の移動伝播かもわからぬ（『地名の由来』）。

②水の浅い所、湿地（『日本の地名』）。

アゾ　黒部、岩塊の堆積せる所。

①岩塊などの堆積からなっている地盤の所で、雨水にも侵されず、草なども生えているので、野営に適している。越中黒部谷地方（『旅伝』一五の一）。アズに関係ある語、その他参照。

②伊豆大島、三宅島で、山や畠の境界や、畠の作物の四囲の空地をアゾともアドとも。一般には高さ四、五尺位の土を盛り、そこに桜、松、椿などを植えるが、このアゾキには桜が一番いいという（阿曾原、阿蔵、阿造谷、莇生《アゾ》野、阿造平、赤蔵《アゾ》ヶ池、粟蔵）（『綜合』、『日本の地名』）。

アダ　①オク（奥）に対する里がアダ。岡山県笠岡市吉田では前庭をカドともアダともいう。家の場合は、土間に最も近い室をアダ、アダノマ、カッテ、アダオエなどという。地域的には、たとえば岡山県真庭郡新庄村では、鳥取県境を指して奥といい、勝山町（真庭市）あたりを指してアダ（里）といっている。厩にも同じように使われ、内厩が三区画してあって、三厩あるとカド（前厩）に近い方からアダノマヤ、ナカノマヤ、カクノマヤと呼んでいる（『岡山民俗事典』）。

②日あたりのよい土地。岡山県吉備郡（倉敷市）（『全辞』）。阿太、吾田《アダ》、熱田もアダか（『日本の地名』）。

③川岸、端（『日本の地名』）。

アタイ　屋敷内にあり野菜などを作る畑、菜園。ハナアタイは花畑。ウーアタイは芭蕉畑。沖縄で（『沖縄語辞典』、『伊波普猷全集』第一一巻）。農耕地をハタキというのに対して用いる語。沖縄本島や喜界島の民家ではアタリ（辺り）ともいう（『集解』）。アタリ（近辺）からきた語。

アタキシ　断崖、急岸の意。南島石垣（『全辞』）。

『全国方言辞典』によれば、

アタ＝急の意味を表し、「アタ降り」。南島、喜界島

アタアミ＝（急雨の意）驟雨。南島徳之島

アタダニ＝にわかに、急に、不意に。予州（『物類称呼』）、島根、愛媛、九州、南島

アッタ＝急、にわか。南島、岡山県阿哲郡（新見

市）、島根県八束郡（松江市）
『万葉集』巻二〇、四三八二
ふたほがみ　悪しけ人なり　阿多由麻比《アタユマヒ》　吾がす
る時に　防人にさす
（布多の長官は悪い人だ、私が急病をしている時
に防人にさせるとは）

略解所載、宣長説「あたゆまひは疝病也、和名抄『疝、阿太波良』とあり、是也」。「疝」は『和名抄』（廿巻本にも十巻本にも在り）に「釈名云、疝、音山、阿太波良云、之良太美、腹急ニ痛也」とあるもので説文にも「疝、腹痛也」とある。疝字の訓は類聚名義抄にもあり、箋注倭名抄に狩谷棭斎の引いているところによるも、童蒙頌韻、医心方にも疝にアタハラの訓がある由であるから、『和名抄』に限らず平安朝の中期以後の医書や辞書には、普通に使われていた訓であったことがわかる。『大言海』に集めた平安朝以後の例には、太秦牛祭祭文（恵心僧都）「安多腹《アタハラ》、頓病、風、欬嗽《シハブキ》」酒食論（文明）「あたはら病《ヤ》ム」増補下学集（寛文）上、二、支体「疝《アタハラ》、疝気《センキ》」の類がある。今の急性胃腸カタルの類である（正宗・森本『万葉集大辞典』ア行、アタマヒの項）。

アダチ　足立、安達。アダの転（『日本の地名』）。前項のアダと関係ありとすれば、アダチ山は聳え立った山ということになるか。

アタマ　渓谷又は渓流の源に当たる峰又は隆起を指す、其の渓谷の名を冠して呼ぶのが普通である。時としては凸起ならざる尾根の上部にも当てる（『地形名彙』）。

①　嶺、富山県太美山村（南砺市）（『礪波民俗語彙』）。何々頭（アタマ）とよぶ山は、山岳語としては谷や沢の源の突起部あるいは枝尾根が主脈に合するあたりの隆起が目立っている場合に「何沢ノ頭」と呼ばれる例が多い。それは主峰的な存在、あるいは何山、何岳とよばれるような顕著な独立的存在でないものが多い。しかし、中には何山、何岳と呼ばれて然るべきものもあり、必ずしも厳密に区別されない。

北上山地の中央部にある七兵衛頭（一一六二メートル、盛岡市の北東）やすぐ北西方の堀米頭（九七九メートル）などは何山、何岳と呼ばれてもいいもの（『地名の探究』）。

②　水田の水の入り口、兵庫県赤穂郡（赤穂市・上郡町）（『分類方言辞典』）。

アタリ　①　菜園畠を七島の諏訪島でアタリ、沖縄で

も村近くの畠をアタイバル〔『農村語彙』〕。『沖縄語辞典』によれば、屋敷内の畑、菜園をアタイ、花畑をハナアタイ。

また奄美の加計呂麻島でも、家の裏庭や浜の近くなどに作られる畑〔『日本民俗学』一六九号〕。アタイはアタクで周辺、近所のこと。

筑後柳川市で、その辺一帯をアタリコクジュウ、アタリコタリという〔『柳川方言総めぐり』〕。

② 古く作り出したコデン（古田）、タンボとも。佐渡海府で〔『旅伝』一四の二〕。コデン参照。

③ 雪の汚れをアタリという。福島県南会津郡南郷村（南会津町）〔『日本民俗学』七七号〕。

アタリグチ 上の田から下の田へ注ぐ水口。広島県安芸郡熊野町呉地〔盛正登談〕。

福岡県京都郡犀川町（みやこ町）ではアテグチ〔山崎節視談〕。これに対し下の田へ出る水口をミナクチ（熊野町）、ミナグチ（犀川町）。

アッタ ① アグの転。

② 傾斜地。関東～瀬戸内中部に分布（厚田、熱田、熱田坂）〔『日本の地名』〕。

アテ 中部地方で山頂の向側、山陰を。アテラとも〔『地形名彙』〕。

① 日陰を栃木県安蘇郡（佐野市）、那須郡（一部、那須烏山市、那須塩原市、大田原市）で。また悪性の木、反っている木（特に杉や檜など）を同県矢板市、那須郡で。そして反っている若木（杉や檜など）を真っ直ぐにすることをアテッキという〔『栃木県方言辞典』〕。山の日の当たらぬ所、木でいえば裏側の枝のよく伸びぬ所を東京都西多摩郡檜原村で〔『方言』六の五〕。紀州上山路村でも木の日光の当たらぬ裏側（一説に、ミの反対側すなわち立木が山の斜面にある場合斜面に遠い側）をいい、ヨキの柄、キウマの材料には木のアテがいいとされている〔『方言』五の五〕。

福岡県田川郡添田町津野や同県甘木市（朝倉市）では、樹木に風の当たる側で、この方向は枝葉の育ちがよくない〔『甘木市史』〕。入当《イリアテ》、当楽《アテラク》山〔『日本の地名』〕。

② 土や木のない岩山、石山、荒れ地。栃木県安蘇郡（佐野市）。アテバとも〔『栃木県方言辞典』、『安蘇郡野上村語彙』〕。

アテの方言は各地にあり「日陰地、高地、荒地、斜面」などと解釈の幅が広い。一般に山地のかなり急斜面にあって、日当たりの良い所が多い。樹木の日の当たらない部分をアテというが、集落名や渓谷名は、これと無関係であろう。

なおアテラ（別項）は山地の斜面、山の中腹といった所が多い。したがってアテラ沢は上の沢、上の方の沢、アテラ村は上の村、高地の集落の意となる（『地名の由来』）。長野県下伊那郡や遠江で、山の頂上、高い所、上をいう（『全辞』）。向鞍《アテ》山（金山荒地）、アテ口《グチ》（荒野の入り口）（『日本の地名』）。

③目標、目印、目あて。動詞にすれば「アティン」「アテスン」。漁撈においてアテのかけ方は、一つの方向の遠くに不動の物標（山とか岩鼻など）とその手前の岬の端などとを見通し、どこがどういう具合に見えていたかを覚えておき、更に別の方向に一カ所または二カ所、同様な方法でアテをかけておく。普通の場合、この方法で容易に所定のソネ（魚のいる場所）に到達することができるが、風と潮流とが反対の時にはアテをかけた位置に碇をおろしても、釣り糸を垂れても所定のソネの位置とは大分違っている（『奄美の文化—総合的研究』、『漁村語彙』、『かけろまの民俗』）。

アテは漁撈のみならず、一般に沿岸航海の場合の航法にも用いられる。

アテヤマ　三河北設楽で水気の乏しい痩山をいう。この地方は山のアテをソデまたはソンデともいっている（『地形名彙』）。

水気の乏しい痩山。北設楽郡（一部、豊田市）（『分類方言辞典』）。千葉県君津郡（木更津市、君津市など）の山村でも、土が痩せて木の育ちの悪い所（『綜合』）。

アテラ　アテの項参照、山の北または西に当たる日に乏しい所（『地形名彙』）。

アテラは、山間の地名となって残っているが、もとはソンデと同じく嶺のあなた、山の彼方の意である。加賀の石川郡白峰村（白山市）では、山を向こうに越すことを、アッテラへ行くという。信州遠山では、戸棚のアテに在るなどと、たんに上という意味にも使うというが（『方言』六の一二）、おそらくは、下から見えぬ所をそういうのであろう。これから転じて、日陰の山（武蔵西多摩）または痩地で、木の育たぬ所をアテ山といい、秋田県の山言葉や山形県、東京都西多摩郡、和歌山県日高郡（一部、田辺市）、徳島県祖谷（三好市）地方、福岡県では「樹木の日かげの側」を意味する。山で木を伐る時まず、アテラに斧を入れておいてから、日向側を伐ってアテラ側の方へ引き倒すのである。そうしないとタチヌケというものができて、綺麗にうまく伐れないという。アテラは「彼方《アチラ》」で、人は最初日当たりを求めるため、自然にアテラが日陰のことになるのであろうか。

山形県の中部、最上川左岸に左沢（アテラサワ、西村山郡左沢町〈大江町〉）という町があり、そのほか同県下には左沢という地名が一〇カ所もある。宮城県登米郡石越町〈登米市〉に阿寺、岩手県和賀郡湯田町〈西和賀町〉に当楽沢《アテラク》、長野県木曾の寝覚の床の下流へ流れ込む支流に阿寺川、岐阜県中津川市と新潟県南魚沼郡に阿寺沢、東京都西多摩郡五日市町〈あきる野市〉に阿寺沢、奥多摩町と山梨県南都留郡秋山村〈上野原市〉に安寺沢、秩父の武州日野駅の南に寺沢（阿寺沢の略か）がある。

『開拓と地名』（山口弥一郎）には、アテラサワに対してコチラサワ（右沢）があり、アテラ、コチラの意だろうかと説いている。柳田国男も三河郡のヲチも同類語で、ヲチすなわちアチラの意との説らしい。大阪府泉北郡に阿知ろ原、泉南郡にアツラ谷などがある。福井県足羽郡（福井市）では外山と書いてアチラと訓む。山形県左沢町〈大江町〉についても、『風土記略』に最上川にアチラの義とあり、また寒河江侯が入部の折、アチラ沢といっしょに始まるなどと述べている〔『綜合』、『山村語彙』、『地名語源辞典』〕。

アト 田の水口、田へ水を導き入れる水口。岐阜県郡上郡〔『分類方言辞典』〕。水口（阿斗、阿戸、阿刀、安堵、跡、阿戸野）〔『日本の地名』〕。

アド 伊予郡で堤や畦〔『地形名彙』〕。アゾに同じ。

① 山や畑の境界、畑の周囲の空地を伊豆大島で〔『全辞』〕。山と畑の境界の堤（アドノ辻、阿土西）〔『日本の地名』〕。

② 佐渡で、上の田と下の田との間〔『全辞』〕。

③ 網を張る所の意か（網戸、網戸瀬、安戸）〔『日本の地名』〕。

④ 洪水によって運ばれたり、川の氾濫で堆積したりした腐蝕の多い沖積土壌で、細い肥えた土。アドッチの堆積したところは一般に肥沃な水田地帯。熊本県菊池地方〔『失なわれてゆく村のことわざ・言葉』〕。

アナ ① 千葉県山武郡〈一部、山武市〉で、畑の周囲を。神奈川県では、あぜ道〔『全辞』〕。

②『おもろさうし』の中で、太陽をアケモトロノハナ、コガネハナ、チュウラノハナ、アガリノオフヌシなどという語で表現している。アガリノオフヌシは大主、某按司の別名。アカ（ケ）ルノアケモトロともいうが、モトロは、眼がちらつき形象がまだらで、はっきりしない状態をいう。ハナは穴で、東の方に穴があって、そこから太陽が出てくるという意味だといわれている。天の岩戸の神話でも、穴に隠れている太陽が出て一日が始まる〔外間守善「古代東アジアにおける日本の文化的位相」『毎日新聞』平成2・4・5、『おもろ語辞典』〕。

アナガマ　甘藷などを貯蔵するため、縁の下や崖などに掘った穴。ガマに同じ。熊本県玉名郡などで〔『全辞』〕。

アバ　①河川敷をいう。それに沿った道をアバミチ。埼玉県戸田市内の西方の美女木、下笹目地区〔『美女木下笹目の民俗』〕。

②やな。川の中に石垣を築き流れを遮断し、魚を捕るヤナ網代に相当する。北九州市小倉南区三谷地区〔『三谷方言集』〕。

アバキ　船の通ったときにできる大きい余波を対馬豆酘（厳原町）で〔『対馬・赤米の村』〕。宮崎県延岡市島野浦でも同じ〔岡田敬介談〕。アビキに同じ。

アバケ　①池の堤の少しきりさげられた所。三重県阿山郡（伊賀市）。

②大水で出来た空洞。岐阜県揖斐郡徳山村（揖斐川町）〔『分類方言辞典』〕。

アブ　①鐙崎《アブ》、虻崎という地名の所は、断崖が海に臨んでいる所。鐙摺《アブズリ》というのは、両方の丘の相迫る間に通ずる狭路。鐙峠、鐙坂、虻坂の地名も断崖に関係した処であろう。

②洞穴、縦坑の大きいもの。南島、マブに同じ。大きな穴、竪穴にいうのが普通、転じて大酒飲み。沖縄〔『伊波普猷全集』第一一巻〕。

③あぜ、畦、土手、堤防。岩手県中部〔『全辞』〕。

④阿武隈川、阿武川、阿武山のアブの語源は、オホ（大）と仮定し、オホがアフ（アウ）に転化。更にアム、アブに変化した。阿武（アブ）の語源は大（オホ）であるという説。

アブキ　越中片貝川上流に阿部木《アブキ》という谷がある。北信から越後西頸城（上越市、糸魚川市）にかけて、山中の巌などが突出して蔽いかぶさった地形をいう

〔『西頸城郡誌』〕。長野県北安曇郡小谷地方では、川に架かった雪の橋とか、その橋を架けようとして、だんだん片方から角張って出てくる状態、雪庇とか。転じて雪庇型の地形や岩窟をもいう〔『小谷口碑集』、『民伝』一五の二〕。戸隠山の木曾殿アブキは、裾花川に臨んだ間口二十五間、奥行六間、高さ五間の大岩窟という。潮のアビキと命名の動機は同じ〔『綜合』、『山村語彙』〕で、「仰ぐ」の意で、せり上がった状態をいう（仰木《アフギ》、扇《オーギ》ノセン）〔『日本の地名』〕。

アブシ　沖縄や奄美大島で田の畔をいい〔『沖縄語辞典』、『与論方言集』〕、『おもろさうし』にも見えているから古語であろう。沖縄島でアブシバレー（畦祓）というのは旧四月の田の祭りで、虫等のハライをいう〔『南島村内法』、『分類方言辞典』〕。周防大島でもアゼの他に田の畔をアブシという。宮本常一によれば〔『民伝』一八の一〕「段々になった田の場合、上の田の畦《アゼ》のはしか下の田との境界でアブチといい、下の田からいうとこのアブチまでの斜面（あるいは直立面）をキシまたはギシという」と。

　薩摩の葛輪島《クズワ》では畠と畠の間をいい、多くは石垣になっている。岩手県中部で畔アブ、壱岐で田畠の畦畔をアボシというのも同じ語であろう〔『綜合』〕。

アブズリ　狭い道の両側が切り通しのように切り立って峡道あるいはハザマミチともいうべき地形。山地などの道の両側が迫って、狭い道路が僅かに通ずるという地形的共通性をもつ。時には一方が海または峡谷で、他方が高い断崖の所にもこの地名がある。アブミズリの約で「乗馬の鐙がすれる程の狭い道」を呼んだ呼称。

　三浦半島の逗子町（逗子市）から、海岸伝いに葉山町へ行く道に鐙摺《アブズリ》がある。海岸に沿う葉山の町屋の北端で、丘の端が海に迫った狭路、騎馬武者の通行に道が狭くて鐙（足をのせる馬具）が摺れたからだと言い伝えている。

　福島県石川郡小平村（平田村）、鐙摺（両方の丘の相迫る間に通ずる狭路）。

　岩手県両石湾の北を限る半島の東岸には、断崖連なる鐙崎がある。

　鳴門海峡の内海側の断崖岬に鐙崎（淡路島、兵庫県三原郡阿那賀村〈南あわじ市〉）。

　児島半島と小豆島の間の豊《テ》島（香川県小豆郡豊島村〈土庄町《トノショウ》〉）の北端にある虻崎も断崖のふちどる突出。

　宮城県栗原郡岩ヶ崎町（栗原市）の南郊に鐙淵（三

迫川べりの小部落)。
山口県の秋吉台に鐙峠がある。
鐙坂、虻峠というのもある。
阿武川、阿武瀬、阿武隈などのアブも、ここにいう鐙（アブ、アブミ）の類かどうか。

アフリヤマ　神奈川県の相模原台地は水が乏しく、井戸は二〇尺も三〇尺も深いので、つるべでの水汲みは、女にとって重労働である。日照りがちで、畑の作物の元気がないとき大山《オオヤマ》（阿夫利山《アフリヤマ》、雨降山《アフリヤマ》とも書く）に雲がかかるとほっとする。大山は雨乞い信仰の山〔『聞き書　神奈川の食事』〕。

アボ、アボシ　壱岐で岸または崖のような処の端をいう〔『地形名彙』〕。
鹿児島甑島で崖。下甑島（薩摩川内市）の瀬々野浦の部落の北にある急峻な山をアボヤマという〔『綜合』〕。阿保、安保、阿保峠、阿保坂、アボ鼻〔『日本の地名』〕。

アマ　①　アマのつく海岸地名には、尼崎、甘崎、雨崎、天津など。古くは海をアマといった。魚介を採って生活する人を海人（アマビトまたはアマ）と呼び、そういう部民を海人部《アマベ》と呼んだ。後世主に潜水してアワビ、海草を採る女は海女《アマ》といわれた。海人部の居住した処に海部《アマベ》郡、海士《アマベ》郡などの名を残している。港町の一角に漁業者の住む漁師町があり、海士町《アマ》（石川県輪島町〈輪島市〉）とか海士《アマ》ノ郷《ゴウ》（下関市）と呼ぶ一区画のある所もある。尼崎（または尼ヶ崎）や甘崎は漁民であるアマの住む所、あるいはアマがその付近で仕事をする漁場の意からきたものであろう。しかし、アマには崎のつく地名が多いことから考えて、海へ突き出た所、または海に面する所とするのが妥当であろう。海《ウミ》崎という海岸地名もあるが、それに当たるものである〔松尾『日本の地名』〕。
ウミ（海）には産みだすの意があり、アマから変じたものだし、ヤマ（山）も類似の語である。天もアマであり、海と山とは相反するようにみえるが、共に生産の場で人間が生活する基盤となる所として同じように認識された。海の神は漁撈神であり、山の神も同じく漁場を司るとされている〔『山の神信仰の研究』〕。
②　高所（天野、天川《アマノカワ》、天城山、天香久山、高天ヶ原、尼子山、尼ヶ辻、尼ヶ岳）〔『日本の地名』〕。
③　雨（雨ヶ岳、雨乞山）〔『日本の地名』〕。
④　ア（湿地）、マ（湖、沼）。甘沼、甘木、甘付、安

真木、尼田（『日本の地名』）と説いている。

⑤ 尼ヶ生、尼ヶ瀬、天ヶ瀬、尼古瀬、尼後世など。アは接頭語で、マガは曲で曲流地をいう（『古代地名発掘』）と説いている。

アマス 福島県石城郡草野村（いわき市）や相州北足柄村（南足柄市、山北町）などで、猪の寝床をアマスという（『磐城北神谷の話』、『民伝』三の一〇）。

アマスの例を挙げてみる。

宝暦八（一七五八）年信州高遠三万三千石の藩主内藤大和守の家来、御城代組に召抱えられた高橋源八が「信州松本安曇郡高組狐島村、高橋団右衛門元安」から授けられた「殺生伝受事」に「猪あますの事、猪あますに入候節はあますへに青枝を一本喰おり（折）置候はいるへし、其心得にて打へし」とある。猪はアマス（茅萱など集めて積み重ね、その下を掘ってねぐらとするもの）に入るとき、青木（針葉の常緑樹）の枝を一本食い折っておいて入るものだから、その心得で撃てという。これは古びたアマスに入ることは少なく、自分で草や木の枝を食い集めてきて積み重ねておいて入ることをいったものであろう。アマスに入っているのを狙うのが、猟師の主なるものであったことがわかる（『続信濃民俗記』）。

長野県下伊那上村（飯田市）では、猪の巣くっている所をネバ、ネス、ネヤといい、緩傾斜の所で多く、日当たりのよい場所を選んでいる。ネキ（倒木）の下、スズヤブ（スズタケの藪）のこんだ所、カヤの中、イワス（岩の多い所）などで、日かげに作るのは岩の下などの場合だけ。

猪は夜出て、昼は寝ているが、この昼間寝る所を猪が作ったものがアマス。萱《カキ》を一尺余りの厚さに積み、その下へ両方に口のある長めの穴を掘ってあることがある。この中へ昼間入って蚊などに食われぬようにしている。穴でなくとも、萱を二尺厚み位にかぶって寝ているものもあり、臼のような形に大きなモロを掘ってあるものもある。そうした場所は、五年も十年もいなくとも、また来たときには猪が掘るから不思議である（『山村小記』）。

南アルプスの山麓で、山中の茅を三〇〜六〇平方メートルにわたって猪が嚙み切る。茅は根元から三〇センチ位上の所から二〇〜三〇センチの長さに鎌で刈り取ったように切り取る。それを一〇〜二〇〇メートルも遠くから運んで来て、一カ所にまとめ、見通しのきく尾根に九〇センチ位の高さに積み上げる。茅の中には一本の空洞をあけ通路とする。この通路から茅の中にもぐりこんで寝る。外部からは見えぬが、猪が外出して不在のときは空洞が見える。これがアマスであり、猪が雨を避けるための巣だから、雨巣《アマス》だと解されているが、単に雨を避けるためだけではない。アマスが作られるのは、ヤブ蚊の出はじめる五月末頃からで、猪はヤブ蚊から身を護るためアマスの茅をかぶって寝るのである。

アマスをつくるには、土を掘ってくぼみをこしらえ、その上に茅を積むが、六束位の茅を高さ九〇センチ位、広さ三、四平方メートル位に敷く。茅は密度こまやかに積む。大型のアマスは子連れ猪の巣、母猪《ジシ》は六、七月にアマスの中で出産、この中で二、三カ月子を育てる。アマスの中にいるのは母猪だけで父（男）猪はいない。アマスは出産と育児のためのものである。男猪は、この期間マツ、ツガ、モミなどの樹下や岩巣の下にくぼい所をつくって寝る。これをネス（寝巣）という。男猪は夏季は腹を冷やして寝るので、ネスの中に茅を敷くことはしない。アマスの茅は切りたてのみずみずしい茅でつくられた青いアマスが、日が経つにつれ色あせ、褐色に変る頃には、別の場所にアマスをつくって移転していく。一つのアマスには一週間位しか滞在しない。このため猪の棲む山には、色あせた茅の山が所々に散見される。子猪が女猪に連れられてアマスを離れるのは十月初旬である。その頃にはもう蚊に刺される心配もなくなる。十一月頃から子連れシシの群れは、男の成年シシ同様、雪のくるまでは熊笹の中や茅の密生する日向むきの場所に寝泊りする。山が雪で埋もれると猪は、日向へ回って芝をかき集め、これを一・八、九メートルもの厚さにかぶって寝る。また雨、雪を避けるため、天然の岩の庇をかぶった下や寝《ネ》木《ギ》の下に、茅のはかまや茎を集めてきて敷いたり、落葉を敷くときにはアマスのときと同じ方法で、熊笹を集めてきて敷き、その上に寝泊りする。これをネス（寝巣）という。

アマズキメン　閏月免。岡山県川上郡高倉村（高梁市）飯部にある小字免。これは二月田、三月田の類と同じく、祭りの月に応じて供料のために設けられた免田であったことを意味する。アマズキは閏月のこと。他の地方では、神楽田、油免、土用田、社日田などの名称がある〔『分類祭祀習俗語彙』〕。

アマトウ　土手。堤と山野の境に築いた土手。アムチ、アマッチとも。沖縄で〔『沖縄語辞典』〕。

アマミ　①アマ（海）、ミ（水）。

②アマミ神に因むもの（奄美、雨《アマ》見、海見、阿麻見、天美）〔『日本の地名』〕。

アミ　網代《シロ》（漁場の意）のように、海岸にあって漁獲の網にちなむ地名。代は「場所」の意。海や川岸の網《ア》場《バ》というのも魚をとる場所。

ところが、網の地名に内陸にあって湖沼、川の沿岸でも漁業とは結びつかない場所に網、大網、網張、小網などの地名がある。これらは「部落」の意に適合するようである。このアミはオミ（臣）の変移であろう。臣は姓《カバネ》の一つで家筋や世襲的職分によって分けた称号であって、同族的集団の部落として、漁業関係とちがった網の地名があると思われる。

福島県いわき市久之浜町に属する田之網および江之網の両部落あり、江之網は岩浜の小湾に臨む小海村だが、田之網はその北の海岸からややひっこんだ小谷の水田地帯にある小部落。江之網の「江」は海岸の意。この両地名は「田の村」と「海の村」を意味するものと思われる。

栃木県塩谷郡塩原町（那須塩原市）大網は箒川に沿う塩原郡の入り口にあたる温泉地。

岩手県岩手郡雫石町西山の網張《アミバリ》は、岩手山の南西麓にある。網張の張は土地を拓く意のハリ（墾）であろう。

オミ、アミはウミにも変じ易い。湖を古くはウミ（湖、海）ともよんだが、湖沼とは全く無関係の場所に、海のつく内陸地名がある。これも村落にあたるものと思う〔松尾『地名の研究』〕。

アムチ　日陰にあって作物の出来の悪い土地を奄美大島古仁屋で〔泉義春談〕。

アムディ　暗礁。南島加計呂麻島〔『全辞』〕。

アユチダ　昔、熱田神宮あたりをアユチ田といった。清水の湧き出る田という意味。これが転じて愛知となったという〔「新人国記」愛知県の巻『朝日新聞』昭和38・6・29〕。

アラ　①川水の流れ速く波立てる所。急流。静岡県榛原郡（一部、御前崎市、牧之原市、島田市）、周智郡（一部、浜松市）〔『静岡県方言集』〕。

②田畑などを耕したとき四隅に残る荒れ。福岡県北九州市〔『北九州市史』民俗編〕。

アーラ　アワラに同じ。長野県諏訪郡、静岡県駿東郡で湿地。長野県東筑摩郡（一部、松本市、安曇野市）や飛驒でも、一面に水の出るような土地、沼地をアワラ、アーラという。飛驒では深泥の田をもいう〔『綜合』、『全辞』〕。静岡県富士郡（富士宮市、富士市）では不毛地をいい、アワラとも〔『静岡県方言集』〕。

アライ　新しい用水路。中部、関東に特に多い（新井、荒井、新居）〔『日本の地名』〕。

アライバ　洗い場。埼玉県八潮市や滋賀県守山市付近などをはじめ各地の民家において、敷地内に設けられた野菜や食器などを洗う場所。八潮市付近では、屋外の井戸の脇に位置し、守山市付近では、川から流水を各戸の土間続きの下屋《ゲヤ》に引きこむため屋内に位置する。ほかに川辺に位置する洗い場の地域もある〔『集解』〕。

アラウズ　相州津久井郡（相模原市）。降雨の際泥水が陸上を横流するもの〔『地形名彙』〕。

群馬県赤城山麓の村で、雨が降って水が急に道や畑の上を川のように流れるのをアラオズという〔『綜合』〕。同県勢多郡赤城村〈渋川市〉で「アラオズがおして来た」という〔『分類方言辞典』〕。

アラオイ　銚子。新生田《アラオイ》んぼと呼ばれる低湿地。沼や池の多い所だったらしいが、思うに荒野《コウヤ》村へ移ってきた人々が拓いていったものであろう。銚子は、紀州をはじめ西国からの移住民によって出来た町〔『銚子湊昔絵がるた』〕。

アラカネ　吹いただけの鉄。村で今でもアラカネモチはぷつぷつのある餅のこと。広島県山県郡中野村（北広島町）〔『方言』六の三〕。

アラキ　青森、秋田、岩手、種子島で焼畑開墾地をいう。『万葉集』にも見えるという。岩手県下閉伊郡安家村（岩泉町）では、焼畑を起こすことをアラキ（荒起）をオコスという。北上山地の焼畑では、春播きの豆類（主として大豆）と雑穀（主としてアワ）を初年に播種し、それ以後はアワと大豆とを隔年に作付けし、数年ないし十年に及ぶ長期間耕作を続けた後、最終作物としてソバを栽培して焼畑の輪作を終了する。春播きの大豆、アワを主作物とする耕作期間の長い特殊な焼畑輪作形態である〔『日本の焼畑』、『国語と方言』、『民伝』二の二〕。

たとえば岩手県のアラキは、火入れは春で、そこに夏作物を播く。土地不足を焼畑小作で補い、ユイによって耕作する。まず炭焼き後の雑木林を借りてアラキ起こしをし、一年目に大豆、二年目はアワ、三年目は再び大豆をつくる。大豆とアワをほぼ三回（六年）ほど輪作し、ついでソバを二、三年連作する。焼畑の地力、肥料分をとことん使いきる。「止め作」のソバは、少肥、痩地に適応し、雑草に負けにくい。このあとは作付けをやめる。三年ほどカヤを刈るうちに、あらかじめ残しておいた母樹から落ちた赤松の種子が芽を出してくる。赤松は四十～四十五年で伐採するが、すでにナラなどの雑木の下生えが見られる。雑木林に代わって二十～二十五年再び焼畑時代を迎え、気の遠くなるような八十年サイクルが形成される。山はまた生産、生活資材、食糧の供給源でもある。燃料の炭や薪のほか、ハセ木、島立て乾燥用の杭、垣杭、ハギクズなどの飼料も皆、山に頼っている。ヒエ島を結うクゾフジ（葛）のツル、ミノヤ、コダシ（肩掛け用小袋）をつくるためのマダ（シナノキ）の皮も山から採ってくる。家造りの際の柱、屋根をふく柾板《マサイタ》、脱穀のマドリ（二股の木）、踏鋤の柄を求めるのも山、刈敷用の草や馬の飼料も部落共有の草刈場から得られる。

アラキダ　田の土。商家では、この土を土蔵の脇へおいておき、火事のとき、この土へ水をかけて練り、土蔵の目塗りをする。茨城県〔『茨城方言民俗語辞典』〕。

アラク　焼畑のことで東北から関東にかけての方言。アラキと同源であろう。荒久、新久と宛てる〔『地名の由来』〕。

岩手県下閉伊郡小国村（宮古市）では、焼畑をカノというが、第一年目のみアラクという。秋田県北秋田郡阿仁合（北秋田市）付近ではカノは土用の焼畑、アラキは春の焼畑だと限定している〔山口弥一郎『開拓と地名』のうち「焼畑と地名」〕。ところが、武田久吉によれば「焼畑でもアラクとカノウとは違う。カノウの後にアラクとする。カノウはアラクの作業の一段梯である」〔『民族文化』二の八「カノウとアラク」〕として、アラクとカノウの前後関係が逆となっている。荒文田、荒耕《アラク》、阿ラク原、阿良久、塊《アラク》〔『日本の地名』〕。

アラグ　栃木県で新しくきり開いた畑。アラグオコシなどという〔『栃木県方言辞典』〕。これも焼畑であろう。

アラケ　東京都三宅島では、炊事場の流しの周囲をいう。熊野地方では畑や山林、屋外の広場、すなわち家の前の庭をアラケ。和歌山県有田地方では海上の沖合を。岡山県御津郡（岡山市）では出水に備えた川沿いの遊水地。宮崎市付近では、主屋やその敷地から遠く離れたところにある田畑、田園の広々とした所。鹿児島では郊外〔『山村語彙』、『綜合』、『全辞』、『集解』〕。

アラコ ① 新しく開墾した所の意で、関東から中部の方言。アラキの変化で特に愛知に多い。荒子、荒古を宛てる〔『地名の由来』、『日本の地名』〕。

② 佐賀県杵島郡大町の大町炭坑から出た石炭は、昔は六角川を川舟で川口の住ノ江港まで運んだが、川水の流速を緩和するため、川の両岸から交互にアラコという石組みを差し出した。岸側の高さ三〜四メートル、幅八メートル、川の可航水域（ミオ）の幅約三〇メートル、アラコは岸から川の中央水底部に傾斜している。川水はこのアラコにあたって、川岸側の水流は本流と反対流となる。この流れをウルマという。六角川には約六〇カ所のアラコがあるという。大町炭坑から住ノ江港までの距離は約一〇海里〔江崎勝則談〕。

③ 漁船の舟着き場。筑後柳川〔『柳川方言総めぐり』〕。

アラシ ① 鹿児島県十島村宝島で平原を。後立山では沢の小なるもので傾斜烈しく平時は水なきもの、薙、山崩もしくは山暴で、崩れ落ちた崖等の急な場所〔『地形名彙』〕。

② 嵐（アラシ）または嵐のつく地名は、神奈川県、山梨県から長野県の山地へかけて分布。これら嵐地名の場所は、すべて山の急斜面や断崖をいう山言葉。ガケをアラシというのは甲斐を中心とする方言。

長野県下伊那郡千代村（飯田市）上嵐（天竜峡の東方山地一一〇〇メートルの高地で、崖側の小部落）。

相模川と道志《ドウシ》川の合流地を寸《ス》沢嵐《アラシ》（神奈川県津久井郡内郷村（相模原市）。ここの部落は寸嵐《スアラシ》と書く）があり、周辺は高い断崖が渓谷をのぞいている。

三浦半島南西部、長井という漁村（横須賀市管内）の南に佃嵐《ツクダアラシ》とよぶ岬角あり、平坦な台地の端が海に直下する断崖（高さ約二〇メートル）がある。

神奈川県足柄上郡山北町から酒匂川を少し遡った河岸の同郡清水村（山北町）の嵐部落も山麓急斜面に大崖のある個所である。山梨県北巨摩郡清春村（北杜市）大嵐その他、例は多い。山梨から長野、静岡の山地にかけて、山の急斜面で木材などを投げ下ろす場所またはそのためにできた溝をアラシというのも急斜面に結びついた営みである。嵐は甲斐を中心としてガケ地をいう方言〔『集落・地名論考』、『日本の地名』〕。

③ アラシはまた焼畑を指す語でもあるが、これは焼畑が多く急斜面に営まれるので、アラシの地形語が焼畑に移ったものと思われる。たとえば福井県大野郡石徹白村（岐阜県郡上郡〈郡上市〉白鳥町）で、焼畑をつくる場所をアラシといい、所有者の諒解なしでも作れるが、土地の使用代は支払う。一つのアラシを年二、三反ずつ順々に伐って焼き、二、三年も作ると山に返しつつ、二十年、三十年作って行く。アラシ全体を一通り作ってしまうのを一作といい、一作が終ると所有者に返される。アラシは日おもてにあって大きな木の生えていない所〔『越前石徹白民俗誌』〕。また富山県西礪波郡福光町（南砺市）臼中では、焼畑を三年作ったあと、地力が肥えるまで放っておくことをアラシという〔『礪波民俗語彙』〕。

大嵐、坂本アラシ、寸嵐、佃嵐、荒自《アラシ》、嵐山〔『日本の地名』〕。

アラジ ① 焼いたあと、最初に作物を植えつける焼畑。福岡県田川郡添田町津野〔『津野』〕。

② 焼畑を作る作業をアラジツクリ、アラジケズリという。この作業は一家族あるいは数家族の協同による五人程度の共同作業で行う。トカラ列島のK島。アラジに対して常畑はフルジ〔『日本民俗学』一七九号〕。

奄美大島で「アラ地打」とは、三つの場合がある。

(イ) 畠を開墾すること

(ロ) 数年間放置してあって荒れた畠を耕起すること

(ハ) 三年以上たった古株の黍畑を耕起すること

普通のアラ地打という場合は(ハ)の場合が多い〔『日本庶民生活史料集成』一、「南島雑話」一の補註〕。

アラス 福井県丹生郡国見村（福井市）で、荒い砂と細かい砂の境で貝や魚の寄る所〔『綜合』〕。山口県萩市見島では、海底の荒い砂地で、そこには魚が居ないという〔『見島聞書』〕。

アラタ ① 前年からそのままになっている田。これを田打ちして水を揚げ、それから田掻きをした。それをアラタカクといい、馬を使用する。青森県三戸郡五戸町付近〔『島根民俗』二の四〕。

② 開墾地。中国、四国にやや少ないが全国（北海道を除く）に多い（荒田、荒田原、荒田野、荒田目、荒尾田、安楽田《アラタ》、改田《アラタ》）〔『日本の地名』〕。

アラト 新潟県や愛知県宝飯郡（豊川市）で、村里から離れた原野をいい、部落の内に近い所をいう。イドと相対している。三河や飛騨地方で山や村里の入り口〔『綜合』、『全辞』、『方言』六の八〕。伊豆大島では住居の入り口〔『全辞』〕。荒砥、荒戸、安楽土〔『日本の地名』〕。

アラド　青森から三厩《ミンマヤ》に至る道路をアラドといっているが、旧藩時代に新しく開かれてそういう名称で呼ばれているので、往昔はもっと山添いにあった〔『民伝』三の一〇、『旅と交通の民俗』〕。

アラビ　①　会津檜枝岐村の狩詞。山膚のひどく出ている所〔『福島県史』二三巻〕。

②　周防大島では左の如くいっている。

(イ)　瀬戸内などで引潮のとき、なおも反対の潮の流れが流れていることをいい、引潮をこの名で呼ぶ人もある〔『周防大島を中心としたる海の生活誌』、『漁村語彙』〕。

(ロ)　瀬戸内の上り潮、下り潮は、それぞれ六時間続くものだが、天候や気圧の関係で、たとえば四時間位で転流することがある。この変則的な潮流を「アラビが来た」という。このため網が乱れて漁獲がないという〔周防大島出身の大野末吉談〕。

(ハ)　沖は満潮で、島の方に満ちて来ているのに、地の方では潮が反対に沖の方に返している。これは多分、地勢の関係によるものであろうと話者はいう。これを「アラビが返って来る」といい、網に魚がのらぬから、漁師は用心する。主として満潮のときであるという。周防大島東和町（周防大島町）で漁師の詞〔西村章一談〕。アラビル（荒びる）とは、変則的に起こる現象を指す言葉であろう。

アラマキ　焼畑を大分県の各地で〔『地名覚書』〕。荒蒔、荒巻、荒牧〔『日本の地名』〕。

アラマチ　新町をアラマチと訓むのは、東北地方から北陸に多く、その分布と荒町《アラマチ》の分布とが重なり、荒町と新町は同義とみられる。安良《アラ》町もある。粡町《アラマチ》の粡はアラゴメ（半搗きの米）〔鏡味明克「山形県の地名」『山形県地名大辞典』〕。

アラワ　アラワ（顕）。人目につく所、表、外〔『岩波古語辞典』〕というが、新潟県岩船地方では、山の中にて里近い所や平野部の町に近い村。盛岡地方では、北上川の平野をアラミという〔『綜合』〕。

アリノトワタリ　蟻門渡、蟻戸渡。蟻が一列になって細い道を長く続いて渡ること。それにたとえて肛門と陰部との間の細長い両股の分かれ目のすじ。地名としては、絶壁の上などの狭い細い危険な道。山稜のけわしい所、両側が断崖で、通路の狭い所を奈良県で。長野県戸隠山、山形・秋田県界の鳥海山などにある（『分類方言辞典』、『地名語源辞典』）。

アリマ　各地にある有馬、有間という地名をみるに、その多くは立地条件の悪い「狭小な河谷」「山地の河谷」「奥地の河谷」「奥地の山谷」といった所。こうみると、アリマの多くは自然環境に関係した自然地名ということになる。有山、有浦、有棚、有田、有野、有瀬、有海と接頭型のアリ地名は多い。接頭型の地名となっている点から「有」の基本的解釈は、形容語と考えてよい。

これによく似た地名に、アラマという地名がある。荒間（アラマ）、安楽満（アラマ）、荒間地（アラマジ）、小荒間（コアラマ）など奥地の河谷に立地しており、アリマと同形である。たとえば岐阜県恵那郡（中津川市）付知《ツケチ》町安楽満は、地理学でいうバッドランド（悪地）で風化が著しい。神戸市北区有馬も周辺が、裏六甲の花崗岩の風化した所で、近くの蓬萊峡は代表的なバッドランドである。このことからアリマの母音交替と考えられる。荒磯（アライソ）をアリソというのと同様である。高知県香美郡香北町（香美市）に有川（アラカワ）、有瀬（アラセ）という地名がある。全国に分布する有○の地名は、荒（アラ）という形容語が変化したものと思われる。一部には有明（アリアケ）など「在る、有る」の語を基にする地名もあるが、アリマは荒（アラ）の意とした方が自然である。

アラは「荒、新」があり、本来同源で「荒れた、人気のない」という意と「新しい、開拓したばかり」という意がある。

アリマは荒間（アラマ）の転訛で、荒れた谷間、荒々しい地形の所と考えたい。なおマ（間）は、普通は迫間、狭間、谷間のマで、狭小な谷間をいう。ただ上古の用法でミ（回）という「あたり、付近」のミがマになることも考えられ、マは「そのまわりの土地」の意になる。

アレバ　筑後柳川で、町中を流れる堀川の洗い場。「馬洗《ウマア》レ場《バ》」はかつて各集落に必ず一カ所はあった。作業後の馬洗い場（『柳川方言総めぐり』）。

アレマ　長野県諏訪地方でハケ、丘裾野の緩傾斜地などに水を引いて緑肥牧草を栽培している所をタテノともいう〔『綜合』〕。

アロ　佐渡海府地方で一枚ごとの田と田との境目をなす段状の部分をいう。タカアロ、ヒクアロの別がある〔『綜合』〕。

アワ　①　信州北安曇地方。傾斜面にある木の梢に積もった雪が、日光のために融け水気を含んで傾斜面に落ちる。するとその面の雪も水気を含んでいるから、雪塊になってゴロゴロ転がり落ち、だんだん大きくなって横倒しになって止む。この雪塊をいう〔『郷土』一の一〕。北飛騨でも同様に一般の雪崩を指すが、大島亮吉氏の調査によれば乾燥新雪雪崩をいうらしい〔『地形名彙』〕。

②　ハワともいう。福井県大野郡（大野市）で、灰や水泡の如き軽い粉雪。最低温に生ずる雪粉は団子にして、押さえても固まらずパンパンコ（ゴイスキ、雪掻きのこと）で払っても泡を払うようである。樹枝に止まった小雪が風にゆれて落とされると、雪玉は強大な力をもってあらゆるものを押しつぶす。大正十一年、同県足羽郡上味見村（福井市）の河内《コウチ》で二〇戸が全滅した。隣村の下庄村（大野市）小矢戸《コヤト》や小山《ヲヤマ》村（大野市）の黒谷《クロタニ》で、緩傾斜でも甚大な被害を及ぼしている。

③　古代において、穀物の粟（アハ）を示す地名として明瞭なものは「粟生、粟原、粟田」など、複合語として用いられるのが普通で、単独に粟（アハ）というのは問題がある。『古事記』における阿波生成の神は「大宜《オホゲ》都《ツ》比売《ヒメ》」という粟などの穀物神とされ、阿波の地名の伝播で知られる千葉県の安房国も、阿波の斎部（忌部）が東進して、この地に麻や穀物を植えた名としている。忌部の部民は、祭祀に関係するが、製塩も行ったというから海部（アマ）との関係も深い。阿波国は『地名辞書』にもあるように、阿波の府中の東の「和田」に「和田都美神社（アマ系）」があり、近くの「和気」にも「天の佐目能和気神社」があって、海部の祖神か、としており海洋漁撈民との関係が深い。『常陸風土記』によれば、霞ヶ浦に「安婆（アバ）島」があり、いまこの近くは「阿波（アバ）崎」という。

茨城県の那珂川の古名は「粟（アハ）河」であるが、河口からやや上った所に「粟、阿波山」という地名が残っている。内陸といっても、那珂川の広い川原に面した所で、船渡という地名もあるほどだから、穀物農業よりも淡水漁業の関係が大きいといえる。

宮城県気仙沼市に安波（アバ）山があり、小丘ながら海岸に面している。網場（アバ）は網を打って魚を捕る場所で、安波、阿波、粟がアバでもアワ、アハでも海岸、湖岸、広い川岸にあって、粟（アハ）という穀物よりも網場（アバ）という漁場にふさわしい地名であることが知られよう。粟を植えた意とする阿波国、安房国が、いずれも海岸に面し漁民の多い地である（徳島県に海部郡がある）。

各地にある粟島、粟ノ浦、安和《アワ》、阿波中《アワナカ》、安波《アハ》などのほとんどが海浜に立地し、阿波はアハ、アワ、アバと訓んでおり、内陸に乏しく、漁業や漁場と関係する地名であることを思えば、四国の阿波（アハ）も網場（アバ）ではなかったか〔『地名の由来』〕。

④ 山形県村山地方で池のこと〔『綜合』、『全辞』〕。

アワラ 一般に関東から中国の一部まで山中の湿地をいう。北飛驒では、浸水し易い低い地。信州北安曇地方でも沮洳地のこと。常に水気があって乾くことなき地。諏訪地方でも使う〔『地形名彙』〕。

関東地方から中国地方まで広く分布する語だが、中部地方に多い。じめじめした土地、湿地、湧水のある沼地などをいう。アーラに同じ。阿原、芦原、荒原などを当てる。

富山県高岡市湶町《アワラ》（あわら町）は、市の北東郊の低湿地で、湶の字はじくじくした湿地の実感を表わしている。

羽前の村山地方で、池のことをアワと呼んでいる〔『山形県方言集』〕のも、あるいはこれと関わりがあるのかもしれない〔『綜合』、『山村語彙』、『農村語彙』、『郷土』一の一、松尾『日本の地名』〕。

富山県中新川郡上市町東種地区のアワラ田（三・五ヘクタール）は、地下六〇メートルにも及ぶという泥沼田というが、乾田化のため昭和三十七年限りで姿を消したという〔『毎日新聞』昭和37・6・1〕。アワラ田は、アワラ（アバラ＝肋骨）までひたりながら田植をするからで（と新聞は報じている）、わらを着物の間に詰めて、沈まないようにし、両足で泥を蹴りながら苗を植え、秋は板にまたがり、両足でかき分けて進みながら、稲を刈り取るという。普通の田よりも七、八倍の労力をかけながら、収穫は平均以下だという〔前掲『毎日新聞』、『朝日新聞』昭和34・6・15〕。

イ

イ ① 泉、井戸、用水溝、水路、井堰のこと（新井、井ノ頭、井上、井関）〔『日本の地名』、松尾『日本の地名』〕。

② たんにイを表わす表音文字として使われる。向《ムカイ》が向井、境《サカイ》が坂井、酒井になるのもこの例〔松尾『日本の地名』〕。

イー ① 上手の方。自然堤防や段丘などの小高い所にある田や土地。イーダは上の方の田。東海〜関東に多い（飯田、伊田、伊太《イダ》、飯田《イダ》もこれか）〔『日本の地名』〕。

② 上、天の方、上の方。また海の方角に対して山の手の方角。南島喜界島〔『全辞』、『日本の地名』〕。またイリに同じ。イリは西、南島。アガリ（東）に対する語〔『全辞』〕。

イイオカ 飯岡という地名は、千葉、栃木、岩手、新潟、岡山、京都などにある。飯山《イイヤマ》というのも長野、新潟、栃木、神奈川などにあり、飯塚や飯山という地名も各地にある。飯盛山（イイモリヤマ、メシモリヤマ）、飯盛塚、飯盛島も同類で「飯を盛りあげたような形の丸山、丸い岡、丸い塚」の意。米山《ヨネヤマ》も同じであろう〔『地名語源辞典』〕。

イイシ 飯石。新潟県の上越線湯沢駅の東北四キロに飯士《イイシ》山（一一二六メートル）一名、上田富士という山がある。島根県飯石郡のもと飯石村（〈雲南市〉三刀屋町）多久和に飯を山盛りにしたような形の大石があるから、飯石の地名が生まれたとの俗説がある〔『地名語源辞典』〕。

イオウ ① 信州硫黄岳は、山膚が赤く禿げていて赤ビンカともいわれた。今なお付近に硫黄の多い山がこういわれる。上高地の焼岳は今も盛んに噴煙をあげているが、この岳の一峰にも硫黄ヶ岳と名づけられているものがある〔『旅伝』一五の三〕。焼岳を飛騨側での呼び名〔『地名語源辞典』〕。硫黄山（大分）などがある。

硫黄島（豆南諸島、薩南諸島）

硫黄灘（愛媛県西北の海、伊予灘ともいう。それが訛って硫黄灘になったとも。またその北方にある祝《イワイ》島のイワに基づくともいい、一名燧灘《ヒウチナダ》ともいう）

イオウはリュオウ（硫黄）という字音からユオウに

変るとも考えられる（『地名語源辞典』）。医王山、医王寺、伊王寺、伊雄山、夷王山（『日本の地名』）。

② 魚（伊王鼻、伊王島）（『日本の地名』）。

イカ

『播磨風土記』に「伊加麻川」があり、この川上まで烏賊《イカ》が遡ったという説話がある。烏賊の宛字を用いた地名が少なくなく、広島県比婆郡東条町（庄原市）に「烏賊塚」があり、他に「五十、伊賀、位賀、伊香、伊加、伊可」などを用いている。鏡味の『日本の地名』によれば、

① 谷頭、山麓などうしろに山を負う土地（五十《イカ》谷、碇《イカ》地、伊香、伊香保、烏賊塚、烏賊坂）

② 洪水の起り易い平地、堰のある所（五十《イカ》沢、五十《イカ》原、五十浦、五十畑）

イカを山地、山谷、山名などの山間地に関係する立地と、川原、沖積地、砂礫地、原野などの平地型の二通りがあると考えている。

イカはまず、古語の「イカ（厳、重、茂）し」よりきた地名と解したい。『岩波古語辞典』は「①㋑勢いが盛んである。植物の繁茂をいうことが多い㋺立派でおごそかである㋩鋭く強い、力強い㊁はなはだしく大変である ②㋑鋭く強い、はげしい㋺はなはだしい、大層である㋩大きい」としている。とにかく、イカを大きく、大変な、たくさんの意に使用している所は多い（『全辞』）。

群馬県の榛名《ハルナ》火山群の古名が『万葉集』にみえる「伊香保《イカホ》嶺」で、松尾俊郎のいう「厳穂」説は正しい。関東平野の北端に、鋭く雄大にそびえる「厳し《イカ》穂」に相違ない。『日本国語大辞典』には「イカ（厳）」に神聖なさまの意を示しており、各地にある「伊我山、烏賊塚、五十山、伊賀峰」などの小円山なるものは、小丘にある神社の森と同意の神の住む神聖な山と解してよかろう。『出雲風土記』の「伊我多気神社」はまさにこの代表であろう。

大和の東にある伊賀の国の「イガ」もこのイカではないか。大和の東の神聖な土地のイカか、あるいは植物の勢いよく繁茂した内陸地のイカか、いずれにしても「厳」と関係する地名と考えたい。このイカであれば『播磨風土記』のイカも内陸の谷の奥にあって、厳しい環境の木々の密生した河谷であろうし、富山県氷見市の五十《イカ》谷も最奥地にあるため同義と解せられよう。

次に平地にあるイカはどうか。東日本では五十の字を多用し、五十日（イカ）のイをそのままイカと呼ん

でいる。ところで五十はイサと訓むのである。『紀神代上』に、五十狭（イササ）がみえ、これは五十（イ）であるけれども、この影響で山形県村山市五十《イサ》沢や同県尾花沢市五十《イサ》沢、福島県伊達郡梁川《ヤナガワ》町五十《イサ》沢（伊達市）など五十をイカ、イサと訓みかえている。

したがって川原や海浜、自然堤防上に立地するイカの中にはイサの訓み違いもあろう。

山形県長井市の五十川《イカ》が川原に立地するのは、イサとみてよく、砂礫層の土地つまり砂地《イサ》の地形をいうイカがかなりみられるのである（『地名の由来』）。

イガキ ①栃木県那須郡で垣根、籬垣、ヤライ（矢来）に同じ（『栃木県方言辞典』）。奈良県では墓の周囲の垣根をいう。『万葉集』の「千早ふる神のいがきも越えつべし」のイガキであろう（『国語と方言』）。

②猪垣《イガキ》は猪が畑地に侵入して農作物を荒らすのを防ぐため構築したおもに石造りの柵のことで、全国的にあり、所によってはシシドメガキとも呼んでいる。

沖縄の西表島の猪垣は、仲間川から仲間岬の東海岸まで延々八キロにわたり、御座岳の猪に備えた。猪は二〇〜三〇メートルの川を泳ぎ渡るので、猪垣の端は仲間川の流れや、海の中まで延びている。また石垣島の桴海於茂登岳北麓の猪垣は、高さ一メートル五〇センチの石垣である。牧野清によれば昔、猪垣の管理は村の山当職が受け持ち、山留に際して猪垣の出入口を厳重に閉ざし、猪の住む垣内の山々に向かって次のような口上を石垣島の言葉で大声で告げたという。その大意は「この石垣は、石城山の神と川平《カビラ》の仲間満慶山とが協力して建設したものである。石垣の内側は四つ脚の食糧を、また外側は人間の食糧を作る所であるから、猪どもはこれを越えてはいけないぞ。もし越えることがあると、於茂登《オモト》山の頂上に生えている於茂登竹で作った竹槍で、お前たちの脚をぬき通して痛い目にあわせてやるぞ。絶対に越えてはいけないぞ」というのであった。

イカリ ①広島県豊田郡豊浜町豊島（呉市）や斎島《イツキ》（周囲四キロ足らず）でアビ漁のアジロをイカリという。

②福岡県で堰の水閘をいう。イカル（怒る）は感情のあふれる様（『綜合』）。同県朝倉郡夜須町朝田西（朝倉郡筑前町）では、小さな川に杙《クイ》を打ち、竹を編んで作った堰をイカリといい、そのところから溝を作って田に水を引く、大きい川に作った堰はイデといっ

て区別している〔同地出身者談〕。地名として同県田川市大字伊加利、春日市須玖字碇などがある。

また静岡県志太郡（藤枝市・焼津市）では、水の溢れることをイカル、鳥取県東伯郡（一部、倉吉市）では、湖や川の水の増すことをいい、同郡や青森県七和では、増水、洪水をイカリ、イカリミズといい、津軽、秋田、静岡でも水があふれることをイカルという。「大雨で水がイカル」などという〔『全辞』、『農村語彙』〕。

岐阜県郡上郡（郡上市）では、川の水などを堰かれて溜る、水があふれることをイカバル（動詞）という。「溝にごみが溜ってイカバッてる」など。また鳥取県東伯郡の中部では、傲慢不遜なさまをするのをイカバルという〔『分類方言辞典』〕。

③ 河段丘、谷を上りつめた所の小平地。山間の小河盆にある地名（碇、錨、伊加利、井《イ》尖《カリ》、井刈、伊刈、井狩、碇尾、上一光《イカリ》）〔『日本の地名』〕。

イカワ 井川。沖縄、九州、広島県能美島では井戸のことをカワ、イカワ、イガワという。元来、流れを堰止めて水を一所に定住（留）させたのが井（居）であって、井を掘って水を得る技術は相当のちのことであろう。

岐阜県郡上郡（郡上市）では小さい谷川または用水路〔『分類方言辞典』〕。長門では井戸の囲いをイガワ〔『全辞』〕。熊本県阿蘇郡南郷谷（南阿蘇村）では、以前は、湧水に簡単な囲いをしたごく浅い井戸のことを指していたが、現在では深く掘った井戸の意にも用いられる。しかし、高年層の人の中には、井戸の深浅によって「ツルベ」「イガワ」と区別している人もある。また「ワキクチ」と共に泉の意味にも用いられる〔『阿蘇山麓の民俗』〕。

イクチ 砂礫地にみられる地名（生口、生地《イクジ》、幾地、生路《イクジ》）〔『日本の地名』〕。

イグチ 軟石の地盤。佐渡で〔『地形名彙』〕。

三重県阿山郡（伊賀市）で堰、せき〔『全辞』〕。

イグネ 岩手、宮城、福島、群馬、静岡で、家の周囲に植えた杉などの木立をいう。屋敷林、クネに同じ。仙台（『はまおぎ』）でイクネ〔『全辞』、『東北の民衆』、『民家巡礼』〕。福島県安達郡東和町（二本松市）で屋敷林。『福島県史』第二三巻によれば「家屋が南面し、屋敷森は西北にあるから防風林の役目であろう。西北面が隣部落との地境をなしている」と。また『滅びゆく民家・屋敷まわり・形式』によれば「屋敷のまわりに竹藪の多い所では、自生している所をへし曲げて編み合わせ、垣とする素朴なものをよく見かける。これを上州などではイグネというが、生きた根をもつ垣という意味と思われる」と。

　宮城県旧仙台領では、江戸時代の初期に熊野から杉苗を取り寄せて、農民に各戸の敷地の周囲に植えさせたのが、その始まりと伝えている。防風林を兼ねて、用材確保の意義も大きかったであろう。

　宮城県下ではイグネリン（居久根林）やシヘキ。福島県下ではエグネなどの呼称も同地域に併存する（『集解』）。

イケ　井戸をイケというのは、千葉県君津郡（袖ヶ浦市）、加賀（『加賀なまり』）、長野県諏訪郡（諏訪市など）、富山、石川、福井、滋賀、京都府何鹿郡（福知山市）、兵庫県佐用郡（佐用町）、徳島県の南部、愛媛、山口県豊浦郡（下関市）、福岡県嘉穂郡（一部、嘉麻市、飯塚市）（『全辞』）など広い区域にわたっている。井戸をイケというのは、イケル（埋める）という語と関係があり、もとは「ためる」、貯蔵という意味で、流れを堰止めて水を溜めた所もイケであり、井戸であった。井戸をイケと呼ぶ地方では、池のことをユッと呼んで区別し（『民俗のこころ』）、山口県では一方をツツミ、福井県西部ではタメとかフケ、東部ではタマリといい、たんにイケといえばいずれも井戸のことである（『綜合』）。

　富山県上新川郡堀川村（富山市）太郎丸では、掘井戸がイケであるが、井戸、池、沼、湖ともにイケといって区別しない（『民伝』一二の九）。

　岡山県では、水田灌漑用の溜池を普通イケと呼んでいるが、久米郡旭町（美咲町）などでは、湧水のクミカワのことをイケといい、阿哲郡哲西町（新見市）畑木ではクミカワともノミイケともいっている。真庭郡美《ミ》甘《カモ》村（真庭市）では、通常には自然の湧水を用いるが、湧水が屋敷の近くにあって石垣積みにしたものをイケと呼んでいる（『岡山民俗事典』）。

　京都府相楽郡南山城村付近の農村では、敷地の近くの流水をイケといい、飲料水にも供した（『集解』）。

　中部地方以西ではイケは池を指し、沼は数個に過ぎない。関東、東北はほとんどが沼を指し、池も五〇ほどあるという（『日本地名学』地図篇、『地名語源辞典』）。

石川県石川郡白峰村（白山市）白峰では、池も湖もイケ〔『日本民俗学大系』第一巻〕。福井県では井堰。熊本県では堤、つつみ〔『全辞』〕。沖縄では庭池、観賞用に人工を施した池をイチ、天然のものはクムイという〔『沖縄語辞典』〕。

また、九州その他で墓穴をイケという〔『全辞』〕。

イケダ　田に溜池代りに水を溜めておいて、田植えのとき、この田の水を使う方法は、池田という名で房総半島に知られている。江戸時代の農書『憐民撫育法』にもこの方法は記されているし、古いところでは『出雲風土記』にも坡という字をツツミ（坡）と訓ませ、海岸の平坦部に存在することを述べているが、柳田国男は、これが溜池代りの田に相当すると考えた〔『民俗と地域形成』〕。

イケブクロ　武蔵野には◯◯袋という地名が多く、いずれも水に囲まれた土地。東京都の池袋には以前は大きな池があった〔『綜合』〕。

『新編武蔵風土記稿』に「池袋村は地高くして東北の方のみ水田あり、其辺、池窪にして、地形袋の如くなれば村名起りしならん」とあるように、袋を字義通りに解するのが通説のようだが、沼袋、大袋、老袋、土袋、手袋など袋のつく地名が東日本に特に多いが、みな低湿地の地名らしい〔『地名語源辞典』〕。

イサ　①　砂地のこと。奈良盆地の春日野の扇状地には率川《イサカワ》が流れているが、これはイサ（砂）の意であろう。砂礫層の地は伊佐町、伊佐沢という地名がある。山麓の森林を混えた扇状地にはイサという語を用いる〔『地名の由来』〕。

伊佐、伊讃、石原《イサ》、石和《イサワ》、石間戸《イサマド》、砂部《イサ》、諫早《イサ》、諫《イサ》山、五十《イサ》沢、伊沢《イサ》黒、伊佐島、伊佐野、伊佐沼、伊佐領、伊佐津、伊佐見、伊佐美、伊佐地〔『日本の地名』〕。

②　暗礁。愛媛県の青島で〔『全辞』〕。

イサゴ　九十九里地方で砂丘〔『地形名彙』〕。イサゴ、マナゴ、マサゴも同じ。地名として砂子、真砂などと宛てられる。砂や砂地という古語であるが、また砂丘のことがある〔松尾『日本の地名』〕。イサゴとはスナゴ（沙子、砂子）すなわちマサゴ、マナゴ、スナのこと。イシコ（石子）の転か〔『地名語源辞典』〕。沙（イサゴ）という姓がある（愛媛県人）。砂盃（イサハヤ）という苗字もある（東京）〔『民伝』二〇の二〕。

砂《イサゴ》、砂子《イサゴ》、砂子田、砂子沢、砂古瀬《イサゴセ》、砂香、砂山《イサゴヤマ》、砂郷、長砂《サコ》、石《イシ》ノ坂《サコ》（『日本の地名』）。

イシ ① 石炭、福岡県糟屋郡（『全辞』）。筑豊の炭坑で石炭を（『火を産んだ母たち』）。ナマイシともいう。

② 石はたんに堅固不変の物体ではない、思想の依代でもある。旅行者が旅先で石を拾ってきて「どこそこにあった石だ」というのは、その石がある地域の象徴たりうるからである。戦時中、遺骨の代りに骨箱に石を入れたことがある。棺の釘を打つのも石である。宮崎市の「八紘一宇の塔」は各地の石をもち寄って建てられた。「どこそこにあった石」ということに意味を見出すと共に色彩形状のすぐれたものを「石は美しい」として観賞するのである。そして「石と語る」「石がわかる」までに至るのである。

賽の河原で小石を積む子供をうたった「地蔵和讃」を聞いてほろりとしない日本人はいない。小石を通じてひとしくあわれをもよおすのが日本人である。石は情感を交流させるモチーフとなりうる。感情流露の接合点として普遍的存在である（『日本人の知恵』「石」）。

イシは巌となるまで成長する。国歌「君が代」のように、たんに礦物ではないと考えられている。

イシ、イワ、イソのイは語根。

イシガキジマ 石垣島は常に台風に備えて、文字通りの「石垣の島」である。石垣市などは、漬物石大のサンゴ礁の石塊を幅一、二尺、高さ一間ほどの石垣に積み重ねて街路は碁盤の目のように美しく区切られている。この石垣は、同島民にとって大事な不動産の一つ。親子孫と何代にもわたって少しずつ積み上げる。土地売買の時は「石垣付き」かどうかを明記しないと「石垣だけは売った覚えはない」とあとで訴訟ざたになる。

石垣島は常に台風に備えて文字通りの「石垣の島」である。戦後はセメント製も現れたが「あれはアプレだ、石垣島らしくない」と評判は悪い（「この石垣売ります」と石垣に貼り札がある写真あり）。

イシガラ 小石の多くある所。カラはまたガアラともゴオラともいって石地のこと。青森県五戸町ではエスイカラ、肥後南関付近ではイシワラ、釜石地方ではエシガラ、信州でイシゴーロ（『地形名彙』）。

小石の敷いてある所。「イシガラ道」。仙台（『分類方言辞典』）。青森県五戸地方でイシカラ（『方言研究』六）。北秋田郡阿仁村（北秋田市）根子のマタギ詞でイシカラは石のある所（『旅伝』一六の四）。栃木県で石の多い場所をイシッカーラ。また小石の多い畑、石地の畑をイシッカラバタケ〔『栃木県方言辞典』〕。徳島県祖谷ではイシゴーロ〔『方言』七の七〕。沖縄で石ころ道をイシカカラーミチという〔『沖縄語辞典』、『分類方言辞典』〕。

イシグラ ① 和歌山県日高郡（一部、田辺市）で塚、塚穴〔『全辞』〕。

② 石川県江沼郡（加賀市）〔『綜合』〕、鹿児島県〔『全辞』〕で石垣。クラに同じ。

③ 石を畳み重ねて造った倉〔『日本の石垣』〕。

④ 船溜りの石堤〔『日本の石垣』〕。

イシグロ ① クロは土や石の塊のこと。石のクロを特に石グロということは多い。川原などの石の多い所をイシカラというのもイシグロと同じであろうし、イシコロ、イシゴロも同じであろう〔『方言と土俗』二の二〕。

② 田畑の中に石を積みあげて塚状にしたものを石グロ、石クドと呼ぶ。稲を積みあげたのを藁グロという。耕作の邪魔になる石を積みあげてグロにしている場合もあるが、各地に見られる石グロは古くから、このような形状のグロをなしており、戦死者とか行路病死者などの尋常でない死に方をした人を祀る例が多い。したがってこれを鄭重に祀らないと祟るという所も少なくない。石を積み上げることに大きい意味があったと考えられる。岡山県で〔『岡山民俗事典』〕。

イシヅミ ① 江戸時代は一国一城に限られていたから、一応できてしまえば、もう二度と造ることは許されなかった。石工たちは、棚田、段々畑の石垣、護岸工事、架橋、干拓地、塩田などをつくった。南九州の坊ノ津の台風よけの石垣、瀬戸内の女木島（高松市女木町）の家の石垣は屋根くらいの高さがある〔『石垣を読む』〕。

② 比叡山の東麓、大津市の坂本は「石積みの里」と呼ばれる。美しい石垣が随所に残っている。穴太衆《アノウシュウ》が築いたものだ。穴太衆は坂本の南はずれ、穴太に住みついた石積み職人。織田信長の安土城築城にかり出され、石垣をつくって一躍、名を挙げ、全国の城づくりに引っぱりだこになった。

③ 「イシグミ」も似ているから、ここに掲げる。愛媛県西宇和郡名取町（伊方町）は、佐田岬にあり、傾斜地のため、石を組んで土地を作った石垣の町で、石垣は二重にしてあるので地震、台風や雨にも崩れるこ

とはない〔『NHKテレビ』昭和53・12・8〕。
熊本県玉名郡菊水町（和水町）のトンカラリン（遺跡）という人工の隧道《トンネル》の石組みは横長の石で切りこみがある。
福岡県行橋市の御所ヶ谷神籠石の石組みも同様である〔『NHKテレビ』「天の岩戸考」昭和53・1・31〕。

イシバ　石場。①石材の集散場。地名として多く残っている〔『日本の石垣』〕。
②礎石を置く地面〔『日本の石垣』〕。
③伊豆の八丈島で霊地のこと。テイシバとも。神を祀る地に社祠を設けず、自然石を置いたり、盛り上げたりしたものが少なくない。それは大木の根にあることが多く、森林の中にあったり、樹木と関係なしに立っている場合もある。このような形式の霊地をイシバという。青ヶ島では、屋敷神のことをイシバサマとか、テイシバという。通例、盆正月の二回祀る〔『分類祭祀習俗語彙』〕。

イシブロ　石風呂。徳島県名西郡地方、麻植郡（吉野川市）地方、愛媛県の瀬戸内沿岸地方や沿岸の島々で、岩穴を利用した一種の蒸し風呂。湿め石と称する石を焼いて、これに水を打つのが普通だが、ときには焼いた海草を穴に入れて塩風呂にすることもあった。風呂は通常は横穴に作る〔『集解』〕。

イズ　①栃木県日光市、安蘇郡（佐野市）、上都賀郡（鹿沼市）で、川の水の深く淀んでいる所。水池、沼、渦。また、栃木県下の右の所以外ではイズンボともいう〔『栃木県方言辞典』〕。
②泉（泉《イズ》ヶ峠、泉本《イズモト》、伊津、伊豆田（伊豆沼、伊豆根沢）伊洲子《イズシ》、檮原《イズハラ》、厳美《イズミ》）〔『日本の地名』〕。「伊豆」は出ヅで温泉の湧出する所が多いからだという説がある。

イスズ　①清浄。
②泉（伊鈴川、五十鈴川）〔『日本の地名』〕。

イズミ　古来、人間は泉の湧く所を見つけて住居を営み集落を作った。井戸を掘る技術が十分発達しなかった頃には、泉は自然の飲料水源として貴重であった。泉という地名、人名が少なくないのはこれを物語っている。
『常陸風土記』行方郡（行方市、潮来市）の条に「郡の東に国の社あり、此を県の祇《カミ》と号く、社の中に寒泉あり、大井と謂ふ、郡に縁へる男女会集ひ汲み飲めり」というような状態は各地に見られたにちがいない。

そして泉の湧く地を神聖視し、そこに水神を祀り、また村の氏神を祀る例は多い。もと神社には多く霊泉といわれたものがあり、その水で神祭の酒を造った。養老の滝の孝子で有名な酒泉もこのような信仰を背景にもつものである。

泉の出現については、弘法大師が杖で土を突いたから出たとか、八幡太郎が弓で突いたとかの奇瑞物語が諸地方に語られているのも、泉を神聖視した古人の心を示している〔大藤時彦説〕。

沖縄では、伊豆味（泉）、大見謝（オオンジャ＝大泉）、大井《オオンジャー》、泉川《イズンジャー》、登川《ノブンジャー》、平良川《テーラーガー》、大川《オーカー》、砂川《ウルカー》、塩川《シウカー》、石川《イシチャー》など泉や井のついた地名が多い。清い泉の傍には必ず神の森がある。本土でも霊泉発見の功績を弘法大師に帰する伝説は広く、八幡太郎の弭の清水のように仏教関係以外の英雄に託する例もある。ある偉人に託して誕生井とか産湯の口碑の存するものもある。神社の御神体が泉の中から出現したと伝えるものもあり、泉の湧出と神の出現とを結びつけた信仰が、誕生水の言い伝えを生じたものであろう。泉の水が酒であったという強清水の口碑も多い〔『沖縄古代の水の信仰』〕。

① 沖縄本島では、地中から湧き出る水を総称してウブカー（産川）と呼んで、その中で石灰岩地帯独特の地下の川の流出するのをフィジャ（樋川）と、平地に湧き出る泉をイズンとの二種に区別している。

日本本土では、イズミという言葉が標準語として普及しているが、その形態と方言とは多種多様である。

デス（秋田県南秋田郡脇本〈男鹿市〉）

スズ（秋田県平鹿町・横手町〈横手市〉）

デスキ（群馬県山田郡〈みどり市〉）

シミズ、イド（千葉県香取郡香取町〈香取市〉）

ニクミ（山口県豊浦郡〈下関市〉、同萩市見島）

ショーズ、ショーッツアン（熊本県玉名郡南関町）などと呼んでいる。前記千葉県下総台地の谷間に多いシミズも、洪積層台地の地質構造によって生じた自噴泉であり、静岡県富士宮市浅間神社の御手洗である湧《ワク》玉《タマ》の泉も火山の裾野特有の湧泉である〔小川徹『日本社会民俗辞典』〕。

深さ三～六尺程度の地下から湧き出る「竪」（垂直）のものと、山地の裾から出る「横」（水平）のものとの例を中国地方にとってみれば、地下から湧き出る湧泉は、人工的に掘るというほどの操作を加えるのではなく、水溜の場を造るのであって、柄杓で汲める浅いものが多く、少し深いものでは釣瓶縄で手で汲み上げる。石垣積みにしたものから、何ら人工を加えない自然のままの窪地に水が湧き出て溜ったものがある。

ツボカワと呼ぶ地域は、周防の大部分。

クミカワと呼ぶ地域は、備前、備中、備後にまたがる吉備高原地帯と、備中、備後の南部丘陵地帯。

イケまたはユケと呼ぶ地域は、周防玖珂郡本郷村（岩国市本郷町）、安芸佐伯郡佐伯町（廿日市市）。

ツボカワのツボ（壺）は自然に窪んだ所に水が溜ったところを指し、イケ（池）もツボも同類であろう。イケはいくら小さくともイケと呼び、イケルという動詞とも関係があり、貯蔵という意味があり〔宮本常一「井戸と水」『日本民俗学大系』六巻〕、泉が湧き出て溜る場をいったのである。

人工的に掘り割り、掘り抜いたものは「井戸」であり、自然のものはツボカワ、クミカワなど「カワ」で、普通の民家では古くは「カワ」であった。現代語の井戸をカワと呼んだのである。

なお、備中（井原市）美星町明治では、山の斜面などに湧き出て、自然のままで石垣も積まず、野良仕事中、咽喉のかわきをいやす程度に使われているようなものをシミズカワ、デスイといい、クミカワと区別している。ツボカワ、クミカワ、イケなどは竪（垂直）のものであるのに対し、「横穴水」（周防下松〈下松市〉切山など）、「横穴」（石見那賀郡金城町〈浜田市〉波佐、美濃郡美濃町〈美濃市〉二反田など）と称するものは横（水平）のものである。家の背戸の裏山の裾に作っているものが多く、溜り場に貯水しているものと、横穴の奥から沁み出る水を懸樋で台所の水がめに取り入れているものとがある〔『中国地方の民家』〕。

② 井戸のことを香川、徳島でいう〔『全辞』、『口承文学』七、『旅伝』九の六、徳島県板野郡土成町〈阿波市〉出身者談〕。

③ 赤穂の塩田で、その土質からして蒸発の悪い湿った塩田をいう。夏季の採鹹に適性をもっていた〔『塩の道』〕。

なお、福岡県春日市には大字シロウズ（上白水、下白水）がある。同地には河川がなく、溜池、泉によるほかはない。白水は泉ではないか。

イズモ　地形名の上からいえば、静岡県の伊豆半島のイヅは断層の多いイ（石）ヅ（津＝所）であろうか。

また出雲のイツは出で突出した地域か。ツマ（端）か、クマ（隈）で辺境の意か〔『地名の由来』〕。

イセチ　①　どこの山間にも耕作すると祟りがあるといわれ、人の触れない土地があるが、岐阜県揖斐郡徳山村（揖斐川町）では伊勢地《イセチ》と称している。これは人の土地争いをした土地で、結局この土地を伊勢神宮にあげてしまい誰もかまわずにいる所であるという。そうして誰かこの地をかまうと必ず不慮の災難に遭うと信ぜられている。もちろん、伊勢神宮にあげたというが、正式に献上し伊勢の所有に登記されたものではないようであり、ただ、人の怨みの籠っている土地であるから、お伊勢さんにあげてしまえということになったのであろう。お伊勢さんのお祓いを埋めたなどといっているが、その真偽はわからない。しかし同村門入（揖斐川町）のあたりには驚くほど伊勢地になり、人の触れない土地が多いように観測された。とにかく、そういうように伊勢信仰が残っているということは、かつて伊勢の御師などの影響が強く働いていた地方であると思わずにはいられない〔『美濃徳山村民俗誌』〕。

②　三重県名賀郡青山町（伊賀市）、同県一志郡伊勢地村（津市）、同県度会郡南勢町（南伊勢町）などにある地名。伊勢田、伊勢畑、伊勢領と同様、伊勢神宮へ供える作物を作る土地という意味であろう〔『地名語源辞典』〕。

伊勢田（京都府宇治市、徳島県海部郡海南町〈海陽町〉）

伊勢畑（茨城県那珂川上流、栃木県境に近い御前山村〈常陸大宮市〉に上伊勢畑、下伊勢畑の両部落あり）

伊勢領（富山県高岡市南部、同県滑川市の西隣の水橋町などにある地名）

③　山陰地方東部の海岸部で知られている南東方向からの暴強風の呼び名。イセカゼで若狭湾西部から但馬を通り、鳥取をぬけ、島根半島一帯までの日本海沿岸地方で使われる名称で、主として南東方から吹く風なので、伊勢風なのであろう。その特性は、強烈な暴風で災害をもたらすことが多い。二百十日前後によく吹き、大雨を伴うことも多い。最初、アイ（東風）が吹き、しだいに強くなり南東に回る。この時風力は最大となり被害を生ずる。それから風向は西へ回り、風力が弱まりニシかオキニシ（北西）になっておさまる。台風来襲に伴う暴強風。この風名は、西の出雲地方に

発生し、東方へ拡がり、若狭湾岸まで伝えられた風名のようである。イセとイズモの両者の関係ともからみ合せて考える必要があるかもしれない（『風の事典』）。

イソ　土佐物部川筋で断崖絶壁の岩山。岩手、秋田ではそういう山から崩れ落ちる土砂または雪崩。伊豆諸島では小岩礁の海水の干満により出没するようなもの。アイヌ語でも露岩をいう。磯谷のヤは陸地（『地形名彙』）。

古代、石はイシ、イワ、イソと呼んだようである。『和名抄』の地名部に大和国「石上」をイソノカミ、備前「石上」イソノカミ、丹波国「石生」をイソフとある。『万葉集』中の「石上」はイソノカミ、「石島」はイソシマ、「石足」はイソタリ、「石隠」はイソガクリ。なお、磯《イソ》は海岸のことで石《イソ》から磯となったもので「岩石そのもの」と「岩石の多い場所」との両義に用いられたものであろう（『万葉集大辞典』ア行）。

岩石の多い所なら山でも海でも、ひいては川でもイソがあったのである。羚羊《カモシカ》などのいる断崖絶壁を、土佐の物部川筋でイソというが、東北の岩手、秋田県では、そういう岩山から崩れてくる土砂または雪崩をいうようで、たとえば岩手県雫石地方では、大量の積雪が、その重みで転落することを「イソがつく」という。岩手山付近では、そういう場所をイソピラという詞もある。阿波の祖谷山（三好市）でもイソは岩のことで、川の中にある石はナカイソであり、広島県双三郡（三次市）では、とび石もトビイソであるが、海山ともに同じ語の多いことは、この語をはじめソネ、キシなど少なくない（『山村語彙』、『山村民俗誌』、『狩猟伝承研究』、『全辞』、『方言』七の七）。

イソはアイヌ語でも裸岩、岩、岩礁であるというが、普通イソは岩石の露出している海岸をいうが、陸岸を遠く離れた海中に孤立するもの、たとえば徳島県津田港口（徳島市）の南東方四キロの海中にある磯亀のようなものもある。この岩礁は、現在低潮時にわずかに頭部を現す干出岩だが、『阿波志』によれば、往時は漁家もあった小島だったが、文禄三（一五九四）年八月地変のため、海中に沈下したと伝えられる。

海中の岩礁を意味するイソの分布は、北九州にはわずかに分布しているが、瀬戸内では島嶼部全体に見られ、沿岸域には分布が薄く、紀淡海峡を経て太平洋に出、東北日本の東岸を北上して津軽海峡にまで達している。九州沿岸と日本海岸にはほとんど見られない

〈『日本地名学』I、『水路要報』昭和25・12・1、21、『地名の成立ち』、『瀬戸内海域方言の方言地理学的研究』〉。

なお、大分県津久見市日代では、磯近くの海面をイソバタといい〈『方言』六の一〇〉、同県南海部郡米水津村（佐伯市）では、海岸をイソべといい〈同地人談〉、筑前では、沿岸流をイソガワ〈『地形名彙』〉、福岡県宗像郡岬村（宗像市）鐘崎では、海女作業をイソ、漁場をイソバ、潜水することをイソイリ、海女作業の舟をイソブネ〈『民伝』一七の八〉などというのは、海岸近くをイソというからであろう。

佐渡の海府では、そういう所をナダ、その先の海面をヘタ、そのまた一つ先の水深三、四尋もある所をイソというのは、ここの海が深く特に舟イソが発達していて、自然にイソという語が沖の方に行ってしまったためであろうと、『北小浦民俗誌』（柳田国男）は述べている。

イソ釣（八丈島その他で）

イソカゴ（魚籠。八丈島）

イソッピ（磯蟹。千葉県夷隅郡興津〈勝浦市〉）

イソオリ（海女が海に入ること。三重県志摩郡〈志摩市〉）〈『分類方言辞典』〉。

イソは海岸のみならず、川原の石の多い所をもいう。たとえば山梨市の街から石和寄りに笛吹川にかかっている亀甲橋（別名メガネ橋）を渡ったところの丘陵を差出《サシデ》の磯といい、『古今集』に「塩の山差出の磯に住む千鳥　君がみ代をば八千代とぞなく」とうたわれ、琴の「千鳥の曲」は、この歌の繰返しになっているとか〈『朝日新聞』昭和39・1・26〉。

また、岡山県成羽川あたりでは、渡船場をイソという〈『日本民俗学』九〇号〉。

イソピラ　山がたけり立って岩石の崩れている場所。高山ことに火山に多いようである。幾百尺の高いイソピラを横断通過することは危険を予想して進まねばならない。沢目にこうした場所が続いていると、荒沢などと名がついている。ピラはヒラで斜面。「山のヒラ」「屋根のヒラ」と同義。イソピラは毎年の雪崩で地肌が洗われて岩石を露出転落させ、壮観美景を呈している。岩手県岩手郡雫石地方〈『山村民俗誌』〉。

イソベ　①　海岸。（イソの項）

②　アイヌ語でイソ（はだか岩）、ベ（水、川）。イソべという所には必ずその近くに川が流れている。三重

県志摩郡（志摩市）磯部町の加茂川、群馬県安中市磯部の碓氷川、下総国磯部（千葉、茨城に各一つある）の利根川など〔『地名語源辞典』〕。

イソヤ　「磯谷」はうまい宛字で、日本語の地名のようであるが、北海道の所々にあるアイヌ語地名。江差追分節の歌詞で有名な「せめて歌棄《ウタスツ》磯谷まで」の磯谷は、積丹半島のすぐ手前にあった漁場の地名。語義はイソ・ヤ（波かぶり岩の・陸岸）であった。

ヤは元来、レッ（沖）に対する言葉で「陸（りく・おか）」の意であるが、イソヤのような形のときは「岸」と訳した方がわかりいい。

トー・ヤ（潮の・岸＝洞爺）
ピー・ヤ（石ころの・岸＝美谷）
テムン・ヤ（菅藻の〈うち揚げられている〉岸＝手宮）の類である。

青森県側の磯谷は、下北半島の大間岬から西岸を南に行った所で、矢越を過ぎて道のどんづまりのような所にあり、古めかしい別天地のような漁村。部落に入る手前の中磯谷の辺りは一帯の岩礁海岸である。アイヌ語の時代に海峡の人たちが、ほど遠からぬ北側にも南側にも、同じようにイソヤの名をつけて呼んでいたのであろう〔『アイヌ語地名の研究』一〕。

イタ　①　波の静かなこと。静岡県志太郡（藤枝市）〔『静岡県方言集』〕。

②　潮の古語。常陸〔『常陸方言』、『全辞』〕。

茨城県行方郡（潮来市）に潮来町がある。霞ヶ浦の東南方にあり利根川に沿う。最初、板来と書いたが、江戸幕府が開かれた年（一六〇三）伊多古となり、のち徳川光圀が潮来と改めたという。利根川口から潮（イタ）がさして来るからとて、この字に改めたという〔『地名語源辞典』〕。

福岡市の板付は、博多湾の水が福岡空港のある板付付近まで入り込んでいた時期があったことが、板付貝塚から淡水産、海水産両方の貝の化石が出土することから想像されるという〔福岡市立歴史資料館館長・三島格『朝日新聞』昭和51・2・19〕。

北九州市小倉北区の板櫃《イタビツ》（到津）も海岸に位置する。

イタが潮の古語であるという用例として「イタモノドリ」がある。これは地曳網で得た魚を漁師の間で代《シロ》分《ワケ》して、その余りをその場に居残った者だけで分けることで、静岡県安倍郡（静岡市）ではエタモンドリ、同県賀茂郡でイタモンワケという〔『綜合』〕。後出のイタガラマのイタも潮の義。

③　板橋、板小屋、板倉、板屋のイタは、字義通りに解すべきであろうが、崖と推定しうるものも多い。たとえば、山の急斜面にある白板部落（山梨県鰍沢町〈富士川町〉）や、白板山などは断崖と関連する。三陸海岸の山田湾南岸の浪板崎は断崖の岬であり、その南側の船越湾西岸の浪板も断崖海岸の間の小低地。赤石岳地方の板屋岩（二六三六メートル）には頂上付近から大日影山、小日影山に続く大断崖が走っている。この場合、ヤ（屋）は岩をいうヤであろう。板のつく地名にはガケからきたものがあることは間違いないようである。

岩手県上閉伊郡大槌町北方の石板森《（ママ）》（五七三メートル）は頽岩の多い山。

宮城県宮城郡大沢村（仙台市）境に、急峻な板嵐峠（三〇二メートル、広瀬川上流）がある。

広島県三次町（三次市）西方の板崎

新居浜市南方の板ノ本

三原市西方の大板

徳島県池田町（三好市）西郊の板野

いずれも丘陵端や山麓急斜面の崖地である。

群馬県碓氷郡板鼻町（安中市、中山道旧宿駅）も城跡の丘端の崖地〔松尾『日本の地名』、『集落・地名論考』〕。

イチジョウ　一条。各地に多い地名。大化の改新の際に行われた条理制という土地の区画法の名残。二条、三条と数えて十何条に至るところもあった〔『地名語源辞典』〕。

イヅツ　井筒。天保八（一八三七）年の紀行文『守貞漫稿』に見える用語で、掘り抜き井戸の地上に出る部分のこと。「京坂井、地上に出る井筒、俗に井戸側《イドガワ》と云」とある〔『集解』〕。

イデ　①　八ヶ岳山麓で湧水のこと〔『地形名彙』〕。田に水を引くため川水を堰止めて溜めておく所がイデ。イは居で水の静止状態。井堰で流水を堰上げて、灌漑地域に導水する農業用水路のことをもイデというようになったが、過去においては飲用水も含まれていた。このイデの水の流れをよくする作業を、イデサラエとも川掃除ともいい、近年までは年二、三回村中総出で行った。岡山県で〔『岡山民俗事典』〕。

福岡県の旧企救郡（北九州市）では川に井堰を築き、堰止めて、水を貯蔵することをイデヲウツといった

〔『藩政時代百姓語彙』〕。同県京都郡犀川町（みやこ町）では、川を堰止めてそこから灌漑用水を田に配る所のイゼは、もとは木の杙《クイ》を打ちこんで作ってあったが、毎年苗代前に各部落で作り変えた。その際イゼを浚えるのをイゼセキといった。イゼには流れ寄った汚物があるので、掃除して取り除くことをヨウスイといった。現在イゼはセメントで造りセメントイゼとしている〔同地人談〕。同県甘木市（朝倉市）江川でも、イデを作ることをイデセキという〔『江川』〕。

　またイデは水溜りになっているので、子供たちの格好の水泳ぎの場所でもあった。大分県東国東郡国東町（国東市）〔同地人談〕。

『狂言記』の「水掛聟」に「これはいかなこと、井手が切り落してある」の井手も井堰のこと。香川県三豊郡五郷村（観音寺市大野原町）では川を堰いた所をヨコイ、そこから水を田に流す溝をイデ〔『方言』六の一〇〕。また、熊本県では川から田の中に引いた用水路の大きいのがイデ、小さいのをミゾという〔『熊本県民俗事典』〕。山口県大津郡油谷町向津具（長門市）では、畦の水漏り箇所を修理することをイデソクイという〔『向津具半島の民俗』〕。

　奈良、岡山、石見、山口、高知、福岡、大分、熊本、鹿児島で井堰をイデといい、奈良、和歌山、兵庫、中国地方、四国、大分、宮崎、佐賀、長崎、熊本では用水路、溝、灌漑用水路をいう〔『全辞』〕。

② 中国地方で井手と書いてタタラ吹きのカンナ（鉄穴）に送る水路をいう。このイデを他人の所有する山に作る時はイデ敷料を支払う。中国地方の山地を歩くと、山道かと思われるイデの跡が、山腹をへっついているのを見かける〔『鉄の生活史』、『民族学研究』一の四〕。

③ 広島市福島町で、川や海の底が急に深くなっている所をイデという。老人語〔『日本の方言区画』〕。

④「出る」という意味の地名で、集落が発展するにつれて、もとの集落（親村）から分かれた新しい集落（子村）を出（イデ・デ）という。井出、井手の字を宛てる。出た方角によって東出、西出、南出、北出、上出、下出、また新たに出たという意で新出、今出などという。出屋、出垣内、出在家、出町などもある。出という地名は、奈良、和歌山、兵庫、富山などにあり、井出は福島、群馬、静岡、京都、岡山などにある〔『地名語源辞典』〕。

イデカワ　出雲で水流〔『地形名彙』〕。

出川。長野県松本市南部の市街。イデとは湧水の意。現在南松本駅東方畑中の犀口水引明神の下手に絶えることのない湧水があったので、この地名となった。塩尻市宇賀の平出にも清水が湧き出て平出遺跡がある。この平出の出も「湧水」である〔『地名語源辞典』〕。

イト、イトー　①　川辺の物洗い場を丹後、但馬、鳥取でいう〔『全辞』〕。井戸と区別するためにイトといったものか、またイトは磯（イソ）のことで、伊東、糸崎、糸島郡もこれによると、『日本の地名』は解いている。

②　イトは西日本に多くある地名であるが、これが糸井、糸沢、糸田となると東日本にも多くある。これらの複合地名も、二母音のイトとは区別すべきではないか。倭人伝にあるような地名は、伊都国のイト、イヨ、イヤを含めて、北九州から南九州という分布はなく、北九州→瀬戸内→近畿という分布が多いようである。伊勢湾から東になると、この種の上代型二母音地名は乏しくなる。この点では北九州から近畿にかけては同質の地域であったと思われると『地名の由来』は説いている。

イド　①　住居と水との関係については、いわゆるサンカと呼ばれる漂泊民が、セブリと称して移動中、暫時住むだけの天幕を張る場合、必ず南向きとし、その場所は川か池の縁、清水の湧く山麓の地を選ぶのである。水の便とその水質の良好なことが条件で、けっして水を遠くへ汲みに行くような地点には天幕は張らない。あわせてその生業とする箕作りの原料となる藤蔓の入手にも容易な地点でもある〔『サンカの社会』〕。

②　そのように、水が近くにあれば問題はないが、古い時代には外敵や瘴癘を避けるためには、台地や丘陵上に居住する方が、低地に家居（集落）を定めるより有利であり、そのため水不足に苦しむことがあったが、外敵、瘴癘の害は水不足以上に忍ぶべからざるものがあったにちがいない。

③　掘り井戸以前の飲用水は湧水、泉、流水、湖沼にこれを求めた。もともとイド（井戸）は古語の「ゐ（ど）」を源とする語で、堰《イ》（ｗｉ）で水を堰止めて一所に静止させ（居）て利用する場所であって（三重県志摩郡和具村（志摩市）では池をイドという〔『日本の民具』〕）、田の用水の取り入れ口ないし用水路がイ（ヰ）、ユと呼ばれたのは同じ語源だと思われる。すな

わち八丈島、岐阜県北部、福井北東部、三重県南部、大分でユード、隠岐でヨドというのは、イとヨ、ユの交替でイドから変化したものと考えられる。あるいは「淀、澱」のヨドを祖先とする考え方もあるかも知れない〔『日本言語地図』④別冊〕。

④　灌漑用水路を「〇〇の井」というのは、近畿地方に多く、また池がかりの田に対し、用水がかりの田をイガカリ、ユガカリといって区別する所も中国、四国地方に広く分布している。

⑤　家の近くの小川に作った洗い場をイドバタと呼んでいる地方も多い。イドバタは必ずしも掘り井戸の周辺とは限らない。流水を堰止めた物洗い場を、岩手県胆沢郡（一部、奥州市）、長野県下伊那郡（一部、飯田市）でイドといい〔『全辞』〕、福島県耶麻郡（一部、喜多方市）や南会津郡の一部では、屋敷の周囲か屋敷に取り込んだ用水堀をイドといい、この用水を飲料水としている所も多い〔『福島県史』第二三巻〕。そのほか川辺の物洗い場をイトとかイドというのは丹後、但馬、鳥取地方にあり〔『全辞』〕、五島でも溝をイドといっている〔『五島民俗図誌』〕。

⑥　井戸の古い形が川水であったことは現在、中国、四国の大部分および九州とその属島が、井戸をカワと呼ぶ地帯や、薩南諸島や沖縄諸島でもカーと呼んでいることからわかる。奄美諸島の最南の島、沖永良部島では川または泉のことをホウというが、これはおそらくカーまたはコーの転訛であろう。沖永良部島や与論島で井戸をクラゴーというのは、ここの井戸が珊瑚礁下の地底の洞窟の湧水で、暗いカワすなわち暗い井戸であるからである。

九州では井戸をカワあるいはイガワ（井という語を添えて流川のカワと区別した）といい、壱岐でも井戸はカア、川はコーラと区別している。

⑦　掘り井戸は、『万葉集』巻七（一一二八）に石井《イワイ》（掘り井戸を石で囲ったもの）や巻一四東歌（二四三九）につつみ井（石積みの竪井戸であろう）の語句が見え、『古事記』の「天ノ真名井」も竪井戸であったと考証されている〔『日本の石垣』〕。

静岡市登呂の弥生式遺跡から井戸と推定される二個の遺構が出たし、奈良県橿原の遺跡にも掘り井戸と考えられるものが発見されたところからみて、掘り井戸の歴史は古いが、その普及に至っては遥かに後代のことである。大阪府八尾市の遺跡は、四世紀から五世紀

（古墳時代）の高床式住居群跡（約二〇棟）が発掘され、同時に一四の井戸跡も見つかったが、住居に沿って二つが一対となった井戸（大きいのは直径一・五メートル、深さ一メートル。小さいのは直径一メートル、深さ五〇センチ）が七カ所、計一四。共同井戸であって、また井戸のうち一つは長さ一三〇センチ、直径五〇センチの木をくりぬいて井戸枠としている〔『西日本新聞』昭和54・7・6〕。

『日本書紀』天智三（六六五）年の条にみえる「水城」（福岡県筑紫郡太宰府町〈太宰府市〉）の遺跡から発掘された井戸は、縦横各一メートル四方、井底から出た土師器は、土器編年からみて八世紀中頃（奈良時代中期）らしい。平安遷都直前の十年間、都があった長岡京跡（京都府向日市、長岡京市）で出土した井戸の遺構は、大きいもので丸形で直径七〇センチくらいが普通のサイズとされていた〔『朝日新聞』昭和54・8・2〕。

京都市北区大将軍坂田町で発見された平安初期の寝殿造り遺跡の大型の井戸の口は二・四メートル四方、深さ約四メートル、井戸の内側には板を張り、その間に粘土をつめこんだらしい〔『朝日新聞』昭和54・8・2〕が、とにかく井戸が大型化するのは、鎌倉時代以降のことであろう。近世ないし明治初年までの大都市や城下町には、井戸の普及をみたが、一般民家では、自然の流れ水やクミカワなどの湧水を使っており、大多数の農村に掘り井戸の時代の訪れたのは明治も中期以降のことに属するのである。

水を汲み上げる方法としては、井戸の浅いか深いかによって、柄杓で汲むものをシャクシガワ（杓ン川）井戸、ツルベ井戸（またはツリン＝釣井）の手釣瓶で汲むもの、ハネツルベで汲むもの、滑車による車井戸、近年はモーターで汲むものから簡易水道式のものまでできた。

⑧ 現在我々が井戸と呼んでいるものは、昔は掘り井戸という人が多かった。したがってその人達の間で井戸というのは掘らない井戸であり、湧水のある所、地下水の露頭部を少し削り、掘り窪めた程度のものをいったのである。泉の井戸には掘り抜き井戸（打ち抜き）といって、地下深く掘り抜いて自噴するような地下水を得るのに上総掘りという方法が江戸時代から普及していた。上総掘りとは、千葉県君津地方で発達した深井戸の掘削技術のこと。掘り鉄管と、掘りくずを

さらにスイコという軽い管と、それらを孔の中に吊るす割竹製の帯状のヒゴなどを用いて、掘り鉄管の自重と人力で孔底を突き当てながら掘っていく。沖積段丘の上に耕地をもつこの地方の慢性的水不足を克服するために、十九世紀初めに考案され使われ始めており、明治以後も改良が重ねられて普及し、減反政策の開始によって消えた日本の伝統的な突き掘り技術の最高度に発達した形であり、機械力による近代的な掘削技術を受け入れる基盤ともなった。現在アジアやアフリカの開発途上国で、この技術が用いられている〔『上総掘りの民俗』、『毎日新聞』昭和61・7・7〕。

埼玉県入間郡堀兼村（狭山市）の神社の境内にある井戸は、深さが一九メートルもあり、あまり深くて「堀りかねた」ので、堀り兼の井戸と名付けられ、村名までが堀兼村となっているという〔『毎日新聞』昭和35・8・19〕。

⑨　井戸は所有種別からいえば、個人井戸と共同井戸とがあり、共同井戸（またはモヤイ井戸〈安芸〉、大井戸〈出雲〉ともいう）は物洗いや洗濯などで、自然、婦女の集合するいわゆる井戸端会議、情報交換の場所ともなった。

⑩　昔の井戸掘り職人は、井戸を上水、中水、本水に分けて区別した。

上水とは、地下二、三メートル掘ると湧いて出る水。これは使えない。

中水とは、地下一八メートルほどの砂層から出る水。飲料に不適、雑用水として。

本水とは、地下四〇メートルくらいの砂礫層から出る水。飲み水として。

樋口一葉『大つごもり』に「井戸は車にて綱の長さ十二尋」。十二尋は一二・六メートル、これは本水〔『毎日新聞』「余録」平成2・10・25〕。

⑪　井戸にはマナコを入れるといって、三重地方では皿を、大和地方ではお椀のようなものを、大阪府泉北郡の山手地方では、井戸の魂として銅鏡を入れたという〔『日本民俗学大系』六〕。

⑫　古井戸を埋めるときは、富山県西太美村（南砺市）では、一番底に、はどり石の基礎になっている井桁を必ずとらねばならず、また虫を伝って上らせるために三本縛ってから埋める〔『礪波民俗語彙』〕といい、伯耆西伯町（南部町）や出雲斐川町でも、竹の節を抜いて井戸の中央に立ててイキヌカシをする。これをし

ないと祟りがあるという。
⑬　岐阜県郡上郡（郡上市）では、奥に対して入口近くのことをイドといい、「イドの座敷」「イド在所」などといい（『分類方言辞典』）、飛騨清見村（高山市）大原でも、部落に近い所をいう。アラトに対して井戸を中心とする本来の部落のことをいうのであろう（『綜合』、小川徹『日本社会民俗辞典』、『中国地方の民家』、『岡山民俗事典』、『郷土史辞典』、『民俗のこころ』、『神秘の水と井戸』、『沖縄古代の水の信仰』）。
⑭　京都府中部では、七月七日のことをイケカエボンという。この日、墓の掃除をするほか、必ず飲料水の井戸を浚うためである（『三重郷土誌』、『綜合』）。福岡県春日市でも「タナバタ節句の井戸さらい」といい、七月七日に井戸浚いをした（『むかしの生活誌』）。
　七月七日は盆前で、この日は浄めの雨が一滴でも降るとされている。七日に井戸浚えをするのは盆前の浄めの日でもあったのであろう。
⑮　神社の境内にある井戸に乳幼児をのぞかせると、虫封じの効果があると伝えられる「井戸のぞき」神事が六月一日、愛知県内の二つの神社で行われる。名古屋市熱田区高蔵町の熱田神社の摂社で高座結御子《タカクラムスビミコ》神社。もう一つは半田市亀崎町の神前《カミサキ》神社。井戸は、いずれも一メートル四方のごく普通の形で、母親らが子供を抱いて、中をのぞかせるのである。二つの神社とも、海岸線の杜にあり、冷たい水が湧き、子に飲ませたら病気が治ったとか、水面に顔を映させたら、無事成長したとかいわれている（『朝日新聞』平成1・6・1）。

イトイ　アイヌ語で鮭を突いて捕る所だという（糸魚《イトイ》沢、小糸魚、小糸魚川）。また糸魚は融雪期に海から川に上るという（『日本の地名』）。山田秀三『アイヌ語地名の研究』にはイトイの解説は見当たらない。

イナ　砂、籾（ミナ→イナ、ニナ貝と籾が相似形であるところから砂のことをイナといった）。南奥〜三河に多い（稲、伊那、伊南、伊名、伊奈、猪名、為奈、為那野、飯名）（『日本の地名』）。

イナゴ　①　乾いた砂。千葉県山武郡（一部、山武市）。
②　浜の砂。千葉県長生郡。
③　砂の混っている土。埼玉県北葛飾郡幸手町（幸手市）（『方言』七の二）。ヨナゴで、ヨナは火山灰をいい、砂浜をもいう。鳥取県米子の地名もこれから出たものか（『綜合』、『全辞』）。イナゴはイサゴと同根で

あろう。
④ 砂地。イナの転〔『日本の地名』〕。
⑤ 稲村。またはその象形語（稲子、稲子山、稲子沢、稲子原、稲孤、稲郷、伊奈胡山）〔『日本の地名』〕。

イナバ ① 稲架の普及前に稲干場とした所で、平素は芝草地になっていた〔『日本の地名』〕。
　奈良県山辺郡豊原村（山添村）で、最近イナバの利用がまったくなくなったので、イナバの石と土とを利用してマチアワセ（マチは田で、田の合併がマチアワセ）が部分的に進められている。イナバとは刈った稲を並べて干す所で、水田に続いて必ずイナバが存在する。イナバは緑肥の採草地でもある。稲刈り後の乾燥方法の変化、牛の飼育がふえてワラによる堆肥の利用がふえ、化学肥料の普及によりイナバの緑草の必要性もぐんと落ちたので無用になったイナバを崩して、マチアワセをすることが多くなった。そのため田は広くなるわけである〔保仙純剛『日本民俗学会報』八号〕。
② 稲積の形の山（次項、イナムラ参照）。稲場、因幡、稲干場、稲葉、稲羽、伊奈波、伊南波、印旛、印波、稲葉山（鈍頂）〔『日本の地名』〕。

イナムラ 稲村ヶ崎、稲村山、稲葉山という地名は、イナムラに似た丸みのある形からきたものであろう。刈り稲の干場を「稲場」と呼ぶのは、稲場にはイナムラの並ぶ情景から稲場という場所の名称が、イナムラと同義語に転じたものであろう。稲積山という山もある。きれいなドームあるいはコーンに類する山容を呈し稲積みを連想させる〔松尾『日本の地名』〕。

イヌ 犬塚、犬島、犬山、犬ノ馬場、乾《イン》馬場、犬吠森、犬翅、犬田、犬ノ迫、犬淵、犬間、犬丸、猪ノ鼻（低い台地の端）、猪ノ尾（低い尾根上）などの地名からイヌは「低い」意味をもつらしい。また犬見、犬熊、犬迫、犬間（小盆地）、伊野、犬吠（狭い尾根上）の地名は「小さい」「狭い」意味もあるらしい。
　一方、明らかに犬を意味する地名もある。犬飼、犬塚、犬島、犬鳴、山犬谷、犬走島（犬の形の島）、犬戻鼻、犬ノ頭島〔『日本地名学』、『日本の地名』、『地名語源辞典』〕。

イネ ① 筑前で海中の浅瀬〔『地形名彙』〕。
② 田んぼのこと。今は京都市に編入された旧葛野郡中川村、小野郷などで〔『綜合』〕。
③ 井堰。京都。イデに同じ〔『全辞』〕。

イノ、イノー ① 水路ある野。

② 小さい、イヌの転〔『日本の地名』〕。

イノカシラ 井の頭。泉源〔『地形名彙』〕。栃木県安蘇郡野上村（佐野市）で、筧の水の出る所をタツガシラという。角材で竹筒を直角につないである〔『安蘇郡野上村語彙』〕。

イノクチ 苗代へ水を引く口。みなくち、水口、越井〔『物類称呼』、『全辞』〕。

イノコ 大分に集中して分布し、宮崎にもある。この語源はイ・ノ・コ（川）としてイガワの類と考えた〔『日本言語地図』④別冊〕。また『綜合』は「大分県一円、ことに東国東郡（国東市）などで竪井戸のこと、或は井の小形のものをいうか、またその掘井の底に入れる根輪のことをイノコと呼んでいる土地もあるから（岡山方言）別に起りがあるかも知れぬ」とある。

大分県速見郡立石町（杵築市）では、竪井戸をイノコという人もあった。北海部郡佐賀関町（大分市）一尺屋、南海部郡米水津村（佐伯市）、宮崎市では、以前は竪井戸をイノコといっていたが、今では老人以外はイドといっている〔各地出身者談〕。

大分市大在では、掘り井戸で飲料水用の井戸をイノコといい、これに対して田の灌漑用の井戸をイガワという〔同地人談〕。

大分県津久見市の在では、イノコは普通のイドよりもずっと小さく、山から水を引いて溜めているものをいう。また同県臼杵市南津留字掻懐《カキダキ》にはイノコという部落があり、岩山から落ち出た清水を溜める六坪ばかりの水汲場があり、いかなる旱天時にも涸れることはない。付近の人家（一〇戸くらい）から水汲みに来る。普通の掘井はイノコとはいわず、このように清水の溜井をイノコといっている〔同地出身者談〕。同県挾間町（由布市）でも、湧水を溜めた所をイノコという〔同地人談〕。同県大野郡野津町（臼杵市）でも、湧き水を囲って、手で汲めるようにした井で、洗濯物や野菜などを洗うため石が敷いてあるのをイノコといい、掘井はイノコとはいわない〔同地人談〕。

イノハナ 京都石清水八幡宮（八幡市）男山の猪鼻、浜名湖の猪鼻湖神社などあり、高い地所のこと。イは民舎のことであろうと、『綜合』は説いているが、『日本の地名』はイヌに同じで、猪ノ鼻は低い台地の端——と説いている。

イビ ① 筑紫平野、佐賀平野でクリーク（掘割）とクリークの間で水を送ったり、止めたりするのがイビ

（堰）である。簡単な構造の水門だが、この調節は村々の重大関心事である。遠く離れた村にまで影響し合う。だからイビの「アケ人サン」は、土地で最も信頼される人が選ばれ、各地の代表と協議して調節にあたった。イビの開閉は、まさに命がけの重大事であった〔『西日本新聞』昭和51・7・23〕。

筑後柳川の沖の端《ハタ》にある一対の井堰を二挺樋《チヨウイビ》といい〔『柳川方言総めぐり』〕、熊本県玉名郡でも灌漑用水を引く樋〔『全辞』〕、同県宇土郡（宇城市）三角町戸馳で水門〔『熊本県民俗事典』〕、壱岐で堤防に取りつけてある水門、大分で水口、宇佐郡（宇佐市）で井堰〔『全辞』〕。

水田に灌漑水を送るための送水樋は、木の板で箱状（樋状）にしたもの、丸木をくり抜いたもの、竹を二つに割り節を除けたもの、まれに石で作った樋もあったという。

井樋で水を引く田をイビタ（井樋田）といい、この地名は方々に残っている。

川や溝で水の引けない丘陵地の水田、中洲の水田を樋で越して引いた。北九州市小倉南区三谷地区にもある〔『三谷方言集』〕。

熊本県の通潤橋は有名。この橋は石造の井樋の代表である。

② エビの転（エビ参照）。イビ（エビ）は「階段状地形」名ではないかと思われる。指はイビ、海老はエビというのは、節がいくつかあって曲っているものの名であるから、川や坂などでイビ（エビ）というのは、渓谷でいえば瀑流の続く川、峠でいえば段々になって上って行く地形ではないかと思われる（揖斐、檜斐《イビ》、指、指中、伊尾川、海老川、海老津、江見、衣斐、揖美、伊美、伊尾）〔『日本地名学』I〕。イビツは斜めになった状態で、エビ（海老）と関係があろう。

イマナリ 今成《イマナリ》という地名は、大川の大きな彎曲部に突出してできた砂礫沖積段丘の称で、新しくできた地を意味する。五万分の一地形図の上で探ってみると、面白いほどに類似した地形をもっていることがわかる。

高知県高岡郡越知町の今成は、町のはずれを流れる仁淀川の蛸の頭のように突出した川原だが、幡多郡十和村十川（四万十町）や中村市大川筋（四万十市）の今成なども全く同じ地形川原であった〔『土佐民俗選集』その二〕。

イマワシ 川の屈曲する所。関東で〔『地形名彙』〕。

茨城県多賀郡高岡村（高萩市）で、川の屈曲する所をイマースという〔『常陸高岡村民俗誌』〕。

イミヅ　溝、みぞ。静岡、愛知、美濃。エミゾに同じ〔『全辞』〕。尾張〔『続尾張方言』、『分類方言辞典』〕。

イモアライ　「淀一口の要害」といわれる京都府下の一口は『平家物語』、『吾妻鏡』などに「芋洗」と書かれ、イモアライ（イモライ）と訓んでいる。イモライはジモライ（地貰い）の転訛で、土地開墾の際、四本の聖木を四方角に立て、方形に区画することから起こったという説もある〔『地名』〕。

また「古老曰く、三方は沼にて一方より入口之ある故に一口と書くなり」〔『大日本地名辞書』〕とあるように、一方向であるために入口で斎み祓いをしたことから、イミハラヒ→イモアライ（母音交替）→イモライとなったものであろうか。徳政の碑として有名な奈良市柳生の疱瘡《イモ》地蔵は村里離れた所にあり、正長元年の銘がある。橿原市久米寺東方の芋洗地蔵も「斎払い地蔵」のことであろうか。疱瘡《イモ》の語は、大和ではすっかり忘却されてしまった〔『古代地名発掘』〕。

東京都内に一口坂（イモアライザカ）というのがある。千代田区九段北三丁目の二、三番の間を靖国通りから西北へ下る坂。神田淡路町の濠端の坂、すなわち淡路坂の別称を一口坂といったのは、その坂上に通称一口稲荷神社があったことにより『東京案内』は、駿河台太田姫稲荷社の記述として「倉稲魂神《ウカノミタマ》を祭る、昔時太田道灌、山城国一口《イモアライ》の里の稲荷を城内に勧請し此処に移す、故に一口稲荷という」としている。道灌時代の江戸城のどのあたりに一口稲荷がおかれたか明らかではないが、九段坂上の一口坂もおそらくその一口稲荷と関連して残った坂名であろう〔『東京の坂道』〕。

イモニザカ　坂の下で「今帰って来たぞ」と声をかけてから芋を煮始め、帰り着いた頃にちょうど煮えているくらいの急坂。熊本県下益城郡砥用町（美里町）で〔『ＮＨＫラジオ』昭和52・10・24〕。

熊本県五家荘（八代市）の下屋敷という部落の北の急坂にも同様の名がある。坂の上から下の屋敷へ「戻って来たぞ」と声をかけると家では釜へ芋を入れて煮始める。坂を下って家に着いた時芋が煮えている。すぐそこに見えている所へ行くにも随分と時間がかかることを比喩した地名〔『山に生きる人びと』〕。

イヤ　徳島県の祖谷《イヤ》地方（三好市）は、平家落人伝説で知られる深い谷の奥にある。

長野県木曾郡木曾福島町（木曾町）伊谷（イヤ）

富山県上新川郡大山町（富山市）弥谷（イヤダニ）

和歌山県東牟婁郡熊野川町（新宮市）伊屋（イヤ）

神戸市兵庫区伊屋ヶ谷（イヤガタニ）

島根県邑智郡瑞穂町（邑南町）伊矢谷（イヤダニ）

これらは、いずれも奥深い谷で共通している。和歌山県下には他に熊野（イヤ）と呼ぶ所もある。熊野（クマノ）というのは、本来奥まった所をいうが、イヤの地形がクマノに類似するので、このような文字を用いたものであろう。イヤはイヤ（弥、最）より派生したイヨ（森、巍）と同義の地名と考えられる。

島根県出雲市上朝山（朝山町）、同市東林木、江津市上有福（有福温泉町）、大田市祖式にもあり、平素近づかない、恐ろしい所で、傍らに樹木で祀る山の神森神がある所で、盆花を採るところとしている。奈良県宇陀郡（宇陀市）古野は、奈良県の三重県境近く、古大野岳の麓に古葬地を思わせるイヤノタニがあり、傍に山の神が神木と石祠で鎮座する。この谷の西隣に融通念仏宗大福寺があるが、もとは真言宗である。谷の周辺の地蔵もこの寺に納めてある。この地区は両墓制で、埋墓は地区の上手の山中にあり、土葬をし墓標を立てるが、詣り墓であるラントウバはこの寺に石塔で存在する〔『畑作の民俗』〕。

イヨ　イヤ参照。イヤとイヨとは母音交替の容易な語。四《ヨ》は八《ヤ》と同根。イヨ（愈）はイヤ（弥、最）の母音交替形である。「弥、最」はますます、最も、非常なという意味から発展してイヨヨカ（森、巍）のイヨで、樹木が高いさま、そびえるさま〔『岩波古語辞典』〕を表現する語となっている。

イヨの地名の中には、国名（四国の伊予）の移動もあって、平地に立地するものもあるが、一般には山谷を中心としている。

千葉県安房郡富山町（南房総市）伊予ヶ岳（三三七メートル、地名の移動かも知れないが、山岳名）

東京都西多摩郡奥多摩町イヨ山（奥多摩渓谷最深部の山名でイヤと同義であろう）

広島県比婆郡口和町（庄原市）伊予谷（奥づまり

の谷）
高知県幡多郡佐賀町（黒潮町）伊予喜川（渓谷の河川名と山麓の集落名）
同県土佐清水市伊予駄場（河食崖の上の小平地）
愛媛県東宇和郡野村町（西予市）伊予ノ地（国名との関連があるかも知れないが、深山の急斜面の小集落）

伊予の国名は、イヤ（弥）であって、樹木が高くそびえて深い谷間となって、人が足を踏み入れるのに困難な土地がイヤであって、イヨ（伊予）も同様である。伊予は本来、愛媛県のみの名称ではなく四国島の表現に用いたものではなかったろうか。四国山地は海抜高度はそれほどでもないが、難所が多く壮年期状の急崖の谷が諸所にあるから〔『地名の由来』〕。

ちなみに、「伊予の者の通った跡は草も生えぬ」と他県人からよくいわれるのは、愛媛県人の進歩性を妬んだ言葉であろうが、この進歩性のエネルギーはどこから生まれたものであろうか。

イラ ① 洞穴のこと。北九州中心でエラ（江良、永良）が内圏、イラ（伊良）が外圏の分布を示す。イラは大分方言でウロコ、エラは京都方言でウツロ、山口方言で水辺の穴。エラ（鰓）はウロコ形であり、かつウツロ、穴であるからイラ、エラは同源らしい〔『日本地名学』、『地名語源辞典』〕。

② 低湿地と傾斜地に多い地名（伊良、伊良湖岬、井良野、蚪道《イラド》、苛《イラ》島、五《イ》良野、刺窪山、飯良）〔『日本の地名』〕。

イラズ ① 谷、谷頭や谷口にあって、そこより奥へ行けない所（不入）〔『日本の地名』〕。

② 四国にはイラズヤマ（不入山）という名の山が諸所にあり、入ると出られないといって行くことを忌む。集落祭祀を行っていた山という。越後の魚沼地方には、出入り替りの山というのがある。入った所がいつもわからなくなるという。あるいはたんに魔所といい、またよくない山ともいっている地方もある〔『禁忌習俗語彙』、『日本の地名』、『日本民俗学』一九〇号〕。

イリ ① 山の奥をいう。イリヤなどという。

神奈川県の相模湾北岸の押切川流域の川匂《カワワ》に対し入川匂、小船《オブネ》に対し入小船は、共に上流の山寄りに位置する。

また入山、入野など「入」のみの地名もあり、対《ツイ》をなさず、それぞれ単独に存在することもある。山地や原野の奥の方を指すものである〔『集落・地名論考』〕。

秋田や福島県南会津郡檜枝岐村のマタギは水上、川の上流をいう〔『福島県史』二三巻、『民族学研究』五の五、六〕。

岩手県上閉伊郡（一部、遠野市）、栃木県安蘇郡（佐野市）、塩谷郡（一部、日光市、さくら市）、茨城県多賀郡（日立市）、群馬、新潟県南魚沼郡（一部、南魚沼市）、長野県北安曇郡（一部、大町市）で奥山。山のイリ、イリヤマといい、川上の奥の方をもいう〔『草木おぼえ書』、『全辞』〕。茨城県多賀郡高岡村（高萩市）では、エリともいい、イリ坪という部落は、花貫川の一番上流にある〔『常陸高岡村民俗誌』〕。新潟県南魚沼郡では、デトに対する語で奥のこと。イリ山は奥山、沢イリ、イリ沢は奥の沢、深い沢ということになる〔『越後南魚沼郡民俗誌』〕。

栃木県塩谷郡藤原町（日光市）の五十里（イカリ）は五十里ダムで有名。渓谷を深く入りこんだ所が「入り」で、五十をイと訓む例は五十鈴川《イスズ》、五十君《イキミ》、五十《イガ》沢《サワ》、五十埼《イガサキ》、五十島《イガシマ》、五十里《イカリ》〔『地名語源辞典』〕。
② 八丈島で入江〔『全辞』〕、近畿と北奥以北を除く全国に分布〔『日本の地名』〕。

③ 東京付近で、土手の下に樋を埋め用水堀、悪水堀を通した所。愛知県知多郡ではエリと発音する〔『綜合』〕。
④ 琉球で西をイリ、太陽の「入る」方角のこと。太陽のアガル方角、東のアガリに対する語。西表島（イリオモテジマ。於茂登岳の西にあるからの意。イリオモトの転）〔『地名語源辞典』〕。

イリノ カッチに同じ〔『地形名彙』〕。
『万葉集』では、入野の奥には共有空間があり、クズを引きツムギの布を織り、夏草を刈るという、昔からの生活の場。『時代別国語大辞典』（上代編）は、入りこんでいる野、まわりを山などに囲まれて人目につかない野、地形名のイリノの存在を認めた〔『図説・集落』〕。

イリヤマセ、イリヤマズ イリヤマズは入山瀬《イリヤマセ》の転で渓口をいう。南関東〜東海に多い〔不入斗《イリヤマズ》、不入津、不入読《イリヨマズ》〕。

入山瀬《イリヤマセ》、不入斗、不入読。『新編相模国風土記稿』に不入斗《イリヤマズ》につき次のように述べている。「按ずるに此地名は諸国にまま是あり、所謂不入の地にして、往古国寺を置かれし頃、其貢税を免除せられし義なり」として、租税を免除された土地をいうことばと解している。

武蔵国荏原郡不入斗村（東京都大田区大森付近）について『新編武蔵風土記稿』も同様な意味のことを述べている。

イリヤマセ（入山瀬）、イリヤマズ（不入斗）は「入」の地名と同種類で、谷の奥の方、山寄りの意であろう。瀬は川の瀬、早瀬、海の岩礁に使われるのが普通だが、そのほか「場所」の意がある。入山瀬は「山の奥の場所」と解される。

横須賀市不入斗町は、海岸地帯にある平地の中心街から坂をのぼった丘の上の町である。

平塚市の北境付近にある入山瀬は、低平な水田地帯から丘地へ湾状に入りこんだ所にある。

静岡県磐田郡袋井町（袋井市）不入斗《イリヤマズ》も、水田地から五〇～六〇メートルの丘地へ入る所。同県小笠郡城《キ》東《トウ》村（掛川市）入山瀬は、遠州灘に注ぐ菊川の谷の一番奥の部落。千葉県君津郡天羽《アマハ》町（富津市）不入斗《イリヤマズ》は、浅川の川口から三キロメートルあまり上流で、この川の支流の谷が丘地へ入る谷口付近である。

東京都大森の不入斗も、大森海岸沿いの町並から後方、台地寄りにあたっている〔『集落・地名論考』〕。

イレソデ　焼畑または焼畑跡であることが歴然として、山林区域に対して袖形をした所。宮崎県東臼杵郡椎葉村〔『椎葉の山民』〕。

イロハザカ　日光国立公園のいろは坂は、馬返しから中禅寺湖畔までの坂道だが、カーブが四八あることに由来するという。現在は、日本道路公団の有料道路で、全長六・四キロメートルの第一いろは坂と九・四キロメートルの第二いろは坂がある。第一の方は昭和二十九年に旧道を大改修し、カーブは二八となり、下り専用の道路となった。第二の方は上り専用で、昭和四十年に開通、カーブ地点は二〇、上りと下りとを合わせると四八となる〔『毎日新聞』昭和58・11・20〕。

玉川上水とほぼ同時期のものといわれる野火止用水は、武蔵国多摩郡小川村（小平市）の西端から玉川上水の水を引き、新座郡（新座市）野火止に至る全長五里余りの灌漑用水である。その野火止用水が引又（埼玉県志木市）で新河岸川へ落ちてしまうのを、落とさずに宗岡村（志木市）へ引くため、新河岸川をまたいでつくられたのがイロハドイ（伊呂波樋）である。明治三十六年この伊呂波樋は鉄管となって埋没、地上から姿を消した。伊呂波樋は、完成が万治二（一六五九）年とも寛文二（一六六二）年ともいい、その時の掛け樋のつぎ合せの数が四八継ぎだったことに由来するという〔『毎日新聞』昭和58・11・20〕。

なお、明和年間（一七六四〜七二）江戸の谷中に「いろは長屋」というのがあり、坊主専門の私娼窟であった。谷中は寺が多いところで、勘定が四八文と安値であったのが、その名の起こりだという〔『毎日新聞』昭和58・11・6〕。

イロミヤマ　色見山または魚見山というのは、たいてい網漁業の時小高い山に登って、そこから魚群の来襲を色によって見分け、旗などを振って漁船にその方向を指示して投網して旋網する時機を知らせるのである〔藪内芳彦『毎日新聞』昭和39・3・15〕。

イワ　①琉球で地中にあるものも、地上にあるものもいう〔『地形名彙』〕。

②暗礁。瀬戸内全域でユワともいう〔『瀬戸内海域方言の方言地理学的研究』〕。宮崎県児湯郡富田村（新富町）〔『方言』六の一〇〕。

③崖。長崎県北高来郡（諫早市）〔『全辞』〕。

④岩の字のついた地名、すなわち岩井、岩田、岩手、岩木、岩沼、岩戸、岩倉といったような地名は、かつてその地域の幸福を願って神を祀った場所であったという〔箱山貴太郎「田の神の祭場、岩のつく地名について」『日本民俗学会報』四二号〕。

イワイ　岩井という地名は、文字通り「岩間の泉」または「石を積み重ねてつくった井戸」からきたものもあろうが、一方「斎《イワ》い」からきて神社を指す場合も多い。古書には祠をイワイと訓ませている例がある。岩《イワ》殿《ドノ》という神社のある山は諸所にあり、社殿を岩地にかまえたような所では「岩の殿堂」の意味にもとられるが、神を祀る殿堂は古くはイワイドノ（斎殿）といったので、イワドノは本来イワイドノからきたものではあるまいか。

なお広島県の厳島は、宮島とも呼ばれるように、厳島神社（祭神、市杵《イチキ》島姫《シマヒメ》命）の祀られた島で、古くは伊都伎《イツキ》神社または厳島大明神と称した。厳島の名は「神を祀った島」の意とイチキシマヒメの名からきたという意と二通りあるが、おそらくは前者であろう。イツキ（伊月、五木）の地名も、神社の地をいうこともあるであろう〔松尾『日本の地名』〕。

イワガンケ　①断崖。仙台〔『全辞』〕。

② 岩手県早池峰山麓で岩穴のこと。秋田県由利郡小滝村（にかほ市）ではガンケ、福島県南会津郡伊南村（南会津町）、山形県飽海郡吹浦村（遊佐町）ではガンケツ〔『旅伝』一五の二〕、その他、イワキ、イワアナ、ホラアナ、イワノホラなどという地が多い。

イワキ ① 奥上州尾瀬ヶ原に聳える燧岳は、土地の人が別名イワキと呼ぶ。イワキはイワハキまたはイワハケの転であろう。頂上に大きな岩塊が顔を出しているからイワハケであって、ハケはバッケと共に崖の意。信州遠山地方で崖をホケまたはホッケという。周防に石城（イワキ山）、日向にハキノ内山がある〔『山岳志』〕。いずれも岩崖に関係があるのであろう。陸奥の岩木山もやはりイワハケで、頂上の岩峰（巌鬼《ガンキ》山また赤倉《アカクラ》山）からの呼称発生と思う。岩木権現を祀ったから岩木というのではなく、これは後にできた神号であって、本来、岩塊から名づけられたものであろう〔『旅伝』一五の一〕。

② 愛知県一宮で亜炭、長州で石炭〔『重訂本草』、『全辞』〕。石炭を岩木ツクモという所もあった（江州）。名古屋では、大正初期、田舎から運び出して「岩木エー」と、亜炭を風呂焚に売り歩いたという〔『筑豊炭坑ことば』〕。

③ 上代防禦設備（石城、磐城、岩木）〔『日本の地名』〕。

イワクラ ① 山中の大岩や岩石のきりたった所、断崖絶壁をいう。岩倉、岩巉などの字を宛てる。奈良県十津川〔『全辞』〕、和歌山県日高郡（一部、田辺市）〔『方言』五の五〕、兵庫県宍粟郡（宍粟市、姫路市）〔『綜合』、『山村語彙』、『山でのことを忘れたか』〕、鹿児島県肝属郡（一部、鹿屋市）〔『全辞』〕。

② 岩倉は「岩石の山地」「岩崖」「大岩」「岩の洞穴」などの意味があるが、そういう場所でなく、そこに由緒ある神社があれば、岩倉の地名は神社に起因するとみることができよう。神を祀った場所を、古くはイワサカ（磐境）とかイワクラ（岩座、磐座）ともいった。クラは座で、岩を神座とした古い風習の名残であろう。

滋賀県愛知郡秦荘町岩倉（愛荘町）の軽野《カルノ》神社は、古社で付近には水田が多く、岩倉というべき地形ではない。神を祀るイワイ（斎）という語からきた地名、たとえば祝森《イワイノモリ》は宮ノ森の意と同じであろう〔松尾『日本の地名』〕。

イワサカ 神を祀った場所を、古くはイワサカ（磐境）とかイワクラ（磐座、岩座）ともいった。イワは「堅固」の意か、あるいは「斎い」すなわち「忌み慎んで神を祀ること」の意かとも説かれているが、おそらく後者の意であろう。神の鎮まります区域（境）をいう。イワサカのサカは境のことで、地名でサカイに「坂」を宛てている例がある。岩坂は「岩の坂」ではなく、神域を指す場合があると思われる。たとえば千葉県君津郡天羽《アマハ》町（富津市）岩坂に八雲神社がある〔松尾『日本の地名』〕。

イワス　北アルプスで岩全般のこと。岩山のことをイワスヤマ、また岩壁などの所をイワスカンペという。またイワスカンパチはガラガラの岩を呼ぶ〔『地形名彙』〕。

山を構成する岩石が部分的に硬軟の差が著しいと岩山を聳立する火山集塊岩、石灰岩、珪岩、花崗岩にこの傾向が見える。信州燕岳の頂は、庭石を並べたように花崗岩塊が白砂の間に立っており代表的なもの。信州、越中にて岩巣とか、ビンスというものはこの類である。信州飯田市付近では、岩壁のことをイワス。越中の山人夫は「岩の多い所」を特にイワスといい、飛騨双穴谷地方では、絶壁をガケスとかカベスとかいう。

岩石を表わす言葉にスを加えるのは注意すべきである。加賀の白山麓で岩石の堆積している所をゴロスハオという〔『旅伝』一五の二〕。『全国方言辞典』には「長野県下伊那郡、岐阜で岩、岩石をイワスという」とあるが、いささか説明不足。むしろ「岩場」とすべきか。

熊本県八代でも、岩場をイワスというのか、八代在住者の書いたものの中に、船が沈没して泳ぎ着き、岩礁の岩場で一夜を明かしたということを「岩巣で一夜を明かした」と書いていた。

イワハケ　宮城県で岩の傾いて出ている所〔『綜合』〕。茨城県で断崖。傾斜の急な岩場をイワパケ〔『茨城方言民俗語辞典』〕。

イワマコ　崖。愛知県北設楽郡（一部、豊田市）〔『全辞』〕。マコに同じ。

インナイ　入谷や狭隘など狭い場所をいい、入《イ》内の意（院内、尤内、印内、井内、印南）〔『日本地名』〕。

インマ　茨城県稲敷郡（一部、稲敷市など）で川の入りこんだ場所。入間《インマ》のことであろう〔『全辞』、『綜合』〕。水田に水を引く掘割、掘割型の舟溜、入江〔『茨城方言民俗語辞典』〕。

また千葉県香取郡古城村（旭市）で、溜井の中で堤のように土を掘り上げたその中間の深い所。また江沼《エヌマ》、むかし湖水の船つき場であったという跡の字名〔『民伝』一二号〕。

ウ

ウイ　和歌山県熊野地方で山合の耕地をいう。村の名。長追《ナガオイ》、神上《コウノウエ》のオイもウエも共にこのウイだとの説が『紀伊続風土記』に見えている。熊野古来の三苗字といわれる鈴木、榎本、宇井の宇井氏もこれと関係があろう〔『綜合』〕。ただし、若狭の名田荘にも納田終《ノタオイ》という村の名があるから、元は相応に広く知られていた名詞のようである〔『農村語彙』〕。

ウエ　親村から子村が分かれ出るとき、その出る方角によって東出、西出、南出、北出、上出、下出またはたんに東、西、南、北、上、下などという。上をカミと呼ぶ場合もある。植、殖、種と宛てることもある〔『地名語源辞典』〕。

ウエタメ　植え溜め。明暦三（一六五七）年の江戸の大火後の諸記録にみえる用語、災害の際の避難線緑地のこと。本来は樹木の栽培地であったが、大火後は避難場所として設置を推進したらしい。湯島広小路の北方や両国広小路両側などにあったという〔『集解』〕。

ウオツケバヤシ　魚付林。これは沖縄あたりでいうようにナヅケモリ（魚付森）などといったのではないか〔『漁民文化の民俗研究』〕。ウオツケバヤシという語が現実にあるのであろうか。

魚の寄場として海辺または河、湖岸に設定する保護林。沿岸の森林は水辺に陰影を投じ光線の反射を防ぎ、魚餌の繁殖を助け魚族の休息、退避、産卵の便を与えるなど、結論的には魚族を海岸に引き寄せる効用をもつところから、古くから太平洋側の海岸地方に発達し、禁伐林として保護された。盛岡地方では魚寄林、魚付場、小魚陰林、魚隠林といい、和歌山地方では網代山《アジロヤマ》、魚取場山、魚付山。山口地方では海辺、海上魚付山、海上網代などと称し、また魚著山（仙台）、櫓床山（徳島）、網代墨山などと呼んだ地方もある。

魚付林の樹種には、クロマツが最も多かった。また魚付林は同時に風、潮除け林でもある場合が多い。魚付林は全国で、二万五千余カ所あるという〔『郷土史辞典』〕。

なお「木に縁《ヨ》って魚を求む」という諺は、木に登って魚を探すという意から、方法を誤ると、何かを得ようとしても得られないとか、また見当違いの困難な望みを持つというたとえらしいが、つむじ曲りのことをいえば、これは山国の人が作った諺であって、海国の人には通じない。むしろ「木に縁って魚を求めよ」といい直してもいいようである。

ウガン　奄美大島には、琉球と同じく各部落にウガンヤマとかオボツヤマという神聖な山があって、樹木が鬱蒼と茂っている。ウガンヤマとは御願山にも通ずるが「拝む山」の意で、神の住む山という信仰から、その山を神体として拝する。本土でいえば御岳とか鎮守の森というべきところで、伐木は禁じられ俗人は一歩も踏み入ることができない〔『大奄美史』、『祭祀習俗語彙』〕。

久高島では、古老はウガンといい、ウタキとはいわない。沖縄本島の島尻の村々では、古老はウタキともウガンともいう。北部の国頭《クニガミ》ではウガンといい、ウタキとはいわない。奄美大島でも同様、宮古、八重山にも昔はウタキという言葉はなかった。『宮古旧記』には出ているが、土地の人はウタキという言葉は知らずスクといった。ウタキというのは、文献に出るだけである。首里方面の影響の早かったところが、いつの時代からかウタキという呼称に変った。以前はウガン、カミヤマ、奄美ではウガミヤマあるいはスクである。一番土台になっているのは、スクであろうと思われる。八重山でウタキのことをオンというのは、ウガンの変化したもの。祖先を葬った場所がウガン（拝み）の場所となり、その森がウタキとなったものである〔仲松弥秀『地名の話』〕。

伊波普猷は次のようにいう「語源不詳、石垣または生垣などで囲った神の在所。拝所《オガンジュ》、御嶽《ウタキ》〔『伊波普猷全集』第一一巻〕。

ウキ　浮の字を冠した地名は湿地地名。浮、浮沼、浮田（宇喜田）、浮泥、浮間、浮間ヶ原、浮津、浮島など。小浮《コブケ》という地名も湿地にあるが、浮をフケとよむのはフケ田のフケに通ずる〔松尾『日本の地名』〕。東京都北区浮間《ウキマ》の浮間ヶ原は、一面の低湿地。ウキは「泥深い地」をいう古語でウキヒジ（浮泥）も同様。浮間の間《マ》は、ここでは「場所」の意であろう。泥沼のことを浮沼《ウキヌ》ともいう。浮田（宇喜田）、浮津、浮島など浮のつく地名は多い〔松尾『日本の地名』〕。

ウシ　①　堤防を守る丸太や組木を長野県下伊那でい

う〔『全辞』〕。ウシギとも。川水をせくため木を組み、石を積んだものを静岡県榛原郡でシという〔『全辞』、『日本の地名』、『綜合』〕。

堤防を意味する地名にウシフミというのが大分県にある〔『地名覚書』〕。

治水のための古来の工法で、三角堆の丸太組み。島根県益田市の高津川の中洲に、広島大工学部の知恵を借り、建設省浜田工事事務所の試みで再現された。増水時に微妙な働きをして川の流れをしだいに変え、やがて魚（アユ）の棲みやすい淵をつくるはずである。木を組んだ形が牛（角あり）の形をしたようにも見える。これをヒジリウシ（聖牛）という〔『毎日新聞』平成2・3・23〕。

② 関東地方の洪積台地の末端にある牛久や、牛窓、牛深のウシはウシホ（潮）に関係があろうが、牛久はかつてここまで海水が浸入した「ウシホク（潮来）る」の意か。ただし山梨県甲府市郊外のウシク（牛句）はここまで海水が来たとは解せない〔『地名の由来』〕。

③ 内陸立地のウシは、
岩手県江刺市（奥州市）牛沢（短小な沢、浅い沢）
秋田県平鹿町（横手市）大森牛ヶ沢（短小な沢、浅い沢）
同県　南秋田郡天王町（潟上市）牛坂（旧砂丘の楽な坂）
福島県須賀川市牛久保（小規模な窪地）
埼玉県比企郡川島町牛ヶ谷戸（小規模な窪地）
静岡県小笠郡菊川町（菊川市）牛淵（小河川に立地）
愛知県豊橋市牛川（浅い川と考えられる小水路）
京都市右京区牛ヶ瀬（桂川の浅瀬の部分）
島根県浜田市牛谷（短小な谷）
鹿児島県曾於郡大隅町（曽於市）牛ヶ迫（短い迫）

牛はウス、ウソの転訛したものと考えたい。接頭型の「牛」地名が「谷、沢、川、瀬、久保、迫、淵」などの語に結ばれるということは、アサ（浅）、オソ（遅）、ウス、ウソ（薄）を意味し、何かを形容する接頭語であろうと思われる。②に掲げたウシク地名は「浅し」と同根と考え、アサクはウスクとなるから、アラク（荒久）がアラキ（新墾）と同様なら「アサキ、アサギ」の変化であるウスキと同じで、雑木林の土地であった所を、ウシクと呼んだものであろう。

④ウチ（内）、フチ（縁）の訛。牛込、内込、牛久保（縁クボ）、宇志（湖の縁にある）、牛川（縁川）〔『日本の地名』〕。

⑤山稜（美ノ牛、牛神、牛縊、牛首、牛頸）〔『日本の地名』〕。

⑥牛の象形語（牛沼、牛山、牛ヶ沢、牛臥山）〔『日本の地名』〕。

ウジ ①猪、鹿、カモシカ、猿、兎などの山中における一定の通路をいう。宮崎県都井岬の野生馬の通路をもウジというらしい〔『RKBテレビ』番組の解説にウジの語が出た。昭和40・11〕。

ウジはまたウツともウトともいう。

また千人で引くほどの大石を千引《チビキ》の石《イワ》というが、これを山から出すには、丸太をコロ（転子）を使って引っ張ってくるよりほかはないが、夥しいコロを用意しておいて、つぶれると取っ替え引っ替え、大勢の引き手が掛け声よろしく引いて出す。城石を採る場合わざわざ新道を切り開いても山出しを強行したらしく、各地に残る石貫《イシヌキ》とか石内とかの小地名は、その名残かと思われる。石内の内はウジを意味する。広島県佐伯郡（広島市佐伯区）の石内は『芸藩通志』には、石道と書いてイシウチと訓ませている。石通路《イシウジ》の意味だったからである〔『日本の石垣』〕。

大分県大野郡（豊後大野市）三重町では、猪の通路はもちろんウジだが一方、大野川で魚の棲みつく所、したがって魚のよく捕れる所をもウジといっている。たとえば淵の入口や出口のセ（瀬）では、アユやハヤがよく捕れる。そこがウジである〔同地人談〕。これも魚の通路をいったのであろう。

獣が通るウジの特徴は、

ⓐ地形的には単一の傾斜でなく、多少の突出部分があって、左右からの敵の襲撃に対し身をかわす余地がある。

ⓑ山腹ではやや緩やかな斜面で段丘状になって、縁辺を通ずることが多く、あまり登降せずに、山腹を横断できる部分に相当する。この点で断層崖に形成されるケルンパット形の低地帯などが選ばれる。

ⓒ地質的に岩石の一枚岩や軟弱な崩壊地など、足がかりの乏しい斜面は避ける。

ⓓ河谷を横切る部分は、崖が突出したり、岩石が水

中に点在して水の浅い所が選ばれる。

ⓔ 谷底から山腹斜面を登る場合、猪は緩斜面を選び、鹿はより急斜面にとりつく。また植生についていえば、猪はなるべく暗い凹所の繁みを選ぶが、鹿はむしろ開豁な草原で、見通しのよい所を選び直登する。

ⓕ 跳躍できる程度の高さの断崖は障害にはならない。このため人が直登することの困難な斜面の、小突出部が足がかりとしてウジに利用されることが少なくない。

以上ⓐ〜ⓕは、猪、鹿の場合である〔『狩猟伝承研究』〕。

ⓖ 鹿、猪のウジは必ず、その通路は清水から清水につながっている〔『日本庶民生活史料集成』一〇、「猪狩古秘伝」の補註〕。

ⓗ 霧島山で猪は、山の斜面を横切ったもの、また平坦な所を、何のためだか、わざわざジグザグを描いたものもある。いずれも幾十年を経たもので、茂みの中を杣人の拵えた道のように鮮かにしるされている〔下村兼二『時事新報』昭和10・1・17〕。

ⓘ 猪はウジ以外は通らぬが、鹿は経路を選ばないので捕らえにくいともいう。国東半島で〔『狩猟伝承研究』〕。

ⓙ 「猪道は通っても猿道は通るな」という。猿道を辿ると険しい岩場に出る場合が多いが、猪道は歩きやすい所、歩きやすい所と辿り尾根に出て見当をつけるという。猿道は林の中に一目でわかるほどはっきりついているが、その道はとぎれとぎれで、この道を辿って行けば、山の絶壁に出たりするので危険だという。兎道は細いばかりでなく、通り路の邪魔になる小枝をぷつんぷつんとかみ切ってある〔椋鳩十『朝日新聞』昭和42・3・17、昭和42・4・11〕。

② 江州栗太郡（栗東市）のあたりに昔、石炭の出る所があり、石炭をウジと呼ぶ方言があったと『重訂本草綱目』に見えている〔『筑豊炭坑ことば』、『全辞』〕。

③ 「内」の訛か（猪ノ氏、猪氏、宇治、宇治会《アイ》）〔『日本の地名』〕。

ウシオ 湖という字をウシオと訓ませた例として、真山青果『西鶴語彙考証』第一は次のように述べている。「五人女、三の三に『人をはめたる湖』と書きて、湖字をうしほと訓んでいる。貞応二年の海道記にも、東海道潮見坂を湖見坂と書いている。古風土記にも湖字をうしほと訓み、みなとと訓んだものがあり一定しない。木村正辞博士の風土記補遺にも『湖の字、訓うしほは不審也、みなとにつかへる事は、阿波風土記に中湖、具湖などに用之たり』と言い、山田孝雄博士も『(前略)湖《うしほ》の文字不思議に存候、万葉集には湖をミナトと用ゐ、又潮もミナトに用ゐ候、然る処古人は潮と湖と同字と思ひたる事、『潮波《こは》』とかなつけ致候もの有レ之、何が何やらわからぬ古人の文字の智識に有レ之候云々とある』」。

ウシカイ 内峡《ウチカイ》の意(牛飼、牛貝、牛貝田、牛買田、丑カイ田)(『日本の地名』)。

ウシクビ ① 牛首状の「狭長な尾根」。新潟県に牛頭、牛頸、石川県に牛首(二カ所)あり、福岡県牛頸(昔は牛頭と書いた)(『大野城市史』民俗編)。牛首、牛頸、丑首、牛縊《クビリ》、牛首山。

② 「牛の頭と首」の象形語(牛ヶ頸、牛ヶ首、牛ヶ首島)(『日本の地名』)。

ウシゴメ 内込《ウチゴメ》の意。関東南部に集中分布(牛込、牛込台、牛込東)(『日本の地名』)。

ウシコロゲ 山の断崖になった所。滅多に転倒しない牛でも転ぶほどの急崖の意。山口県吉敷郡秋穂町(山口市)(同地出身者談)。

ウシダキザカ 吉野の奥の上北山村の前鬼へ入るには、急な坂を通らねばならない。この坂が牛抱き坂。牛も通ることができない程の急坂。農業に必要な牛ではあるが、大きい牛はこの坂を通すことができないので、子牛を求めて抱いて帰るという。抱きかかえられるほどの子牛を抱いて越す坂の意(『日本人の造語法』)。

ウシブミ 牛踏。治水のため堤防、溜池、用水路創設のための構造物である組木に牛枠がある。牛枠は二本の木を合掌に組み、これに第三の木材を合掌の頭へ組み合せた構造を主体とし、その頭に土俵か石をくくりつけたものである。治水設備の名称には「棚牛、大聖牛、尺木牛、棚木牛、菱牛」(『地方凡例録』)など牛の名のつくものが多い(古島敏雄『近世日本農業の構造』第四節「治水技術の発達」)。

大分県内の字名「牛踏」の共通点からみて、堤防の上を意味するようである。ウシブミに類似した語に「馬踏」がある。馬踏は東日本に、牛踏は西日本に分布しているようである(『地名覚書』)。

ウス ウス(薄)はアサと同根の語。臼の字を宛てる例が多い。「臼谷」は字義通りに解すれば、臼の形をした谷となるが、これらの多くは「浅谷」の意である。島根県平田市(出雲市)東福町臼井谷(ウスイダ

ニ）
富山県小矢部市臼谷（ウスタニ）
栃木県今市市（日光市）薄井沢（ウスイザワ）
山形県飽海郡松山町（酒田市）臼ヶ沢（ウスガサワ）

背後の谷沢が浅く、あまり奥深くないところからの命名であろう。東京の八王子市臼沢は、馬蹄形にえぐられた沢で、浅い沢というよりは臼形の沢であろう。茨城県竜ヶ崎市には「薄倉」なる地名がある。台地末端の崖の下であり、これは低い崖をいう「浅倉」の意。

茨城県北茨城市臼場（ウスバ）は川谷に沿って、同じような命名法で付与された地名。ウスキ（臼木、臼杵、薄木）、たとえば大分県臼杵市のウスキの地名の立地は、海岸に近い小山、山の斜面、谷口、丘の麓、峠道、谷間などさまざまである。ウスはアサの母音交替と考えると『広辞苑』「アサギ（浅木）」の項に「フシの多い雑木」とあり、このような雑木林になっている所が「ウスキ、ウスギ」であろう。アサ、オソが全国的に分布するのに対し、ウスは周辺部に多いのが注目されよう〔『地名の由来』〕。

ウソ　『日本国語大辞典』「ウソ（薄）」の項に「接頭語でウス（薄）の変化。ウソ雲→ウス雲」とあるが、地名では「浅し」と同じ用法で命名されている。
岩手県盛岡市宇曾沢（ウソザワ）比較的短い沢
秋田県能代市獺野（ウソノ）河谷の小平地
滋賀県彦根市宇曾川（ウソガワ）浅い川で小河川
神戸市東灘区住吉町獺川（ウソガワ）
大分県南海部郡本匠村（佐伯市）宇曾河内（ウソコウチ）河谷の奥だが狭い短い小平地
熊本県球磨郡多良木町獺原（ウソンバル）狭い原

オソ（獺）の字はオソ、ウソの両方に使用されている〔『地名の由来』〕。

ウタ　陸奥野辺地で海に突出した断崖、砂浜のことらしい。土佐の宇多松原、越後西頸城の海岸の歌、讃岐の歌の沢、歌の郡。蝦夷渡島の浦々にもある〔『地形名彙』〕。

ウタ、ウダ　北海道の入口の辺は、後志の辺までアイヌ語のオタ（砂浜）が、ほとんどウタに訛って残っている。追分で有名な歌棄（ウタスッ）の原名はウタ・スッ（砂原の・裾）の意であった。これらのウタは、たいていは砂浜であるが、今は砂利浜、小石浜の所もある。風や潮流で砂が移動したためかもしれない。

アイヌ時代には、ただオタと呼べば事足りていたのだろうが、それが至る所にあるので和人は少々困る。それで、それを識別するために神社があれば宮歌、小さい浜だとコウタ（小・浜）のように呼んだ。函館の東の方にあったオタ・ノシケ（砂浜の・中央）は中歌になり、今では中村になったようである。津軽海峡の北側には沢山のウタがある。

海峡の南岸、青森側には、歌でなく宇田という名が並んでいるが、行ってみると同じように砂浜で、これもアイヌ語のオタ（砂浜）の訛りである。所々に中宇田があるのは、北岸の中歌と同じで、オタの中ほどの所なのであった。コウタは小さいオタである。また、時々、浦（ウラ）と訛った。たとえば景勝地で名高い下北の仏ヶ浦は、旧書では仏ヶ宇多であった。また大湊の宇田も、古図を見ると浦と書かれている。ダとラが近い音だったからであろう。

変った形では、竜飛の宇樽間（ウタルマ）がそれだった。ここは宇田沼（ウタヌマ）とも呼んだ。現地の岩にはペンキで宇田沼の方が書かれていた。岩礁だらけの竜飛岬の先端部にある。くびれこんだ小入江で、この辺では珍しく奥が砂浜であった。ここが昔はオタと呼ばれていたのであろう。いい舟着場になる所なので「オタの澗（泊地）」と呼ばれていて、それが宇田沼、宇樽間と訛ったのではあるまいか。沼などある場所ではない。

なお、マはアイヌ語としても使われていたので、全体をアイヌ語風に訓めばオタオロマ（ota-o-ro-ma 砂浜・の所・にある・泊地）とも聞こえるが、この辺は横間とかカリマとか、日本語型の「間（マ）」が並んでいる所である。そこはオタから訛ってウダと呼ばれていた所であった、と前の所だけをアイヌ語で訓むべきか。オタは津軽海峡の北側ではほとんど歌で残り、南側では宇田の形になっている。漢字を宛てた時代差があったので、このように違ってしまったのであろうか〔『アイヌ語地名の研究』一〕。

アイヌ語でウダというのは、主として海岸の、内地でならユラ、メラなどというべき浜続き、または崎と崎との間のような地形らしい。『真澄遊覧記』には、渡島亀田郡戸井村（函館市）の付近に鎌宇多、鴉ヶ宇多など、西岸には宮の宇多、陰の宇多などもあり、同書巻十六、後志久遠村（久遠郡）の条には「うだつたひ行けと浦人の路をしへたり」ともある。本土の側には外南部の牛滝村に仏ヶ宇多という所もあるから、南の旧宇多郡などのウダも同様のものかもわからない。ただしこのウダのタが濁音だが、アイヌ語であるからには元は清音で、砂原を意味するオタと同じである。このウダは西南日本でいうムタとは語源を異にするものであろう〔『地名の研究』〕。

高知県の宇多松原は古く文献に見え、山口県の海岸にも同じ例があり、北海道南部の浦々にも○○宇多という地名がある。新潟県西頸城郡（糸魚川市、上越市）の海岸の歌、香川県の歌の津、歌の郡などあり、アイヌ語で砂をオタ、海岸をオタサムという語との関係は不明だが、青森県上北郡野辺地町では崖のある磯辺をウタ、これに沿って舟を漕ぐことをウタマワリという。いずれにしてもウタは砂浜のこと。鳥取県東伯郡中北条村（北栄町）では、ウタは海岸の波打ち際から急に深くなった所を指し、ここで曳く網をウタブキといっているが、意味は静岡県に多いウタリの語ときわめて近い内容を表わしているのは、注目すべきである〔『綜合』〕。

なお広島県御調郡向島町東野歌（尾道市）は、松永湾入口の左岸にある漁村だが、砂浜ではない。内陸ではウタ、ウダ、フダ、ムタ、ヌタは湿地の意とみられる。宇田、宇大、宇陀、右田、鵜田、兎田、有田などと宛てる。また泥田をいう。愛知県北設楽郡（一部、豊田市）で泥田〔『全辞』〕、尾張では水田〔『土俗と伝説』一〕。

長門風土記に、阿武郡椿郷東分村（萩市）松本船津組字無田ヶ原の条に「小畑へ行く道なり、家二軒あり、むたケ原、うたケ原とも唱へ、文字定かならず、地下書上には無田ケ原と有り、明細図同様也、里俗の唱ふるを聞かばぬたケ原、ぬたろときこゆ」とある。周防長門（長門市）には牟田、竪牟田、大無田などのムダと共に、また○○ウダという地名も多く、風土記には「湿田をウダと謂ふ」とある。ウダ、ムダが関東に多い○○垈などのヌタと同じ〔『地名の研究』〕。

ウタリ　静岡県の海岸には、渚をウタリという語がある。志太郡焼津（焼津市）では磯の波と浜との中間の波静かな所をいい、静岡市外の長田村（静岡市駿河区）では入海になっている所をウタレ、同大里では波が引いた跡の海水の残り溜っている所をウタリだという〔『地形名彙』、『方言』三の二〕。

静岡県安倍郡（静岡市）では、湿地をウタリマ。

長野県佐久地方では、湿地の田をウタリッタ。広島県比婆郡（庄原市）では、上の田から余って出る水をウタリ。

長崎県下五島（五島市）の富江で、いつもそこへ行くと風が凪いでいるような所をウタレという。水の静かに湛えた所をいうかと思われる〔『漁村語彙』、『綜合』、『全辞』、『静岡県方言集』〕。鵜足、菟足の字を宛てる〔『日本の地名』〕。

ウチ ①　ウジに同じ。鹿、猪の一定の通路。和歌山県日高郡（一部、田辺市）、奈良、熊本、宮崎、鹿児島県肝属郡百引村（鹿屋市）（ウチを待つ＝鹿、猪が狩りたてられて逃げて来るのを通り道に待ちうけて撃つこと）〔『全辞』、『山に生きる人びと』〕。

②　湾内。この地方には入江、入海が多い。大分県津久見市〔『方言』六の一一〕。また同市で湾内の小部落をいい、◯◯ウチという地名もある〔同地人談〕。

③　◯◯ウチは山谷の小平地。北海道以外に多いが、福島東部～関東東北部に特に密集（山内、竹内、大内）〔『日本の地名』〕。

④　フチ（縁）の訛（松内＝松林のフチ）〔『日本の地名』〕。

⑤　ある場所より上流、山奥などをいう（池内、坂内、浦内）〔『日本の地名』〕。

ウチカイ　「地形」を沖縄でウチカイという。ウチカイとは、置かれたそのままの形、自然の地形のこと。基本的にはウチカイによって、地形名がつけられるのが建前である。地形を表わす場合の名詞の成分を分析すると、頭部と尾部との二つの部分に分かれる。頭部は形態を表わし、尾部は場所を表わすのを原則とする。たとえば、崖地に面した地形名をいう場合、我地は我が崖、地が上がった土地、我部は我が崖、部は窪地（低地）を指す。尾部は場所を指すと同時に形状をも表わす場合がある〔『沖縄文化史辞典』地形名の項〕。

ウチダ　屋敷回りの田で、肥料もいらず収穫のある上田で、多くは隠居分である。福島県石城郡草野村（いわき市）〔『磐城北神谷の話』〕。

鹿児島県肝属郡佐多町（南大隅町）馬込では、ウチガミと共同で祀る一つの門ごとに内田という田があり、これを同族が順番に耕作する。そこから穫れるものはウチガミの神饌としている〔『祭祀習俗語彙』〕。

ウツ ①　鹿の通路。尾根通しの道をタテウツ、尾根を横切っているものを切りウツ、山腹のものをヨコウツ。狩人はウツに待ち受けて鹿を撃つのをウツマチといい、小屋がけをする（『山郷風物誌』）。
群馬県多野郡万場町（神流町）で、山兎の通路をウツー（『分類方言辞典』）。相州北足柄村（小田原市）でも、獣の通路をウツ（オツとも聞こえる）（『民伝』三の一〇）。長野県下伊那郡南信濃村（飯田市）梶谷でカモシカの通路（『続狩猟伝承研究』）。愛知県北設楽郡（一部、豊田市）で猪、鹿の通路（『分類方言辞典』）。三河の山地でも猪の通路をいい、猪は田や畑へ出るのに必ずウツを通ったので、落し穴はウツに設けた（『猪・鹿・狸』）。

② ウトの転、分布は全国（宇津、宇津山、内江《ウツエ》、内《ウツ》海《ミ》）（『日本の地名』）。

ウツロ ① 崖、がけ。大分県速見郡（一部、杵築市）（『全辞』）。崖＝ウトの転（宇津呂、宇津呂谷、ウツロ尾）（『日本の地名』）。

② 洞穴、穴。栃木県（『栃木県方言辞典』）。島根県那賀郡野津（浜田市）で、洞穴、ほらあなをウツロアナという（『全辞』）。

ウテツ またはウデツ。アイヌ語のウトエツの約で、彼らの住む岬の側（『地形名彙』）。

津軽半島の東岸に宇鉄《ウテツ》がある。ここは近世まで狄（津軽では「えぞ（蝦夷）」と書く代りに、よくこの字が使われた）のいた有名な土地で、徳川時代の諸文献にそのことが書いてある。宇鉄の漢字には、意味はなさそうである。日本語としては解しようもない。いかにもアイヌ語風な音だが、適訳が見つからない。アイヌ語地名では語頭にウが時々現れる。おおむね「お互いに」の意である。非常に多い語源のオ（川尻）がウになって残ることもありうる。もう少し長い地名だったのが下略されて、それが訛って伝えられて、この変な形になったのだろうと思われる。一応アイヌ語系であろうと思われる。

ウト ① 洞の字を宛てる。渓谷のこと。信州北安曇地方では、杓子岳の長洞沢《ナガウトザワ》という類。ウトー、ウトウロともいう（『郷土』一の二）。北飛騨でも狭い谷のこと、対馬でも岩のやや深く入った所をウドウという。
遠州阿多古地方（浜松市天竜区）にウトーという小部落があって、小谷の深く入りこんだ地形。熊本県玉名地方（玉名市）でウトは、雨水に洗い流され深く窪んだ所（『地形名彙』）。

洞、ほら穴を淡路島、岡山、四国、宮崎、鹿児島で。

北九州市でもウト、ウトロは、穴、洞、穴洞また阿波三好郡三名村（三好市）で山中の洞穴。またウトーというのは、岩手県上閉伊郡（一部、遠野市）、会津、長野県東筑摩郡（一部、安曇野市など）、三河、南島喜界島〔『全辞』〕。洞穴（鵜戸、鵜戸崎）〔『日本の地名』〕。

古木の空洞をウトッポという。岐阜県郡上郡（郡上市）〔『分類方言辞典』〕。

② 河岸のえぐられている所。長門〔『全辞』〕。水中のほら穴。伊賀〔『国誌』、『分類方言辞典』〕。

③ 渓谷、狭い谷。長野、岐阜、新潟県頸城地方〔『全辞』〕。低くて小さい谷、袋状の谷（有道、有戸、有働、宇頭、宇登、宇堂、宇土、宇戸、宇藤、宇筒舞、宇都、有東木、凹道《ウドー》坂、内扇《ウトウ》、内尾《ウト》串、鵜頭、鵜峠《ウド》、善知《ウト》島、海渡《ウト》、大通越《ウトシ》、右渡《ウド》、打当内、唄貝《ウト》、蘭木《ウドキ》）〔『日本の地名』〕。

ウト、ウドの鵜土は「沢」「迫」と同じく渓谷であり、宮崎地方に特色ある地名。宇土、鵜戸とも宛てる〔『地名の成立ち』〕。

鹿児島では宇都《ウト》と書く場合が多いが、宇戸、宇土、大戸、鵜戸も同じで、土地が深く窪んでいる場所をいう。普通語のウツロ、ウッポ、鹿児島方言のウドは、中ががらっぽになった部分をいうが、ウトも同じ。ウドは広く浅く窪み、ウトは狭く深く落ちこんでいる。鍋ヶ宇都という地名は、鍋底形に落ちこんだ地形、落ちこむのは必ずしも下ばかりでなく、洞穴式に横にえぐられてもウトで、鵜戸神宮の鵜戸もその例〔『かごしま民俗散歩』〕。

「……山流し場より下の池川迄、砂の流れ落る間の谷を走りとも申、また宇戸とも申、砂走りと申が尤聞へよろし、此宇戸に滝有て、流れ落る谷の長きを吉とす」。たたら吹きにおける砂鉄採取の自然水力を利用した最も基本的かつ完成された方法であるカンナガシの記事にあるウトは谷の意であろう〔『日本庶民生活史料集成』一〇、『鉄山必用記事』〕。

また静岡県志太郡（焼津市、藤枝市）で、川の両岸の竹雑木を伐り払うことをウトギリという〔『綜合』〕。

④ 崖。大分〔『全辞』〕。宇土、宇都、宇頭ノ滝、宇戸崎、宇都良、木屋宇頭、大戸《ウト》ノ瀬、ウドノセ鼻、ウドウチ、鵜渡根島、鵜図島、鵜渡瀬、椌木《ウト》〔『日本の地名』〕。

⑤ 連峰。長野県上水内郡（一部、長野市）〔『全辞』〕。

連峰、鈍質の山や丘（善知鳥、善知鳥山、烏兎山、宇道、諷坂《ウトウザカ》、宇渡木、宇藤木、釜ヶ宇都、大都《ウト》、猜《アベ》ヶ宇都、宇都川内《ウトンコチ》、大戸越《ウドンコシ》、有渡（『日本の地名』）。

⑥ 静岡県上井出村（富士宮市）猪之頭で、猪の通路、ウトに番をしていて猪を射とめる（『日本民俗学』八号）。

長野県上伊那郡あたりで狐、てん、兎などの通路、猟師はウトに罠を掛けて兎を捕る（『山の動物記』）。

ウツ、ウジに同じ。

ウトー ウドの転（有藤、有働、鵜頭、宇藤、善知鳥《ウト》、有東、有問、謡《ウト》、唄《ウト》、宇頭）（『日本の地名』）。

ウトウ 神奈川県足柄下郡真鶴《マナヅル》町岩に謡坂があり、今では土地の人はたいていウタイザカと呼んでいる。道ばたに「謡坂之碑」という石碑あり、由来が刻まれている。文意は『新編相模国風土記稿』の記事と同じである。

源頼朝が、石橋山の戦からここに逃れ、敵の来襲から免れることができ、喜びのあまり、土肥実平等と謡歌乱舞した旧跡で坂の名となった――と伝えられる云々

右の風土記には、謡坂を「宇太布坐加」と訓ませている。

ウトウ坂、ウトウ峠は、峠道の両側が切り立った崖をなす切通し式の地形を呈する。

右の場所も、昔は道の両側が覆いかぶさるような崖の箇所を通ったという。

ウトウ峠、ウトウ坂、ウトウの集落は、東北地方に最も多く、関東中部にも拡がり、さらに西方にも及んでいる。

ウトウは、ウト、ウツと同じく、空洞状地形を指す語で、ウツはウツセミ（空蟬）、ウツギ（空木）、ウツロと同じで空虚、空洞を意味する。宮崎県の鵜戸神宮（岩窟に社殿がある）、佐賀県東松浦郡相知《オウチ》町（唐津市）の鵜戸ノ窟などはこの類。海蝕洞のある岬の先端を「穴《ウド》ノ鼻」（愛媛県南宇和郡西外海村〈愛南町〉の岬）と呼ぶ所があるように空洞地形をいう。ウトウやウツに凹道、穴、凹の字を宛てているのは実際の地形を知っての意訳である。

東北地方に多い葡萄《ブドウ》峠も、実際の地形からみて同類と思われ、時には武動《ブドウ》の字を宛てることもある。

岐阜県可児郡御嵩《ミタケ》町謡《ウトウ》坂は、旧中山道にある小さな峠の村落で、この峠の頂上付近の地形はまさしくウ

トウ式。

栃木県佐野市の北東境にある謡坂も、丘を横切る通路が切通し坂の地形を呈する。

同県河内郡上河内村（宇都宮市）北西端の謡辻《ウトウ》は、小谷の狭隘部にあたる部落。

これらの地形は、崖を伴うことが多いが、崩壊崖の著しい静岡県の有渡《ウド》山（久能山）もこれであろう『集落・地名論考』。

滝沢馬琴は『烹雑《ニマゼ》の記』に「善知鳥《ウトウ》は出崎といふがごとし、陸奥《ミチノク》の方言に、海浜《ウミベ》の出崎をうとふという、外浜《ソトガハマ》なる水鳥に、觜は太くて、眼下肉つきの処高く出たるあり、故にこれをうとふという……さし出たる処をうとふといふは、東国の方言なり、美濃の御嶽駅の東にうとふ村あり、信濃にうとふ坂あり、いま烏頭と書く、これらみなさし出たる処なればうとふといふなるべし」

高田与清も『松屋筆記』に「山の出崎などをウタウというを烏頭と書は、烏の頭の貌よりおもひよれるなるべけれど……」とある。坂の方でいえば「出崎の坂」が適当のようである。

ウトウとは、烏頭であって、善知鳥《ウトウ》のくちばしに似たような地形、すなわち山や海浜の出崎をいったのであろう。

東京の北区王子本町一丁目、王子神社の「宇都布《ウトフ》坂《サカ》」は、十条の台地から、旧日光御成道を王子神社裏へ下ってくる坂で、「山の出崎」がふもとを流れる音《オト》無川《ナシガワ》の所で、荒川右岸の平野地へ突き出ている出崎の坂という感じで、その形はウトウ形。

神奈川県小田原市谷津町大稲荷わき、うとう坂。小田原は北は山、南は海で、この坂も北から南へ下る坂。小山から市街地へ向かっているウトウ形の坂。

埼玉県川越市片町、善知鳥坂《ウトウザカ》、烏頭坂ともいう。坂の北側の高台に熊野神社があり、この前の坂で、坂下に不老川《トシトラズガワ》があり、その橋を御代橋《ゴダイバシ》という。

神奈川県中郡成瀬村（伊勢原市）石田、ウトウ坂、大山旧街道の坂。坂を上って行くと右と左に分かれる道があり、左は新大山道、右は狭い昔の旧大山道、この坂下は一面の水田で玉川という大きい川がある。やはり高地から平野地へ下って行く山崎の坂。この坂が突き出た丘の最後の所である。

ウトウ坂は、昔からの名称を尊重しなければならないとすれば「烏頭坂」という宛字が一番しっくりしているようである〔『江戸の坂 東京の坂』〕。

ウト、ウトウ、ウツは、峠道や狭い谷合の薬研《ヤゲン》式狭隘によくつけられた地名で、小谷の両側の急な窪地によくあり、これらの場所には地形上、崖を伴うことが多い〔松尾『日本の地名』〕。

ウトウ（善知鳥）、ウドウ（宇道）、ウタヒ（謡）は、東日本に多い地名だが、これは西日本のウド、ウトと関係するように思われる。ブドウ（武道、葡萄）なども東日本型だが、これと関係することはまず間違いなく、善知鳥坂、宇藤坂、宇道坂、善知鳥峠などは、真によく武道坂、葡萄坂と対応しよう〔『地名の由来』〕。

ウド ①遠江の榛原郡で波打ち際をいう。ウタやウタリと関係があるか。駿河では有度浜は古名である。肥後の宇土郡（宇城市）も地形は似ている〔『漁村語彙』〕。

②洞穴、ほらあな。東北地方、兵庫県飾磨郡家島町（姫路市）、四国、豊前英彦山、大分〔『全辞』〕、愛媛県北宇和郡宇和海村（宇和島市）戸島〔桜井『民間信仰』〕。「穴ヲウドト云又穴ウドト重テモ云、土佐」〔鹿持雅澄「幡多方言」『方言研究』一〕。山口県熊毛郡（上関町）郡祝島（周防大島町）で洞穴〔『旅伝』九の五〕。「鼻のウド」高知、大分県西国東郡（豊後高田市、国東市）〔『全辞』〕。洞穴、横穴、木の幹が空洞になっているものを大分県大野郡野津町（臼杵市）で〔同地人談〕。同県南海部郡（佐伯市）宇戸崎には、三角定規のような岩があり、その真ん中に人工でくり抜いたかに見えるまん丸い洞門がある。高さ一〇メートル余り、昔は帆船が帆を立てて通ったという。この辺でウドというのは、洞穴のことで、これが宇戸崎の名になった〔『毎日新聞』昭和36・4・21〕。宮崎県東臼杵郡椎葉村〔『椎葉の山村』〕や、山形県で落し穴〔『全辞』〕をいう。

洞、河谷、全国に分布（宇道《ウド》、凹道、有渡《ウド》、宇藤、藪野《ウドノ》、鵜渡根島、鵜殿窟）〔『日本の地名』〕。

③山野の一部が雨水に洗い流されて深く窪んだ所を、熊本県（玉名郡）南関でいう。青森県三戸郡五戸ではオドともいう。ウロのこと〔『方言研究』六〕。

対馬でも、谷のやや深く入りこんだ所をウドゥといい、飛騨では狭い谷。信州西部で山と山との間の低地をいう〔『山村語彙』〕。秋田県鹿角郡では、両側が高くて切れこんだ道〔『全辞』〕。

白馬岳地方の小滝図幅を見ると、小起伏面上を流れる渓谷をウド川というのに対し、それに隣接する大起伏面上を流れる渓谷を、ヨグラ沢、ツリコシ沢といっている〔『地理学評論』一二〇の二〕。

狭くて深い谷。静岡県庵原郡（静岡市など）、対馬豊崎村比田勝〔『全辞』〕。ウド（宇土）は浅い小谷。地名としてある。福岡県田川郡添田町津野〔『津野』〕。ウド、ウト、鵜土は「沢」「迫」と同じく渓谷で、宮崎地方に特色ある地名。宇土、鵜戸とも宛てる〔『地名の成立ち』、『遠野物語』〕。

ウナ ①山の峰、みね。千葉県君津郡（君津市など）〔『全辞』〕。静岡県浜名郡（浜松市）で、田畑の外側あるいは田の畝をいう。前者に対してはウーナともいう。愛知県北設楽郡（一部、豊田市）では畑の畝〔『全辞』、『綜合』〕。

②海の古語。ウナバラ（海原）、ウナビ（海辺）のように、海が接頭語としてウナとなることもある。千葉県銚子半島付近を海上郡《ウナカミ》（海上郡海上町《カイジョウグンウナカミマチ》〈旭市〉、旭市）といい、この海上《ウナカミ》は古い地名である。女連《ウナヅラ》（長崎県対馬下島西岸、鹿見港南隣の漁村）という地名があるが、ウナはオナにも転じやすい〔松尾『日本の地名』〕。

海をアマとかウナとかいったのは、古語であることは、記紀にしるされていることからもわかる。沖縄本島国頭地方で、ウンジャミといっているのはウナに近い言葉である。国頭のウンジャミ祭については、島袋源七『山原の土俗』に詳しいが、ウンジャミは女性神となっているようである。女性をヲンナというのは、沖縄で姉妹をヲナリという言葉と関係がありそうであるが、蒼海をウナバラというウナとも無関係とは思われない。

谷川士清『和訓栞』には、海《ウミ》は産《ウミ》の義であろうと説かれている。海、山、天《アメ》、女などの一連の言葉は「産む」と連なっている言葉ではあるまいか。結局、山の神も海の神も女性神の使命として、蕃殖を司る神らしいのである。山の猟、海の漁を授けて下さる神とか、下っては狩漁の保護神とみなすことも、根本には猪鹿などの山野の毛物を産み出す神、海の魚介を産み育てる神、山の樹木の種を播き散らす神というような造物主的な神格から導き出されたもの。農耕民族の大地母神的な存在が山の神であったと思われる。山の神と海の神とがもと同一信仰から生まれたものらしいことは、信仰の禁忌を伝える面で著しい一致が見られることからもうかがえる（『山の神信仰の研究』）。
沖縄本島の南で、路傍に石の祠あり、漁師が祀り拝んでいる。これをウナイ神といい、海の神としている（『RKBテレビ』平成1・7・2）。

③　ウンナンサマは、岩手、宮城両県に広く分布し、田の畔に祀る神。語義は不明だがウナギを神体とするとか、落雷の伝説とかが伴っているので、水神の一分化形態かと思われる。『真澄遊覧記』には、羽後太平山にウンナンソウと称する山椒魚に似た動物がいたことを記しているが、おそらく水中に来往する生命力の強そうな動物に霊威を感じたのではないか（『綜合』）。

　雲奈、宇南田、雲南田、海上《ウナカミ》、宇奈根、宇奈月温泉、日宇那、麻宇那（『日本の地名』）。

ウネ　①　中央部以西で山頂のこと。畦、垚、岫、采、有年等の字を宛てる。長野県北安曇郡では、田畑の土を盛った所ともいう（『地形名彙』）。
オネ、ソネ、ミネ、タカネのネは、高い所をいう意であろうと思われる。高知県では垚の字をウネと訓ませている。『竜龕手鑑』には、垚音堯と書いて土の高い所とある。現在ウネには畝の字を宛てて、主として畑作の用語のようになっているが、本来、小高く連なった所が大小によらずウネであったらしい。現に沖縄諸島の地名には峰と畝とは共にウネである。中国地方では小高く、丘陵の高みの続いたものがウネで、ウネリともいった。「なぜに耳が長いぞ」という兎の童謡にも、

　　ウネのさうも聴きたし
　　たにの左右も聴きたし

などという文句があって、常に谷と対立する語として用いられている。安芸などではウネリともいうとみえている（『蕉斎軍記』四）。
広島県比婆郡峰田村（庄原市）ではウネノヤマ（後山）、ウネノハタ（後畑）などの称もある。セドヤマ、セドバタケの語が別にあるから、やはり家の後の丘陵をいうのであろう。関東地方でオネというのも、尾根ではなくてウネの発音差かと思われ、これも畑のウネと区別するためにわざと設けた変化らしい（『綜合』）。

　栃木県真岡市、安蘇郡（佐野市）、日光市、群馬県桐生市でウネ、オネ、ミネは山頂、峰頂（『栃木県方言辞典』）。『越佐方言集』にはウネは、峰または頂上のことだといい、北安曇郡小谷地方では、山岳等の脊梁をウネといい、また田畑の中に土を盛り立てたとこ

ろをもいい、オネクリカエシともいう〔『郷土』一の一〕。和歌山県有田郡、西牟婁郡（一部、田辺市）で山頂、峰頂をウネ、日高郡上山路村（田辺市）でオネに同じ〔『方言』五の五〕。岡山県阿哲郡哲西町（新見市）で連峰全体をウネ、愛媛県松山市でも同様〔同地人談〕。備後や広島県安芸郡上蒲刈島で尾根〔『言葉―風土と思考―』〕。鳥取県八頭郡那岐村（智頭町）〔『旅伝』七の一一〕や愛媛県周桑郡田野（西条市）で山頂、峰〔『分類方言辞典』〕。高知県吾川郡池川町（仁淀川町）椿山で、山の斜面の丘状をなしている所をウネ〔『土佐民俗選集』二〕。大分県南海部郡鶴見町（佐伯市）で山稜をいう。山頂、峰頂をもいう。「ネネを越して行く」〔同地人談〕。

② 高知県池川町椿山（仁淀川町）でウネというのは、山地で悪い土壌をいい、ヤナギ（ミツマタ）もカジ（コウゾ）もできないという。ヒエ、アワ、ダイズ、アズキぐらいならできるが、ソバ、キビ（トウモロコシ）はできない土壌をいう。ここは高地なので土壌が悪いのであろう〔『焼畑のむら』〕。

③ 島根県邑智郡（一部、江津市）で傾斜地〔『全辞』〕。

④ 徳島県祖谷（三好市）で曲り道〔『全辞』〕。

⑤ 若狭日向で波のウネリをいう〔『民伝』三の三〕。

⑥ ムタ（海底の泥地、ドべともいう。ここが波形状のウネになっている所が多い）が波状形に、あたかも畑の畝のようなのをいう。イオメに同じ。クズナ（あまだい）、イトヨリはイオメに棲息することが多いという。壱岐〔『旅伝』一〇の一二、一一の四〕。

⑦ 対馬の下県郡（対馬市）の曲で、海中の大きく丸い形の岩のある所。内側は暗いという。海女の語〔『毎日新聞』昭和53・12・14〕。

⑧ 香川県広島（丸亀市）で魚群〔『全辞』〕。

ウバ 岩あるいは崖に関した名前につきやすいのにウバ（姥、祖母、伯母）がある。富士山西麓の姥穴、山梨県北巨摩郡祖母石《ウバイシ》村（韮崎市北部。断崖下）、姥倉山（一五一七メートル、岩手県八幡平（八幡平市）。露岩や崖が多い）、姥井戸、祖母井《ウバガイ》、姥石、姥ノ島、山姥ヶ洞、右左《ウバ》口峠、姥ヶ谷、姥神峠〔松尾『日本の地名』〕。

ウバガフトコロ 南面の山ふところの地形で、あたかも乳母の懐のような地形であるため、乳母ヶ懐、姥ヶ懐といったものであろう〔中山太郎説〕。奈良県吉野山地でも日当たりのよい窪んだ所をウバノフトコロという〔『綜合』〕。

山口県下関市長府町姥ヶ懐は、現在は陸地だが、昔は海で入江になっていて、船の泊地になっていたという〔同地人談〕。長崎県西彼杵郡時津町の船員から昭和四十年四月に聞いた話だが、風の当たらない泊地に適した港をウバガフトコロと普通名詞に使っているという。

ウバガフトコロには種々の伝説を伴っている。岩代国大沼市本郷村（岩国市）の向羽黒山の下の姥懐の清水というのは、乳の乏しい婦人がこれを飲むと効験があると伝えている〔『新編会津風土記』〕。豆州賀茂郡下河津村（河津町）沢田の林際寺の裏山を姥ヶ懐と称しているが、これは大昔、山崩れのあった折に一人の婦人が子を抱いていたので地名となったという〔『南伊豆伝説集』〕。

菅江真澄『雪出羽路』平鹿郡猿田村（横手市）智恵ヶ沢の条に「信濃にちいが沢あり、是は姨が懐とて風あたる事なく、いと温かなる山陰にて山賊らの男女集りて行末を契るより云ふ名なり」と。察するに智恵ヶ沢は、爺ヶ沢の意であって、信州でいう姨ヶ沢と同じく男女の契約する場所だという意味と考えられる。

これらの記事に従えば、姥ヶ懐という場所は何となく性行事に由縁があるように考えられる〔中山太郎『民俗学』五の六〕。

またウバガフトコロは多くは、没落の武士の若殿と乳母とが住んでいた所という伝説を伴っている〔『綜合』〕。姥神の総称のもとに、姥石、姥屋敷、姥ヶ池などのウバと呼ばれるものについて、柳田国男はウバは巫女であり、巫女が祭祀祈禱をする場所を示すものであるとしている。いずれの土地でも、姥谷、姥ヶ懐と呼ばれる土地は、山中の寂しい所であり、姥屋敷という名称は、特に東北地方に多く、奥州で姥というのは、後世の比丘尼と同じで、熊野の行者であった者が少なくないようであるとしている。これらの宗教者は、伯母とか、時には富士宮の乳母神社のように、乳母と呼ばれて親しくなり、乳母と子供という関連から後には、子授けの神のように伝承されている土地もある。

オバとかウバ、アバなどと呼ばれる年長けた女性が、人の一生の儀式において深いかかわりをもつことに注意すべきである。出生時の取り上げ親としてのオバ、抱き親になるオバ、あるいは成人儀礼に成人の印である下帯をくれるオバなど、その折目折目に霊魂の付与者としてのオバの存在を無視することはできない。この時間的境界儀礼の関与者としてのオバ（ウバ）と、各地に伝承されるオバ（ウバ）と名づけられる地名の空間的存在としてのオバは、山の中腹など共に境界を示す地点として、あるいは同一の原理から生じたものではないかと思われる〔『富山県地名大辞典』〕。

ウバガフトコロは、その地勢が製陶に適しているためか、古来この地名の所には次の通り製陶が行われている。

愛知県瀬戸は有名な瀬戸焼の産地であるが、この焼物の土は、祖母山の祖母懐の土を採ることを官禁していた〔『尾張志』〕。

岐阜県稲葉郡那加村（各務原市）三ツ峯小字バンフトコロ

同県可児郡久々利村（可児市）浅間山（三七四メートル）麓のウバガフトコロ〔『民伝』三の七〕。

石川県江沼郡山中町（加賀市山中温泉）のウバノホトコロは、陶場跡か否かは不明だが、この地方一帯は昔から九谷焼の本源地でもある〔『民伝』三の九〕。

福岡県三池郡高田村大字楠田字垣田（みやま市）のバカックラは以前、楠田焼とて主としてハンドガメを作っていた〔同地人談〕。

なお、ウバガサコ（姥ヶ迫）というのもあるが、これも同様な地形の所であろうか。

ウブスナタ　産土田。愛知県北設楽郡振草村（東栄町）で、現在は神の田ではないが、産土田と称して、今も肥料を使わず、女を入れない田が水上の方にある。また家によっては女イラズノ田というのを持ち、その田の米を持って家の神の供物を調える〔『祭祀習俗語彙』〕。

ウマサカ　馬阪は山の出入口によくある地名で、やはり馬が山に出入りすることに関係があるようである。岩手県岩手郡（一部、八幡平市、盛岡市）〔『山村民俗誌』〕。

ウマジ　「狭い土地」の意で、そのような谷、特に谷頭、ときには海岸にもみえる地名。広く分布するが四国に多い（馬路、馬次、馬地、馬ヶ地）。

ウマタテバ　馬立場。岩手県岩手郡の山地の少し大きい沢目には必ず聞かれる地目。その地点までである時期に馬の出入りしていることはわかるが、何のためにこのような場所に馬が出入りしていたかは不明である。木炭焼に関係があり、その木炭を運搬したものか、または信仰と関係があって、山伏行者の類が山入りに際して、そこまで馬を使用したことからの名残か、あるいはその奥は神域とか交通困難のため引き返す地点になっていたのかさだかでない。とにかくその地点は、里から来る馬の一時の足溜りであって、その地点から奥へは馬は出入りできなかったようである〔『山村民俗誌』〕。

山地の少し大きい沢目には必ずといっていいほど聞かれる地名で『山村民俗誌』によれば、その地点まである時期に馬が出入りしていたことがわかる。これはおそらく山神迎えにここまで馬を引いて来たことによる名残の地名と解すべきであろう。それ故、放牧のウマタチバとは自ずと異なる意味のウマタテバであることも注意すべきである。岩手県にあるウマ坂の地名も多くは、山の出入口にあたり、これも山の神迎えと関係する山への馬の出入場だったのであろう。

お産の重い時、馬を連れて山の神を迎えると、産が軽くなるという東北地方（特に岩手県、宮城県）の習俗は、お産における山の神の性格をも考え合せねばならぬ。

各地にある駒ヶ岳あるいはこれに類する山岳名も、山の神と馬の信仰をその底に秘めているのであろうし、春先山の残雪に馬形あるいは駒形を発見して、農耕の季節を知ることはその例が多い〔『残雪絵考』、『自然暦』〕。

日光男体山頂より発掘された鉄製の馬形一個とその残鉄とは、山と駒形との信仰の古さを物語るものではあるまいか〔『古代信仰研究』〕。

新潟県南魚沼郡（一部、南魚沼市）でウマタテバというのは、馬の登りうる最後の場所で、これより奥に馬では進みえない所で、ここには十二様や馬頭観音が祀ってある〔『越後南魚沼郡民俗誌』〕。

ウマノセ　低い山の一部がまるで「馬の背」のようになっているのをいう。伊予吉田町（宇和島市）で〔『郭公のパン』〕。大分県由布山の西ノ岳から東ノ岳に移る西ノ岳の尾根、西ノ岳火口側はかえって差し出ており、その峰が狭いので馬の背という〔『由布山』〕。思うに二つの峰を結ぶ線の低くなった所で、鞍部の稜線にあたる部分であろう。

ウメ　埋（梅田、梅ヶ谷）〔『日本の地名』〕。

地すべりで埋ったことを意味する。山中の地名に梅ノ久保があり、地すべりとすべった土砂の両方を言い表わしている。山腹の棚地形を指す。平地の梅は人工的な埋立地が多い。大阪駅の梅田はこれ〔小川豊『地名と風土』二〕。

ウラ ① 浦は「海岸」の意にとられることが多いが、本来は海岸が入江や湾をなして入りこんでいる所をいう。西南日本ことに九州などでは、陸地に湾入した所は必ず○○浦の名があり、たんなる海岸名ではない。

浦という語は、外浦の「表」に対して「裏」の義と解する説があるが、それよりも外浦の本通りに対して、それから分派した支湾と見るのがより適切で、ウラ(ウレと同じく末)は、本来、樹木の本幹に対して枝葉あるいは先端部(梢)を指す語であるからである。

こうした湾入は、風波を避けて船を着ける船着場に適するので、浦の地名はまた同時に「港」の意味をもつのが普通である。

浦人の生活は、漁業と結びつき、漁業権や船方の特権(水主《カコ》浦、舸子《カコ》浦)にも発展する。そして農業を主体とし、本格的な漁業権を持たなかった地元の村落を地方《ぢかた》とか端浦などと呼んだのに対して、真浦、本浦、浦方、立浦など呼んで、漁業権や船乗りの特権を持っていた。

また「どちら側」というある地域的方面を指す場合もある。山麓地方を「山浦地方」と呼ぶのは、野方に対して山方を区別する呼称である。

浦がどちら側かを示す例は、日照にちなむ地名の場合、一般に日向(ヒナタ、日当)、日影(日陰、影)として区別される種類である。日の当たる側を日浦(日ノ浦とも)、日当たりの悪い側を影浦といって区別する。

四国地方から紀伊半島の山地にはこの例が多く、谷をはさんで、日浦と影浦(あるいは影)の村落が対をなして存在する。高知県東部の奈半利《ナハリ》川沿岸など、この地名の多い地区の一つ。

日浦はややもすると、日の当たらない裏と解して、日影と考える人もあるが、多くの実例に照らしてそれが誤りであることがわかる。日浦の代りに日裏となっている場合もあるが、これもヒナタと見てよい。

海岸線の複雑な九州北西岸や五島列島などでは、湾入は必ず「○○浦」でその奥に同名の漁村がある。「白石浦」の湾入の奥に「白石」、「青木浦」の湾頭に

「青木」、「鯛の浦」の湾頭に「鯛の浦」がある。この関係は、一つの類型をかたちづくっている。

なお浦をハラ（原）と同類語と見て、ムラ（村）の意をもつという説もある。

ハラ、ワラ、バル（原）は確かに村落の意があるから、それが浦とつながるというのも傾聴すべきであろう〔松尾『日本の地名』〕。

折口信夫『万葉辞典』には「海岸線の屈曲した弓形の地、湾、入り海。但し今の湾のような広い範囲でなく、海岸の山、岬などを境として一と浦をくぎるようである。波のわりあいに静かな海面に接している。海面でなく海岸の名であるが、其地に接した海面をも称しているようである」。『箋注倭名抄』の「浦」の解説では、外洋に面しない海岸、すなわち内海、入海の海岸を指したと見る特色ある意見である。

背後が平地であろうと、山地であろうと関係なく、地形的に湾入して風波の弱い所で、船の停泊、避難に都合のよい所、また湾入は著しくなくとも岬の陰や潮流、風の穏やかな所をウラという〔『地名の由来』〕。

漁業を主たる職業にしている部落がウラで、農業主体の部落を「ジ」、「ザイカタ」という。山口県大津郡油谷町（長門市）向津具〔『向津具半島の民俗』〕。

長崎県島原半島千々石で入江〔『全辞』〕。

長崎市茂木で港〔『方言』六の一〇〕。

大分県北海部郡日代村（津久見市）では網を下ろす所。ウラにはみな名がついている〔『方言』六の一〇〕。

同県南海部郡米水津村（佐伯市）では、主として網持ちの漁師のいる所〔同地人談〕。

② 内陸部で、川の上流部には「川浦」の地名があり、それの変化した「川《カ》浦《オレ》」（川売と宛てた所もある）もある。これらは「川の末」（ウラ、ウレ）で川の先端、上流（川上）を意味する。

静岡県周智郡気多村（浜松市天竜区）で川の上流をいう〔『方言』五の一〇〕。福岡県田川郡添田町津野でも川の上流。地名としてもある〔『津野』〕。ウレ参照。

③ 宮城県で、家に対して畑地をいう〔『方言』五の六〕。

④ （裏の転用）北。富山県福野町（南砺市）に浦町というのがあるが、これは浜の意ではなく、北の意。これに対してオモテ（表の転用）は南。礪波地方〔『礪波民俗語彙』〕。『日本の地名』では「北東」とい

っている。

⑤ 奈良県吉野郡川上村付近の農家で、谷間の敷地の場合、敷地の谷側すなわち敷地よりも低い側をいう。風当たりの強い地域なので、防風のため植樹や竹藪をこの側に施す〔『集解』〕。

⑥ 沖縄で、最も古い血縁団体による共同体の集落をマキョといっているが、十二世紀頃から形成される地縁団体の新集落をウラ（浦）とかシマ（島）と呼んでいる。名護の浦、百名浦など、浦はすべて海岸に臨んだ集落。シマは昔のままの意味をもっているが、今では浦の名は忘れられている。やや時代が下ると集落を意味するサト（里）も出てくる〔『日本思想大系』「おもろさうし」の補註〕。

ウリ ① 瓜の象形語。小さい谷や川の曲った所。

② ウリューの転（宇利、宇理、瓜浅、瓜連《ヅラ》、瓜生、瓜破、瓜内、瓜島）〔『日本の地名』〕。

③ 湿地（潤井、宇留井、瓜生）〔『日本の地名』〕。

ウル 奄美で海中にある枝状珊瑚〔『奄美生活誌』〕。琉球方言で砂《ウル》。宮古島では砂川をウルカ。奄美の沖永良部でオタキ（御岳）の奥の石小屋に敷く海の砂をいう。大島の阿室では、月に二度敷くという。首里の尚家では、年中行事として元旦に海岸から砂をもってきて首里城の庭に撒いた。これをウロマキという〔『分類祭祀習俗語彙』〕。ウロはウルに同じ。砂を正月に庭に撒くことは、鹿児島地方でシラスを撒くのと同断である。ウル石とは、本来、空洞の多い珊瑚石のことで（ウロ参照）、ウルは珊瑚の砕けて砂状になったものであろう。

ウルマ ① 琉球のことをウルマの島という。『千載集』恋一「おぼつかなうるまの島の人なれやわが言の葉を知らず顔なる堀河右大臣（前大納言公任）」〔『伊波普猷全集』第一一巻〕。

ウルはウル石の略。ウル石はウロ（空、虚）のある石で、無数の細かい孔のある珊瑚石。

島の周囲をとり巻いている珊瑚虫の化石化したもので、海中にある間は、五色の花が咲いているように美しく成長しているが、一たび日光に曝されるとたちまち白い石と化してしまう。

③ 波照間（パティウルマ）島はパティウルマ（果てのウル石の島）の義。マは島の義。加計呂麻（奄美大島）、慶良間、多良間、池間、鳩間など。ウルマは多孔性珊瑚石すなわちウル石を基盤とした島〔『うるまの島と

琉球』、『宮良当壮全集』第一七巻〕。

なお、金関丈夫は波照間につき次のように述べている。「波照間は、もとパトロー島と呼ばれていたことが文書にある。台湾の東海岸の住民のアミ族は、沖の島のことをボールとかボトロルとか言っている。紅頭嶼をいまボテルトバコ島というのは、このボトルと日本名のタバコシマとが合併した名であるとしている。波照間のバトローもこのボトルに関係があるのであろう」と〔『朝日新聞』昭和29・4・4〕。

② 本流に反流する潮流、すなわちワイシオ（脇潮）のことを熊本県天草郡大矢野島（上天草市）や松島町や長崎県島原半島一帯でいうが、特に早崎瀬戸に臨む口之津、加津佐地方で特に漁師がいう詞〔同地方出身の船員談〕。

ウレ 静岡県安倍郡（静岡市）で、高山の絶頂に近い所をいう。木の梢などをウレ、ウラというのと同じく、地名にも水上をミウレ、沢奥をサウレ（渓の奥）などといい、岐阜県吉城郡（飛騨市）では、村里の奥の方または辺鄙の里をいう〔『山村語彙』、『全辞』〕。奥の方、高い所。ウラの転（嬉野《ウレシノ》、宇礼保、嬉《ウレシ》垣内、嬉河内、宇霊羅山）〔『日本の地名』〕。

ウロ ① 川岸など流水のためえぐられた洞穴。魚のすみかになっている。富山県礪波地方、福井県坂井郡（坂井市、あわら市）、山口県豊浦郡（下関市）、高知県、熊本県（玉名郡）南関〔『全辞』、『礪波民俗語彙』〕。

栃木県で木の洞、洞穴、空洞〔『栃木県方言辞典』〕。ウド参照。茨城県で、洞穴をウロッコ、木の洞をウロコ〔『茨城方言民俗語辞典』〕。

天竜川あたりで行われている漁法にウロヅカミがある。夏の水の少ない頃、少年たちが芦の根や小川のウロなどに隠れている小魚をつかむこと。石の下に手を入れて捕る場合にもいう。ウロは穴のこと〔『全辞』〕。

空洞の多い珊瑚石をウル石と称し、これを焼いて造った石灰石をウールスパイ（空洞石の灰）という。八重山群島の最南端には「ハテのウル島」の意味の波照間（ハテルマ）島がある。マ（間）は島の義〔宮良当壮説〕。

② 谷川の水の高い所から低い部分に落ちて泡だっている所。高知県吾川郡池川町（仁淀川町）椿山〔『土佐民俗選集』その二〕。

エ

エ ① 江は入江（湾）と川の意があり、海岸地名としての江は、この両者の例が最も多い。江尻は、川尻や川口と同じ場合と、海岸の場合とがある。江津、江並《ナミ》などに川口の例があり、入江や海岸の例に江ノ浜、江ノ浦、坪江、江田などがある。もっとも川口が入江のようになっている所は、川と入江のどちらにもとれる。また湾岸で、しかも川口である場合には、湾か川かはっきりしないが、その川口が船の出入りに適するほどの所ならば、川の意にとりたい。しかし江のつく海岸地名のうちには、右の両者のいずれにも属せず、たんに「海岸」を指すと思われるものも少なくない。入江や湾でもなく、付近に川もない所では、そうとらざるをえない。平滑な砂浜海岸で川もない所でも、時折江のつく地名があるからである。

相模湾岸の片瀬江ノ島の江は、古くは柄、荏、榎、絵などと書いて一定しない。そのうち榎ノ島は、他にも時々あり、宛字でなく実際にエノキからきた場合もあると思う。この片瀬江ノ島は、陸岸とほとんど砂洲で結ばれて陸繋島の地形であることから、柄ノ島と解する説もあるが、他の多くの江ノ島には当たらない。エノシマ、エシマについてはなお考究すべきである〔松尾『日本の地名』〕。

② 新潟県南蒲原郡福島村（三条市）で灌漑用水路。エカワともいう〔『民伝』一八の七〕。石川県江沼郡（加賀市）で田と田との間にある小川〔『綜合』〕。ユに同じ。

エイノオ　『江漢西遊記』に、長崎県北松浦郡生月島（平戸市）について「此海よりエイノ尾といふもの天に登ることあり、是は竜なりといふ、登らんとすると黒雲下がりて海の瀬を巻き次第次第に天に登るに雲中よりエイといふ小魚の尾の如きものひらひらと見え遠ざかる故にエイの尾が登るといふなり」とある。竜巻のことを指し、鱏《エイ》の尾に似ており、八重山、石垣島でもイノウといっている〔『綜合』〕。

竜巻のことを九州でイエノウといい、豊後ではエーノーはたんに旋風であるといっている。壱岐では、これをエイノオといい、筑前の鐘崎なども同様で、鱏の尾に似ているからだといっている。筑前北岸などの船人の間では、二百十日頃に辰巳の空に現れる怪雲をこう呼び、いたくこれを恐れている。この雲はえずい雲で、その中から紐のような雲が海面に垂れ下がり、ぶらぶら動いているように見える。これが現れると必ず時化になると経験されている。南の石垣島では、これが現れると必ず船を蜈蚣《ムカデ》形に組んで備えたという。海上の竜巻を紀州日高郡の海沿いでネノオという〔『漁村語彙』〕。

長崎県五島の三井楽町（五島市）の漁民の語に「エーの上がった」というのがある。夏のベタ凪のとき、沖合に真っ黒になって立つ竜巻のことで、その形状がエイの魚《イオ》に似ているからである〔同地出身漁夫談〕。

エキ、エギ　中国、四国で谷間のこと。島根で支谷を指す〔『地形名彙』〕。

谷のやや小さいもの。支谷、谷あい。山口県、島根県西部に集中〔『地名の由来』〕。

中国地方の西半分に最も多く行われる語。支谷すなわち本谷から派生した左右の小谷がエギ、峰をエゴというから、エゴという語ともともと一つでないことがわかる〔『山村語彙』〕。

谷の入口ともいい、アサラエキ、オーエキ等がある。島根県飯石郡上来町（飯南町）では、中央の縦谷から左右に派出した支谷をエキという。普通の谷をもエキということがある。浴、溢、嶧、峪、䜥、恵木、陽などと宛てている。江木という苗字の起こりもこれである〔『綜合』〕。

木材の山商売に山口県の山地を歩いた老人の談によれば、谷間をエキといい、本谷をホンエキ、支谷をコエキというとのことであった。

高地と高地との間の低い土地で、田んぼなどに開墾されている所の奥まった所を、南島八重山でユークという。これは中国方言のヨク（浴）にあたり、浴をエキと訓ませている。香川、愛媛、高知では、ココナク（ここ）、アテンク（私の所）、オマサンク（貴方の所）などのように「所」をクという。奥はオクのほかにオキとも訓み、沖に通ずる。岡山県などでは、田んぼのある所をオキ。クやオはソコ（そこ）のコにあたる。トウゲ（タワケ、曲所、峠）のゲもまた所の意。ヨル（夜）をユルという地方もある。エシノヤマ（吉野山）、エエコト（吉事）、エヲトコ（吉男）、エヲトメ（吉女）、などの古い訓み方から推して、ヨク（浴）をエキと訛ることは、さほど縁の遠いものではない。囲炉裏の家長の坐る座席はヨコザ、ヨコはオク（奥）やソコ（底）と同じく、入口からみて奥底の方にある座席の意。

エキ、ユーク、サヤと同じ地形の所にエコ（江古、恵古、江湖）がある。東京中野区のエゴタ（江古田）、対馬佐須奈村（対馬市）大字佐護は恵古田という小川に沿った低平な水田地帯がある。五島福江島の岐宿に江古。長崎では、小川に沿った一帯をエゴバタ（江古端）といい、江古端道がある。こういう低湿地では藺を栽培している〔「えき（谷）という地名」『宮良当壮全集』一六巻〕。

エキコ　駅戸。古代の官道を維持・管理し、駅馬を飼育していた集落。岩手県水沢市真城の中林遺跡から、九世紀後半のものとみられる竪穴式住居跡二四棟と畑跡がセットで見つかった。この時代の「菜園付き集落」の出土は、全国的にも珍しい。発掘現場は同市真城ヶ丘団地の南方一キロの台地。同市教委が約一万七千平方メートルで発掘を進めているが、その結果、地下三〇～五〇メートルの所から一辺五～六メートルのほぼ正方形の竪穴式住居が緩やかなU字状に並び、その北側開口部に隣接して畑と見られる約五千平方メートルの広さの畝跡が出土した。土師器の出土や上層から、平安時代初期の九世紀後半の遺跡という〔『毎日新聞』平成3・8・11〕。

エゴ　周防では窪くして日当たりの良い地。島根県では山の側面の窪んだ所。有明海北岸では、潮の上り来る川という〔松尾俊郎〕。

山中の地名として中国ことに山陰道に多く聞く。出雲の大原郡（雲南市）あたりでは、サコとやや似て高地にある窪地をいい、因幡の八頭郡などでは山の窪みすなわち水の流れていない谷のことと解説している。邑智郡だけ深い谷をエゴと称している。文字はしばしばエギと同じ溢、嶧などを宛てたものもある。雲州の一部は、これをイゴとも発音しているのは、関東の一部あるいは羽前などの地名にも見られるが、はたして語の内容が同じであるかどうかまだ確かめられない〔『山村語彙』〕。

高知県安芸郡や山口県柳井市では、日当たりのいい山の窪地。島根県美濃郡（益田市）、鹿足郡（津和野町、吉賀町）では谷、小さな谷〔『全辞』、『国語教育』一六の九〕。

長野県諏訪地方では、丘陵にとり囲まれたかなり広い窪所をエゴまたはエゴタという〔『綜合』〕。山梨県南都留郡道志村板橋の小字エゴは、山のつけ根の小さな平地をいうが、同村小椿では、川で石のかぶさっている所で、その下に魚が棲むといい、石のエゴというから、何でもかぶった所をいうのであろう。また相州足柄上郡三保村（山北町）でも、岩のかぶった所〔『民伝』一五の一一〕。

岐阜県揖斐郡徳山村（揖斐川町）では、山中の窪まった所で、一見してそれがわからないような窪地〔『美濃徳山村民俗誌』〕。

隠岐では、山腹の窪地、水の流れる筋をいい、牧畑の境としているので、イゴサカイという語がある〔『綜合』〕。

徳島、高知県、福岡県朝倉郡（一部、朝倉市）では、川の彎曲して淀んでいる所〔『全辞』〕。

八丈島では入江〔『分類方言辞典』〕。瀬戸内の塩飽諸島で川口の入江〔『綜合』〕。愛媛県喜多郡長浜町肱川（大洲市）の左岸町の前面に大きく凹入した巾着形の入江をエゴといい、その口部をエゴノクチという〔『民伝』九の八〕。

島根県温泉津《ユノツ》（大田市）の海岸の入江の口の地名にエゴノクチというのがあるから、エゴは入江であろう〔『毎日新聞』「釣の欄」昭和43・10・17〕。

また長崎市で、軒の下の小さい溝はエゴとはいわないが、割合に広い（少なくとも一間以上の）人工のミゾをエゴといい、その傍をエゴバタという〔同地人談〕。

壱岐の小崎の海士は、海底の窪みをエゴという〔『毎日新聞』「祖形の語り」昭和54・5・31〕。

エセ　難所。エセ沢は難所の沢。会津檜枝岐村〔『福島県史』二三〕。

エゼ　甑島で、段々畑の端の方をカメエゼ、シモエゼ。その下エゼをまた前あぜという部落もあるから、エゼはアゼと同語か〔『農村語彙』〕。

エタ、エダ　①　湿田。

②　アガタを英多と書き、のちエタと誤記したもの（江田、荏田、枝野、英多）〔『日本の地名』〕。

エダ　①　水辺にある穴。山口県柳井市〔『全辞』〕。

②　エダ地名の地形は、微小盆地になっている。雨が降ると水溜りになるような地形である。枝川、江田、廿枝《ハタエダ》の地名がある。高知県吾川郡伊野町（いの町）枝川は、高知市のベッドタウンとして宅地開発されたが、枝川地区の周囲には東浦、西浦、北浦という地名があ

る。「浦」地名は、水に面した所で豪雨のたびに宇治川が氾濫して湖水化するところであった。

徳島県阿南市新野《アラタノ》町廿枝《ハタエダ》は、水田地帯だが、構造改善事業で、微形盆地を解消して快適水田に変貌した。エダ地形は、床下浸水や床上浸水災害の起こる地形である〔小川豊『地名と風土』二〕。

エト、エトモ　アイヌ語で出鼻のこと。江戸もこれに由来するか。出雲はエトモの転訛であろうか〔『地形名彙』〕。

エツ、エト、エトモは、アイヌ語で物の尖端、人の鼻を意味し、○○エツという岬が多い。佐渡、壱岐にあるエズミもエトモに由来し、岬角を意味する〔金沢庄三郎『地名の研究』〕。

北海道の地名で、エトとあったら岬のこと。原義は「鼻」のことだが、地形上では、山が鼻を突出しているから岬になるのであろう。

日本語で読んで、糸の崎、井戸の崎、干支《エト》の崎あるいは江藤の崎等何とか解をつけられないこともない。しかしこの辺はアイヌ語の地名の多い所である。同様にアイヌ語地名の多い対岸の北海道で聞いたら、アイヌ語に親しんだ人なら誰でも「岬（エト）の崎」とすぐ考えるであろう。エトの崎は、山が海に突き出している完全な山鼻（エト）の地形であった〔『アイヌ語地名の研究』三〕。

エド　①淀。ヨド→エド。

②川による山地への入口（江戸、江戸沢、江戸袋）〔『日本の地名』〕。

「東京」は位置を示すだけの「東の京」だが、「江戸」は「入江の門戸」という地形を表わした歴史的な佳名である。

各地の「江戸」地名で、江戸期に発生したと思われるものは、

茨城県東茨城郡美野里町（小美玉市）江戸（地形）
同県稲敷郡江戸崎町（稲敷市）江戸崎（地形）
埼玉県川口市江戸（地形）
千葉県東葛飾郡関宿町（野田市）江戸町（旧城下町）
長野県飯田市江戸町・江戸浜町（旧城下町）
名古屋市南区江戸町（旧城下町）
三重県津市江戸橋（旧城下町）
同県桑名市江戸町（旧城下町）

愛媛県松山市南江戸（旧城下町）
長崎県島原市江戸丁（旧城下町）
新潟県佐渡郡相川町（佐渡市）江戸沢町（鉱山）
大阪市西区江戸堀（経済）
長崎県長崎市江戸町（開港場）〔本間信治『全国地名保存連盟会報』五〕。

江戸は、「江」の「処」と平凡に解しておくべきであろう。日本の古語の「え」に漢字の「江」を宛てたのは、その結び方にずれがあった。それは揚子江、松花江などの「江」を思い浮かべてみれば、日本の「難波江」などの「江」はまるで違うことがわかるであろう。「え」とは、水が深く入りこんだ所である。海水にせよ河水にせよ、そこからはっきりと区画がたって入りこんでいる水面をいうのであって、その意味では江と入江とは同じことである。「え」も湾や浦から、さらに入りこんだ所であり、その「入りこんでいる」という地形に注目していえば、イリエということになる。

江戸の町は、慶長以来、急速に発達し拡大しているのだからなかなかつかみにくい町だ。江戸ッ子というと「芝で生まれて神田で育ち」というが、芝や神田は少なくとも第二、第三の段階の江戸であって、もともとの江戸の町は、芝と神田の間であった。そこは今、中央区といっているが、もとは二つに分かれて、日本橋区、京橋区となっていた。この地域が、まず町としてまとまって掌握された一番初めの「江戸」、江戸の中の江戸であろう。

この地域の江戸が、南北二地域に分けて受け取られていたのは、北町奉行所と南町奉行所が、それぞれ旧日本橋区側、旧京橋区側にあったことでもわかるが、さらに明治一一年に、一五区の中に日本橋区、京橋区が成立した時、初めは区の名が、北江戸区、南江戸区と予定されていた、という余話のあることでも、それがわかる。もし地形的に、川によって江戸の町を限るとすれば、江戸の北の境界は、神田川であり、南の境界は、今、新橋も埋まってしまったが、そこに流れていた汐留川ということになるだろう。

汐留川にかかっていた難波橋が、もとは江戸と別れのナンダ橋だったことでも推測されるが、さらに、山王様と神田明神との鎮座する位置を考慮にいれると古い「江戸」という地域が、その南北の境界から明らかになるように思われる〔『塵々集』〕。

エビ ① 海老形の台地や丘陵（海老、海老ヶ島、海老江、海老名、鰕池）。
② 階段状地形（海老坂）。
③ 動物名（海老）。海老沢、海老島、海老取川。
④ 山葡萄（方言エビソ）。海老山もこれか。蝦尾僧《エビソ》越（『日本の地名』）。

エボシ 信越境の烏帽子岳、広島県比婆郡（庄原市）と島根県境の烏帽子山、高知県安芸郡の烏帽子ヶ森とか、甲斐駒山脈にも同名の岳があり、飯豊山の一峰にもある。また海中に聳立している岩にも烏帽子岩がある。いずれも烏帽子の形による命名（『旅伝』一五の二、『郭公のパン』）。

エラ、イラ エラはイラよりも古い形と思われ、燧灘以西の地域に分布している。イラは大分方言で「うろこ」、エラは京都方言で「うろこ」、山口方言でエラは「水辺の穴」をいう。「うろこ」「うつろ」「穴」は対象物が若干異なっているが、エラ（鰓）について考えると、イラとエラとの関係がわかる。鰓はウロコ形をなし、同時にウツロは穴をなしている。初めはイラが逆立つ意味の鱗からエラとなって、海岸や河岸などの山の洞穴の地形名となったものと思われる。エラとイラは母音相通の関係にあり、分布上エラが古く、イラが新しいと考えられる。北九州を中心として分布し、琉球にもある（江良、恵良、姶良《エラ》、永良部）（『日本地名学』一、『日本の地名』）。

山口県長門市通で、海水の行き通うような岩礁の割れ目。かなり大きな洞門、洞穴をもいう（『長門市史』民俗編）。

入江をエラといい、「長エラ」は幅が狭くて奥が深い入江を北九州でいう（『北九州市史』民俗編）。

エリ 秋田県雄勝郡（一部、湯沢市）で山奥の開けた地方をいう。イリの訛（『地形名彙』）。

宮城県登米郡（登米市）、福島県相馬郡（一部、南相馬市）で奥、奥の方。山形、新潟県西頸城郡（上越市、糸魚川市）で山奥のこと。イリに同じ（『全辞』）。茨城県多賀郡高岡村（高萩市）でも奥の方をイリという。サア（水の流れる谷。ここでは谷という語はない）のイリという（『常陸高岡村民俗誌』）。

福島県南会津郡南郷村（南会津町）では、狩猟者の山（忌）詞として、山の奥をエリという（『日本民俗学』七七号）。

エン ① 大分県速見郡（一部、杵築市）で暗礁

〔『全辞』〕。
② 北海道には、所々にエンルムと呼ばれる地名があった。「岬」という意味で、発音はエンルマ。知里真志保の『地名アイヌ語小辞典』によれば「つきでている。頭」という意味だそうだ。このエンルムは次のような形の地名として残っている。

襟裳《エリモ》岬（日高国幌泉郡）

幌泉《イズミ》（日高国幌泉郡）。原形ポロ・エンルム（大きい・岬）

絵鞆《エトモ》（胆振国室蘭）

エントモ岬（胆振国有珠郡）

この例を見ただけでも、アイヌ語が日本語化してゆく場合のいくつかの慣れに気がつくと思う。たとえば語尾の子音には母音がついてくる。rは発音しにくいのでしばしばダ行音に置き替えられる。「泉（イズミ）」などは実に巧妙に日本語化されたものである。また「襟裳（エリモ）」のようにやや原音に近い形のものもある（襟裳は、他語に解された説もあるが、多分、岬〈エンルム〉であろう）。

青森県の十三潟付近の恵瑠磨がエンルムの宛字であったと考えるならば『十三往来』に「……前は海辺に望み、岩窟峰に峙ち、松風颯々として琴を調べ、麓は白浪花を畳むこと千片たり……」の地形描写も、位置の説明も実にぴったりとする。

十三潟の東岸の今泉《イズミ》の地名も、形は完全な日本語だが、あるいはエンルムの上に「今」が後に付いたのかもしれない。また今善作氏の話によると、北海道に今泉出身の「江沼」姓の人が、若干来ているそうだ。江沼、恵瑠磨の発音は、発音上はほとんど同音に近い〔『アイヌ語地名の研究』三〕。

オ

オ 尾根のこと。山城、丹後、越前では峰のこと。四国では特に尾根の垂れているもの〔『地形名彙』〕。ど。高尾山、長尾山は山を重複した表現。尾尻、尾崎、尾。山と同義語。高尾、長尾、槇尾《マキノオ》、栂尾《トガノオ》、尾根な尾附などは、山や岳の斜面が長くのびて平野に終る麓にあることから、この場合の尾は、山や岳の麓を指す。すなわち尾には根と同様、山、峰のほかに山麓の意味もある〔『地名の探究』〕。

飛騨、奈良県吉野郡、京都、但馬、鳥取、島根県鹿

足郡、山口、香川県木田郡（一部、高松市）、徳島県美馬郡（一部、美馬市）、大分、鹿児島で尾根、連峰、峰〔『全辞』〕とあるが、オは尾、緒で連続したものが原義であるから、元来は尾根、連峰のことで、それが転じて山頂、頂上となったのであろう。

福岡県田川郡添田町津野で、峰から延びた尾根〔『津野』〕。鹿児島でも、ほぼ同じくらいの山の頂が長く続いて、動物の尾のように延びているものをいい、長尾、登尾、折尾、尾廻、尾曲、尾下などの地名もある。尾曲はその尾が曲った場所の名で、折尾もそれに近い。尾下は尾が山から平地に下っているからついた名〔『かごしま民俗散歩』〕。

大分県では、主脈から分かれた丘陵で、水の便が悪いので畑にはなっても、田にはなり難い所をオという〔『地名覚書』〕。

栂ノ尾、松尾は栂や松の多い山。高尾は高く秀でた山。水ノ尾は川が近い山で、山城一国だけでも数多い地名。筑波の山麓には椎尾があり、氏には西尾がある〔金沢庄三郎『地名の研究』〕。

山口県長門市殿台、境川で山の背、同市通では山の裾〔『長門市史』民俗編〕。

トカラ列島ではオバネと同義。タコー（高尾）、マウオ（丸尾）、ナコー（中尾）、トクノー（徳之尾）が中之島に、ナガオ（ナゴー、永尾）、オノウエ（尾ノ上）が臥蛇島に、ハナオが平島にある。ハナオは「鼻の尾」で、海岸に突き出たオバネの名〔『トカラの地名と民俗』下〕。

オーイタ　大きい田（碩田《オーイタ》、大分、大井田もこれか）〔『日本の地名』〕。

ちなみに、鎌倉幕府創設時、大分の地に封ぜられた大友家は、長くこの地を統治し、九州守護の一つとして勢威を振るったが、秀吉によって取りつぶされた後は、日田代官領を中軸とする小藩分立社会となる。この地を構成する小藩は、小地域に割拠しながら、代官領の顔色をうかがいつつ藩際の駆け引きに明け暮れすることになり、その結果、利害の得失、損得の打算、権謀術数にたけることになる。

オイズル　笈摺。修験道と関係深い山にこの名が残っている。越後妙高山の一部にオイズリがあり、笈を摺るような懸崖の場所。行者がここを通過する際は、笈を摺るほどの嶮所という意であろう。奥日光の金精山はオイズルヶ岳とも呼ばれた。阿波剣山の一峰には◯

○キューという名があるが、これはその岩の形が笈に似ているためで、『阿波志』にもこれらの岩を太郎笈、次郎笈と呼ぶとある〔『旅伝』一五の三〕。

オイワケ　浅間山麓にある中山道の追分宿（長野県北佐久郡軽井沢町追分）は中山道から北国街道（小諸、上田、善光寺などを経て高田、直江津方面へ）への分岐点で、鉄道以前、街道交通の華やかな時代繁盛した宿駅で、追分節の本場として知られた所。

東海道五十三次の一駅、御油宿（愛知県豊川市御油）の南の町はずれにあたる追分は、ここで姫街道（本坂街道）が東海道と合う交通の要点として賑わった所。

東海道の四日市宿と石薬師宿との間で、東海道から伊勢街道（参宮道）の分かれた地点の追分も有名。ここはその北、四日市との間の東海道筋に長い街村をなし日永《ヒナガ》に属していたので「日永追分」と呼ばれた〔『地名の探究』〕。

オイワケは街道の分岐点につけられ、全国に分布しているが、北海道の東部と四国にはない（追分、追別）〔『日本地名学』Ⅱ、『日本の地名』〕。

このような所には、宿場が発生する。南秋田郡の追分は、秋田の男鹿半島へ行く道と本道との分岐点。北佐久郡、信州浅間山の西麓の追分は、北国街道と中山道の分岐点で、その近くの軽井沢、沓掛と共に三宿といい、旅人相手に繁盛したが、中でも追分は地の利のために栄えた。ここを通る馬子衆の馬子唄が追分節となった〔『郷土民謡舞踊辞典』〕。

桑名、四日市を過ぎると日永の追分に出る。ここは亀山、大阪へ通ずる東海道と津、伊勢へ通ずる参宮道との分岐点。伊勢神宮の第一の鳥居の傍にこの分岐点を示す道標がある。

なお福岡県では、往還の分岐点に石を立て「右ひぜん　左ちくご」などと方向を標示したのをオイワケイシといった〔『藩政時代百姓語彙』〕。

宮城県名取郡岩沼町（岩沼市）に押分というのがあるが、これも追分と同じであろうか。

岩滝追分＝京都府、天橋立を挟んで宮津市と対峙する若狭湾海岸の小さな町が岩滝町（与謝野町）。江戸時代の末、岩滝に寄港する北海道がよいの船頭たちが伝えた江差追分の変形らしい。きわめてゆっくりした節回しに叙情味があふれ、海に働く男の郷愁が胸に迫る。古老の話では、明治の末頃までは、岩滝の船頭や漁師ばかりでなく、近在の農民にまでも愛唱されたというが、今では京都に追分節があったことを知る人すら少ない。

〽アー大島エー　アー小島のエー　なかとるエー
　船はエー　どこを目当てにエー　はせるやら
　〔『北の波濤に唄う』〕。

牛や馬を左右に追い分ける意味から、道が二つ以上に分岐する場所をオイワケという〔町田嘉章〕。

〽送りましよかや　送られましよか　せめて峠の
　茶屋までも
〽追分け宿の行灯に　ひやかしご免と書いてある
〽浅間山さんなぜ焼けしやんす　すそに追分もち
　ながら

碓氷《ウスイ》峠の労働唄であった馬子唄、道中唄が、追分宿の飯盛り女たちの三味線にのる三サガリ調子の座敷唄で、にぎやかし唄に転化したのが追分節である。飯盛り女たちによる元祖、追分節は、街道筋の参勤交代や旅行商の人の流れにつれて、あるいはまた年季が明けたり、身請けされたりで追分宿を出る飯盛り女たち自身の口によって「越後追分」となり、北前船の航路づたいに「酒田追分」「本荘追分」へ、さらに北海道の「江差追分」へと伝えられて行った。

「飯盛り女がいてこその追分節で……」と追分節の保存に努める追分宿旧本陣「油屋」の主人、小川寅さん。飯盛り女は、草の根の歌垣の文化功労者でもあった〔『毎日新聞』平成2・12・23〕。

オオウチ　① 深く入りこんだ山奥の谷。
② やや大きい谷または盆地（大内、大内田）〔『日本の地名』〕。風雨のとき漂着した木片もザラクと呼んでいる。若狭、丹波などのシグレもやっぱり音からきた名である〔『地域と伝承』〕。

オオシ　沖縄で、もと大石すなわち岩の義であるが、大きな石を意味する語にはオオイシがあり、岩を意味するものにはイワまたはシーがあるから、オオシはこれらとは少しく意義が違わなければならない。

首里市（那覇市）の大中《オオチユン》町の道の真ん中に直径六尺、高さ一丈くらいの円筒状の岩があり、その上に雑木などが生えている。それが大中オオシ、那覇市の泉崎にもそれに似てもっと大きいのがある。それを仲島のオオシという。このようなものは田舎の村落にもあるが、いずれもその界隈の「風水《フンスイ》」でイベ（威部《イベ》神、杜の神、聖なる者、聖所の義）の在所になっている〔『伊波普猷全集』、『琉球戯曲辞典』）。

オオナ　田んぼまたは田畑の中の小路をいうのは、茨城県新治郡（石岡市など）、稲敷郡（一部、稲敷市など）、千葉県の中部、海上郡（旭市）、青森県八戸市、岩手県上閉伊郡（一部、遠野市）、長野県諏訪湖畔などで。

大縄すなわち最初の分割線のことだという説と、田畑の外側をウナ、ウーナといい、田の畝をもウナというのは静岡県浜名郡（浜松市）などである。同県には田の畔をオウナァという地方もあるからオオウナかもわからないという説もある（『農村語彙』）。

オオノ　『播磨風土記』に「大野ノ里……右、大野ト称フハ本、荒野ナリキ、故、大野ト号ク」（飾磨郡〈姫路市〉）と説くのは「荒野」を「大野」と見たものであり、『豊後風土記』に「大野ノ郡……コノ郡ノ部《ス》ブル所ハ、悉皆、原野ナリ、斯レニ因リテ、名ヲ大野ノ郡ト曰フ」（大野郡〈豊後大野市〉）とあるのは「原野」を「大野」といったものと解すべきものである。大野の原義は、未開のままの荒々しく草深い野となすべきであろう（井手至『言語』昭和51・7）。

『万葉集』では、馬を走らせ、ススキや竹を押し伏せて狩をする荒谷、丘陵に続く淋しい人の入らない原野であるが、一方、春に焼畑をする葛の生い茂る自然のままの原野、開拓地（『図説・集落』）。

オオユサン　大遊山。最初の子は実家で生むのが普通。神奈川県中郡城島村（平塚市）では、子を産みに帰る直前の戌の日に「お願いします」とたらいに赤飯を入れて実家に持って行く。実家へ子を産みに帰ることを、嫁の里帰りの「遊山」に対して「大遊山」という。お産が長くなるから三月《ミツキノ》越しになってはいけないといわれ、妊婦は早く実家に帰るものではないとされる。三月越しになる場合は、途中一日だけ婚家に帰ることもある（『聞き書 神奈川の食事』）。

オカ、オガ　松前岡の湊、陸前の牡鹿、男鹿は三所とも海に突き出した地であるのをみると、陸前を意味するヲガが元であって、海角なので海からの植民が命名した地であろう（『地形名彙』）。筑前の「遠賀《オガ》」は海から渡来してきた人たちの命名によるものか。

兵庫県沿岸、岡山県沿岸、大阪府泉南郡岬町、徳島県島田島などで、本土をオカという。またオクという言葉が広島県下の東よりの島々に見られる。オクはオカからきたものかどうか（『瀬戸内海域方言の方言地理学的研究』〕。

尾根、山の背を奈良県吉野郡十津川村でいう〔『全辞』〕。

陸に近い海を山口県阿武郡（萩市）見島でいう〔『見島聞書』〕。

山口県長門市殿台、境川で山頂をオカ、オカッパチといい、また同市通、境川では海岸近くの海、海岸の山に近い海という人もある。ジとオカとはほぼ同位置をいう語のようである。オキ、オカ、ジは絶対的な位置をいう語ではなくて、漁法によってその指す位置は、いくらかずれるようである〔『長門市史』民俗編〕。

鉱山で、シキに対する語で坑外のこと。「岡仕事」といえば、坑外労働のこと〔『新潟県の地名月報』〕。

「岡」は「岡目八目」や「岡場所」のように傍すじの意味がある。「岡場所」は、江戸の品川、深川など都市政策上やむなく幕府が黙認していた私娼地であった。「岡っ引き」という役も、同心の個人的な手下で、奉行所との公的な関係はなく、悪人仲間から情報を聞き出し犯人検挙にあたったのである。

オカガタ　岡方。「岡」は陸の意。関東地方で「岡方」は、多摩川に面していない地域をいう。近世地方文書に見える語。

オカゲ　一続きの田の最上端を茨城県でいう。これに対し最下端をオデイという〔『農村語彙』〕。新潟県では、村居に近く高田の乾きやすいものをオカゲという〔『綜合』〕。

オカダ　①水の手の悪い乾きやすい田。干田。会津で〔『福島県史』二三巻〕。乾田で二毛作のきくよい田地。福島県石城郡草野村（いわき市）〔『磐城北神谷の話』〕。千葉県印旛郡遠山村（成田市）〔『民伝』三の六〕、新潟〔『全辞』〕。

②連続している田地の最上部の一枚。茨城〔『全辞』〕。オカゲに同じ。

オガタ　山の尾根。兵庫県赤穂郡〔『分類方言辞典』〕。

オカッパチ　徳島県美馬郡（一部、美馬市）で山頂部〔『方言』四の二〕。オカに同じ。

オカヌマ　土壌の質によるものか低地でもないのに、降雨の時にだけ水溜りのできる土地を、青森県三戸郡五戸町地方でいう。畑などにもままあって困るそうである。畑地としてはあまり良いとはいわれない〔『方言研究』六〕。

オカバ　群馬県群馬郡（高崎市）の北部の榛名山の中

腹または山麓地方の村々は米作地帯でないので、甘藷、里芋、麦、馬鈴薯、アワ、ヒエ、トーキビを作る。それらの村々から一里半くらい下方の村は米作地帯。これらの山寄りの村々をオカバ（岡場）とも上郷ともいう〔『続たぬき汁』〕。

オカマ　オハチ（御鉢）に同じ。噴火口、噴気孔のことを信州焼岳、岩手山、浅間山、日光白根などでいう〔『旅伝』一五の三〕。

オカミ　「魚見」に同じ。魚群の見張所。大分県南海部郡米水津村（佐伯市）。津久見市には岡見なる地名がある〔『地名覚書』〕。

オキ　①　長野県下高井郡あたりで広漠たる原野をいう。長門でもしかり。もとは海上から出た名か〔『地形名彙』〕。

水面の岸から離れた所をいう。『万葉集』には川、湖水のオキを指す歌もある。現在、この語を海にのみ用いるのは使用の狭まった結果である。語源は「奥」で、奥はすべて遠い場所の義をもつ。そうして古代はオクともオキとも両様にいった。『万葉集』にこの語を記すに「奥」の字を用いたのは、この語源を意識した用字法である〔『万葉集大辞典』二〕。

海岸近くをヘタとかカチ（山口県周防大島、大島郷平郡島）とかナダとかいうのに対し、それよりも遠い海上をオキと房州平館でいう〔『方言』六の七〕。沖縄でも海岸からさして遠くない所をウーチ（まったくの外洋をウートゥ）〔『沖縄語辞典』〕、オキよりもさらに遠い海上をダイナン、デーナンと一般にいっている。

オキ（沖）やナダ（灘）は、普通は海上を指していう語だが、海辺の地名にもそれが多く、ことに沖のつく地名は一般的である。ヘタノ島、地ノ島に対して沖ノ島を区別するように、沖は海岸から遠い海上を指すのが普通で、古くは辺津《ヘツ》風、沖津風、辺津波、沖津波などと使われている。それが地名では、海べり、海寄りの場所をいうのである。干拓地のような新地にはよくある地名で、沖田、沖ノ端《ハタ》、沖分、沖元、○○沖など海岸にほとんどくっついたように近接した小島を沖ノ島、沖ノ瀬というのは、それが遠近を比較しないときは沖が海際を指すこともある〔松尾『日本の地名』〕。

駿河湾岸興津は、古くは沖津とか奥津とか書かれており、興津は沖でここにいう海岸の意とみることができる。房総半島南岸には興津（勝浦の西）がある〔松尾『日本の地名』〕。
平坦地の田畑、広々とした田畑、野良、またはそれがある方向を長野県、三重県度会郡（一部、伊勢市）、岡山県小田郡（笠岡市など）、愛媛県でオキといい、田畑へ仕事に行くことを「オキへ行く」という〔『民伝』三の四〕。岐阜県羽島郡でもオキノ田といい、福岡県北部で平野をいう。壱岐では広い田畑の中央部をオキという〔『全辞』〕。
『宗教以前』（高取正男・橋本峰雄）に次の記事がある。

　中世の中国地方の田植唄を伝える「田植草子」に、
おき（沖）の三反田よりかと（門）の二反田をな、
ぬいはりめてもかと（門）の二反田をな、とても
たも（賜）らは、おき（沖）なる丁田をたもれや
（晩哥二ばん）

オキはキシに対するオキ。キシとは山麓や平野に臨んだ丘陵の末端部。以前は集落は多くそのような場所にあり、そうした屋敷近くの田が門田《カドタ》であった。したがってオキとはそのようなキシにある門田から遠く離れたオキアイ（沖合）のことであり、平野や盆地の中央部を指している。

　現在の常識では、「ワラジ半足でもオキがよい」といい、山麓のキシ田はよろこばれない。そこでは谷水を直接受けるので水温が低く、多くの収穫が望めないのに対し、オキの田は水温も高く、養分も多く収穫が多いからである。

　「田植草子」の歌は、現在の常識とは正反対といえる。そこでは「オキの三反田」より「カド田の二反」がいい、「ぬいはりめた田」すなわち、ちぎれちぎれの田を合せてもよいから、カド田が欲しく、どうしてもオキ田というならまとまった田を望んでいる。これは家と耕地との往復に便利という点もあるかもしれないが、同時にこの時代は一般に沖積が進まず、排水工事も不完全で、オキ田は湿田であり、泥田であって耕作に不便ばかりか、洪水の危険にさらされ、手入れもゆきとどかず収穫が悪かったからと考えられるとある。

②　奥。山の奥。「この山のオキには鉱山がある」。伊豆湯ヶ島、神奈川県津久井郡（相模原市）〔『分類方言辞典』、『日本のことば―今と昔―』〕。
③　湿田。オギの転（沖田）〔『日本の地名』〕。
④　山口県長門市殿台で、川べりの広い所〔『長門市史』民俗編〕。

オギ　①静岡県沼津で湿地。オクともいう〔『静岡県方言集』〕。湿地（小木、荻浜、荻野）〔『日本の地名』〕。
②ホキの転〔『日本の地名』〕。
③オ（小さい）キ。キの項参照〔『日本の地名』〕。

オキダイ　田園が広く続いている地。伊賀〔『国誌』、『分類方言辞典』〕。
『日本言語地図』④別冊は「後部分がダイとなると語形については、テンダイ、レンダイ及びタエと合わせて考えるべきである」と述べている。

オギュー　小さい谷頭（荻生、越久《オッキユー》、荻布、小久田《オキユーダ》、大及《オキユー》）〔『日本の地名』〕。

オク　①湿地。静岡県沼津市〔『全辞』〕。
②平地の村に対し、山村を呼ぶ。サトの対語。福岡県田川郡添田町津野〔『津野』〕。
鳥取県境港市から魚を仕入れて、米子の方へ電車で魚の行商に行く女達のことをオクユキサンという〔『NHKテレビ』「お国自慢西東」昭和52・6・27〕。

オグニ　丘陵が四周を取り巻く盆地〔『地形名彙』〕。
小国、小国谷、雄国、尾国、オクニと呼ぶものもあるが、たいていはオグニという。山地の奥まった所に開けた小盆地で、地形的に自ら一つの独立的環境をつくって周辺地域から隔たった地域をなしている。そのような環境から多少とも他と隔絶した色彩をもつものが多く、林業を主体とし、わずかながら盆地床の水田を営む山村であり、山地における産業、文化の小中心地をなす。オグニのオは接頭語で、クニ（国）というのと同じであろう。
小田、小野などのオが本来、接頭語で、田あるいは野と同じであるのと同様。ここにいう「国」は「境を立てて一区域をなす土地」の義で、地域の大小にかかわらず、同じく山間の小盆地のうちでも、小国と呼ばれる土地は、自然的境界がよりはっきりしており、したがって周辺地域から多少とも孤立的存在の地域性をもち、小別天地といった形容がほぼあてはまるような所が多い。小国は山間盆地を表示する地名の一代表というべきである〔松尾『日本の地名』〕。
九州では、阿蘇北外輪の涌蓋山麓にあり、その八割は山林で阿蘇に近い小国は、有名だが、東北各地にも小国は多い。青森県東津軽郡蟹田町（外ヶ浜町）の小国、南津軽郡平賀町（平川市）の小国、岩手県には九戸郡山形（久慈市）、下閉伊郡川井村（宮古市）にそれぞれ小国がある。秋田県由利郡仁賀保町（にかほ市）、山形県西田川郡温海町《アツミ》（鶴岡市）小国、最上郡最上町小国、同郡真室川町小国、西置賜郡小国町は最上町の小国と共に知られている。福島県には、磐梯山の近くに雄国沼があるが、この雄国も同類と思われる〔『地名を考える』〕。

オクトウ　おもろ語。澳海、大海。オクトともいう。オクは海上遥か遠い沖合の義で、オキに関係ある語〔『伊波普猷全集』第一一巻〕。

オグラ　コクラに同じ（小椋、御座、小倉、御蔵入）。木地屋が小椋姓であるのはコクラ（小高い台地）に住んでいたからか〔『日本の地名』〕。

オサ　オサは機具の筬の歯だけでなく、数多く並んだ田の区画をも一オサ、二オサと数える。水田の一区画をオサというのは、東北、関東に分布しており、岩手県ではタオサというのは「区画などの整然とした田」。栃木県、茨城県新治郡（石岡市など）、静岡、岐阜県山県郡（山県市）でも、田の一区画をいっている〔『日本言語地図』④別冊、『栃木県方言辞典』〕。

秋田県鹿角郡で田の稲を植える所〔『全辞』〕というのは、表記不明瞭だが、これも前記と同様のことであろう。また耕地整理のことをオサナオシといっている〔『農村語彙』〕。

大分県東国東郡国東町（国東市）では、田の形状によってヒロオサ、マルオサ、ナガオサ、カマオサ（鎌形）などといっているのは、やはり田の区画のことである〔同地人談〕。

なお蕈《キノコ》類の裏面の切れ目もオサ、群の頭目をも村オサ、船オサなどと呼んでいるが、元は一つ語の適用らしい〔『山村語彙』〕。長田《オサ》、他田、遠佐《オ》、曰佐《オ》〔『日本の地名』〕。

紀州日高川の谷で、谷底から峰までの高さを「オサが高い」という。紀州日高郡上山路村（田辺市）〔『方言』五の五〕。

秋田県鹿角郡では、以前旅回りのオサウリが来たという。いつまでも長話する人をオサウリみたいだなどといっている。取換木綿《トリカエモメン》は五〇ながらの筬、自家用の裏地は六〇～七〇の筬、木綿縞は八〇～九〇の筬で、そういう目の細かいものに入れるには、よほど糸を細かく紡がなければならなかった。絹の筬などはもちろん素人には作れなかったであろう〔『秋田民俗語彙事典』〕。

オーサカ ①峠の上や下にある地名（大阪、越坂《オツサカ》、逢坂、逢坂峠）。②大洲処《オースカ》、スカの転（大坂間、デルタ上、川畔にある）〔『日本の地名』〕。

オサキ 山の背筋の下がった先端。遠州〔『地形名彙』〕。

徳島県三好郡三名村（三好市）で、山の峰が急に折れ落ちた所〔『民伝』三の一二〕。

福岡県田川郡添田町津野で山野丘陵の出鼻。タニガシラ（谷頭）ともいう〔『津野』〕。

大分県玖珠郡でも、山から下ってくる所、またはその突端を意味する語として使われ、そういう所へは家を建て、屋敷を構えるものではないという。佐賀県松浦地方でも、尾先、谷先、堂先などに家を建てるのはよくないとし、「尾先谷口宮の前」という諺もある〔『禁忌習俗語彙』〕。

「尾先、谷尻、仏の目尻」島根県能義郡広瀬町（安来市）東比田で、家は山の尾根の先や谷の下ばかりでなく、墓地の近くを避けよ（死穢観念）という〔『畑作の民俗』〕。

熊本県玉名郡で山野丘陵の出鼻をオザキという〔『全辞』〕。

宮崎県東臼杵郡椎葉村で、山から下ってくる所をオサキハキアイといい、その突端をオサキといって、そうした谷と谷の出合いになった地形の所には家を建てることを避けた。山の神さんが通られるところだからという〔『椎葉の山民』〕。

オージ 紀伊大和の境の山地（奈良県吉野郡、和歌山県日高郡）などで、日当たりの悪い土地のこと。これに対して日向のことをヒウラ。オンジという地方もあるから、多分、陰地の訛であろう〔『山村語彙』〕。

なおオージに対する語にメンジという語があるという。メンジは日当たりが良い地〔『旅伝』七の四〕。

大路、大地《オージ》、大内《オージ》、王寺、邑地《オウジ》、庵治《オージ》〔『日本の地名』〕。

オシサカ 奈良盆地の東南端に大字忍阪《オシサカ》（桜井市）、西端に大坂（蓬阪、北葛城郡香芝町〈香芝市〉）がある。忍坂は、五世紀頃とみられる和歌山県隅田八幡神社所蔵八物画象鏡（国宝）に「意柴沙加《オシサカ》」の銘文があるので、奈良朝以前の地名であることがわかる。『古事記』の神武殿に「忍坂（意佐加《オサカ》）の大室屋に人多《サワ》に入り居《オ》りともみつみつし久米の子らが……」また『日本書紀』神武紀には「忍坂（於佐箇《オサカ》）の大室居に……」とみえる。平安中期の九条本延喜祝詞式（祈年祭）に、忍坂をオムサカと傍訓しているのはオッサカという発音を写したものと考えられる。『仲哀記』には忍熊王の名がみえるが、この「忍」は「大」「凡」と同義の美称であろう。忍海《オシミ》は大海《オホシアマ》である。忍坂の「忍」と大坂の「大」は同音同義の古代語であろう。押熊《オシクマ》の「押」も「大」であって大隅と同義であろう（『古代地名発掘』）。

オシダシ　熔岩流、泥流等。浅間山の鬼押出は一例（『地辞』）。また一般に岩石の崩壊地をいう（『地形名彙』）。

オシバ　高知県長岡郡稲生村（南国市）で神社の境内のこと。彼岸にオサバイサマのオシバで祭りをするというから、神社といっても聖地に近いものであろう（『祭祀習俗語彙』）。

オシベ　『万葉集』巻一四（三三五九）の歌

駿河の海　於思敝《オシベ》に生ふる　浜つづら
汝《イマシ》をたのみ　母に違《タガ》ひぬ

代匠記に「於思敝は礒辺なり」とある。「駿河国ではイ列音とオ列乙類音とが交替する例がある。ここもそれ」と古典大系本にあるようにイ→オ、ソ→シとなったようである（『万葉集注釈』一四）。

オジマ、メジマ　JR山陰線の小串駅に近い小串港の北沖約六キロにある二つの無人島。

南側が周囲二・五キロほどの男島（オンジマ）
北側が周囲一・五キロ余りの女島（メンジマ）

地元では二島を厚島《アツシマ》と呼ぶ（『毎日新聞』平成3・10・31）。男岩と女岩とは互いに〆縄を張って一対とする。大分県上浦町（佐伯市）（『民放ラジオ』平成3・12・9）。

JR長崎本線肥前飯田駅（佐賀県鹿島市）の東方沖約六キロの有明海に浮かぶ周囲約七〇〇メートルの小岩礁、正しくは沖神瀬、地元の人は沖ノ島と呼ぶ。潮が引くと男島と女島の二つに分かれる。有明海は干満の差が五メートル余りだから、大潮どきの満潮では完全に水没するので、男島には白灯台がある。東のが男島、西のが女島で鳥居と祠がある（『毎日新聞』平成3・9・19）。

互いに近くにある小島や岩礁を、男女一対としてみるのであろう。

オシミズ　押水。新潟県中蒲原地方の低湿地帯で、川の上流が降雨などで破壊して流水する水。ザオシ（座押）ともいう〔『日本民俗学』四号〕。

オジリ　オサキに同じ。山の稜線の垂れ下がった所。谷尻（谷の入口のあたり）と共に、変災の生じやすい所なので、昔から「尾尻、谷尻、家《イヨ》を建つんな」といって忌まれた。福岡県旧企救郡〔『藩政時代百姓語彙』〕。

オスジ　山の背。分水嶺を徳島県祖谷（三好市）、鹿児島県肝属郡（一部、鹿屋市）で〔『全辞』、『方言』七の七〕。熊本県玉名郡（一部、玉名市）で峰をオースジ〔『全辞』〕というのも同様であろう。奄美大島でも尾根をヲゥスジといい、山の境《サケ》は通常ヲゥスジをもって決める〔『奄美の文化―総合的研究』〕。

オスバ、オソバ　猪を捕るために丸太を組み合せて岩石を載せた罠《ワナ》。愛知県北設楽郡（一部、豊田市）。このオスを仕掛ける場所をオスバという〔『分類方言辞典』〕。

罠仕掛は、木材を組んでこれに重い石を載せ、熊の出没しやすい所につくる。その下においた食物に近づくと張ってある綱に熊の身体が触れ、止めがはずれて重い枠が熊を押しつぶす仕掛。これを仕掛けた所をオソバとかオスサワという〔『民俗と地域形成』〕。

会津檜枝岐村でも、オソとは熊の罠のこと、クマオソといい、熊が通りかかり上から重い丸太と石で押さえつける原始的な罠で捕る方法。オソを掛ける場所をオソ場という。熊の通路はだいたい定まっていて、地理的に共通点があり、この適地を最初に発見した者には、そのオソバの占有権があり、その権利の譲渡も行われ、多くは親から子に譲られたものであるという。庄七オソバ、仲七オソ場などという地名が残っている。ここにオソを掛けることをオソカキという。単独にかける場合と、二つ以上つないで掛ける場合とがある。多くはいくつもオソカキでつなぐ。これをたんにツナギというが、二つ三つの場合はコツナギ。五、六個以上もつなぐとオオツナギという、この場所を地形によってツナギ沢、ツナギ曾根、コツナギ沢、大ツナギ場などともいう〔『福島県史』二三巻〕。

オゼ　隠岐で山の背。峠〔『全辞』〕。

オーゼ　北飛騨で川の早瀬〔『地形名彙』〕。

川の早瀬。オーセともいう（大瀬、邑《オー》瀬、大瀬川原、大畝《セ》）〔『日本の地名』、『全辞』〕。

オソ　岩手県東磐井郡大東町（一関市）遅沢《オソザワ》

山形県西置賜郡飯豊町遅谷《オソタニ》
埼玉県越谷市小曾川《オソガワ》
静岡県引佐郡引佐町（浜松市北区）獺淵《オソフチ》
京都府綾部市遅岫《オソクキ》
奈良県山辺郡山添村遅瀬《オソせ》
広島県山県郡加計町（安芸太田町）遅越《オソゴエ》
島根県八束郡八束町（松江市）遅江《オソエ》
高知県幡多郡西土佐村（四万十市）オソ越

「遅―」は「アサ（浅）」と同義であることは、地図によっても認められ、「遅越」の地名は、短い近道とする山越えの所に命名されている。アサ（浅）とオソ（遅）とは同根。またオソは同じように川谷に沿って、同じような命名法でみられる。新潟県南蒲原郡下田村（三条市）遅場《オソバ》（『地名の由来』）。

ただし、下田村の遅場は、オソ（熊の罠）を仕掛ける場所のオソバかもわからない。

オダ ①狭い耕地。
②砂地。ワダの転。泥田（織田、小田、采田《オ》、小田原）。
③尾根の田（尾田）（『日本の地名』）。

オダチ 宮崎県東臼杵郡諸塚村で山頂（『民伝』五の五）といい、同郡椎葉地方では、峠の際という（『旅伝』六の八）。

オダマエ 陸中の岩手山麓で、風の当たらない日当たりの暖い場所（『地形名彙』）。

風の当たらない日当たりのよい場所を山のオダメァという。穏やかな前地の意か。このオダマイは雪が深いときまっている。「雉も兎も山のオダマイにいる」、「オダマイの樹木《キ》は質がよい」、「オダマイだから温《ヌク》い」、「葡萄は山のオダマイでなければあるもんでない」などという。岩手県岩手郡雫石地方（『山村民俗誌』）。

オチ 越智はヲチ（遠、彼方）の意で、遠方の土地。地域の中心からはずれた端にあたるような土地の意（越知、越智、小知）。

千葉県山武郡土気町（千葉市緑区）越智（台地開谷の最奥地）
福井県福井市殿下町越智（河谷の最奥地で背後に越知山あり）
奈良県高市郡高取町越智（奈良盆地の南端部分）
兵庫県神崎郡神崎町（神河町）越知（深い山谷の奥地で狭小な土地）
愛媛県越智郡（一部、今治市）（瀬戸内の諸島を

含む郡名）
高知県高岡郡越知町（山地の河谷）
長崎県西彼杵郡野母崎町（長崎市）越知（半島の先端部）

右のうち、奈良県の越智については、池田末則はオーチと呼び、地形名かもわからないというから別語かも知れないが、あとの地名はヲチ（遠方の土地）と呼べる地に立地している。『和名抄』に「伊予国越智（手知）郡」の地名のヲチ（越知）と遠方を意味するヲチ（遠）はオでなくヲであろう。右の地名に共通する点は、遠く彼方の土地である。伊予国越智郡は四国本土から離れた諸島を中心とした名称で、本来「遠《ヲチ》」郡であって、古代の地名の二字化、佳字化によって「越智」となった。岬の先や河谷の奥がヲチと呼ばれるのは当然であろう〔『地名の由来』〕。

オーチ ① 邑智《オホチ》は大内《オホウチ》の約で、大河内と同じ。川流に沿って比較的まとまった広い平地のある所。『和名抄』に「能登国羽咋郡邑知（於保知）郷」がある。この邑知は邑知潟地溝帯を作成し、真に大きな河内の地である。兵庫県姫路市に大市（今はオオイチというが、中古はオフチ、オホチ）があるが、これがもと大《オホ》内《ウチ》であった。狭い河谷の中で、この集落のある所が小盆地状に広がっており、大河内と呼ぶにふさわしい地形である〔『地名の由来』〕。
② オンジの転（邑智《オー》、邑知、祖《オーチ》、大市《オーチ》、大地）〔『日本の地名』〕。

オチアイ 落合。河の合流点〔『日本地名学』Ⅱ〕。近畿、南九州、北海道を除く全国に分布〔『日本の地名』〕。カワマタともいう。たとえば青森県三戸郡五戸町地方〔『方言研究』六〕。群馬県多野郡（一部、高崎市、藤岡市）〔『分類方言辞典』〕。デアイともいう。徳島県祖谷（三好市）〔『方言』七の七〕。

オッダシ 押し出しの意。沢、山の出ている所。シッコゲにあたる。新潟県南魚沼郡（一部、南魚沼市）〔『越後南魚沼郡民俗誌』〕。

オッパ 伊豆三宅島で人家のないあたりの浜辺をオッパまたはハマノハタ、ハマッパ〔『綜合』〕という。ウッパマに同じ〔『全辞』〕。浜辺（追波湾、追浜、越浜《オッパマ》）〔『日本の地名』〕。

オト ① 音（音沢、音谷）。
② 乙に曲った崖、海岸など（乙津、乙浜、乙丸、小《オ》道木、小戸《ト》）〔『日本の地名』〕。

オド　正面の入口、「オドの戸」、秋田市付近。オートともいう。奈良県宇陀郡曾爾村で門口のことをオトグチ（『分類方言辞典』）。

オート　①入口（大戸、大音《オト》、大門崎、大杜《オト》）（『日本の地名』）。

②沖縄でウートゥ。沖の海、外海、大海（『沖縄語辞典』）。

オドー　山頂。熊本県球磨郡五木村。トッペンともいう（『方言』五の八）。山頂（大堂、大堂《オド》ヶ峠、尾土、尾戸、大戸《オド》、大殿《オド》）（『日本の地名』）。

オトイケ　乙池、弟池、カンナ（砂鉄採掘）流しにおける段々池の最下の池（『日本庶民生活史料集成』一〇、「鉄山必用記事」の補註）。

オトコザカ　江戸には、別称名をもつオトコ坂と通称名をもつ男坂がおのおの三カ所あり、急坂で石段の坂である。これに対して、緩やかな坂または石段の坂でオンナ坂という別称名のものが四カ所、通称名のものが三カ所ある（『続江戸の坂 東京の坂』）。

オトシ　①雪路に掘った落し穴。東北全般、佐渡、新潟などでオトシ、オトシ穴。新潟では穴を掘って罠を掛けることを「オドシ掛けた」という。佐渡の両津市（佐渡市）ではフミオトシ、西津軽や北津軽ではフンドシ穴（フミオトシの意であろう）（『野にあそぶ』）。

②水の落し口。富山、鹿児島。

③糞尿を溜めておく所。群馬県勢多郡（渋川市など）（『分類方言辞典』）。

オドシ　山の崖、急斜面などにオドシという所がある。喜嶽《キダケ》オドシとか高倉の高オドシなどと、一沢に一カ所くらいはそんな名がついているのは、木材を伐り出して来て、そこから転落させる場所のこと。奥の嶽近い所では、沢目は沢に沿って木材を出し運んで来るのには峻坂となって、橇を引くことが不可能なので止むなく山の側面を迂回して行くから、場所によっては是非、二度も三度もこのオドシに掛けねばならない。このオドシでは崖のような地形なら、木材はそのまま落ちるが、斜面がやや緩いと木材を敷き並べて、いわゆるシュラ組をして落し流すようになる。オドシはしたがって「落し場」であろう。川に向いた突端などによくある。「オドシ一回ですむなればヒトツ台《ダイ》、二回、三回かかればフタツ台、三《ミ》ツ台」という。岩手県岩手郡雫石地方（『山村民俗誌』）。

オトメガー　御留川。江戸時代、水戸藩で禁漁した川。

茨城〔『茨城方言民俗語辞典』〕。乙女川（栃木）。

オトメヤマ　一定地域の山林を伐採停止する（留山にする）という行為。幕藩領主が留山にした特定の山林を御留山といった〔『日本歴史地理用語辞典』〕。

オトワ　①峠。オオタワの転。

②滝（タワすなわち鞍部から落ちるから）。音羽、音石《オトワ》、乙葉川《ワ》〔『日本の地名』〕。

オナ　青森県の南東部で開拓予定の場所のまわりに堰を掘りめぐらすと、その土地を占有したしるしになった。そうすれば、他の人は手をつけることができないという昔からの約束があった。これをオナと呼んでいるが、掘り上げられた土で土塁ができ上がって一つの囲いにもなる。

溝と土塁とが同時にでき上がるのだが、土塁の方をさしてオナと呼んでいる。ここでいう「堰」とは川に築く堰ではなくて、堰に水源を頼る水路か堀を指していると思われる。

そして五戸川増水の折の被害を避けるために川沿いの田には、高い土手をめぐらしていたこと、土手は境界としての意味と同時に、川の増水から屋敷や耕地を守るための手配りでもあったという〔『空からのフォークロア』〕。

普通は人馬の歩く所で、堤のオナとか、小沢などに渡した土橋などもたんにオナといっている。九州地方でトモといって道路にしている川や貯水池などの堤防と同じものか。

豪雨や出水でここが崩壊すると「オナが切れた」という。青森県三戸郡五戸町地方〔『方言研究』六〕。

岩手県で畦。あぜみち〔『全辞』〕。

オーナ、オネ、ウネ、ウナと同じであろう。

オーナ　田畑の中の小路。小さいのをクロ、大きいのをオーナという。南部、岩手県上閉伊郡（一部、遠野市）、茨城県、千葉県海上郡（旭市）〔『全辞』〕。田の土手形をした小路。武蔵〔『国誌』、『分類方言辞典』〕。

オニ　鬼ヶ城、鬼ヶ城山、鬼倉、鬼崎などオニは奇岩突兀の地形に宛てられており、これはよく鋸山、剣崎、剣ヶ岩に対応する。荒のつく山にもよくそんな地形のものが多い。

宮城県玉造郡鬼前《オニコウベ》（大崎市）は荒雄川本、支流の谷の至る所に崩壊崖のある所で「鬼壁」ではあるまいか。秋田県仙北郡角館町（仙北市）の西方に鬼壁山があり、その東麓に鬼壁、南西麓に鬼頭《オニコウベ》がある。カベとコウベは同じ。カベは崖〔松尾『日本の地名』〕。

オニノシタブルイ　鬼の舌震い。島根県仁多郡仁多町（奥出雲町）、斐伊川の支流、馬木川の上流二キロにわたる渓谷で指定名勝天然記念物。昔、和邇《ワニ》という男が、日本海から斐伊川を夜な夜な阿井の里の玉日女命を慕ってここまで来たが玉日女命は嫌って石で川を堰き止めたという伝説がある。和邇の恋山（ワニノシタブルヤマ）が訛って「鬼の舌震」と呼ぶようになったと伝えられる。花崗岩が浸食されて奇岩怪石の中を激流がほとばしり、夏はホトトギス、河鹿の声が涼を誘う〔『朝日新聞』昭和35・7・24〕。

オニノセンタクイタ　「鬼の洗濯岩」ともいう。東西五〇〇メートル南北一五〇メートルの規模、第三紀層の砂岩と頁《ケツ》岩が互層を形成し、波に浸食された部分が窪んでできたもの〔『毎日新聞』平成2・3・15〕。波状岩という、一万年前からのもので干潮時に現れる〔「NHKラジオ」平成3・12・7〕。

　宮崎市郊外の青島を中心に、日南海岸一帯に見られるオニノセンタクイタと呼ばれる波状岩は、地質時代から太平洋の波による波蝕作用と海床の緩やかな隆起作用によりできたものであるというのが通説。青島から鵜戸神宮付近までの海岸一帯の陸地は「鵜戸傾斜地塊」と名づけられている。地質時代の第三紀の後半に生じた陸地とみられる硬い砂岩と、もろい泥板岩が交互に積み重なり、それが地殻変動で傾いて盛り上がり、現在の陸地ができたという。

　この辺の山の堀切、海岸の崖には砂岩と泥板岩の地層が見える。この地層が海の波に洗われ、もろい泥板岩が浸食され流され、硬い砂岩の列だけが整然と並んで残り、オニノセンタクイタを作った。その後、海床がゆっくりした地殻変動で隆起して、波状岩の大岩盤を海面に押上げたといわれている。

　センタクイタは東の方に傾いているが、この傾斜は、東支那付近からの横圧力で地層がつり上げられたのであるという。

　この波状岩は、青島～鵜戸付近まで並び、特に青島を取り囲む波状岩は天然記念物となっている。波蝕海岸は、全国に所々あるが、これだけ整然としかも広範囲のものは他に類がない〔『朝日新聞』昭和35・4・17、昭和37・2・28〕。

オネ　尾根、脊梁。山頂から裾へ曳く傾斜面。オーネともいう。栃木県で山頂、峰をいう〔『栃木県方言辞典』、『安蘇郡野上村語彙』)。
青森県三戸郡五戸町地方で畑の畝をオネといい、その高い部分をオネノトギ、低い部分をオネバラという。これも山の尾根と同じであろう(『方言研究』六)。

オノ 『万葉集』では、人里の近くにあり、生活の場となり、しばしば立ち入る野。薪場(ナラシバ)、草場など村落の共有地があり、占有が許されなかった場。天上にあるささら野と重ねて理想とする野であった。『時代別国語大辞典』(上代編)では、人里近くにあって懐しい野。『日本国語大辞典』では、野、野原(『図説・集路』ノ参照)。
豊後北海部郡(大分市)で小高い土地。熊本県天草郡御所浦町(天草市)与一ヶ浦で峠(『口承文学』一一号)。山口県東部にこの名が多い(『綜合』)。

オーノ、オホノ 『万葉集』では、馬をはしらせ、ススキや竹を押し伏せて狩を行う荒野。丘陵に続くさびしい人の入らない原野であるが、一方春に焼畑をする葛の生いしげる自然のままの原野開墾の地。
大野原の意で、広々とした所を対馬でオーノンハルという(『全辞』)。

オバ ① 田地の畔をぬらない側の土手。三重県阿山郡(伊賀市)(『全辞』)。
② 雪。長野県下水内郡(一部、中野市)(『全辞』)。
③ ウバの転(尾羽《オバ》、小場《オバ》、小波瀬《オバセ》、尾鷲《オワセ》、夷捨)(『日本の地名』)。

オーバ ① 新潟県岩船郡(一部、村上市)で雪崩(『全辞』)。
② 広場(大場、大羽、大庭)(『日本の地名』)。

オバタ ① 峰、峠。八丈島(『分類方言辞典』)。
② コバタの転(小幡、尾畑、小畑《オバタ》、小俣《オバタ》)(『日本の地名』)。

オハチ 火山の噴火口。御鉢でその形状からの命名。岩手山、霧島山の火口はオハチと呼ばれ、これから「御鉢廻り」ということばがでている。特に火口壁内をナイイン(内院)とかインナイ(院内)とかいう(『旅伝』一五の三)。

オバナ 長野県西筑摩郡(木曽郡、木曽福島町など)で山の高く突出した所。大分県別府で峰(『全辞』)。福岡県春日市で山の頂上、山頂をいう。

オバネ 尾羽根。オネ、ツルネに同じ。豊後で一般にサコに対して使われる。
静岡県、大分県大野郡三重町(豊後大野市)、熊本

県芦北町、天草郡龍ヶ岳村（上天草市）〔各同地人談〕、宮崎県東臼杵郡椎葉村〔『旅伝』六の八、『後狩詞記』〕。同郡北方村（延岡市）、西臼杵郡、同郡高千穂町で峰、山頂、峠の一番高い所、分水嶺、山の稜線〔『全辞』、『旅伝』八の七〕。連嶺をそういう地方は相当広いようである（神奈川県あたりで峰の連なりを「辻のオバネ」という）。

薩摩下甑島（薩摩川内市）の南端でも、山の高くなった所がオバネで、これに対して低い部分がサコ、語の起りは不明だが、ウネと関係のあることは察せられる。関東の方でも、畑の高い列がウネで、これに対して低い所がサクであり、そのサクは同時に谷あいの意にも用いられる〔『山村語彙』〕。宮崎県東臼杵郡諸塚村で、山路の曲目〔『民伝』五の五〕というのは、峠のことか。また熊本県では山裾の草原〔『全辞』〕といっているが、『熊本県民俗事典』では、同県上益城郡矢部町（山都町）では、山中の比較的平坦な原野、原っぱのことと説いている。またトカラ列島でも、尾根、峰のこと。平島ではオナギともいう〔『トカラの地名と民俗』下〕。

オボト 愛知県、静岡県引佐郡（浜松市）で、日なたぼっこをする場所のこと。この場所は、日光が当たり、冬の北西風を防ぐことを必要とし、この条件が揃っていれば、どこでもオボトといった。この地方には、人々が毎日寄り集まる共有の場として、オボトがかつていくつもあった。

愛知県豊橋市南部の老津町や近隣の町村では、北西風の強い十月頃から四月頃までの間、オボトに老人、子供が集まり、老人が子供に話を伝承していた事例が認められる。

老津町付近のオボトは、西から北側には土手が広がり、その上には高さ四、五メートルの椎の木などが茂って冬の北西風を遮る。南東側は畑が広がり、朝から夕方まで日当たりの良い場所となる。土手下の道が少し奥に入りこんだ所がオボトとなり、近所の人々がここに寄り集まった。

オミ 沖。香川県牛島（丸亀市）〔『全辞』〕。

オーミ ① オー（大）ミ（水）。川畔の袋地。
② 谷奥、湾の奥。原意はオクミか。
③ アマミの転。
近江、大味、多実《オーミ》、邑美《オーミ》、相見、大見、尾見、於見、青見《オーミ》、大海、青海《オーミ》、海田《オミタ》、麻績《オミ》〔『日本の地名』〕。

近江の国は、琵琶湖があるのでアハウミ（淡海）の国と呼ばれたもの。浜名湖のある遠江の国を「遠つあはうみ」（トートーミ）というのに対して「近つ淡海」の意で「近江」の字を宛てる（『地名の語源』）。

オミダ　忌田。①二月八日をいう。

② 三月二十日をいう。

③ 四月八日をいう。この日、田に入ると足が腐るという。

④ 五月五日をいう。

⑤ 五月六日をいう。

⑥ 神社の神田。女は田に入れない。茨城（『茨城方言民俗語辞典』）。

オモテヤマ　山の斜面で日当たりのよい所を、越中黒部の渓谷でオモテというらしいが、中国ではその上に水豊かで、農耕に便ある土地を意味した。たとえば『長門風土記』厚狭郡小野村（宇部市）の条に「柳小野は残らず山の浴田《エキダ》にて、湧き水のみ用水の引当なれど四方の山々大概表山にて出水多く旱魃は稀変り」とある。

オモテラ　オモテウラのウを省略したもので、この方がよく使われる。南側というのは屋敷内ばかりではなく「おらちゃ」（私の家の）オモテラが権兵衛（家名）さや」というように隣接した少し広い範囲にも使われる。富山県の西部で（『礪波民俗語彙』）。

オモノ　秋田県最大の河川に雄物川《オモノ》がある。雄物川には上流に雄勝《オカチ》というのがある。上流にオモノは見えない。河口付近の秋田市に雄物川町があるのみである。一方、尼崎市に大物《ダイモツ》という地名があり、大きな木材のことをいったとある（『忘れられた日本史』）。大物浦は、謡曲「船弁慶」にあり。

高知県宿毛市の中筋川の山奥に大物川《オモノガワ》があり、林業地域であるから、これも木材と関係ある大物であろう。秋田県中北部は秋田杉で知られる木材の産地である。今日では、米代川流域が中心地で、能代《ノシロ》市が木材の集散地。それまでは秋田市の河口付近に大きな木材を集めていた大物を一方ではダイモツと呼び、他方ではオモノと呼んだものと考えられる。雄物川は木材に関係した地名（『地名の由来』）。

オヤシラズ　親不知は、日本海側北陸道の市振駅付近の親不知、子不知ばかりでなく、山間部にも見える。多摩川水源地方の大菩薩嶺と大菩薩峠の間の尾根からちょっと下った東南山腹にもオヤシラズという所がある。明治十二年頃よく凍死者を出した。この辺を今日、賽の河原ともいう〔『旅伝』五一の三〕。

オリ ① 干潮。岡山県児島郡（岡山市）〔『全辞』〕。

② 石垣。八丈島〔『全辞』〕。八丈島は風が強く、それによって受ける被害が多いので、風を防ぐために工夫した結果が、厚く高い石の垣根を屋敷のまわりにめぐらし、その上に椎やタミマダミなどの常緑闊葉樹を植えこんだ現在の形である。石垣のことを昔はオリと呼んだ。石垣の円形の石は浜から運んで来たらしい。玉石の配列は美しいが、それも限られた家だけで、多くは黒ずんだ熔岩の破片を積み重ねている〔角川文庫『八丈島』〕。現在は、屋敷まわりの石垣のことをカゼクネといっているのであろうか。『八丈実記』の挿画にも、カゼクネ（石垣）とある。

③ 折、山を下りた所の部落をいう。オロ（日陰）と関係があるか。北九州市門司区猿喰にある地名。

④ オロに同じ。ホロの項参照。

オリト ① 坂の下り口、オリクチ（折口）も同義。

② 物洗い場。隠岐（折戸、ヲリ渡、織戸、折堂）〔『日本の地名』、『地名の語源』〕。

オーリョー ① 三重県飯南郡（松阪市）、奈良県吉野郡（一部、五條市）で、山奥の地をいう〔『全辞』〕。

② 村、字、谷の範囲（王領、王竜寺《オーリヨージ》）〔『日本の地名』、『地名の語源』〕。

オロ 栃木県で日陰の土地。一日中ほとんど太陽の当たらない山、北向きの山に多い。日陰の二字を書いてオロヤマ、ウラヤマ（日陰）と訓ませる地名も少なくない。栃木県塩谷郡栗山村（日光市）、鬼怒川上流にオロオソロシ沢というのがある。山の日陰になっている部分をオロッポー、一日中、太陽の当たらない場所をオロバタ、太陽の当たらない山、日陰山をオロヤマ、日陰をカタオロ〔『栃木県方言辞典』、『綜合』〕。

『山村語彙』は「オロイといえば悪いという義であるからオロヤマの命名理由もまた暸かである」と説いているが、九州地方でオロイイとかオロヨカとかいうオロは「オロユ見える（よく見えない）」。否定、打消しの接頭語でオロそのものに「悪い」意味はない。「日陰」を意味するオロがこれから出たとするのは無理である。

盛りを過ぎたさま。「風もオローなってきた」。宮崎〔『全辞』〕。広島で「オロニナル」は「お祭りなどで、さかりすぎて人もまばらになること」〔『日本人の造語法』〕。

崖、日陰（尾呂、旅呂、小呂、大呂《オロ》、芷《オロ》、落地《オロチ》、芷場、鬼露《オロ》野、込《オロ》ノ口《クチ》、小路《オロ》口《クチ》、浦芝《オロシ》原《バル》、遠路《オロ》島〔『日本の地名』、『地名の語源』〕。

スッキイ（スクイとも）という定置網漁業で、簗石の基部の海水の出入口の簀子や竹のヒビの部分をオロ、オロモト、オゾという。すなわち囲われた部分の柵《オリ》のことである。

伊豆の八丈島で石垣をオリ、石垣の面をオクママというのをみればオロもまた檻である。長崎県島原半島の漁村で、網の魚を最後に追いつめる部分をオロといっている。巾着網でいうオロは中央五〇尋くらいのあたり、これをウオドリともいい、地引網ではフクロおよびその付近にこの名がある。オロは檻で囲いのこと。オリよりもオロの方が語感がいい。

鹿児島県垂水市柊原《クヌギバル》の海岸の砂浜に五メートル四方くらいの穴を五カ所掘り、この中で五月五日（旧暦）に相撲をとる。これをオロゴメという。親頭二人（小学六年生）、子頭四人（小学五年生以下か）が入り乱れて相撲をとる。見物人は穴の上。

オロシ ① 颪、下《オロシ》。崖や急斜地にちなむ地名のように思われる。岩手県胆沢郡胆沢町（奥州市）下颪江《オロセエ》（胆沢川上流沿岸の断崖地）。

新潟県の北部海岸の海府浦にある馬下《マオロシ》（山脚が断崖をなして海に臨む岩浜の小漁村）。馬はたんなるマ（間、真など）の宛字。オロシは風のこととは思われない。オトシ、オロシ、オチ（落、下、越智、乙）は崖をいう例は少なくないので嵐、颪はそれにつながるものか〔松尾『日本の地名』〕。

崖（下《オロシ》石、石下《イシオロシ》、尾呂志、下嵐江《オロシエ》、矢下《ヤオロシ》、打下《オロシ》、壺下《オロシ》、大根下《オロシ》、山卸木、馬下《マオロシ》、牛下《ウシオロシ》、牛落《オロシ》ノ鼻、折《オロシ》瀬崎、浦芝《オロシ》原《バル》〔『地名の語源』〕。

② 卸シ。福岡県田川郡地方の炭坑で、傾斜坑道の下方のこと。

〽昇りや掘りなさんな石が目に入る
　卸ろしや水つくマサ固い〔「採炭唄」『郷土田川』一二号〕。

炭層の傾斜に沿って下る方向、卸の方向に掘進した坑道を卸坑道という〔『筑豊炭坑ことば』〕。

オンジ ① 隠地。岐阜、岡山県などに多い。日陰になって耕地に適せず、杉林などのよく育つ地。これに対してヒナタ山をメンジともいう所がある。オージ参照〔『地形名彙』〕。

日陰地を三重県一志郡（津市）、奈良、岡山県小田郡（一部、美作市）、広島でいう〔『全辞』〕。鳥取県日野川流域ではヒナ（日向）に対して日陰の山林を〔『綜合』〕、岐阜県揖斐郡徳山村（揖斐川町）でも日陰の窪地〔『美濃徳山村民俗誌』〕。岡山県でもヒナタ（日向）に対する語で、日当たりの悪い北斜面を指し、各地で地名となっており、一般に日向に比べて開発が遅れ、集落の立地も遅い〔『岡山民俗事典』〕。同県阿哲郡哲西町（新見市）では、オンジの谷川にはハンザキ（山椒魚）が棲息しているという〔同地人談〕。広島県賀茂郡大和町（三原市）、河内町（東広島市）でもヒナタビラに対する語〔『ダムに沈む村』〕。同県安芸郡倉橋島（呉市）でも、畑の日当たりの悪い所で、コーチに対する語〔同地人談〕。石見でも朝の間、長く山陰になる田〔『島根民俗』二の四〕をいい、岡山県児島郡（岡山市など）、広島、島根県大原郡（雲南市）では湿地をいう〔『全辞』〕。
② 隠した土地、隠田。オンタ（恩地、恩智、恩志、恩多、隠地、音地、御池《オンチ》）〔『日本の地名』、『地名の語源』〕。隠田、カクシダとも読み、シノビダ（忍田）、オンチ（隠地）、隠没田、院田などともいう。官や領主に隠れて耕作し、公租や年貢などを納めない田地。畑の場合は隠畑という〔『日本歴史地理用語辞典』〕。

オンナボリ 群馬県に昭和五十九年度国指定の遺跡となった「女堀」がある。確認しうる範囲でのこの「女堀」遺構は、前橋市上泉地先から東へ佐波《サワ》郡東村（伊勢崎市）西国定地先まで一二キロ（幅一五～三〇メートル、深さ三～四メートル）にわたり、赤城山南麓の洪積台地の開発をめざした用水路で、荒砥《アラト》川、神沢《カンザワ》川、粕川などの南流河川を横断して開削されたが、高低差が僅少のため通水できなかった。水路に沿って捨てられた廃土のすぐ下に、天仁元（一一〇八）年の浅間山の噴火の火山灰層があり、その下に田、畑が確認されたところから、工事は平安末期、火山爆発の災害復興の決め手として計画施工されたものと考えられる。

複数の荘園を貫通するこの雄大な工事は、とても一土豪の力では不可能で、おそらく国衙と関係のある有力者でなくては進めることはできなかったであろう。

なお「女堀」という堀名は、判明したものでも、その他の関東各地（群馬五、埼玉三、東京一、長野一）にある。

女堀の名称は、男坂、女坂、男島、女島の対比のように、男堀に対する女堀——埼玉県本庄市の場合には、同市下浅見《アザミ》の高関《タカゼキ》で九郷用水の一部は、男堀、女堀に分流する。このような場合もあったと思われるが——は多くの場合、かつて使用され、その後廃溝となった溝（用水路）を意味する場合が多いようである。したがって、推古天皇とか北条政子というような女性に仮託した伝承は、後に付会されたもので本来、廃溝を意味するものではないだろうか。「女」はおそらく「媼《オウナ》」で、多分に女性蔑視的な意味で、古くなって役立たない、水の出ない堀の意ではあるまいか。

カ

カ ① 桑をカといっている所がある（クワの項参照）。
② 静岡県由比町（静岡市）の北方、由比川上流に桑《カ》木穴および香木穴の山間部落があり付近に顕著な釜状崩壊がある。桑は宛字でカキ、カケの意であろう。クワはクエと同系統の語であろう（『日本の地名』）。

カイ 「谷」の古称であろう（『地名のはなし』）。

峡《カイ》は、川に臨んで岩壁の聳えた所で、山間（山合い）のハサマ、ハザマ、狭隘を意味し、甲州すなわち山梨県の甲斐国のカイは「山間《あい》の国」であり、「峡」から出た宛字、通称地域名としての峡東、峡西、峡北、峡南、峡中の地域区分とその呼び名は、今日広く通用している（『地名の成立ち』）。

狭間、皆畑、皆田、開田、返田《カイ》、甲斐田、三海田、栫田《カイ》、片見、見原、栢原《カイ》（狭間がある）、椎谷《シューガイ》、箸垣《ハセガイ》、海上《カイショ》（水田のある谷頭）、海田市、宍甘《シジカイ》、岩改、大峡《ガイ》、大開《ガイ》、子《コ》飼沢、貝津、貝戸、蚕飼《コガイ》（小貝川畔にちなむ）。

貝掛、大貝崎、貝瀬、峡《カイ》ノ上などのカイは崖地や峡谷的地形を指し、岬や島や瀬などの貝ノ鼻、貝島、貝瀬が漁獲物の貝類からきた場合はもちろんある。紀伊山地や四国山地には、峡谷べりに皆瀬《カイセ》、甲斐ノ川、甲斐ノ坂がある。なお、貝戸、大貝戸には垣戸《カイト》の宛字の場合が多く、集落を意味する（松尾『日本の地名』）。

琉球方言でカイは、国語の「妹《イモ》ガリ遣りて」のガリと同根の語。移る意を示す国語の助詞「へ」に同じ（『伊波普猷全集』第一一巻）。

貝州、貝塚、貝沼、貝柄、貝殻山の貝は北海道以外の全国に分布（『日本の地名』、『地名の語源』）。

カイサク　山口県には、海岸、山間部に開作地名が散見する。その多くは藩政時代に開発された田、畑、塩浜で、新田、新開、新治《ニイバリ》、治田《ハリタ》、新浜などと同意語。開作は、近世になり特に現山口県下で多く使われた用語のようであるが、山形県の庄内藩にも用語例がある。

開作には、海岸の沼沢地を干拓した海開作（この事例が多く、面積も大で、瀬戸内沿岸の平野は、ほとんど近世の干拓地といってよい）、河川、寄州、氾濫原を開作した川開作。

山野、荒野を開墾した山野開作、山開作、畑開作がある。

また生産物による楮開作、櫨《はぜ》開作の用語もある。楮は和紙、櫨《はぜ》は蠟の原料として奨励され、田開作による米、浜開作による塩とともに、毛利藩の三白政策、四白政策と呼ばれた重要な財政経済策の要素であった。

開作の名称としては、

○開作者の名前を冠したもの
野村開作、道源開作（新南陽市〈周南市〉）
波多野開作（宇部市厚南）
○方位によるもの
西開作（下松市末武）
外開作（熊毛郡平生町堅ヶ浜）
上開作（阿武郡阿東町〈山口市〉徳佐）
○時代の新旧、年代によるもの
古開作（防府市東佐波令）
慶三開作（慶安三年、吉敷郡小郡町〈山口市〉）
昭和開作（山口市名田島）
○旧地（古地）名によるもの
鹿野開作（都濃郡鹿野町〈周南市〉）
中野開作（宇部市厚南）
高泊開作（小野田市〈山陽小野田市〉）
○特殊な事由によるもの
鹿角開作（鍬初めの時、鹿の角を掘り出す。防府市）
江の内開作（海の入江の開作。山口市佐山）

これらの地名は、最近の急激な工場敷地化、都市化、宅地化によりほとんど往昔の姿はなく、地名も新しくなって、その歴史性を失ってしまった。

カイツ　三河南設楽で谷間の平地。コーチに同じ。峡所か峡戸か、あるいは垣内《カイト》。中部地方西半分に分布（開津、垣内、谷間《カイツ》、海津、殿貝津）（『日本の地名』、『地名の語源』）。

カイト　垣内（カキウチをはじめカイト、カイチ、カクチ、コウチ、カイツ、ケエト、カイドなど訛って用いられるが、概して最も広く分布しているのはカイトで、学術用語としてもカイトといいならわしている）。

本来の意味は、将来、耕地化することを予定して囲った地域をいう。「垣内」の文字をもともとからカイトと訓んだかどうか疑わしい。『万葉集』に現れた「垣内」はカキツと呼びならわしてきているが、本来はカキウチだったろう。

文字としては、垣内、海戸、海東、欠戸、界外、門内は単独に用いられることもあるが、垣戸、垣外、貝戸、貝津、街道、改戸、街戸、海道、海渡、海外、海津、海地、開渡、開戸、外戸、開都、界戸、界土、皆戸、皆渡、皆地、皆洞、灰土、会津、替戸、開土、戒度、柿内などはほとんど語尾として使われ、語頭としては開発者、所有者の人名や所在地の方位や目標となる樹木の名を冠したものが多い。神奈川県では、開戸が多く本村から分かれて開かれた分村（出垣内とも）を指す場合もあるが、多くは土地の区画、あるいは部落の意に用いられている。柳田国男は、茨城県水海道（常総市）も、「御津垣内」からきていると論じて「ミツカイトウ」と呼ぶべきと言う（「水海道古称」）。

垣内の諸類型――

垣内は、通常、奈良（大和）盆地の環濠垣内などのような集落の最小単位を意味するものとされている。しかし、歴史的にも、民俗的にも、大和式の垣内は新しい形態だといわねばならない。

岐阜県揖斐郡徳山村（揖斐川町）では、部落の近傍一里ほどの地域をカイトといい、それより外側のオクヤマと相対する言葉となっている。

このように民居の集まりとは思われないところに古俗をとどめる地方は、カイトの名を寄せている。『万葉集』に出ている例でも、垣内の中には、園地もあれば、田もあり、あるいは山地にもわたって、谷さえ含むこともあるような地域を指しているのである。

垣内の変遷と共同生活――

限定的に選ばれた開墾予定地をまず畑地化し、さらに水利を通じて田地化するうちに、その経営にあたる在家が設立されてくる。

田屋のような小屋ふうの家が建つ。和歌山県熊野地方には、ほんの家一軒と周辺の土地とを含めてカイトと呼ぶ場合があるが、家の存在が垣内の成立にとって第二義であったことを示す例といえる。

そこにさらに集落が発達してくるにつれ、土地よりも家に重点をおく垣内ができたのである。

なお垣内ごとに神を祀ることもある。一般の氏神のような神社とは別に特殊な「愛宕《アタゴ》」とか「秋葉」とかの神を講のような組織で祀る所がある。滋賀県滋賀郡志賀町（大津市）木戸でいうカイトノリは、そうした信仰上の言葉で「垣内イノリ」だとみることができる。

また垣内は、こんにちの用例ではともかく、古くは名《ミヨウ》と同一視されたこともある。

垣内集落――

歴史の古い奈良盆地の村落は、民家の配置が、都会のように市街状に密集しており、村落内の道路は狭いのが普通である。

村内に新たに開墾する余地なく、耕地は限定せられて村落の大きさもほぼ一定している。このような農家の部落の単位は、大和付近では垣内と呼ぶから、このような形態の村落を垣内集落と称していた。山城盆地、琵琶湖畔など、条理の遺跡に整然と格子形になった道路、畦道などの残った所にこの形式の村落が多い。

神奈川県にある大ヶ《オオガ》谷戸《ヤト》、山ヶ谷戸、堂ヶ谷《ヤツ》というように「何ヶ谷戸《ヤト》」、「何ヶ谷《ヤツ》」という地名の中にある部分は確かに「何ガイト（何カイト）」にあたるものがあると見てよい。すなわち「何部落」の意で、小谷の地形でいうヤト、ヤツの意とは違ったものである。

埼玉県、群馬県、岐阜県には、山谷戸《ヤマガイト》（山部落の意）、竹之《タケノ》谷戸《ガイト》（岳の部落の意）、大谷戸《オオガイト》などがある。中国地方の堂ヶ《ドウガ》市《イチ》、岡ヶ市、岩ヶ市という「何ヶ市」の地名のガイチも、市場の市ではなく、カイトにあたるものであろう。高知県南国市で里改田《サトカイダ》、浜改田のカイダもカイトであろう。

武蔵、相模地方の「堀之内」は、堀をめぐらした土豪の城跡（館）や屋敷地と結びつくものが多いが、名主などの地主階級の屋敷まわりを（往々田畑も取りこんで）堀で囲んだものを堀の内と呼び、寺の境内を堀の内といった例もあり、この点カイトと同類の場合が認められる〔松尾『日本の地名』〕。

なお北九州市門司区畑に恋頭《コイトウ》と呼ぶ地名があるが、これはカイトの訛りで、小糸、小伊藤というのもあるという〔吉岡成夫『松ヶ江ウィークリー』昭和54・5・20〕。

垣内の名は、中世文書にもしばしば出てくる。『高野文書』などでは、多く荘園ないし名田内の小地名として頻出する。

垣内は本来、垣などで区切られた一区画を指すらしいから、中世では地頭、名主らの所有地や開墾地に集団をつくった分村をも意味し、土地の開発ないしは占拠と深い関連をもち、名田あるいは荘園の発達との関係など今後に残された問題である。

現在のカイトは、中世以降、本来の意味がさまざまに分化変転したため、いろいろの地目を指すことになったのであろう〔『日本社会民俗辞典』一〕。

カイトヤマ ① 垣内の中の小高い所〔『大和の垣内』〕。

② ヤマは元来、林野を意味する語だから、垣内共有の林野ということで、大和地方、奈良県吉野郡（一部、五條市）、紀州上山路で部落共有の山林、林野をいう〔『大和の垣内』、『全辞』〕。その他、カイト共有を意味する詞に垣内池、垣内井戸、垣内井手、垣内釜、垣内鍋などがある〔『民俗と地域形成』、『大和の垣内』〕。

カオ 空洞、ほらあな、新潟県西蒲原郡（一部、燕市、新潟市）で。ガロに同じ〔『全辞』〕。

カガ ① カウゲともとは一つ。カヌカともいう。草原のこと。

津軽では、芝生をカガハラという。加賀野という町名が盛岡市内にある。ただし、盛岡の付近では芝生をカヌカという〔『方言と土俗』二の二〕。

福島県双葉郡大久村（いわき市）大字小久の加々部《カガボ》、もとはこの付近は草原であったという。小久では一番新しく開けた所だという〔『磐城北神谷の話』〕。千葉県香取郡古城村（旭市）に加賀山という五〇～六〇戸の賑やかな部落がある。昔は高台の芝生地であったらしい〔『民伝』一一号〕。

草地になった平坦地。全国に分布（鹿我、鹿賀、神《カ》ヶ原、加賀原、鏡《カガ》島、香美《カガミ》）。

② 「擂鉢」地形。擂鉢の方言カガチ（加賀地、加賀須野、加々須）。

③ 露出した岩（加々良沢）。

④ 加賀（国）の伝播地名〔『日本の地名』、『地名の語源』〕。

カガミ ① 芝原のコーゲからカガの方言が生じ、カガやカガハラの語が地名となっている。地名の適用例をみると「草地になった平坦地」の名として多く見出される〔『日本地名学』Ⅱ〕。香々美、香美、加賀美、鏡、各務《カガミ》、各務原《カカミガハラ》。

② 鏡形（鏡池、鏡野、鏡山〈平頂の山〉）。

③ 鏡（鏡石、鏡石山、鏡山、鏡宮）〔『日本の地名』、『地名の語源』〕。

カキ 石垣《イシガケ》を石崖と呼ぶのはほとんど全国一般で、むしろ石崖と呼ぶ例の方が多く、石垣といえば「石の垣根」しか意味しない土地もあるらしい。

カキという詞は「木舞《コマイ》をかく」、「簀《ス》の子かく」、「あぐらをかく」のカクという動詞の名詞化したもので、カギル（限る）、カコフ（囲う）、カクス（匿す）などの語は、さらにそのカキから出た動詞だったのであろうが、ガケという詞は、桟道《カケジ》、桟橋《カケハシ》のカケと同一で、土地の切っ立てをカケといった詞の濁音化したものらしく、関東や東北ではガケ、カンケが直ちに石垣を意味している土地が多い。

カケは「欠ケ」と「懸ケ」とどちらから出た詞か、それとも他に語源があるか〔『日本の石垣』〕。

カキ（柿）は「欠キ」に通じ、山が欠ける、岸が欠ける所に宛字される。柿ノ久保は地崩れで欠けて窪んだ所、豪雨でよく崩れる所に柿谷、柿ノ木、柿坂、河川の岸で水衝部となって岸の欠ける所を柿原、柿之浦と海岸などにも命名している〔小川豊『地名と風土』二、『歴史地名通信』三号〕。

奄美加計呂麻島木慈で、カキというのは、入江に石を積んで垣をつくり、堰きっただけのもので、満潮時に入った魚を引き潮の時捕る。ごく原始的な漁法であるが、捕れる時はカツオなども入っていたという。同島薩川の人の話では、もと祝女《ノロ》がこれを管理し、大風の後など部落の人が出て補修する習わしになっていたという。カキは同島諸数にもあり、昔はキビナゴが沢山とれたという〔『かけろまの民俗』〕。

カギ ① カニの転。曲った形（蟹沢、蟹江、蟹田、河鬼川、和《カニ》坂、鈎《カギ》取、限山《カギリ》）。

② カンカケの転（鈎掛森、縊《カギ》掛、鍵掛山）〔『日本の地名』、『地名の語源』〕。

ガキタ、ガキノタ 中部山岳国立公園の北アルプス立山（富山県）の室堂平（二四五〇メートル）、弥陀ヶ原（一九八〇メートル）に点在する高層湿原池はガキ田と呼ばれ、一二五〇ヘクタールに及ぶ。豊富な融雪水でできており、周囲に水苔、水生植物が自生し、原生のままの自然が残っている。

ところが昭和四十六年立山を貫く道路・立山黒部ア

ルペンルート（全長二三キロ）が全線開通した頃から観光客が踏み荒し、県が設置した遊歩道や排水路が融雪水の流れを変えたことなどで湿原池が荒廃壊滅して復元不可能の状態となった〔『毎日新聞』昭和60・8・29〕。

越中立山の松尾峠に近い湿原にガキノタがある。弥陀ヶ原などに点々とみられる。寒冷多雪の平坦地にできる沼池。ガキ田の地下に堆積している泥炭層は四、五千年前の縄文期のものではないかとみている〔富山大学の第二次奥黒部、有峰総合調査による『西日本新聞』昭和38・12・7〕。

苗場山頂の御田《ミタ》と呼ぶ類のものと同じく、その山の性質によりいろいろの名がついているが、多くは山岳信仰と関係があるようである。

黒部餓鬼谷の下流にある沮洳地はガキノタンボと呼ばれる。信州側、四谷近くの神ノ田んぼも同じ見方からの呼び名であろう〔『旅伝』一五の五〕。

カクマ　川隈すなわち水流の屈曲した所。角間または鹿熊の字を宛てる。また、カクは隠れるの語と関係し、陰地を示す場合もある〔『地形名彙』〕。

囲《カク》みの変化した語。山地や水路によって取り巻かれた土地の地名で、福井県以北の日本海側に多い。広島県福山市加茂町カクマは囲《カクマ》るの立地とか、川曲地の立地と解されている〔『地名の由来』〕。

元来、川隈《カワクマ》すなわち、川の曲った所の意であったものが、水辺の称をいうようになったものであろう。またカクはカクレルの意で陰地を示す場合もあるという。東日本の地名にこれを付すものが多い。

秋田県雄勝郡水瀬川のほとりの角間（湯沢市）は、以前、河熊村と書き、角間、角間川が秋田県にあり、角間沢が福島県に、角間湯、角間川が長野県に、富山県中新川郡（立山町）松倉の鹿熊城は、今は角間と宛てる。新潟県南蒲原郡鹿峠村（三条市）の一番奥まった部落は鹿熊であるが、これはカグマル（囲まれる。秋田方言）から「谷頭」「河谷」などの囲まれた地形名（北信地方に特に多い）から出た呼称ともいわれる。角間、隔間、学間、鹿熊〔『地名語源辞典』、『日本の地名』、『地名の語源』〕。

右のほか、異説がある〔『ドルメン』五の五、『地名と植物』〕。

カクマはシダの類で、おそらくただ一種を指すよりも、数種の総称であろう。八丈島でコモチシダをカクマリといい、これが転じてカグマ。越後でカグマと呼ぶ薇《ぜんまい》に似た草あり、南会津にもカグマと呼ぶ、ワラビ、ゼンマイに似た草あり、加賀の白山にもカグマという歯朶《シダ》があるが、これが地名に定着するであろうか。カクマの分布と地名のカクマとが一致するかどうか疑問である。ただしこの説の当否は別として、地名をいちがいに「何々による」とて「一つ覚え」によって解することは厳に警戒せねばなるまい。

カクラ ① 熊本県玉名郡（一部、玉名市）、大分県大野郡（豊後大野市、臼杵市）、宮崎県の農村で、集落あるいは集落の小さな単位（『集解』）。熊本県鹿本郡米田村（山鹿市）坂田で、一〇戸ないし二〇戸の家の集団をカクラというが、これは地域組織のことではなくて、集落のことを漠然とそう呼ぶ（『熊本県民俗事典』）。

大分県北海部郡（大分市）、宮崎県、熊本県玉名郡で部落のこと。大分県大野郡三重町（豊後大野市）でも、部落の最小単位の名。大野郡では、山の一区域または山中のある限られた場所を指す土地もありカグラともいう。山に関係した場合ではカリクラヤマといって郷山、共有山の義に使っていたらしい所が九州南部にはある。特に飫肥《オビ》藩（宮崎県日南市）では、運上を条件として椎茸、炭焼を指定商人に許可した所をカリクラヤマといった（『綜合』）。

② 猪が潜伏している区域。カクラという用語は、獲物が豊富にいるかなり広大な山域を示す場合と、目ざす獲物が確かに存在すると予想される小範囲に対していう場合の二通りがある。熊本県人吉市田野地方、宮崎県椎葉村（『えとのす』五号）。

ところで「カクラ、カリクラ（鹿倉、狩倉）が共同の所ともいうべき意義を有していたと推測せしむべき例として、岩手県遠野地方で、カクラサマといえば、以前神々が旅をして休息なされた場所と信じられた所を指していたが、今では木像などを祀っている」（『綜合』）と述べている。

奄美大島でも、祝女《ノロ》の祝詞にウブチカクラというのがあるが、これも「御仏《ウブチ》のかくれたまふ所」すなわち神鎮まります所の意であろう（『奄美の文化―総合的研究』）とあり、「共同の所」という意よりも元来は、「神のある一定の地域」という意ではなかったろうか。

沖縄で御岳の神は、天上なるオボツ・カクラから降臨する（あふる）か、海の彼方のニライ・カナイから遠来し、御岳に鎮まったと観念されている。オホツまたはオボツは天上の神の在所、神のいます所という意で、天上を指す。地上に対する天上であるが、空間的なものではなく、観念的なものである。カクラは天上の神の在所、神カクラ、神の座をいうのであって、オボツ・カクラを正徳元（一七一一）年に編集した『混効験集』は「天上のことをいふ」と注釈しており、地上の万物はすべて天上世界の投影と考えていた〔『沖縄のノロの研究』、『おもろさうし辞典』〕。

③　岩手県九戸郡地方では、石垣をカクラ〔『全辞』〕。青森県三戸郡五戸町地方では、岩山の急峻な地形をいい、また平坦な田畑などの中の岩山の突出した場所をもいったり、川岸の岩の多い所などもカクラといっている〔『方言研究』六〕。これは断崖をクラというのと同一であろう。また青森県八戸地方では、断崖をカグラという〔『綜合』〕。

カクレザト　隠れ里というのは各地にある。

①　茨城県真壁郡関城町（筑西市）舟玉にある古墳。昔この塚に頼むと、なんでも必要な品物を貸してくれたが、ある時借りた物を返してくれない者がいたので、それからは貸してくれなくなったという。

②　下妻市高道祖にある塚。昔、この塚に頼むと膳椀を貸してくれたが、ある時不心得者が借りた物を返さなかったので、貸してくれなくなったという。ズコー塚、隠れ塚、お膳塚、十二膳ともいわれる。

③　猿島郡五霞村（五霞町）川妻にある地名。昔、ここに山姥が住んでいて、頼むと膳椀を貸してくれたが、やはり返さない者がいて貸してくれなくなったという〔『茨城方言民俗語辞典』〕。

カケ　①　掛、缺、欠、懸の字を宛てている。カケ山、カケ畑、カケ田、カケ地、カケ浜、カケ浦、カケ川、欠真間《ママ》など、崖ばたにあれば、まず崖からきた語とみてよかろう。白掛、黒掛、貝掛、掛淵、加慶、大掛山、欠山などの地名が崖と結びついている例は多い。

長野県松本市の南東方の高ポッチ山の北西斜面にある温泉「崖《ガケ》ノ湯」はまた「欠《カケ》ノ湯」とも書かれている。また鹿教の湯というのもある〔松尾『日本の地名』〕。

カケは欠けるの「欠け」であろうと思われ、丘や山の端の欠けている所を、カケといったと考えることは無理ではないと思われる〔『民伝』一九の九〕。急傾斜の崩壊地で、土地が欠けるところから発生したとすれば、カケ（欠）が語源でガケはその後の成長であろう

〔『地名のはなし』〕。

しかし、大分県下毛郡耶馬渓町（中津市）に宮園があり、近くに宮園掛地があり、同じく金吉《カナヨシ》があって金吉掛地があり、それぞれ村落間の関係を示すものと思われ、崖をなす掛とは思われない。樋掛の地名も同様で「掛」のつく地名が、すべて崖と結びつくとは考えられない。

鍵掛山（鍵懸山）、鍵掛峠などは、崖地や峻しい崖面に関連した地名。鍵掛をカイガケとかカイカケとか訓ませる地名がある。カキとカイとは音便的に通ずる。「かいま見る」は「垣間見る」の音便。物をかかえこむ「かいこみ」は「掻きこみ」のそれである。

大分県臼杵市に掻懐《カイダキ》という地名がある。

山でない鍵掛もあるから、諸所にある鍵谷、鍵川、柿谷、柿坂、柿崎、柿沢など柿のつく地名の中にも考えられるべきものがある〔松尾『日本の地名』〕。

② 徳島県美馬郡（一部、美馬市）で桟道〔『全辞』〕。

③ 樹の根の下に土のない所。栃木県安蘇郡（佐野市）〔『栃木県方言辞典』〕。

④ 和歌山県伊都郡地方の農家で、敷地周囲の防風林。これに稲を掛けて干すことから出たという〔『集解』、『全辞』〕。

福岡県、旧企救郡で家の周囲の囲い、土、石、壁、竹木を植えるもの、また竹木を組むもの、これを作ることをカケユイという。竹木等を集め組み、二、三段の横竹を表裏より合せ適当な間隔をおいて諸竹を結ぶ〔『藩政時代百姓語彙』〕。

⑤ 東京湾口海域の中央部には、伊勢掛ケ、石上ノ洞掛ケ、すいせん掛ケ、そと揚掛ケ、にょうぼう先掛ケ、向の掛ケなどの泥場、砂場の漁場の所在が示されているが、この掛ケを『海鳥のなげき』所載の三崎沖イカ漁場名に求めてみると、雨崎ガケはトゲ山に雨崎がかかる所であって、二つの陸上目標の重なって見えるその見え方に「掛ケ」の命名の根拠があったらしい。そして、三崎の漁業者は遠い陸上目標としては、三浦半島のつけ根に近い所にある武山とトゲ山とに用いる場合が多いが、それと近い目標との重なり合いで、海上地点を記憶してきたのであるから雨崎ガケとか灯明台ガケ、あるいは新井ガケや黒崎ガケなどトゲ山や武山などの遠い目標を省略して、たんに近い目標名だけを取り上げたものであった。

⑥ 山口県長門市通《カヨイ》で海岸の造成地、網の修理、魚の

処理などの作業場、船もここにつける〔『長門市史』民俗編〕。

⑦ 山口県長門市大垰で、四、五軒の家の一むらがり、大垰のカケは上《カミ》に二つ、下《シモ》に三つである。『綜合日本民俗語彙』には「山口県小野田市あたりで、近所付合をする家をカケウチと呼び、親族以上の親密さを持っていたという、産後三日目のナツケの日には、親族の女やカケウチの女が集って産衣を縫う」とある。カケ内の小道をカケミチといい、これからオーカン（往還＝広い道路）に出る。カゲモヤイミチ、ツジミチ、ツリミチともいう〔『長門市史』民俗編〕。

カゲ ① 午後、陽の当たる所、ヒウラに対する語。徳島県三好郡東祖谷村（三好市）〔『日本民俗学』九一号〕。日陰の土地（蔭、陰平、蔭行《カゲキ》、日影、日陰、日掛《カケ》、山影、影野、大影、小《ユ》川《カゲ》下《ゾエ》、日陰＝日《ヒ》向《ナタ》と対地名をなす）〔『日本の地名』、『地名の語源』〕。

② 魚群。大隅肝属郡（一部、鹿屋市）で漁師の詞〔『全辞』〕。鹿児島県垂水市でもいう〔同地人談〕。

③ 家の裏。茨城〔『茨城方言民俗語辞典』〕。

ガケ 崖。青森県中津軽郡（一部、弘前市）地方で特に川岸に使う〔『地形名彙』〕。

長崎県五島では、浜へ下りるための石段をいい、山口県では岸をいう〔『全辞』〕。

ガケはキシがギシとなったように、カケからきたものか〔『民伝』一九の九〕。関東東北には、ガケが多く、ハケもその系統に属するのかも知れない〔『地名の研究』〕。

埼玉県八潮市大字垳《ガケ》は、中川低地の海抜二メートル程度の湿地に位置する。

垳の地名は、寛永四（一六二七）年の検地帳写に「八条之内垳村」とみえ、また正保期（一六四四～四八）の『田園簿』にも「垳村」の村名が記され近世初期、すでに使われていた。

垳の住民は、地名は崖の意、字は客土の意として理解している。垳は、垳川（古くは綾瀬川）の左岸の自然堤防様微高地に位置する。往古の垳川は、荒川の主流で、綾瀬川と呼称された。寛永年間（一六二四～四四）に別に綾瀬川が開削されると古綾瀬と改名した。享保一四（一七二九）年にこの古綾瀬の上流と下流が堰止められ、元文二（一七三七）年に淵江領八カ村の灌漑溜井となり、垳溜、垳小溜井と呼ばれた。昭和三九（一九六四）年河川法改正により垳溜は垳川と改名された。

垳付近は潮位の影響を受け、干潮時には垳川の水は中川と綾瀬川に落される。すると垳川の右岸沿いの各所に崖崩れが生じる。そこからガケ地名が起立し、文字は土を行かせ（盛土し）て住むことから垳の字を宛てた国字でないかとされる。

垳の対岸葛西領猿ヶ又《ヤエンマタ》（葛飾区水元）の地名も、水が去る（捌ける）ところから起立したといわれる。

カケダ 大水で欠けて（崩壊して）残った田。愛知県鳳来町（新城市）〔『日本民俗学』一三〇号〕。

カゲッピラ 山の北面を指し、日陰の傾斜である。新潟県南魚沼郡〔『越後南魚沼郡民俗誌』〕。

カコ、カゴ ① 籠坂、加古坂、籠山、籠岩、籠原、籠瀬、鹿児山、鹿籠などのカゴはコゴからきたものが多く、カケ、カギなどと同系のものであろう。

岩手、山形両県境の船形山（また御所山、一五〇〇メートル）の頂上からすぐ西方にある。「仙台カゴ」「最上カゴ」の二つの断崖峰がある。飯豊山中には籠山という突起があり、同名の社祠あり、巨岩重畳して下部に一つの空洞がある。秋田県北秋田郡上小阿仁《カミコアニ》村のカゴ山（五一六メートル）は小阿仁川に臨む斜面に、崖や露岩の多い山で北麓にカゴノ沢もある。地形的にカゴは岩、岩石、岩壁を意味すると見られる〔『旅伝』一五の二、松尾『日本の地名』〕。

宮城県遠刈田《トウガッタ》（蔵王町）の籠山につき『大日本地名辞書』（吉田東伍）は「山腹に採金の遺窟があり、大小の穴が縦横に屈曲し、竹籃のようである、故に籠山という意味が記されている」の説が正しいとすれば、この籠山の命名は特殊な例であろう〔『集落・地名論考』〕。
② 尾根の風下側にできる雪庇。雪が庇のように張り出した所。岩手の山では、尾根すじにボサ（灌木）が生えているから、この雪庇の先が垂れ下がって雪の洞穴のようになる。そこをマタギはカゴといっている。
穴ごもりに遅れた熊がこのカゴに入って冬眠する。尾根を歩いていて、知らずにカゴの上に乗って踏み抜くと大変な事故になる。だからマタギは「カゴをはずすな」といって警戒する〔『銃をすてたマタギ』〕。
カコイ ① 静岡県川根地方で防風林〔『全辞』〕。
② 拵、囲、集落の周辺を土居、築地で囲った所から出た地名で、村の中心をなす集落を呼ぶことが多い。堀内、土居内（豊内）、陣内と同義。熊本県八代郡宮

原町（氷川町）拵、下益城郡中央町（美里町）拵。矢部町（山都町）猿渡と萓では囲。球磨郡では多良木町覚井、錦町覚井、須恵村（あさぎり町）覚井、水上村覚井〔『熊本県の地名月報』〕。

カサ ① 武蔵、秩父、信州佐久などで川の上流の方をいう〔『地形名彙』〕。上の方、かみ手。群馬、埼玉、山梨、長野、大分。

② 西の方。埼玉県秩父郡大滝（秩父市）。

③ 東の方。長野県佐久地方〔『全辞』〕。

④ カタ、山頂近くの平坦地。肩の象形語（笠ヶ岳＝別名肩ヶ岳）〔『日本の地名』、『地名の語源』〕。

カサマ 上流《カミテ》。カサの狭門《マ》。あるいは湿地《マ》（風間、笠間）〔『日本の地名』、『地名の語源』〕。

カシ ① 船をとめるため海中に立てた杭。岡山〔『全辞』〕。カシは牂牁《シヨウカ》を立てる所の義。牂牁は船を繋ぎ止めるため水中に立てる桟、モヤイグイのこと。「舟泊てて牂牁《カシ》振り立てて廬《イオリ》せむ」〔『万葉集』一一九〇〕、「牂牁、加之《カシ》、所以繫舟也」〔『和名抄』〕とある。

河岸は、牂牁が転じて、川の岸の船荷を揚げ下ろしする所または、そこに立つ市場をいう。

最上川には一〇カ所のカシがあった。川舟によって米、紅花《ベニバナ》、酒を集散する所である。最上川で最大のカシは大石田《オオイシダ》で、最上川には最盛期には六〇〇隻の川舟が上下し、カシには舟大工がいたという〔『NHK教育テレビ』昭和53・12・27〕。

なお、「河岸を替える」とは、船が泊所を転ずる意味から、場所を移すこと。「河岸をつく」とは、舟を出す時川岸を突くことから、ちょっと後押しする、援助する意である〔『日本海事慣習史』〕。茨城県では川岸をカシバタ〔『茨城方言民俗語辞典』〕。

② 側、方向。「あっちかし」などという。栃木県下都賀郡（一部、下野市、栃木市）、河内郡（一部、下野市、宇都宮市）〔『栃木県方言辞典』〕。

③ 谷壁、山麓、自然堤防、砂丘などの傾斜地（首カシゲルのカシ）にみる地名〔『日本の地名』、『地名の語源』〕。

カシ、カシワ（樫、柏）は傾斜地をいう。大平《オオヒラ》、奈呂と同様の地形〔小川豊『歴史地名通信』三号〕。

カジカケ 舵掛。海中の暗礁の名。一般に水深一尋（一―メートル弱）以内のものが多い。和船の舵は、船底から下方に突き出ているので、暗礁の上を通過した際、船体には損傷はなくとも、舵を引っ掛けるような浅い礁をいう。

その他、操船に何らかの作用または障害をなすことにより命名されたものに、

当り根（宮城県牡鹿郡雄勝湾口）
掛り根（神奈川県三浦郡金田湾）
癩ノ碆（高知県古満目崎付近）
盲突根（宮城県気仙沼湾内）
梶掛石（瀬戸内海碆ノ瀬戸三津湾）
梶取礁（紀伊水道日ノ御埼）

がある〔『水路要報』昭和25・12月号、昭和26・12月号〕。

石川県鳳至郡舳倉島海士（輪島市）が、暗礁、浅瀬をカジカキ〔『分類方言辞典』〕というのも、カジカケと同じであろう。

カショー、カシオ（山稜の斜面＝鹿塩、樫尾、柏尾の転、加性、加葉《カシヨー》山、加生、加生分、迦葉《カシヨー》、加庄口、宝加勝、嘉勝）〔『日本の地名』、『地名の語源』〕。

『日本地名学』Ⅱは「方言及び適用例から『棟形の尾根』の意と解されるケショーに同じ」とあるは「山稜の斜面」の意に同じであろう。

カシラ　①シリ（尻）の反対語で起点、ものの始まり（井ノ頭、田ノ頭）。

②山（田ノ頭、一四七メートルの尖った山、山頭、風頭もこれか）〔『日本の地名』、『地名の語源』〕。

カシラナシ　秋田県平鹿地方（横手市）に頭無《カシラナシ》、無頭《ムトウ》と呼ばれている田地や灌漑用水堰が分散的にあるばかりでなく、時には字《アザ》の名となっている所もある。それは水を得るのに重要な頭にあたる水源を持っていないというのが起りのようである。

カシラナシ地域は、旧雄物川河道の移動によって生じた微地的窪所（五万分の一の地図では穴市、沢田、樽見内、下谷地等の部落名として拾いうる）。泥炭発掘の水田化されている所。現河床等に点在的に分積的に、開拓の最後的なものとして存在している。

カシラナシの耕作者は旱魃時には、特定の水源を持たないので、運を天に委せねばならない。その苦悩から逃れるべく努力するのは当然である。泉を求めたものが、沼館町（大館市）字無頭十九町歩を灌漑する頭無堰である。

さらに外の有源水路の側まで水路を延長して行き、穴をあけたり、蟹にその責任を転嫁させたりして盗水しているものもある。

ソエゼキなどは、最も合理的な盗水方法である。この場合、カシラナシの方は、低く水の浸透に有利な自然的位置に置かれているため、有源水路関係者は、初めは争闘を繰り返すが、ついには根気に負け用水費を分担させることとして組合に加入させることが多い。

ことに有源水路耕作の有力者が、カシラナシの耕作者と重なっている場合などは、この傾向をたどりやすい。かくしてカシラナシは、その実を失うが、アナゼキ、ガニコゼキ、ソエゼキ、カシラナシ等の名によって名残を知ることができる〔『民伝』五の九〕。

カシワ　柏（槲）の葉は、広くて堅い。それに類した葉をもつ他の木にもこの名が使用されるようになって、こうした樹葉の総称ともなった。カシワの葉は「堅シ葉」の約という。柏地名には、文字通り樹木の名に基づくものもあるが、柏崎と呼ぶ小さな岬や、柏島など海に関係した場所の柏地名のように岩石の著しい所、あるいは断崖の場合がある。この場合、カシワは「堅《カタ》シ磐《イワ》」の約で、巌や石をいう。佐賀県神集島《カシワ》（唐津市）は柏島で、神集は宛字（神集をカシュウと訓み、音が似ているのでカシワと宛てたものか）。カシワはカシグことで傾斜地や急崖、岩礁を意味するようである（柏、柏崎、柏島、柏木、柏原、柏井、柏当《カシワテ》、柏江、柏木山、柏野、柏峠、柏倉、柏窪、柏原《カシハラ》、柏谷《カシヤ》）〔松尾『日本の地名』、『地名の語源』〕。

カスガ　①カスガ、アスカはスカ（洲処）の意でカ、アは接頭語とする説（池田末則）。スカ（須賀）は、一般には、海岸砂丘地帯に多くみられるが、内陸にも散見されるから、奈良盆地にある春日、飛鳥もこれによって解釈されるという説である。

②春日神社、飛鳥神社の伝播地名。春日部、飛鳥戸という人名の伝播であるという説。

③カスカは、そのままカスカであって、カス（幽）かではあるまいか。カス（幽）かは霞と同じで、ひっそりしているとか、春日山などに霧や霞が立つさまをいう地名か。

『万葉集』の「春日《カスガ》」の用字法は、

春日《ハルヒ》を　春日の山の　高座《タカクラ》の　三笠の山に　朝さらす　雲居たな引き　容鳥《カホトリ》の　間《マ》なく数《シバ》鳴く　雲居なす　心いさよひ　その鳥の……（三七二）

春日山　朝立つ雲の　居ぬ日無く……（五八四）

春日山　朝居る雲の……（六七〇）

霞立つ　春日の里の　梅の花……（一四三八）

冬過ぎて　春来るらし　朝日さす　春日の山に
　霞たなびく（一八四四）

カスガを春日と書くのは、春の日という歌勢からの宛字で、右の歌はいずれも雲や霞と関係している。カスカの地は、背後が急峻な山で、幽林に囲まれて雲や霞が立ちやすい。これほどカスカ（幽か）、カスミ（霞）を歌っているからには、霞の立ちこめる幽林の神々しき山であり、春日大社の鎮座にふさわしい地名であろう。カスガは集落名ではなく春日山、春日野という山や山麓の林野の状況から命名されたもので、春日の里というのは、その後の呼び方であろう。

『岩波古語辞典』の「カスカ（幽か）」にその語源を求めるのがぴったりする地名と思われ「カスミ（霞）と同根。ひっそりしている。霞が立つ」という春日《カスカ》の地ではあるまいか〔『地名の由来』〕。

カセ　①　三重県北牟婁郡須賀利村（尾鷲市）で岸〔『方言』八の一〕。

②　痩地（カセル〈動詞〉は「やせ衰える」）、徳島県美馬郡（一部、美馬市）、高知、大分県日田郡（日田市）で。

熊本県玉名郡（一部、玉名市）で痩地をガセチ、対馬で痩せた子供や痩せた猫の子をガゼ、熊本県玉名郡、長崎県平戸では、土地や樹木などの痩せることをガスルという〔『全辞』〕。

山中には合戦原《カセバル》、悴谷《カセダニ》の地名があるが、これは「痩せる」の古語に通じ、痩地を意味するものかもわからない〔『現代「地名」考』〕。加世、加勢、柏《カセ》、加瀬、加西《カセ》、嘉瀬、合戦谷《カセガヤ》、鹿脊《カセ》山〔『日本の地名』、『地名の語源』〕。（「カッセンバ」参照）

③　小さい魚礁。壱岐〔『旅伝』一〇の一二〕。

カタ　①　羽前で、分水嶺上をいう。主沢と支沢の中間にある脈上を中肩《ナカガタ》という。

②　北陸諸国の潟は、湖沼のことで必ずしも海近いことを必要としない。青森県五戸地方や秋田県鹿角地方で、十和田湖を指してたんにカタと呼び、海辺の潟湖だけでなく、こんな山上の湖水をもカタといっている〔『綜合』〕。

津軽の十三湖や秋田の八郎潟も共にカタだが、小川原沼はカタとはいわない〔『方言研究』六〕。潟湖（静潟、干潟、潟田、諏訪形、○○ガタ）、潟湖（鐙潟、八郎潟）〔『日本の地名』、『地名の語源』〕。

③　形、方と宛て、東、西、南、北、上、下等を接頭

語とし、方位を示す方角（山形、北方、野方）〔『日本の地名』、『地名の語源』〕。

④ 領土（カタは「分ける」）。地頭方、緒方、小県、県県《カタガタ》〔『日本の地名』、『地名の語源』〕。

⑤ 片側（片山、片原、形原、帷子《カタビラ》、片倉、堅田）〔『日本の地名』、『地名の語源』〕。

⑥ 山頂近くの平坦地。肩の象形語（槍ノ肩、乗鞍ノ肩、肩ノ小屋）〔『日本の地名』、『地名の語源』〕。

⑦ 捲卸坑道の右または曲片《カネカタ》の各昇切羽のある方をカタの方という。筑豊炭田で〔『福岡』昭和6・48号〕。坑傾斜した炭層の高い方を肩、低い方を深《フケ》という。坑道の両壁も肩の方を肩壁、深い方を深壁という〔『筑豊炭坑ことば』〕。

⑧ 岡山県児島湾で、漁場のこと、カタには一本カシ、ナカト、ヨザエモン、カシ、カンヌキなどの名称があった〔『日本民俗学会報』三四号〕。

⑨ 芸予諸島やその周囲の海の海岸地名に阿《ア》方《カタ》、伊《イ》形《カタ》（三崎半島にも伯方島にもある）、伯《ハ》方《カタ》、波方《ナミカタ》（もとはハガタ）、旭《ヒ》方《カタ》、佐《サ》方《ガタ》、宗方《ムナカタ》など「方」の字を用いた地名が多い。集落名の接尾語〔鏡味明克『愛媛県地名大辞典』「月報」〕。

ガタ 北国では、一般に海に近い平地の湖を意味する。下甑島（薩摩川内市）の瀬々浦では足のぬかるような所をいっている。有明海では、潟と書いて、干潮に干上がって、一面の泥海となるような沼地をいう〔『地形名彙』〕。

潟は一般的な海岸の義に用いられるほか、特殊な意味をもっている。

日本海沿岸では、湖沼（おもにラグーンであるが）に付されていること、これに対して太平洋沿岸においては、現在ではそういう例はごく少ない。浅海の干潟をいうのは、潟のもつ重要な意味の一つで、地名としては潟とすべきを片津、堅田など片、堅の字を宛てていることに注意したい。潟が入江や湾の名に用いられることもあるのは、おそらく干潟の現象からきたものか〔松尾『日本の地名』〕。

北陸諸国の潟は、ただ湖沼のことで必ずしも海に近い湖沼だけとは限っていない〔『漁村語彙』〕。

広島県安芸郡倉橋島（呉市）では、海岸はハマ（砂地で干潮時に現れる）からガタになる。ガタは軟らかい泥土で、干潮時にも出ず、ガラモ（実のなる藻）やモシヤ（草のようにすうっと生える藻）が生えている

〔同地人談〕。

鹿児島県下甑島（薩摩川内市）の瀬々野浦では、海の渚の足もとのぬかるような所をいうが、古く年魚市《アユチ》潟（愛知県等）などといった潟もこれに近い〔『綜合』〕という。

カタウラ 相模湾の西部は、伊豆東岸に至るまで、富士箱根火山帯の山々が海に迫る岩礁海岸である。小田原から早川を過ぎ真鶴《マナヅル》に至る八里ほどの海岸線に箱根山脈から幾筋かの川が相模湾に流れ落ちる。そこに発達した集落が石橋、米神《コメカミ》、根府川《ネブカワ》、江ノ浦《エウラ》である。大正二年この四集落が統合されて片浦村（小田原市）と呼ばれるようになった。片浦の地名の起りは、背後に箱根山地を背負い、東部が壁のような形で、早川以南の岩礁海岸をもつ村々には平地が少なく、山を背負った立地条件のなかで生きていくには、林業、石材採掘などに頼らざるをえなかった。片浦筋では、江戸中期まではおもに石材の生産で生計を立てていたと考えられる。相模湾の西部にある片浦村は南北に細長く、東は相模湾に面し、まわりを山々に囲まれ、平地は少なく、古くから林業や石材業に頼ってきたところである。温州ミカンの適地もあって、明治中期から大正にかけて神奈川ミカンの先進地として発展し、特に大正中ころの好景気に支えられて昭和にかけて飛躍を遂げる〔『聞き書 神奈川の食事』〕。

カタカイ 片峡。一方が山で川を隔てて対岸は平地の所。片貝とも書く〔『地形名彙』〕。

一方が欠けている峡で、渓谷の向こう側は、高地となっている〔『地名のはなし』〕。千葉の片貝は、加太の海人たちが開いた移動地名と言われている。

ガタキリ 柳河藩の食糧増産の一つとして有明海の干拓が行われた。この干拓地を造成する作業をガタキリという（男の作業）。海鍬で干潟の土をガタイネ（潟担い。女の作業）のかつぐブリ（ざるのようなもの）に入れると、ガタイネは堤防にかけた梯子（ドンドン橋という）を昇り、陸に運んだ。天草にはガタキリ唄という労作唄があった〔『NHK福岡放送局郷土資料報告書』昭和33年版〕。

カタヒラ 片平で丘上に沿う地形であろう。カタハ、カタハラ、カタキシに同じ〔『地形名彙』〕。

帷子（または帷）とも書かれ、平地と山の斜面との接する場所で、片側の山の斜面がしばしば崖をなす所。片山とか片山岸というのと同じ地形。断崖のふちどる岬に帷子岬（高知県須崎市）というのもある〔松尾『日本の地名』〕。
仙台の片平町（青葉区）は、広瀬川の河原に向かって台地の裾がヒラ（坂）をなしている、東京付近では、川崎市に片平があり、道路のついている東側の山が傾斜の急な雑木山であるのに対して、西側の山は緩い傾斜をもっており、畑がよく開かれている。静岡県の三島付近、越後、長崎市にも片平があり、横浜には帷子町（保土ヶ谷区）があり、岐阜県可児郡帷子村（可児市帷子新町）がある〔『地名辞書』〕、片面ガヒラ（坂）をなしている地形に対する命名。
カタダ（片田）は一方が田である所
カタノ（片野）は一方が野である地形
カタハラ（片原）は一方が原である地形〔『旅伝』一四の一〕
栃木県那須郡小川町（那珂川町）の片平は、那珂川西岸から喜連川丘陵の方へ入った所に位置し、背後に丘陵、前面に平地をひかえた地形の所〔『栃木県地名大辞典月報』〕。

カチ ① オキに対して陸寄りの海を山口県周防大島、平郡島で〔『全辞』、『ドルメン』四の七〕。広島県安芸郡（呉市）倉橋島では、歩くことを「カチで行く」という〔同地人談〕。また「カチで行く」とは、陸上を行く（船で行くに対して）ことにもいうが、現在ではあまり使わない語。カにアクセントがある。

② 雪を固く丸めて手毬ほどの大きさにしたものを、新潟県の吉田地方でいう。小児はこれを互いに打ちつけて勝負を争い、砕けた方が負け。中蒲原地方ではこのカチをユキタマという〔『綜合』〕。

③ 魚群を上五島〔『五島民俗図誌』〕。種子島で〔『全辞』〕。石見では鰯の群が水面から潜み、海面一帯が白っぽくなることをいう〔『民伝』五の八〕。

④ 部落の小画区。五〜三〇戸の単位。共同の神社あり。兵庫県の東部〔『民俗と地域形成』〕。

⑤ 河谷（カッチ、カワウチの転）〔『日本の地名』〕。

カツウラ カツ（カツミ）は低湿地、あるいは「徒渉」のカチから、ウラは「木」の梢から陸の末、すなわち海岸または低湿地の浦の意か（勝浦）。一説にカタ・ウラ（方浦）で形容詞が後についており「浦の方」の意（坪井九馬三説）、またカタウラ（片浦）で片方が浦になっている所〔『地名の語源』〕。

ガッギ いわゆる真菰で越後ではカッポといい、ガッコ等という所もある。
　津軽十三湖岸の岩木川三角洲末端等では、浅い潟堆積の最前線の進出するもので、横手盆地等でも開拓当初にはガッギ等の生え茂った低湿地であったことを示す地名かと思われる。やがて、葦が生えて泥沼となり、漸次地面が固まるのであるが、津軽平野の北端、十三湖岸の南岸に近い武田村等にはすでに陸地化して、芦野という地名となっている。
　陸奥では、ガッギといい、浅沼に生え湿地開墾地の地名として残っている。
　羽後仙北郡藤木村（大仙市）字菻《ガツキ》羽
　同平鹿郡浅舞町（横手市）浅舞菻沢沼
　同南秋田郡北浦村（男鹿市）字菻田（『開拓と地名』）

ガッケ　南部地方で断崖のこと。ガンケ、ジャンカケともいう。福島地方も同じ（『地形名彙』）。
がけ、崖。南部、岩手県釜石、茨城県猿島郡（一部、古河市、坂東市）、三重県度会郡（一部、伊勢市）（『全辞』）。

カッセンバ　合戦場。カッセンバという地名は、遠野にもあったが、東北には多い地名らしい。合戦という意味はいろいろあろうが、もちろん中央の歴史の関知しない戦闘は多かったに違いない。それを記念する地名が諸所にあることも不思議ではないが、はたしてそれらのすべてを史実として受け取ってよいかどうか疑問がある。何らかの祟りの現れた場合、宗教家がこれを御霊の顕現と説く例は多く、御霊信仰は非常の死を遂げたまま祀られない亡霊をもって説明されることが多い。合戦場もそういう意味の一種の霊地のことではなかったか。日向の椎葉などでは、合戦原をカセバルと呼んでいる由（『民伝』三の七）。
　瘦地をカセというのと関連があるのに相違ない。カッセンバの異様な状景が合戦場を連想させるのか。

カッタ、カッダ　①カツミの転。川畔や沼地にみる地名。東海地方と山陰地方に多い。
②カツマタを二字化したもので、勝田と宛てたものから（『日本の地名』、『地名の語源』）。

カツマタ　①卑湿な土地。カツマの転。静岡、岡山県で。
②蛙股。池の形から、奈良、静岡、岡山で（勝間田、勝俣）（『日本の地名』、『地名の語源』）。

カツミ　①京都府の中部で湖、湖水（『全辞』）。

② 朝鮮語でカツは薦《マコモ》、カツミは薦、海（湖）、低湿地の地名。日本海側に分布（勝見、賀積、勝海、堅《カツ》海、勝日、勝命）（『日本の地名』、『地名の語源』）。関西で真《マ》菰《コモ》をカツミ（『地名のはなし』）。

カツヤマ 勝山。主として戦国時代の軍陣にちなむ山。中国～北九州と東海地方に多い。

一説に「方山」で、形容詞が後についており、山の方の意（坪井九万三説）。また「片山」で、片方が山になっている所（丹羽基二説）（『地名の語源』）。片山の変化で、一方が急で、一方がなだらかな山。

一説に、孤立した山。なおカタはコトにも変化が認められ、琴岡は片岡とも考えられる（『地名の由来』）。

カツラ ① 桂（植物）。

② カツウラの転（桂、桂畑、桂浜、葛《カツラ》、葛〈カツ、カヅラ〉原、勝浦《カツラ》、勝占《カツラ》、加須良）（『日本の地名』、『地名の語源』）。

カト、カトー ① 川畔の洗い場（河東、加戸、加藤、加藤洲、香澄、家藤）。

② 川の東（河東〈千曲川の東〉、兵庫県の加東郡（加東市）は、加茂郡を加東、加西の二部に分けたもの）（『日本の地名』、『地名の語源』）。

カド ① 福岡県北九州市小倉南区三谷地区で、組内、特に親しい近所の家をカドグチ（『三谷方言集』）。佐賀県東松浦郡厳木町（唐津市）付近で、小さい集落が集まっている集団（『集解』）。

住居を中心とする一区画の屋敷地をカドというのは古い形態と思われる。一方、部落など小地域結合の名称として拡大された。鹿児島県下の門《カド》に至っては、その起源はきわめて古く、本家を中心とする同族集団ないし同族集団を中核としてもつ小さな地域結合をカドと称する形態が存在していたものと思われる。

カドを土地配当および租税徴収の単位として取り上げ、しだいに形態を整えていったのが、鹿児島藩の門割制度であろうと思われる（『屋敷神の研究』）。

② 愛知県知多郡日間賀島（南知多町）（『日間賀島民俗誌』）や同県北設楽郡振草村（設楽町）では、宅地とそれに続いた屋敷墓地とを合せたものをカドという。古い墓地は、屋敷についているので、宅地と旧墓地とが切り離せない一区画と考えられている。ここでは血の続かない者でもカドを買いすわって、そこに住み、屋敷内の墓地を祀るのを「カドを潰さずにゆく」といった。

愛媛県の南、北宇和島では、一戸を張っているのがカド、絶家した家を再興することを「カドを立てる」、部落の費用を各戸に割り当てるのを「カド割り」、本《オモ》家《ヤ》とインキョを含めて一つのカドとされている。分家は一般にヘヤと呼ばれ「一《ヒト》カドはる」は、新しくカドがふえることとされている。

愛媛県伊予郡松前町では、長男に財産の幾分かを残して、親が弟妹を連れて出ることをカドワカレという。同県温泉郡（東温市、松山市）で、親が財産の半分を長男に残し、次男以下を連れて出る場合、カドワケテヤルという。

高知県幡多郡三原村では、一家を構え土地を所有していることが、カドの要件と考えられていたようである。また、分家による増戸をカドマシという土地もある〔『伊勢安濃郡――全国民事慣例類集』、『屋敷神の研究』〕。

③ 農家で作物の乾燥場、作業場に使用する宅地内の前庭で、後方のセドに対する語を、北海道、新潟、長野、静岡、富山県南谷村、岐阜、尾張、三重、京都府、奈良、和歌山、和泉、兵庫、中国、四国、対馬、福岡、熊本、種子島でいう〔『全辞』〕。

岡山県全地域でも、前庭をカドというが、笠岡市ではナカニワともいう。籾、麦、ササゲなどの雑穀をカドに干す。これを蓆干しとか、カド干しという。穀物や天日乾燥用の葉タバコの乾燥、コンニャク、薄荷、除虫菊、唐芥子などの干し場、苗床、温床の場所、牛馬の飼育、厩肥を出す時牛馬をカドに出しておく必要があり、そのため牛繋ぎがある。薪の置き場。葬式の出棺の時、故人生前使用の飯茶碗をカドの石にぶっつけて割る所もある〔『岡山民俗事典』〕。

島根県隠岐郡西ノ島村（西ノ島町）では、集落の屋外共同作業場をいうが、これは各戸の空地が少ないためであるという。

山口県長門市大坮で、建物の前に広くとった外庭、新しい言葉でホカニワともいう。ここは籾、豆、干し草などの干し場であり、脱穀などの作業場である。また夏には、ふとん作りや、土用干しの場ともなる。ホンヤ（主屋）の前をカミニワ（上庭）、ナガヤ（納屋）の前をシモニワ（下庭）と呼ぶ。

また、外庭に土入れをするのを「カドエドローモツ」という。山の土をフゴ（藁製のかご）でかついできて、ナンジョー（槌）で打ち固め、バエで土の表面を叩きながらマンロクニ（平たく）ならす〔『長門市史』民俗編〕。また、北九州市でも門と玄関の間の庭をカドという〔『北九州市史』民俗編〕。

④ 福井県大飯郡、京都市付近の農家で、敷地の前方の道、群馬県利根郡、東京八丈島地方などの民家で、敷地の前方の入口、八丈島ではイシバシ（石橋）ともいう〔『集解』〕。

カドは共通語では、門口、門先、門付などのように、家屋敷の入口部分を指すような感覚を伴っている。

⑤ 東北地方で共同の水汲み場〔『綜合』〕、岩手県で流れのほとりの用水場、物洗い場〔『全辞』〕、青森県十和田市付近の農家で、山水を引いて共同で汲む水汲み場、掘り抜きのものを井戸というのに対していう語〔『集解』〕。

⑥ 木呂あげ場。沢を流してきた木呂を引き上げる場所で木場のこと。新潟県南魚沼郡（一部、南魚沼市）〔『越後南魚沼郡民俗誌』〕。

⑦ 火打石、燧石。九州〔『日葡辞書』〕、筑後久留米〔『はまおぎ』〕、南島喜界島。カドイシに同じ。カドイシという所は盛岡〔『御国通辞』〕、筑後久留米〔『はまおぎ』〕、南部、富山、長野、三河、大分、福岡、鹿児島、奄美大島〔『全辞』〕。火打石の形が、三稜のものが多かったからと思われる。

⑧ 秋田県由利郡（にかほ市など）のマタギ詞で、天気のこと〔『秋田マタギ聞書』〕。

⑨ 集落内の広場。奈良県の奈良氏白毫寺のオオカドのカドは広場の意〔『日本民俗学』一七三号〕。

カナイ 鉄井《カナイ》、金井、叶井《カナイ》、叶、鉄穴《カンナ》原《バラ》は花崗岩や閃緑岩の山を掘り取った場所につけられた地名であろう。中国山地には、こうした製鉄にちなむ地名が多い〔『現代「地名」考』〕。

カナクソ 製鉄の行われた跡（金糞、金屎《クソ》、金草、楠《クス》金《ガネ》、金床もその類の地名か）〔『日本の地名』、『地名の語源』〕。

カナザワ 鉄分によって赤味を帯びた川に由来したものか。中部以北に主として分布〔『日本地名学』Ⅱ〕。金（カナ）沢（カネザワもある）、金ヶ沢、叶沢〔『地名の語源』〕。

カナヤマ 製鉄場または金山、銀山、銅山、鉛山などの鉱山（金山、鉄《カネ》山、鉛山、金山沢、金山平、鉄嶺《クロガネ》峠、黒鉄山、金山《カンヤマ》）〔『日本の地名』、『地名の語源』〕。

カニク ① 兼久はカニクと訓み、大兼久《ウフガニク》、前兼久《メーガニク》、内兼久《ウチガニク》などがある〔『沖縄語辞典』〕。

カニクは海岸の砂丘、浜堤を意味する。奄美大島と沖縄島との間に限られ分布する地名で、多くは海岸の砂地に位置している地名〔『地理学評論』一八の一二〕。

砂原。カネィクともいう。沖縄〔『伊波普猷全集』第一一巻〕。

(参考)

嘉手苅《カデカル》、嘉手久《カデク》、兼久、嘉手納《カデナ》の嘉手、兼は海岸に近い土地で、納は庭で広い場所。苅《カリ》はそればっかりの意で、全地域嘉手であること。久は堅い土地のこと〔『沖縄文化史辞典』〕。
② 沖縄で村の中央を貫く大通りのこと。またはンマウイというが、これは馬追いである。馬の調練場となったり、綱曳の場所となったりする。稲や豆の収穫期の干し場、作業場ともなる。
奄美大島では、山の手の集落が里であり、それに対して海岸の砂地にある集落が金久《カネク》である。百以上も金久があったが、大正時代の初め頃から地名が変えられてしまい、大字名では名瀬市に一つしか残っていない〔『現代「地名」考』〕。

カネク(金久、兼久)は、砂地で畑にあうようなイモ、スイカがよくできる、地名であると同時に普通名詞。カネクは外洋に面し、砂の荒っぽい所。カネクの内陸部にはサト(里、郷)があり、カネクとサトとは対立する。サトとカネクとの間が湿地帯で、そこが詰っていく。そこにスイカの畑ができる。カネクの方は新興地だがサトは古い。サトは村に当たり、集落があり、小字《コアザ》ぐらい。

カネクは外洋に面して、土地は悪いが、新興勢力の方が強く、サトの方がカネクに従属するようになる〔『言語生活』三二七号〕。

関東地方でいう金子、金古などの地名もこれと関係あるか〔『漁村語彙』〕。

カネコ 関東地方にはカネコ(金子、金古)の地名があるが、前項「カネク」と関連があるのであろうか。金子は水で作られた平場の意〔『綜合』〕であると説き、『日本地名学』Iは「鍛冶に関する地名である」といっている。

カノ 切替畑や焼畑。語源は刈野《カリノ》。北海道以外のほとんど全国に分布(鹿野《カノ》、狩野《カノ》、神野、加野、蚊野、軽《カ》野《ノ》)〔『日本の地名』、『地名の語源』〕。
奥羽、出羽山地から上越、頸城山地で焼畑。一年目にソバ、二年目に豆類とアワ、三年目に豆類を作付けする。春播きの主穀作物の占める相対的な比重が非常に低く、米作農の補助耕作〔『日本の焼畑』〕。

越後南魚沼郡（一部、南魚沼市）、中魚沼郡（一部、十日町市）では、焼畑を相当に起すが、これをカノウとかカンノウといい、アクセントはノにある。

信越境上の秋山郷では、昔から盛んに焼畑を作って粟やソバを播き、割合に近年まで水田を耕そうとはしなかった。

こうしたカノは、村有林を五〇年くらいの期限で借りアラオコシをし、四年目くらいから草地にし、一〇年〜二〇年ほど放置し、のち再びアラクにする。しかし、もし次のアラクまでに労働力があれば、桑や科《シナ》や薪用の柴や雑木を立てれば、ずっと有利である。

檜枝岐から峠を南に越して、奥上州は東入り最奥の部落である戸倉では、カノウを刈ることはあまりやらないが、荒地や藪等に刈り火をかけて、これに粟をバラ播きにする。これがカノウである。二、三年後にこれを林に仕立てるか、さもなければ鍬を入れてアラクとする。したがって、カノウとアラクとは別種の焼畑と見るべきもので、檜枝岐のようにカノウはアラクの作業の一階梯としての名であるのとは相違がある。

戸倉では、また草地を掘り起し、土を上に出し、草を下にすきこんで畑にすることがある。これはカノウを経ずに、いきなりアラクとして起したもので、すきこまれた草は腐って肥料となる。

戸倉の南に土出の閑野《カンノ》という小字《コアザ》があるが、ここは昔、カンノを行った土地であろう。またそのような土地の住民に鹿野、狩野、簡野などという姓ができたのであろう。

カノウ、アラクの詞は、相模あたりすなわち、愛甲郡の平原には新久《アラク》と宛字された小字があり、足柄上郡の南足柄町（南足柄市）には狩野という字がある。この村には現在、苅野という字と狩野を区別するためカリノと訓ませてあるが『新編相摸国風土記稿』によると、これもやはりカノと訓むべきものであったことがわかる。同書に刈野《カノ》岩《イワ》村とあるが、今の苅野であるらしく思われるが、これと同名のものに甲州（東山梨郡〈甲州市、山梨市〉）では加納岩と宛字してある〔武田久吉「カノウとアラク」『民族文化』二の八、『檜枝岐民俗誌』〕。

茨城県で、焼畑を「カノヤキ」といい、六月頃、芝や草を刈った後を焼き、ダイコン、ダイズ、アズキ、ソバ、サトイモをつくる。一年限り〔『茨城方言民俗語辞典』〕。

カノー　カノ（焼畑）に同じ。追加開墾地。加納、嘉納、金生（賀名生《カノー》、歌野生、叶津《カノーツ》）〔『日本の地名』、『地名の語源』〕。

カブラ　①田畑、道路などに片側の山や堤防などの押し出している所を山口県豊浦郡（下関市）でいう〔『全辞』〕。鏑木《カブラ》、蕪木、甲楽城《カブラキ》、加布羅、蕪坂。

②「蕪」の形象語（雄〈雌〉株羅岩、カブ山、カブラ石）〔『日本の地名』、『地名の語源』〕。

カブロヤマ　古語で、木のない山をカブロ（禿）山といい、別名カムロと呼んで『新撰字鏡』にあるから、古代末期あたり、木のないハゲ山をカブロ山、カムロ山と呼んでいたことになる。カブロ山名は西日本にはみつからない。ところが冠山というのがあってカムリ、カンムリと呼んでおり、だいたいにおいて山頂になると、木の乏しくなる山である。

ケナシ山とカムリ山はなかなか同居しない。

中国山地の場合でも、出雲、吉備国境あたりに毛無山があるが、石見、安芸国になると毛無がなくなり冠ばかりとなる。

東北地方でも、中央部に毛無が急に乏しくなると、神室《カムロ》という山名がでてくるが、これは特殊な分布であって、基本的には西日本では、古くから木のないハゲ山をカブロ山と呼んでいたことになり、冠山をカブロ、カムロの転訛した同義の山名となしうるのである。中には冠をかぶった形の山というのがあるかもしれないが、一般には冠状の突出した山は烏帽子《エボシ》山と呼び、このエボシは全国に分布する山岳名である。冠は西日本ばかりで、烏帽子が全国分布というのは、もともと異なる形容であることを意味しよう。

大分県大分郡庄内町（由布市）の冠山は、別名烏帽子岳であるが、これは冠も烏帽子も同義というのではなく、古くは木の乏しい形容からカムロ山の意で命名されたものが崖山のように、険しいので、後の言葉でエボシと別の形容語を用いたものと思われる。

西日本のカブロ山と、東日本の毛無山とは対立するのである〔『地名の由来』〕。

カベ　越中で崖。壁のように直立する岩石。黒部に多い〔『地形名彙』〕。

①富山で崖〔『全辞』〕、岩。富山県西礪波郡太美山

村臼中（南砺市）〔『礪波民俗語彙』〕。

宮城県玉造郡鬼首《コウベ》（大崎市）は、荒雄川本、支流の谷の至る所に崩壊岩のある所で「鬼壁」ではあるまいか。秋田県仙北郡角館町（仙北市）の西方に鬼壁山（三九二メートル）があり、その東麓に鬼壁、南西麓に鬼頭《コウベ》がある。カベとコウベは同じであることが察知される。岩手県江刺郡人首《カベ》（奥州市）は、首をカベと訓ませている。和歌山県西牟婁郡鉛山鉱山（白浜町）の西の断崖海岸を三段壁《ヘキ》といっている。立壁、猿壁山などの例もある。

カベはカキベ（部曲）とも通ずる「同族的集団」をいう語でもあるが、また崖の意もある〔松尾『日本の地名』〕。

トカラ列島の臥蛇島、中之島で、海岸にそそり立つ垂直な絶壁を〔『トカラの地名と民俗』下〕。可部、加部、砂壁、草壁、折壁、神谷《カベヤ》、鴨部《カベ》、人首《カベ》、鬼越沢《カベ》〔『日本の地名』、『地名の語源』〕。
② 南部で粘土〔『全辞』〕。秋田県南秋田郡脇本（男鹿市）でも粘土〔『男鹿寒風山麓農民手記』〕。
③ 岡山県内の放牧の盛んな地域で、放牧牛馬が民家や耕地に侵入するのを防ぐ目的で、栗材の木柵をカベといい、一本一本の木をカベ木と呼んでいる。〔『岡山の民家』〕。
カベソト（柵外）は、自由な放牧地で、水田の刈跡も自由な放牧地であった〔『岡山民俗事典』〕。


カマ ① 淵のこと、また釜のように深くなっている地形、谷川の崖の岩穴もいう。紀州ではガマ。海辺のカマの地名は、以前の塩浜を指すことがある〔『地形名彙』〕。

淵の意で、たいてい釜の字を宛てている。

北上川の海に注ぐ所。石巻市に釜という所がある。

岩手山の頂上にはオカマと呼ぶ火山湖があり、山形県蔵王の噴火口をもオカマといい、たいていは原釜、洗釜、大釜、七ツ釜という風に修飾語をつけて呼んでいる。あるいは釜の前、釜ヶ淵という地名もある。

大分県由布山の金鱗湖には清水《シミズ》釜という釜が池中所々にあり、水または温泉の湧出する所と解しているが、要するにえぐれた所。

鎌倉のカマも同様であろう。ただし、塩釜（青森県上北郡の東海岸にも塩釜＝大三沢町）〈三沢市〉があるのは、山口貞夫の説くように、以前の塩浜を指すのかもわからない。

カマは元来、えぐられた所だから、河、海はもちろんだが、静岡県では穴のこと、同県周智郡（一部、浜松市）、榛原郡（一部、御前崎市、牧之原市、島田市）、奈良県吉野郡（一部、五條市）で滝壺、岐阜県本巣郡（一部、本巣市、瑞穂市）で泉、茨城県猿島郡（一部、古河市、坂東市）で用水池、対馬大船越で井戸をいう。富山県で、耕作土の下にある粗悪な粘土質をいうが、これは別語か（『綜合』、『全辞』、『方言と土俗』二の二）。

山梨県釜無川の東岸に沿って、韮崎市の市街から北方へ長く断崖が続き、直線的に計っても二〇キロくらいある、この崖を七里岩と称する。カマナシ川の名が、もしこれからきたとすれば釜成川《カマナシ》があたる。

海岸や島のえぐれた崖や海食洞に七ツ釜とか〇〇釜、〇〇洞、〇〇窟の名は諸所にある。

滝にも釜滝や釜淵ヶ滝の類があり、泉の湧く穴を釜と呼ぶ所もある。地名では釜と鎌とは盛んに混合する。赤石岳南西の不動岳（二一七一メートル）付近のものは鎌崩《ナギ》と呼んでいるが、釜崩であるべきである（松尾『日本の地名』）。

カマは甌穴《オウケツ》のこと、急流の激するために谷間に生じた窪所。

山形県最上川の支流の小国川《オグニ》で冬期間、魚は流れてくる雪や氷《ザイ》を避けて、流れの静かな淵に集まる習性がある。カマ漁法は、この習性を利用したもので、そのため「岩ガマ」とか「砂利ガマ」を作る。カマは人工的な穴である（『日本民俗学大系』第一三巻）。

② かまど製造。（陶や製塩の）釜戸、塩釜、酢釜、釜ノ台。

③ 釜や鎌の象形語（釜島、鎌ヶ岳、嘉麻峠）（『日本の地名』、『地名の語源』）。

④ 三重県度会郡の南島町（南伊勢町）から南勢町（同）にかけて、七つの竈《カマ》を接尾語とする海岸集落がある。南島町の棚橋竈《タナハシガマ》、新桑竈《サラクワ》、栃木竈《トチノキ》、小方竈《オガタ》、道《ミチ》行《ユキ》竈、大方竈《オオガタ》と南勢町の相賀竈《オウカ》がある。

第二次大戦中まではもう一つ、南島町に赤崎竈《アカザキ》もあった。これらは塩焼竈の意で、製塩の行われた歴史を名にとどめるものである（鏡味明克『三重県地名大辞典』「月報」）。

⑤ 蒲（カマ、ガマ）。蒲田、蒲生《カモー》（『日本の地名』、『地名の語源』）。

ガマ　カマの強化。志摩や大隅海岸で洞穴のこと。四国肱川の上流宇和川べりの野村町（西予市）付近では、魚の巣合っている深所をいう（『地形名彙』）。

三重県、和歌山県東牟婁郡（一部、田辺市、新宮市）、宮崎県都城市、鹿児島から南島にかけて洞穴をいう。

沖縄で洞窟、ほら穴をいうが、その多くは鍾乳洞で、普天間と金武に有名なものがある。大隅三浦の方言では海岸の洞窟をいう。

千葉県一宮では、崖のえぐれた地形。岐阜県可児郡（一部、可児市）、奈良、和歌山県、熊本県球磨郡では水中の洞穴、秋田県山本郡（一部、能代市）で沼、岐阜県本巣郡（一部、本巣市、瑞穂市）でたえず水の湧き出る所、佐渡で白珊瑚をいう（『全辞』、『沖縄語辞典』）。

広島県佐伯郡（江田島市）能美島では、海底の急に深みになった所をいい、「ガ」にアクセントがある（同地出身船員談）。栃木県足利市では堤の面（『栃木県方言辞典』）。

大阪府豊能郡能勢町の長谷部落にみられる特殊な水田の排水溝を同地でガマと呼んでいる。石英閃緑岩の岩盤上を流れている谷川を埋めて水田をつくり、谷川の水の一部は田をうるおすが、余分の水は田の下層を流れて下の田の水口の所に出るようになっている。下の田の水口の所に次の落し口が設けられ、さらに下の田の水口の所へ流れ出る。谷川を石組で囲い上に耕土を載せ、段々の棚田を作っているのである。したがって、春の田犂には、大きい重い犂を牛に引かせ、耕土を返すとともに、田の床土を抑えるようにしたという。床土が抜けて水田に空洞ウトのできることもあり、春の田犂にあたっては、まず鍬で地面を叩いて、ウトの有無を確かめる必要がある。なおこのような特殊の水田構築をもつ耕地は十六世紀末の文禄検地に出ているので、このガマは少なくとも、それ以前からあったものと想像されている（「摂津西能勢のガマの研究」書評『日本民俗学会報』六号）。

川や沼等の水中で、内側に深く陸側に向かって掘れた穴。福島県耶麻郡山都町（喜多方市）（『山都町史』民俗編）、大阪府豊能郡能勢町付近の農家で、自然の湧水や斜面を水平に掘って得られる出水。これを筧《カケイ》や溝で引いて飲用や雑用水に用いた（『集解』）。

蒲《ガマ》の生えた湿地、沼（河間、蒲《ガマ》生、蒲郡）（『日本の地名』、『地名の語源』）。

カマクラ カマ（洞穴、河底の窪み）クラ（岩）か。（鎌倉、鎌蔵、可麻久良山、竈谷《カマクラ》〔『日本の地名』、『地名の語源』〕）。

カマソ 川中または水際などにある片岩をアイヌ語でいう。日本のトコナメにあたるか〔『地形名彙』〕。

アイヌ語でカマ・ソ（平たい岩）、カマ・ヤ（平たい岩・の岸）、カマヤ・オマ・ナイ（平磐・ある・川）、カマヤ・ウシ・イ（平磐・ある・所）〔『アイヌ語地名の研究』四〕。

カマタ ①ふけ田を八郎潟の周囲でカマ田という。底なしカマ田、板カマ田などの名があり、後者は腰くらいの深さで、下は盤になっているものをいう〔『男鹿寒風山麓農民手記』〕。武蔵川越地方でも、二毛作の可能な乾田に対して、水の湧く泥深い田をカマッタと呼んでいる。カマというのは、通例山川の小さな淵または湖底の窪みなどの名〔『農村語彙』〕。

②蒲の生えている所（蒲田、鎌田、畑田《カマ》、釜田蒲《カマタ》）〔『日本の地名』、『地名の語源』〕。

カマチ 福島県で谷川の上流をいう。越中ではカマテという〔『地形名彙』〕。

福島県の中部、茨城県久慈郡で川の上の方、同県南部では山の峰、富山県で上流、上席、上方、上手をいう。福島県中部では端、はずれ。「町のカマチまで送って来た」などという。岐阜県吉敷郡（飛騨市）では畑の境、愛媛県南部では縁、ふち。「いろりのカマチ」などという。

カミ ①「政治的文化的中心地」がカミで、京都、大阪方面すなわちカミガタに近い方がカミ（上島《カミ》、下島《シモ》、上関《カミノセキ》、中関《ナカノセキ》、下関《シモノセキ》）〔『言語生活』昭和41・6月号〕。

地名につけられるカミ（上）、ソラ、ウエ、シモ（下）の関係は、川の流れや地形の高低を基準としており、北九州市小倉南区三谷地区では、バスや鉄道の「上り」「下り」と関係なく「ちょっと下って来る」というば「上り」のバスで小倉市内に行くことをいう〔『三谷方言集』〕。

しかし、多くは歴史的な由来をもち、都（もしくはその地方の主邑）に近い方がカミで、遠い方がシモである。古代律令制の国郡名をはじめ幕末までは奈良、京都に近い方が上。大地名で一見例外のように見えるのは対馬の場合で、北半が上県郡（上県町）、南半が下県郡。大宰府〜那の津経由のルートを前提とすると理に合わない。この点については、大宰府設置以前に畿内から対馬北島に直行する海路があったとする説もある（永留久恵）。

もう一つは千葉県の旧国名で、陸路を基準にすると上総、下総の位置関係が逆のように思える。これは記紀のヤマトタケル東征伝説でも明らかなように、往時は相模から海上を渡って安房、上総、下総とたどるのが正規の通路だったためである。

明治以後は、鉄道の上り、下りとか「上京」という語があるように新首都東京をカミとする考え方も一部行われたが、なかなか地方にまで定着しなかった。東京都内でも板橋区板橋の場合、都心から近い順に下、中、上となる。京都に近い方をカミとする旧中山道時代の地名が生きているわけである。

ところが近年に至って、地名の場合にもこの上、下の意識に揺れが見られるようになった。たとえば埼玉県上福岡市（ふじみ野市）は昭和四十七年に市制施行の時、九州の福岡市と同名を避けて「上」をつけた。つまり、東京に近い方だから上とする考え方である〔『歴史百科』一九七九年初夏五号、『日本地名事典』〕。

② 国名の羽前、羽後、豊前、豊後、筑前、筑後、丹波、丹後、上総、下総、上野、下野、近江、遠江などは畿内を中心として名づけられたものである〔『言語生活』昭和41・6月号〕。

③ カミカゼ（風）に対してシモカゼ（風）、それを縮めてカミ、シモという呼び名が使われている。これは方向のカミ、シモであり、それは少なくとも旧藩時代に確立していたカミ、シモで、その中心は当時の王城の地、京都に対するものであったはずである。京都に向かう方向がカミ、その反対の京都から下る方向がシモのはずである。

④ 沖縄本島には国頭と国尻があり、沖永良部島にも国頭と島尻があり、カミ、シモという言葉こそ使っていないが、徳之島南端の島尻村（徳之島町）とか宝島（十島村）の横当島北端の上の根嶼、種子島の北端の国土などと並んでカミガタのカミがもととなった命名と見てよかろう。つまり、九州から沖縄まで連続して、北の方をカミとしている。ただ九州の北の対馬のカミは腑に落ちない。九州の連続として考えるなら、北がカミでいいのだが、京都へは「下島」が近いはずである。南朝鮮では、島の名で上、下のつくものは大部分北を指している〔『言語生活』昭和41・6月号〕。

栃木県でも北、北方をいう。シモに対する語〔『栃木県方言辞典』)。
⑤ 淡路島、徳島県大毛島、小豆島で本土のことをいう。本土をカミと呼ぶ心理はよくわかる。
その土地がらによって、またその土地の生活条件によって「本土」と呼ぶ名が創作されよう(『瀬戸内海域方言の方言地理学的研究』)。
⑥ 川に沿って川上がカミ、また土地の高低によってカミとつけられたものもある。沢の奥。栃木県安蘇郡(佐野市)(『栃木県方言辞典』)。
村の上手、下手というのは川の上手であり、下手であった。宮崎県東臼杵郡椎葉村(『椎葉の山民』)、福岡県春日市の上白水《カミシロウズ》、下白水、大野城市上牛頸《クビ》、下牛頸、八女市大字宮野字宮野、下宮野なども川の上流、山手の方がカミ(上)である。
⑦ 新潟県岩船郡粟島では、一年のうち二六〇日はシモへ下る潮で北海道の方へ流れて行く。そのほかはノボリ潮であるという(『離島生活の研究』)。壱岐ではシモジオ(干潮)に対するカミシオ(満潮)、シモとは五島、天草方面をいい、カミとは日本海、玄界灘方面をいう(『旅伝』一〇の一二)。
⑧ カミは多くは顕礁に与えられた呼び名。立神、高神、黒神等、九州の西南に多く、わずかに本州の中央に近い所に散在している。屋久島付近に五個あるが、その南方には発見されない(『日本地名学』I)。
⑨ 雷。石川県江沼郡(加賀市)。『竹取物語』『源氏物語』の「明石の巻」にもある(『国語と方言』)。千葉県市原郡(市原市)内田で雷鳴のことをカミタチという(『分類方言辞典』)。

カミコウチ 上高地を開いたのは海洋民族ではないかという説がある。同地にある穂高神社奥宮の祭神である「穂高見命《ホダカミノミコト》」は平安時代初期(八一五年)に編纂された古代民族の系譜書『新撰姓氏録』によると、海洋民族の祖なのだそうである。信州には同様に海洋民族にゆかりの深い地名が多く、安曇郡の安曇、更級郡の氷鉋《ヒカメ》、斗女《トメ》などもそうである。その海洋民族説を彷彿とさせる祭事「御船祭」が今日、上高地の穂高神社奥宮で行われる。紅葉に彩られた明神池に朱塗りの船を浮かべて先祖がやって来た当時を偲ぶ(『サライ』平成4・10・15号)。(カワチの項参照)

カヤ ① カヤの生えている所。
② ススキ。秋田県鹿角郡、奈良県吉野郡(一部、五條市)、広島、愛媛県周桑郡(西条市)、大分。

③ 熊笹。京都府中部。
④ 薪。千葉。
⑤ 松の落葉。千葉県海上郡（旭市）。
⑥ 入江。滋賀県高島郡（高島市）（河陽《カヤ》、賀陽《カヤ》、萱浜、可也海、鹿谷、萱野、蚊屋、栢、茅、葭）（『日本の地名』、『地名の語源』）。

カヨウ ① 狭く細い谷の中、細長い河段丘、峠下、舟の渡し場などにこの地名があることからすれば「交通」にちなむ地名か（『日本地名学』Ⅱ）。
② 静岡県磐田郡（磐田市、袋井市）や新潟県西蒲原郡などで、草刈などが独占して、他の者に手をつけさせない区域をいう。東北地方でも山にカヨウという地名をみる（『綜合』）。
通、夏通、秋通、宿ノ通、市之通、通生《カヨー》、通生峠、通岡《カヨオカ》峠、加生《カヨー》、加用、加養、賀陽、香酔峠、明通《アキトオリ》、一《イッ》通《トオリ》、通《カイ》谷などは後に変化したものか（『日本の地名』、『地名の語源』）。

カラ ① カラの地名の多くはカレ（枯）で、カラ（涸、枯）もカレの変化したもので、大半はカレの意である。代表的な「唐沢、唐川、唐戸」は河川の上流の水の乏しい所か、山や島の斜面などに多い。次の島々は水のない不毛の意とすべきである。
宮城県桃生郡鳴瀬町（東松島市）唐戸島
同　県気仙郡唐桑町（気仙沼市）唐島
石川県鹿島郡中島町（七尾市）唐島
島根県邇摩郡仁摩町（大田市）韓《カラ》島
長崎県平戸市薄香湾内の唐子島
同　県西彼杵郡大島町（西海市）ガラ島
カラコ、カラト、カラ、ガラは人の住めない岩島を意味する。
奈良盆地の唐古は、弥生式遺跡で知られた古地名だが、自然堤防上に立地した遺跡で、これを韓来《カラコ》とするのは何故か。渡来人の集落には百済、高麗、新羅、漢、綾《アヤ》などと出身地名をそのまま用いるか今来《イマキ》という一般的呼称を地名に用いている。他にもカラコという地名があるが、たいていは辺鄙な水の乏しい所である。大阪府河内長野市に「唐久谷」があり、上流の水の乏しい谷である。
② 『全辞』には、ガラを小石、土混りの石の意とし、カレを山の崩れた所や崖の意としている。海食崖などに立地するカラには、この意もあろう（『地名の由来』）。

③ 対馬島の最北端の岩礁に「韓埼」というのがあるが、普通には韓国に最も近い所でこの名がついたものか。古代地名として『和名抄』「神名帳」の一部の語については「韓《カラ》」という朝鮮渡来者に関係するもののあることを認めねばなるまい。「韓国伊太氏《イタテ》神社」などは、出雲に多くみられ、渡来人を祀ったものであろう。『和名抄』の播磨国飾磨郡（姫路市）の「辛室《カラムロ》」は『風土記』の韓室の里であるから、渡来人と関係しよう。

港としての「唐津、唐泊、唐湊」は韓や唐に渡る港の意で、カレ（枯）とは異質であろうが、韓人に関係するカラは、きわめて少例に限られていると思われる（『地名の由来』）。

辛韓良《カラカラ》、可良《カラ》浦、可楽《カラ》崎（『日本の地名』、『地名の語源』）。

④ 青森県三戸郡五戸町地方で川原（『方言研究』六）。

ガーラ 信州で石の多い土地。磧、河原の字を宛てる。中国でも石地をいう（『地形名彙』）。石見で石地（『全辞』）。ゴーラに同じ。

カラス ① 小石の土地。

② 干洲《カレス》、干上がった洲（『日本の地名』、『地名の語源』）。

カラミ、カラメ ① 栃木県足尾銅山で粗鉱の滓をカラミ（『毎日新聞』昭和37・12・9）。また製煉屑ともいう。

② 干拓地。有明海に注ぐ塩田川以東北では、矩形をなし、社搦、牛屋搦のように搦《カラミ》と呼び、道路や排水路に沿って列村をなし、古い搦では内部に散村をなす（『集落地理講座』第三巻）。佐賀県藤津郡（一部、嬉野市）ではヒラキまたはカラメという（『農村語彙』）。また『地名の語源』には「熊本県南関町の方言では、カラミは『しがらみ』『柵』の意、新田の護岸に設けた柵からの名か」とある（搦田、搦目、大搦）（『日本の地名』、『地名の語源』）。

カラミは佐賀平野で干拓地、搦はカラムの意で、初めは堤防の芯として、松丸太の杭を約一間間隔に打ち込み、それに竹材を搦みつけて柵を作り、そのまま数年放置すると、潟泥が付着、堆積して内部の干潟が上昇し、葦などが生えてくる。そこで小潮を利用して柵の土寄せを行い、堤防を固めるのが搦、年代的には籠《コモリ》が古く、搦《カラミ》の方が新しい。

カリ ① 福井県大飯郡で山裾の草地。

② 京都府何鹿郡〈綾部市〉で山畑〔『全辞』〕。
③ 「頃待ちえたる桜狩、山路の春に急がん」(観世流改訂謡本『桜川』)。桜花に従って行く山野の行楽。桜狩、紅葉狩のカリは何か。『徒然草』に薬師《クスシ》ガリというのがある。目的の到達点がカリ、ガリか。

カリノ 刈野。樹木を伐採した跡。カリオも焼畑地名。このカリノに、アワ、ソバ、小豆などを播くのをアワケズリ、ソバケズリ、アズキケズリという。福岡県田川郡添田町津野で〔『津野』〕。

カリバ ① 狩場。狩の場所を指すと共に、狩そのもの、狩猟そのものをいう場合が多く、特にクマとかカモシカ狩について用いられる場合が多い。つまり、シキタリやキマリを重んじた狩猟に多く使われる。
「燧(燧ヶ岳二三四六メートル、福島県南会津郡)は、昔は狩場だった」といえば、狩の場所であり、「オレはあの人から狩場習った」といえば、狩そのもので、「春狩場」は、春の狩猟でクマ狩、「冬の狩場」は、カモシカ狩りのこと。福島県南会津郡檜枝岐村〔『山人の賦』Ⅱ〕。
② 草刈場。柴山(狩場沢、刈羽、狩場野)〔『日本の地名』、『地名の語源』〕。

カリハギ 木を伐ったあとのはだか山。カリハギと木の立っている所との境目を猪がよく通る。山口県長門市真木〔『長門市史』民俗編〕。

カリハタ、カリヤマ 焼畑を刈山または刈畑という。岡山県勝田郡梶並村(美作市)、豊並村(勝田郡奈義町)、苫田郡阿波村(津山市)、真庭郡川上村(真庭市)、八束村(同)、阿哲郡上刑部村(新見市)、神郷町(同市)、千屋村(同市)で。

カリヤマの呼び名は、鳥取県と共通している。

山野を焼き払って作る焼畑は、土用の日に火入れするが、中国山地ではカリヤマとか、ハガリとかいい、大根、菜種などを植え、それが終ると小豆、ソバを播き、その後ヒノキ、スギの植林をする。

岡山県苫田郡阿波村(津山市)では、村有地の杉を伐採した後を村から借りたり、共有山や個人持ちの山に一四か一五戸で焼畑をし、一年目に大根、二年目に小豆、三年目に杉苗を植えて植林にかかるが、間作として小豆を植える。粟、アブラナ(菜種)、サンドイモ(ジャガイモ)、大豆を植えたこともある。村有地の場合は、焼畑作りのあと、村から杉苗を受けて植林して返している〔『岡山民俗事典』〕。

カリマ、カルマ、カイマ　猪の寝床。遠方から集めてきた笹、カヤ、シバなどで萱の中へ作る。猪の住居、構造、目的については、千葉徳爾『狩猟伝承の研究』九四～九九ページ参照。「萱の類を刈って巣とする」の意であろう。

　奈良県吉野郡天川村洞川《どろがわ》（『民伝』二の一〇）でカルマ

　徳島県三好郡祖谷山村（三好市）（『祖谷山民俗誌』）でカルモ

　大分県津久見市（『大分県史』民俗編）でカルモ

　福岡県田川郡添田町津野（『津野』）でカリマ

『後狩詞記』ではカモ、猪の巣の一種で、育児の時や、雪の深く積むような時に作る。カルマは、笹や柴やカキなどを窪地の上に運んできて、穴のようなものをこしらえるが、決して一カ所のものは取らずに、ほうぼうから点々と集めてきて、しかも古いものを表面にし、新しいものを内側に使うので外見から案外発見しにくい。また、その上に人が上がっても、ほとんどびくともしないくらいに丈夫である。夏ガルマは育児用、雪ガルマは雪の降り出す数日前に作ってしまうらしい。熊本県人吉市日田野地方（『えとのす』五号）。

カル　①崖。②涸《カレ》。那須火山帯に多い（軽野、遠軽、餉《カルイ》沢、軽《カル》、大軽、軽市、軽米《マイ》、軽海《ミ》）（『日本の地名』、『地名の語源』）。③鉄または砂鉄、ないしは砂鉄の産する土地を意味する古代語（『鉄の生活史』）。

カルイザワ　軽井沢という地名は、東日本に二十余例ある。吉田東伍は「水枯れる沢の義ならん」とし、柳田国男は、中古の俗語でカルウ（背負う）の義で、峠に近い所にこの地名が多いから、荷を小分けして、背中に負うて越える谷沢で、カルヒ沢とした。

　カルイ沢に類似する地名にカレイ（王余魚）沢、カロウ（家老）沢、カライ（柄井）沢がある。これらの立地は、例外なく河川の最上流に立地するか、低湿地に立地している。カルイ（軽井）の接尾語は、ほとんどが沢で、一例として柏崎市の「軽井川」がある。つまりカルイには沢、川が関係するが、坂、峠の接尾語は関係していない。もし軽井沢がカルヒ（背負う）沢であれば、峠越えの地に軽井越、軽井峠、軽井坂なる地名があるべきだが、カルイが谷沢や川に関係しても、坂や峠に関係しないとみられる。この地名に似た立地を示すものとして、東日本にはカラ（涸、唐）沢やカル（軽）沢があり、これらは水の乏しい最上流の谷沢に立地する。西日本には佐賀県神埼郡三瀬村（佐賀市）にカルイ（軽井）谷があり、小河川の上流に立地する。

他に多いのはカレイ（嘉例、佳例、王余魚、枯井）川やカレイ谷である。これらも上流の小川か小谷に立地する。このほかにカラ（唐）川やカレ（鰈）川があって、やはり小河川である。西日本でもカルイ、カレイは谷や川と関係する地名で、峠などの通路と関係しない。

全国的にみて、軽井という地名は、山越えの近くにある場合が多いとしても、その中の数例は急峻な山地が立ちはだかって、荷を背負って越えられそうもない所がある。

西日本でカレイ（枯井）と呼んでいたのを、東日本で方言化してカルイ（軽井）となったもので、水の涸れやすい谷沢の意とするほかはない。すべてが上流の小河川で、水涸れの生じやすい所である。沢は谷間を意味するから、必ず渓流があったであろうが、必ずしも水に関係する語でもあるまい。水沢、深沢、涸沢というように、東日本では山峡の意に用いられている。西日本のカレイに対応するのが、東日本のカルイ、西日本ではカレイが辺境地に多く、中国、近畿の中心部に少ない。

カルイ、カレイはいずれも中世以後の新しい地名であって、古代にみえない地名だから、集落形成の遅れた東日本や西日本の辺境分布となったにほかならない。西日本での古い用法はたんにカラ、カレがカレイ川に代って、水無川という地名が多く、特にカレイ、カルイの空白地帯にカラ…（唐戸、唐櫃、枯戸）という地名が多くある〔『地名の由来』〕。

ガレ　頽岩崩土の急斜面や断崖に使われる語。ザレ、ゾロに同じ。ガレはガラ、ゴロに通じる。山梨県中巨摩郡の大崩頭《オオガレアタマ》（二一八六メートル）は、頂上付近から山腹にかけて多くの崩壊谷がある。唐沢や柄沢には、平時水のないいわゆる涸《カレ》沢や水無《ミソナシ》沢にあたるものもあると思うが、このガレ沢にあたるものもある〔松尾『日本の地名』〕。

静岡県富士郡で崖〔『静岡県方言集』〕。

露出した崩壊地でガレ、ゴウラ、ガロ、ガロウに同じで、登山家の間で「ガレ」「ガレ場」という語が使われる〔『地名の成立ち』〕。

カロ　崖、洞。カレの転（家老《カロー》、賀露、鹿老渡《カロード》、神籠《カロー》岳、霞露山《カロザン》、鹿狼山《カロー》）〔『日本の地名』、『地名の語源』〕。

カロー　①背負う（山を負う土地）。②空洞《ガロ》（新潟県西蒲原郡〈一部、燕市、新潟市〉方言）。

　霞露岳、神籠岳〔『日本の地名』、『地名の語源』〕。

ガロウ　山の露出した崩壊地をガレ、ゴウラ、カロ、ガロという。福島県から宮城県の県境に近い鹿狼山《ガロウサン》（四三〇メートル）、福島県いわき市の江田川渓谷（夏井川支流の背戸峨廊《セトガロウ》）、岩手県船越半島の霞露《カロ》岳などはガロウの宛字〔『地名の成立ち』〕。

カロウト　カロウトはカレ（枯、涸）と関係ある語で「末端」をも意味するが、桂井和雄『土佐民俗選集』二に次の記事がある。

「高知県南国市野中《ノナカ》の西方に続く切り通しの道に『唐音』と記してカロウトと呼ぶ地名があり、高知市長浜から吾川郡春野町（高知市）に東諸木《ヒガシモロギ》に出る切り通しの諸木分に『唐音』の地名がある。」

　また、広島県安芸郡倉橋島（呉市）の南端に、鹿老《カロウ》渡《ト》があり、鹿島と相対している。

カワ　井戸のことをカワというのは、沖縄、九州、五島、壱岐、対馬から中国の山口、広島、岡山の各県、四国の愛媛県あたりまでという。伊豆の大島では、共同井戸をカァという。九州では多くイカワ（居カワ）という。

　また、熊本県天草郡二江村（五和町〈天草市〉）などではカワまたはツリカワ（釣りかわ）、鹿児島県出水郡長島では、泉となって湧き出ているのを汲んでいる所をカワといい、掘井戸をツリカワまたはツリン（釣井）といっている。

　瀬川清子『食生活の歴史』によれば「愛知県の北辺、信州境の山村では、平素は井戸の水を飲んだり、使ったりしているが、正月の若水だけは流れ水から汲むのだというが、これは川の水を飲んでいた古風の名残りであろう」とあるが、古い時代には飲料水を自然の湧水や川の流れに求めていたに違いない。

　井戸をイガワ、ツボカワ、カワという地域では「深く掘れたイドは稀で、自然の流れ、湧水を利用したひしゃくで汲めるもの」という所が所々にある。自然の流水をそのまま利用する「井戸」に「川」と同じ名称が与えられたとしても不自然ではない。

井戸をカワと呼んでいる地域では「川」と「井戸」とをどう区別していたか。

九州の西部や北部では「川」はナガレガワ。『沖縄語辞典』では「川」はカーラ。『八重山語彙』では、八重山一帯で「川」をカラ、カーラ、ハアラ。

『採訪南島語彙稿』の「川」の項でも、沖縄全土で「川原」にあたる語が用いられている。要するに、中国西部、九州西北部、沖縄では「井戸」をカワといい、「川」はそれ以外の語で表わしていることがわかる。

カワイ　川の合流点。川合《カワアイ》がカワイとなったもの（河合、川合、川会、神合《カワイ》、川井）（『日本地名学』Ⅱ、『日本の地名』）。

カワジ　①　傾斜地の谷側を高知県吾川郡、土佐郡でいう。河路と書くが、川内の意であろう（『綜合』）。

②　佐賀県佐賀郡川副町（佐賀市）付近の民家で、堀端にある水汲場（『集解』）。

佐賀市の多布施川で、川の土手の竹藪の所々が切れ、幅一メートルほどの道が水際に下って、そこに洗い場の棚《タナ》が作られている。洗い場の数だけ藪陰に人家がある。この洗い場をカワジ（ヂ）という。カワジ棚は、水位が一定の所は一段だが、佐賀平野の堀（クリークという）は、何段もあり、満水時下段は沈んでいる。

多布施川は、鍋島藩初期、成富兵庫が改修し、城下町佐賀に支流をクモの巣のようにめぐらし飲み水にした。藩主居城の本丸まで引かれたこの水は、市民も殿様も一様に飲むので、子供に至るまで川を大切に心得ていた。

多布施川監視の川役人は、常時見回って、顔を洗ったり、裸足で川に入ったりする者があれば、厳罰に処した。肥桶《コエタゴ》でも洗おうものなら、その場で斬り捨てになったという。

山裾の上流の家では、川頭《カワガシラ》と自慢していた。子供はカワジの石畳に両手をつき、顔を流れにつけて水を飲んだ。大人たちは風呂、洗濯、炊事の汚水は、素掘りの窪地に溜め、川へは流さない。しかしオムツや肥桶は、部落の川下で洗う。下流の者が汚ながっても「三尺流れりゃ水清し」といい、下流では「見んこと清し」と鷹揚であった（『ふるさと雑記帳』）。

カワタ　①　愛知県西春日井郡西春町（北名古屋市）で、用水路やノマ（低湿地）のイリコミ（ノマの所々に池のように深くなっている部分）の中に、川底の泥を盛り上げて田植えをした所。川田の耕作は、用水路やイリコミに接する耕地を耕作する者が行うのが一般的である。カワタは土地改良によって、用水路がコンクリート化されたり、イリコミの埋立てによって姿を消した。昭和四十年頃までは、各所にみられたが、現在でも若干行われている。用水路内のカワタは、冬の渇水期に用水の片側に用水底の土を寄せておく。川幅が広ければ両側に土を寄せる。田植え時期には土寄せした部分へ、一条ないし二条の苗を植える。用水路の中央部まで植えることはしないので、水流の妨げにはならない。

イリコミのカワタの田植えは、ノマの田植え終了後に行われる。カワタ用の苗は、ノマの田植えの時にサシナエ（補植用の苗）として、オオラチ（条と条との間隔）に植えておいたものを用い、ノマの田の草取りの時にカワタに移植する。カワタの田植えは、一般の水田よりは遅れるが、収量は一般の水田に比べても悪くないという。

カワタの管理は若い衆（青年団）に委ねられたり、直接若い衆が田植えをして、活動の費用にあてるムラが多かった〔『西春町史』民俗編〕。

② 栃木県安蘇郡野上村（佐野市）、富山県上新川郡（富山市）で水辺、川端の物洗い場〔『安蘇郡野上村語彙』、『全辞』〕。

川田、川端《カワタ》〔『日本の地名』、『地名の語源』〕。

カワチ 谷水が淀んで幾分の平地を作っている所。奥州ではカッチ、信州ではミノチという。またカッシ、カトチというのもある〔『地形名彙』〕。

① 河内、川内。大は河内国から、小は、小字よりも小さい地名に至るまで、大小さまざまである。その分布は全国的だが、近畿から西の方がより多く、九州が最も密で、河内、川内のつく地名が各地にある。河内（川内）だけの地名よりも、○○河内（川内）がより多い。

カワチは字義の如く、川が周囲を流れているような場所ということから起源しているのであろう。柳田国男『地名の研究』は「河内はカウチ、カハチ、カッチなどと発音して、地方により音韻上の小異はあるけれども、意味は常に所謂盆地即ち渓間の小平地を云ふ」とある。実際、日本のように雨が多く、河川が縦横に通じ、灌漑の必要上、早くから用水路の発達した国では、人間の生活する場所で、付近をめぐり流れる川のない所がむしろ少ない。『和名抄』には、河内を加不知《カフチ》、すなわちコウチと訓ませているが、『古事記伝』（本居宣長）では、これを「加波宇知」の波をとって訓んだのであり、今、加波《カハ》知《チ》というのは、訛であると説いている。

河内が本来カワウチからきたものとすれば、あるいはこれも垣内《カイト》における環濠集落と同様の原型に基づくものかもしれない、すなわち河内は、堀川をめぐらす場所のわけである。

河内（川内）を現在、カワウチと訓んでいる地名も相当あるが、これをカワチ、コウチ（ゴウチ）と訓む例は、それより遥かに多く、そのほかゴウト、カイチ、カッチ、カチ、コチ、ゴチなどいろいろに訓まれている。

このように、河内は垣内とまったく同じ訓みかたをする場合があるとともに、おおむね似通った訓みかたをすることから考えて、河内と垣内とは、もともと同じ言葉に対して、異なった文字が宛てられたもののように考えられる。そうだとすれば、両地名は、同義異字のわけである。

垣内のコウチ、コウツ、ゴウトに宛てられる河津、河渡、合渡、高津、高地、高知、耕地、郷戸、強戸などは、やはり河内と同類のもので、実際において、部落、村落の意とみることができる。

たとえば、土佐の高知が、河内からきたといわれるのもうなずけるし、なおこの高知は高智にも当たり、また「河中《コウチ》」でもあった。また、日本アルプスの山地にある上高地は「神河内」からきたものであることは、よく知られている（『地名の探究』）。

海岸の付近小地から山間奥地にわたって存在し、すべて渓流を一隅にひかえた渓谷間のやや広闊な平坦ないしは扇状地で、出水期にも水害の懸念なく山、水流の利用に都合よき一小環境をなしているのが特徴である。

万代に　見とも飽かめや　み芳野の　たぎつ河内
の　大宮どころ（『万葉集』巻六、九二一）

これは大和吉野の河内。

足柄の　土肥《トヒ》の河内に　出づる湯の　よにもたよ
うに　子ろが云はなくに（『万葉集』巻十四、三
三六八）

これは伊豆半島海岸の土肥の河内（伊豆市、土肥温泉）――伊豆には海岸沿線の内浦にも河内（沼津市）

がある。いずれも海岸間近の小渓流に臨んだ地点である〔『原日本考』正篇〕。

ただし、「土肥の河内」については、沢潟久孝は『万葉集注釈』巻一四において「万葉考に『足下ノ郡土肥の杉山などいひて伊豆に交る所に今湯河原という村に湯有、古の湯と見ゆ、とげぬき打身に妙也といへり』とある、土肥の名は明治の頃まで土肥村とあり、それが湯河原町となった——今の足柄下郡湯河原町を広く土肥と見てよい、渓谷でそこに出づる湯というのは、湯河原町宮上《ミヤカミ》の温泉である」と述べている。

カワチは山間の小さな盆地。谷の奥の平地。コーチ、ゴーチ、ゴマに同じ〔『地名の成立ち』〕。

要するにカワチ、カワウチ、カッチというのは、河谷に与えられた地名〔『日本地名学』Ⅱ〕。河谷の平地（河内、川内）〔『日本の地名』〕。

② 佐賀県で川端に設けた物洗い場〔『綜合』〕。川地、川沿、川路〔『日本の地名』〕。

③ 山口県大津郡日置《ヘキ》村（長門市）、小野田市付近では、屋敷内、屋敷範囲または、向こう三軒両隣、近隣といった二つの意味に使う〔『民俗と地域形成』〕。同県防府で宅地、村落〔『全辞』〕をカワチというのも同様であろう。カイチに同じ。同県長門市大垰では、屋敷の外回りの土地をカワチといい、以前は荷車小屋《シャリキゴヤ》、現在は自動車の車庫をここに建てている。

菜園《サエン》（自家用の野菜をつくる畑）もここにある〔『長門市史』民俗編〕。

カワト、カワド ① 川に臨んで板などを敷き、物を洗い、また水を汲むなどの用に供する所を、山形県米沢、宮城県石巻、新潟でカワドという。福島、伊豆ではカード、滋賀県蒲生郡や高島郡（高島市）、因幡ではカワトという。たんに洗濯場の意味に解している所も、滋賀県蒲生郡にはあるが、それは飲み水専用の井戸が普及したためで、鳥取県東部には、冬だけ飲み水をカワドから汲む村がある。東北ではカドまたはカドコといい、小流のほとりにあり、正月には餅を供えたりする。あるいは村の共同の水汲場をカドといい、正月には若水を迎えに行く例も三戸郡館村にある。東京にも大川の岸に花川戸がある〔『綜合』、『全辞』〕。

滋賀県高島郡朽木村（高島市）付近の農家で、敷地の付近を流れる小川の川端に設けた洗い場で、屋根や棚など取り付けたものや、洗ったものを載せる簡単な台を作ったもの。棒杭を打っただけのものなど種々の形式があった。

宮城県石巻市、山形県米沢市、新潟、東京都南多摩郡（八王子市、町田市など）などの民家で、敷地付近の小川の川端につくられた物洗いや水汲みに用いる施設をカワドという。南多摩郡では、ここに下りる通りをカワド道ともいう（『集解』）。

川戸、河戸（『日本の地名』）。

② 川の合流点（○○川渡《カワド》）（『日本の地名』）。

③ 福井県小浜市付近で、湧水を利用した集落の共同洗い湯をカワド（『集解』）。

④ 岡山県西北部の高梁川で、高瀬船の発着する川港をカワド、荷を扱う問屋があった（『日本民俗学会報』五一号）。

カワナ 川畔の土地で、川を見下ろす段丘、自然堤防などにある地名（川名、川奈、河奈、河名）（『日本の地名』）。

カワバタ 川端。川に石を組み上げ、洗いものができるようにしてある所。栃木県で。また同県ではカバタという所もある（『栃木県方言辞典』）。南佐久郡北御牧村（東御市）で井戸、水洗い場をカワバタ（『旅伝』一一の八）。富山市付近でも、敷地の入口付近に小川に沿って設けられた洗い場（『集解』）。

カワマタ 川の合流点（川俣、川股、川跨、川又、川亦、河岐、河俣、河又）（『日本地名学』Ⅱ、『日本の地名』）。

カワメ 陸奥で台地を刻む小谷の出口（『地形名彙』）。

十和田湖を水源とする北に位置する奥入瀬川流域を前カメ、西方の三戸方面から八戸地方を流れる馬淵川の流域地方を後カメという。この地方は南部丘陵として、地質学上特殊なものといわれるが、うねうねと続く丘陵の間を大小の川が流れているが、その川の流域地帯を「川目」という（『方言研究』六号）。

『農村語彙』は次のように述べている。

「岩手県北部から青森県にかけて川目、沢目という地名が多い。何れも流れを横ぎる交通路から出来た名だが、沢目は狭くして谷合に該当し、川目の方は広く平かでしばしば田所という意味に用いられている」と。

これになお加えて、川目、沢目に沿って、開拓した部落あるいは集団組織を意味することも含まれていると思われる。

川目集落として著名である陸奥東部の淋代海岸には一川目、二川目、三川目、四川目、五川目、六川目といくつか続く川目集落が南から北へ並んでいる。川目は沢目と同様、一の川目に沿う集落を意味するのは、和賀郡小山田村（花巻市）でいう北川目、中川目、南川目はすなわち北沢目、中沢目、南沢目と同じ意味に用いられていることによってうかがい知れる。

カワラ　小石原の意。元はゴウラから分かれた語で、河原とは別〔『地形名彙』〕。

和歌山県日高郡上山路村（田辺市）で小石の多い土地。川には限らない〔『方言』五の五〕。

熊本県葦北郡佐敷町（芦北町）では、川で石のごろごろしている所〔同地人談〕。

礫地、川床（河原、河原木、川原田、川原子、川原毛《ケ》）〔『日本の地名』〕。

② 九州で川のこと〔『綜合』〕。

③ 香川県などの塩田で、塩砂を撒く下の床をいう。船のカワラから出たものか〔『綜合』〕とあるが、カワラとは平面状の底部の意ではないか。

④ 佐賀県鎮西町加唐島（唐津市）などで、畑土の下にある岩をカワラと呼んでいる。島の畑はたいてい五寸くらいのドロしかなく、浅い所では三寸足らずしかないので、大雨が降ると、ドロが流れてカワラばかりになることがある。隣の松島の方では、芋もろともに海に流れ落ちることがたびたびあったという。

⑤ 埼玉県越谷市の市街の南端の瓦曾根は、元荒川の流路にかかる古い集落だが、このカワラの語には、屋根の瓦を伏せたように物に覆いかぶせる意があり、亀の甲すなわち亀のカワラ（音便コウラ）などで知られるように、この地の地形と照合すると、よく一致する。

緩やかにふくらんだ地表が、水田よりやや高く、畑や新しい住宅地となっており、そこには古道も残り、溜井（旧河道に手を加えて溜池としたもの）なども残っている〔松尾『日本の地名』〕。

⑥ 図式的にいえば、都市はハレの場であり、村はケの場である。その中間の川、河原はケガレ（ケ枯《カ》レ、離《カ》レ）の場である。そのため、河原は、京都の鴨川の河原のように、処刑、死体処理の地であり、墓地であった。したがって摂津国都賀庄の小字清目のように、ケガレを管理する検非違使と、その支配下にあって死刑執行に従事するキヨメ（清目）が河原に登場する。

全国には約五〇カ所の河原町、瓦町があり、中心業務地区、中心商店街があり、木材集散地であり、遊廓があった所が多い。また河原が中心商店街になっている例で「河原町」という地名がなくても、河原である場合も多い。城下町福岡と、商都博多の境界の中洲は、現在の福岡市の中心地であるし、両者を結ぶ橋の博多側には柳町遊廓があった〔森栗茂一『日本民俗学』一七四号〕。

貞享二年の『天寧寺防風俗帳』によれば、会津若松の町を流れる湯川の河原には古くから火葬場があった。町分の小黒川の柳橋の西北に薬師堂河原があり、薬師堂があった。寛永十二年耶蘇教徒が逆礫にされた。

これらは、ともに人間の死にかかわる境界空間であった。

前者は自然死や病死をあの世に送りこむ空間、後者は強制的に死に至らしめられた者を捨てる空間、共に河原は生と死の境界であった〔野沢謙治「城下町会津若松のトポス——都市におけるハレの発見——」『日本民俗学』一七六号〕。

カワワ　川の曲った所。河曲は鈴鹿川岸に、河輪は浜名郡（浜松市）にある〔『地形名彙』〕。

神奈川県酒匂《サカワ》川は、元来、酒匂《サカワ》川で「匂《コウ》」の字がカギマガルの意で、輪のようになるからワと訓む。小田原市川匂《カワワ》、中郡二宮町川匂などもニオイの字を書くが、元来川勾で、「川曲」（カワワ、川の曲った所）の意である。津久井町（相模原市）の旧名、川和も同義であろう。

勾、匂とまぎらわしいが、匂《ニオイ》は国字〔鏡味明克『神奈川県地名大辞典月報』〕。

ガンカケ　岩崖。崩れた断崖絶壁を秋田県仙北郡、山形県村山市、宮城県玉造郡（大崎市）〔『全辞』、『秋田マタギ資料』〕。崩れた断崖（雁《ガン》掛峠）。カンカケともいう（鍵掛《カンカケ》、鍵掛峠、鍵掛岩、鈎掛岩、鈎掛森、寒霞渓、雁《ガン》掛、上掛）〔『日本の地名』〕。

ガンガラ　愛媛県大三島（今治市）で、岩石の重畳した嶮険地〔『全辞』〕。岩石の重畳して険しい所をガンガワラともいう（神原《ガンガワラ》、雁柄《ガンガラ》）〔『日本の地名』〕。

ガンギ　①ぎざぎざ、刻み目、段。伊豆大島〔『全辞』〕。

②石段。山梨、静岡、和歌山県西牟婁郡、岡山、石見、山口、四国、福岡、長崎、熊本〔『全辞』、『旅伝』九の九〕。

階段。静岡県周智郡気多村（浜松市）〔『方言』五の一〇〕。

東京都内に「雁木坂」というのが、神田駿河台と港区赤坂にそれぞれあり、港区飯倉には二つある。石でガンギを組んでいたもの（『東京の坂道』）。

③　船着場に船が着いた時、その船に横板を掛け渡して桟橋とし、それを渡って乗り降りの便にするためのもので、これをアユミというが、その板には滑らないように横にギザギザの桟が打ってあり、これを雁木という。ひいては、その船着場のことをも雁木というようになった。

近松の『鑓権三重帷子』（享保）下の巻に「二人手を引き気も急く足元、こなた衆《せ》は怪我しさうな、雁木にけつまづき、お嬶様の大疵に又、疵のつかぬやうに用心々々」（『大阪ことば事典』）。

④　新潟県、長野県下水内郡、福井県敦賀市などの農家で、主屋の土間の正面に設けた庇、幅一メートルほどで積雪期の緩衝地帯である。

新潟県、鳥取県因幡地方、秋田県などの町家で、主屋や店の道路側に下ろした幅広の下屋《ゲヤ》。雨雪の折の通行に利用された。多くは幅一間（一・八メートル）ほどで板葺き（『集解』）。

家の庇。ひさし。長野県下水内郡、佐渡、新潟、福井県敦賀（『全辞』）。

⑤　護岸石垣。岡山県邑久郡（瀬戸内市）（『全辞』）。

石垣、山口県見島（萩市）（『見島聞書』）。

大分県宇佐郡（宇佐市）ではガキ（『日本の石垣』）。

⑥　防波堤。薩摩郡南部、種子島（『全辞』）。

⑦　桟橋（『全辞』）。

⑧　川岸。愛媛県大三島（今治市）、鹿児島県肝属郡（一部、鹿屋市）（『全辞』）。

⑨　坂。香川県与島（『全辞』）。

⑩　畑に種を播く時作る浅い溝。京都府竹野郡（京丹後市）、但馬、淡路島、徳島県美馬郡（一部、美馬市）、岡山、山口（『全辞』）。

瀬戸内の広島県沿岸やその島々の段に畑の畝（作条）をいうが、これは排水溝をも兼ねている（『日本民俗学』一二六号）。

⑪　田畑。岡山県児島郡（岡山市）（『全辞』）。

⑫　麦田の排水溝。徳島県阿波郡（阿波市）（『全辞』）。

⑬　砂防用または流勢をせくために川または海の浅瀬などに並べ立てた杭。和歌山。

また、熊本県下益城郡（八代市）では乱杭（『全辞』）。

川の護岸用の杭。福岡県久留米（『久留米市史』五巻〕。

⑭ 敷居の溝。山形県西田川郡（鶴岡市）〔『綜合』〕。

ガンギという語は、ガケ→ガッケ→ガンゲ→ガンギと変化したらしい。

神吉、寒木、上吉、神去、勘吉《カンキ》林〔『日本の地名』〕。

ガンクラ 羽前。山岳中の峻嶮な所〔『地形名彙』〕。

青森県三戸郡五戸町地方ではガンクラーともいい、凹凸の多い所をいい、岩の重畳した所をユワ（岩）ガンクラ、石山をイシガンクラという〔『民伝』四の二、『方言研究』六号〕。

長野県南安曇郡（安曇野市、松本市）でも、岩山などのごつごつ出ている所をいい、岩手県和賀郡、秋田県平鹿郡（横手市）、山形県村山では、崖、絶壁をいう〔『全辞』〕。

カンナ 中国筋のたたら吹きの語彙に、鉄穴をカンナともカンナバともいうのがある。砂鉄の採集地（神名、神名川、神奈山、神流《カンナ》、神流川、神和《カンナ》、神納《カンナ》、鉋川《カンナ》）〔『日本の地名』〕。

水路を利用して鉱石を流下させ、比重差によって選鉱する「鉄穴《カンナ》流し」すなわち砂鉄採集地のこと。安芸ではカコラともいうらしい。

カンナの跡は今でも地名となって残っており、そこで働く者をカンナヂ、その小屋をカンナヂ小屋という〔『山村語彙』〕。

島根県邑智郡日貫村（邑南町）青笹で山のドロ（砂鉄原料）を採る場所をカンナ（鉄穴）という〔『旅伝』一四の四〕。

鉧押《ケラオシ》法によるタタラ場では、もっぱら鉄穴《カンナ》流しによる山砂鉄を使用していた。ここで説明する鉄穴流しは、中国地方で行われていた新しい方法である。

まず砂鉄を採集する山に鉄穴あるいは、山口と呼ばれる採取場がある。砂鉄の採集は、ほぼ十一月から翌年五月頃までの期間に行われた。この鉄穴の設定には、土砂の中に含まれている砂鉄分が多いことだけではなく、水洗いのための水の便がよいこと、また地形が水洗に適した傾斜地であることなどが必要である。

採集を始めるには、まず立ち木や雑草を除き、表土を取り去ることが第一の作業で、そののち、いよいよ砂鉄を含んだ土砂を鍬やつるはしで水流（ここを走りという）の中へと切り崩し、水が不足している所には足し水をして、水の力で土砂を砂走りに通し洗い場へと送る。砂鉄の洗い場は、上の方から山池、大池、中池、乙池の順で、場合によってはその下に洗樋《アライト》を加える。

このようにだんだんと下に流し、各池で足し水をして、軽い砂分を水と共にあふれさせて流し去り、砂鉄分だけを沈澱させるようにする。こうして順次下へ下へと同じような淘汰の過程を繰り返し、最後に乙池または洗樋を経て置場に取り上げられるわけで、この砂鉄を仕上小鉄《シアゲフガネ》と呼ぶが、ここまでくれば、かなり品位の高い砂鉄となっている。さらに仕上げ小鉄は、タタラ場に付属している洗場と呼ばれる精洗場で仕上げ洗いをされ、品位のきわめて高い清《キヨ》小鉄となる。その採集量は、初めの鉄穴における土砂の量に対してわずか〇・一ないし〇・五％程度で、鉄分に計算するとこの半分程度となり、驚くべき低品位ということになる。

このようなシステムで、砂鉄採集を行うのであるから、その収量はまことに少なく一カ所の鉄穴場で一期間に一〇〇トンを採集できれば上々で、約一一二トンを超えた場合は、千駄祝い（一駄は三〇貫〈一一二・五キロ〉であるから三万貫）と称するお祝いをするしきたりであった〔『鉄の生活史』〕。

カンノ　カノ（その項参照）の転。熊本県菊池地方の例。山林や原野を焼いて種を播く焼畑の総称。一般に、畑に行くことを「野に行く」ということからして、刈野など畑と野を同意義にする所もある。

また一部では、熟畑をハタケと呼ぶのに対して、たんにハタともいう。

カンノは「灰の熱いうちに種子をおろせ」という言葉も一部では残っている。カンノは焼いて三、四年間は作物を播きつける。

第一年目　アワ、ソバなど

第二年目　ソバ、アズキ、里芋など

第三年目　ソバ、里芋など、そのあとコンニャクなどを植えるが、傾斜度、樹木の繁茂などで若干違うが、作付順位はだいたいこのようであったという。

熊本県菊池地方の山間地では、土地の地目として焼畑の名が残っているものの面積は広い。樹木を焼き払い作付けする鹿野畑、カヤ畑、切畑、焼畑、刈野などが該当すると思われる。カンノという語も、これらから転訛したものと思われる〔『失われてゆく村のことわざ、言葉』〕。（寒野、勧農、勧納、干野、神野、神生、神縄、神尾、神納、神呪《カンノー》）〔『日本の地名』〕。

カンノンザキ　広島県呉市冠崎は、広島湾に面した一集落だが、ここに観音崎という岬がある。高さ三〇～四〇メートルはあろうか、断崖の突出した岬。この冠崎は古老によれば、観音崎の断崖には、昔時、観音が祀ってあり、この沖を通る船は、帆を降ろし、初穂料を奉納する習わしが大正頃まであったという。

観音が祀ってあったので、観音崎と呼び、その沖合を通航する船人は、観音を信仰して海上の安全を祈るということが行われたのである。江戸時代の船乗りは、船の守本尊として、船玉様を奉斎したが、この船玉様は正観音であるといい、海上および船を守護する船菩薩として信仰した。それ故、全国各地に南海補陀落山の信仰に基づいて、観音像を安置する観音座が山の中腹とか懸崖のような高台、海岸の岬などに建立された。

三重県志摩郡加茂村（鳥羽市）大字松尾の南嶺標高六〇〇メートルにある青の峰の観音。

広島県沼隈郡千年村（福山市）大字能登原と田島の間の口無瀬戸に臨む阿伏兎の観音はことに航海業者の信仰の対象であった。

『水路誌』には一三カ所の観音崎、四カ所の観音山が見えるが、昔はこの沖を通る船人たちは、初穂料を奉納して航海の安全を祈った〔『日本海事慣習史』〕。

カンバ　① 山から伐り出した木材を集めてある所。トバともいう。宮崎県東臼杵郡椎葉村〔『椎葉の山民』〕。
② 白樺、山桜。
③ 禿山（方言カンパ）。
神場、神庭《カンバ》、神馬《カンバ》、神葉沢、寒波《カンバ》坂、勘場、大勘場〔『日本の地名』〕。

ガンバ　① 泡を香川県でいう。ガンボともいう。同県木田郡では泡をガンバツまたはカンボツ、淡路、熊本県南関町では水の泡をガンブツ〔『全辞』〕、熊本県松橋（宇城市）付近ではガンプという〔同地人談〕。
② 山口県長門市通では、海中の岩穴をいう。魚が多くすんでいる〔『長門市史』民俗編〕。

キ

キ　キは自然の草木あるいは生命の源泉となる食物を主体とする語源を持つ。
① キは「いき」「いぶき」「しわぶき」つまり生、生命に関する語源をもつ。

②　キはキ（木、葱）、ク（草、果物、久）、コ（梢、越）。

③　キは（酒）、ク（食う、口、薬）、カ（瓶、食稲魂）、ケ（保食神、食、朝がれい、夕餉）。

④　キは（黄）、ク（黄金）、コ（黄金）の色彩を表わすもの（「民俗学の立場からみる樹木―木の霊をめぐって―」『日本民俗学』一八一号）。

⑤　キは血、気で生命の根源ともいえる。「キミズが出る」「キがいく」「キをやる」「気がある」「気もちが悪い」「気がつく」「気をまわす」「気配り」「気が抜ける」「気を抜く」「生一本」「生酒」「生水」「大気」「天気」「息」「生粋」。

⑥　木ノ本（木ノ元）、木内、木辺《キベ》、木ノ下、木所。

⑦　古い城が所在する所。城塞の古語はキ（柵、城）。

⑧　樹木のほか集落の意味もある（松尾『日本の地名』）。（「キコバ」参照）

古代の渟足柵《ヌツタリノキ》、出羽柵《デワノキ》、玉造柵《タマツクリノキ》が原型となり、屋敷となり、城となる（一志茂樹『地名の話』）。

⑨　紀州には、尾鷲市から熊野市にかけて九鬼（九木）、八鬼山、三木里、二木《ニギ》島と、数にキを接尾させた海岸地名が並んでいる（鏡味明克『三重県地名大辞典』月報）。

⑩　樹木（クロキ、キジヤ、キド）（『日本の地名』）。

⑪　土台（磯城《シキ》、佐紀《サキ》、志貴、茨城《ウバラキ》）（『日本の地名』）。

⑫　生、年代。筑後の大和地方で使われていたが、今は廃語。「おまや何年期か」（お前は何年生か）。筑後柳川（『柳川方言総めぐり』）。

⑬　「木の根開く」という語があり、立ち木のまわりの雪がいちはやく融けること。雪国の春を告げる現象。木のまわりに土がのぞくと春が足早にやって来る。この言葉は、福島県会津地方のもの。同地方の老婆は「お彼岸だからもう木の根が開いた」とか「木の根がすいた」などという。木が反射した熱のために早くとけるのではないかといわれている。木の体温が雪をとかすためか（坪内稔典『毎日新聞』平成4・3・2）。

キコバ　①　コバは九州では、焼畑耕作のことで、畑の字を直接そう訓んでいる例もあるが、肥後の五箇山では、同時に山で伐った木を川べりに出す作業をもコバといっているから、本来は木場であったことがほぼわかる。

阿波美馬郡でも、伐採した木をいったん道路や川傍に出しておくことをコバスルという。

芸州安芸郡では、製炭材を立てておく場所がキコバであるが、この地方では、山中山腹のわずかな平地を一般にコバということになっているために、特にこれだけを木コバといって区別するので、山から木を運び出す最終の日をゴバキリという例もあるから（佐伯郡〈廿日市市、江田島市、広島市〉）、やはり焼畑のコバ作りと一つの語であろう。この地方のコバは、普通には弁当場に使われる。面積は一坪か二坪、それより大きいとヒロコバともいうそうである。同じ言葉はまた信州の多くの郡にもある。馬に荷をつける程度の仕事のできる山間の平地で、山仕事の根拠地だといい、これから先へは馬も進まれないので、これをマバともマドメとも呼んでいる郡がある。越中立山の周囲では、荷物を降ろして休むことをコバヲスルという語がある。最初は、木を置くための木場といったのが、休む所ともなり、また焼畑作りをする所ともなったものか〔『山村語彙』〕。

② 神奈川県三浦郡葉山町の東部に、木古庭《キコバ》という古い集落がある。三浦半島を東西に横切る葉山、久里浜間の地溝帯にあたっている。

キのつく地名には、樹木の名としての木のつくものや、雑木林をいう木原《キワラ》などのように直接、樹木からきた地名も多いが、城（あるいは柵）をキと呼ぶのは古い言葉で、稲城《イナギ》、水城《ミズキ》、城山《キヤマ》、城所《キドコロ》という地名もある。

右の葉山町の木古庭の小字畠山には、山城の古跡がある。

横浜市港北区川和町の小字に城古場《キコバ》があり、ここの天宗寺のわきの丘上に古城跡があり、その付近に「猫《ネコ》谷《ヤト》」の小字もある。城跡付近の猫谷《ネコヤト》、猫山《ネコヤマ》の地名は、城下集落をいう根小屋《ネゴヤ》（根子屋、根古屋）から根小屋谷《ヤト》、根小屋山が転じたものと思われる。

道路に設けた出入口（門）を木戸《キド》というのも、本来は城《キ》の門（または柵の門）の意とされている。城を古くキとよんだため、同音の「木」と宛字したことが、木のつく地名にしばしば城跡のある所以であろう。

木内（キウチまたはキノウチ）、木之本、木ノ下、木口、木山（木ノ山）、木崎（木ノ崎）などにはこの例が多い。

兵庫県豊岡市木内＝市街の南東方にある三開山（二〇一メートル）は城跡で、その山麓に木内部落がある。

和歌山市木ノ本＝紀ノ川の川口の北方にある丘裾の集落。その近くに城山と呼ぶ城跡の丘がある。

岐阜県加納《カノウ》東木ノ木町＝今、岐阜市に含まれる加納は、永井氏の旧城下町である。

宮崎県東諸県郡国富町木脇《キワキ》＝もとはキノワキと呼び猪野見城があった。

千葉県印旛郡印西《イシザイ》町木下《キオロシ》（印西市）＝利根川に臨む木下河岸はかつては河港として栄えた。木下は旧名を竹袋《タケブクロ》と呼び、木下河岸の後ろの丘上に所袋城があった。

佐渡島小木《オギ》町（佐渡市）＝佐渡島南岸の古い港で、港に突出して内ノ澗《マ》（内湾）と外ノ澗（外湾）とを分かつ小半島に、古城跡をもつ城山という小丘がある。小木は「小城」とみてよさそうである。

愛知県犬山市の犬山城において、南側の外堀と外部との出入口を木ノ下口と呼ぶ。

② 右に述べた葉山町の木古庭、横浜市の城古場のコバは、九州に特に多い地名で、古場、古庭、木場、木庭、小場などと書かれ、中には大畑（オコバ。人吉市、肥薩線おこば駅）とか内畑（ウチノコバ）、その他「畑」をコバと訓ませているのもある。

コバは元来、焼畑を意味することばの一つで、コバに畑を宛てているのは、その実体を表わした意訳的宛字である。この場合、畑といえば焼畑が主であったことを暗示しているともいえよう。

③ もともと焼畑を指したコバは転じて部落、村落を意味するようにもなった。

キサ キサは樗の意であるから、象すなわち象牙にある木目の特徴から、象の字を宛てたものと思われる。

秋田県由利郡象潟《キサガタ》町（にかほ市）の象潟の地名から考えられる地形は、風化した花崗岩砂をもって埋まった湖沼の水が干上がるに従って、階段状の海岸線を形成し、それが白く木目《キサ》をなして象牙の感じに似ていたものだと思う。

渚のナギサもキサと関係があるのであろうか。すなわちナキサのナは和、柔の意で、キサは階段状をなさない白砂の海岸線を意味する。ナギサは砂を主とした砂浜である。

埼玉県北埼玉郡騎西《キサイ》町（加須市、元荒川流域）や広島県双三郡吉舎《キサ》町（三次市、馬洗川流域）があるが、いずれも海岸ではない〔『旅伝』一四の六〕。

いにしへの　ふるき堤は　年深み　池之瀲爾《イケノナギサニ》水草《ミノサ》生ひにけり〔『万葉集』巻三、三七八〕。

池の渚は、池の波打ち際の意で、今はナギサは海にだけしか使わないが、万葉時代には池にも使っていた

〔『万葉集大辞典』一〕。
階段。石段（喜佐《キサ》谷、吉舎《キサ》、吉佐美、喜三郎《キサブロ》〈フロ参照〉〔『日本の地名』〕。

キシ　海岸や川べりの岸だけでなく、広く傾斜地をさす。茨城県では崖をキシ〔『茨城方言民俗語辞典』〕、大阪府豊能郡歌垣村（能勢町）では、段々畑の間の傾斜地をキシという〔『桜田勝徳著作集』第四巻〕。石垣のことをキシガキといったり、奈良県吉野郡十津川村では、屋敷は多く山腹に山を背にしてあるが、そうした屋敷の背後の崖をキシと呼んでいる。キシとは山麓や平野に臨んだ丘陵の末端部であり、以前の集落は多くそのような場所に営まれた。

キシに対して、平野や盆地の中央部はオキであるが、昔は現在の常識とは反対に「オキの三反よりカド（門田のこと）の二反田をな」（中世の中国地方の田植歌を伝える田植草子の歌詞）とあるが、キシにある屋敷地近くの門田は往復に便利という点もあるが、昔は一般に沖積が進まず、排水工事も不完全で、オキの田は湿田であって、耕作に不便であるばかりか、洪水の危険にさらされ、手入れも行き届かず、収穫が悪かったからと考えられる。ところが現在の常識では、山麓のキシ田はよろこばれない。そこは谷水を直接に受けるので水温が低く、多くの収穫が望めないのに対し、オキの田は水温も高く、養分も多く、収穫が多いからである〔『民間信仰史の研究』〕。

崖をギシという例の多いのは関西で、これがキシ（岸）の濁音分化であることは、大阪府下の農漁村で、石垣をキシカケといっているのでもわかる。

広島県三次市でゲシというのは草土手のことだが、静岡県駿河あたりではゲジ、ゲジカケは石垣のことで、これらも共にキシの転訛であったと思われる〔『日本の石垣』〕。

富山県ではガケのことをヒシという所があるが、これはキシの訛であろう。

大分県大分郡（由布市、大分市）、東国東郡（一部、国東市）、西国東郡（国東市、豊後高田市）ではギシという。キリギシというのは、切ったようなギシのことであろう。

島根県八束郡古江村（松江市）ではガケをゲシといっているが、これもギシの訛らしい。

魚河岸のカシはキシの訛で、特に川や湖のキシに限定されて用いられる。

海や川のキシには崖になった所が多いので、崖のことをキシというようになったのであろう。山口県では岸のことをガケといっている〔『民伝』一九の九〕。キシの語には際《キワ》の意味が多く使われている。盛岡の近くには浅岸村（盛岡市）や山岸村（同）があるが、山の麓の方と、里からいう場合には常に「彼《ア》の山岸さ行けば」とか山岸は云々といっていて、間に距離がある時の用語である。したがって根モトとか根際をこちらからいう時は「あの根ッキシ」といって用語も自然根岸となるのである。

「右者駒ケ岳御山唯ニ登兼候御場所故木岸下タ通相廻申候」（文化年中）。

「木《キ》岸《キシ》下《シ》タ《タ》通《トオリ》」の木岸は解せない用語であるが、文意から推して、駒ヶ岳の踏査は登られないので、その下を見て回った意味で、木岸の木は書き誤りでないとすれば「キギシ」と訓まざるをえず、したがって山麓の意味の根岸とも異なり、遥かに駒ヶ岳を眺めながら中腹の林中から見て回った意味であろう。すると山根は「根岸」で、山を遥かに見上げる位置の中腹はキギシで、高山の喬木帯からその上の灌木帯を見る時、その喬木林中は「木岸」であったとも考えられる〔『山村民俗誌』〕。

奈良県吉野郡（一部、五條市）で道路の山側。同郡十津川では山手、山奥の方。南島国頭では海浜。新潟県中蒲原郡（新潟市、五泉市）では小池のこと〔『全辞』〕

① 崖、山側。
② 山手、山奥。
③ 海浜。
④ 石垣、土手。

岸、貴志、喜志、来往《キシ》、岸江、岸河、岸田、鬼神《キシ》野、岸和田、岸部、吉志都、岸見、吉志見、岸本、岸山、吉志〔『日本の地名』〕。

奈良県吉野郡十津川村付近の農家で、主屋の背後に設けた石垣。大阪府南河内郡の農家で、敷地の周囲に設けた石垣。キシカケともいう〔『集解』〕。

キシノ 『万葉集』では、崖地の上に広がる野、川や入江に隔てられた岸、はるか水道、湖、海を眺める眺望のきく場所〔『図・集落』〕。

キセ 崖。京都府中郡（京丹後市）。キシの訛〔『全辞』〕。崖（キシ→キセ）、黄瀬、木瀬、木瀬川〔『日本の地名』〕。

キソ ① 木曾の語源は、木津で「傷」と同じく「狭長な深い谷」に対する地名となっている。キズ→キソはU→Oの音韻変化を示す〔『日本地名学』Ⅱ〕。

㈺ 長野県の木曾について、池田末則は地形語であろうかという反面、ヒソをキソともいって、針葉樹と関係するともいう。

キソはヒソ（檜生）で、檜の生育する土地と考えたい。ヒソ、キソは針葉樹林の多い土地に分布し、立地が一定しないので地形語とは考え難い。

檜はヒ、ヒノキで、ヒソは方言化しており、地方によっては雑木もヒソというのがあるが、山中にある檜曾原、比曾原、日曾川、比曾木野、小比曾、大檜曾、飛曾山など檜を中心とする植生を示そう。

兵庫県多紀郡篠山町（丹波篠山市）の飛曾山峠も檜を中心とする針葉樹林地である。

ヒソがキソであることは、木曾谷が檜の名産地であり、三重県多気郡宮川村（大台町）に檜原《キソハラ》があり、檜の産地。ただしキソがすべて檜《キソ》であるとはいえない。むしろ檜《キソ》以外のキソも多いと思われる。関東地方の台地に木曾、木曾根、木曾良、木曾呂、木曾之内等の地名があるのは、多くは山地か台地に立地する。

山地や台地の地名には「若曾、保曾、大曾、入曾、新曾、長曾」など曾で終る地名が少なくない。大曾（オオソ、オオゾウ）は大僧、大草、大蔵、大左右、大増（いずれもオオソウかオオゾウ）と同じく、焼畑（切替畑）を表わすソ、ソウの意である。キソという地名が、山地や台地に多いのは、焼畑と関係する地名ではないかと思われる。キ（木）とソ（曾）の複合語も考えられる。

キソの地名の中には、木曾畑（兵庫県津名郡津名町〈淡路市〉）や木曾畑中（栃木県那須郡黒磯町〈那須塩原市〉）など、畑と関係する地名がある。畑以外の土地利用に関係しそうな地名はみえない。キソの多くは焼畑地名と考えたい。

『続紀』に「吉蘇谷」とみえる長野県の木曾谷は、あまりに狭小な深谷で、檜の生育するヒソと考え、焼畑の広まった地域とは決め難い〔『地名の由来』〕。

② 崖。傾斜地。キシ→キソ。

③ 険阻（キッソ）（木曾、木曾ノ内、木曾畑、木祖、木倉、貴僧房、吉蘇）〔『日本の地名』〕。

キタ ① 土佐で崖の上の平地。ケタから転訛〔『地形名彙』〕。河谷に沿う高い台地。岸の上などと訳される（ケタ参照）。
② 北（方角）。大阪市で一番乗降客の多いターミナルで交通機関が集中している。地下街が発達（北、北方、木田、北山）（『日本の地名』）。
③ キタナシは、キタ（分《キダ》、段《キダ》）で「条理なし」からきている（井口丑二『日本語源辞典』）。
ものの区別、理非のわきまえがなくて、みにくい（清水秀晃『日本語源辞典』）。

キタは「段」ナシは無しではなく強調の意。

「きだきだ（寸々）にて物の用にならぬ」から転じて「汚穢なるものを云ふなるべし」（賀茂百樹『日本語源辞典』）。

キタはキタシ（堅塩＝焼いた黒い堅塩）。

ナシは「はなはだしい」の意（『岩波古語辞典』）。

要するに、無秩序で乱雑なものの状態をいう（森本哲郎『波』平成2・11月号）。

キダ ① 鹿児島県谷山で階段（『全辞』）。
② 自然堤防の地（喜多、木田、吉多、岐刀《キタ》、気多、城田、黄田）（『日本の地名』）。
③ 海底の平で、しかも高い岩のある所。山口県大津郡油谷町大浦（長門市）で海女の語（『海女』）。

キタガタ 福島県の「喜多方」は会津の北の方にあるので「北方」と呼ばれた。江戸時代には、若松城下と米沢を結ぶ街道の町。物資の集散地として栄えた町（『毎日新聞』平成3・9・15）。北九州市小倉南区の北方《キタガタ》は、北県《キタアガタ》で、古代豪族の私有地で蒲生郷に属した。県を方に変えて北方としたという。明治八年、歩兵一四連隊が駐留して兵隊の町となった（『おもしろ地名北九州事典』）。またこの他に、「北方」をボッケと呼びボケの転とした崖地名の解釈もある。

キド 屋敷から往還に至る小路を、九州でキドという所が多い（『綜合』）。山口県豊浦郡豊浦町（下関市）でも同じ（同地人談）。

大分で門前の道、長野県南佐久郡（一部、佐久市）、宮崎、鹿児島で表、門外をキド、富山では軒下をキドバタという（『全辞』）。

長野県松本市、東筑摩郡（一部、安曇野市、松本市）、南安曇郡（安曇野市、松本市）で、屋敷への入口をキドという（『長野県史』民俗編、第三巻、中信地方）。

一般に、劇場の入口もキドで、キドセン（入場料）がある。また、演劇の舞台面では、境界の出入口で、世話木戸、庭木戸、山木戸、柴木戸などがあり、庭木戸は邦舞の時に多く使用されている〔『日本舞踊総覧』〕。

江戸時代、芝居の入口には木戸が立っていて、そこから見物人が出入りした。木戸とは芝居などの興行場の出入口で、入場料は木戸銭。上流の客は、芝居茶屋から入る。そして出方《デカタ》（案内人）に案内されて客席（枡《マス》）に入る。一般の客は、木戸から入るが、タダで入ろうとする人があると、そこで入場を止められる。これを「木戸を突かれる」という。入場を拒まれることである〔『いきな言葉野暮な言葉』〕。

富山県礪波地方では、入口のあたり。別に入口をキドというわけではないが「あいつこの頃キドバタへも来ん」というような場合に使っている〔『礪波民俗語彙』〕。

岡山県阿哲郡哲西町（新見市）で、牛の放牧場（ハナシ）の入口をいう〔同地人談〕。

長野県南安曇郡烏川村（安曇野市）上堀では、部落の中のさらに小さく分かれた部落をいう〔『分類方言辞典』〕。

水門、牧場の入口、谷口、合流点、峡隘な山の「狭い通路」（木戸、木頭《キトー》、谷、城戸、城東、鬼頭、寄東）〔『日本の地名』〕。

キナ　奄美、沖縄で焼畑耕作を行った土地をキナ、キナワ、ケナ、チナといった。

キは二毛作という場合の「毛」と同一語で、地上に生えた草木、ナはナイ（地震）、ウブスナ（産土）のナと同じく「土」の意であるから、結局キナの本義は「草木の生えた場所」である〔柏常秋「南島の地名」『奄美の文化』〕。

奄美大島の北部に赤木名《アカキナ》、秋名《アギナ》。沖永良部島に知名《チナ》。徳之島に上キ野、上モキナ。沖縄本島に嘉納、喜名、宜名真、宜野湾村、識名、屋慶名、和解森《ワダキナ》などがある〔『現代「地名」考』、『日本民俗学会報』二四号〕。

琉球方言で焼畑を火田《キナワバタケ》。キナーバタキ。山を伐り焼いて畑とした所〔『伊波普猷全集』第一一巻〕。

キヌ　① 草木のある野（ケヌの転）。

②「樹の笠」の説（鬼怒川、絹川、絹谷、衣笠、衣川、繖山《キヌガサ》）〔『日本の地名』〕。

キーノ　切野。佐賀県神埼郡（一部、神埼市、佐賀市）の山村には焼野（焼畑）をキーノすなわちキリノという例がある。そこの収穫物をキーノゾマ（切野蕎麦)、キーノアワ、キーノイモなどという。切野は刈野、刈生などと同じ意か〔『綜合』〕。

キバ　材木置き場、木を山から伐り出して置く所。栃木県で〔『栃木県方言辞典』〕。

江戸深川の木場は、元来は材木置場の意味で、初めは東平野町（江東区平野）にあったものが移転をかさね、元禄十六年に木場の町名ができた。現在の木場は、元禄十四年、一五人の材木問屋が、幕府から深川築地町の一部を払い下げてもらって町屋を開いたのが始まり〔『五代目古今亭志ん生全集』一〕。

東京の木場（材木置場）は小石川、竪川等の運河や溜堀では足りず、そこらの埋立地の周辺から品川の海や入江にまで材木を浮かべている。木材は水に漬けておくとアクが抜けて虫もつかない。海と川の水が代る代る入る所がいい。海水がもってきてつけるカイガラ虫を、川の水が落し、川水に運ばれてくる微生物を海の水が殺すのだという〔『朝日新聞』昭和35・10・2〕。

江戸人は、隠居所といって都心からほど近い閑雅な地に老後の住居《スマイ》を構えるようだ。その地は根岸、向島、本所、深川などで部屋数の少ない、小ざっぱりとした家に、老いた妻と一人か二人の気に入った使用人とひっそりと暮している〔『江戸アルキ帖』〕。

ギフ　ギフ（岐阜、岐部）とキューブは同根の地名で、いずれも河岸の「自然堤防」やまれに海岸の「砂丘」上にある。語源不詳〔『日本地名学』Ⅱ〕。

キムト　キミトの転訛。キミトはキミ処、キミはアイヌ語で山、したがってキムトは山中の意〔松岡静雄説、『地形名彙』〕。

キムン・トはアイヌ語で山の・湖、山の・沼、山奥の・湖の意〔『アイヌ語地名の研究』一・四〕。

キューブ　狭い自然堤防、海崖のある小平地、狭い河岸、段丘、砂丘と川とに挟まれた土地などの名（給部、給父、給分、久部、久分《キューブ》、旧部、岐部、岐阜、大給、九久平《クギューダイラ》、本久《ホンキュー》、助木生《ギュー》、牛生《ギュー》）〔『日本の地名』〕。

キュウセンヤマ　山の神は地方によっていろいろの名で呼ばれているが、その一つに「キュウセン山の神」というのがある。松山義雄は、信州遠山谷において変死者を「キュウセン山の神」と呼び、慰霊のため「きゅうせん山神」と刻んだ石碑を遭難の地に建てること、その名の意味は「急逝」の訛であろうとしているが、〔『続狩りの語部』〕なお疑問がある。

堀田吉雄は、御霊的な横死者の死霊を山の神として祀ったものとしている〔『山の神信仰の研究』〕。

墓石か供養塔とみられる山の神の石仏あり、このことは祖霊との関連において山の神をとらえたものであろう〔『山の神の像と祭り』〕。

キョウ　京。四国の吉野川上流にぽつぽつある峡谷沿いの京上、京、京床などは地形語のように思われる。広島県鞆《トモ》（福山市鞆町）の仙酔島《センスイトウ》東岸の京ヶ崎（断崖の岬）はどうであろうか。キョウは断崖の意か〔『日本の地名』、『集落・地名論考』〕。

キョウデン　京田。奈良県北部には京田が三六ある。

庄内平野（山形県）には一四ある。

平京田、中野京田、西京田、北京田、新井京田、小京田、小瀬京田、播磨京田、中京田などの集落名があるが、庄内平野では、土地の高さから京田、興屋、新田はそれぞれ開墾の時代が違うのである。

柳田国男は「京田は、京都の資本が入って開墾した土地ではないか」というが、修験道で知られた羽黒山の「経田」であった可能性が高い。羽黒山は昔は「経田」といわれる田をたくさん持っていたようで、京田村のうち小京田、北京田、平京田が幕末まで羽黒山領として残っている。今でもその村人は七月十五日の花祭りの時には、羽黒山へ三〇人くらいずつ手伝いに行く。こういうのは「経田」と書いて、京都の京と区別して考えるべきだという説もある。羽黒山の検地帳には「経田」と書いてある。戦国時代になり羽黒の山領が庄内の武藤氏により縮小され、その時に失われたのが、今まで地名となって残っている「京田」ではないかと思われる〔長井政太郎『地名の話』〕。

キョウドマリ　九州には京泊と呼ぶ船着場がある。
大分県速見郡日出町大神字京泊
大分市勢家字京泊
臼杵市浜字京泊り
中津市鍋島字京泊り
熊本県水俣市京泊は、水俣市街の北東方にある津奈木湾の出口付近の小湾で、西風を避けるのに適する。その北方、芦北町京泊は、佐敷川の川口にあたる袋のような湾の出口付近の小湾で、ここも西風を防ぐ位置にある。
佐賀県東松浦半島の西岸に深く入りこんだ仮屋湾の出口の瀬戸に面した京泊（東松浦郡肥前町〈唐津市〉京泊）も、西風を避けるに好適の船着場。長崎市京泊（旧西彼杵郡三重村）は、西彼杵半島の西岸に開く三重湾に臨む船着場で、ここも西風を防ぐ小半島の陰にあたる。

　これら京泊はいずれも西風を避ける泊地である点において共通している。

　京泊とは、京都によって代表される上方すなわち関西方面へ就航する船の停泊地の意味であろう。

　西九州は、クダリ風、ノボリ風という風名が使われる区域で、この地方から京へ上るのは西風の方向で、ノボリは西寄りの風であろう。京泊は「ノボリ風泊」すなわち「西風泊」（西風を避ける泊地）の意であろう。

　トマリは、船が一時停泊する場所で、船着きの施設や集落などには必ずしも関係がないと思われる。少なくとも風の名を冠した○○泊は、地形的に風を避けて船かかりするに適した地点を指すとみていい。これがおそらくトマリの原始型で、人家はなくとも、風を避けるに適した島陰か、湾入した場所であればいいのであって、のちになって一般にいうミナトと同義語にまで発展したものであろう。

　トマリの地名は、風との関係であって、南風《ハエ》泊は、南風の吹きつける島の南岸ではなく、それを避ける北岸にあり、東風《コチ》泊は西岸に、西風《ニシ》泊は東岸に、北泊は南岸にそれぞれ位置する〔『地名の研究』、『地名覚書』〕。


キライ　河川が彎曲しているカーブ内側についている地名で、流水客土地である。

　測量している者に対して、古老は「キライじゃけん、測量しにくいンとちゃうでェ」といったという。キライは、河原から霧や陽炎が立つ所なので、測量がしにくいだろうというのである。

　語源は「切れ合い」や開発地名（寄って来る）などあるが、「霧らひ」が語源のようである。


〽喜来喜来と山上（豪族三木氏の屋号）がなけりゃ　あとは川原のケケス（かけすの方言）原

と徳島県板野郡松茂町に古い俚謡が残っている。

　キライ地名は、流水客土地であるから、比較的低地である。したがって、浸水被害にあう率が高く、板野郡北島町新喜来《シンキライ》は、旧吉野川の流水客土地で、二年に一度起る規模の洪水だと地区の約半分が浸水し、五年に一度の洪水では三分の二が、一〇年に一度起る規模の出水では、地区全体が浸水してしまうのである。

　そこで、キライに住居を構えるには、堤防があるかどうか、特に上流側の堤防の護岸がしっかりしていることが肝心である〔小川豊『歴史地名通信』三号、『地名と風土』二号〕。

キリ　焼畑が森林状になった所。この名称は、地面の一局部に対するもので、たとえば辰ヨムキリとか甚ゼエキリという。辰右衛門、甚左衛門という人が切り開いた所。宮崎県東臼杵郡椎葉村〔『椎葉の山民』〕。

ギリ　渦、うず、水面にできる渦巻。尾張、奈良県吉野郡、筑後柳川、佐賀県三養基《ミヤキ》郡、熊本、鹿児島〔『全辞』〕。

キリアケ　①開拓。
②防火線などのように草や木を伐り払って境界を通すこと。福岡県北九州市小倉南区三谷地区〔『三谷方言集』〕。

キリドウシ　切通し。たとえば鎌倉は、三方を山に囲まれ、一方の前面は海。その山を通って鎌倉市街地に行くのは七カ所の切通しを通る必要がある。

キリドウシザカ　「切通し」は、台地を切り開いてつけた道で、そこが坂道となっているのが切通し坂。東京都内には「切通坂」という名の坂道が五カ所ある〔『東京の坂道』〕。

キリハタ　山口県新南陽市（周南市）和田木谷地区で焼畑耕作のこと。雑木、カズラ、雑草を伐って畑をつくるのでキリハタという。
毎年きまった場所に野菜などを栽培する定畠《ジョウバタ》をハタケ、焼畑耕作する畑をハタといって区別する。昭和三十年頃まで耕作されたというが、第二次世界大戦中は、食料不足をのりきる大きな原動力となった。
キリハタを作るには、クズハカズラやクサギナの木の茂っている所を選んで作る。カズラや雑草は、ウスガマで刈り、雑木はナタガマやノコで伐り倒す。
一反の土地の木や草を刈るには五人役ほどかかり、刈ったあと一〇日間くらいそのままにして乾かし、山の上から火をつける――それは、その火がじわじわと燃えて下りるため、山の土をよく焼き、草や木の根も焼けてしまうからである。山の下から火をつけると、土や草木の根はよく焼けず、山火事になる危険もある。
ソバ、菜種、コオゾ、粟、小豆、茶を植える。五年間ほどハタの耕作をすると、地力がなくなるので、もとの山野に戻す。
耕作を中止すると、クズハカズラやクサギナの木が茂ってくる。また何年かするとそこがハタになる。焼畑耕作の適地には、必ずクズハカズラかクサギナの木が生えていた。

ハタは一軒で二反くらい耕作した〔『さようなら木谷の人たち』〕。

福岡県朝倉郡小石原村（東峰村）小石原字原ではソバノともいう。雑木林を拓いたあとを焼き、ソバ、粟、小豆の順に耕作。地味の肥えた所にはイモやゴボウも植えた〔『福岡県史』民俗資料編「ムラの生活」上巻〕。

キリヤマ① 開墾地、焼畑。

② 霧山、桐山、達《キリ》山、切畑山〔『日本の地名』〕。

キレ 八丈、島根、四国でキレは普通、ヒトキレ、フタキレなどのように、区切った田を数える場合に使うようで「切る」の名詞形であろう〔『日本言語地図』④別冊〕。

キレット 高い山稜が深く切れ落ちて峠状をなす所。大キレット（槍ヶ岳、八ヶ岳）、キレット小屋（立山）〔『日本の地名』〕。

キレト ① 切れ目（砂洲や堤防の）。切堤《キレト》、切戸。

② 山と山との間の切れ目（大切戸）〔『日本の地名』〕。

越中の名ガイド宇治長次郎が、八幡キレットにさしかかった時「大きな窓じゃ」というから、越中人の目には窓（マドの項参照）もキレットも同じ地形だったのである。

ただし命名の観点においてキレットは厳しく、窓は軟らかい感じである。キレットは、英語のクレフト（裂け目）に由来するとの説もあるが、長野県や各地に「切れ所」、「切れっ所《ト》」の地形語があるからこれに従いたい。

大正四年、河東碧梧桐らが、信越国境山脈を縦走した時の記録を見ると、このような地点に遭遇すると、信州の人夫はキレトと称していたとある〔広瀬誠『地理』昭和57・7月号〕。

キワダ 山際《ギワ》にある田、また台地や高原の縁の所（木和田、黄和田、箕和田、木和田地、木和田原、木和田久保）〔『日本の地名』〕。

ク

クエ 急斜面の岩や土が薙ぎている状態。大隅でも崖崩れをいう〔『地形名彙』〕。

崩れることからきたものでツエ（津江、崩、潰）の潰《ツイ》ゆ、潰えると同根であろう。

クエやツエに崩や潰の字を宛てた地名がいくらもあるのは、たんなる音標的宛字ではなく、事実を知っていたものの処置であった。

　この二つの地名は、中部以西に多く、ことに中国、四国、九州方面に多い。紀伊半島はクエの多い地域である。

　富田林《トンダバヤシ》街道が葛城《カツラギ》山脈を越える峠道に青崩《アオグエ》がある。長野、静岡の県境に青崩《アオクズレ》峠、和歌山県日高郡美山村（日高川町）には糠崩《ヌカグエ》峠（四六〇メートル）がある〔松尾『日本の地名』〕。

『後狩詞記』ではクネ、土砂が隆起してツチダキ（土滝）の状態で、横やななめにひいているような所、猪が犬に追われて逃げる時はたいていこのクエの上下を通り過ぎるので、クエの上に待ちかまえて要撃する、熊本県人吉市田野地方〔『えとのす』五号〕。

　長野県南佐久郡（一部、佐久市）、奈良県吉野郡（一部、五條市）で崖、がけ〔『全辞』〕。宮崎県東臼杵郡椎葉村で山崩れ地〔『椎葉の山民』〕。

　崩、久江、久枝、久恵、九会、崩《クエ》野峠、崩平《クエヒラ》山、崩《クエ》渡《ワタリ》、崩《クエ》尻、崩《クエ》原、崩《クエ》土、崩道《クエド》、谷場《クエ》〔『日本の地名』〕。

グエ　崩土の落ちる所。奈良県吉野郡天川村沢原〔『続狩猟伝承研究』〕。
　三重県北牟婁郡須賀利村（尾鷲市）で崖〔『方言』八の一〕。

クエギシ　高知県中村市（四万十市）、四万十川の支流後川《ウシロ》左岸の堤防が昭和三十八年八月十日欠潰した。古津賀字崩岸《クエギシ》、対岸の中村市一条通四丁目は、もと久《ク》栄岸《エギシ》で同じ地名。クエは崩れる、崩える、久江、久重、杭野《クイノ》、猿喰、宍喰《シシクイ》の地名がある。徳島市の西を流れる鮎《ア》喰《クイ》川は、その地質が三波《サンバ》川帯に属し、地すべりが起りやすい土地である。アクイとは、岸が崩れるか、湿地が崩れるの意であると解している。それは、この川の両岸の山や岸の崩れる頻度が高いからである。アは湿地または畦で、クイは崩れる意〔小川豊『歴史地名通信』三号〕。

クキ、クギ　山、岳など土地の高みを指す。埼玉県久喜市（久喜は莖とも書いた）は、古利根川の水田地にあるが、わずかながら高まった自然堤防の所にある。この付近には所久喜、野久喜、古久喜、鴻莖、芋莖、曾根、須賀などの小集落が散在するが、いずれも高みをいう地名で、ここでは自然堤防にあたる。

　青森県八戸市の南東海岸の大久喜（八戸市）の集落

は、緩斜する山の麓が海岸の所で盛り上がったような小高い丘をつくっている部分で、ここに立地する大久喜の地名はクキを丘地とする意味と符合する。

岫《クキ》にも同じく山の意があり、山形県西村山郡朝日町横岫《ヨコグキ》は七三三メートルの山の中腹約四〇〇メートルの高度にある小部落。また同郡西川町横岫《ヨコグキ》は、山裾が谷底に突出した所の小部落。

釘が山、岳を意味しているとみなしうる地名は、九州に比較的多い。熊本県山鹿市の北方三ツ庇山（四〇九メートル）の麓に釘ノ元、そのすぐ近くの彦岳（三六一メートル）の麓に釘ノ花（釘ノ花は釘ノ鼻の宛字であろう）。

島原半島北岸の釘崎集落は、雲仙岳のなだらかな裾野の海に終る所。佐賀県伊万里湾の東岸の釘島は六九メートルの島山。岫、久喜、久木、茎（『日本の地名』）。

茨城県北部から福島、宮城にかけて、峰もしくは峠のことをクキという（『常陸高岡村民俗誌』）。

福島県岩瀬郡（一部、須賀川市）で山中の細道（『方言と土俗』三の二）。

久喜、久木、洞、九鬼、茎、岫の字を宛てているが、海岸地名にあっては、いずれも洞の意のようである（『地理学評論』一八の五）。

久喜、岫は山の斜面、崖に穴のある所（『地名の由来』）。

漢字の岫をクキと訓むために、山の洞のある所などと辞書にあるが、少なくとも今知られている実地の例とは合わない（『山村語彙』）。

北九州の洞海湾《ドウカイワン》はもと洞《クキ》ノ海《ウミ》といったが、その初見は、『日本書紀』の「仲哀紀」にある。熊襲征伐の条に、神功皇后が「洞海より入りたもう、潮かれて得進まず」と出ているが、クキノウミは「山に囲まれた海」の意であろうか。

① 山中の細道。
② 峰、峠。
③ 小高い所（自然堤防など）。久木野、茎水、岫《クキ》崎、九鬼、久喜、九木崎（『日本の地名』）。

ククド　サエド（塞え処）と同じ。ククル（括る）所の意と思われる。群馬県赤城村（渋川市）敷島の久久戸は、赤城山麓が利根川に迫った所で大字敷島と大字宮田の境をなしている（『地名のはなし』）。

ククナリ　宮城県には、この種の地名が多く、登米郡石越町（登米市）の小字に十八《クグ》引《ビキ》、柴田郡柴田町にも十八津《ククツ》入《イリ》屋敷がある。九と九で十八（『地名が語る日本語』）。

砂浜を歩くとクックッと鳴る鳴り砂のある浜。

宮城県牡鹿郡牡鹿町（石巻市）白浜十八《クク》成《ナリ》

同県気仙沼市大島十八《クク》鳴《ナリ》浜

その十八鳴浜のななめ向かいの唐桑町（気仙沼市）無根には、長さ二三〇メートル、幅五メートルの砂浜には九九《クク》鳴浜《ナキハマ》がある。

鳴る理由としては、石英の粒と粒とが摩擦して鳴る摩擦説。粒と粒とがすれる時、間に挟まった空気が振動して鳴る振動説とがある。

鳴り砂浜の所在地は、

① 福岡地方

糸島郡志摩町（糸島市）（幸田浜）

福岡市和白町奈多（東区）

宗像郡津屋崎町（福津市）（恋の浦浜、勝浦浜）

同郡玄海町（宗像市）

② 山陰地方

島根県邇摩郡仁摩町（大田市）（琴ヶ浜）

鳥取県気高郡青谷町（鳥取市）（小浜など）

京都府竹野郡網野町（京丹後市）（琴引浜、太鼓浜）

③ 能登半島

石川県鳳至郡門前町（輪島市）（琴ヶ浜、千代浜）

④ 宮城地方

牡鹿郡女川町の塚浜と小屋取（なす浜、なら浜）

桃生郡鳴瀬町（東松島市）（竹浜）

以上、鳴り砂浜海岸は、地図上では、ほぼ一直線上に並んでいるのもたんなる偶然ではないようである。白山火山帯の地質との関係が指摘されている。

クシ 丘または小さい坂越。串は半島または岬のこと。久慈、久枝と書く。串は朝鮮語でも半島または岬を意味する（『地形名彙』）。

和歌山県日高郡（一部、田辺市）、有田郡などで小さい丘、峠のこと。「越す」の訛。鳶のクシ、中のクシ、祇園のクシなどの地名あり、砂丘、小丘などの地形語となり、地名となる。海岸では岬角の意となる。

串、櫛は九州から紀伊半島南部まで分布が多く、東海道に少なく、関東に再び多くなり、東北地方では久《ク》慈《ジ》が多く、久志、具志は奄美から沖縄本島に及ぶ。

要するにクシは「長く連なった高まり」ということ

に帰結される。すなわちこの地名は、岬や自然堤防や砂丘の名、つまり「長く連なる丘状地形」の名である。串は物を連ねる棒のことで、アイヌ語のクシは「越える」であるが、おそらくこのような地形を越えることであろう。琉球語クシも「越えること」、朝鮮語クシも「岬」のこと。

　クジ（久慈）とクジラ（鯨）の分布が併行しているのをみると、同一語根をもつものであろう。

　また、家の棟を青森、岩手、山形、福島、茨城、栃木、埼玉、群馬、長野、新潟でグシといい、棟状の地形をもいうのである〔『全辞』、『地理学評論』一八の一一、『日本の地名』、『日本地名学』Ⅰ、Ⅱ〕。

クジ　クジ（崩）と解される。クジ（久慈、久志、久司、狗子）という地名は一般に海岸に多く立地する。岩手県久慈市、久慈湾口の周辺は名だたる三陸の海食断崖。青森市東北の夏泊半島の久慈ノ浜は、背後が崖地で崖崩れの地。他のクジの地名例も大きな差異はなく、クジはクズ（崩）れより命名された地形名〔『地名の由来』〕。

クジラ　鯨山、鯨岳、鯨岡など、鯨のつく山や岳は、表面のごくなだらかな形状である。

山口県秋吉台の北辺にある鯨岳（六一六メートル）

同県萩市南東方の鯨ヶ岳（四三四メートル）

岩手県船越渡の湾頭辺の奥にある鯨山（六一〇メートル）

　そのすぐ南の小鯨山（四六〇メートル）などはその例。

　茨城県久慈郡南端付近の中野部落（久慈郡金砂郷村〈常陸太田市〉）にある遠山（五四メートル）は、穏やかな小丘で、古くは久慈理《クジリ》岡とか久慈理岳といったという。

　『常陸風土記』の久慈郡の条に、この山のことが書かれている。

　『風土記』（『日本古典文学大系』二巻）によれば「古老《フルキオキナ》のいへらく、郡《コホリ》（久慈郡）より南、近く小さき丘《オカ》あり、体、鯨鯢《クヂラ》に似たり、倭武《ヤマトタケル》の天皇因《ヨ》りて久慈と名づけたまひき」とあり、同書の注解に「クジとクヂと音の違いがあるが、塵袋には鯨を東国語でクジリというとある」。

　常陸太田市の南北に細長い市街の載っている丘陵（標高四〇メートル）も鯨ヶ丘と呼ばれ、久慈山地の南端部にあたっている。

箱根の日《ヒ》金《ガネ》山（十国峠）も『走湯山縁起』には「久志良山」とあるのは、その形がまろやかなことによるものだろう。

東海道の宿駅であった日坂《ニッサカ》宿（新《ニッ》坂、西坂、入《ニユウ》坂ともいう。静岡県掛川市日坂）の北側にある本宮《ホングウ》山という緩やかな丘を一名鯨山という。『東海道名所記』の新坂《ニッサカ》宿の条に「左の方に山ふたつあり、鯨山、鯢《メクジラ》山という」とある。クジラを鯨鯢《ケイゲイ》とも書くが、鯨はオクジラ、鯢はメクジラの意とされている。

広島県尾道港にある長い瀬戸の西口に浮かぶ鯨島はその一例〔『地名の探究』〕。

久慈郡の由来を語る『常陸風土記』の記事は前述の通りだが、同じく行方郡（行方市、潮来市）の鯨の岡に関しても「上古之時、海鯨匍匐ひ而来り臥しし所なり」とあり、クジラはかなり上古からあった地名であろう。

鯨という地名は、北は岩手県上閉伊郡大槌町鯨山から、南は鹿児島県大島郡竜郷村（龍郷町）鯨浜まで海岸、内陸を問わず全国的に分布する。

小鯨、鯨井、鯨波、鯨谷、畑鯨、鯨瀬、久地楽、鯨なる地名をみると、その土地の状況をクジラと呼んでいることになろう。

クジ（久慈、久地、久司、久志）とクジラ（鯨、久地楽、久志羅、久白）の多くは同源であろう。

鯨という地名の多くは、砂丘よりも海食崖に多い。

小鯨《コクジラ》　山麓の崖のくずれた地。小崩れと解したい。

鯨谷《クジラダニ》　狭小な崖谷で崩れ谷。

鯨島《クジラジマ》　小島で海食崖。

鯨越《クジラゴエ》　海食崖を越える所。

鯨瀬《クジラセ》　海食崖の前面の岩の崩れた岩礁地帯。

鯨、小鯨、鯨山、鯨岡、鯨峠、久地楽、久志羅、久白《ジラ》、久知良、久次良、久路呂、串良、楠《ク》白《ジラ》〔『日本の地名』〕。

クス　①暗礁のない砂地の海。千葉県夷隅郡（一部、いすみ市）〔『全辞』〕。

②越えるの意。

(イ)　鹿児島県加治木町（姶良市）の東北地方に二八〇メートルの高度をもつメーサがあり、その中央部に近く楠原の部落があり、戸数三〇戸、卓子状台地の南には寛文年間建立の平神社あり（神体は古鏡。平家の女官を祀るという）〔同地人談〕、台地上は畑となり、部落には大小八つの道路が集中している。
(ロ) 天草島に楠原嶺《クスハルトウゲ》(三〇〇メートルの山。鹿児島の桜島の東にも山を嶺《トウゲ》とよぶ例あり)があり、頂上には平坦畑地が分布している。
(ハ) 長崎県西彼杵郡大島町(西海市)楠地《クスジ》は山麓にあり、船着場から楠地の部落に行くには、昔は海岸に小道があったが、主として山越えして行ったというから、このクスも「越す」意か〔同地人談〕。
(ニ) 佐賀県伊万里市山代町楠久《クスク》は、楠久川左岸の半島状の高台地であり、その海岸寄りの平地を楠久津という〔同地人談〕。
(ホ) 北九州市門司区に旧名楠原村《クスバル》(旧本村《ホンムラ》)は、東の田野浦へ越える丘陵地にあたる。
(ヘ) 沖縄宮古島の城辺町《グスクベマチ》(宮古島市)も高地にある集落である〔同地人談〕。

クズ ① 愛知県常滑市で、粘土の硬いものをクズといい、昔はナメといった。今では山にあるものも、海にあるものもクズ。波打際にあるものもクズ〔『万葉古径』二巻〕。
② クスの転(葛《クズ》、葛貫)。
③ 砂地の浜(葛浜、葛谷《ヤ》)。
④ 亀、竈(葛島、葛塚)〔『日本の地名』〕。
⑤ クズ(屑)はクズレルの語根。壊れたり、切れたりした最後の姿〔『ことばの手帖』〕。

グスク 沖縄で城の意であるが、トカラ列島の島々などでは火口丘をいう〔『地形名彙』〕。グスクの語源については定説がない。

山里永吉『沖縄歴史物語』によれば、

「グシク(琉球ではグシクともグスクともいう)は多くの場合、小高い丘陵か石垣によって囲まれた公設の神聖な場所を指し……戦争のための城として築かれたものはいたって少ない。あるものは神の住居であるイベとして築かれたものであり、あるものは貿易のための純然たる倉庫として築かれたものである」と説いている。

以下、若干諸説を掲げてみる。
A、文献上、明らかに支配者である按司の居城と思われるもの(首里城、中城城、今帰仁《ナキジン》の北山城)または外敵に備えた砦のようなもの(三重城、屋良座《ヤラザ》杜城など)。
B、嵩元政秀はグスクを前掲Aのほか、発生興亡すら文献上、口碑上よりも不明確な点の多い野面積《ノヅラヅミ》の石垣遺構をもつものを、考古学的調査を踏まえて、原始社会の終末期より古代社会に移行する時期の頃の防禦用または自衛用のため形成された集落であると説かれたが、比較的広いグスクといえども、水の便がなく居住がきわめて困難であると見られ、隆起珊瑚礁よりなる岩骨だけ残る砂丘としてのグスクに至っては、到底居住に耐えるとは思われない。仲松弥秀は、右のような場所を、聖域だとみている（『日本民族文化の研究』）。

以下、主として仲松弥秀の説を述べる。

グスク（奄美大島ではグスコ。琉球ではグシクともいう）は城の字を宛てているが、琉球全体で二百余もあるといわれている。

グは接頭語のグ（御）かもわからないが、『おもろさうし』の接頭敬語はミまたはオでゴ（グ）の用例は見あたらない。グスクはグ・スクであろうが、奄美の島々では古老はグスクといわずにスクといっていた。宮古や八重山の島々でもスクという。

古代の沖縄では、石を三つに分類している。

a　大きな石をシー（瀬と書く）

b　二、三人で持てるほどのものから、一人が持つほどの手頃のものがグ（マサゴや石ナゴのゴに同じ）

c　手でつかむことのできるものをスナ

グをもって囲んだスクがグスクである。スクは屋敷のシキでグスクは「石城」の意である。八重山ではグウスクは屋敷の囲いのことで、石で囲う。門を入って二メートルほどの位置に外から家中が見すかされないため目隠し用に積んだ石垣をマイグスク（高さ約二メートル、長さ約三メートル）という。宮古では屋敷をヤスク、座敷をザスクという（仲松弥秀『地名の話』）。

沖縄では、村ごとに祖霊神が祀られている御岳があり、その場所をグスクといっている。たとえば知念森グスク（島尻郡知念村《チネンソン》〈南城市〉）といっているようにグスクといえば、御岳といってよいほどである。

結局グスクとは、重要な通路にあたる峠を越すような地形の所に命ぜられた地名であろう。このような所は城《シロ》や拝所《ウガン》として利用される機会が多い。それは小丘上や台地縁に位置するものが多く、台地上に位置している場合も、その付近に台地を下りる坂があり、いわゆる片側峠をいくつかもっていることが多い。

なお、東北地方の「館《タテ》」に対して、九州以南に

「城」の地名が多いのはおもしろい現象である。琉球列島に分布する「城」の地名の北方延長として、九州においては西側に多く、まれにゾー（居城田《イソー》）、キ（姫城《キ》、小城《オキ》、築城《ツイキ》）、セー（半城《セイ》）等になっている。

クズレ　岡山県久米郡（一部、津山市）で雪崩。後立山ではたんに岩石崩壊〔『地形名彙』〕。

崩をクズレと訓ませている所がある。崩壊岬の崩鼻（愛媛県北条市〈松山市〉〈沖合、睦月島南岸の崩鼻〉）や、信遠国境の青崩峠（一〇八五メートル、秋葉街道）がある。この峠の頂上付近には著しい大崩壊がある〔松尾『日本の地名』〕。

奄美大島では、崩れ、崖のことをクジレイという〔『奄美の文化―総合的研究』〕。

クソウズ　臭水。石油、原油のこと。新潟、長野〔『全辞』〕。

新潟地方で、明治初期まで使われていた語。同地方で昔から発見されていた原油を「においのする水」という意味で「臭水《クサミズ》」といい、クソウズと訛り、さらに「臭」の字を「草生水」とするようになった。『東遊記』、『和漢三才図会』にも、この呼び名が使われている。

この名は、石油にゆかりの深い土地の地名にも残り、新潟県長岡市には「草生津町」、同県北蒲原郡安田村（阿賀野市）に「草生」、秋田市八橋油田を流れる小川に「草生津川」があり、それぞれクソウズと訓む。

『日本地名大辞典』によれば、長岡市の草生津町を説明した項に、油井から出るガスを「風臭水《カゼクソウズ》」。昔、利用法が知られず、厄介もの扱いだった重油を「馬鹿《バカ》臭《ソウ》水《ズ》」と呼んだとある〔『朝日新聞』昭和35・16・13〕。

新潟県北蒲原郡中条町（胎内市）、黒川村（同）の一帯は、鎌倉、室町時代は奥山荘という荘園に属した所だが、鎌倉時代の荘園絵図には、荘の中央を流れる胎内川の右岸に「久佐宇津」という所があり、当時そこに鋳物師職人も住んでいた。また関係文書には「くさうつ」とカナ書きしたものや、その場所を「草水」と書いたものもある。この場所を現地に比定してみると黒川村の塩谷、下館付近と考えられるが、ここは現在石油（原油）の湧出穴がたくさんあって、採油もしている。この原油は古く「臭水《クサミズ》」といい、音便でクソウズといった。したがって「久佐宇津」「草水」は「臭水」の出る場所ということになる。中世ここに住みついた鋳物師たちは、このクソウズを灯油や燃料に使ったにちがいない〔永原慶二『朝日新聞』昭和41・5・12〕。

クタ ① コタで湿地。クタ→コタ。u→oの音韻変化〔『日本地名学』II〕。

コタの転。近畿～南奥に分布。

久田、久多、久田美、久田子《クダシ》、来民《クタミ》〔『日本の地名』〕。

② 秋田県雄勝郡東成瀬村手倉で、狩人は山小屋を雪の降らない秋のうち萱か笹の葉で葺いて掛けておくが、そのほかクタ（岩洞）にも泊る。胆沢川支流小出川《オイデ》のクタは有名である。クタや小屋に入る時は、荷を負ったままケトグチに入ってはならない、必ずいったん外で荷を下ろしてから中へ運び入れる、小出川のクタは八畳くらいあり、風が吹きこまず、火を焚いても煙らず天井の岩に川鳥《ゲトジ》の形の出張りがあって自在鉤に用いられた。これをゲトジ（川鳥）のカギと呼んだ。

クタはケトと同音からきた語か、ケトは山小屋のこと。ここへ荷を負ったまま入らないのは、山中が他界であり、俗界のものをそのまま使用しない習わしかと思う。ケトはケタと同じく岩壁、岩穴を指す語から発生したかと思われる〔『続狩猟伝承研究』〕。

クダ 沖縄で古い村落の呼び名。マキヨも同じだが、クダとかマキヨという呼称は、首里王府の公称として出てきたものではあるまいか。本土では「狐つき」のことをクダ狐という。狐をつかう者を飯綱《イヅナ》使いというが、竹の筒にクダ狐という小さい狐を持ち歩くという。これは後世のことで、クダというのはマキと同様一類、血縁を意味したものではないか〔仲松弥秀『地名の話』〕。

クツカケ 中山道の追分宿（長野県北佐久郡軽井沢町追分）の東、軽井沢宿との間の沓掛宿《クツカケ》（軽井沢町中軽井沢）があった。軽井沢と沓掛、追分は、浅間山麓に並ぶ中山道の宿駅として「浅間根の三宿」と呼ばれた町。

沓掛という地名は街道筋には所々にあり「屈掛」、の字を宛てた所もある。ことに峠道などの街道には、つきものといえるほどに多い。これはクツすなわちワラジなどの旅のハキモノを神に供えて、行路の安全を祈ったものといわれる〔『地名の探究』〕。沓掛という地名は、多くは峠の山口にある。長野市付近には、山に行って草鞋をはき替えるとき、古いのを松の木に投げ上げておくと、足が疲れないという俗信がある。登山口とか草鞋ぬぎ場とも考えられている〔『綜合』〕。

『日本地名学』Ⅱも、この地名の半数例が、峠下の集落名であるから「草鞋ぬぎ場」説を有利としている。

また、岩手県岩手郡や遠野市仙人峠でも、峠の麓や山坂の入口にある。これは馬の沓の取替え場所すなわち、これから峠に登りかかろうとする準備場所で、馬の沓を新しく取り替えて、古い沓をその場所に捨てて行く地点である。本来は、峠越えなどのための準備場所だが、信仰と一緒になって沓掛《クツカケ》大明神というような神祠が奉斎されている。この地点から向こうは神域で、穢れたものを持ちこむと神罰があるとして、沓などまだ丈夫であっても、ぜひ新しいのに取り替えて、古いものは脱ぎ捨てて、そこの木の枝などに掛けて行く。山岳信仰にも垢離場《コリバ》、草鞋脱場《ワラジヌギバ》が定まっていて、登山参詣者の信仰を得ているように、峠を往来する人馬の憩う山下場所であって、信仰の方からいえば山の往来の修祓の地点であると『山村民俗誌』は説いている。

これに対して一志茂樹は次のように説いている。

クツカケの地名は、長野県内に四〇～五〇カ所、木曽地方に五カ所ある。昔は淋しい所で、たとえば四キロ、五キロも続く広野の入口とか、大きな川の岸で集落のない所とか、長遠な峠の上り口とか、集落と集落との間がかけ離れている所とか、だいたい淋しくて人家の少ない所に残っている。駅家なり泊はある距離をおいて設けられており、その距離は必ずしも一定はしなかっただろうが、その距離が遠く離れていたり、その間に広野があったり、大きな川があったり、峠があったりした場合は、その中間的な、近世の間《アイ》の宿をずっと小さくしたような休み場所がなければ困る、中継ぎ的な場所がなければ、公の用を果たすことができない、そういう所をクツカケと呼んだ。人家はほとんどわずかで、いい水の出る所、日当たりのいい所などによくあり、この地名が残っている。沓掛は駅のことではない（『地名の話』）。

また地形名としてクツカケは、クツ形に彎曲した崖（『日本の地名』）、楕円形の崖の地形名（『日本地名学』Ⅱ）としたものもある。たとえば大分県由布山で、大平の突上げの飛丘に面して、熔岩が牙のように差し出ている所をクツカケといい、これは馬の後肢の蹄の上部のことから、その形状にちなんでつけられた名であろう（『由布山』）としている。

クド　クド（崩）れるという方言があり、クド（九戸、九度、久土）やクト（久度、久斗、久刀）はクド（崩）

に関係するであろうか。この種の地名は、直線的な海岸に立地し、特別大きな窪みもなければ、またカマドの煙出しの穴をクドという象形語の可能性は乏しい。

九戸浜　砂丘の崩壊地と考えられる。

九度山　高野山の北側が急崖の山麓にあり、崖《クド》山と考えられる。

九度瀬　このような地名が河谷にあれば、崩壊《クドセ》以外に適当な解釈は見あたらない。

久斗山　狭い山谷。久斗、九斗という地名もあり、麓、山の斜面等よく山くずれや崖くずれを起す土地〔『地名の由来』〕。

岩壁の行きどまりをいい、羚羊などは、こうした場所に逃げこむという〔『綜合』〕。

九州ではカマド（竈）をクドという。

クニ　沖縄で村落、村、シマ、ムラなどと同じ意味。複合語にハナグニ（芸能の盛んな村）、カリグニ（寒村）などという。

封土、領土、知行所、知行としてもらう村、故郷、郷土、出身の部落〔『沖縄語辞典』〕。

中田祝夫『新選古語辞典』は、クネ（境界）と同語源としている。このクネは、各地方言でイケガキ、マガキ、垣根などの意だが、徳島県ではクニといったと『俚言集覧』に見える。このクネ、クニはクネリ、マガルのクネだろうと『大言海』はいう〔『地名語源辞典』〕。

クニガミ　琉球でシマジリに対して、主として北方側をいう。琉球では移住先の北方をカミ（上）ということによる。

国頭、国頭崎、国頭郡〔『日本の地名』〕。

クニサキ　海岸にある国崎は、海岸を意味する地名。クニには境の意もあり、また大地とか陸の意もあり、国崎は陸地の端、すなわち海岸のこと。志摩半島の東岸の国崎《クザキ》（鳥羽市）、大分県の国東半島、佐世保湾の西を限る長い半島の先端部にある国東は、丘とその突角で、集落名ではない〔松尾『日本の地名』〕。

クニミ　国見という山や峠は、全国に二〇以上数えられる。その多くは二国二郡または一国二郡に跨っている。頂上から国内、郡内が一望の下に見渡せる、すなわち展望がよく利くことからの呼称。自分の国がよく見えるという心理が働いたものと思われる〔『旅伝』一五の四〕。

政治的または遊覧的目的で、山に登って国を見下ろすこと。国見、国見山、国見峠、国観峠〔『日本の地名』〕。

山の上で、国々の見晴らせる所を奈良県南葛城郡（御所市）でいう〔『全辞』〕。

福岡県甘木市（朝倉市）の古処山（八六二メートル）の頂上の国見岩は昔、秋月城主が領地を見まわしたという自然の天守閣〔『朝日新聞』昭和36・11・28〕。

日向五家荘近くの国見丘は、クニミでも通ずるが、五家荘の人々はクルミ丘またはオオクルミといっている〔『旅伝』一五の四〕。

『万葉集』の巻頭二番に掲げられた有名な歌「大和には　群山あれど　とりよろふ　天の香具山　登り立ち国見をすれば国原は　煙立ち立つ　海原は　鷗立ち立つ　うまし国ぞ　蜻蛉島　大和の国は」（舒明天皇）である。

日本古来の国見の思想は、中国で天子が国内を視察して回る巡狩の思想と結びつき、天皇の「しろしめす」地を確認する巡見の旅となった〔大江志乃夫『朝日新聞』平成元・4・30〕。

クネ　佐渡で山の根元。日向では土地が隆起して通過を妨げる場所だという〔『地形名彙』〕。
元来、境界を意味する語でクネル、ウネ、ウネルと同様、高いものが長く続いている状態をいうのであろう。
①　関東、東北で田畑の地境〔『綜合』〕。
②　いぐね、屋敷林、防風林、屋敷の周囲に垣根のようにまわした防風林。
東北地方ではクネまたはイグネ〔『東北の民家』〕。栃木県〔『全辞』、『栃木県方言辞典』〕。垣根のこともいう。

八丈島で竹の防風林をササグネ〔『全辞』〕、また同島で屋敷のまわりの石垣をカゼクネという〔『八丈実記』の挿画とてカゼクネ〈石垣〉とあり〕〔『八丈島』〕。

新潟県西蒲原郡（一部、燕市、新潟市）ではクネギ〔『全辞』〕。

静岡県小笠郡北小笠村（菊川市）ではクネキともヤシキヤマともいう〔『郭公のパン』〕。

山形県では杉、ヒバ、樫、福島県では椎、竹、大分県では樫、檜など樹種もいろいろで、樹種や形により、別称のある地方もある。福島県いわき市では居久根《イグネ》や篠垣《シノガキ》。八丈島では風久根《カゼクネ》、川越市では生久根《イキクネ》、大分県直入郡では久根木《クネギ》ともいう〔『集解』〕。

③ 生垣。越後〔『俚言集覧』〕。山形、福島、群馬、千葉県山武郡（一部、山武市）、新潟、長野〔『全辞』〕。福島県平市では、宅地の周囲には、多く篠竹を当ててクネを結っておく。クネカキと呼ぶ。旧冬には篠を刈ってクネ結びをし、お正月様を迎える。その他カナメ、クチナシ、杉、樫なども植え美しく刈りこんで生垣をつくり、農家の美観を添えている〔『磐城北神谷の話』〕。

④ 垣内《カイト》、堀の内にあたる集落をクネ、クネウチという。クネとは境をつくること。そのため木の枝を並べて境にする。東北地方に多いか〔一志茂樹『地名の話』〕。

⑤ どてっくね、堤、土手。高知〔『全辞』〕。

⑥ 猪垣。伊豆の内浦で猪除けの垣で、多く石で築いた〔『郷研』五の二〕。静岡県田方郡（一部、伊豆市など）でもいう〔『全辞』〕。伊豆天城山麓で猪や鹿が里に出てくるのを防ぐための壕をクネボリという〔『綜合』〕。

⑦ 山の根を佐渡でいう〔『山村語彙』〕。

⑧ 宮崎県東臼杵郡椎葉村で、土地が隆起して通過を妨げる場所〔『後狩詞記』〕。

⑨ 竹やぶ。山梨県中巨摩郡（一部、甲斐市など）〔『全辞』〕。

⑩ 山の立木。長野県東筑摩郡（一部、安曇野市、松本市）〔『全辞』〕。

⑪ 年古い木。静岡県庵原郡（一部、静岡市）〔『全辞』〕。

⑫ 垣のささえの棒。長野〔『全辞』〕。

⑬ 畑作物の支柱を連ねた物。「胡瓜グネ」。群馬県勢多郡横野〔『分類方言辞典』〕。

⑭ 杭、くい。千葉県東葛飾郡大柏（柏市、野田市）〔『分類方言辞典』〕。

クビ ◯◯クビ。① 岬。九州と瀬戸内にある（牛ノ首、琵琶ノ首、鳥ノ頭）。

② 入口（宮ノ首、相首、タキノ首）。

③ 頸。ウシクビの項参照〔『日本の地名』〕。

クボ 関東では一般に谷合、信州南部地方でも山の窪み、越前ではホツとホツ（ホツ、ボツの項参照）の間の窪み、襞にあたる所をいい、時には尾根のたわみをもいう。八丈末吉村（八丈町）では山の麓のこと、九州平尾高原で擂鉢状ドリネのこと〔『地形名彙』〕。

岩手県岩手郡雫石地方では、一般に窪地をいうが、山中では平地が少ないので、その平地をクボと称していることが多い。また低地をいうこともある〔『山村民俗誌』〕。

北上山地の高原状の地形の細かな地域の初期の開拓定住は、山ふところの一、二戸の住める程度のホラとかクボと呼ばれる地形の所であったと思われる〔『集落地理講座』（三）〕。

山間部にある平坦地、必ずしも陥没している場所ではない。山頂の窪みをもいう。栃木県、和歌山県日高郡上山路村（田辺市）〔『全辞』、『方言』五の五、『栃木県方言辞典』〕。

徳島県麻植郡（吉野川市）で山中の小平地。山梨県で山間の小部落〔『全辞』〕というのは、やはり小平坦地のことであろう。

北九州市門司区の大久保は峠状になった頂上付近の平地をいい、地名となり大久保越となっている。同県甘木市（朝倉市）では「山の窪んだ部分」〔『江川』〕というのも、小平地のことか。大分県では「山間の谷になった所」の意に近く窪地で、谷というほどではない。クボは湿地が多いので田に適する〔『地名覚書』〕。

鹿児島県では、久保園、窪田、松久保など多い地名だがクボム、クボメルという動詞の通り、周囲から窪んだ凹形の場所をいうことはもちろんだが、サコ（迫）が長三角形であるのに対して、クボは丸みをもった低地で、こんな所は田や畑を作るのに適しているので、人が山の中に住みつく場合に利用される地形である〔『かごしま民俗散歩』〕。

茨城県多賀郡高岡村（高萩市）では、水のない谷をいい、水の流れているものはサア（沢）という〔『常陸高岡村民俗誌』〕。

富山県南礪の山麓地帯では、丘陵の間の低い所をいい、よく村境になっている。旧庄川跡地帯では、川床跡の低い所をいう〔『礪波民俗語彙』〕。

元来、村が高い所にあった頃、山腹にあった平坦地のクボがしだいに低い所に移り住むようになってからは、元来のクボに該当する地形をそこに求めると、窪地（陥没した地）ということになるのである。

これと同様なことはナダラカという語についてもいわれる。ナダラカがナダレという語と関係があるとすれば、元来は急傾斜地というのであったものが、村が高地から平地へと移ってくるとナダレをうつような急傾斜地がないので、緩傾斜地をナダラカというようになってしまったのであろう〔『方言と土俗』二の二〕。

　窪地の地名クボは、全国的な地名であるが関東平野に多い。武蔵野台地や多摩丘陵に特に多い。久保の字を多く用いている。

　関東地方で、台地面を浸食した浅い湿った小さい谷をクボ（久保、窪）、ヤチ（谷地）、ヤツ（谷津）という。栃木県芳賀町の大久保は、このような地形に縁のある集落〔奥田久『栃木県地名大辞典月報』〕。


クマ　水流の屈曲している地形。水に臨んだ丘陵の端。中国以西では久万または隈と書く。東北の武隈、阿武隈もこれから出たらしい。房州では海の深い底の岩と岩との間の砂をクマというそうである。また対馬では山麓から峰へ続く高み（稜線）すなわちタヲリをいう〔『地形名彙』〕。

　柳田国男は「カッチャミノトと同様、河谷の意」、他に、「曲り角」説がある。

　カワクマ、カクマなど河谷の地点が多い。山岳重畳の中に、大河の蛇行する強い景観的対照が、熊野や南九州（球磨川）の景観要素を構成する所に、この地名が河谷の名から広い山岳地に拡張されていった過程を思わしめる〔『日本地名学』I〕。

　九州、四国、中国では、川岸の平地だが『新撰字鏡』にある「久萬」は多く山に属しており、水の隈ではないようである。山のクマには対馬では嵔、阿畄などの字を宛て、広島県の山間部では大畄《グマ》、岜《クマ》谷の地名がある〔『綜合』〕。

　山岳重畳として奥まった所、それはちょうど、熊谷のクマと相通ずる意をもっている。

　熊谷とは「甚しくくまくましき谷なり」との意味にもとづくむね、「出雲風土記」飯石郡熊谷郷の項に記されている通りである。熊野も、紀伊牟婁郡のそれのほかに、丹後の熊野郡や出雲意宇郡の熊野山がある〔『修験道史研究』〕。

　また柳田国男は「クマという地名は稲作に関係があるかも知れない……が一方、航海の上から風待ちする所という意味もあったかも知れない。つまり湾のように囲まれた土地という意味があるのではないかと思う」〔『柳翁閑談』〕と述べている。

　『地名語源辞典』では、次のような白柳秀湖の説を紹介している。

　「九州では、水利に富む平野の中心に必ずクマの地名がある。たとえば菊池川平野の隈部、白川平野の熊本、緑川平野の隈庄、球磨川平野の熊県《クマノアガタ》。川内平野の隈之城など」これまでクマのつく地名はクマソ族関係と考えられていたが、むしろ米作関係の地名と解したい。米作の本拠は……白川の吐き出す沖積地が隈をつくる。そういう地形から名づけられた地名であろうと解したい〔高浜幸敏「熊本県の地名」『全測連』平成4・夏季号〕。

① 高知市の久万川沿いの久万《クマ》は、川沿いの平地の称。類名には、吾川郡春野町（高知市）弘岡下の久万や、土佐郡土佐山村（高知市）の久万川、高岡郡大野見村（中土佐町）の久万秋などがある。久万秋は四万十《シマント》川の支流松葉川に沿った平地〔『土佐民俗選集』その二〕。

② コマの転。コバ→クマ。

③ クメ→クマ〔『日本の地名』〕。

④ 千葉県の沿海漁村で、海底の砂地。一説に、海底の砂地と岩地との境界、または海底の岩と岩との間の砂の所〔『海女』、『綜合』〕。

⑤ 隈。歌舞伎劇が誇張された演出の関係から、化粧にも種々の誇張の度が加ってでき上がったのが「隈取り」の表現法である。

色彩的に強調するため、紅色や青黛のような原色の強い顔料をもって、筋肉誇張の線に従って描き進めたもので、また能面との関係も見逃せない発展経路と考えねばならないと思われる〔『日本舞踊総覧』〕。

クマノ ① 山間の曲った河谷に見出される地名。熊野社の勧請による伝播地名もあろう。ユヤ（熊野）と呼ばれるものもある〔『日本地名学』Ⅱ〕。

② コバの転。この地名例多し〔『日本の地名』〕。

クミ ① クメの転。

② 狭間。

③ 共同開墾。

④ 土地区画の名。東北日本〔『日本の地名』〕。

⑤ 部落の中の最小単位。たとえば栃木県においては五、六軒を一団とした組（上組《カミグミ》、下組《シモグミ》など）。以前は、組の長を山の神講の集まりで選出し、組長といった〔『栃木県方言辞典』〕。

熊本県玉名郡築山村（玉名市）では、各部落とも上、中、下の三つの組に分かれていて、たとえば上組の家に不幸があれば、その組の各家から男女一人ずつ出て家事の手伝いをし、中組の人が墓掘り、下組の人が町に買出しに行く。

同県球磨郡須恵村（あさぎり町）では、一組は二戸

～五戸の群、各部落には一枚の板帖（番帖）に全部落の家を、各組に分けて記したものがある。堂や講の世話を組単位で行うのである。

同県天草郡栖本村（天草市）川下では、部落を二分して上方、下方とし、両者を合せて一つの組とし組長が決められる。祭り、田植え、普請、水路修理等に参加する〔『熊本県民俗事典』〕。
⑥ 福島県喜多方市旧会津藩、寛永六年（一六二九）『願上』をはじめ多くの文書に見える語。会津藩では一四カ村から二〇カ村ほどをもって組をつくり、郷頭を置いた〔『集解』〕。
⑦ 岩手県の県北地方、宮城県の県北地方、山形県山形市、佐賀、大分県国東半島地方、鹿児島において、村相互扶助による共同生活の地域単位あるいはその範囲を指す語。労働力の交換制度などを実施する場合の一つのグループである。ツボ（坪）、ホウギリ（方限）、カド、クミウチ（組内）、コムラ（小村）などともいう〔『集解』〕。
⑧「低み」、「温み」の宛字（久見、久米《クミ》、奴久見《ヌクミ》、久美浜、久美谷、谷汲、子産《クミ》坂、上組、東組、甚五郎組、比久美《ヒクミ》）〔『日本の地名』〕。

クメ ① 米。
② 狭間（久米、久米田、久米地、佐久米、久目、供《ク》米田）〔『日本の地名』〕。

クモ ① 天、空。大阪府南河内郡（一部、堺市）、兵庫県養父郡（養父市）〔『全辞』〕。
② 八世紀から十三世紀にかけての日本文学には、雲の名称が三〇以上出てくるという。もっとも多いのが白雲で一一〇六回で、そのほか青雲、紫雲、黒雲、浮雲、八雲、村雲など。『万葉集』の総歌数四五〇〇のうち、雲を歌ったもの一九九首、霧を扱ったもの七七首で雲が多い。昔の日本人は雲に敏感であった。日本はユーラシア大陸と太平洋の境に位置し、大陸の気団と海洋の気団の接触面にあるので雲が多く、種類も豊富である。雲量の世界平均は五・四だが、日本は六・七で平均を上まわっている〔『雲を読む本』、『毎日新聞』「余録」平成3・11・14〕。

クラ ① 南部地方で屏風のように屹立している岩場。陸奥では崖。大和吉野郡では山中の大岩石。信濃ではハバクラといって崖。越後ではガケンクラといい同じく崖をいう。クラハシというのは石階であろう〔『地形名彙』〕。

② 地形語としてのクラには、山を意味する場合と、反対に谷をいう場合とがあることは古くからの通説だが、クラは岩石の山地、高く聳えた岩石、断崖絶壁、岩壁のことを全国各地でいう。

大倉山、黒倉峰、高倉山など断崖や崩壊谷、峻嶮な斜面をもつ山を指す場合が多い。クラのつく山には崖や岩場の著しいものが多い。したがって大倉山は大崖山、大岩山の意である。

カモシカのことをクラシシというのも、クラと呼ばれる岩壁や、岩山に住むからである〔松尾『日本の地名』〕。福島県南会津郡南郷村（南会津町）でも、カモシカのことをクラシシともクラッポウともいう〔『日本民俗学』七七号〕。

谷川にも倉沢、何倉沢など、目立つ崖や岩場をもつものが多い。断崖の岬に松倉崎、高倉鼻などのあるものは、その後ろに松倉、高倉の山名または地名がない場合、岬そのものが、崖を意味すると思われる。鞍掛山（鞍懸山）、居鞍山のように鞍のつく山名もある〔松尾『日本の地名』〕。

広い岩壁をヨコクラ、狭く高いものをタテクラという〔『山村語彙』〕。

新潟県南魚沼郡でイワクラ、ガンクラは岩石の積み重なった山肌のこと。イタクラは岩石が一枚になっている所〔『越後南魚沼郡民俗誌』〕。

奈良県大台ヶ原山の台地には○○クラというのが三カ所あり、断崖絶壁の所。大蛇嵓《ダイジャグラ》というのは、大蛇がぐんとからだを乗り出したような形の岩。蒸籠嵓というのもある。嵓の字を宛てている〔『朝日新聞』昭和36・7・16〕。

また信州小谷地方でシゲグラは、両方に青木の生えている谷。奥の谷が茂グラなら、前の方へ出ている谷をデエグラという〔『夜啼石の話』〕。

秋田県仙北郡中川村（仙北市）小勝田奥の山谷川崎にはクラと名のつく場所が多い。板クラ、サマクラ、ヒノクラ、四ツクラなど。四ツクラは絶壁が十字形に集まっている。ヒノクラにはヒバが生えて覆いかぶさっている〔『秋田マタギ聞書』〕。同県雄勝郡東成瀬村などでマタギたちはハタカクラ、アラクラ森、ナカクラ、大クラ沢などの地名や地形は、雪の消える頃になると、これを思い浮かべるだけでも胸がわくわくするという。マキクラに適した地形、地名にはある共通性があるようである。それは○○クラという名で、越後赤谷郷のクラマキ場も同じようにクラの名がつく。クラは岩山のことで、急傾斜して老木の森林など見通しの利かないものがない場所である。そのため、雪消えが早くシシがつくと、数日はそこに居るのだということである〔『続狩猟伝承研究』〕。また同県北秋田郡阿仁地方のマタギは、熊が穴籠りする岩崖の洞穴や、樹の洞をクラとかクラアナという〔『民俗学』五の二、『秋田マタギ資料』〕。

岩、断崖、谷、岩場、座《クラ》。山名に多く、川名や集落名にもある。富山県中新川郡立山町芦峅寺《アシクラジ》、高峅《タカクラ》、岩倉沢、土倉川、天狗嵓《クラ》、浅倉、皿倉〔『日本の地名』〕。

② 植物の自然の簇生地を意味するシロと同じ意味にクラという語を使っていたらしいが、畑作技術の発達とともに、今では設計した苗床のことをいうようになり、茄子のクラ、甘藷のクラには小石を配置して保温の手段とし、またはツクテバの醱酵熱を利用するなど、種々の技巧が施される。春はクラを二つ建てるなどというのが貧農の新しい洒落言葉であった〔静岡県周智郡〈一部、浜松市〉〕。

中国地方では、一般にクラを苗床の意味にしか使わないが、越後では今でも畝なしに植えた蔬菜の群をもクラといっている〔西蒲原郡〈一部、燕市、新潟市〉〕〔『農村語彙』〕。

③ 信仰面のクラについては研究書多く略。

クリ 羽後飛島で暗礁をいう。粟島でも同じだがクルともいう。山形では海底の岩穴だというが、中国地方ではクリーと発音する〔『地形名彙』〕。

グリ ① 山口県で礫石のこと〔『地形名彙』〕。

日本海沿岸はグリの分布区域をなしている。長崎県の本土沿岸や五島列島はクリ、グリとハエ、バエの混交地区。また三浦半島の南東岸の久里浜〔横須賀市〕、同半島の西岸〔同市長井町〕には大栗ヶ浜と呼ばれる断崖海岸があり、大小の岩礁が散在する。山地の険しい崖地をいうクラと同系統の語。石塊を任意の大きさに割ったものを割栗《ワリグリ》〔または割栗石〕というようにクリ、グリは元来、岩を意味する語〔『集落・地名論考』〕。

大阪府柏原市の三田家所蔵の普請文書〔明和三年〈一七六六〉〕にクリイシ〔栗石〕の語が見える。礎石下に入れるとなっているから、大粒の砂利であろう〔『集解』〕。

クリ、グリは共に「石」の意。栗、具利、久利、礁《クリ》、繰を宛てる。

『全辞』によれば、瀬戸内の淡路島、岡山、伊予大三島（今治市）、広島、山口県大島（周防大島町）でグリを拳大の石、礫といっているのをみると、これは陸上の石のことであろう。藤原与一『瀬戸内海域方言の方言地理学的研究』の「暗礁」の項にクリの語はないから、瀬戸内海にはない語であろう。

兵庫県北部の玄武洞を『笈埃随筆』にタケグリイシまたはタキグリイシと記している。『倭名抄』に「涅、水中の黒土なり、久利」とあるのは実際とは合わないようだ。山口県の地名に泫の字が宛ててある（『綜合』）。

またクリは語感として丸石を指し、クリクリ坊主やクリクリまなこのクリも思い出させる。

金関丈夫は「日本海の海路に関する万葉集や記紀の歌などに登場するイクリというのは、海底に根をおろしている岩のことだとされる。船を定着させるイカリは、石をして海底に根をはやしむべく人工的に鉤をつけたものである。イクリとイカリは恐らく同語であろうと思う」と述べている。クリもイクリと同系の言葉であろう（『長門市史』民俗編）。

なお、山口県長門市通や堺川では、クリは海中の隠れ岩であまり大きくなく、グリは浜の丸い小石だという（『長門市史』民俗編）。

栗石、栗割石などのようにクリは石ころ、岩、ひいては崖の意味がある。クリとクラとは相通ずる語。大栗沢、大栗川、栗谷などには崖をなすクラと同義の場合がある（松尾『日本の地名』）。
② 霧《キリ》。八丈島（『分類方言辞典』）。
③ 秋田県男鹿寒風山麓の村で、芝草の生えている地で、グリを切るといって一尺幅くらいに鍬で切り取って、田の水口に一枚か二枚ずつ置く、こうすれば、水が流れこんでも土が掘れないという（『男鹿寒風山麓農民日録』、『農村語彙』）。
クリス、クルス ① 『播磨風土記』の揖保郡（奈良県葛城市）の条に、栗栖《クルス》という里がある。『和名抄』に大和国忍海郡栗栖《クルス》郷（奈良県葛城市）がある。吉田東伍は「栗栖は国栖《クニス》と同言なるべし」とした。西日本型の地名で、栗栖、栗巣、栗須、小栗栖、小栗《オクルス》がある。

立地の過半は、四方を山地に囲まれた桃源郷のような所で、出口は川筋の狭小な谷間のみという形で、小《オ》国《グニ》という地名の所に似ている。いずれも小盆地状で、袋状の小平地を有している。続いての立地は、まったく狭小な谷間の底や斜面であって、外部からの侵入の困難な悪地にある。平地はまったく存在しないような所で、人里から隔離されたような立地である。

『記紀』の神武東征物語で、大和の吉野地方の奥地「国巣《クズ》、国栖《クニス》」と呼ばれる土着の異族のような住民のことが記されている。今の東吉野村小栗栖《コグリス》あたりのことか。『常陸風土記』には佐伯、国栖という異質の住人の話があり、国栖と思われる地域は、笠間市来栖《クルス》であろうか。また国主《クニシ》もこれと関係あるらしく、大国主というのは、土着の豪族で広い地域を支配していたもので、大和朝廷にまつろわぬ異質の勢力であった。兵庫県城崎郡日高町（豊岡市）栗栖の里の近くに国主神社がある。栗栖のス（栖）というのは、動物や人間の異族が生棲する所に用いる語である。畿内の王朝が西日本を平定した後も、山間僻地の隠れた所では、孤立した小地域社会を形成し、人里のようには統治の及ばない土着の地域集団があったろう。これは栗栖ではなく、本来国主のような意であったろう。

小栗《オクルス》、小栗栖《オグリス》、小栗巣《コグリス》の地名があるが、これは小国主（オクニス、オクニシ）の意で、孤立した小地域を統治する国主《クニヌシ》の居住する土地の意で、このような国主あるいは小国主の所在地を、国栖、小国栖と呼んだものであろう。これらの地域の住民の多くは、人里に住む日本民族とは、何らの異質性もなかったろうが、一部には渡来人などの住んだ所も考えられ、風習の異なるクニスの地もあったろう。

『新撰姓氏録』には「栗栖首」がみえ「漢人出身」という注を記しており、この栗栖首に仕える人々の部落も「栗栖」を用いたかもしれない。近畿地方の人里に近い所にクルスがあるのは、こうした人の栗栖からきたものもあろうが、近畿や関東の一部を除くと、先の立地のように、古代では侵入の困難な山峡の別世界がクニスの地であったのであろう。吉田東伍の「栗栖は国栖なり」を支持する（『地名の語源』）。

② 尾根（クル）上の砂（ス）地。岩礫のある所（クリの転）。

栗栖、栗須、栗栖田、栗野《クルスノ》、来栖峠《クルスノ》（『日本の地名』）。

グル ① いばらの叢。和歌山。グロに同じ（『全辞』）。

② 田の周岸をいう。アゼグルともいうようである。自分の持田のグルの草に占有標（ムスビ）をしておい

て、他人の刈るのを禁じている。和歌山県西牟婁郡朝来村（上富田町）〔『民伝』二〇の三〕。

クルメ、クルミ ①小平地（高原、尾根上、山腹上、小盆地、小さい谷底）にみられる地名。

②クルメキの転（久留米、久留美、来見《クル》、河来見、野久留米、野来見、久留味《クルミ》川、国見峠）〔『日本の地名』〕。

クルメキ 河谷や山腹のぐるぐる曲った所。来女木《クルメキ》、久留米木、車木《クルマキ》、宮《グー》目木〔『日本の地名』〕。

クルワ ①大字間の地域的集団。ツボ、コーナイ（構内）に同じ。栃木県矢板市、安蘇郡（佐野市）、河内郡（一部、下野市、宇都宮市）〔『栃木県方言辞典』〕。

②山の峰や尾根などを削平して、陣を構える場所。いわゆる山城（ヤマシロまたはジョウヤマという）とする、曲輪《クルワ》の周囲には土を盛り上げて土塁、曲輪をとりまき空堀《カラボリ》、尾根を断ち切り、堀切などをつくる〔上山春平「山城歩きの季節」『朝日新聞』昭和55・1・9〕。

③九州、小倉城下町では、小年寄が置かれて町行政の末端機構として、武士を除いたその町の住民の世話をした。城下町を東曲輪と西曲輪の二つに分け、町奉行から任命された町年寄という格式を与えられた町人がそれぞれの曲輪内の小年寄を支配した。東西曲輪内には、武士の住居や寺院のある町があるが、そこには小年寄は置かれていない〔『北九州市史』民俗編〕。

④廓、官許の遊里。遊廓すなわち吉原。岡場所の対語〔『江戸語の辞典』〕。

クレ ①盛岡で芝生〔『地形名彙』〕。

②土の塊。岩手県江刺郡（奥州市）、宮城県、新潟県中頸城郡（上越市、妙高市）、群馬県勢多郡（前橋市など）、長野県更級郡（長野市、千曲市）、奈良県南葛城郡（御所市）、岡山、福岡、大分、熊本県、壱岐〔『全辞』〕。福岡県旧企救郡で、田畑の畝などを作る時、鋤き起した土の塊をクレといい、これを槌鍬などで粉砕するのをクレ割という〔『藩政時代百姓語彙』〕。

②カラの転とする説もあるが、グレを「屋根棟」の方言とする所から、各地の適用例をみると一七例が、そのような尾根に存在する〔『日本地名学』Ⅱ〕。

クレは出雲から瀬戸内に広がっており、東海地方に多い。グレ「屋根のいちばん高い所」（津軽方言）という方言があり、一七例がそのような地形にある。たとえば、扇状地の中央にある石榑《イシグレ》（御在所山）、上暮地（谷村）、呉地（呉）、黒羽《クレ》（三本松）があり、丘陵の谷頭にある瀬瀬暮（柳井）、暮瀬（御船）や谷壁の上部にある水食《ミクレ》（鹿児島）、日暮峠（高森。これは集落名）、準平原の一番高い所にある榑《クレ》が畑（彦根東部）、暮田（周匝。準平原上の水田のある集落）氾濫原中にある畑になっている自然堤防上に「久礼《クレ》ノ川」（土佐中村）の集落名がある〔『日本の地名』〕。

③「暗い」の転。

日ヶ暮《クレ》、日ヶ隠《クレ》、呉地、暮瀬（北西〜北向の土地）。西南日本に多い〔『日本の地名』〕。

④霧島山で猪の採餌場のこと。クレはウジの通過するあたりに点々と散在している。

⑤落石程度の崩壊地名。呉、久礼、久麗、小さな崩壊地。

なお、広島県呉市は、中国の呉人の帰化地との説もある。

クレが訛ってクリ（栗）となることもある〔小川豊『地名と風土』一二〕。

クロ ①畦。畦にある草生地をクロといい、田畑の畦の草を刈ることをクロギリという。北九州市で〔『北九州市史』民俗編〕。また同市南区三谷地区では、クロは田畑に付属した原野といい、クロギリ、クロアガリといえば、田畑の畦の草刈りにもいう〔『三谷方言集』〕。

熊本県菊池地方でも、クロはクマと同じく隅の方、端の方の意で畦畔の周辺、田畑の隅の方を耕起する、掘り起すことをクロウチ、また田畑の周辺、畦畔などの草を刈り払い、周囲を整備することをクロギリという〔『失われてゆく村のことわざ、言葉』〕。

クロは田畑に付随した所を指す意から、田んぼのアゼ（畦）道という所は広い。栃木県〔『栃木県方言辞典』〕。したがって畦の裏側をクロ。富山県西礪波郡西太美村（南砺市）古館〔『礪波民俗語彙』〕。

田植え前に畦に鍬で泥塗りをすること、畦塗りをクロヌリといい、クロヌリに使用する鍬をクロヌリグワ。栃木県〔『栃木県方言辞典』〕。

②クロシロ。『方言と土俗』一の二には、土や石の塊をクロというとある。

広島県上蒲刈島で石地、石見、山口では小石を積んである所。ゴーロともいう。

山口県防府で石を積み重ねて、ウナギの籠ったのを捕る仕掛をクロという〔『全辞』〕。

山口県の北浦地方で、「拾い山」とて、女性が他人の山に入って薪とする松葉や小木を採ってきて積んでおくのを「木グロ」という〔『明治大正長州北浦風俗絵巻』〕。

物が集まった状態がクロであろう。

③　大分県北海部郡一尺屋村（大分市）では海岸をいう〔『祭祀習俗語彙』〕。

田のアゼのような縁という気持があるのであろう。

④　人々が生きたのは具体的な「場」——地域であり、場を決定するのは「境界」である。空間的、地理的「境界」については「黒山」「黒船」などの色彩象徴がある。クロは中世成立期には、荒野と並ぶ開発対象地であった〔黒田日出男「境界の中世、象徴の中世」の紹介文要旨『毎日新聞』昭和61・11・24〕。

グロ　土石の天然または人為で小高くなった所をいう。塚などの字を宛てる。備中で塚、山口県で礫石の堆積であるのも同じ起源から出ている。大和吉野川沿岸では、山麓に田がある時、その田からおよそ一里ばかりは木を植えずに草原にしておくそれをいうとあるが、それへ石を置くためではないかという〔『地形名彙』〕。

クロキ　松、樅、梅などの総称〔黒木、黒木山、黒木谷）〔『日本の地名』〕。

クロキヤマとは、樅の木、つがの木の山を愛知県加茂地方〔『分類方言辞典』〕。

磯辺の防風林を伊豆三宅島でクロキヤマという〔『全辞』〕。常緑針葉樹を秩父山地中津峡でいう〔『聞き書 埼玉の食事』〕。

クロセガワ　黒瀬川。伊豆七島の三宅島と御蔵島との間を流れる黒潮のこと。黒瀬川といっても川ではなく、海の中の川である。黒潮は、日本海流とも呼ばれ、台湾の南東方が源泉といわれ、台湾の両岸を洗い、沖縄列島の西方を北上し、九州で二分され、主流は日向沖、遠州灘を経て、伊豆七島から真東へ去る。この本流が三宅島と御蔵島との間の浅所である黒瀬を通る時、流速が最も大きいので黒瀬川といわれる。

『伊豆海島風土記』には「卯辰より差来り、又申酉の方より東へ差引」く二つの潮流があり、これを黒潮とも山潮ともいっているとあり、『八丈筆記』には、早潮と黒潮とがあると記しているが、これは当時の島民の観察を忠実に伝えたものである。すなわち黒潮はいつでも同じ所を同じ方向に流れているわけではない。

黒瀬川という名称は、文化七年刊の幕府八丈島船頭服部義高が書いた『廻船安東録』に初見し、黒潮という名称は、同じ年刊行の滝沢馬琴の『椿説弓張月』に早くも使われている（『日本海事慣習史』、『海事史研究』五巻）。

クロバッケ　黒土の崖。茨城（『茨城方言民俗語辞典』）。

クロフ　山梨県増富地方（北杜市）で、針葉樹の原生林をいう（『民伝』九の五）。浅間黒斑《クロフ》山というのは、黒木すなわち針葉樹の密生しているためであろう。黒斑はクロフと訓ませるが、これは黒木が斑々として点生しているのではなく、密生しているのであろうから、正しくは黒生と書くべきであろう（『地名と植物』）。

クロベ　①　黒色を帯びた排水が悪い土質を、長野県東筑摩郡（一部、松本市、安曇野市）でいう（『農村語彙』）。

②　色彩から名づけられた山名には、岩石、山肌などのほか、そこにある樹木から命名されたものもある。クロカミ（日光山彙の男体山は、針葉樹が多いのでこう呼ぶ）もその一つであるが、黒檜などの樹木が多いため山全体が、黒々として見える場合にクロベヤマ（黒檜山＝信州三峯《ミブ》川の源流地）という。三峯川へ入る沢には黒檜が多いので、クロベ谷といっているのを、山へつけたのであろうといわれる。越中の黒部谷も、真黒な針葉樹に包まれているからであり、甲斐駒ヶ岳のクロト山（黒戸山）も黒々と針葉樹に覆われている。奥多摩の大菩薩嶺にオオクロモの別名がある。これも針葉樹の黒い集まりをクロモといったのであろうといわれる。九重山群には黒岳があり、全山密林に覆われている（『旅伝』一五の三）。熊本県上、下益城郡（一部、宇城市、熊本市）の山地では、老樹林のことをクロヤマという（『山村語彙』）。

クロメ　砂丘の間の谷地のように「黒く見える小地域」の名（黒目、黒目田、黒見田）（『日本の地名』）。

クワ　①　腰がクワル、肩がクワル、胃がクワル、体がクワルは体が痛む意で、土地がクワルは決潰すること。桑平《クワダイラ》、桑野《クワノ》は、山裾が崩落する土地。決潰する堤防は、桑野堤防といったと、徳島県の『椿村村史』等は書いている（小川豊『地名と風土』二巻、『歴史地名通信』三号）。

桑のつく地名は、桑の木、桑畑からきたものと思えず、崖と結びつけたいものが多い。

もちろん、現在、桑の木、桑畑の有無にかかわらず、同時に桑（鍬のこともある）のつく桑崎、桑谷、桑島、唐桑などに、顕著な崖の箇所が多いことも事実である。静岡県富士郡吉永村（富士市）桑崎（富士の南西麓、約三〇〇メートルの所）は、村落の南縁をナギ（空堀状侵食蝕谷）が包むように限った場所である。

新潟県の北部海岸にある笹川流《ナガレ》の勝地からすぐ南にある桑川は、川の両岸にずっと崖が連なり、その海岸に桑川の漁村がある。

宮城県女川《オナガワ》湾の北に深く入りこんだ雄勝湾があり、湾岸の唐桑には、すぐ後ろに、釜状の大断崖がある。唐は、空洞の意と見るべく、海食洞のある島や、海岸に釜などと同じく、よくつく名である。岩手県宮古湾岸にある大断崖の海岸を「崎鍬ヶ崎」とよぶのも同様らしい。宇和島市南方の細長い由良岬の半島付近に桑《クワ》碆《ハエ》という岩礁があるが、これは桑とは無関係であろう。

佐渡島の両津湾南岸の入桑（佐渡市）は袋状小湾に臨む岩浜漁村で、半円形の崖をめぐらしている。

岩手県胆沢郡（一部、奥州市）と秋田県雄勝郡（一部、湯沢市）の境の桑原山（一一二六メートル、水沢町西方、西斜面に大断崖多し）や釜石市の南、唐仁《トウニ》湾南岸の半島にある鍬台山（五〇〇メートル、海岸に大断崖続く）もこの類であろう。

桑をカと呼ぶこともある。静岡県庵原郡由比町（静岡市）の北方、由比川の上流に桑《カ》木穴があり、山間部落だが付近に顕著な釜状崩壊が多い。

桑はまず、宛字とみてよさそうである。

クワに崖を指す意があるとすれば、それはクエと同系統のものであろう。

ここで、なお「柿」のつく地名が思い出される（柿坂など）。これもカキ、カケであろう。植物地名には注意を要する〔『集落・地名論考』〕。

宮崎県に桑水流《クワツル》という地名がある。桑は崖を意味するクワ（高千穂町の崩野《クエノ》峠などのクエと同じく崩れ、崖の意）の宛字。桑水流とは「崖下川沿いの土地」の意。ツルは川沿いの小平地〔鏡味明克『角川日本地名大辞典』月報三二号〕。

クエと同系統の語、静岡県富士市桑崎は、村落の南縁をナギ（空堀状侵食蝕谷）が包むように限っている。桑綺、桑谷、桑島、唐桑などの顕著な崖を表わす地名がある〔松尾『日本の地名』〕。

② 側《ワキ》、際《キワ》（この例が多い）。

③ 尾根の窪んだ所。

④　桑（桑名、桑山、桑島、桑原、神水《クワミズ》〈川沿いの土地〉、鍬迫《クワザコ》）〔『日本の地名』〕。

クンナカ　クニナカ（国中）で中心地帯。「九重は安房のクンナカだ」。千葉県安房郡九重〔『分類方言辞典』〕。大和地方で平坦部すなわち大和盆地のこと〔『近畿の民家』〕。

奈良県の北の盆地部分で、先進的農業地域で京都、大阪に近く早くから開けてきた所である。奈良盆地は、土地が低く平らで、肥沃な田地に恵まれ、弥生時代前期より開けた農業地帯。旱魃が多い地域であるにもかかわらず、米の反収が高いことで知られている〔『聞き書 奈良の食事』〕。

クンバ　①　山崩れの跡。静岡県富士郡〔『静岡県方言集』〕。

②　汲み場。福島県西白河郡の農家で、堰水から引いた用水の汲み取り場〔『集解』〕。

堀岸の水汲み場、以前は筑後柳川の町中には、各所に石造りのもの、護岸がない所では、木製の階段状の水汲み場があり、食器を洗ったり、洗濯をした。昔は飲み水としても汲んだ。クミズともいう〔『柳川方言総めぐり』〕。

筑後平野、佐賀平野のクリーク（堀割）に面して家々にある水汲み場。木組みのものと石組みのものがあるが、水際に降りて洗面、洗濯、米とぎ、茶碗洗いなどした。そばには必ずスタメ棚（スタメルは水気を切ること）があり、洗った茶碗や味噌がめを置いてしずくを切り、日光に当てて消毒もした。

クンバの前の水面には、ワラヅトの輪をめぐらして菱や水草が水面を覆い隠すのを防いだ。また傍には竹棒を立て、ワラ製のタコを逆さまにしたものと、酒を入れた竹筒をぶら下げた。河童封じ、つまり水難除けのまじないである〔『西日本新聞』昭和51・7・23〕。

ケ

ケカチダニ、ケカツ　中部地方で、終年雪の消えない谷をいう。黒部の毛勝谷など。ケカチは飢饉〔『地形名彙』〕。ケカチは「飢渇」の訛（毛勝山、ケカチ谷）〔『日本の地名』〕。越中の毛勝山、下新川郡片貝谷村（魚津市）の人々はケカツザンといった。

明治中葉頃、毛勝雪渓が大部分融解したため、片貝川の水量が減じ同村に大凶作が起った。毛勝はケカツザン（木勝山）すなわち木の多い意に解する人もある。事実この山は、雪渓から上は、他山に比し樹木が多い。しかし、ケカチは飢饉凶作のことをいい、信州小谷地方でも同様。『小谷口碑集』には、「終歳雪の消えぬ渓谷または、人跡未踏の深層谷を呼ぶ。この谷に入ればケカチ（飢饉）して生還覚束なしの意。黒部の毛勝岳は宛字である」と記している。

吉沢庄作は、木勝、毛勝は誤りであるとし、この山の北面に地方人の呼ぶケカツ谷があり、毛勝と書いたのは、測量隊員が土地の人夫から聞いて宛字を用いたものであろうと。同氏説によりケカツ谷からケカツ山の呼び名が生れたことがわかる。もっともケナシ（毛無）に対する毛勝、木勝で、木のない山、禿山に対する木の多い山という語も使用されている例があるが、黒部のケカツ山はケカチ（飢渇）であろう〔『旅伝』一五の三〕。

福岡県春日市下白水の小字毛勝あり、山中ではないが、草木の生えない不毛の土地であったろう。

ゲシ　①　広島県御調郡向島（尾道市）の民家で石垣。静岡県駿河地方の民家でもゲシとかゲシガケともいう〔『集解』〕。

②　草堤のこと。比婆郡（庄原市）。ゲシはキシからの分化か〔『農村語彙』〕。

愛媛、岡山、広島、隠岐で岸、河岸をいうとあるが、山の斜面の田畑に接する付近、または上の田と下の田畑との間の斜面を、広島、山口県あたりでいう。島根県大原郡（大原市）で、畦をゲシというのもこれであろう。島根県では崖、広島県では石垣をいう〔『全辞』〕。

備中地方（岡山県の西部）の吉備高原で、屋敷は多くゲシ（土堤）の上にある。

吉備高原の北部の川上郡の成羽町（高梁市）や備中町（同市）の川沿いの集落には、石垣を築いて屋敷をつくっている例もよくみられるが、小田郡美星町（井原市）や後月郡芳井町（同市）では、土堤上の屋敷が圧倒的に多い。それは大きな河川がないので、石が入手できないことと、土地そのものが硬い山砂利層やくさり礫、赤土層であるので崩れにくいことに原因がありそうだ。もちろん、屋敷の土堤も、自然の地形をそのまま利用したものは少ない。人為的に築かれたものである。それは土塁を思わせるほど堂々たる土垣である。多くは、山を切り割り、その土を表に押し出して傾斜地に垂直に土堤を築いている、その場合、山を切り割った所に家が建ち、表に押し出した所が前庭になる。山の土を押し出した所は、たとえ赤土でも、そのままでは地盤が弱い。そこで地固めのために土打ちをする。いまでこそ便利な機械に頼ることが可能だが、かつては槌や石を使った手間のかかる作業であった。大勢が並んで、蟻の歩みのように土を打ち、踏み固めたものだという。これをタガネヅキという。水田や池の土堤づくりに、広く通じる方法である。

　屋敷だけでなく、田畑や池も土堤の上にある場合が多い。その土地には例外なく、芝が張られている。そして、芝が伸びる夏から初秋にかけて、ゲシカリという芝刈りが行われる（『吉備高原の神と人』）。

ケショー　カショーに同じ。方言および適用例から「棟形の尾根」の意と解される（『日本地名学』Ⅱ）。

　化女沼《ケジョー》、化粧坂、化粧殿ノ鼻、白粉原《ケジョーバル》、ゲショ山、粧坂、外庄畑、花定野《ゲジューノ》、花勝山、毛勝山、仮生《ケジョー》、気勝山、毛鳥（『日本の地名』）。

ケタ　折口信夫は、ケタを解説して「水の上に渡した棒で、橋の一種だが、橋そのものではなく、間のあいている渡し木、もう少し形が変ればタナ（海岸や水中に突出したもの）の形になる。海から陸地へつなぐもので、それを通らねば陸地に上れないものがケタで皆水に関係がある。湯桁、井桁も水に関係がある。ケタは海から陸地に上る足溜り」（『折口信夫全集』第一五巻）。

　毛田、桁などと書かれ、高知県では山間部に多い。長岡郡本山町を流れる吉野川の一支流の奥地には、桁と呼ばれる山の部落があり、幡多郡（一部、四万十市）には下桁《シモゲタ》、奥下桁などの地名もある。土佐郡土佐山村（高知市）などという山村には、一村内に平イワガケタ、ケタ、西ノケタ、家ノケタ、宮ノケタ、武左衛ケタガトヤなどがある。

　宝暦二（一七五二）年の『寺川郷談』には「山の峰をケタと云、カ（コ）ウマヘ共云《トモイフ》、高山の嶺をケタカウマヘなどと云」と（『土佐民俗選集』その二）。

　背後の山から地滑った土が、麓に堆積してケタをつくる。徳島県美馬郡半田町（つるぎ町）毛田、同郡三加茂町（東みよし町）毛田（小川豊『地名と風土』二）。

　伊豆大島では海中の崖の縁をいい（『方言集』）、高知県土佐郡（一部、高知市、吾川郡いの町）で岸

（『全辞』）、宮崎県児湯郡富田村（新富町）日置では、陸に近い海面や波打際をケタ（『方言』六の一〇、『漁村語彙』）というが、これはヘタのことかと思われる。

海岸の地名にケタというのは多い。台地または段丘の意と解せられている。これが山村の地形名となっている例は、土佐などが最も著しいようである。多くは川に沿った高い平地で、岸の上などと訳しているが、吉野川上流では、山の上の方にもケタがある。ケタはまたキタとも発音している（『山村語彙』）。

赤石山地にも門桁などの地名があり、高知県で山の中腹部（『綜合』）、同県長岡郡豊永（大豊町）でも、山の中腹以上（『全辞』）といい、島根県大原郡（雲南市）では、田の周囲の高い畦畔（『農村語彙』）、徳島県祖谷では、木材を積んでおく所（『全辞』）だという。

気多、気多川、気田川、桁ノ宮、気多宮、桁谷、下駄谷、下駄山（『日本の地名』）。

ケト、ケド　ケドは合戸などと書く。石合戸などという。「岩石の自然に居るによろしき所」。青森県上北郡野辺地町で（『方言』八の二）。また『全国方言辞典』には、同郡で山中の仮家をケトというとある。

ケト、ケド（毛戸、家戸、毛渡、仮戸）は、東日本特有の方言地名だろうか。秋田方言として猟師の山小屋の出入口。青森方言として山中の仮小屋という。

青森県の奥入瀬渓谷の入口にイシケド（石ケ戸）があり、新潟県の湯沢町にケトザワ（毛渡沢）があり、青森、秋田、新潟の山中に残っている言葉で、アイヌ語ともいうが見あたらない。何からきたのか分布が気になる。なお岩手県夏油《ゲトウ》（北上市）も、新潟県中魚沼郡津南町の結束《ケットウ》もこのケト（仮小屋）と同じかどうか（『地名の由来』）。

ケトナイ川。北海道の常呂川南支流。ケッ・ナイ（Ket-nai）。獣皮を乾かす張り枠のある川の意（『アイヌ語地名の研究』二）。

ケナシ　毛無と書くが、木無の転訛か。富士山頂その他に少なくない（『地形名彙』）。

北海道の渡島半島から東北地方北部を中心としてケナシ（毛無）、キナシ（木無）という山岳名に用いる地名がある。木のない禿げた山、毛無山、毛無森、毛無岱、木無岳、毛無峠という地名は、圧倒的に東日本に集まっている。毛無山はだいたいにおいて、山頂付近が草原となっており、樹木がまったくないか、あっても目立たないような疎林となっている。山頂に樹木がほとんどない場合でも「木のない山」と呼ぶことがあろう。

毛無山のような地名は、東日本独特の地名でもなく、西日本にも少しはある。中国山地の一角にもあり、さらに毛無島という地名が、東北地方の太平洋から瀬戸内の一部に分布する。これは関東を中心に広がったと考えられる。つまり、近世あたりになって、急に一部に広がった地名と考えられる。

毛無島は、古代は別の島名があって、新しい俗称として用いたもので、これが各地に点在する理由であろう。木のないハゲ山を西日本では何故「毛無山」とあまりいわないのであろうか。必ず古い用語がなければならない。

それにはカブロ（禿）山、カムロ山というのがある〔『地名の由来』〕。

ケミ　花見と書く、陰湿で木立のある地、信州で河岸の茅などの生えた平地〔『地形名彙』〕。

長野県東筑摩郡（一部、松本市、安曇野市）で、日陰や湿地などで、田畑にならない土地で、花見などと宛字している。時としては、林の所もあり、田んぼの間の小さい林とも、水辺の木のある所ともいう。南安曇郡（安曇野市、松本市）でも、水辺の樹木のある所をいう〔『全辞』〕。シッケミと関連があろう〔『綜合』〕。

ケミという地名は湿地。長野県ことに松本盆地には花見、唐花見《カラケミ》、田花見、青木花見といった地名が散見し、中には計見もある。

大町市南東郊の「唐花見」は、山中の窪地にあった池沼の跡の湿原を呼んだ名称である。

この地方のケミは、田んぼの間や水辺などにある木立を指すともいうが。とにかく湿地と関連した語であろう。千葉県検見川《ケミガワ》（千葉市花見川区）は東京湾の北東岸にあるもと漁村集落で、花見川の川口付近にある。花見川はまったくの低湿地を流れる川で、この低地からは、古代の丸木舟や、話題となった古代ハスの実が発見されている。花見川は毛見川とも書かれており、検見、花見、毛見、気見、計見はケミの宛字〔『日本の地名』〕。

ケロ　①　薪などを採る共有の山地。三重県阿山郡（伊賀市）〔『全辞』〕。

②　狭い平地（入谷、河盆、平らな山頂など）。この地名例が多い（毛呂、毛呂窪、計呂地、計呂地川、加計呂麻島、計露《ケロ》岳、高家領《ゲロ》）〔『日本の地名』〕。

ゲロー、ゲーロ　トカラ列島〈鹿児島県十島村〉の諏訪之瀬島、小宝島を除く各島にある。いずれも内陸地名。内陸といっても、山中の地名ではなく、海が望めて、集落地にさほど遠くなく、段丘または傾斜地にある。

口之島では、現学校敷地の周囲一帯の傾斜地の名。現在はゲローの下方に集落（ムカイブラ）が開かれているが、明治中期までは、ゲロー一円は竹藪であった。中之島のゲーオは宮水流《ミヤズワ》の上方で、マエノハマを望める南西向きの緩傾斜地にある。畑があり、その一隅に石を二、三立てたゲーオ様が祀ってある。ゲーオ様は麦の神様で、旧四月の丑《ウシ》の日にゲーオ祭りを行う。麦の初穂を粉にひいて、それを団子にして供える。そしてゲーオ畑の麦を刈ってから、初めて他の畑の麦も刈り入れる習わしである。今日では麦作はしないが、その形式だけは細々と残されている。平島にも麦の祭りがある。旧四月戌《イヌ》の日に神役が麦の団子を供え、祝詞をあげる。この祭りは、八幡様の上方の藪地で行う。ゲーロが麦神と関係ありとするなら、この藪地が本来はゲーロと呼ばれていたのかもしれない。現在のゲーロは、これよりさらに上方の傾斜地を指す。

悪石島では、サカモリ神社とその周辺一帯をゲーロという。

ゲローの意味は不明だが、麦神、傾斜地、藪が何かの手がかりになるかもしれない〔『トカラの地名と民俗』下〕。

ケワイザカ　美女が化粧して人身御供に捧げられたなどの伝説がある。多くは境界の地にあたるのも、化粧が人間の変身する状態そのものだとすれば納得がゆく。鎌倉七口の一つ、町の西北方の出入口にあたる化粧坂《ケワイザカ》もその一つ。その名の起りは、遊女たちが多く集まり、化粧にはげんだというが、曾我兄弟の弟の五郎の愛人化粧坂の少将も有名。化粧坂の山上、葛原が岡は、かつて鎌倉幕府が、鎌倉中の七カ所のみを特に商業地域に指定した時も、その一つに選ばれている。

内と外との相接する境界の地なればこそ、商業交換が栄え、遊女も多くたむろする繁華街となったのであろう。

化粧坂の起源につき、今一つ、平家の大将の首を取り、化粧して将軍の実検に供えたためとの説もある。『太平記』の俊基東下りの道行きの主人公、日野俊基が処刑されたのが、同じくこの山上だったことを思い出させるが、この付近の谷には鎌倉特有の墓地のヤグラが集中している。

　繁華街がまた同時に刑場であり、墓地でもあったとは、都市の境界領域にいかにもふさわしい姿だったとはいえまいか〔石井進「化粧坂」『朝日新聞』昭和62・10・21〕。

　東海道の見付の宿（静岡県磐田市）は、古代以来の遠江国の国府や、国分寺の置かれたこの地方の中心都市だが、ここにも西北方の境界地に化粧坂があった。そして、その外側の台地の先端部一帯に広がったのが、中世の大規模な集団墓地（一ノ谷遺跡）で、三千基以上の墳墓が密集した。

　そこは累々たる小石原で、賽の河原を思わせる。それにしても見付でも、鎌倉と同じく、化粧坂や墓地は西北の方角にある。

　わが国では、西北を祖霊の去来する方角で、西北風をタマ風といい、死霊の起す恐ろしい風とする地方は多い。

　磐田市をはじめ旧遠江地方では、今も屋敷地の西北隅に「地の神様」を祀るが、それは家の先祖で三十三回忌や五十回忌の済んだホトケが地の神になると信じられている。

　また天竜川の洪水に備えて、西北隅を特に高く盛り上げここに地の神を祀った屋敷構えも見られる〔「石井進都市の西北」『朝日新聞』昭和62・10・22〕。

ケン　①沖縄国頭郡具志堅《グシケン》（本部町）の堅はケヌすなわち原野《ケヌ》、具志は「越える」意だから、これは「越野」とか「越原」の意となる。島尻郡志堅原《シキンバル》があり、ケンもキンもケヌすなわち原野の意であろう。石垣島金武岳二〇〇メートルくらい、国頭郡金武《キン》〈金武町〉、金武岬の金《キン》もおそらく「原」と同類であろう〔『地理学評論』一八の一一〕。

②ケナ（キナ、チナ）の転訛したものか。沖縄の古《フル》堅《ゲン》、久手堅《クデケン》、津堅《ツケン》、具志堅《グシケン》なども焼畑のことか〔『現代「地名」考』〕。古堅《フルケン》、具志堅、久手堅《クデケン》、津堅《ツケン》、健堅《ケンケン》、今帰仁《ナキジン》村の運天《ウンテン》港も昔は運堅であった。ケンは、だいたいにおいて石灰岩のある地形の所らしい〔仲松弥秀『地名の話』〕。

コ

コ　コは、自己を中心とした空間と、心意がある。

オチ（遠）――コチ（近）。アチ（アッチ、アチラ、アソコ、アナタ＝彼方）に対して、コチ（コッチ、コチラ、コナタ＝此方、ココ）。越路《コシジ》は越前、越中、越後の国。コマル、コスイも自己中心。

ゴー ①愛媛県大三島（今治市）で渦（『全辞』）。渦のこと。愛媛県北部島嶼中心の分布をはっきり見せている（『瀬戸内海域方言の方言学的研究』）。

②島根県鹿足郡で、川の合流点（『全辞』）。

③新潟県南魚沼郡（一部、南魚沼市）で川（『全辞』）。鹿児島県屋久島で、花ノ江川をハナノエゴウという。川をゴウというのは、大島のコウと似通ったものがある（『旅伝』一一の一二）。

④部落内の区画。南島喜界島（『全辞』）。

長崎県南松浦郡（五島）には「○○郷」という部落の区画が多い。

⑤田舎。「町の人もゴーの人もみな総出だ」。高知（『全辞』）。

⑥一番ゴウ（コウ）、二番ゴウといい、井手の分水口のこと。石門や土管を用いた分水口。閘のことで樋の口の意であろう。熊本県菊池地方（『失われてゆく村のことわざ、言葉』）。

⑦山の手。山口県大島（『全辞』）。

周防大島の東和町（周防大島町）の事例から、香月洋一郎は「ここにおける郷とは、山すそに屋敷を立地し、そこからさらに山手を拓くことによって成立、維持されてきたムラではないか」といい、海岸の「浜」部落よりも古い場合が多いと述べている（香月洋一郎『地名と風土』三号）。

コーゲ、コウゲ 中国地方で、一般に高原の草生地の水流に乏しい所をいう。芝または高下の字を宛てる（『地形名彙』）。

芝草。カガに同じ（『日本地名学』Ⅱ）。

芝生、草原。岡山、愛媛県周桑郡（西条市）。カーゲに同じ（『全辞』）。

岡山県、愛媛県周桑郡（西条市）で、高燥な草地、草原のこと。高原または広原の字を宛てている。岡山県では普通名詞として使っている所がある（『方言と土俗』二の三）。

四国の伊予から中国一帯に広く行われる語で、また多くの地名にもなっている。磧と説く土地（喜多郡）、山に生えるものの名とし、別に田の畔に生ずるアゼコウゲというものもあると説く土地もあるが〔鳥取県八頭郡（一部、鳥取市）〕、多くは短い草の生えた土地で、水田はもとより、畑にも開き難い所、したがって、しばしば芝の字が宛てられている。播州西部ではコゲまたはコゲッパ、安芸ではコウゲンホウ、海に面した地方では、こういう所まで開いていて、段々畑をコウゲバタといっている〔岡山県児島郡（倉敷市）〕〔『農村語彙』〕。

福岡県糸島郡一貴山村（糸島市）では、田などの乾燥していることをコーゲという。春コーゲといえば、春先に空気の乾燥している状態をいう〔同地人談〕。

中国地方でいうコウゲにあたる土地を、東北地方ではカヌカといい、秋田地方でいうタイに近い地形〔『旅伝』一五の五〕。

鳥取、岡山県に草地を意味するコーゲの地名が多い。高下《コウゲ》、郊家《コウゲ》、郡家《コウゲ》などと宛てる。特に郡家は、鳥取県に多く、この字は、郡衙の所在地を思わせるが、数も多くほとんどの場合、郡家推定地との関連も薄く、草地のコーゲの宛字の所が多いらしい。美作には芝《コウゲ》と書く集落名もある〔鏡味明克『鳥取県地名大辞典』月報〕。

コウゴイシ　神籠石と呼ばれるものは岡山、香川、愛媛、山口、福岡、佐賀の各県にある。

名称	所在地	外部の長さ(㎞)	最高所(m)
鬼城山	岡山県総社市奥坂	二・八	四〇三
石城《イワキ》山	山口県熊毛郡大和町（光市）	二・五	三五二
御所谷	福岡県行橋市稗田	二・六	二五〇
鹿毛馬《カゲマ》	同県嘉穂郡穎田《カイダ》町（飯塚市）	二・二	八〇
雷山	同県糸島郡前原町（糸島市）	二・三	四〇〇
把木	同県朝倉郡把木町（朝倉市）	二・二五	二四五
高良山	同県久留米市	二・五	二五〇
女山	同県山門郡瀬高町（みやま市）	三・〇	二〇〇
帯隈山	佐賀県佐賀市久保泉	二・四	一七七
おつぼ山	同県武雄市橘町	一・八	六〇

そのほか岡山一、香川二、愛媛一が発見されている。

コウゴイシという呼称は、高良神社境内古図に、列石が神籠石と記されていたから、以来「神籠石」と呼ばれた。どの神籠石も列石は、個別には平均七〇～八〇センチ方形の切石で、ほとんど山の中腹から七、八合目くらいに頂上を囲む形で残されていて、ほとんどが花崗岩、朝鮮式山城の方式と同じ造り方のため、山城説（八木牂三郎、谷井済一）があるが、その他、霊域説（喜田貞吉）、朝鮮渡来系の集落の一時避難場所で、平時は祭りなどの集会場所。霊域説と山城説との折衷説で、日鮮交易関係の首長が築いたものかとする説（松本清張）、機織場説（長谷川修）、馬の牧場説（日高信光）、獣捕獲場説（宮崎康平）、廃寺跡説、交通要地説などがあり、斎藤忠は神籠石は付近の豪族との関係に注目している。

コウゴシマ、コウゴサキ 皇后島、皇后崎。コゴシ（凝し）という古語は「峻《ケワシイ》」「岩がゴツゴツと重なって峻しい」「凝り固まっている」などの形容詞。「岩が根の　こごしき山を　越えかねて　哭《ネ》にはなくとも　色に出めやも」（『万葉集』巻三、三〇一）（巌石のごつごつしている山を越えかねて、泣き面をしても、妹を思う心は顔色に表わそうか）

愛媛県松山市沖の興居島は、岩がちの島、福島県旧勿来《ナコソ》市（いわき市）九面《ココツラ》（または九浦とも）は、山裾を海食崖の縁どる磯浜で九《ココ》はコゴシからきたものか。大分県日田市の古々路は、日田市から南方へ通ずる険しい山道に沿った小部落で、岩坂の道にちなむ名か。古後《コゴ》、古古の地名もこれか（『日本の地名』）。

コウダ 棚田の上の田の下側（アゼの反対側）、畑の場合にもいう。コウにアクセントがある。北九州市小倉南区三谷地区（『三谷方言集』）。

ゴウダ、ゴータ 岡山県小田郡（一部、井原市）で平坦な所の田。郷田であろう。郷は民居の集まった区域で、そこに近いという意か（『農村語彙』）。

石見でも広い田ばかりある所（『島根民俗』二の四）。愛媛県大三島（今治市）では、村はずれの田（『全辞』）。福島県石城郡草野村（いわき市）で、田んぼのひろびろとした所をコウドという（『磐城北神谷の話』）のも、コウダと同じではなかろうか。「コウドさ行った」などという。

仙台付近で、田地の広く続いた平野をそれぞれ〇〇コウトウと呼んでいた（『農村語彙』）。

「関東などで耕地というのに近い。これも耕土とでも書いたろうかと思われるが、両方とも起りは、河内ではないかと思われる」（『綜合』）といっている。

コウチ、コーチ、ゴーチ、カワチ、ガワチ 川内、河内、山間の小さな盆地とか谷の奥の平地の意で、しばしば河間《ゴマ》ということもある（『地名の成立ち』、『地名を歩く』）。

河谷、奥羽と北海道にはほとんどない（高知、高地、高内、高路《チ》、河内、東河地《ゴーチ》、川内、宇《ウ》都川《トンコ》路《チ》、古内、古知野、東耕地、清合地、伊勢居地、中好地、殿垣内《ゴーチ》、老郷地、後地、幸地、高府地）（『日本の地名』）。

福岡県には、河内という地名が多く『国中河内ノ名、凡河内とは民俗の称する処、山間一谷の中に在て河水流れ出る所の境内を云、平原広野をば称さず』と『筑前国続風土記』巻一にあり、別条に「一谷の内数村連れるをすべて某の河内といふ」とも説明している。

静岡県榛原郡（一部、島田市、御前崎市、牧之原市）では、谷川の大きいものをコウチという。茨城県では、河内をゴウトと訓ませ、那珂川上流には山田、岩戸、四箇畑、五箇山の名を冠する四つの河内がある（『綜合』）。

足柄の　土肥の河内に　出づる湯の　よにもたよらに　子らが云はなくに（『万葉集』巻十四、三三六八）

土肥の河内は、現在の足柄下郡湯河原町宮上《ミヤカミ》の温泉（以前の土肥村が湯河原町となった）で川沿いの谷間。コーチは九州の天草や長島にも多い。奄美大島の山間部の至る所にコーチという地名がある。この地名は大島が南限で、沖縄には全然ない（『奄美の文化―総合的研究』）。

鹿児島県でも、コウチまたはコチとつまっていうのは、川を囲んだ土地をいう言葉、ツルは川のすぐそばをいうのに対して、コウチは川を囲む谷のなだれも含めて一帯を広くいっている。部落の名には、荒川内、牛川内、観音川内、大川内などいくらでも川内があるのは、人の住むのに最も適した場所だったからである。川内市は、今ではセンダイと呼んでいるが、古くはコウチと呼ばれていたことは柏常秋の説の通りで、川内川をめぐる最も大きなコウチだったのである（『かごしま民俗散歩』）。

四国の徳島県剣山麓の傾斜地に佐那河内《サナゴウチ》という耕作田地があり、ヒスイ川という川がある（地質は断層破砕帯という）。四国の山中にもコウチがある（「古代史の謎」『FBSテレビ』昭和51・11・11）。

群馬県勢多郡横野村（渋川市）でコーチは、ひとかたまりになっている部落（老人ことば）（『分類方言辞典』）。

常陸南部で、田のある低地（『全辞』）。

畑の日当たりのいい所、オンヂに対する語。広島県安芸郡倉橋島（呉市）〔同地人談〕。

愛媛県越智郡（一部、今治市）で物洗い場。コウドに同じ〔『綜合』〕。

高知市は、もと河中、河内で、山内一豊公が高智と改め、鏡川や久万川が氾濫すれば川の中になってしまうという意味。

大阪の河内も、吉野川の氾濫によって、川の中になっていた所。川が氾濫すると川の内になるところという意味。

河内、川内、高知、川之内、河之内、磯河内、大河内、中川内、百川内の地名がある〔小川豊『地名と風土』二巻〕。

なお、高知県南国市の通称地名咥内《コウナイ》、高知市朝倉の通称地名咥内があるが「咥」は音キ、キツでコウの音はない。本来の字音によらず、口偏の連想からコウの音よみになったものであろう。

南国市の場合は、もと咥内島村で、物部川の川中島であったようである。高知市の西、伊野町（いの町）境にある朝念の咥内は、宮ノ奥とも呼ばれ、朝倉神社の神内《コウナイ》かもしれないが、南国市の場合と同字、同義で河内《コウナイ》の意かもしれない。「咥」の字義は「笑う」であるので、ほがらかさを表わす意味で、好字として宛てられたものかと思われる〔鏡味明克『高知県地名大辞典』月報〕。

北九州市でも、「河内」は谷間や日影（陰）などの地形をいう〔『北九州市史』民俗編、『三谷方言集』〕。

低湿地の田を茨城で「コーチ」という〔『茨城方言民俗語辞典』〕。


ゴウト、ゴートー、ゴート　ゴウロとかゴウラというと岩石の堆積して露出している所を多くはいうが、ゴウトの場合は、堆積して岩石の上に地衣類など繁茂した山中の場所をいう。場所によると偃松に覆われて岩石はその下に隠れていることもある。長い間堆石が動かないと苔などがついている。越中の薬師岳付近には、このゴウトが多い。信州安曇地方の人々もこういう所をゴウトとかゴウトウとかいう〔『旅伝』の一五二〕。

北安曇郡小谷地方で、岩石磊々の場所をゴートー〔『郷土』一の一〕。

兵庫県宍粟郡奥谷村（宍粟市）戸倉でも、山で石ばかりごろごろしている所をゴートという〔『山でのことを忘れたか』〕。


コウヤ、コーヤ　東京都下、埼玉県にこの名の部落が多い。高野、幸谷、興野などと宛てる。新潟県から山形県にかけては、興屋というのが多い。コウヤは荒野の字音であろう。山口県阿武郡六島村（萩市）の相島で開墾することをコウヤウツ（荒野打つ）という。荒野は開墾勧奨のため、何年かの間、曠野同様の運上をしておく土地ということであった〔『綜合』〕。

興屋の名称をもつ集落は山形県では、慶長より古い開墾地。仙台領には、寛永に開かれたカウヤがあり、藩によって違う。庄内平野では、最上氏の改易で鶴岡に酒井氏が元和八年に入封してから藩が開墾させた集落が新田で、興屋はそれよりも古い。

庄内平野には丹波興屋、上興屋、中興屋など、興屋のつく集落が九〇以上ある。興屋は切り添え開墾式に手っとり早く開墾できる低湿地や荒蕪地を開いた自然発生的なものである。興屋のつく集落にはほとんど寺がない。興屋は微高地にある。新潟県にも興屋の地名がある〔長井政太郎『地名の話』〕。

開墾地。東北地方に多い分村地名（興屋、紺屋、高野、高谷、幸谷、幸屋、荒野、耕谷、郷谷、神野、木《コー》屋）〔『日本の地名』〕。

コエ　峠道。小崎越、不土野越、国見越、霧立越などがある。宮崎県東臼杵郡椎葉村〔『椎葉の山民』〕。

ゴエ　峠路。徳島県の北部で〔『全辞』〕。徳島県板野郡土成町（阿波市）にウノタオゴエという峠がある〔同地人談〕。

コガ、コーガ　①　空地を開拓した「空閑」の意とされるコガ（古賀、古閑、空閑）は佐賀平野、筑後平野から熊本平野にかけておもな分布地域である。佐賀県を中心として福岡、長崎の三県では「古賀」が主で、熊本県では「古閑」が多い。たんに古賀というのもあれば、〇〇古賀も多く、東古賀、西古賀、今古賀、山古賀、原古賀、境古賀、鬼古賀、上《カミ》古賀、下古賀、古賀茶屋など。

コガは村落を意味すると同時に、集落内の各区画をもいう語である。一つの集落が、上《カミ》ノコガ、中ノコガ、下ノコガ、新コガというように分けて呼ばれていることもある。この点、カイトやニワと相通じており、また「組」ということばとも共通する。集落内の一つの区域あるいは一部落をさしてコガと呼ぶこともある。

また、古賀の地名は、九州以外にも散在している。久我、久賀、古河、空閑、古閑などと書かれ、いずれもコガと訓まれている場合もある。久我、久賀はクガ、クカと呼んでいる所もあるが、それはコガとクガとが相通ずるからである。コとクとは相通ずる。「いずこ」(何処)が「いずく」と同様なのもその一例。キガ(木賀、気賀)、ケガ(気賀、毛賀)もコガと同類であろう。

公郷《クゴウ》(横須賀市公郷町)もコガの転かと思われる。甲賀もコガと同類か。またコガという発音に近似したゴカと呼ぶ地名も全国に多い。

五箇(五個)、五家、五賀、後閑(ゴカまたはゴカン)、後家などが多く、五霞《ゴカ》(茨城県猿島郡五霞村〈五霞町〉)。利根川沿岸)もある。

熊本県球磨川上流の五家荘《ゴカノシヨウ》(五箇庄〈八代市〉)や富山県庄川上流の五箇山などは、奥深い山村として、また平家の落人の子孫という伝説もあって有名だが、そのほか平家谷の伝説をもつような人里離れた山中の村には五箇山、五箇庄、五箇村、五箇などの地名がある。また、そういう山地には限らず、平野近い山地や平野にも分布している。

五箇という地名は、五つの村落から成るので、この名があるという説がある。三箇、二箇などの地名もあるので、これと対応して五箇もあっていいとも考えられよう。

柳田国男『地名の研究』で、五箇の地名が、五つの部落からきたという説は、事実に合致せず、またコガ、ゴカを中世の法制語の「空閑」にあたると見る説も否定している。

要するに、ゴカもコガも同じで、コガの転訛であり、「土地の区画」あるいは「部落」の意と思われる。

五箇、五箇山(五ヶ山)、五箇庄、五箇村が、偶然に五つの部落と一致する場合もありうるし、また五つの部落であったために、五箇の地名を採用した例もあるとしても、それらは、むしろ異例である。数多い五箇を原則的に部落数に結びつけて解釈することは無理である(『地名の探究』)。

群馬県利根郡月夜野町(みなかみ町)の後閑《ゴカン》(上越線の後閑駅もある)をはじめ、前橋市後閑町、高崎市新後閑町《シンゴカマチ》、安中市上、中、下後閑など、この字をゴカンという地名が各地にある。

これは荘園の形成過程で、未開墾の「空き地」が「空閑」と呼ばれたことから発している。後閑はもとはコカンで「後」の宛字によってゴカンと濁るようになったものであろう。群馬県富岡市の後賀《ゴカ》なども後閑と同根かもしれない〔鏡味明克『群馬県地名大辞典』月報〕。

未墾地・空閑地〔『日本の地名』〕。

古賀、空閑の意で、佐賀平野で新開地を指す〔『歴史地名通信』三号〕。

部落の小区画。福岡、佐賀、長崎県で〔『民俗と地域形成』〕。佐賀地方で古賀風呂というのは、村風呂、モヤ風呂をいい、共同風呂のことである〔『習俗雑記』〕。

古賀、古河、古我、古家《ガ》、古閑《ガ》、甲賀、甲可、久我《コガ》、小賀口、高賀、許我《コガ》渡、古閑《クガ》、空閑《クガ》〔『日本の地名』〕。

② 水田の耕土下にある青い床土の層を、山口県豊浦郡豊浦町（下関市）でコガ〔金関丈夫『毎日新聞』昭和36・1・20〕。

ゴガ 五箇、空閑、後閑の字を宛てる。古賀の字を宛てることもある。またカガ（その項参照）と関係があるらしい〔『地形名彙』〕。

コクラ ① オグラ、タカクラは低い所。

② 岩山に囲まれた小さい谷。北海道以外の全国に分布（小倉、高倉《コクラ》、小蔵、子按《コクラ》）〔『日本の地名』〕。

コゲ、コーゲ 芝生。兵庫県赤穂郡。同郡で河原などの芝生を切り取ることをコゲキリ、芝生または田の畦などを焼くことをコゲキリという〔『分類方言辞典』〕。

芝草地。全国に多いが、東部中国に特に多い（高家、高下、高原、高花、高毛、郡家《コーゲ》、荒下、荒毛、神毛、河毛、香下、芝《コーゲ》）〔『日本の地名』〕。

コサ ① 武蔵では日陰。巨勢も同じ〔『地形名彙』〕。

作物に陰をつくる木叢や、その陰になる土地、日陰地、ものの陰、不毛地。東国で〔『物類称呼』〕。福島、関東地方各県、山梨、静岡、長野〔『全辞』〕。

東京の周囲で作物に陰を与える木叢またはそれのある不利な土地をコサという〔『山村語彙』〕。

『東京都世田谷地方の農業に関する方言』にコサ（日陰地）、トホコサ（薄日陰の土地）、オホサ（完全な日陰地）とある。オホサのhoはkoの変化したもの〔『言語地理学』〕。

栃木県で木陰、日陰、草木が茂って陰になること、なお邪魔になる木や枝を切り落すこと、田畑の作物に悪い影響を及ぼす木や枝を切り落すことをコサギリ、コサハライという。なお、同県鹿沼市、今市市、相州津久井（相模原市）などの古文書に、故障伐願とある故障もこの宛字である〔『栃木県方言辞典』、『山村語彙』）。

静岡県引佐郡都田村（浜松市）でも、耕作地を覆う茂った樹木の下陰をコサともコザともいう（『民伝』八の三）。同県浜名郡中瀬村（浜松市）でも、家の陰で作物の生育の悪い場所をコサッキとかコサッテイルなどと動詞にも使う（『民伝』一八の一二）。

播州赤穂郡で山麓などの平坦で、短い若木灌木の生えている所をコセというのも同じ語であろう（『山村語彙』）。

また、千葉県香取郡古城村（旭市）で、田畑に沿う山野の崖側で田畑の所有者が、三尺ないし六尺くらい刈りあげをする所をいう（『民伝』一二）。

『門司市史』楠原《クスバル》の小字に「コサ口《グチ》」という所がある。

大分県南海部郡米水津村（佐伯市）で、田畑の日陰地をコザリというから、コサは九州まで分布していることがわかる（古座《コザ》、御座、高座石、小佐、五《ゴ》才鬼《サイキ》、五才天、五才田もこれか）（『日本の地名』）。
② 小さい田。これに対して大きな田をオウサ。福島県石城郡草野村（いわき市）（『磐城北神谷の話』）。千葉県君津郡（袖ヶ浦市）では、小さい田をコーサ（『全辞』）。

コシ ① 九州の山地で峠（『旅伝』一五の二）。越（船越、山越、越戸、幸次ヶ峠）（『日本の地名』）。
② 伊豆諸島の利島、大島などで海食崖、崖、懸崖、海崖、がけをいう。コシべともいう（『伊豆大島方言集』、『地理と民俗』）。崖（腰越、腰浜）（『日本の地名』）。
③ 山のコシ、山麓。越後粟島（『旅伝』六の一二）。麓。側（山腰、腰巻）（『日本の地名』）。
④ 富士山のように山に登る時一合目、二合目と数え、十合目で頂上に着く例が全国的に多いが、越中の立山では一ノ越《コシ》、二ノ越と数え五ノ越からさらに絶頂に登る。現在「越」と書くが『伊呂波字類抄』十巻本（鎌倉初期）では一輿、二輿と書いている。これは宛字で、コシは層であろう。塔などの重層的建物では、各層をコシと呼ぶ。
神仏の霊山たる立山を社寺建築になぞらえて一層二層と称したのであろう。また各層に祠を設けたので、心情的にオミコシの輿の字も使用され、さらに後世、登攀の苦しみを一つ越え二つ越えという気持が働いて、越の字が使用されたものであろう（広瀬誠『地理』昭和57・7号）。

古学者の間では、縄文時代後期にこの種の土器が「漉し器」として、液体と固体とを分離するのに使われ、のちにこれが蒸し器として使われるようになってからも、その名が残ったと唱える人もある（『植物和名の語源』）。

章魚《タコ》釣りなどの糸を入れる物。北九州市（『北九州市史』民俗編）。形が甑に似ているからであろう。

湯気を立てる甑（比喩語）。甑岳、甑山、越敷《コシキ》山。甑《コシキ》（せいろう）の象形語（甑岩、甑島）。

② 石垣（グスクの転）。子敷、内甑《ウチコシキ》もこれか（『日本の地名』）。

コシゴエ　鎌倉市の腰越は、七里ヶ浜の西はずれで、藤沢市の片瀬と海岸道路に沿って人家が並んでいる。腰越の人家の並ぶ往来は、後ろの丘の端が低くなった所で、丘の続きは小動《ユルギ》崎と呼ぶ小丘を起して海に突き出している。

三浦半島の観音崎から海岸沿いに浦賀に行く途中、鴨居の入口にも腰越がある。

鎌倉の腰越と、この鴨居の腰越とは、その地形がまったく瓜二つの類似を示している。

ここでも、海岸に迫る丘の端が、腰越の海岸道の所でいったん低くなり、それがさらに南へ延びて観音堂と呼ぶ小丘の半島をつくっている。

腰越の地名は各所にあり、丘や山の一端が延びて先端付近の低くなった箇所を道路が通過する状態がいずれも一致している。もちろん、海岸とは限らず、平地に臨む山や丘の端にも多い。腰（または「山の腰」）という語は元来、山の麓に近い所という意味で、城の腰という地名は、城山の麓の集落で、根子屋（根古屋）などに類する。

『新編相摸国風土記稿』は、鎌倉郡腰越村（鎌倉市）について、その地形からみて、往来か山腰を越えて行く意味であろうと解釈しているが、これは正しいことになる（『地名の探究』）。

コシバヤシ　出雲、安芸の山ざかいの地方で、私有山林の意。旧松江藩の制度では山林を三種に区別し、これを御立山、野山、腰林といった。御立山は官有林、野山は共有林。

芸州側では、このようなコシバヤシは、田地に接近した小さい山だといっているから、腰林かと思うが、なおこのコシはコサだったかもしれない（『山村語彙』）。

立木のある私有地で、田地に接近した小さい山だという。腰林と書く。広島県山県郡中野村（北広島市）〔『方言』六の三〕。

コシマキ　山、傾斜地の中腹をいうか、山の腰を取り巻いている腰まわりとでもいえる所か。群馬県吾妻郡東村（東吾妻町）箱島の腰巻。富岡市大島の腰巻〔『地名のはなし』〕。

ゴショ　①高所（御所、御所台、御所山、御所内、五所山、黒木御所通、瞽女ヶ峠）。

②草むら。ゴソ（五所原、五荘もこれか）〔『日本の地名』〕。

コーズ　川（海）、岸の石地。

ゴーツ（高津、神津、興津、上津《コー》、郡戸《コーズ》）〔『日本の地名』〕。

コセ　長野県東筑摩郡（一部、松本市、安曇野市）で、一方が山側になった道といい、越しの意かというが、やはり陰のことであろう。古く大和の巨勢などといったコセも歌を見ると、山の陰の道のことで、コサと同様、本来は樹陰のこと〔『山村語彙』〕。

　兵庫県赤穂郡では、山麓の低い灌木の生えた所、岡山県邑久郡（瀬戸内市）では、屋敷の裏手の山沿いに栗柿など植えた所をいう〔『綜合』〕。

　山陰の道のある所（古瀬、巨勢、小瀬）〔『日本の地名』〕。

　台風が四国沖から紀伊半島沖を通り抜ける時、那岐山と滝山に、靄とも入道雲ともつかないようなものがかかり、ごろごろと山が鳴り、猛烈な「広戸風」が吹く。台風が四国沖を通過する時、この風が必ず起る。那岐山麓の旧広戸村（津山市）にちなむ。

　土地の人は「北大風」（または三穂太郎という）を防ぐため、横仙筋の旧勝北町（津山市）をはじめ、奈義町の民家は、周囲にコセという防風林を植えて、民家を風から守っている。これは屋敷の北と西の二方、または北、西、東の三方に築地《ツイジ》と称する盛り土（土堤）をする。盛り土は、石垣積みの上に土を盛ったものである。この築地の上に木背《コセ》木といって竹（真竹）や欅や樫などを植える。竹を植えているのが最も多く、竹藪かと思えば、その中に民家がある。民家は竹藪にこっぽり囲われている。欅や樫は、周囲の水田に日陰をつくり、作物の成長を阻害するので、二年に一回、部落民が総出で陰代りといって、どこの木背木であろうと遠慮なく樹木の中途から伐り倒すのである。こうして木背木を植えて広戸風から民家を防護している〔『岡山民俗事典』、『岡山の民家』〕。

木背。兵庫県宍粟郡（宍粟市、姫路市）、岡山県和気郡（一部、備前市）、邑久郡（瀬戸内市）、美作地方の農家で、敷地の周囲の防風林。西や北に栗や柿などを植える〔『集解』〕。

ゴゼ、ゴゼン　竜王御前、牛ノ御前、磯ノ御前、その他神社に対してしばしば○○御前（時にはゴゼ）と呼ぶこともある。ゴゼンは神の尊称で神社を指す。加賀の白山の最高峰を大御前《オオゴゼン》（御前峰二七〇二メートル）と呼び、その頂上には白山神社奥宮が鎮座する。

オマエも神を指す語である。静岡県の駿河湾口の御《オ》前《マエ》崎は、この岬に祀られた駒形神社からきた名称。これらは直接神の名をいわずに敬して「前」と呼ぶのである。また、ミマシ（御座）も神（あるいは貴人）の座席、つまり神をいう言葉である。神奈川県の北部、愛甲、津久井両郡の境にある三増峠（またはミマセ峠）のミマシはこの例。この峠は、甲州の武田勢と小田原の北条勢との合戦場として知られている。

オオマエ（大前）という語も「神の前」の敬称で、ミマエ、オマエ、フトマエ、ヒロマエなどと同じであり、神社の場所を指すことになる。

オオニワ（大庭、またはオオバ）は宮殿前の広場のことで、この場合「大」は敬称。大が敬称となるのは大神《オオカミ》、大御《オオミ》言《コト》、大宮、大八洲などの例がある。

大山と呼ばれる山には、文字通り大きい山ということのほかに、尊い山としてあがめる意味の場合が多いように思われる。大山、大岳、大峰などとよばれる山は、神社を祀る信仰の山が多い〔『集落・地名論考』〕。

神前（御所、御前峰、御所《ゴゼン》峠、御前崎（富士山に対して）、御前岳、御前山、田ノ御前《ゴゼ》、居世《ゴゼ》神《カミ》（桜島火山に対して）〔『日本の地名』〕。

コタ、コダ、コータ、ゴンダ　低湿地にちなむ地名。コタはクタ（久田）でクテと同様、ゴンダ（権田）はコタの転訛とみられる。これらの地名は、谷の中やデルタなどに見られる〔『日本地名学』Ⅱ〕。

コタ、コータは湿地。ゴタの転、田の字を用いてもその意ではない（古田、古多、幸田、神田《コーダ》、胡田、香田、鼓田、高田《コダ》、甲田、川田《コタ》、河田《コーダ》、籠田《コタ》、小青田《コーダ》、小生田）〔『日本の地名』〕。広島県で田の一区画をコダ〔『日本言語地図』④別冊〕、長崎県上五島の宇久島（佐世保市）で、階段状になった田の斜面をコダという〔同地人談〕。

コツ、コト、コット　海岸など突出する岩鼻をいう。コツは朝鮮語で鼻の意。上州、信州で岩石が累積して通過困難な谷をコッという〔『地形名彙』〕。千葉県忽戸《コット》ノ鼻、出雲北浜村（出雲市）の許豆《コツ》神社のある小津（許豆）浜、若狭加斗村（小浜市）オコツ（岡津）も海に突出している地形で、コツ、コットはクシと同様、岬角の意味で、海岸地名としては房州、紀州沿岸特に若狭以西の日本海岸に分布する。串の字を朝鮮語でコツと音読し、これは端、末、角と同じく、朝鮮語で岬を意味すると〔『朝鮮地名の考察』〕。

　コツは、朝鮮語の串で、クシも同義の地名である。特牛（福井県の特牛《コトイ》崎、山口県豊浦郡〈下関市〉特《コッ》牛《トイ》）、琴などを宛てる。牛は日本の古語でコトヒ、現に東北では牡牛をコデ、九州でコッテ、沖縄でクティというから特牛《コットイ》の宛字はこれから生まれたのであろう（福岡県田川郡添田町に大特牛《コットイ》岳、小特牛《コットイ》岳がある）。また、琴を宛てた琴浦、琴崎、琴引などがある。海岸以外にも、信州などの地名に見られるが――たとえば石ばかりある山地を長野県南佐久郡北牧村（小海町）〔『旅伝』一一の八〕、武蔵多摩水源地ではゴッ〔『山岳』二の一〕――これは丘陵の先端部に名づけたものであろう〔『民伝』六の四〕というが、これは海岸の岬をいうコッとは全然別の詞で、たんに岩場をいうのであろう（次項ゴッ参照）。

　なお、香川県で山頂をコツ。愛媛県越智郡（一部、今治市）では頭をいう〔『全辞』〕のはホツのこと。

ゴツ　越前山中で岩石の多くある所だという。コツから転じたか、ゴツゴツが元か不明〔『地形名彙』〕。

　奥多摩の山中の岩石集団地をいう。葡萄沢峠の近くには石英閃緑岩の大集団地があり、地元の人は、これを「大ゴツ」といっている。

　信州上伊那の一部でも、この種の岩場をゴツという〔『旅伝』一五の一〕。

コデン　古田。江戸時代中期に開発された新田に対して、それ以前から開発されていた水田のことであろう。概して住居の近くにあり、良田で大切にされた〔『日本庶民生活史料集成』一〇、「奥民図彙」上の補註〕。

　もちろん、早く作り出した古田であるが、皆人家の近くの田で、村のすぐ背後の段丘下のものをそう呼んでいる。また別にタンポともアタリともいう。佐渡外海府村（佐渡市）で、段丘の上の田は、その近い所一帯を新田といい、これは共同に開墾して分配したものであるが、コデンはこれに対する称呼。この新田の奥にあるのが山田で、これは最初から個人の開墾に委ねられた一人持田であった〔『旅伝』一四の二、『農村語彙』〕。

池の水のみを灌漑水として受ける田に対して、湧水をも一部灌漑に取り入れる田をコデン（古田か）と呼び、コデンを持つ田主人《タズニン》の権利はそうでない者より強い。

コデンは、池の築造前からあった田であるといわれ、普段は各水田共にミトモリという水番の配水にまかせ、池の水をも受けているが、旱魃の時には、コデンが優先的に水を利用することができ、コデン所有者はミトモリの指示に従わず、勝手に樋を抜いてコデンに引水することが認められている。つまりコデンは湧水も池水も共に利用することができる。旱魃時に有利なコデンがなお有利な地位に立つことはきわめて不合理ともいえるが、権利の基準としての開発の新旧が、所有面積の大小に優先する点に、地域社会としてはより古い慣行であるらしい感覚が認められるように思う。この種の水利権は、三原郡（兵庫県南あわじ市）でも扇頂部などの比較的開発の早い集落にいくつかの事例が存する〔『民俗と地域形成』〕。

ゴテン、テンジョウ　やや尊崇の意味を含み、峻嶮峰の頂上をこう呼ぶ〔『地形名彙』〕。

武蔵との境に近い甲州北都留郡の山地にゴテンという地形がいくつか見える。

ヒツ石山（一七五七メートル）の南側山腹に日影ゴテン、日向ゴテンがあり、この辺のゴテンは立岩の方言であるという。

北都留郡（一部、上野原市）と東山梨郡（笛吹市など）の郡境の大菩薩嶺（二〇五六・九メートル）の近くの尾根には、エンマゴテン、クニウチゴテンという突起があり、後者は地図には岩のある記号がある。秩父甲州境の唐松尾山の近くにもゴテンという突起があり、この御殿山は岩石が露出し、秩父方面から見える。

要するにゴテンは立岩に対する直接の呼び名かどうか吟味の余地があるが、とにかくある種の形の岩組などがあり、そのあたりの地形が御殿を連想させる場所に対する称呼らしい。

「甲州都留郡の岩殿山は、岩洞が自然に殿閣を望むが如き状なるによる」と地名辞書に出ている〔『旅伝』一五の二〕。

立岩（御殿山、御殿岩〈槍ヶ岳の頂もゴテンと呼ばれる〉）。

台地（御殿場、御殿庭、御殿峠、御殿辻）〔『日本の地名』〕。

コナ ① 部落内の地縁集団。岩手県南部、宮城県北部〔『民俗と地域形成』〕。村の小字。群馬県多野郡（神流町）万場〔『分類方言辞典』〕。字名、一村内の小区域。あざ、あざなに同じ。栃木県安蘇郡（佐野市）〔『栃木県方言辞典』〕。

② 田地の小名《コナ》では、大ゼマチ、小ゼマチ、掘ステ、ヤケ田、大野、大坪、中ノ坪、焼野、中釜、古釜などと呼ばれるものがある。佐渡海府〔『旅伝』一四の二〕。

③ 二毛作田（古名、古奈、小名、幸那畠もこれか）〔『日本の地名』〕。

④ 大分県下毛郡耶馬渓町（中津市）で、ある作物を主目的に作っている畑に、稲、雑穀以外の作物を混植するもので、たとえば、茶園にコンニャクを植えるような場合に「茶園コナ」「コンニャクコナ」という。時には開墾者の名を冠して「○○コナ」ともいう。比較的狭い畑地が多い〔『大分県史』民俗編〕。

コバ ① 木場。小場。古庭。小庭の字を宛てるが、中には「畑」の字で畑地であることを表わしてコバと訓ませたものもある（人吉市の大畑《オコバ》とか内町《ウチコバ》などコバに畑を宛てたのは、その実体を表わしたもので、畑といえば、焼畑が主であることを暗示しているといえよう）。

コバの地名は、九州に多く小部落の地名が多い。九州以外の諸地方にも広く散在する。地名として単独の木場のほか、今木場、木木場、稗木場、木場山など。

コバは元来、焼畑をいう地名だが、部落を意味する語ともなっている。ある種の地名が、ある地域に非常に多く分布する場合、その地名は本来の意味を離れ、往々、部落、村落の意味に転ずるようである〔『地名の探究』〕。

『後狩詞記』（宮崎県椎葉）でイレソデ（入袖）というのを、熊本県人吉市日野地方ではコバという。焼畑または旧焼畑の跡がはっきりしていて、山林区域に対して袖状に見える所。

また『後狩詞記』にシナトコというのを人吉市日野地方ではコバアトという。大豆、小豆、ソバ、ヒエなどを焼畑の内で叩き落とし収納をした跡、猪は落穂などをあさりにくる。畑跡、収納床〔『えとのす』五号〕。

カンノ（カノ）とだいたい同義、山畑など含まれる場合がある。一般的にコバの使用範囲が広いようである。山中など地名として残っている。熊本県〔『失われてゆく村のことわざ、言葉』〕。

コバの南瓜は美味であるという。一度も作ったことがないので腐葉土が肥料となり、昼夜の温度差があり、排水がいいためだという。熊本県阿蘇郡小国町〔『NHKラジオ』昭和61・8・28〕。

長崎県下では、山間の製材場、木コリ場、炭焼場のある所をコバといい、このような僻地に暮して、都会の情勢に通ぜず、負けん気を出して、一人合点の理屈ばかり、こねる人のことをコバトウジンといい、長崎市民は、軽蔑するより持てあますのである〔『長崎方言・ばってん帖』〕。

四国山地、九州山地で焼畑、雑穀栽培型が中心となっているが、ムギ類やイモ類の栽培もウエイトを占めている〔『日本の焼畑』〕。

畑をコバ、コハと発音する場合には、焼畑、切替畑を意味するものが多い。山村では独特の焼畑耕作が行われ「コバ作り」「コバサク」などと呼ばれ、山地の新開拓地である「園」とか「木場」とかの地名が生まれる〔『地名の成立ち』〕。

山間の地に開いた畑。長野、熊本、鹿児島県種子島〔『全辞』〕。山地利用の農作地をコバと呼ぶのは、九州では普通のことで「木場すなわち木を伐らぬと行えない農作の意」ではないか〔『農村語彙』〕。

熊本県八代郡坂本村（八代市）市の俣で、焼畑のコバにはソマ（ソバ）コバとカライモコバがあり、おもにソマコバを行うことが多かった。

ソマコバは旧暦六月の土用前後に播種、旧暦八月の十五夜過ぎに収穫。三年目には土地の地味によって作物を変える。地味のよい土地には里芋が多く、旧暦三月頃植えつけ、旧暦十月収穫、また小豆やカライモもよく作った。小豆やカライモは旧暦五月播種、収穫は共に旧暦十月頃。四年目には粟を作り、以後は放棄した。カライモは連作することが多く、ソマコバと別の土地でカライモを連作するのを、特にカライモコバと呼んだ。ソマコバにおけるソバの播種の時期は、奥コバは秋彼岸前一カ月、近コバは二十日前という伝承も聞かれる。儀礼としては、山の神へ捧げるため地面に御神酒をたらすだけで、ほかには何も聞かれない〔『日本民俗学』一二六号〕。

宮崎県児湯郡西米良村でも、焼畑はコバサクで、冬に木オロシ（枝オロシ）し、春に火を入れる。ヒエ、アワ、里芋、茶を作った。夏はソバ、大豆、小豆、トウキビ。鮎釣り。秋は麦、ナバ山仕事（椎茸作り）など〔『漂民の文化誌』〕。

熊本県五木村でもコバヤキ（コバ作のため伐った木を焼くこと）、コバ作がある〔『NHKラジオ』昭和53・4・26〕。

長野県上伊那郡（一部、伊那市）地方では、田に入れる肥料としての草木の若葉を採りに行くため、朝二時、三時に起きて山に入り、山に着くと木場《コバ》を定めて馬を繋ぎ一眠りする者もあり、月夜にはすぐ山に登って刈り始める〔『村の生活の記録』〕。

山仕事の根拠地だから、平坦地であろう。

大分県で、山地利用の農作地に木場、古木場、小葉、小場迫、小羽迫などの地名がある〔『地名覚書』〕。

岡山県真庭郡（一部、真庭市）でも焼畑をコバ〔『岡山民俗事典』〕。九州では一般に焼畑耕作地を意味するが、本来は伐り出した木を置く場所のことらしい。

宮崎県児湯郡西米良村では材木寄せ場をコバズリといい〔『漂民の文化誌』〕、熊本県八代郡五家荘（八代市）では、山で伐った木を川まで運び出すことをコバスル。四国吉野川流域でも伐採した木を運び出すため集めるのがコバスルである〔『綜合』〕。

山口県でも、山中の小平地で、木材をここに伐り出して貯めることをコバ出シという〔松永美吉採取〕。

山上、山腹、山麓の小平坦地を長野県東筑摩郡（一部、松本市、安曇野市）、奈良県吉野郡（一部、五條市）、山口県、佐賀県東松浦郡入野村（唐津市）などでいい、広島県でも山腹のわずかな平地で、弁当場などに用いられる。

長野県各地でも、山中の馬に荷をつける程度の平地をいい、山仕事の根拠地でコバマドメともいう。富山県の東部山地（立山山麓）でも、荷物を下ろして休むことがコバヲスルである〔『綜合』〕。

飛驒では、薪を切り落す道や禿山をコバといい、九州では山間の村〔『日葡辞書』〕、三重県一志郡（津市、松阪市）では、人家の五、六軒まとまっている所〔『全辞』〕だというから、山中の小平地の意であろう。

石川県石川郡白峰村（白山市）字白峰では、学校の運動場をコバ（『日本民俗学大系』一巻）という。
長崎県上五島の宇久島（佐世保市）では、段々畑の斜面をコバといい、斜面側の畑の端の畦はダマといっている（同地人談）。
なお、三重県、奈良県では、部落の小区画をコバといい、葬式組であり、講の単位である（『民俗と地域形成』）。
② 檳榔。九州の西部と南部に多い（木場、小場、古場、木庭《コバ》、小葉山、小羽山）（『日本の地名』）。

コビ 小さい、狭い土地。コミ（狭間）の転（子生《コビ》、古井《コビ》、巨備《コビ》、木尾《コビ》谷、鉱生《コビ》谷、奥小比内、中小比内、古檜《コビ》峠）（『日本の地名』）。

コーボ 暖かい所（孝房、弘法田、弘法谷もこれか）（『日本の地名』）。

ゴボー ① 短小な谷、小台地（牛房野、牛蒡作（サクはサコのこと）、牛蒡《ゴンボー》、根方、小坊、ゴンボ坂）。
② 寺院（御坊）（『日本の地名』）。

コマ ① 「河間」または入りこんだ地形。ゴマの転。
② 麓。関東以西に分布（好間《コーマ》、河間《コーマ》、川間《コーマ》、木間、光間、古間、貢間、好摩）（『日本の地名』）。
③ 小間。九州の有明海で海苔網《ノリアミ》を張る区画。漁場は約四〇〇〇ヘクタールあり、二万二二〇〇小間《コマ》ある。ノリ網は幅一・八メートル、長さ一八メートル。これに胞子をつける。胞子は十一月に全部つけ終り、翌年三月まで収穫する（『毎日新聞』平成2・10・4）。

ゴマ 河間、山間の小さな盆地とか谷の奥の平地。コーチ、コーヂ、カワチ、ガワチ（川内、河内）に同じ（『地名の成立ち』）。
狭い土地（小谷盆地、平頂の峰）。関東以西に分布（胡摩、胡摩草峠、胡麻、護摩、五間、河間《ゴマ》、五葉《ゴバ》）（『日本の地名』）。

コマキ ① 狭い平地（小間城《コマキ》）。
② 小間木の柵（関所に設けられた）。
③ 駒繋場。（小牧、駒木、駒木野、小真木、古間木）（『日本の地名』）。
④ 朝鮮半島からの渡来人が来た所で、高句麗の人が来住した所がコマキであるとする考え方がある。一般に古代における渡来人の居住地を、今来《イマキ》といって近畿地方に散見する地名である。
コマキというのが高句麗（コウクリ→コマ）の渡来地であれば、一つくらいは「高句麗来、高麗来、巨麻来、狛来」という地名があってもよさそうだが、まっ

たく残存しない。

　高句麗からの渡来者の住地としてかなり確実なものは、

東京都狛江《コマエ》市
武蔵国高麗《コマ》郡（日高市、鶴ヶ島市等）〔『和名抄』〕
神奈川県中郡大磯町高麗《コマ》
甲斐国巨摩《コマ》郡（韮崎市、南アルプス市等）〔『和名抄』〕
三重県伊勢市高麗広《コマヒロ》
同県名賀郡青山町（伊賀市）高麗《コマ》
京都府相楽郡精華町下狛《シモツコマ》
山城国相楽村大狛《オホコマ》（木津川市）〔『和名抄』〕
滋賀県八日市駒寺《コマデラ》（東近江市）
河内国大県郡巨麻《コマ》郷（柏原市）〔『和名抄』〕
同　若江郡巨麻《コマ》郷（東大阪市、八尾市）〔『和名抄』〕
同　渋川郡許麻《コマ》社（八尾市）〔『神名帳』〕
同　大県郡大狛《オホコマ》社（柏原市）〔『神名帳』〕
奈良県桜井市狛《コマ》
鳥取県西伯郡大山町高麗《コウライ》

右の地名の中には、河谷に立地するのがあって川間《カワマ》をコウマと呼び遂にはコマとなったものがあるかもしれない。

　かりに右に挙げた地名を、高句麗人の由来による地名としても、ほとんど近畿地方に集中し、関東方面に点在する程度である。

　なお、コマキの分布を見れば、東北地方と南九州に分布の重心が分かれている。東日本では主として駒木を用い、西日本では小牧を多用する。コマキは牧馬地、東北地方と南九州は近世あたりから、日本の代表的な馬の飼育を中心とする牧場の多い地域である〔『地名の由来』〕。

コマバ　①駒場。コマザワ（駒沢）。江戸時代お鷹野のあった所。東京都にある。
②コマゴメの転。
③馬の牧場（駒場）〔『日本の地名』〕。

コミ　①古味、小味と書いてコミと訓ませる地名は、山間部の川沿いに多い。
　高知県高岡郡東津野村（津野町）郷の部落の木橋のたもとでは、この地の草創と伝える大古味某の記念碑を見た記憶があるが、ここの地名が古味口《コミグチ》であった。高岡郡越知町の古味でも、豪族古味某の伝承があるが、これは苗字以前に地名があって、これを苗字として名乗ったものであることが推察できる。
コミの地名は、水流のよく突き出た屈曲部の称で、水流の入りこむ意味のコムという動詞の名詞化したものであろうと考えられる。
これは『日本書紀』などにある「浸」「滂」であろう。
長岡郡大豊町大杉字江《エ》ノ込《コミ》も、現地調査で本題のコミであることがわかった。類似のものに、
長岡郡本山町字古味
土佐郡土佐山村（高知市）桑尾字コミ
吾川郡吾北《ゴホク》村（いの町）清水字コミ谷
高岡郡越知町横島字古味下邸《シモヤシキ》
〔『土佐民俗選集』その二〕。
コミ、コム（滂）はムタに同じ。
② クミの転。
③ ゴミの転。
④ 狭間（小見、古見、弘見、木見《コーミ》、恒見、古海、巨《コ》海《ミ》、小海、神海《コーミ》、古味、古美）〔『日本の地名』〕。
⑤ 沖から陸にかけて来る潮。コミシオともいう。沿岸方向に流れる潮をコミという。茨城で。コミマシオはコミとマシオの中間の方向に流れる潮。潮の出入りしない状態をシオがユカヌという。千葉県安房白浜（南房総市）、富崎〔『海女』、『茨城方言民俗語辞典』〕。

ゴミ 堆積地名で川に関するもの。ゴミはシバッチなどと共に、今でも生きている語で、谷川が吐き出す泥のことをゴミという。粒子の細かい砂などをゴミ砂といっている。

五《ゴ》毛《モウ》、五味、五明《ゴミヨウ》、五妙《ゴミヨウ》等の地名がそれで、ゴミ土が土砂中にレンズ状に挟まれていることが多く、ここの河川護岸の基礎の根入れは、一般常識より遥かに深く根入れをしても、簡単に深掘するので、入れすぎることはない。護岸災害の多いのも、五味河川の特徴である。したがって、五味地名の地に住む場合は、河岸に家を建てないことである。洪水時に釜を掘られてえぐられることが多い。道路をつけるにしても、護岸の安全度を高めてから計画することである〔小川豊『地名と風土』二巻、『歴史地名通信』三号〕。

泥、水底の泥。仙台、香川、高知〔『全辞』〕。

石川県の海村で海底の泥土地〔『綜合』〕。

土佐で溝、泥のこと。ゴにアクセントがあり、普通語のゴミ（塵芥）と区別する〔『土佐の方言』〕。

筑後平野、佐賀平野のクリーク（掘割）の底の泥〔『西日本新聞』昭和51・7・23〕。

泥地をゴミというのは、太平洋側に多い（五味、吾味、五海、御見、坾渡《ゴミ》、米倉《ゴミ》）。五味塚、五味島は、海岸や川べりに折々みられ、これは多くの例から砂、砂地を意味するものと推測するが、実際には砂丘地名のこともある。ゴミと同じ語に、ゴミョーがあるが、これは日本海側に多い（五明、後明、五名）〔『日本の地名』、『日本地名学』Ⅰ、Ⅱ〕。

コムタ　『応神紀』澇来田皇女の澇の傍訓コム、コミ。『仁徳紀』の難波高津の北河之澇を防がんとして茨田堤を築いたとある。澇の傍訓コミ。『安閑紀』に「此田は、天旱するに漑せ難く、水潦するに浸み易し」とある。浸の傍訓コミに田がついたのがもとであろう。澇は『新撰字鏡』に去水（たまった水）多於保弥豆とある。諸橋『大漢和辞典』にはヒタスという字義がある。『沖縄語辞典』では、首里の言葉に沼をクムイとある。

『平安遺文』所収、阿蘇文書治承二年三月～十三日阿蘇社宮司長慶譲状案の地名に下井手久牟田がある。今阿蘇郡一宮町（阿蘇市）にある。この久牟田も澇（コムタ）、水をかぶりやすい田の意であろう。

熊本市秋津町秋田小無田《コムタ》

熊本県上益城郡益城町小池《オイケ》の小無田

同県八代郡千丁町（八代市）大牟田の小牟田《コムタ》

大分県大野郡朝地町（豊後大野市）小無田

澇、澇田は水をかぶりやすい田。澇はコム、コミで溢水の意〔『日本民俗学』八五号〕。

コムラ　小村、近世の村（行政村）の中に含まれる枝村。『肥後国誌』によれば山本郡小吉松村（熊本市）には「仁田尾村下同丸村中屋敷村前原村中西村城内村古閑村次郎丸村五郎丸村中村垂尾村七本村理原村下滴村等ノ小村アリ」とする。明治に入って轟と改名するこの村は一四の枝村をもつ散在村落であった。

明治八年の『白川県下郡区便覧』にも一七の小村があげられている〔『熊本県の地名』月報〕。

コモリ　①　喜界島で沼の一種〔『島』一の五〕。

奄美大島で溜り水、沼、小池、窪地〔『大奄美史』〕。民謡にも歌われる。

コモリ浮き草　浮きながら枯れる
コモリ浅さてど　濁り水やたまる
〔『奄美大島民謡大観』〕

沖縄首里では、池、沼、自然のもの、人工の溜池のどちらをもクムイといい、庭園の池はイチ〔『沖縄語辞典』〕。沖縄の伊平屋島でも、池をクムイといい、石垣島では、干潮時に珊瑚礁の窪みに水を湛えるところをクムイという〔『綜合』〕。

鹿児島県奄美大島の十島村宝島では港のこと。汽船が着くと各戸一人ずつ出て、珊瑚礁のコモリで船客、荷物の揚げ下ろしをした。これは賦役であるという〔『旅伝』一四の一〕。

コモリ、コモイという語は、トカラ列島で窪地をいう。奄美大島の加計呂麻島でも同じ。雨水が溜る程度の路上の小さな窪みをもコモリという。十島村ではコモリは地名としてだけではなく、普通名詞として用いられている。内陸地の地名としては少ない。平島でナナコモイというのは、窪地状になった田が、段をなして七枚続いているもの。

コモイの地名の多くは海岸線にある。直径、深さとも数メートルほどの窪が多い。中には小舟数隻を入れる大きさのものもあるが、全般にトマリ（泊り）よりも小規模である。こうしたコモリには魚が多く集まるので、磯釣り場としても頻々と利用された。悪石島にはシャッナゴモイ（シワッナゴモイ）というコモリ（八江）があり、シヤ網で魚を追いこんで捕る。シヤ網とは、芭蕉やビロー樹の枝葉か竹笹を用いて、それを束ねて作った網で簡便な漁具のこと。またフネウカシコモイというのは、旧三月三日の節句に子供が模型の帆船をこのコモリで浮かばす。

北九州市門司区の小森江《コモリエ》は、急潮の関門海峡に臨んで入江のあった所だったらしい。

② 岩手県二戸郡姉帯村（一戸町）で、土塊をツチコモリ。フクラハギをコムラという。

三重県鈴鹿郡（亀山市）、奈良県吉野郡（一部、五條市）で、木などが茂ることをコモル。三宅島で通れないほど木が茂っている所をオッコモリ。コンモリと茂るという言葉もある〔『民伝』三〇の二〕。

③ 枕詞の「コモリクノ初瀬」のコモリは隠国すなわちこもった所の義。初瀬（桜井市朝倉あたり）は谷間にあって、四方を山に囲まれているから、隠れる所、隠れる国の意で枕詞とした。クニをたんにクというのは、吉野の久栖を国栖《クニス》とも宛てている。そうしてこのクニは一地方を指すので、郡をもまたいうことがある〔『折口信夫全集』六巻、『万葉集注釈』一巻〕。

④　佐賀平野で干拓地をコモリという。籠の字を宛てる。籠は、竹を編んだ円筒形のカゴに土や石を入れて堤防になるように並べておき新地を作った〔『歴史地名通信』三号〕。

有明海に注ぐ塩田川と鹿島川の間では鱗形をなし、新籠のように籠《コモリ》と呼んでいるが、籠内部に散村をなす〔『集落地理学講座』三巻〕。

○○籠《コモリ》は、○○搦《カラミ》よりも古い型で、中世末期から近世初めに干拓されたものが多いという。土居《ドイ》と称される堤の内側により古い籠地名が、外側に搦地名が見られる場合もある。

籠《コモリ》は、堤防の工事に土や石を入れた籠《カゴ》を作ったからとも、干拓地を囲みこむ意味での籠《コモ》りともいわれる。筑後川西岸の佐賀郡与賀町（佐賀市）の「小々《コゴ》森《モリ》」はもと小籠《コゴモ》村である〔鏡味明克『佐賀県地名大辞典月報』〕。

伊万里湾沿岸の干拓地名である籠は、入江の静かな浅い入手でしめきった干拓造成地であった所につけられた地名であり、搦《カラミ》とは遠浅に杭を打ち、その間に横木を並べ石を置き、干満交互に泥がからみつくことから発生したもので、籠よりも積極的にさからって築立てる差が認められるようである。年数さえたてばからまった。泥土はしだいに積み重なって高まり、そこをしめきった。コモリはカラミよりも古い〔原口静雄『西日本文化』一二四七号〕。

ゴラ　①　ゴライシまたはグロイシ、グヮライシともいう。大和で小石〔『地形名彙』〕。

②　大きな石の多い山地。兵庫県多可郡加美町（多可町）杉原谷〔『日本民俗学会報』一二八号〕。

③　福井県遠敷郡（若狭町、おおい町）、奈良で小石、磯のこと〔『全辞』〕。

④　宮城県石巻、三重県三重郡（一部、四日市市）で空虚、穴のこと〔『全辞』〕。

コーラ　①　山口県大島郡大島村（周防大島町）で谷〔『地形名彙』〕。

②　流れ川。壱岐、奄美大島〔『全辞』〕。

③　多量の雨の時以外は水の流れない川。熊本県阿蘇郡南郷谷〔『阿蘇山麓の民俗』〕。

④　川ばた、川原、石原、筑後久留米、福岡県山門郡（柳川市、みやま市）〔『全辞』〕。

⑤　谷。鹿児島県宝島〔『全辞』〕。ゴーラの転（高良、香良、高良内、甲良、高甲良山、高良城）〔『日本の地

名』〕。

ゴーラ ①沖縄で流れ川をゴウラ〔『綜合』〕。周防大島で川。

②磧。岡山〔『全辞』〕。小石などごろごろした川原。宮崎県西臼杵郡でゴーラ、ゴウラ〔『西臼杵方言考』〕。

③石地。山口県玖珂郡（一部、岩国市、柳井市）、福岡県築上郡〔『全辞』〕。信州北小谷村（小谷村）字戸土小字高原《ゴウラ》は、大小たくさんの石がごろごろしている所。箱根の強羅も同様。右の二ヵ所は固有名詞のゴウラ〔『夜啼石の話』〕。青森県五戸地方でも、山中の石原をいう〔『方言研究』六号〕。

山口県長門市通で、小さい丸石が敷きつめられたように広がっている海域をいう。また同市殿台や境川では、石のごろごろしている川原を、イシゴーラともいう。小石からなる浜をコーラ（通、小浦で）と呼ぶ。コーラはカーラ（深川、河原で）やゴーラと同系の語で、いずれも礫原のこと〔『長門市史』民俗編〕。

ゴラ、ゴウラ、コラ（河原、川原を宛てる）は九州方面では、海岸でも、石の多い岩浜をいう。石のごろごろしていることからきた名称であろうし、それに字音も状態も似た「河原」を宛てたのであろう。

五島列島には白河原《ゴラ》、小河原《オゴウラ》、大根河原《ゴウラ》など海岸の小地名があり、鹿児島県の有明湾岸に川原瀬《コラゼ》、鍋浦《ナベゴラ》があり、桜島には古河良《フコラ》、河良向《コラムキ》がある〔松尾『日本の地名』〕。

④石塚。埼玉県秩父郡（一部、秩父市）〔『全辞』〕。

⑤砂利。和歌山県東牟婁郡（一部、新宮市、田辺市）、福井、岡山県児島郡、山口〔『全辞』〕。

⑥田畑に付属する藪地や石原。壱岐〔『全辞』〕。

⑦洞、穴洞。岩手、福島県相馬地方〔『全辞』〕。

岩石がたくさんごろごろと重なっており、その石の重なった間に空所があり、遠くから見ると穴があいて見える地形。貉は、この石の間の穴すなわちゴウラの穴を通って、奥の土のいい場所に木の葉を敷いて巣くう。信州小谷地方〔『夜啼石の話』〕。

⑧田の底土をゴウラ。福岡県筑紫郡地方〔『筑紫の里ことば』〕。

強羅、川原《コーラ》、河原《ゴラ》、石原《イシコラ》、合良《ゴーラ》ヶ岳〔『日本の地名』〕。

コーロ ゴーロの転（紅露、香呂、香路、甲路、高呂、神路《コーロ》谷、後呂山、光路、高路）〔『日本の地名』〕。

ゴロ 山形県東田川郡（庄内町）、伊達郡（福島県）で小さい洞穴。陸上のも水中のも共にいう〔『地形名彙』)。

三重県阿山郡(伊賀市)で礫、福島、和歌山県で洞、ほら穴(『全辞』)、石ころ、石。伊賀(『分類方言辞典』)。

糸魚川で下駄の歯に挟まった雪。ドンゴロ、モゴロともいう(『にっぽん文化』)。

秋田県仙北郡(一部、仙北市、大仙市)内のマタギ詞。斜面をころがり拡大する雪塊。寒中にこれがあると翌日は吹雪(『マタギ』)。

ゴーロ ① 信州川中島地方では、百姓が田畑から拾い出した大石小石を置く所や、天然に石のごろごろした場所。佐久地方では、人手で集めた方をヤックラと呼んで区別している。ゴウラ、ゴウロの地名多し(『地形名彙』)。
② 石ころの多い谷合い。石ころの谷に出た所。広島県山県郡、同郡中野村(北広島町)(『全辞』、『方言』六の三)。谷合いなどの石の多い土地。転じてその小石のこともゴロともゴラともいう。ゴウラ、ガアラという地名と共に、全国に最も多い地名。農作から除外されるべき土地として重要であったのであろう(『山村語彙』)。
石の堆くある所。信州東筑摩郡(一部、安曇野市、松本市)(『方言』六の一一)。天然に石の多い所。佐久地方。

『下水内郡誌』には「墝埆《コウカク》の地」とある。長野の郷路《ゴウロ》山《ヤマ》、裾花川入の貉郷路《ムジナゴウロ》、これらはいずれも固有名詞(『夜啼石の話』)。
③ 砂利。島根県那賀郡(浜田市)(『全辞』)。
④ 石片。上総(『全辞』)。
⑤ 土塊。千葉県山武郡(一部、山武市)(『全辞』)。
⑥ 洞穴。福島県伊達郡(伊達市、福島市)、長野県伊那郡(一部、飯田市)、愛知県碧海郡(『全辞』)。

ゴーロ、ゴロー ゴーラの転(五郎、四郎五郎、郷露、郷呂、野郷呂、五老岳、高路《ゴーロ》部、降路《ゴウロ》坂、虎小路《コゴロ》、河呂、岳路、豆五郎山)(『日本の地名』)。信濃越中境の野口五郎岳は以前、ゴウロウ岳と呼んでいた。その他ゴウロとも呼ばれるが、今は野口五郎と書かれ、黒部五郎岳に対する区別のためのものであり、野口谷(高瀬入り)の五郎岳の意である。

山中の岩場でゴーロという地域は広い。

この山には、ゴーロと呼ばれる岩場が多いのでこのように命名された。岩場といっても岩石がごろごろと堆積した所を指し、岩石が堆積して地衣類がこの上に繁茂したような山中の場所は特にゴウトと呼ばれる。黒部五郎岳（飛騨越中境）は、黒部谷の五郎であるが、五郎は宛字でゴウロと呼ばれる。岩石の堆積がこの山に多いことからの命名である。奥秩父に五郎岳があり、やはり岩石と関係があるゴウロであろう。箱根の強羅は、このゴウロの訛音のゴウラである。所によると、ガラガラの岩石の沢をゴウラという。

大分県由布院村（由布市）でもそうである。奥多摩や信州豊郷村（野沢温泉村）では、この種の沢をゴウロサワという〔『旅伝』一五の二〕。

右に対して次のような説がある。

「越中の黒部五郎岳、野口五郎岳や信州古絵図に見える五六岳の五六もごろうであろう。これは岩石のゴロゴロした地形をいい、これに五郎の字を宛てたというのが通説だが、前二者の山は、山体を大きくえぐり取ったような大カールを持っている。土や木の洞をウロというが、岩石の洞ともいうべきカール地形をゴロというのではないか。たんに岩石のゴロゴロした山なら北アルプス山中に、他にいくらでもあるからである」〔広瀬誠『地理』昭和57・7号〕。

コワシミズ　コワシミズ（強清水）という地名は、湧泉からきたものだが、この地名の分布は、東北日本が主で、東北地方を中心として関東および本州中部にもあるが、西南日本ではずっと少なくなるようである。強清水が硬清水、高清水のこともあり、子和《コワ》清水のこともある。

福井県足羽郡美山町（福井市）には小和《コワ》清水《ショウズ》があり、越美北線に「こわしょうず駅」がある。

強清水の泉は、湧水の盛んなものが多いようで、水量が多く日照りにも涸れないので、地元民の飲料水、用水、灌漑水や水車の動力などに利用され、村落生活にとって大切な存在であった。また、その豊かな水量が、製紙業に使用された例として、岩手県和賀郡東和町（花巻市）の成島はその一例である。この硬水は涸れることなく、成島紙という和紙の製造に使われたが、この紙の由来は古く、長く南部藩の御用紙とされた。

強清水には、また「親は諸白《モロハク》、子は清水」という一つの言い伝えを伴っている。孝行息子の徳で、ただの清水が美酒に変じて父を養ったという話で、酒を造る原料の米もコウジも白米を用いた両方（モロ）とも白米で造った上等の酒をいう。千葉県松戸市の東方、五キロ余りの所にある子和清水では「親は古酒子は清水」という文句であった。「諸白」という語がわかりやすい「古酒」に変ったもの。

この子和清水は、台地にうがたれた浅い小谷の正しく源頭にあたり、一農家の庭先の小さな窪みに勢いよく水が噴き出している。この名のある清水のあたりに鎮守の御輿を迎えて祭りを行う例は各地にある。そして例祭の日の御酒に限って、この清水を用いて造る習わしがあったのであろうという説がある。

福島県会津若松市の北東部にある強清水部落には、今も良い清水が湧き、酒造にも使用されてきたと聞くが、実際神酒に限らず、酒の醸造に関係のある所もあると同時に、それとは何のかかわりもないものもある。

前記の松戸市東方の子和清水も、そんなことは全然なかったという。また、人里離れた山地にあって、酒造とは結びつかない所もある。

新潟県長岡市の南東境にあるコワ清水は、峠道に沿う標高五八〇メートルの人里離れた場所にある。コワ清水のコワは「強《コワ》し」で「強《ツヨ》し、猛《タケ》し、烈《ハゲ》し」など、勢いのいいという意味があることから、コワ清水は「湧出の激しい泉」の意ではないかとも考えられる。

また、もう一つの解釈は、クワ清水の転訛という考え方である。

クワシというのは「美しい、うるわしい、精細、微妙」などの意がある。「くわしめ（美女）」の語もある。日本国をたたえていう「くわしほこちたるのくに（細戈千足国）」という語もあり『神武紀』などに使われていて「万事不足することのない国」の意で、この「くわし」は、ほめる語すなわち美称である。

こうして考えると、コワ清水は、クワ清水の転で「美しい清水」といって、清水をほめた言葉である。美しい清水を呼ぶ美称であれば、どの泉にもあてはまるのであり、水勢の激しい泉とみるよりも、より妥当のように思われる。

熊本市の南東部にある神水《クワミズ》（熊本市神水町）の地名などクワに「神」の字を宛てているのは、ここにいうクワ清水のクワと共通する美称であろう。

なお、コワ清水は「崖清水」ではないか。コワはガケ（崖）のことではないかと思われる。クワ、クエは崖を意味する語で、崩壊に通ずるし、コワもコワシ、コワス（毀）と同根のようにも思われる。強石《コワイシ》（埼玉県秩父郡（秩父市）三峰登山口に近い荒川べり）のようなコワは、水とは直接結びつかない（『地名の探究』）。

コワシミズの伝説について、柳田国男は「酒泉伝説」（『日本文学大辞典』）で次のように述べている。日本国をたたえていう「くわしほこちたるのくに（細戈千足国）」という語もあり『神武紀』などに使われていて「万事不足することのない国」の意で、この「くわし」は、ほめる語すなわち美称である。

こうして考えると、コワ清水は、クワ清水の転で「美しい清水」といって、清水をほめた言葉である。美しい清水を呼ぶ美称であれば、どの泉にもあてはまるのであり、水勢の激しい泉とみるよりも、より妥当のように思われる。

熊本市の南東部にある神水《クワミズ》（現熊本市神水町）の地名などクワに「神」の字を宛てているのは、ここにいうクワ清水のクワと共通する美称であろう。

なお、コワ清水は「崖清水」ではないか。コワはガケ（崖）のことではないかと思われる。クワ、クエは

崖を意味する語で、崩壊に通ずるし、コワもコワシ、コワス（毀）と同根のようにも思われる。強石《コワイシ》（埼玉県秩父郡三峰登山口に近い荒川べり）のようなコワは、水とは直接結びつかない（『地名の探究』）。

コワシミズの伝説について、柳田国男は「酒泉伝説」（『日本文学大辞典』）で次のように述べている。

「……通例、強清《コハシ》水《ミズ》の文字を宛てた名水は諸国に多く……大抵は、皆神の泉であった。或はこの水を以て神を祭る酒を醸す習ひであった事が偶然にこの種の昔語りを根付かしめるに都合がよかったのでなからうか……」（『柳田國男全集』第二八巻）。

サ

サ　①　サまたはソといい、羽前で沢のこと（『地形名彙』）、サーともいう。フカサ（深い沢の意）。栃木県安蘇郡（佐野市）で。なお同県今市市（日光市）、芳賀郡では、沢をサーッコともサワッペともいう（『栃木県方言辞典』）。同県安蘇郡野上村（佐野市）では沢をザ（『安蘇郡野上村語彙』）。

② 山手に対して海辺、南島喜界島〔『全辞』〕。

サア 上総山武郡(一部、山武市)で傾斜地〔『地形名彙』〕。印旛郡遠山村(成田市)でも傾斜地〔『方言』五の六〕。

水の流れる谷をサア(谷という語なし)。茨城県多賀郡高岡村(高萩市)〔『常陸高岡村民俗誌』〕。

南島小浜島で断崖、サワに同じ〔『全辞』〕。沖縄で田のことをサー〔『日本言語地図』④別冊〕。

サアケ 波がざあっと来ること。相州葉山町〔『民伝』四の一二〕。

サイ ① サエまたはサイ。狭い谷のこと。対馬に多く隘の字を宛てる〔『地形名彙』〕。

対馬で狭い谷間の地形。同じ地形を宮崎県東臼杵郡椎葉村でもサエといい、和歌山県ではサイメといい、際目と書いている〔『綜合』〕。

② 愛媛県越智郡高井神島(上島町)今治市で、波と波とが逆らって海面が騒ぐこと。香川県仲多度郡(丸亀市)広島にもサエが立つという詞がある。潮が深い所から浅い所に出ると湧き上がるようになるのにも、急流が島に当たった時起る現象にもこの名がある〔『綜合』〕。

ザイ ① 鹿児島県東部の高原地帯には火山噴出物が多い。砂利大のものまでをガイシ、すなわち軽石、灰のように細かいのをザイ〔『農村語彙』〕。大隅の百引村(鹿屋市)で火山灰、砂利大のものをいう〔『方言』五の四〕。

同県垂水市では、噴火による軽石でマッチの玉よりちょっと大きいくらいのものをザイ、ザイよりもちょっと大きいものはザイシという〔同地人談〕。

② 氷の砕けて流れるもの。仙台。雪の水にとけたもの、会津、新潟。なお、氷が流れて、橋の脚に当たるのを防ぐため、別に杜を立てるのをザイワリという。仙台〔『全辞』〕。

雪が積って小川があふれるのをザイという。福島県耶麻郡山都町(喜多方市)〔『山都町史』民俗編〕。

③ 山の畑のこと。長門六島〔桜田勝徳「長門六島見聞記」『島』一、二、三号〕。

④ 富山県礪波地方で田舎のことをザイ、ザイゴ〔『礪波民俗語彙』〕。

福岡市で田舎をザイゴ、田舎者をザイゴトー〔『博多方言』〕という。

栃木県では田舎、在郷をザイゴ(老人語)、田舎者、在郷者をザイゴッペ（蔑称）〔『栃木県方言辞典』〕。

ザイショ　①在所。故郷のこと。
②東京では、「田舎ッペ」というより「在所者《ザイショモノ》」といった〔『宵越しの銭』〕。
③集落を中心に田、畑のあるところ。福井県石徹白《イトシロ》（大野市・岐阜県郡上市白鳥町）〔『図説・集落』〕。

サイタ　福岡県嘉穂町（嘉麻市）の才田《サイタ》。古処山北麓に連なる山間地に位置し、千手川《センズ》が北流する。両岸の平地は水田が開け、山際に集落がある。

福岡県稲築町（嘉麻市）の才田《サイダ》。嘉穂盆地の東部、遠賀川水系の才田川上流右岸丘陵地に位置する〔『福岡県地名大辞典』〕。

いずれも、集落の中心地から離れた所にある土地のことか。

サイノカミ　道祖神は、さえの神というように、入りこもうとする邪悪をしりぞける神であり、クナド（フナド）の神というように、エロティックな行為を示している神でもある。もっとも人間にはずかしい行為を示すことは、それ自身、悪い者を追い払う効果をもたらすものであった。しかし、伊豆の道祖神は、子供を意識する層に所属する者が、自分たちの神としているという面が濃く印象づけられていた。目一つ神から子供をかばってくれるところなどは、地蔵さまに似ているが、漁師は不漁だと子供に頼んで道祖神を海にほうりこんでもらう、という所などもあった。一月十四日の明け方のドンド焼の時には、オンベをたてる時に中に道祖神を入れてしまって、一緒に焼く所も多かった。そういう土地の道祖神は、黒く煤だらけだったり、首も目鼻もないようになってしまっていたりもした。そして、ドンド用の道祖神と辻に据えておく道祖神とを区別している所もあった〔『塵々集』〕。

峠ノ神（塞ノ神、才ノ神、妻ノ神、塞神沢、境神《サイノ》、幸《サイ》ノ神、斎ノ神〔『日本の地名』〕。

サイメ　土地の境界をサイメというのは紀和両国、長門、陸奥などにも行われ、際目《サイメ》、裁面などの宛字を用いている。このほか、サイミョウ、サイノカミなどという土地もあるが、サイはもと境という意味。北海道のような新しい開拓地でサイメンを伐採区域、サイメンアケを伐採始めのこととして慣用されているのは一つの変化である〔『山村語彙』〕。

際目は古くは紀伊や大和に限らず、西日本でかなり広範囲に使用されていた〔『民伝』八の一〕。

サウル　『日本庶民生活史料集成』一九巻「南島古謡」のテ・ラガーミの神謡を記したのに「さうるから、くらゆる」という一句がある、外間守善の説によれば「京城から下りし」となっている。久高島の古老、西銘シヅは「さうる」とは中国のことだという。つまり、文化の栄えている場所の意らしい。それは「みやこ」と見なしてもいいだろう。韓国の首都がソウルであるように、沖縄の旧首都の首里もソウルに由来するという説がある〔谷川健一『毎日新聞』昭和54・6・26〕。

サエ　高寒の地、村里遠く隔たった所をいう〔『後狩詞記』〕。

宮崎県東臼杵郡椎葉地方で山の上の方をいう。中腹は中ザエといい、麓の方がコーマ。「サエは雪、コーマは霰」という唄が当地にある。愛知県北設楽地方では「峰は雪、麓は霰」という唄がある。

サエにも焼畑をすることがある。

宮崎県児湯郡西米良地方では、人里離れた奥山をサエという。対馬では〇〇際という地名が多く、田の際、家の際、クラ際などといい、狭い谷間のこと〔『綜合』〕。

対馬豊玉村（対馬市）で谷合い。〇〇ザエという地名がある〔同地人談〕。

際という字は、ことによると対馬製の国字かもしれない。サエという地形は、浅い山の間に開けた明るい谷間のことであるらしく、私の知っている志多留《シタル》と伊奈の二つの例では、そういう谷の最も奥にある行きづまりがセーンカミの祭場であった。そういう点を考えると際は、谷そのものを表わす言葉ではなく、それが行きづまって他の地形と境をなしている部分という方が正確かもしれない〔『対馬の神道』〕。

山の中腹以上をサエ。宮崎県東臼杵郡椎葉村〔『椎葉の山民』〕。

宮崎県椎葉山一帯の尾根状山林には、阿蘇火山灰の堆積に起因するHI型黒色森林土の発達する場所が多く、地味は肥沃でなく風当たりもやや強く、耕地としては適当とはいえない。

山中ではこれをサエと呼んで、低位生産地に属すると認め、貧農を指してサエ百姓の語もある。サエは奥地にあって、高寒の地であるから、それらを耕作したのは、焼畑適地がまだ広く残存した時期ではなく、良好な耕地の乏しくなった人口過密の時代であり、具体的には、単位あたり収量の大きい集約的な土地としての水田が要求され始めた、近世中期以後の開発に属すると思われる〔『民俗と地域形成』〕。
② ① 山の上の方。奥山。
② 狭い谷間。挟土（佐江崎。才柏《サエガシ》、田ノ除、家ノ除、クラ除）。
③ サエドの転〔『日本の地名』〕。

サカ ① 峠、頂上。栃木県〔『栃木県方言辞典』、『安蘇郡野上村語彙』〕。
② サカといえば傾斜のある道路のみを指すようであるが、そうでもない。「サカになっている」といえば「傾斜している」ことである。「山のサガに杉を植えた」といえば、ヒラと同様ないい方になる。

サカ（坂）とサガは別系の言葉かもしれない。サガの方は地名化されていない〔『地名のはなし』〕。

サカ（坂）は、サカイ（境）に関係があり、台地の上と下との二つの空間をつなぐ境の空間として特徴づけられる。

坂は、心意的には、異次元の空間をつなぐもので、その中間に位置する崖地は、きわめて曖昧な、しかもおどろおどろしい空間として、人々の目に映じたようであった。

金沢などでは、坂の俗称としてユウレン坂、天狗坂などがあって、飴買い幽霊や天狗などの妖怪の現れる場所として伝えられている。そして坂の途中には地蔵尊や不動明王、馬頭観音などが祀られている。

橋の場合も同じだが、坂の途中で後を振り向くと魂が奪われるといった禁忌があるのも、それが異次元の世界への入口にあたるといった意識があったからであろう〔小林忠雄『日本民俗文化大系』二巻〕

幽霊坂は九カ所、東京にある。そのほか、おいはぎ坂、狸坂、狸穴坂、狐坂、やかん坂（ヤカンは野犴で野狐のこと）、化坂、カッパ坂、禿坂（カムロは河童の異名）、地蔵坂、不動坂、閻魔坂などがある〔『東京の坂道』〕。

たとえば『会津鑑』（巻一二）によれば、城下町若松の竪三日町に馬毛坂があり、寛永年間、加藤氏の時、朝鮮人の捕虜をここに住まわせた。彼らは、馬の毛の羅地を織ることを職としていた。その馬の毛を捨てる所なので、この名がついたという。朝鮮人という外つ国の人、しかも馬の毛を織るという特殊な職業に従事する人々が住んでいた禁止の空間であった。坂が禁止と差別の空間になるのは、坂の上と下、つまり二つの別な世界を結びつけることによって、周辺性と両義性のイメージを生むからである。カワラ、ハラの項参照〔野辺謙治「城下町会津若松のトポス―都市におけるハレの発見―」『日本民俗学』一七六号〕。

全国の坂名のうち最も多い名称は赤坂で、続いて長坂、小坂、大坂、高坂の順。土の色の赤いのが赤坂、だらだら長い坂が長坂。

江戸の絵図の古図には、道路の所々、段々の形がついていて坂の標識としている。江戸末期には△じるしが使われ、尖った方が坂の頂、三角の底辺の方が麓を表わした。現在では、人工の坂が増えた。歩道橋、駅の階段、地下鉄、電車の乗り降りにも、階段を上り下りしなければならず、傾斜も急である〔『毎日新聞』「余録」昭和58・2・3〕。

サガ　①　サガまたはサガツコ、上総の各郡で山の傾斜面のこと。遠州阿多古の天竜川筋でも同じ。青森地方ではサガンピラ〔『地形名彙』〕。

②　坂のこと。サカのカを澄まず嵯峨というように呼ぶ。幸谷に「大サガ」「天王サガ」などの坂あり、松戸町あたりの民謡に、「〽松戸出てから小山のサガ云々」というのがある。下総東葛飾郡馬橋《マバシ》村（松戸市）字幸谷《コウヤ》〔『民族』二の五〕。

③　宮城県亘理郡荒浜村（亘理町）あたりで海底をサガといい、その種類によって魚の棲息する場所を求め、あるいは船の位置を知る方法をサガアテという〔『綜合』〕。

サカイ　境。中世史研究の教えるところでは、中洲か、河原という空間は、もともと「無主、無縁」の地で、死者の臭いのたちこめる所だった。そこに足を踏み入れるや、世俗との縁が切れ、日常を遠く離れて、しばし「他界」に遊ぶことができたわけだ〔東請晋『毎日新聞』平成2・7・28〕。

橋が境になっている所は多い。AとBとの間に川があり、その間に橋がかかっていると、AとBとの境はそれぞれの橋づめの所だったようである――AとBとの境は、Aの方とBの方のとそれぞれ二つあり、その中間にどちらにも所属しない場所がある――というのが、昔の「境」だったらしい。それが、橋の場合、はっきりと露出しているから目につきやすいというだけである。

村境にある道祖神が二カ所あって、A村の境を守るのと、B村の境を守るものとが、数百メートル離れて立っている所など、ABの道祖神の間の土地は、どちらにも所属しない所ということになる。山を越えていく道もそうであった。A村の境とB村の境が、一本の線であって、山の稜線がそれにあたるとするのは、後世の考え方で、Aの境は、山のA側の麓であり、Bの境は、山のB側の麓である。境はそれぞれの坂本にあって、山はどちらにも属しない——というのが、古風な考え方のようで、関というようなものが、山の両側の坂本に設けられるのが古風であった。

たとえば、宇治の橋姫の社は、宇治川の左岸にあり、右岸にはない。境の神ならば両岸にあるはずだが、一方だけになっているのは、境の考え方が、移った結果である。つまり、京都から行って橋を渡って向こう側に橋姫が祀ってあるというのは、都の勢力が中間のうつろな所を乗り越えて、相手の方へ踏みこんだ形になっているのは、宮廷を中心に一歩踏みこんだ所に境が落ちつくのを原則とするようになった。地方から都へ帰ってきた人、あるいは村へ旅先から帰って来た村人を迎え、きまった場所で「サカ迎エ」を行った民俗も、坂での出迎えというように解釈しているが、おそらく境における儀礼で、境を通過して村の中へ入り、村人の生活の中に再び混りこむための共同飲食であったと思われる〔『塵々集』〕。

かつての伝統的、封鎖的村落社会では人や物の移動が乏しかった。農業は水田耕作が支配的で、村の出入りは厳しく取り締られていた。自給自足的相互扶助の性格が濃厚で、生活の共同性、団結心を高めることになる。したがって、自ら種々の村境の習俗が生まれる。原田敏明は『村の境』で、その機能を次の通り述べている。

① 村の入口は、かつて政治、経済、娯楽、宗教的な役割を果たしていた。
② 神聖な場所、神の祀られる場所。
③ 村内と村外を区別する注連縄が入口に張られる。これは悪霊の外からの侵入を防ぐ役目である。
④ 田の神、山の神などが村境に立っていて、悪霊の外からの侵入を防ぐ役目を果たしている。
⑤ 祭礼の場所、神輿の渡御の場所である。
⑥ 防災の行事（虫送り、道切り、病魔、盗人を駆逐する行事）をする所。
⑦ 穢れと思われるものを村境の外に出す（埋葬地、産小屋、不浄小屋など）〔『宮崎県史』資料編民俗Ⅰ

巻』)。

サカイギ　土地の境にある木。山林の境の印として、雑木の枝を伐り落し目印とする。栃木県(『栃木県方言辞典』)。

『後狩詞記』ではツチベイギ。焼畑と焼畑との境に伐り残しの樹木が多少焼害を受けながらも生存しているもの。熊本県人吉市田野地方(『えとのす』五号)

サカシイ　山の急斜面の所。サカシイは断崖と異なり、歩行は自由にできるが、難儀の場所である。これに対してケワシイは岩石などの凹凸がはなはだしく歩行の困難な箇所。断崖に似ている。新潟県南魚沼郡(一部、南魚沼市)(『越後南魚沼郡民俗誌』)。

サカシタ　サカモトに同じ。中国と四国に少なく、その隣接地である九州と近畿中部に多い(坂下)(『日本の地名』)。

サカモト　坂の元、麓(『地形名彙』)。

峠の下の地名。瀬戸内を中心として分布。サカシタも同じ(『日本地名学』Ⅱ)。坂の下。中国、四国に多い(阪本、坂元、阪下、坂本)(『日本の地名』)。

サガラ　山城国相楽の村名サガラ(『山城志』)も「坂原」の義か。後世、サガラカ(村名)――ソウラク(郡名)と音読しているが、相楽郡(一部、木津川市)に隣接する奈良市の大字阪原の現地発音もサカラである。元来「楽」は寧楽をネイラクと訓むようにラク――ラカとも訓んでいるが、ラに充当した佳字で、結局ナガラは大和平野の周辺部の「広い原」を示す地形名である。長野に対する地形名だが、ナガラに縮約し、名倉、長楽、永楽のように佳字二字化し、一部は音読するに至った。しかし、穴闇のように非嘉字を用いたのは、悪霊を避けて近づけないという俗信があり、かつもろもろの危害を防ぐという一種の呪術的な霊力をもつといわれる(『古代地名発掘』)。

サカリ、サガリ　①傾斜地(下《サガ》リ)(『日本の地名』)。

②台地から低地に、また親村から下流の地への分村(盛、十八女《サカリ》、小野下り、名永下り)(『日本の地名』)。

低地。サガリはサカリに転じ「十八娘」と書きサカリと訓むこともある(『古代地名発掘』)。

徳島県阿南市に十八女《サカリ》の字《アザ》がある。この地名は、那賀川沿いの傾斜地に立地、「下《サガ》り」または「坂下《サカオ》り」の意(下里《サカリ》、坂下《サカオリ》などの地名例もある)と思われる。坂居《サカオリ》の意も考えられる。大船渡市の中心地「盛」もそのような立地で、繁栄を願って「盛」の好字を宛てたものであろう。「十八女」は、これらの地名型に「女ザカリの十八」という連想で、この字を宛てたもの。なお、山形県西村山郡大江町の「十八才」はジュウハッサイと訓む、姓氏名にも十八才《サカリ》、十八町《サカリマチ》、十八女村《サカリムラ》、さらに盛（サカリ、モリ）の連想から十八女《モリ》の例があるという〔『地名が語る日本語』〕。

③ 千葉県忽戸で、海底の岩がだらだらになった所〔『海女』〕。

サキ ① ○○崎と﨑のつく地名は、海岸であればミサキ、内陸では丘や山のはしが平地に終る突端を指すことが多いが、必ずしもそうとばかりとは限らず、何ら地形、地物的突出とは関係なく、たんに「○○の前」「○○のそば」という意味にも使われる。宮前をミヤザキ。神前をコウザキ。池前をイケザキというように、前をサキ（ザキ）と訓ませる例は多い。それが崎に転ずるのである。

瀬戸内の大三《オオミ》島《シマ》東岸にある甘崎（愛媛県越智郡上浦《カミウラ》町〈今治市〉）という港なども何ら岬らしい所はない〔松尾『日本の地名』〕。

津軽では、必ずしも海辺などに面していなくても、山の出鼻をサギという〔『民伝』三の一〇〕。

トカラ列島では、サキはサキ（ザキ）とタキ（タギ）との二通りに発音する。

海岸線で陸地の突出した地形の名、ハナ（鼻）も突出した地形名だが、サキと異なり海岸線のみならず、内陸部でも命名される。また、両者の地形上の一般的相違は、ハナの方が高度があり、しかもサキよりも突出部が短い。ハナは突出部を強調してつけた名といえる。それに比べて、サキは突出部のつけ根から突端部までの全域を含んだ名である。

しかし一般には区別できない場合もある〔『トカラの地名と民俗』下〕。

② 北秋田郡（北秋田市、大館市）の根子のマタギ詞で、岩壁の裂け目〔『マタギ』〕。

③ 狭間。千葉、福島東部に集団分布（岬角地名は除く）。突、佐喜、佐木、佐紀、狭紀。

④ 海岸の突出部の○○サキを、海図上では「埼」の字を用いる。

サク、ザク 東北ではサクはホラにやや似ている。福島県の海浜地方では、山間地をいい、サコと同じだという。ザクともいうが、どんな地形かよくわかっていない（『綜合』）。

上総では、窪くして長く平らかな所（『俚言集覧』）、下総で谷（『分類方言辞典』）。千葉県夷隅郡（一部、いすみ市）でも同じ（『全辞』）。

房総半島では、谷をヤツと訓ませるほか、サク、ザクとよませる例も散在する。台地に刻まれた小谷の奥や水田地から少しく丘の裾にくいこんだ谷などに見られる。

サク、ザクはサコ（狭処《サコ》の意か）の転訛と思われる。サコは全国的に分布するが、南九州や中国地方にことに多い。

神奈川県では作という字を宛て、〇〇作という地名があり、また坂の字を宛てサクとも訓ませている（神奈川県足柄上郡山北町湯沢《ユザー》）（松尾『日本の地名』）。

サクは奄美大島で谷（『全辞』）。沖縄首里（那覇市）でも「谷間、農村で用いる語」という（『沖縄語辞典』）。

神奈川県中津川では、水勢で深い条溝をなしている所をザク（『日本民俗学』九〇号）といい、静岡県南崎では、海底の岩と岩との間をサクという（『海女』）。

栃木県では畝、畦をサク（『栃木県方言辞典』）、長野県では、田畑の畝間、またその低いところ（『草木ノート』）というが、畝は本来ヤネと同じで、峰通りのことで、それが畑の小さな高低線に転用されたのである。

畑の畝を長野県では広くサクといい、関西でも畝を立てるのをサクを切るという。大ザク、小ザクの名がある（『綜合』）。

山梨県中巨摩郡芦安村（南アルプス市）では、畑はタテザクである。耕地の大部分は急傾斜の畑で、ほとんど全部がタテザクで、傾斜に沿って縦に畝を立て、大豆を作り、麦を播いて二毛作とする（『民伝』一八の四。タテザクについては、『民伝』一四の三、一四の八に記事がある）。

傾斜地のウネは縦に作る。低い方から高い方へ向かってウネを切りながら上る。すなわち斜面に背を向けて鍬でウネを切りながら、後ろへ上って行く。土が始終下へ流れるため、ウネを作る時上げるのであって、ウネを作る時、上下往復しない、このウネの作り方をタテザクという。ウネの長さは傾斜が急ならば短くなる。ウネの幅は下に行くほど広くなる（『民伝』一四の三）。

狭間（咲、作、迫、谷、裂《サク》、佐久、佐久間、作《サク》谷、作《サク》田）〔『日本の地名』〕。

ザク がらがらした石のざくつく所。ゴートーより石の小さい所。信州北安曇郡小谷地方で〔『郷土』一の二〕。ザラという所はザクよりも、もう一段石の細かい所の称。

信州後立山の鹿島大冷沢へ落ちている沢の名に、長ザクと呼ばれるものがある。上流が長いザクになっているからの呼称。

越後北蒲原郡の一部でも、この種の岩場をザクイシハラといっている。こういう岩石の堆積場は、地方によるとゴウロハラとかゴロスハラとも呼ばれるが（加賀白山麓）、ザクという場所よりは、岩石が幾分大きいように思う。ザラよりもう一段細かくなるとサゴであろう〔『旅伝』一五の一〕。

栃木県鹿沼市、日光市で、石の崩れて磊々たる所〔『栃木県方言辞典』〕、石の頽れた山の傾斜面をザクヤマ〔『安蘇郡野上村語彙』〕。山梨県で山腹の崩れた所。熊本県玉名郡（一部、玉名市）で畑の土の塊。山梨県北都留郡（一部、上野原市）では堰〔『全辞』〕。

石地。石崩地（座含《ザクラ》、避《サク》石、作《サク》田もこれか）〔『日本の地名』〕。

サクダ 山合いの田。福島県平市（いわき市）北神谷〔『磐城北神谷の話』〕。

山間の田（作田、裂田、作田《サクデン》）〔『日本の地名』〕。

サクラ 桜井（富津市）はサク、サコ（「はざま」の意）イ（川）のことで、五万分の一地図によると、この部落は川が屈曲していて、山際に迫っている所にある。サク、サコ、サクラは同一地形を意味する語。桜田も右と同様の地形の所にある。「はざま」田の意。東京の桜田門のサクラも「狭い谷の中の田」によっている〔『日本の地名』〕。

奈良県下にサクラ峠というのが二〇例以上もある。サクラは迫の義、あるいはサ（接頭語）クラ（地形語）であろうか。嶺《ネ》（峯）の屺（撓）んだ所——鞍部がクラ。クラは谷間をつくることになるから、谷をクラともいう。宇陀郡菟田野町（宇陀市）大字佐倉の桜峠の別名タブイ峠と称している。このタブも、タワ・タヲである〔『古代地名発掘』〕。

狭間。狭い渓谷は桜谷、狭間は桜峠、桜三里は桜並木でなく谷川をいっている〔小川豊『歴史地名通信』三号〕。

サクラはサクの転（佐倉、社倉《サクラ》、佐久良、桜田、桜内、桜窪、作谷、作田）〔『日本の地名』〕。

サコ ①日本アルプス地方で山の窪所だが、谷とまでいえない浅い部分。島根県でも一般に支谷のことに用い、大原郡（雲南市）では高地にある窪地を指している。美濃山県郡（山県市）では、山の中腹だといっている〔『地形名彙』〕。

②中国から九州に多い狭い谷のサコは、鳥取県では、日野川流域と因幡では、八頭郡（一部、鳥取市）に多く見え、迫、峪などの字が使われているという。これらの文字は、隣接する岡山県美作にも多く見られる〔鏡味明克『鳥取県地名大辞典月報』〕。

長野県北安曇郡小谷地方で山腹の谷間〔『郷土』一の二〕、北安曇郡で谷〔『全辞』〕、信州、越中で山腹の窪み〔『旅伝』一五の二〕、長野県、岐阜県で、山と山との間にある谷〔『方言と土俗』二の二〕、美濃の『山県郡誌』には、サコは山の中段、越中でも山腹の窪地だという〔『山村語彙』〕。岐阜県では、水のない谷、同県益田郡（下呂市）では谷〔『全辞』〕、大野郡高根（高山市）で小さな谷。ホラに同じ〔『分類方言辞典』〕。ホラは谷の大きいのをいうという人がある。方言集には「山の凹処にて谷とまで謂うを得ざる浅き部をいう」とある〔『山村語彙』〕。岐阜県山県郡（山県市）では、山の中腹をサコ〔『全辞』〕、飛驒では、水の出ない乾いた窪み谷〔『旅伝』一五の二〕だといい、飛驒の蒲田、今見、下佐谷付近では小さい沢、湿地である窪み〔慶應義塾大学山岳部『登高行』大正9・6〕だといっている。

奈良県吉野郡（一部、五條市）では、水のない谷とか谷の小さいもの。十津川では、山の窪みになっている所をいい、水のない谷をサコヤ。水のある谷をサコヤノタニという〔『全辞』〕。

紀州上山路村（田辺市）では、低い山。丹生川では一説、山腹の窪んだ所。地形的に両者の同じことはほぼ想像がつく〔『方言』五の五〕。

美作で山の尾と尾の間〔『俚言集覧』〕とか、水のない谷〔『全辞』〕とかいっている。

岡山県阿哲郡哲西町（新見市）でサコは、ウネ（山稜）とウネの交わった所付近の斜面をいい、タニは斜面と斜面との接点の最底部をいう〔同地人談〕。広島県安芸郡倉橋島（呉市）では、必ずサコノタニといい、谷のこと〔同地人談〕。

伯耆では、側稜間の小さい窪みとか、小さい沢〔『旅伝』一五の二〕。

鳥取県八頭郡那岐村（智頭町）で山窪、谷の浅い地形〔『旅伝』七の一一〕、出雲では、谷の行きづまりになっている所といい、島根県大原郡（雲南市）では渓谷〔『全辞』〕、四国の一部で、側稜間の小さな窪みとか小さい沢とか、山腹の谷間をいう〔『旅伝』一五の二〕。徳島県祖谷で、谷の小さいもの〔『全辞』〕、東祖谷村（三好市）で谷間〔『日本民俗学』九一号〕、美馬郡脇町（美馬市）では山間の窪んだ畑〔『口承文学』七巻〕、麻植郡（吉野川市）では、山の窪みになっている所〔『全辞』〕、香川県屋島（高松市）で湿地〔『全辞』〕、同県三豊郡五郷村（観音寺市）では、土地の低い窪んだ所〔『方言』六の一一〕、高知県吾川郡池川町（仁淀川町）椿山では、山の窪みの所で、土壌も深く、水分があるからどんな作物もよくできる〔『焼畑のむら』〕。

北九州市門司区付近では、○○サコというのは、谷合いの小平地をいうようである。

福岡県田川郡添田町津野では、狭い通路になった所〔『津野』〕というが、山合いの地であろう。五島では谷の小さいもの〔『全辞』〕。下五島の福江（五島市）でも、小谷をサコという〔『方言と土俗』二の二〕。

大分県では迫《サコ》が大きな谷から分かれて尾に入りこんだものであることは、谷や尾のつく迫が多いことから理解される。同県宇佐郡（宇佐市）では、坂と書いてサコと発音している所があるが、県下の他の地域の坂と区別し難い。同県では、迫は「谷の小さいもの」「山が迫ってその間を平地が、細く抜けている土地」の意に使われている。迫は田に適している〔『地名覚書』〕。また峠ともいい〔『全辞』〕、大野川によって作られた丘陵部を迫といい、迫の付近の断崖には多くの石仏が残っている〔『はーもにー』平成2・4・1号〕。

また、熊本県天草郡松島町（上天草市）阿村では、支谷の行き止まりになった所といい、同郡龍ヶ岳村（同市）では、山と山との間の一番低くなった所、谷のことだがタニとはいわない〔各地人談〕。

葦北郡芦北町（旧佐敷町）では、山合いで、集落、田、畑がある。谷（タニ、タン）は必ず水の流れがある所をいい、サコは谷よりも範囲が広い〔同地人談〕。鹿本郡菊鹿村（山鹿市）上内田（山鹿市）では、水の豊富な谷合い。セドともいう〔『民伝』一二〇の六〕。球磨郡五木村では、谷の小さいもの〔『方言』五の八〕、宮崎県では、山の間の狭くなった所〔『全辞』〕、延岡市島野浦では谷合い〔同地人談〕、椎葉では水のないか、少ない所。タニは水のある所〔『旅伝』六の八〕。

鹿児島県でサコは、大迫、湯ノ迫、松ヶ迫、迫田などのサコは、両側に山が迫って、その間にできた狭い平地。谷よりはやや広く、開いて狭い田にできるほどの土地で、古い田は多くは迫を利用して作ったもので、迫田といえば、最も古い田のできた地名を示している〔『かごしま民俗散歩』〕。

出水郡長島では、山と山との谷合いで、水があっても、なくてもサコという〔同地人談〕。肝属郡百引村〔鹿屋市〕では、山が迫り平地がその間を細く通り抜けている土地をサコ、また平地が通り抜けになっていない場合はセトといい、この堀切の通路をセトンミチという〔『方言』五の四〕。大隅半島の大迫付近では、小さい谷間をいう〔『毎日新聞』昭和36・5・12〕。

サツマ〔薩摩〕という語はサクマ〔静岡県、長野県ではサクといい、迫《サコ》の意、静岡県佐久間〔浜松市〕は迫間《サコマ》の意〕、ハザマ〔関東、東北では、西日本でいう迫《サコ》をハザマという〕と同類であろう。迫とは谷の別名で、南九州には迫という地名が多く、そこには集落や田地が多い。

西日本の迫《サコ》は、近畿東海の一部でセコといい、長野県、静岡県ではサク、関東、東北ではハザマと呼んでいる。サツマ〔薩摩〕もサクマやハザマと同類の地名と考えられる〔小川亥三郎『日本民俗学』七四号〕。

鹿児島県十島村の島々で、サコ、サクは水流の浸蝕作用によってえぐられた尾根と尾根との狭間のことをいう。サコのより深くえぐられていて、しかも水涸れの少ない水流のあるものを谷《タニ》というようである。九州以南ではサコが多く、サクは少ない。サコは訛ってザコ、ジャコ、ダコといい、サクの方はザクともいう。本土でいうサコ、サクは十島村のとは意味をいささか異にするものもある。

サコ、サクの宛字には迫、谷、咲《サク》、裂、作がある〔『トカラの地名と民俗』下〕。

サコは、一般にタニよりは小さいものと考えられているらしい。この地名の宛字に廻、迫または峪の字を用いているのも、やや理由があると思う。山水を利用して穀類を精白する臼を搗くものを、九州でサコンタラウなどというサコもまた、これを設ける谷という語である〔『山村語彙』〕。

迫、セコ、セクは谷の行きづまった山と山との間の狭い所〔『地名の成立ち』〕。サコ、ザコ（迫、佐古、廻《サコ》、坂《ザコ》、作《ザコ》。崖に挟まれた窪地）〔松尾『日本の地名』〕。

　山が迫って坂になっている所。北九州市〔『北九州市史』民俗編〕（山谷《サコ》、窄《サコ》、作、浴《サコ》、白坂《サコ》、阪砂《サコ》、砂古、砂子、砂香、砂郷、佐古、佐護、栄、栄生）〔『日本の地名』〕。
③　佐賀県東松浦郡玄海町付近で、八軒前後の農家の集落をいう。山麓の傾斜地に建てられ、道路に面したものもあるが、ほとんど道路より高く石垣をを築いているので、立体的な集落を形成している。集落内の結びつきはきわめて緊密であるという〔『集解』〕。
サゴ、サゴウ　上越境の万太郎山（一九五四・一メートル）の別名をサゴウ、サッゴーの峰といっており、越後土樽方面の呼称である。サゴウの意は、頂上地形の砂礫地帯より見て砂地のような意味を考えている。またここのサゴは砂山のことをいう。万太郎山の別名サゴウはこれであろう。類似の方言は、上州尾瀬ヶ原の越後側、只見川の沿岸にサゴ平という磧《かわら》の平地があり、同じサゴの意を表わしている。

　岩手県の山間部にはイサゴザワ（砂子沢）という部落があり、川に沿う地形にあたる〔『旅伝』一五の一二〕。

サコタ　サコタまたはサコ、イジサコともいう。香川県三豊郡（三豊市、観音寺市）で砂質の湿地〔『農村語彙』〕。

　常に水の溜っている水田。香川〔『分類方言辞典』〕。扇状地の谷間、山合いの狭いところ、谷のゆきづまりにある水田。日陰の収量の少ない田。熊本県〔『失なわれてゆく村のことわざ・言葉』〕。

サコヤ　水のない谷。奈良県十津川。水のある谷はサコヤノタニという〔『全辞』〕。

サザ　信州上伊那郡（一部、伊那市）で、河瀬の荒い所〔『地形名彙』〕。天竜川の伊那谷で、川の瀬の白い波をたてている所。水音から出た上流語。

　ここに棲息する水生の昆虫をザザ虫といい、冬期網で捕って佃煮とする。現在では、珍味となって一般の口にはなかなか入らないという〔『ＮＨＫラジオ』昭和49・12・20〕。

　静岡県磐田郡（磐田市、袋井市）でも、川の瀬の荒い所〔『静岡県方言集』〕。サメの項参照。

ササラ　岩礁（佐々羅、讃良《ササラ》、佐良木《サラキ》）（『日本の地名』）。

サーシ　①南向きの土地、日向地。広島、愛媛県大三島（今治市）。

②傾斜。南島喜界島。サカシイに同じ（『全辞』）。

差出、サシクボ、サシ垣内《ガイト》。サシ尾もこれか（『日本の地名』）。

サス　関東にはサスという地名が非常に多く、『新編武蔵風土記稿』には実に夥しい数を拾うことができる。サスは焼畑（『開拓と地名』）。

サシは焼畑をする意の古語。古代は、広く、人が少なかったから、一年間その土地を遊ばせて雑草を茂らせ、春、草の枯れきった時火を放って焼き、その灰をその土地の肥料とする。焼畑は、土地の者が共同でする労働で、青年男女総出でした。

東京文京区指ヶ谷は、焼畑をした所としての名を留めている。目白台丘陵の北面の雑司ヶ谷なども、古くはソウシガヤと初音を濁音とせず発音していたろうから、やはり焼畑の所だったと思われる。焼畑の小規模のものは「野を焼く」とて歌の題ともなっている（窪田空穂『毎日新聞』昭和41・6・26）。

焼畑（佐須、刺鹿《サス》）。

砂州（佐須奈、刺鹿）（『日本の地名』）。

サダ　西日本で海角をいうことが多い。山中にもある地名。この場合、山の狭隘な所をいうらしい（『地形名彙』）。

古い言葉で、突出物のことらしい。猿田彦というのは、神の渡御（神幸）の先頭に行く鼻高面をかぶった役のことで、鼻が突き出て先駆することがすなわちサダである。サダヒコといって先駆する役の男のことを猿田彦と書くようになったのである。地形上の突出が同じくサダであるから、サダ岬という地名ができたのは自然の成り行きであった。四国の西端に九州に向かって突き出ている長い岬は佐田岬であり（「ミサキ十三里」といわれ、岬の幅の狭い所では六〇〇メートルという『NHKラジオ』平成2・7・31）、南九州の大隅半島の突端も佐多岬である。こうした岬には神を祀ることが、古代は多かったことと思う（四国の佐田岬の西方に明神岬がある）。大隅の佐多岬は、現在も祭りを行っている（『祭り風土記』下）。

西日本で海角をサダという。鹿児島県佐多岬、愛媛県佐田岬、高知県蹉跎岬（大隅のそれと区別するため、アシズリと訓ませ足摺岬と書く）。

大阪府北河内郡庭窪村（守口市）大字佐太はもと蹉跎村といい、蹉跎山があり、蹉跎神社が斎かれていた（『大日本地名辞書』）。

島根半島の佐陀は、現に平野にあるが、半島全体が狭田の地で、国の突出部であった。

沖縄では、先導する、先頭に行くことをサダユン、サダル、サダレ、サダラというが、このサダではないかといわれている。猿田彦神はすなわちその神であろう（『孤島苦の琉球史』）。

今日の「沙汰する」もこれであろう（『柳翁閑話』）。サダのさらに一般的な名はミサキである（『民伝』六の四）。

サダは今日の「沙汰する」「知らせる」という意味で、沖縄でサダルとかサダユンというのは、先頭を行くという意味だそうで、豊予海峡にも同じ発音の佐田《サタ》岬《ミサキ》があり、まさにその名の通り、灯台がなくとも、海上の道標であった（『人間の交流』）。

静岡県清水市（静岡市）薩埵《サッタ》峠は、越後海岸の「親シラズ子シラズ」の海岸通路に匹敵するものだが、崖の中腹に横になっている道で、断崖の裾にはすぐ波浪が打ち寄せていて、足をすべらせたら万事休すといった道であった（『峠と人生』）。

内陸部にもサタの地名がある。薩埵峠は、その一例で、その峠神として祀る。神体は、漁夫の網にかかった地蔵尊であると伝えている。「沙汰」の意味は、「沙」は水中の小石、「汰」は洗うとか、えり分けて悪いものを捨てる意で、米や砂金を水でゆすって砂を取り除くこと、ひいては、物の精粗の選別→善悪の裁断→処理、処置→指図、命令→便り、知らせ→評判、うわさ→秘密。そして少し飛躍するが行い、事件というように発展、派生して多様な用法ができた道筋が辿れるのである（『ことばの風土』）。

ザッコケ　上総山武郡（一部、山武市）で、崖のこと（『地形名彙』）。崖崩れ。福島県平（いわき市）（『全辞』）。

サツマ　鹿児島県の薩摩国における山間部の薩摩《サツマ》迫《ザコ》、薩摩田、薩摩山、薩摩平《ヒラ》という地名の所は、シラス台地の侵食によってできた谷間で、田地があり、谷口に集落がある所であったり、大型の谷で台地の中の谷よりも規模の大きいものもあるが、谷であることに違いはない。

セコ↓サコ↓サク↓サクマ
セト↓セトマ↓サツマ

セコ（狭処の意）という言葉からサク、サクマとなったように、谷を意味するセト（瀬戸）という言葉からセトマ（瀬戸間）という言葉ができ、これが転じてサツマ（薩摩）となったものであろう〔小川亥三郎『日本民俗学』七四号〕。

サデ　紀伊熊野地方。山崩れで、頂上から谷底まで樹木のなくなった急傾斜地〔『地形名彙』〕。

中国から四国、九州北部にかけて「押し落す」ことをサデオトス、「押しまくる」ことをサデマクル、「押し倒す」ことをサデコカス、「踏み滑る」ことをサデクル、「滑る」ことを鳥取、出雲でサデクル、「ころぶ、墜落する」ことをサデコケル、「ころぶ」ことをサデコロブ、「突き出す、押し出す」ことをサデダス〔東条操『全国方言辞典』〕といった方言の行われていることが知られる。サデ作業が、どんなに印象深い山仕事であったか、そうした石山のサデ作業が、またどんなに素朴な興奮を伴う活動であったか、加舎白雄の句からも、これらの方言からもうかがわれるようである〔『日本の石垣』〕。

樹木のない山の急斜面や、伐木を落すため傾斜地の木を払った部分を、静岡県西部や和歌山県の山地でいう。また山の急傾斜面で木材を滑らせて落すのに都合のいい所を和歌山県日高郡（一部、田辺市）、高知県でいう。和歌山県では、伐木を落す作業をもサデという〔『静岡県方言集』、『全辞』、『山村語彙』〕。高知県吾川郡池川町（仁淀川町）椿山でも、伐木を落すために、山の急斜面にできた小溝をいう〔『土佐民俗選集』その二〕。

山の急斜面（坂手、祚田《サダ》、佐手、佐手ヶ坂、サテ山）〔『日本の地名』〕。

サト　①山に遠い平野地方のことを兵庫県赤穂郡矢野村（相生市）小河でいう。ここでは竜野辺の揖保川流域地方のことをいう。サト牛とは、この地方の牛で、山に遠く飼料に乏しいので、冬期間、山間の地方に牛を預けた〔『随筆山村記』〕。

②埼玉県戸田市の西部の美女木下笹目地区の堤内は、荒川によって形成された沖積低地でサトという。標高三〜五メートルを測り、堤外との標高差は数メートルに満たない〔『美女木下笹目の民俗』〕。

③人家のある所、山里、故郷のこともいう。

サド ①　千葉県海上郡（旭市）で砂地をいう〔『地形名彙』〕。②　会津盆地の平地部をいう。福島県耶麻郡山都町（喜多方市）〔『山都町史』民俗編〕。③　小川。秋田県由利郡（由利本荘市、にかほ市）。同県河辺郡（秋田市）では溝。④　堰、せき。秋田県仙北郡（仙北市、大仙市）〔『全辞』〕。

佐渡、佐藤、佐戸、佐都、佐土原〔『全辞』〕。

サナ　鉄または砂鉄。ないしは砂鉄を産する土地を意味する古代語〔『鉄の生活史』〕。昔の製鉄に関する地名とされている（佐那、佐奈、佐名伝、猿投《サナゲ》、真田《サナダ》、狭名田、金鑽《カナサナ》、真面《サナツラ》）〔『日本の地名』、『日本地名学』Ⅱ〕。

サナギ、サナゲ　サナの転（佐鳴湖《サナギ》、猿投山、真城山《サナギ》、佐柳島《サナギジマ》、〔『日本の地名』、福士幸次郎『原日本考』にサナギの記事あり〕。

サヌ、サヌキ　狭い土地。サノの転（狭野《ヌ》、狭沼《ヌ》、左野《ヌ》、佐貫、讃岐）〔『日本の地名』〕。

サノ　佐野。「狭い土地」の名。出雲地方に分布の空隙がある〔『日本地名学』Ⅱ〕。

狭い土地。北海道と中国の中部に少ないが、他は全国的に分布（佐野、佐濃、狭野、佐里《サノリ》、佐野田、佐野峠、佐爬、井佐野）〔『日本の地名』〕。

サバ　岐阜、愛知地方の丘陵地で、切り岸の割れ石の混った土。または粘土に小砂の混ったものをいう。サバッチともいう。その石が硬くて崖をつくっているのをイキサバ。長野県下伊那郡（一部、飯田市）では粘板岩のことをいい、砂岩にはスナサバという呼び名がある〔『農村語彙』、『全辞』〕。

連なっている岩。岐阜県武儀郡（関市）〔『全辞』〕。

岐阜県恵那郡山岡町（恵那市）で、比較的硬い非粘土質の土をサバ、ことに硬い場合をカナサバという〔『日本民俗学』一三〇号〕。

方言では、粘土質に砂の混った土地だとか、粘土岩のある所などがあり、また沢《サハ》の転訛もあろう。他にサビ（荒び）の転訛も考えられる。サバという地名の多くは、海岸、湖岸、河口、内陸の沖積低地に立地する。海岸の場合は、入江とか入りこんだ湾というのが多い。

サバの地名の分布は、北は青森県の鯖石（弘前市）から南は鹿児島県の鯖淵（出水市）まで及び、近畿中心の全国分布型である。その多くはサビ（荒び、寂び）の転訛ではないかと考える。

その理由は、滋賀県野洲郡中主町（野洲市）の「佐波江」、神戸市兵庫区の「佐比江」が低湿地の、水が淀んで葦の生えた荒涼たる入江であったろうと考えられる共通点をもつからである。

福井県の鯖江市などは、内陸にあって入江というのはおかしいが、エ（江）という接尾地名は、内陸にもあって入江ではなく、谷の入りこんだ所にも用いる。鯖江市の場合、山地から福井平野の低湿地に出た所で、急に水が淀んで濁ったような所でサビ江の転訛ではないかと思われる〔『地名の由来』〕。

① 砂礫土。

② サバエ（田の神）。

鯖、鯖江、鯖神、鯖池、鯖地、鯖山、佐波、佐波木、佐波令、山波《サンバ》、曾波の神。

③ 鯖（鯖瀬、鯖根もこれか）〔『日本の地名』〕。

サビ 鉄または砂鉄ないし砂鉄の産する土地を意味する古代語〔『鉄の生活史』〕。製鉄に関する地名とされている〔『日本地名学』Ⅱ〕。ソブの項参照。

ソブの転（佐比、座比《サッピ》、佐備、鉏《サビ》海、早飛《サビ》沢《サワ》、小比《サビ》内、佐飛山、錆沢、蛇《サビ》尾川、三蛇山、サビ峠、サビヤ山、篠尾《サワビ》）〔『日本の地名』〕。

サビタ ① 乾田。愛知県東加茂郡旭町（豊田市）。

② 一毛作田。愛知県海部郡甚目寺（あま市）〔『分類方言辞典』〕。

谷合いの陰地にある田で、冬の間、落し水をしても二毛作のできない田を三重県一志郡（津市、松阪市）でいう。愛知県の東部では、サビタは乾田だという所もある。必ずしも水の多い田とも見えないからザブタと関係あるともいえない〔『農村語彙』〕。

サマ ① 狭間。地形が急に狭まって、河川と山地が相接するような地形。そういう所は、交通上の障害となる所も多いので、注目され地名化された。狭間はハザマとも訓む。群馬県で〔『地名のはなし』〕。

② 新潟県東蒲原郡地方の農家で、主屋の土間入口の前にある狭い空地をいう。農作業などに使用する。座敷外の空地であるデイザマ（出居狭間）などと区別して呼ぶ〔『集解』〕。

③ 秋田県仙北郡（仙北市、大仙市）内のマタギ詞で、断崖〔『マタギ』〕。

サメ、サベ ① 岩手県北部から青森県にかけて川目、沢目という地名が多い。いずれも流れを横切る交通からできた名だが、沢目は狭くて谷合いに該当し、川目の方は広く平らかで、しばしば田処という意味に用いている〔『農村語彙』〕とあるが、この意味のほかに、川目に沿って開拓した部落、あるいは集団を意味することも含まれていると思われる〔『開拓と地名』〕。

サメまたはサベのベ・メは戸あるいは目で、区画の名、サメ、サベなる集団を意味する言葉は、一つ沢目、沢辺を開墾してつくった地域的部落の意味である。丘陵に沿う沢目は、川目の小さなもので、流域には水田が開かれ山に沿って農家が居を構え、二〇戸、三〇戸の部落が点在している。岩手県胆沢川の流域地方は、水利の関係で沢目に沿って開拓されている。サメは部落の名となっているものもあるが、その下にコナと呼ばれる地縁集団がある。サメという語は、地名の下に付したたんなる地名の一部でなく、部落あるいは講中等の地域的集団を意味している。

岩手県和賀郡立花村（北上市）には沢目という地名があるが、古くは地名でなく、同じ沢目に居ついた家々の地域的集団を意味していたものと思われる。和賀郡小山田村（花巻市）にも、沢目の地名あり、沢目すなわち部落を意味し、地名となっている。この地名は岩手県より青森県に多い。カワメの項参照〔『社会経済史学』一三の二、『民伝』一〇の六、『方言研究』六号〕。

② 水が騒がしく音を立てること、ザザッと流れること、また風がサッと吹くこと、人や鳥などの騒ぐことをサメクという。それがザメク→ゾメク→ヒサメクとかサザメクとなる。

滋賀県坂田郡米原町（米原市）醒井《サメガイ》（旧醒井村）の醒井の泉は、日本武尊の「居寝《イサメ》の清水」として有名で、居寝は寝覚と同じで『東関紀行』その他の紀行文や歌などに出てくる名所で、いくつかの水口からボクボクと音を立てて湧き出る水は、旱魃にも涸れることがない。

サメガ井の名は、サメク井に基づくものであろう。音響からきた地名で、水の勢いよく流れるさまで、サラサラ流れるさまをいうのにササ（サザ）という語もある。またササ（サザ）には、小さい（また細かい）ことを表わす意（接頭語）もある。サザ波など、笹川という地名があるが、音響地名で「小さい川」であろう。ササ川には、篠川、佐佐川と書くのもあり、醒川や鮫川と書くのもあり、東京品川区の海岸に鮫洲という砂洲があるが、鮫洲のサメもやはり、水の音で浅瀬の潮騒によるものであろう。

静岡県の駿河湾北岸にある鮫島集落（佐女島とも書いた。富士市）は田子ノ浦の砂丘海岸に位置しており、波の音によるものであろうか。青森県鮫港（八戸市鮫島地区）もこれであろうか。もっともサメ（佐目、沢目、佐女など）は「部落」あるいは「山地域」の意もあるので、一概にはいえない。
・滋賀県犬上郡多賀町佐目《サメ》は、琵琶湖に入る犬上川上流の峡谷のわずかな段丘面にある部落で、一条の峡流と峠道が通ずる。ここは川瀬の音とサメの地名とがよく一致する〔松尾『日本の地名』〕。
① 沢目や沢辺を開墾した所。関東～奥羽に多い（沢《サ》目《メ》、醒《サメ》川、鮫洲、佐目、佐女島）。
② 鮫の象形語（鮫、鮫埼、鮫ノ浦）。
③ 白地に赤味をもつ岩石（鮫川、醒川、醒井）〔『日本の地名』〕。

サムト　群馬県勢多郡黒保根村（桐生市）楡沢の寒戸《サムト》は、風当たりの強い所であろう〔『地名のはなし』〕。『遠野物語』に「寒戸の姿」の話があるが、遠野にはサムト地名はない。

サヤド　サイトーの転（道祖《サヤ》土、砂屋土、済戸《サヤド》）〔『日本の地名』〕。

小夜戸。サマと同じ発想で、サヤル（障る）ト、ド（処）あるいはサエド（塞え処）であろう。ククドも同様の地形名。ククル（括る）処の意〔『地名のはなし』〕。

栃木県真岡市の南東隅に、低湿地へ口を向ける形に小さな谷があり、この谷のムラを道祖土《サヤド》といい戸数二二戸、古老は「首の落ちるような者でも、道祖土に駆けこめば生命が助かる」といい、浪人武士、駆け落ち者が来泊し、助力を乞う者絶えない。また道祖土には、屋根屋と畳屋が居ないだけで、その他は各方面の職人を住まわせているようだ。ここの谷にそんな伝承が伝わっている。また幕末から明治期にかけて、ここに窯をつき陶器も焼いた〔『空からのフォークロア』〕。

サラ　① 乾いた所。
② 浅瀬（方言ザラ）。
③ 新しい。
④ 製陶地（皿山）。
⑤ 原野（サワラ）。
佐良、馬佐良、佐良山、讃良《サラ》、皿、皿山、皿川、皿

田、更木、更屋敷、更科、猿尾《サラゴ》、舎羅林山、雙羅〔『日本の地名』〕。

ザラ ザクよりは石は小さく粗目の砂のざくざくしている所。信州で。長野県上田市付近では川瀬をいう〔『地形名彙』〕。

川の浅瀬、川の瀬。栃木県河内郡(一部、宇都宮市、下野市)〔『栃木県方言辞典』〕、長野県上田付近。ザンザラに同じ〔『全辞』〕。

サラタ 排水のできる田、乾田(額田、飛騨)。これも沼田に対する語であるといい、田稗《タベ》はこのサラ田にも生えて、とり尽せぬばかりだという〔『ひだびと』七の八、『農村語彙』〕。

愛知県鳳来町(新城市)で、冬に水の漬かない田をサラタ。裏作可能、年中水が漬く田をヌマダ。一毛作しか行えない〔『日本民俗学』一三〇号〕。

排水のできる田、乾田。長野県下伊那郡(一部、飯田市)、尾張、岐阜県吉城郡(飛騨市、高山市)〔『全辞』〕。

徳島県三好郡池田町(三好市)字サラダのサラタとは、新田の地名で保水能力が悪いから新田《サラダ》であるという。たしかに新しい田地は水もちが悪いくせがある。しかし、サラダの地下には活断層が存在しているらしい。とすれば破砕帯(岩石の粉々になっている状態)上の土地ということで、水もちが悪いのは当然で、付近には中央構造線が走っているのだから、その派生断層があっても不思議ではない。したがってサラダのサラは、地すべりの意味にこじつけ解釈もできなくはない〔小川豊『歴史地名通信』三号〕。

新しい(皿田、更田《サラ》)〔『日本の地名』〕。

サル ① 北海道には、谷地《ヤチ》とか泥炭地とか呼ばれる低湿な荒れた原野が多い。そんな土地をニタッあるいはトマㇺと呼んだ。また、そんな低湿な原野に葭(葦)がいっぱい生えたような所はサルといわれた〔『アイヌ語地名の研究』一〕。

② アイヌ語で湿沢の義。本土で尾去沢、猿ヶ石などはこれである〔『地形名彙』〕。北海道でサル(沙流、斜理《シャリ》)、アイヌ語で湿原、泥炭地(猿別)。

③ ザレの転(猿山、狙羊内《サルハンナイ》、猿倉、猿田、去田)〔『日本の地名』〕。

猿岩、去岩、猿ヶ滝、猿壁山、猿喰《バミ》、猿沢、猿倉森、猿羽根峠、猿鼻、申ヶ野、猿畑、猿走、猿島、猿川、猿江の猿には断崖の立石や崖地に関連したものが多い。

猿はサル、サリ、サロ、サラ、マシ（マシラ）、サなどいろいろ訓ませており、意味も幾種類もあることは確かである、

東北地方にも「猿《サル》」とか「去《サク》」とかのつく地名が多い。米代川中流の十二所町の対岸に猿間《サルマ》がある。北海道北見国の佐呂間《サロマ》（猿間とも書く。意味は湿原《サル》・にあ《オ》る《マ》・川《ペツ》）、日高国サロマナイ、同サロマブなどに似ている。いかにも、湿原らしく、隣には谷地《ヤチ》、葛原の地名の所に接している。

猿辺川《サルベ》（青森県三戸郡（一部、八戸市））川沿いは多く田で、川岸はほとんど葦である。サル・ペッ（サルン・ペッ）の感が深い。

小《オ》猿部《サルベ》川は、米代川の大きな支流で、流域は多く田作地だが、なお相当葦谷地が残っている。川尻《オ》・葦《サ》原《ル》・川《ペツ》と聞こえる。

長流部《オサルベ》（岩手県二戸郡（一部、二戸市、八幡平市））は、五万分の一図で見ると、安平川《アッピ》筋の田作平地に山から沢に入っている場所で、小猿部も長流部も、北海道の長流別《オサルベツ》と同系のアイヌ語らしい感が深い。

秋田県の尾去沢鉱山の尾去《オサリ》は、米代川の河岸の少し高くなった所で、一面に開墾されて田になっているが、地形から考えると、北海道の尾猿内《オサルナイ》（余市の南、余市川中流左岸、その余市川に注ぐ川尻は一帯の草原《サル》であったことがよくわかる所）と同じように「沢尻に湿原のある沢」とアイヌ語で呼んでもよさそうな土地である。なお、尾去は、昔北海道と同字で尾猿とも書いた。終りのナイが下略されるのは、北海道の長流別が「長流」になっているように、よくある例である。宛字まで似ている〔『アイヌ語地名の研究』三〕。

島根県中海の出口にある「去ルが鼻」の小突出や、八丈島の赤崎《アカサリ》、大サリが鼻、イデサリ鼻の岬角が示唆するように、出っぱり、突出部を指すことも推定されると同時に、崖や岩壁をも意味することもあるように思われる。

崖に多い笊《ザル》森とも関連してその一例、岩手県西磐井郡（一部、一関市）の笊森（一三五五メートル、一ノ関市西方、露岩やナギ式崖の多い山）。新をサラと訓むことがあるので、サラに猿をあて、新町が猿町（サルマチまたはサラマチ）のこともある〔松尾『日本の地名』〕。徳島県に猿飼《サルカイ》という地名があるが、これは猿峡の意であろう〔『日本民俗学』一一五号〕。

ザル ①木の根上がりになった空間で、熊の好んで

住む穴。木が風などのため倒れ、根がもち上がった所は、土や雪をかぶってザルになっている。これを「根切れのザル」という。信州小谷地方〔『夜啼石の話』〕。

② ザレの転。

③ 礫土であるため、水の浸透すること（笊、籠《ザル》田、笊田、葭《ザル》田）〔『日本の地名』〕。

サルワタリ 崖下で川を渡る所（猿渡）〔『日本の地名』〕。

ザレ ① 山の崩れて欠け落ちた所。山梨県西八代郡（一部、甲府市など）。

② 山の尾や峰などの緩傾斜面の崩れた所。和歌山県日高郡（一部、田辺市）。

③ 崖。徳島県美馬郡（一部、美馬市）〔『全辞』〕。

古語のザレ（礫）に岩の崩れた小塊の砂礫で、長野県更級のサラは、山の崩れた砂礫の傾斜地にある。中部山岳にもザラ峠という地名があり、同じものであろう。ザラ、ザレ、ザルの古名としてサラが考えられ、サラシナはそうした傾斜地を意味する地名と考えたい〔『地名の由来』〕。

熊本県人吉市田野地方でザレ、ザレワラ、ナメというのは、以前に山潮があったような山肌の露山になった急傾斜地で、この斜面に砂礫が積み重なり、一歩進むごとに岩石がころげ落ちる。こんな地形を『後狩詞記』では、ドサレというが、さすがの猛猪も急進することができず、照準がつけやすい〔『えとのす』五号〕。

佐渡島北隅、外海府《ソトカイフ》の大ザレ川（下流の両岸に大断崖）、別子銅山東南の大坐礼《ザレ》山（一五八七メートル）も崖の多い山。

神奈川県津久井郡藤野町（相模原市）に石砂山（二六〇メートル、相模湖南方）。

岡山県新見《ニイミ》市に大沙利谷がある。ザレ、ゾレ、ガレいずれも同じ〔松尾『日本の地名』〕。

山梨県東八代郡（笛吹市、甲府市、中央市）、西八代郡（一部、甲府市など）で、山の崩れ欠け落ちた所〔『甲斐の落葉』〕。

和歌山県日高郡上山路村（田辺市）でも、山の尾または峰などの緩斜面の崩壊地〔『方言』五の五〕。

徳島県美馬郡（一部、美馬市）で崖〔『全辞』〕。

サレ、ザレ（礇石、佐礼）。山の崩れて欠け落ちた所。四国山中に佐々連《サザレ》などの地名がある〔『地名の成立ち』〕。

① 崖崩れした所。

② 小石の多い所。四国と九州に分布。座連、佐礼、佐連、〇〇石流《ザレ》、シャレ越（崩岩の下を越す峠、赤砂礫《ジャレ》峠）（『日本の地名』）。

サワ ① 青森県五戸地方では、丘の両側から狭まった所で、谷は浅く、土地が乾燥して日当たりの良い所などは、上方まで水田が開かれ、これを沢田という（『方言研究』六号）。

津軽、秋田、岩手県和賀郡（一部、花巻市）、福島県相馬郡（一部、南相馬市）、長野県佐久地方で谷。津軽、佐渡で渓谷（『全辞』）。

栃木県で沢、谷地をサワッコ、同県鹿沼市、芳賀郡、那須郡（一部、大田原市など）で沢の近辺をサワッキ（『栃木県方言辞典』）、千葉県安房郡（一部、南房総市など）で谷間という（『全辞』）。山梨県、長野県下伊那郡（一部、飯田市）で谷川（『全辞』）。相模（『国誌』）でも谷間（『分類方言辞典』）。

神奈川県津久井郡（相模原市）、静岡県庵原郡（静岡市など）で沢をいずれもサワッポラといい、伊豆三宅島では、木の茂っている窪地で、雨が降れば水が流れて川となる所をサワ（『全辞』）、岐阜県揖斐郡（揖斐川町）徳山では物洗い場（『分類方言辞典』）、南礪波の山麓地帯で、丘陵間の低い所をサワといい、クボとの区別はないが、クボの方がよく使われる。富山県太美山村（南砺市）臼中では窪地をサワ（『礪波民俗語彙』）。

サワは東日本では渓谷、谷合いを意味し、関西地方では沼沢を意味する。同一地形を東北日本では沢、西南日本では谷といい、相対立している。その分布の境界は、飛驒山脈の分水嶺に相当し、南方延長はだいたいにおいて伊勢湾に到達するようである。沢、谷はいずれも大起伏山地内の小渓谷の呼び名である点で共通している。したがって、阿武隈高原、三河高原、丹波高原、中国高原、南北九州その起伏の小さい山地や高原には、分布がないかあるいはきわめて少ない（鏡味完二『地理学評論』二〇の二）。

なお東北には沢に似た地形にホラがある（『社会経済史学』一三の二号）。

東北日本と西南日本の両文化は古来、中部山岳地帯を挟んで両立してきたが、文化的には西南日本が常に優位であって、中部山岳を越えての人口移動が絶えずあった。

文化はいかに東北方面に伝播されても、この両文化は結局同一化されることがなかったほど、中部山岳は文化の分離力が強かった。

谷と沢との対立は、この両文化の所産であり、分界線から東北方面への「谷」の進出は、西南日本の文化の優位を示すものと思われる。

同じく東北日本の中にあっても、中部地方のそれと東北とでは、谷と沢の適用法が相違していることが認められる。

谷と沢との分界線付近では、沢は谷よりも小さい地形に用いられているが、東北方面に進むに従って漸次「谷」の数が減少すると共に「沢」の数を増し、それと同時に谷よりも沢の方が、大きい地形に用いられることになる。

そして、奥羽型ではかえって、谷が沢より小さい地形に用いられている。これは、谷の分布から沢の分布へと変遷する場合の、漸移現象にほかならない。

なお、河川地名の語尾に用いられる文字——すなわち、上流から下流に向かって、沢→谷→川となるのが中部型で、谷→沢→川となるのが奥羽型である〔鏡味完二『地理学評論』一八の一一〕。

谷は、西日本で成立した日本語であり、沢は西日本にはなかったもので、おそらく関東あたりを中心とした東日本の語である。

後に西日本の勢力が東日本に浸透した結果「谷」とはやや異なった意味で、日本語の中に組み入れられたようである。

渓谷を意味する語として、西日本では「谷」、東日本では「沢」を用いたが、支配者の語である「谷」は、そのまま渓谷を意味する語として、今日に至ったのに対し、服従者の語となった「沢」は東日本では、まだ渓谷の意に用いられても、中央では早くから別の解釈に変っていたようである。すなわち『和名抄』によれば、山谷類と渓谷として用いられているが、「サハ」は林野類の一語としてみえ、その注として「風土記云水草交日沢音宅」とあり、畿内中央の人々のよく知らない意味であったようである。

『時代別国語大辞典』（上代篇）では、サワ（沢）を渓流の意としながらも「現在のサハは大体東日本では渓谷を、西では沼沢を指すようである」としている。

上代語のサハが、西日本での意味が曖昧であり、西日本にはもともとサハという、渓流に関した語がなかったと考えられる（『地名の由来』）。

中部地方を境に、東日本の河川によく使われている「○○沢」が、逆に西日本では「○○谷」となっている。

吉田茂樹は、その境界を、親不知―桑名を結ぶ線であることを指摘している。

このことは、ある時代、日本海の難所、親不知あたりから、北アルプス、飛騨高原、そして揖斐《イビ》川下流（かつては一面の沼沢地帯）を結ぶ線を境にして、東日本と西日本とに異なった文化があったことを物語っている。

そのことから谷とか沢とかが、地名として命名された年代が推測できるという考えもある。たとえば『森林の思考、砂漠の思考』（鈴木秀夫）は、鏡味完二の分布図を紹介して「東西二つだけの文化圏ができた時は、晩期旧石器時代から縄文早期にかけてと、縄文晩期から弥生前期にかけての二回である……『谷』と『沢』の川名がつけられたのは、この二つのうちどちらかである可能性が大きい」。沢とか谷とかの地名は、二千年とか場合によっては、一万年前に命名されたかもしれないということになる（『現代「地名」考』）。

なお、国分直一は『日本民族文化の研究』中の「稲作の問題」で次のように述べている。

「陸稲作に対して、水稲作は概して未開民族の間に稀だとされるが、水田耕作は必ずしも高度の技術を要するとは限らない。自然の湿地、沼地、増水期に浸水する河辺の低地、雨季に雨水を湛える田などは水分を余計に必要とする稲を植えつけるに適している。

日本語の沢（sawa）（松永注、このサワは、西南日本でいう沼沢の意）は、マレイ語の田を意味する sa-wah に関係をもつものではなかろうか。この sawah が沖縄の水田の tah、日本内地の ta に関連をもつことは、ほぼ推定してよいのではなかろうか」と。

② 新潟県佐渡郡（佐渡市）では、小部落をサワという（『民俗と地域形成』）。

佐渡ヶ島では、一つのムラ全体のことをサワと称している（『日本を知る小辞典』）。

③ 山口県長門市通で、ジカゼ（南風）でできる波。土地の人はサワとコチナミは同じだともいう。ジカゼが南から東の風をいうのであろうか。なおコチナミは東風で生じる波、マジナミはマシ（南西風）で生じる波、ニシナミは西風で、キタナミは北風でできる波

〔『長門市史』民俗編〕。

サワメキ　河谷や海岸の水音（沢目木、更目木、座《ザワ》目木、沢帯《ザワミキ》、蔵貫《ゾーメキ》、蔵貫浦、蔵に《ゾーゾー》、蔵々瀬戸、産目《ザワメキ》木、沢帯《ザワミキ》、産女木）〔『日本の地名』〕。

サンカクダ　三角田。面積の狭い三角形の田。ミスマノクボあるいはサンバイクボともいう。三角田は、田植えに先立ち、その一角に栗の木などを立てて森をつくり、田の神を迎える場所として、神聖視され、女の立入りを禁じている所もある〔『岡山民俗辞典』〕。

　宮崎県えびの市杉水流の水流に、広さ六アールほどの三角田がある。以前は羽山積神社に献納する稲を作っていた。近くに田の神が祀ってあり、田の神祭が行われていた所である。同じえびの市池島の木崎原に三角田があり、この田をミスン田と呼んでいる。この三角田は昔は原則として田の神の聖域であったから、この三角田も田の神の祭場であったと思われる。この三角田は現在も残されており、隅の方に「三角田」と刻んだ石碑が立っている〔『宮崎県史』資料篇民俗二巻〕。

サンキョ　東北から関東にかけてサンキョの地名が散在する。わが国の分家制度にはいろいろな型があり、親が家督を長男夫婦に譲り、二男、三男を引き連れて分家するのを「インキョ（隠居）分家」、インキョ分家した親の連れ子の二男、三男がさらに分家したものを「サンキョ（散居）」ということもあれば、親がインキョして、家督を継いだ長男がやがて年をとって、その子に家を譲ってインキョする。このインキョを「サンキョ（散居）」とか「カンキョ（閑居）」と呼ぶ所もある。孫が家を継いだ場合、生存中の祖父を「サンキョ」と呼ぶところもある。

　インキョ、サンキョ、カンキョの意義は、所により区々であるにしても、要するにサンキョの地名が起るのは、家族の一部が分家して、すなわち部落全体からいえば、部落の一部の者が、原野などの開墾地に居を定める。

　サンキョは、もともと高い地形の所に見出され、サンヤに山谷が多いのと同様、山林、原野の開拓居住が多かったからであろう。

　地名としてのサンヤとサンキョとは、その成立において類似性がある〔松尾『日本の地名』〕。

　散居、山居、山居山、三居、参居〔『日本の地名』〕。

サンネンザカ　三年坂という名は、要するに人淋しい場所の無気味な坂で、各地に共通する迷信「坂道で転んだら三年のうちに死ぬ」という伝えからきたものであろう。三年坂、三念坂、三念寺坂などがある〔『東京の坂道』〕。

京都の清水観音の門前のほかに、八王子市八木町、また二十三区内にもこの名の坂があって、いずれもそこで転ぶと三年のうちに死ぬという俗信を伴っている。

その中でも、京都のはあまりに有名で、これには産寧坂などという後の説明も生じていた〔『禁忌習俗語彙』〕。

サンベ　他地方のヤチとほぼ同様の窪地で、水も多少あるような所。新潟県の北蒲原郡（一部、新発田市など）から中頸城郡（一部、妙高市）まで分布している語で、三平池、三杯池、山辺などというのもサンベの意かと思われる〔『日本民俗学』四〕。

サンヤ　これは只未開地の事であるが、早くから個人の所有に帰した山野を某の又は村のと云うのを略してサンヤと呼ぶに至った〔『地形名彙』〕。

武蔵野台地や神奈川県に山谷が多く、台地、丘陵上の原ッパや谷戸の奥、河原によくあるが、水田地のような広い場所の大集落ではなくて、小集落が主である。中には相当大きな集落に発達したものもある。単独の山谷、山野、三谷、三野、三家、三居、散家、散野、山家、山居もあると同時に、磯部（相模原市）という大きな集落があると、その近くの台地べりに「磯部山谷」の集落が付随し、東京都調布内の上布田《カミフダ》の南裏には「上布田散家」がある。柳田国男は、武蔵野台地にある「サンヤ」地名に触れ、喜多見山野に終の棲家を選んだと「成城の地理書」で述べている〔『柳田國男全集』第三一巻〕。

「サンヤ集落」は、元村（本村）の近傍に未開地を開いた地区すなわち元村から分派したと思われるサンヤに宛てた字が山谷、山野、三谷、三野。草分けの居住が数戸の少戸数であったと思われる三家、三屋のように開拓場所の自然環境あるいは、開拓当時の情況を多少とも頭に入れたものと思われる。サンヤ集落は丘陵、原野の地のみに限らず、低平な沖積地などにも見られる。

三家、三屋は開拓初期、草分けの家が三軒であったと伝える所が少なくないが、はたして三戸あったかどうかの実否は決しかねる〔松尾『日本の地名』〕。

関東で、雑木採集場をいう〔『日本の地名』〕。

千葉県市原郡市原では、他人の山へ薪を採りに行くことや、おしゃべりをすることをもサンヤをするという（『分類方言辞典』）。

沖縄でサンヤは山野の意で、耕地、宅地でなく、草刈り、薪取りなどをする土地をいう（『沖縄語辞典』）。

シ

シ　沖縄で表面に突出した岩をいう。特に何かまとまった形をしたものが、地中または海中から生えたようなものをいう。シーカンパは岩壁（『地形名彙』）。『本州南東岸水路志』に「室戸埼〜足摺埼では、暗礁および水上岩を砦、その水深の大きいものを沚《シ》という」とある。
また、南島喜界島では、大なる岩石（『全辞』）といい、沖縄糸満では、干潮時に水面に出る海岸の瀬（『折口信夫全集』一六巻、『沖縄採訪手帖』）、沖縄首里（那覇市）で瀬の意。岩をシー（『沖縄語辞典』）、南島宮古島で暗礁（『全辞』）、古代の沖縄で大きな石をシー（瀬と書く）（仲松弥秀『地名の話』）。

石垣島では、猪垣や牧垣をシイという。『八重山民謡誌』によれば「シドウガキ、瀬垣《シガキ》、大瀬《ウフシ》という言葉もあり、シイの語源は、せきとめる意をもった瀬と解する人もある」。里人は、村後ろに連なる猪の山を瀬《シイヌ》の内《ウチ》、シイによって守られる人里を瀬《シイヌ》の前《マイ》という（安陪光正『毎日新聞』昭和51・6・5）。

浦添《ウラシイ》、島添《シマシイ》。浦添は浦オソイ（襲い）であろう。港、貿易を保護するということ、から出てきているのではないか。「襲い」はもともと神が人間を保護するという意味があるのではないか。

オソイに対するのがクサテ。クサテは腰当という字を書くが、子供が母親にまつわりつくように、村の人たちがウタキの神に抱かれ、神の膝に坐って、何の不安もなく安心しきっている状態をいう。ウタキがなくとも、北側に冬の季節風を防いでくれる丘を背にして、南側の日当たりのよい所に集落をかまえている場合が多い。このような時、その丘を腰当森（クサテ森）ということがある。

つまり、神の側からすればオソイ、その村人の側からすればクサテ、これは一つのものを両面から見た言葉であろう。それが、神の力よりも人の力が強くなると、最初は無意識であったにせよ、オソイの意味も変化して、支配の意味を強めたものと考えられる（仲松弥秀『地名の話』〕。

シアク　開墾地。シアケの転（塩飽もこれか）〔『日本の地名』〕。

シアケ　仕明、開墾のこと。島内（奄美大島）にシャケと称する田が所々にあるが、これは仕明地のことで、いずれも正徳から享保年間にかけて、最初の田地与人田畑佐文仁が干拓した新田である〔『日本庶民生活史料集成』一、「南島雑話」一の補註〕。

　沖縄で仕明のこと。開墾をシェーキ。開墾地で私有地として、自由に売買できたものをシェーキジーと呼ぶ〔『沖縄語辞典』〕。

シイ　宮崎県で、断崖や険しい場所の上にある平地の意。シイバは「地形の険しい所の上」の意である。

　椎原、椎谷、椎屋、椎葉（椎の木だから場所の「場」ではつり合わないので葉としたのであろう）〔『宮崎県史』資料編民俗二巻〕。

シオ　①　渋谷、渋沢、渋川、渋江のシブのつく地名のシブは、シボリとかシボミが語源で、織物や烏帽子《エボシ》などの皺《シワ》をシボといっていることが思い出される。

　渋谷川のある東京の渋谷は、またシボヤであった。子母沢の地名は諸所にある。多摩川の川流西岸には子母口（渋口《シボグチ》とも書いた）があり、この地は、東急東横線が多摩川を横切る丸子多摩川の西方、多摩丘陵のへりで、鶴見川の小支流が丘陵を切って低地に口を開く地点にあたっている。東京から中央本線で行くと、上野原の次に四方津《シホツ》があり、桂川の渓谷に臨む狭い段丘面にある。このような例はいくらもある。要するにシボ（シブ）は、狭い谷や谷口のような地形をいうのである。

　海岸なら別であるが、山地などに塩尻、塩谷、塩津、塩瀬の類は、塩とは関係なく、このシボからきたものが多いのではないか〔松尾『日本の地名』〕。香川県仲多度郡仲南町（まんのう町）の塩入は、阿讃山脈の奥深くに曲り入っていく谷（塩入川）にある。これも、シボム、シオレルで、谷などの曲りたわんだ地形である〔鏡味明克『香川県地名大辞典月報』〕。

　撓んだ土地。北信にみられる（塩沢、四王寺《シオジ》、塩田、塩野、塩尻、四方《シオ》田、入之波《シオノハ》〈一入《ヒトシオ》と書いて、入をシオと訓ませている〉、志雄、塩原、潮、子浦《シホ》）〔『日本の地名』〕。シオジリの項参照。

②　楔形の谷の奥（この例は多い）〔『日本の地名』〕。

③　川の曲流部〔『日本の地名』〕。

④　牛尾菜《シオデ》（山の野菜）、シオデ沢（『日本の地名』）。
⑤　塩のつく地名は、西上州に多い。塩分を多量に含んだ鉱泉が湧出する所（『地名のはなし』）。
⑥　ホヤ（石中の軟質部。山陰地方で寄生のホヤと同語らしい）の白いもの。山陰地方でショという（『日本の石垣』）。
⑦　食塩、海水（塩浜、塩屋、塩釜、潮ノ岬、汐留川、潮見坂）（『日本の地名』）。

シオジリ　①　塩尻。内陸にあるシオジリのシオは、シボムの意で、「狭まって行く谷地」のことで「塩尻」は、そのような谷の頭（『日本地名学』Ⅰ、Ⅱ）。

シオの地形の一番奥（『日本の地名』）。

奈良県吉野郡川上村入之波《シオノハ》は、吉野川沿いの最終部落（『山がたり』）。

②　塩田、塩入、塩沢、南塩、北塩など、上田市にも塩尻という集落がある。シオのつく地名の所は、強粘土地帯にある。塩の字のつく所は、土は肥えているが、雨が降らねば乾いて硬くなり、雨が降れば泥んこになる。米はよくとれるが、畑にすれば鍬を使うにも骨が折れる。雨が降れば、鍬は使いやすい。米の質はよくないが、収穫は多い。

岐阜県恵那郡（恵那市、中津川市）で、こんな土質の所をシオッコビという。「コビック」に「シオ」がつく、シオッコビで、土質が硬いので肥料が下に落ちてしまわない。土の中に溜っているので、作物がよくできる。シオは地形ではなく、土質による命名。

③　塩の移入路の終点を塩尻《シオジリ》とする説がある。

鉄道開通前の塩の移入路の終点を塩尻といった。今日では特定の地名となっているが、もとは日常会話に普通名詞として使われていたものである。長野県上伊那郡辰野で、昭和初年に中央線から降ろされた塩が、飯田を経て南下し、波合まで及んだ時、伊那の人には「波合は塩尻だ」といったという。

表日本の塩（南塩）と、裏日本の塩（北塩）との移入圏の接触点は、本州の脊梁分水嶺において相接している。

長野県の塩尻町（塩尻市）は、岩淵から鰍沢、韮崎、上諏訪、下諏訪などを経て移入された南塩と、糸魚川から大町、松本などを経て移入された北塩との接触点なのである。これを「西の塩尻」とすれば、「東の塩尻」は現在のしなの鉄道西上田駅（旧北塩尻）で、東京から倉賀野、碓氷峠、小諸、上田などを経た南塩と直江津から高田、野尻鞍部（中山八宿）、長野などを経た北塩との接触点なのである。

この「西の塩尻」と「東の塩尻」とを結ぶ線を仮定し、さらに東西に延長してみると、西は飛騨の分水嶺宮峠と、江越山地の分水嶺七里半越えを結び、東は上越山地の分水嶺三国峠、清水峠と会津分水嶺山王峠、中山峠と奥羽分水嶺線の板谷峠、栗子峠、二井宿峠、笹谷峠、関谷峠、鳩子、白木越え峠、仙岩峠、見梨峠などを結ぶ一連の塩尻線が形成される。

その間にあって、内陸盆地の都高山、上田、上野、若松、米沢などでは分水嶺を越えて、反対側の移入圏の塩が交錯して入っていた。

これらの塩の移入路を目安にして、古い時代の山地と沿岸地との交通路をさぐることができる〔『日本の民俗』第四巻人間の交流〕。

シオドメ　東京、芝口新町（東新橋）一円の俗称。江戸時代の芝口御門（新橋）の下流に汐留橋を架したが、潮の満干がこのあたりまで及んだから、この名があるとか、海岸を埋めて、汐留めしたからこの名があるといわれる〔『五代目古今亭志ん生全集』第一巻〕。

汐留、江戸期の俗称に起る地名。塩留とも書く。昔塩問屋があったともいうが、正保年間以前は、外堀（汐留川）が三十間堀につながり、海は堤防で仕切られ、潮溜になっていたからであろう。汐留川が土橋《ドバシ》で堀留になっていたから汐留という『風俗画報』の説は、そうなっていた事実はないので頷けない。

芝口新町、汐留三角屋敷などできたから、この二つの町の異称でもあった〔『東京都地名大辞典』〕。

シオハマ　塩田は粘土、小石、岩石、土、砂でできていて、砂の下にある粘土の層で海水が下に浸みこむのを防いでいるが、新しい塩田は地盤に塩分がないので、塩のあがりが悪いという。海水をかけて五、六年たってやっと塩田になるという〔『甘辛の職人』〕。

瀬戸内には多くのシオハマ（塩田）があった。これは人為的に海水を引きこんで干し塩を作る田。ところが海水のシオハマから相当離れている稲田では米の収穫がよくない。海水が地下に浸みこんでいるためといわれる。これを塩田《シオタ》といった。稲は海水の塩分に弱い。塩田では海水が満潮時に川の河口に押し寄せて、川水の流れが止まり、潮が低い水田に流れこむ。佐賀平野に多い〔『米はどこから来たか』〕。

沖縄でシュハマ〔『伊波普猷全集』第一一巻〕。

シカ、シガ　汀が白浜で覆われ、蒲や川楊の茂った湖沼地帯。たとえば琵琶湖岸の志賀、滋賀〔『原日本考』正篇〕。

青森県上北郡（一部、十和田市）で干潟地。ハマシカ、セキシカ、カワシカなどがある。同郡に鹿中《シカナカ》部落というのがあるが、これは干潟地の中に位置する部落の意〔『方言』八の二、『旅伝』一〇の二、『全辞』〕。

シカ（シガ）を冠する海岸集落や島、岩礁はたいてい漁業地または漁民を指すものとみていい。山口県、福岡県を中心とする魚の行商人（おもに女性）をシガと呼ぶことは知られており、山口県の一部では女のアマを「アマ」、男のアマを「オジカ」という所があるという。

福岡湾の志賀島、対馬の北島（上県郡）南部の東岸の大漁《オウシカ》湾、瀬戸内沿岸の兵庫県の飾磨《シカマ》港、宮城県の牡《オ》鹿《シカ》半島、牡鹿町（石巻市）の牡鹿は、一般にはオジカともいわれるが、オシカと清音で訓むのが本来の訓み方。

五島列島北部の小値賀《オヂカ》（小値賀町）。魚介類の豊富な水産資源は、湖岸の村々にとっては重要であったし、いろいろな漁法も発達した。

滋賀県滋賀郡（大津市）、滋賀の都の滋賀は、この大湖の漁業にちなんだ名であろう。滋賀は古書によれば志賀、志我、磯鹿、志何、四賀、斯我とも書かれている。これらはアズミ族（安曇族）などの海人の移動をも考慮すべきである〔松尾『日本の地名』〕。

宮城県登米郡（登米市）で州をシカ〔『全辞』〕。

シカは干潟（スカに同じ）、砂洲（鹿田、磯賀《シカ》、之《シ》賀《カ》浦、鹿野、志方、師勝《シカツ》）。

滋賀《シガ》、志賀《シガ》はスカに由来するシカがシガとなったと考えられる〔『日本地名学』Ⅱ〕。

水域に関係ある地点では、博多湾も琵琶湖も同様〔『日本地名学』Ⅰ〕。湖岸、海岸、川畔にみられる（滋賀、志賀、志我、志珂、磯賀、資河《シカ》島、之可《シカ》浦、世界《シガ》）〔『日本の地名』〕。

秋田仙北郡（仙北市、大仙市）で氷〔『地形名彙』〕。

志賀高原に近い長野県下水内郡（一部、中野市）では、樹氷をシガという。志賀高原のシガも同じ語だとすれば「樹氷高原」ということになる。シガを「樹氷」、さらにツララ、氷の意味に使う地方は、長野県あたりから北、新潟県と東北六県、北海道である。東北地方はもちろん、長野県の北部もズーズー弁だから、シガはスガと訛る。シガもスガも同じ発音である。すると、長野県のスガダイラ（菅平）も「樹氷高原」の意味かもしれない。長野県東筑摩郡に四賀《シガ》村（松本市）がある〔柴田武『読売新聞』昭和40・1・8〕。

ジカタ ① 島の対岸、本土。島嶼の方から本土を指していう。隠岐、愛媛県大三島（今治市）、壱岐、鹿児島県甑島〔『全辞』〕。

島からいって、瀬戸内海沿岸域の部分が本土である。これをジカタ、ジガタという。

内海の航行の生活では、古来ジ（地）の方へ寄って通るとか、ジへ寄せるとかいわれてきた。この場合のジはオキ（沖）に対するジである。島のジであっても、ジカタのジであっても、この際共にジという。ところでジカタというのは、本土のジに限っていわれるものである〔『瀬戸内海域方言の地理学的研究』〕。

隠岐の島前の海士町では、中国の陸地を指して「本州」とか「本土」とは呼ばずジカタ（地方）と呼ぶ〔『毎日新聞』平成1・10・15〕。

② 海岸近くの地方。淡路島〔『全辞』〕。北九州でも、海岸近くのことをいう〔『北九州市史』民俗編〕。

③ 土地。田畑。熊本〔『全辞』〕。

シキ ① 城《キ》。「一定の区画地」の説。川底、砂礫地（志貴、志木、師《シ》木、磯城《シキ》、士基《シキ》、志紀、志岐、支岐、敷島、敷名、信喜《シキ》、食《ジキ》）〔『日本の地名』〕。

敷、式、色、志紀、城、食などシキと訓む地名は、スキの転で、村落をいうとされている。大和国の別称、敷島《シキシマ》（磯城島）のシキもこれであろうという。

シキに種々の文字を宛て、志紀、志木、四季、磯城（シキに「城」を宛てたものもある）などがある。

高知県安芸郡芸西村和食《ワジキ》

徳島県那賀郡鷲敷《ワシキ》町（那賀町）和食

青森県上北郡六戸町新敷

曾木《ソギ》という地名も、シキからきたものであろう。東京都港区の旧芝金杉（芝）は、古書には金曾木《カナソギ》と書き、芝浦の一農村であった。

東京には、小石川の金杉、台東区下谷の金杉などがある。

千葉県船橋市金杉町は、古文書に金曾木と記されている。

これらは、樹木のスギがソギになったのではなく、村落のスキがソギに転じ杉を宛てたものであろう。

和歌山県西牟婁郡中辺路町（田辺市）には、北郡《キタソギ》という大字がある。郡をソギと訓ませているのは、ソギが村の意をもっていることを示すものではないか〔『地名の探究』〕。

② 「銀座篠原組の新橋のシキ（賭場）に乗込んで……」賭場をシキとある〔『ことばのくずかご』〕。

③ 海底。静岡県志太郡〔『静岡県方言集』〕。駿州海岸で海底〔『地形名彙』〕、鹿児島県大島郡与論島で、海底をウンヌスクというのもシキであろう〔『与論方言集』〕。

④ 川底。長野県佐久地方〔『全辞』〕。

⑤ 坑底、坑道。石炭坑には多くの場合、湧水を伴うものだが、まったく湧水のないものをカラシキという。山口県小野田付近〔『民伝』四の九〕、長崎県北松浦郡御厨でも、坑底、坑道をいう〔『民伝』一七の八〕。

⑥ 船の底。静岡県志太郡〔『静岡県方言集』〕。
カワラ（竜骨）は、和船造りのものは広かった。

⑦ 宮城県本吉郡大島村（気仙沼市）では、漁期のことをシキといっているという〔『綜合』〕。

シギ シゲ（茂）の転（信貴山、信貴畑、鴫、鴫山もこれか）〔『日本の地名』〕。

シケ 湿地（志家、滋野、重原《シゲ》もこれか）〔『日本の地名』〕。
霖雨。上総〔『国誌』、『分類方言辞典』〕。

シゲ ① 「茂み」の意から「開拓の遅れた傾斜地」などをいう（茂畑、川茂、茂名、繁《シゲ》）〔『日本の地名』〕。

② 対馬における聖地の称。対馬に十数カ所あり、神聖視され、その地域に立ち入ると腹痛を起したり、その他祟りがあるという土地。それのみ単独で呼ばれることは少なく、天童様のシゲ、荒神シゲ、七岳七《ナナダケナナ》シゲ、ヤクマ様のシゲなどといわれる。またそうした特別に禁忌されている所をシゲ地、シゲンチョウ、シゲノダン、シゲノモト、シゲノハルなどとも呼ぶ。

ジゲ 静岡、愛知の東海地方、石川、福井の北陸地方およびそれより以西の西日本各地に広く分布している呼称。一般に他のムラに対して、自分のムラをそう呼ぶ。地下の字を宛てる所が多い。これは殿上に対する自己卑下の用語として普及した。したがってジゲの範囲もまちまちで、兵庫県佐用郡では、近所の家々を指し、鹿児島県種子島では、小字にあたる部落、すなわちチョウナイのことを、島根県隠岐地方ではムラ全体で行う共同作業を称して呼んでいる〔『日本を知る辞典』〕。

奈良県南部では、同一部落の人を指すこともあり、和歌山県日高郡では在所の村落をいう〔『綜合』〕。兵庫県飾磨郡家島（姫路市）でも、自分の住んでいる土地をいう〔『地下の島』〕。山陰でも鳥取、島根両県とも、自己の村落のことで、シゲノモノという語もある〔『綜合』〕。

シケタ　湿田。福岡県宗像郡津屋崎町（福津市）奴山〔『福岡県史』民俗資料篇〕。

ジゴク　地獄。北は青森県下北半島の恐山から、南は阿蘇、雲仙まで、火山地帯の噴出する地熱が恐ろしい地形をつくり出している場所を地獄と呼ぶ例は多い〔『宗教以前』〕。

地獄と呼ぶ所は、火山爆発の跡で、今も硫黄の噴き出している場所が多い。越中立山の地獄谷、信州高瀬入の湯俣の地獄、吾妻山彙の一切経山の地獄谷、妙高山、岩手山の地獄など〔『旅伝』一五の三〕。

大分県別府では、高熱の温泉が湧き出して池となっている所を、血ノ池地獄、海地獄、坊主地獄など、その色彩や湧き出しの状態によって◯◯地獄と称している。

シシ　獅子、鹿、猪のつく獅子ヶ岩、獅子ヶ倉山、獅子ヶ鼻などのシシは断崖を表わす。岩手県胆沢郡（奥州市）獅子ヶ鼻岳（一二九三メートル、頂上の尾根に長い断崖）もその例〔松尾『日本の地名』〕。

シシガキ、シシドテ、シシドイ、イヌガキ、シシトビ、シシヨゲ、シシヨゲドテ、シシヨゲボリ　①各地の農家で、枝つきの木で作った逆茂木《サカモギ》の垣。畑の周囲などにめぐらす〔『集解』〕のをシシガキという。

②愛知県から岐阜県一帯は、明治の初め頃までは、鹿の棲息数がきわめて多かった。

二代将軍徳川秀忠が、渥美半島で催した鹿狩では三日間に鹿五八二頭を捕ったという。明治に入ってからでも、三河の段戸《ダント》高原には、放牧の馬でも見るように、鹿が野面《ノヅラ》に数知れず散っていたという（両地域とも現在は絶滅）。

そのため、鹿による農作物の食害も深刻で、各地に長大なシシガキ（鹿垣）が築かれた。

名古屋市守山区志段味《シダミ》北区だけでも五キロ、瀬戸市では一四キロに及んでいる。これらを築き維持するための農民の負担は大きかった。

猪と農民との間には、昔から血みどろの戦いが続けられてきた。

中央アルプスの伊那側の麓では、幾カ村かが共同で、シシドテという土堤を築いて、山と畑との間を区切って猪や鹿の侵入を防いだ。

長野県上伊那郡辰野町の北大出から西箕輪村（箕輪町）与地部落に至る延々五里にシシドテがある。この土堤は、山つきの土や石を盛り上げて築いたもので、高さや幅は共に四、五尺くらい。しかし、実際問題として、猪はこの程度の土堤を乗り越えて作物を荒しに来ることはたやすいことであったから、各自思い思いの猪よけを畑に作って猪を防がねばならなかった。すなわちワチという柵を作って、これを防いだのである（『山の動物記』）。

筑前の残島も、もとは猪鹿が多く、藩侯の狩場であった。それが田畑を害するのを防ぐため一里にわたって高さ二間余りの石垣または切割を設けた。その遺跡がなお残っている。この島では、これをシシトビ（猪飛）といった。宇治川にも鹿飛という地名があったように記憶する（『山村語彙』）。シシトビというのは、あるいはシシドイではあるまいか。

丹波の何鹿郡《イカルガ》〈綾部市〉の村々には、稲垣という苗字の者で、以前の番太であった者が若干ある。これは、この猪垣の記念に明治初年に家の名をこう決めたのだという（『山村語彙』）。

シジュウハチ（ガ）セ　富山県三日市（黒部市）の前面で、黒部川下流のデルタ地帯。四十八（ガ）瀬の難所といわれた。越中の海岸地方は、近畿から東北地方への通路として、頻繁な交通路が古くから開けていた。『奥の細道』には「黒部四十八が瀬とかや、数知らぬ川を渡りて那古といふ浦に出づ」とある。また「四十八が瀬　憂き難所　加賀の殿様　かくし路」という唄もある（『魚津だより』）。

四十八は「いろは四十八」で我々に馴染みの数。

シズ　①　清水。秋田、宮城（『全辞』）。

青森県弘前市で、湧き清水をシッコ、シヅコ（『FBSテレビ』「全国名水」平成1・7・18）。

屋敷の周囲か、屋敷内に取りこんだ用水堀を福島県でシズ、シミズという（『福島県史』二三巻）。

シズ、シミズ、キヨミズ。「泉」に対して与えられた地名（『日本地名学』Ⅱ）。

静、志津川、志津見、清水《シズ》川、高清水《シズ》、清水《オシズ》、酒々《シス》川、出津《シズ》（『日本の地名』）。

②　汚水溜。高知（『全辞』）。愛媛県松山市付近で、

雑用水を溜める所。堀から引きこむ。便所に次ぐ汚い場所ということになっている〔『集解』、『綜合』〕。高知県では、水溜りとか、ドブ川などの行き止まりになって流れないものをいう〔土佐市の人談〕。また高知で、打水、まき水をもいう〔『全辞』補遺〕。

③　伊予大三島（今治市）北部で山地の小石原をいう〔『方言集』〕。

④　樹枝に積った雪が風に吹かれて落ちること。鳥取県東伯郡（一部、倉吉市）〔『全辞』補遺〕。

シタ　①　波のうねりを宮城県桃生郡（石巻市、東松島市）の沿海地方でいう。風の吹く前兆として、その方角から来るので、注意することは全国どこでも同じ〔『漁村語彙』〕。

②　千葉県印旛郡成田町（成田市）で山麓をいう〔『方言』五の六〕。

③　足もと、土間。山口県下関市〔『下関の方言』〕。

シタネ　千葉県印旛郡遠山村（成田市）で山麓をいう。同郡成田町（同市）ではシタ〔『方言』五の六〕。

シタバ　下場、風下。茨城〔『茨城方言民俗語辞典』〕。湿地帯を「シタジバ」という。茨城。

シタバタケ　台地斜面に小規模に細分化された畑作地（シタバタケ）が広がり、蔬菜類を中心とした自給作物の栽培が行われていた。家屋のほとんどがここに集中し、集落を形成、そのまわりには広葉樹で屋敷森が形成されている。千葉県東葛飾郡沼南《ショウナン》町（柏市）布瀬〔『日本民俗学』一八一号〕。

シッケマ、シケマ　湿地。静岡県富士郡（富士宮市、富士市）〔『静岡県方言集』〕。

シッケミ　関東に多い、水の多すぎるヤチ〔『地形名彙』〕。

シッチ　陸でもなく水域でもない、その中間にある干潟、沼沢、河口部、泥炭地、増水期に水びたしになる低地などをまとめて「湿地」と呼んでいる。ブラジルのアマゾン川やアメリカのミシシッピー川の流域、熱帯アジアのマングローブ林などには広大な湿地が発達している。日本では有明海や東京湾の干潟、尾瀬ヶ原の高層湿原がよく知られている。

　水と陸の境目に広がる湿地は、生物を豊かにはぐくみ、渡り鳥、水鳥のすみかとなっている。なかでも海岸や河口部にある干潟は、土と水のはたらきで汚れものをとらえ、分解し環境を清める巨大な浄化装置でもある、洪水や激浪の勢いを弱め、陸地を水の侵食から守ってくれる。湿地は自然の生態系の欠かせない一環である。

湿地の核心ともいうべき干潟が、日本の足先からどんどん奪われている。環境庁の海域生物環境調査によると、この一三年間で四〇七万ヘクタール、東京ドーム約九〇〇個分の干潟がなくなり、戦前の干潟面積の四割が消えてしまった。埋立て、陥汲、しゅんせつ工事が干潟消滅の三大原因である。

工場用地、空港、港湾、リゾート開発、ゴミ処分などのために進行中の埋立て、干拓計画に加え、戦後復興期や高度経済成長期に計画された防災干拓事業や埋立て事業の合理性、規模などを再点検することも必要であろう〔『毎日新聞』平成4・9・28〕。

シト、シド、シドロ　① 湿地。シドロに同じ。

② 川の下流、水口から遠い田（志度、志戸川、市東《シトー》、志戸田、志戸平、褥抜《シトヌキ》、糙脱《シトヌキ》、志度野岐、志渡沢。志戸米もこれか）〔『日本の地名』〕。

志戸、志度、志登の地名は、湿地関係とみてよい。これはシトとかシトトというのが、水分を与えることや、水に濡れることを表現する語であることと相通ずるものと思われる。

湿地を意味する地名は、まことに多様かつ豊富であることは、古来、水田耕作を国土開発の基礎としてきた日本民族の生活環境をよく反映しているというべきであろう〔松尾『日本の地名』〕。

宮城県伊具郡筆甫村（丸森町）で湿田、岩手県九戸郡（一部、久慈市）では、水口から遠い田をいい、盛岡あたりでは田打ちなどをする時、初めにかかる田がシド、青森県津軽地方で水田の下の口（水田の水の出口）をこういうのは、下水溝をスドセキ（またはシドセキ）というのと一つ語であろう。外南部でも、池などの水門をスドといい、また水流の下手がシトだといっている、スドは、たぶん流れが土砂を沈澱させて浅くなっているからの名であろう。

富士郡の須津《スド》村（富士市）をはじめとして、中央部には地名となっていくつか伝わっている〔『農村語彙』〕。

陸中上閉伊郡で沮洳地〔『地形名彙』〕。岩手県上閉伊郡（一部、遠野市）、長野県南佐久郡（一部、佐久市）で、湿地、沼地〔『全辞』〕。

② 志戸呂、志都呂、茂土路、志土路〔『日本の地名』〕。

宮城県柴田郡（大河原町など）で、小沢のような窪地をいう。長野県北安曇郡（一部、大町市）では、岩石地でかつ急傾斜の針葉樹林地をヒドという〔『綜合』〕。

③伊豆諸島の新島の民家で、主屋の北裏側につくった庭園〔『集解』〕。

シナ 吉田金彦は「縄文語の流れ、地名『シナ』について」〔『毎日新聞』昭和61・10・24〕で、次のように述べている。

「師名立《シナタツ》　都久麻左野方《ツクマサノカタ》〔『万葉集』巻一三、三三二四〕

シナ（現滋賀県草津市志那町）を発って、ツクマ（筑摩）に到着する途中のサノカタ（神崎郡能登川町の佐野の潟）。

草津市の志那の津は、南琵琶湖の東岸にあり、西岸の辛崎とは至近距離にある。

近江から京、大和への通路にあるヤマシナ（山科）。

石清水八幡のある男山の淀川沿いにあるシナデ（科手）は、近江のシナに近い。

長野県のシナイ（信濃）、その信濃路にあったホシナ（穂科）、ハニシナ（埴科）、クラシナ（倉科）、東国では、上野のカラシナ（辛科）、下野のカサシナ（笠科）、陸奥のタカシナ（高階）など東方に多い。

奥羽中部から近江にかけてシナがあり、近畿地方で終っているらしく思われることを考えると、シナは原日本人の分布状況をうかがわせる地名だと思われる。シナは多分にアイヌ語的色彩が濃い。

山の麓とか、海や川に突き出た岡のような所をアイヌ語で sut, sutu, shir などというし、陸地のことを shin、結びつけることを sina という。日本語側からいうと、シナは「あそこ」を指示するシ（其）ナ（接辞）となるが、古代アイヌ語の陸地と陸地とを結ぶような意味の shir su が基層らしい。

近江でいうと、志那《シナ》の向かいの志賀《シカ》は、二つの陸地を湖上交通で結ぶ所である。するとシガ（志賀）という地名も、おそらくシナ（志那）が元になっている。志那処→志賀（その所）という語構成で si-naka→sinka→si(n) ga と変化したらしい。

現在、県名にまで発展したシガ（滋賀）、大量に銅鐸の出土した野洲町（野洲市）シノハラ（篠原）のシノもシナの変形らしい」

信濃（科野）のシナ、『記紀』に信濃、『記』に科野と書かれる信濃国のシナについては、賀茂真淵は「信濃は山国にて階《シナ》坂ある故の名」（『冠辞考』）と説き『書紀通証』の科木《シナノキ》説、その他、篠《シノ》の転訛説などがある。シナノのノは大野、長野、百舌鳥野の野と同じであろう。

シナは、奈良県宇陀町（宇陀市）上品、下品（著しい階段状の傾斜地にある集落）。

岡山県玉野市山田町品ノ作（山地の斜面）

広島県世羅郡甲山町（世羅町）品（峠の急坂に立地）

熊本県阿蘇郡一宮町（阿蘇市）阿蘇品（阿蘇カルデラ壁の斜面に立地）

長野県や福島県に三例もある。更科《サラシナ》の地名も傾斜地立地、よって信濃のシナは賀茂説のシナ（階）と断じて誤りない。シナというのは階段状の地形というより『岩波古語辞典』の「①坂道、②階段」の①の意で、坂とか傾斜地の意とすべきであろう（『地名の由来』）。

更科、埴科、倉科、明科、駄科、藁科、前科、当《タ》信《シナ》、波閉《ハベ》科《シナ》、蓼科、仁科、科野、山科、品川、片品などは段丘地形、崖錐地形、河岸段丘、扇状地形をいう（一志茂樹『地名の話』）。

埴科《ハニシナ》、更科《サラシナ》、仁科、保科、品川、山階、信野などのシナは、山地の階段状の地勢における平坦地を意味し、その上にまた山があるという関係から、当然に位置は地勢の中間部の所にあることになる（『原日本考』正篇）。

シナノキ製の布（その種類により次の地名ができた）説（更科、生科、生品、倉科）、浅い皿状の小盆地（シナウは撓む意）。

品野、科野、山科、山階、階見、品川、級ノ木、仕《シ》七《ナ》川、平等《ヒラシナ》（『日本の地名』）。

シノト　石州、山の陰などの湿地をいう。滋または堙の字を宛てる（『地形名彙』）。

広島県山県郡、安芸郡（一部、呉市、江田島市）、山口県笠戸島、島根県邑智郡（一部、江津市）、鹿足郡、山口県阿武郡（一部、萩市）、同県長門市殿台や境川で湿地、日陰の地、北向きのヒラをいう。山口県阿武郡佐々並町（萩市）ではシノトビラともいい、ヒビラに対する語。

シバ　①山口県阿武郡大島（萩市）では、芝といえば牛の放牧場のこと（『島』一）。

② 一般に芝、柴のある所が通説になっている。昔は、川が運んで来る土で肥沃な土をシバッチと呼び、堆積地をシバまたはシボーと呼称したようだ。河川に関する地名だから、浸水被害はつきものである。

地名には芝、柴、芝生、柴生、柴谷、柴根、芝原、芝坂、芝浦、柴内など〔小川豊『歴史地名通信』三号〕。

シバトコ 誰かが死んだ所。たとえば仁助シバ、与四郎シバという。宮崎県東臼杵郡椎葉村〔『椎葉の山民』〕。

人の変死した跡、「〇〇シバトコ」と称し、死者の名を冠して地名の通称とする。道を通る者は、柴などを手向ける。宮崎県椎葉村、熊本県人吉市田野〔『えとのす』五号〕。

シバリ 山中の沢目の非常に狭くなって、川の屈曲している場所につけられている名。

往々にして伝説を伴い、大声を発すれば雨が降るとか、その淵の中にヌシがいるとかの水神に関係した説話を保存している。シバリはセマイまたはセバマルから出たものか。

岩手県岩手郡(一部、盛岡市、八幡平市)でいう〔『山村民俗誌』〕。スバリに同じ。

秋田県仙北郡(一部、仙北市、大仙市)のマタギ詞。両側崖の狭い所〔『マタギ』〕。

ジビク 『島の道集』元禄七年六月二十一日大津木節庵にて興行の歌仙中の句に、

舟荷の鯖の時分はづる、　翁

西美濃は地卑に水の出る所　支考

支考の故里は、西美濃の、現在の岐阜県山県郡山県村(岐阜市)北野で、岐阜の東北三里ばかりの所。長良川上流地方で、あの辺一帯は土地が低く少し雨が降り続いたりすると、すぐ大水の出る所だとの意。

地卑の卑、原本には旱とあるが、『ゆすり物』には「地低」とあるからヂビクと訓むべきであろう〔杉浦正一郎『芭蕉連句研究』「秋ちかき」の巻、雑誌『午前』昭和22・5、6月号〕。

シビクはアワラと訓むべきではなかろうか。

シブタミ 青森県三戸郡五戸のシブタミは、十和田に近い奥瀬村の話で、八百年前と二百年前十和田湖が氾濫し、この村の法量とかの方まで水が衝いてかなり長い年月、その水が引けなかったが、その間に水が岩に浸みこんで、今でも歴然とその跡が見えるそうである。

その後、水が引けたが、全部は引けきらずに残り、そこは特殊な湿地になっているとのことである。そこをシブタニという。

石川啄木の岩手県渋民村（盛岡市）も、もとは同様の地形であったのが、いつの頃からか村ができて栄えたのであろう。十和田の奥の数あるシブタミは、何百年経っても不毛の湿地で顧みる人もない。東京の渋谷《シブヤ》も日比谷もシブタミと同語であろうか（東京の渋谷のシブは錆《サビ》で、金気〈鉄分〉ある地の意との説もある）。またサブシロも似たような地形と思われ、九州のムタあるいはヌタという所もやはり同様のものではないか（『方言研究』六号）。

シマ ① 河道中の島地をいう。その他羽後飛島では海中の砂地、因幡長尾付近では磯のことをいう（『地形名彙』）。

② 琉球の『おもろさうし』でのシマは、国王が自分の有っている所、即ち御持親島《オモチオヤジス》（直領）の義。くにぐにの按司部（諸侯）の領邑なるクニに対する語。但し諸侯の采邑の義にも転じて「しまかける」（領邑を治める）「しますでる」（領地を頂く）「おかけおやじましし（領邑）」国、国土、国生みのおもろ（10・2）。「しま造れて（と）宣《ワ》ちへ、国造れでてわちへ、ここらき（ここら）のしまじま、ここらきのくにぐに」地方、田舎。金石文「しまのあすた（吏員達）、くにのあむた（吏員の妻女達）」。

琉歌および現在の口語では、郷里の義にも用いられている。「いがしま」（我が郷里）

島、離島、属島（21・16）「しまゑり（島の取得即ち占領）ぎや欲しやす（こそ）八重山島おわちやれ（渡り給ひたり）」（『伊波普猷全集』第一一巻）。

③ 島嶼はもちろんシマであるが、静岡県志太、安倍、賀茂の諸郡では、海面上に出ている岩（『静岡県方言集』）。

千葉県安房郡千倉（南房総市）では、波に出没する岩礁（『全辞』）。同県富崎、愛知県日間賀島、三重県南牟婁郡（一部、熊野市）、同県国崎でも暗礁（『海女』、『全辞』）をシマとかネとかいっている。

鳥取県長尾地方で磯をシマ（『全辞』補遺）というのは、海岸の岩礁をいうのであろうか。ところが、志摩では、海面下の岩礁や底瀬をシマ（『志摩の蜑女』）といい、三重県の長島湾付近のコビラシの島（礁上水深一〇・九メートル）、和歌山県田辺湾のサチ島（水深一二・九メートル）があり、この海域が沈降海岸であることによる現象であろうという説もある〔『岩礁の名称とその分布について』〕。

シマという語は、狭いという形容詞と無関係ではないらしいが、元来シマという語は、他から隔離された所という意であるが、島嶼や孤立する岩礁は、その点シマとして最も明瞭である。

④ シマは土地利用上、他の部分と異なる範囲を表わすらしい語で、部落またはその内の小区画（人の居住する所）をいい、新潟、長野、岐阜、鹿児島南部、沖縄で用いられている〔『民俗と地域形成』〕。

新潟県岩船郡三面村布部（村上市）では、部落を七つのシマに分け、与兵衛ジマ、文九郎ジマなどの小字がある。またシマヨリアイも催されるという。

岐阜県土岐郡（多治見市）でも、部落をシマといい、路傍の石塔などに「島内安全」と刻したものを見かける〔『農村語彙』〕。

鹿児島市付近にも、シマを部落という所があり、奄美群島の喜界島でも同じ用法がある〔『民伝』三の九〕。

沖縄でもシマは村落を意味し、島嶼の方はハナレと呼んでいる。したがって生まれ故郷は、南島ではウムマリジマである〔『分類方言辞典』〕。

また南西諸島では、葬送のノベオクリにシマミ、シマワカレといって、途中立ち止まって死者に故郷のシマの見納めをさせる習俗がある。

⑤ ヤクザ仲間が、その縄張りの一部を、勢力範囲の一家から預って死守する範囲をシマといい、そのシマはどこそこの露地まで区分されていたという。

⑥ 長野県下伊那の遠山川流域地方では、田地の連なった所をシマといい、これに対して畑をカイトといい、静岡県浜名郡（浜松市）にも、田地をタジマという所もあるが、他の多くの地方では、川の岸に臨み、また湖沼に接した部分に限られ、かつ田畑を合わせてそう呼んでいる。

和歌山県那賀郡（紀の川市など）では、田畑に行くことをシマ行きという。

岐阜県揖斐郡徳山村（揖斐川町）でも、川端の低地にできた耕地をシマまたはシマチという〔『美濃徳山村民俗誌』〕。

埼玉県の丘陵地帯で谷地《ヤチ》の行止まりにある畑地をシマといっているなどは、水によって区画された耕地であるからであろう〔『農村語彙』〕。

新潟県南魚沼郡六日町（南魚沼市）付近では、流水が川底の砂利を押し流して堆積してできた川原をシマという〔『越後南魚沼郡民俗誌』〕。

南蒲原郡見附町（見附市）の民謡に、

〽今年や十三だや　田のシマささげ
人が十六だと言《ユ》てならぬ

十六はじ十六というささげの一種で、田のシマとは田の畦のことだという〔岩倉市郎「越後南蒲原郡の民謡」『旅伝』六の九～一一、七の一・五～六〕。

徳島県で、吉野川沿岸の平野のような沖積土による田園をシマといい、七つのシマがあり、その中心が徳島で、県名となったという〔『朝日新聞』昭和38・5・15、『全辞』補遺〕。

富山県の礪波平野で、県の西を流れる庄川は、古来非常な暴れ川で、この扇状地である礪波平野では、シマはこの川との関係に帰している。地名にも◯◯島というのがあり、また「このヒトシマはオラチャ（私の家の）田や」のように一連の土地を指していう。シマは一続きの田、団地のことで、フタシマ、ミシマなどと数詞には使わない。広さや区域の定義は決っていない。

普通、部落は散居部落のためシマといわずザイショという。また田に水をあてることを、富山県福光町（南砺市）ではシマアテという〔『民伝』一六の一、『礪波民俗語彙』〕。

シマジリ　琉球方言でクニガミに対して、それと反対側（主として南をいう）。島尻〔『日本の地名』〕。シリ参照。

国頭《クニガミ》と島尻という地名は、沖縄本島と沖永良部島とにある（沖永良部では、島尻は、昭和二十五年に住吉と改名された）。徳之島にも島尻村があったが、大正年間に伊仙村（現在は町）と改められた。いずれも尻は縁起が悪いとの理由から。尻の名は、伊平屋島にも久米島にも宮古島にもある。伊波普猷は、島尻は、島の尻の意ではなく「島襲《シマオソイ》」の約で、「襲い」とは「支配する」の意であると説いたが、伊波説に反対する者もある〔『現代「地名」考』〕。

シマバタ　尾張平野の中にある愛知県西春日井郡西春町（北名古屋市）の北部は、木曾川の枝川の一之枝《イチノエ》川水系に属するが、五条川の自然堤防が発達しているので、水かかりの悪い所が多く、畑として利用された土地が多かった。自然堤防は畑、後背湿地は水田であった。

それに対して、土地を低くして水田化することに努め、自然堤防の表土を削り、その土を田の中央、または一隅に集めて畑にした。このような畑をシマバタ（島畑）といい、島畑のある田をシマヌキ（島抜き）といい、同町の西之保にはシマバタが多く「八百八島」といわれた。しかし、シマバタのあるのは、自然堤防だけではない。同町九之坪東部の後背湿地には、新川に入る用排水が上流から土砂を運び、年々田の面が高くなるので、水かかりをよくするために、表面の土を集めてシマバタにした。

木曾川の氾濫原にある自然堤防と呼ばれる微高地があれば、水田の水を下手に落すことはできない。微高地と低地が入りこんでいると、田畑ともに耕作の効率（生産力）が悪くなる。シマバタは、耕地の需要に応じ、こうした悪条件を解消するために開発された技術の成果である。シマバタは、主として灌漑を円滑にするため、下流側の微高地を掘り起し、余った土を水田の中の一角にまとめて、畑にしたものである、畑地が水田の中に孤立しているためこう呼ばれる。

シマバタには、二つの型があり、一つは長方形のシマバタが一区切り（土地台帳の一筆）の水の中に整然と並んでいるものと、「八百八島」といわれるものは一筆ごとの土地割の形態も、シマバタのそれも不定形のものとがある。

堆積した土砂をかき上げて、人為的に造成したシマバタは、一般の畑がハタツヅキ（畑続き）になっているのに対して、シマバタは、一枚の水田内に孤立し、用水を入れた田では、あたかも島のような景観を呈する。

シマバタに通じる畦道はなく、シマバタの耕作は、水田内に入ってから行うよりない。

微高地を削り取ることによって、水田が開発でき、余剰の土をその水田内に積み上げたものとみられているが、シマバタには上畑（年貢の高い上質の畑）が多いことから、効果的な土地の利用法でもあった。シマハタは戦後の土地改良事業によって、大半が姿を消した〔『西春町史』民俗編一巻〕。

シミズ（ゾ） 福島県で、屋敷の周囲か、屋敷内に取りこんだ用水堀をいう。シズともいう〔『福島県史』第二三巻〕。泉。千葉県印旛郡（一部、白井市など）

〔『方言』五の六〕。

清水、冷水《シミズ》、志水〔『日本の地名』〕。

湧水を指す清水《シミズ》は、泉と同じく、地名や苗字に広く分布している。「清水」をマシミズとよむ場合もあり、『万葉集』その他の古い文献に例がある。この場合のマは接頭語で、シミズと同じく「真清水」とも書かれ、単独の清水のほか、○○清水もまた多い。

大清水、小清水、岩清水、柳清水、弘法の清水、高清水など。また、薬師の清水、観音の清水、明神の清水のように神仏名のつく清水は、地中から湧く玉のような清水を神秘的な霊水として、そこに神仏を祀る感恩の現れであろう。

子安明神とか子安地蔵の祀られている所には、子安(子易)の地名があり安産の信仰と結びついているが、この子安の神は、多くは清い泉のほとりに祀られている。

また「弘法清水」とか「弘法の清水」(または弘法水)と呼ばれる泉が各地にあり、弘法大師の指示した場所を掘ったら清水が出たなど、大師の伝説をもつ泉がある〔『柳田國男全集』第二八巻〕。○○清水、不動清水などもある。

古い社と同様、古い寺にも泉を伴うことが多く、寺井などの地名も、そこにみられると共に「○○寺清水」(盛岡市内の大慈寺清水)というのもある。

峠道などには、道端に湧く「一杯清水」「一杯」と呼ばれ、旅人がのどをうるおしたので、それが付近の場所名ともなるのである。

「冷水」をシミズと訓ませている所もある。和歌山県海南市の管内には、海岸の冷水《シミズ》や、同市街から東方の山地の冷水がある。シミズを「清水」と書くのに対して「冷水」を宛てたものである。また「志水《シミズ》」と書いた所もあるが、これも清水と同じ。

清水をキヨミズとよむ地名があるが、これはキヨミズがやはり、シミズを指す言葉だからである。しかし、このことばは今はあまり使われていない。清水《キヨズ》(兵庫県)の例もある〔『地名の探究』〕。

岐阜県不破郡垂井町付近の民家で、集落内に数カ所ある湧水をシミズという。石で溜池をつくり生活用水とした〔『集解』〕。

シミズは、スミミズで「清らかな水」であるという。「子は清水」を、柳田国男は「物語と語り物」で、親が飲めば酒、子が飲めば清水になるという養老伝説に近いものを挙げ「子は清水が単なる一箇の口合に過ぎぬ」と断じ。東日本に多いこの地名が「何れも名水の存在に起因する」と述べている〔『地名のはなし』〕。

ジャ　新蛇抜《ジャヌケ》山（二六六七メートル、赤石山脈農鳥岳南西）、蛇ダシ谷（木曾御岳山の西側、益田川支流の大洞川上流）、蛇崩山（新潟県出雲崎町）、蛇《ジャ》のつく山や谷、あるいは蛇喰などの地名には崖地が多く、災害地名と言われているが、これはザレ、ザリにあたるものと推定される〔松尾『日本の地名』〕。

ジャク　福島地方で崖、武蔵で崖崩れ〔『地形名彙』〕。福島県、茨城県多賀郡（日立市）の山地で、山崩れや、山崩れ跡の土が露出した部分。千葉県の上総地方ではビャクという〔『全辞』、『常陸高岡村民俗誌』〕。

ジャクドリ　陸中で断崖をいう〔『地形名彙』〕。

ジャッカケ　崖、ジャッコケともいう。福井県田村郡滝根町（田村市）〔『滝根町史』民俗編〕。

ジャヌケ　蛇抜け。大雨で崩れのすること〔『地形名彙』〕。群馬県で崩壊することをクエルとは一般的のようである。地名化してクエという。クエのうちジャグエというのが多い。ジャヌケというのは、土砂の流出を伴っている場合が多い。ジャバミ（蛇喰）もある。台風による洪水をジャオシといい、ジャオシによって押し出された跡がジャヌケ〔『地名のはなし』〕。山抜け（蛇抜、蛇ケツ谷）〔『日本の地名』〕。ジャ参照。

ジャバゴケ　山や丘などの中腹の一部が崩れ落ち草木の生えていない所、崖。栃木県〔『栃木県方言辞典』〕。

ジュウモンジ　道路の交差する十字路に、十文字《ジュウモンジ》の名が用いられる。十文字の地名は、東北地方にことに多い。この十の字に道の連想で辵を用いて「辻」と表わした字は、わが国で作られた国字で、この辻も地名例が多い〔『地名が語る日本語』〕。

宮崎県で辻。東北地方では広く一般に用いられている。辻をツムジという所もある〔『綜合』〕。南大隅高山村で、四つ辻をジュウモンジカドという〔『旅伝』九の一〇〕。

道路の十文字になった辻（十文字、十文字峠、十文字辻）〔『日本の地名』〕。

ジュルクミ、ジルクミ　ぬかるみ、乾きの悪い田。ジユルイ、ジルイはぬかること。北九州市小倉南区〔『三谷方言集』〕。また北九州市で湿田をジルケダ。ぬかるみ、乾きの悪い田をジルクミ〔『北九州市史』民俗編〕。

熊本県では、稲だけ作られる一毛作田の半湿田をジルケダという。ジュルケはじゅくじゅくした状態だが、一般にフーゾー（紫雲英《レンゲ》）くらいは播くことのできる田をいう〔『失なわれてゆく村のことわざ・言葉』〕。

ショ　八丈島で畑地をいう。イモショといえば、いわゆる焼畑を指しており。キリカエバタとも呼んでいる。耕作法は、山の木を伐り、その木を焼いて炭にし、そのあと火を入れて焼き払う。最初の二年間はイモ（里芋）、カンモ（唐芋）などを作るが、一年目をアラショ、二年目をフルショという。三年目になるとヒャーノキ（榛の木）の苗を植え、六年か七年間はアグサを刈り取る。ヒャーノキは十三年か二十年で成長し、再び伐って炭にする。このように切り替えてゆくのがキリカエバタの特徴だが、イモショというのは、イモ（里芋）を栽培することに重点をおいた証拠かと思う。八丈島で、屋敷内の畑をニャンショとかタネバといって、ちょっとした日常の野菜類を植えたり、苗床としていたが、最近は熱帯植物の栽培を行いビニール製のフレームを設けている。ニャンショは庭ショ（庭はニャーという）〔『八丈島』〕。

○○島以外に接尾語として「嶼」がある。尖閣諸島の黄尾嶼《コウビ》、赤尾嶼《セキビ》、これは中国語と共通する小島の接尾語で、台湾の東端の島、棉花嶼や彭佳嶼などの名と連続する。黄尾嶼には久場島《クバシマ》、赤尾嶼には久米赤島、大正島の「○○島」に別称もある〔『地名が語る日本語』〕。

ジョ、ジョー　条里制に関係している「○○条」という地名で、大和時代のものと思われないのが東北や中部山岳地方に多くある。茨城県北部の山村の一条は、高い山の上の小さい畑のある所の名で、海抜一八〇メートルの所から下へ六〇メートル下がった所に「定本」がある〔『綜合』〕。

「定本」はジョのモトの意であると思われる〔『日本の地名』〕。

① 条里制。

② 畑（中条、北条、定本、城ヶ谷、城内《ナイ》）。

③ 道。「浜のジョー」。伊豆大島〔『全辞』〕。道。沖縄竹富島〔『日本民俗学会報』六号〕。

北九州市八幡東区の西鉄電停に七条、三条がある。軌道に並行する板櫃川の北側、製鉄社宅の道路筋を数えると、ちゃんと三から七になる。これは、大化の改新で行われた条里制の跡ではない。条里制の方は方六町、三六区画である。

④ 沖縄では門、戸口をジョーという。グスクの出入口をアーチの門にしている。首里のグスク内には、首里森グスクと真玉森グスクの神様がいる。首里森グスクを一つの神の世界と考え、現世との間に一つの穴をつくることによって、そこから神が出現する。そのように想定して造ったのがアーチ型の「甘え門《ジョー》」と思われる（首里グスクの守礼門の奥にある歓会門を俗にアマエ門《ジョー》という。沖縄の古代のアマエとは、神と人とが同じ座に坐って互いに歓談するさまをいったものと思われる）。中城も出入口がアーチ門である。

島尻郡玉城村《タマグスクソン》（南城市）の玉城もやはり、本来グスクである。その門は石をくり抜いて作ったもので、一人しか通れない〔仲松弥秀『地名の話』〕。

⑤ ムラの小地域集団である村組のことジュウとかジョウとか呼称し、新潟県佐渡島の全島にみられる。行政的には、組と記されていても、実際にムラの中へ入って古老に聞くと、ジュウ、ジョウという呼称は生きている。ジュウは、小区画を意味する○○所《ジョウ》の変化したものか、組内という意味の○○中《ジュウ》からきているのか不明だが、ムラの内部の小地域集団の単位を示していることは、どこのムラでも共通している。

ジュウ、ジョウは、もと本家分家関係を中心とした同族集団である。「垣ノ内」および「屋敷ノ内」と呼ばれたものを母体として成立し、それらの場所とは別の所に移り住んで、いくつかの「垣ノ内」の住民が複合した開発集団であるという〔『新潟県史』資料編第二三巻〕。

ショウブ、ショーブ 地すべりの災害の起りうる土地に住んでいる人々は、水が最大の誘因である場合が多いのだから、水の管理をきちんとすればいいわけである。その水路管理の場所をショウブ（菖蒲）とかショウズ（ショーズ）という。昔は浄化の意味もあったのか、水路に菖蒲を野生させていたので、水路または水汲み場をショーブといった〔小川豊『地名と風土』第二巻〕。

ショーブは水路のこと。菖蒲谷、勝負谷と宛てた地名は多し。菖蒲はショーズやシズと同根で「細流」を意味する地名。植物の菖蒲も、そういう環境の名によっている〔『日本地名学』Ⅱ〕。

菖蒲の地名は、北海道以外の全国に多い。

菖蒲、菖蒲池（沼、沢、田、迫、作、野、根、尾、越、峠）、勝負谷（平《タイ》）、勝生、勝部、勝風、庄部、庄府、庄布川、生部、正部、正部谷（田、家）、相婦、小分《ブ》谷、醬油谷〔『日本の地名』〕。

ショージ ① 小路、横丁。大阪、伊勢松坂〔『物類称呼』〕。大阪〔『浪花聞書』〕、佐渡、富山、三重県宇治山田、兵庫県揖保郡（一部、たつの市）、山口県防府、徳島、愛媛、高知〔『全辞』〕。

岡山県阿哲郡哲西町（新見市）では、往還から分かれた小路〔同地人談〕。

小路、道幅の狭い道路、浮世小路、狐小路などをいう。京都ではアブラノコオジ（油小路）、アネガコオジ（姉小路）などコオジと発音する。

狐小路は、大阪市天王寺区六万体町にもある。

同じく天王寺西門交差点の西の辻を北へ入った所を中小路と称したが、これはナカコオジといい、東区上本町の東方にも広小路《ヒロコウジ》があって、この二つだけがコオジであった。

近松の『傾城反魂香』（宝永）上の巻に「御家老より御詮索、裏屋小路も改めよ」〔「ショォジ」の項『大阪ことば事典』〕。

福岡市の博多にも博多七小路《ショウジ》（中小路《ナカショウジ》、古小路、奥《オク》小路、対馬《ツマ》小路〈かつては中対馬小路《ナカツシマショウジ》といった〉、浜《ハマノ》小路、金屋《カナヤ》小路、市《イチ》小路）というのがあった〔『福岡町名散歩』〕。豊前地方にはヨコショウジ（横小路）がある〔『明治末期の農村の面影』〕。金沢でも、小路をショージという。

② 北九州市小倉南区三谷地区では、竹藪をショウジ、ショージという〔『三谷方言集』〕。

③ 障子を立てたように切り立った岩。すなわち障子岩。阿蘇火山の噴火物が岩石化した地方では、ありふれた地形〔『地名覚書』〕。

岩壁や尖峰につけられた名（障子、障子岩、障子岳、四王司山、精進《ジ》、聖神場、正神峠、正司、庄治《チ》垣内、庄地、庄寺、西正寺、正地、正路藪、中正路、正《シヨウ》寿地、性司、小司畑、野谷荘司山、小路《ジ》谷、門少路、生子《ショウジ》屋敷、清地《ジョージ》、高清水《ショージ》山、勝地《ショージ》、帖地、正信、正子《ショーゴ》）〔『日本の地名』〕。

④ ショーズの転、この例が多い。

高知県室戸岬の北方の四十寺山は、沖縄で若返り水をシジ水、スヂュ、シヂュン、シヂルンと呼ぶが、この四十はシヂュンにあたるが、山中の渓流の清冽さを指すか。四十寺山はショージ山の宛字か。

ショーズに宛てられた地名と思われるものに平戸島の有僧都岳、徳島県海部郡宍喰町（海陽町）の郡境に近い僧都谷、熊本県人吉市の西南山間部の草津《サウズ》、福江島福江市（五島市）の北に草津、同じく福江の西南に塩水、佐賀県東松浦郡（唐津市）仮屋湾に面した菖津、壱岐島郷ノ浦の武生水、宮崎県児湯郡川南村（川南町）の勝司ヶ別府、徳島県麻植郡穴吹町（美馬市）の山間に生子《ショウジ》屋敷、長崎県西彼杵郡（一部、長崎市など）の水岳もあるいはショーズ岳かもしれない。

山口県下関市長府の四王司山、筑紫の太宰府の後ろの大野城の四王寺山は、山城の守りに四天王の像を祀ったところの名か。
⑤ 精進〔『日本の地名』〕。
シラ ① 陸如。山の傾斜面〔『地形名彙』〕。津軽で、坂道はシラだが、たいていはサガというようになった〔『民伝』三の二〇〕。ヒラの訛か。
② 千葉県白浜で、シラクサの生えている海底の岩根をいう〔『海女』、『漁村語彙』〕。
③ 白浜、白須賀、スカは洲処で浜のこと。白河、白いというよりも澄んでいる川、澄んだきれいな水が白河、湧水なども新鮮な水だから、泉という文字は「白い水」と書く。
北海道の白川（上川から層雲峡への途中）は、美しい川で、アイヌ語でワッカペケレペッといい、ワッカは「のみ水」、ペケレは「白」または「澄んだ、きれいな」の意。

福島県白河市は、江戸時代に白河楽翁（松平定信）が善政を布いた所。これは阿武隈川の清流から名付けられたものであろう。

白河法皇の白河は、京都白河（今は北白川という地名が残存）の地を流れる澄んだ美しい河、白河にちなんだものであろう〔俵孝二『歴史と旅』昭和54・9月号〕。
④ 白《シラ》。南島でシラは人間の誕生、稲の生育を意味する〔東清晋『毎日新聞』平成2・2・3〕。
シラカワ 白川。比叡山と如意ヶ岳の間が源流。白川の名は、上流の一帯が花崗岩の砂層で、そのため川砂が真っ白に美しいところから名づけられたもの。
京都の地下には、比叡山からくる伏流水が豊富とみえ、清らかなおいしい水が井戸から汲み上げられる（伏見《フシミ》という地名は、伏水《フシミ》からきたといわれている）。

酒造りの仕込水（大きい桶に米麹、蒸し米、酒母を入れて仕こむのをいう）は、水道水ではなく、絶対に井戸水を用いる。石灰分やマグネシウム分の含有量の多い、いわゆる硬水が切れ味のよい酒を造るのに必要とされている。アンモニアは皆無で、鉄分はごく微量、無味無臭で、口に含むとさわやかな感じがする良水。これは北白川の伏流水であるといわれた。

北白川は比叡山の麓である。比叡山は、キララ坂という地名があるように、花崗岩の地肌が所々に見えている〔『私の酒造り唄』〕。

シラキ　白い土地（キの項参照）。西南日本に分布するが、九州に著しく集中する（白木、白木山、白木木場、白木尾、白木原、白木河内、白木谷）〔『日本の地名』〕。

高麗《コマ》来と共にシラキは新羅、新羅来で、朝鮮半島からの渡来人の来た所だという説がある。近畿地方にある白木神社とか、白木がもと新羅と記されていたという例のきわめて少数について新羅の意の可能性を認めたいが、全国に分布するシラキ（白木）、一部でシロキ（白木）という地名は、山地あるいは山麓に分布し、しかも開発が後世のものが多く、日本語地名とし、新羅《シラギ》とは無関係としたい。

白木という地名は、西南日本、ことに九州に濃厚に分布する。

日本語のシラキ（白木）は、トウダイグサ科の落葉喬木のことで、その代表は、九州に多い油桐の木、この木の種子から油を採取し、九州では灯油に用いた。一般に東海地方から琉球方面にかけてみられる暖帯性の樹木。東北日本に散見されるシラキは、あるいはこの種の樹木が北進したのかも知れないが、方言などで松や杉の材木にしたものもシラキ、シロキというから、こうした用材の産地としての地名もあろう。

シラネ　加賀白山《ハクサン》の一名をシラネと呼ぶと吉田東伍博士の『大日本地名辞書』に出ている。今は普通ハクサンで通っているが、『回国雑記』には「此神岳白嶺《シラネ》者、我主国之時都城也云々」とある。また、この白山は「その高さ万仞、四時雪消せず、宗祇の方角集に、富士の雪は消ゆる日定まりたれども白山の雪は消ゆる日なしと記せり」とある〔『大日本地名辞書』〕。

手越を過ぎて行けば北に遠ざかりて雪白き山あり、問えば甲斐の白峯といふ、その時読める

惜しからぬ命なれどもけふまではつれなき甲斐の

しらねをも見つ〔『平家物語』〕

その他の古歌に「甲斐が根」と歌われる山も、この白峯と共に、駿河の富士であろうか、白峯山脈中のある山であるかという点に種々解釈があるようであるが、小島烏水『日本アルプス』で、富士山でなく、後者であろうと記し、また白峰山麓の芦安村民も、白峯または甲斐が根山ともいっていたことが述べてある。この白峯や根山が、今の南アルプス白峰山脈中のどの山を指すかというと結局、主峰である北岳（三一九二・四メートル）であるとしている（小島氏）。

シラネとかカイガネという呼び名は、その当時においては、今日の白峰三山あたりの雪の峰をひっくるめて呼んだように思われるが、代表としての峰、北岳にこの古名を残しておくのは適切である。土地の人がその代表として北岳をシラネとか、タケとか呼んだことは意義深い。

要するに加賀白山にしても、この北岳にしても、雪を頂くその優れた孤高を守る相貌が、古い時代の人々の目にとまり、敬慕されたのであろう。シラネというのは「雪の嶺」を代表した岳への古い日本人の呼び名といえよう〔『旅伝』一五の一〕。

シラハマ、シラマ 海底の砂地。志摩国崎、片田〔『志摩の蜑女』〕。千葉県天津（鴨川市）、静岡県賀茂郡南崎、三重県答志や国崎で海底の砂地。スナバともいう〔『海女』、『志摩の蜑女』〕。また三浦方面では、岩礁との間。スナマともいう（岩礁の名称とその分布について）海底の砂地のことであろう。

シリ ① アサジリという語は、すでに中世の記録にも見えている語であるが、土佐の幡多郡（一部、四万十市）では、屋敷の片脇の芋苗などを仕つけた畑をアサジリという。正月二日のオサバエサマ祭りなどもこの畑でする。

愛媛県西宇和郡双岩村（八幡浜市）では、菜園ジリ、ねぶかジリ、いもジリと称し、稗ジリという用法もあり、一般にジリを畑の意に使用しているが、その語源は、どうも各作物を栽培した跡地を意味したものと思われる。

福岡県春日市須玖《スク》に柿尻、比恵尻《ヒエジリ》の小字あり、隣の筑紫郡那珂川町（那珂川市）にもイモジリの小字があるが、これも稗、イモの後に栽培する畑の意らしい。『日本の地名』は「地籍の単位〈初島で〇・七五坪〉（芋畑、大根尻《ジリ》）」としている。

② 沖縄列島で、東北方を国頭と考え、西南方を島尻といった。すなわち琉球列島の方向に従い東北方――本土の方を上《カミ》とし、その反対方向を下《シモ》とされてきたものである。島尻に対し、国頭をもつものは沖永良部島と沖縄島であるが、伊波普猷によれば、島尻とは島における位置を示す意ではなく、島尻――島の政治の中心の意で、尻は「知る」の意。これが不明となって国頭と対句されるようになった。南山が島尻であるのに対し、北山である今帰仁《ナキジン》は、昔は今来尻といったことから、ここの事情を知ることができる〔『地理学評論』一八の一二〕。

沖縄本島の北は国頭《クニガミ》、北からみると南の方を、おもろ時代から島尻と呼んでいる。沖永良部島にも、北の方に国頭村があり、南の方に島尻という部落がある（今では住吉と変えている）。

久米島の一番南が島尻村。渡名喜という小さい島の一番南も島尻というシリは、位置からつけられたものと考えられる。

宮古島の島尻は、逆に北の方にあるが、他は全部南である。

口永良部島、沖永良部島、先島のように、口、沖、先、端《ハテ》という呼称が見られることは、大和政権の南漸か、あるいは民族の南漸が地名として残ったものか。

沖縄本島で、先島というと宮古、八重山を指す。宮古、八重山の人は、沖縄本島に行くことを「沖縄へ行く」と表現する。

屋久島などでは、その南の方の島々を漠然と先島という。

沖縄本島の属島に限っていうと、たとえば伊是名島が前島《メージマ》、伊平屋島が後島《クシジマ》と呼ばれている。これは、沖縄本島から見ての位置関係からの名称。慶良間島もマエジマ、クシジマと分けている〔仲松弥秀『地名の話』〕。

鹿児島県十島村の島々では、連続する地で、高い所に対して低い所、または内陸部に対して海岸線により近い所をシリともシーともいう。ミヤ（宮）の下の海岸線をミヤジリ、コーラ（流れ川）の河口近くをコーランシリという〔『トカラの地名と民俗』下〕。

③ 終点（川尻、野尻）〔『日本の地名』〕。

④ 陸地との近接位置にある礁の名。赤江ジリは赤江海岸ジリの意。宮崎沿岸の漁場〔『民伝』二〇の八〕。

⑤ アイヌ語で土地、所、山、断崖〔『日本の地名』〕。

アイヌ語で陸地。ことに峨々と屹つ急崖で、船など寄せても上がれないような高岸のこと。シリヤのヤも陸地の意である〔『地形名彙』〕。

尻屋《シリヤ》（下北半島の東通村）。尻《シリ》は北海道の地名に多く出てくる。山、陸等広い意味の言葉。尻屋はシリ（山）ヤ（陸岸）とまずは読むべきであろうか。桑畑山（尻屋山）が海に出張って物凄い断層をなしている。それがシリで、その陸岸（ヤ）が尻屋の地名起源の場所であろう〔『アイヌ語地名の研究』三〕。

シルタ　丹波で水が切れない田。汁田《シルタ》の字を宛てている〔『聞き書 兵庫の食事』〕。

湿田。奈良県宇陀郡榛原（宇陀市）〔『全辞』補遺〕。

ジルタ　水気で年中乾く時もない田。山口県豊浦郡（下関市）でいう。ジルイという形容詞は、日本海側などにかなり広く聞く、陰湿を意味する〔『農村語彙』〕。湿気の多すぎる田を、山口県大津郡油谷町（長門市）向津具でもジルタともシワクミともいう〔『向津具半島の民俗』〕。

シレイ　対馬の北端、豊の浦の海岸から離れた陸繋の島が神所とされ、社祠のない磐境で島への通行は禁忌となり、俗にトオラズガハマ（不通浜）という。村の海辺に遥拝所があって、ここで祭祀を行ってきたが、現在ではこれが神社となっている。この島の神社をシレイと呼び、そこには白水が濁り、白い蛇が棲んでいるという〔永留久恵「海神イソノタケル、対馬の古き神々」『えとのす』一二号〕。

シロ　①奈良朝以前および奈良朝時代において、

(イ)実体という意味を表わすシロ。「身のシロ（代）」もこれか。

(ロ)ある土地もしくは、ある地域を表わすシロ。

(ハ)地積の単位を表わすシロ

があり、いずれも「代」で書き表わされている。ナワ（ハ）シロ（苗代）は、苗を作る場所。「神田」をミトシロ（御刀代などと書く）というのもミトシすなわち御年で、稲をつくる土地をいう。神社をヤシロというのも「家屋の代り」の意ではなく、神の鎮り給う土地の意。

②苗代。栃木県安蘇郡（佐野市）〔『全辞』〕。

③田面。山形県飽海郡（一部、酒田市）〔『全辞』〕。

④田植えのために水を引き入れた田。岡山〔『全辞』〕。

⑤田に水を入れてから馬鍬でならす作業。群馬県勢

多郡横野（渋川市）〔『全辞』補遺〕。

⑥ 苗を田に植える前に田を耕すこと。壱岐〔『全辞』〕。

⑦ 毎年、定まった場所に茸が群れて出る場所。茸の群生場所。栃木県〔『栃木県方言辞典』〕、長野県下伊那郡（一部、飯田市）、愛知県知多郡〔『全辞』〕。

⑧ 魚のよく集まる場所。愛知県知多郡〔『全辞』〕。網代《アジロ》、鰹代《カツオジロ》〔『日本の地名』〕。

⑨ 雁鳧の群居する所。尾張（尾張方言）〔『全辞』〕。

⑩ 稲を植える本田。千葉県君津郡小糸（君津市）でウエシロという〔『分類方言辞典』〕。

⑪ 宮城県桃生郡（石巻市、東松島市）の沿海で、小砂利や小石のある海底。このシロには、海草が生えている。シラと同語か〔『漁村語彙』〕。

⑫ 赤石山地で、緩やかな傾斜地〔『地形名彙』〕。

⑬ 白方、白子、白浜、白洲、白塚、白根などの地名の白は、シロ、シラの両方がある。砂の色からきたものであろうが、砂丘地の場合が少なくない〔松尾『日本の地名』〕。

白色（白子、白浜、白滝、白根山）〔『日本の地名』〕。

⑭ 城塞（古城、城山）〔『日本の地名』〕。

⑮ 丘上や山腹の平坦地（富士城、城ノ内、馬代、目代）〔『日本の地名』〕。

ジロク 地形。「洪水のたびにジロクが変る」などのように用いる。群馬県多野郡神流町万場〔『全辞』補遺〕。

シロヤマ 城山。北海道以外の全国に非常に多いが、関東と奥州には少ない（それは城山に代る○○館、○○館山の地名があるから）。たとえば延岡の城山は、内藤家七万石の城のある山（城山、城ヶ峰、平家ヶ城山、高見ヶ城山）〔『日本の地名』〕。

ジン ① ○○陣、○○神という地名は「小平地」を指している〔『日本地名学』Ⅱ〕。

小谷盆地、熔岩台地、山腹の小平地、自然堤防上などにみられる小平地〔『日本の地名』〕。

② 兵事、武士役人の詰所（陣、陣原、陣山、陣内）〔『日本の地名』〕。

シンチ 開墾地。大分〔『全辞』〕。海岸の埋立地。ここで網の整理を行う。大分県北海部郡日代村（大分市）網代〔『方言』六の一〇〕。北九州市八幡西区で本城の北側、塩屋に近い。二〇〇年以上昔の延享二（一七四五）年から新田開発に取り組み、水田七八町歩を造成した。オヒラキ（御開き）という。新田開発地名は新開、新地、新切、新家、新郷、新在家、新作などがあり、こういうのは租税地命名でわかりやすい（『おもしろ地名北九州事典』）。

ジンデ、ジンデン　湿地に多く、山腹や谷壁にもみられるが、その下にはたいてい、低湿地がある（神出、神田《ジンデ》、起田《ジンデン》、神殿《コードン》（コドノ））（『日本の地名』）。

ス

ス　①『万葉集』では、川沿いの水の中に突出している土砂の堆積した所。『時代別国語大辞典』（上代編）では砂。川や海の浅瀬の砂の現れた所。『日本国語大辞典』では、土や砂が堆積して水面上に現れた所。河口付近や湖などの比較的浅い場所にできる（『図説・集落』）。

②海岸にある洲のつく地名は、普通は文字通り、砂の堆積地であるが、（洲が須のことも多い）、洲の崎、洲鼻などが急な丘の突出で、砂地とまったく違った場所である例も多い。海岸は砂地が多いために、一般的な海岸にまで意味が広がったものと思われる（松尾『日本の地名』）。

③砂浜。大分県北海部郡日代村（大分市）網代（『方言』六の一〇）。

④海面下の砂地。播州加古郡高砂町（高砂市）（『方言』六の一〇）、海底の砂地、島根県隠岐郡五箇村（隠岐の島町）久見（『離島生活の研究』）、海底の砂の盛り上がった所。熊本県天草郡（天草市、上天草市）二江村（『熊本県民俗事典』）、砂あるいはガタの膨隆した所。スカに同じ。壱岐（『旅伝』一一の四）。

⑤河中に土砂が堆積して生ずる中洲と、河川の流出した土砂が潮流で、沿岸に滞留して生じた寄洲とがある。

中洲は最初は、水流の疏通を妨げ、灌漑水の獲得や水運を妨げて、その除去がはかられるが、当然時代と共に、その規模を大にして、やがて洲島として固定し、農業開発が行われるに至った。

⑥暗礁。八丈島大賀郷、島根県邑智郡（一部、江津市）、広島県、山口県大島郡、大分県、長崎県東彼杵郡。イワスとも呼ぶ（『全辞』、『方言学概論』）。

南島で岩（八重垣『全辞』）。暗礁（洲崎、清洲、須田、須津、須成《スナリ》）『日本の地名』）。

スアミ　田地の年中、湿潤なものをいう。この種のものに挿苗するには、鋤で打ち返し地ならししてただちに植える。北九州市門司区にアミヤという字があり、この辺にはスアミ田があったという。付近の諸村にもある。豊前田、福岡県旧企救郡（『藩政時代百姓語彙』）。湿田。スワミともいう（『北九州市史』民俗編）。
　宮崎県西臼杵郡でも湿田、沼田をスアミダという（『西臼杵方言考』）。

スカ　シカともいう。洲のこと、その他一般に海沿いまたは川沿いの砂地（『地形名彙』）。

『万葉集』では、海沿いの砂浜。美しい花が咲く所。

『日本国語大辞典』では、河海に臨む砂地や砂丘、川や海の水などで堆積した砂地、砂丘（『図説・集落』）。

　海岸または川の中の砂の高まりで、砂堆（波が運んだ堆積物）、砂丘（風が運んだ堆積物）などにつけられ「須賀」などと宛てられる。

　横須賀、大須賀、白須賀などの地名が、たとえば神奈川、静岡、愛知などにみられる。房総半島には「渚」と書かれ、鴨川に貝清《カイスカ》、横渚《ヨコスカ》などの地名がある（『地名の成立ち』）。

　砂洲のある所。ほとんど全国に分布（須賀、高須賀、梅須賀、蜂須賀、横須賀、洲河場）（『日本の地名』）。

　洲のある所の意。「横須賀」の分布は、主として東海地方に局限される（『日本地名学』Ⅱ）。

　海辺の砂地、波打際を仙台（『はまおぎ』）、常陸那珂郡（一部、那珂市、常陸大宮市）（『常陸風土記』補遺）、宮城、福島県相馬郡（一部、南相馬市）、茨城県多賀郡（日立市）（『全辞』）、愛媛県西宇和郡佐田岬（伊方町）で砂浜、大分県姫島（姫島村）、同県宇佐郡長洲町（宇佐市）（ここには江須賀《エスカ》という字がある）でも同じ。山口県長門市通では、出っぱった砂地（『長門市史』民俗編）。

　静岡県小笠郡（掛川市など）で砂丘をいう。広島県から岡山県の海岸部でも砂丘をいい、スカのある鼻をスバナという。千葉県夷隅郡（一部、いすみ市）では海沿いの高地を、壱岐では、砂地の干潟（『全辞』）、また砂が海中で膨隆して浅くなった所。港の中に多く芦辺浦にはスカサキという地名がある。またガタが盛り上がった所をもいう（『旅伝』一一の四）。

　長崎県北松浦郡宇久島（佐世保市）では、海底の砂地（『離島生活の研究』）、大分県南海部郡米水津《ヨノウヅ》村（佐伯市）では、玉石や岩があって満潮時には隠れ、干潮時には現れる所をいう〔同地人談〕。

　木曾、長良、揖斐三川の中、下流の本流および支流の沿岸には、自然堤防の発達が著しく、輪中で知られた西濃はその中心といえよう。自然堤防を指す地名は、曾根《ソネ》よりも須賀、高須、高須賀、大須など須（洲）のつく地名が、自然堤防の地名を代表するといえよう。

　縦横の河川の網の中に包まれたこの平野のように、水害の歴史が生活史の基底に横たわっている地域では長い間、低湿地帯の米作は不安定であったし、洪水に十分の備えをもたない居住もゆるされなかったであろう。こうした環境の中では、せめて自然堤防のような、川のつくった微高地や人工的微高地は幾分より安全な居住として選ばれ、また道路の通道地として利用された。洪水に際してとっさの避難場所は、最寄りの堤防（自然堤防、人工築堤を含めて）の上であることは、今でもよく見るところである〔松尾『日本の地名』〕。

上総〔『国誌』〕で、川沿いの高地をいう〔『全辞』補遺〕。常陸鹿嶋行方辺〔『常陸方言』〕で川縁の地、茨城県稲敷郡（一部、稲敷市、つくば市、牛久市）で川沿地または低地の畑、土佐幡多郡（一部、四万十市）〔『幡多方言』〕で川の洲〔『全辞』〕。北九州門司区楠原《クスバル》の小字に、山ノ口中スカ、中須賀、トウスカ原《ハル》、トウダ中須賀、河原田中須賀がある〔『門司市史』〕が、これは砂地のようである。

　スカ、スガ、ソガは砂地のこと。ソガ→スガ。o→nの音韻変化〔『日本地名学』Ⅱ〕。

　美夜自呂《ミヤジロ》の　洲処辺《スカヘ》に立てる　かほが花　な咲き出でそね　隠《コ》めてしのばむ〔『万葉集』巻一四、三五七五〕

　（みやじろの川の洲のほとりに立っているかほ花〈おもだか〉は、人の目につくように咲き出すな、人にかくしてなつかしんでいよう）〔『万葉集注釈』巻一四〕。

　スガはソガの転。北海道以外の全国に分布（須賀、須加、須可、須我、菅《スガ》、清《スガ》、周賀、修家《スカ》）〔『日本の地名』〕。

スカイ　イワヤのように岩が集まっている土地。ごつごつしていて作物をつくるのは大変だが、よくとれることはとれる。一般に岩の多い所は、土質がよいと昔からいった。スカは石の上にちょっと土がある所。ヤナギ（ミツマタ）でも何でもよくできる。高知県吾川郡池川町（仁淀川町）椿山〔『焼畑のむら』〕。

スキ ①　スキは、村落を意味する語で、村をいう朝鮮の古語。スキリともいう。わが国上代の姓《カバネ》の一つにスクリ（村主）というのがあり、県主《アガタヌシ》に属して戸口、租調の仕事をした職名で、多くは帰化人をもってあてた。このスクリはスキリからきたといわれ、スクロ（勝呂）もこれと同じという。村落の意をもつスキが地名に入れられている例として『大日本地名辞書』（吉田東伍）に、鹿児島県のイブスキ（指宿市や揖宿郡〈一部、指宿市など〉）や、常陸鹿島市（鉾田市）徳宿《トクスク》郷など「宿」をスキ、スクと訓むものを挙げ、また「次」をスキと訓むもの、たとえば『和名抄』阿波、美馬郡三次《ミスキ》郷（現在場所不詳）出雲、大原郡来次《キスキ》郷（雲南市）などを挙げている〔『地名の探究』〕。

　福岡県春日市に須玖《スク》がある（今はスグと発音するが、昔はスクといったという）。

　鍬、鉏、須支は土地を掘る、耕すことである。『和名抄』に筑前怡土《イト》郡（福岡県糸島市）に雲須《クモハル》という地名が出ていて、「須」をハルと訓ませている。ハルは墾、開で「耕す」意。春日市の須久《スク》（玖）の地名も「耕作」「開墾」の意と思われる〔松永『市報かすが』昭和63・9・15〕。

スクは朝鮮語で村のこと（須木、須岐、主基、周木、周枳《スキ》、木次《スキ》）〔『日本の地名』〕。
② 古語。八重山で。そこ（塞）、要害地の内外のへだて、土手、塁。ただし他の語と合せて用いる。たとえばグスク（石垣、城）、イシスクムリイ（石城丘）、ギシュク（地域）、トゥヌスク（登野城）など〔『宮良当壮全集』第八巻、『八重山語彙』甲篇〕。

スクモ、スクボ ①　細砂、伊勢〔『国誌』『全辞』補遺〕。山口県徳山市に粭島《スクモ》あり。粭《スクモ》は籾《モミ》のこと。
② ス（岩）クボ（窪）から傾斜の急な谷（須久保、須雲、宿毛《スクモ》、須久毛、粭田《スクモダ》）〔『日本の地名』〕。

スクリ、スグリ　村主、勝、須栗、巣栗。

『和名抄』伊勢国安濃に村主《スクリ》郷がみえ、「雄略紀」の村主と同じく、朝鮮語に由来する渡来人の住居地をいう。関東地方その他にみえるスグロ（勝、勝呂）もスグリの転化とみられる。また『播磨風土記』揖保郡のスグリベ（勝部）がみえ関東以西に散見される地名だが、これは秦勝《ハタノスグリ》に起源をもち、渡来人の部民地名で、主として織物業を行っていたとみられる〔『日本地名語源辞典』〕。

スゴー　比較的小さい谷。北海道以外の全国にある

（須郷、╱須合、須後、須川、菅生、巣子、巣郷、巣河《ゴー》、数河《スゴー》、双畑《スコ》、相撲ヶ原、菅行《スギョー》、修行）〔『日本地名学』Ⅱ、『日本の地名』〕。

数河、菅生。サゴウによく似たスゴウという呼称が山間部に多く見える。だいたい、川に沿った部落や高山地の沢谷にこの名が与えられているところから、おそらくはサゴウに似かよった所と思われる。

越中常願寺川に落ちる真川渓谷の一支流にスゴ（スゴウ）谷がある。多く数河と宛てている。飛騨の山村には、スゴウに関する部落名が所々にあり、大野郡大八賀村（高山市）にはスゴウ（数河）、久々野村（高山市）にはムスゴウ（無数河）、吉城郡細江村（飛騨市）のスゴ（数河）、阿曾布村（飛騨市）のスゴウ（数河）などあり、いずれも沢合いの河川に沿っている。大八賀村からの報告によると、川の合流点という意味があろうとあるが、同名の部落は必ずしも川の合流点に開けているとは限らない。岩手山東麓にもスゴ（またはスゴー）と呼ぶ部落あり、巣子と宛字され、九戸郡にはミスゴ（三巣子）があり、羽前中津川にはスゴウ（須郷）がある。

要するにスゴウは河川と縁のある地で、沢合いの磧地、砂礫地を意味するようであるが、未詳〔『旅伝』一五の二〕。

スジ　大阪の中心部では、南北の道路をいう。京都、伏見でも○○筋の呼称がある。山梨県では近世から、組村を筋と呼んでいる〔横井清『歴史百科』一九七九年初夏五号〕。

大阪市の中枢部である船場《センバ》あたりを中心に、東西の街路を町《マチ》または通《トオリ》とし、南北を筋《スジ》（御堂筋、堺筋、松《マッ》屋《チャ》町筋など）とする整然とした区別が見られるが、また八幡《ハチマン》筋のような東西の筋もある。

街路を筋ということは、関西に広く使われるが、心斎橋筋、日本橋《ニッポンバシ》筋など、町名にもなっていることは、大阪の特色であった。

これを生かさずに、近年北区の天神橋と改称したことは遺憾である。

天神橋筋の地名が、橋の袂から北へ六丁目まで、長く続いていることは「○○筋」だから、意味があるのであって、天神橋六丁目とすることは、橋から長く続く町名としての意味を失わしめるものである〔鏡味明克『大阪府地名大辞典』月報〕。

ズシ　津軽、上磯在や岡在で細い枝道〔『民伝』三の一〇〕。

露路、小路、横町を群馬、神奈川、福井、滋賀各県でいう〔『民俗と地域形成』〕。小路、露路を福井県敦賀、滋賀、奈良でいう〔『全辞』〕。

部落内の小組または耕地の一区を東京都足立区でいう〔『民俗と地域形成』〕。

① 小路、部落。② 荘園。③ 雑使、ザッシキ、奈良〜桃山の郷にいた雑使（逗子、都志、図師、厨子）〔『日本の地名』〕。

都市の町名に辻町というのがある。奈良市の今辻子《イマズシ》町、不審ケ辻子《フシンガ》町、大阪府高槻市の大字辻子などのように、辻子をズシ（ヅシ）と訓む例があり、また京都には、上京区大峰図子《ズシ》町、今図子町、瓢箪図子町などのほか、いくつも図子町がある。京都には『山州名跡志』などには「辻子」というのが、そこここにあり「神明辻子」といったように、小宮などのある横町にあたるようである。

ズシ（ヅシ、辻子、図子）はツジ（辻）がヅシに転訛したもので、神奈川県逗子市の場合もこの例と考えたが、辞書類を見ると、ズシ（ヅシ、途子、図子）にはヨコマチ、ヨコミチ、コウジ（小路）の意のあることが記されており『節用集』などにその記述がある。

都市における辻子《ズシ》町や図子町は、本通りからそれた横町とか小路と考えるのが妥当である。

『分類方言辞典』（東条操）には、ズシガムラ（村、村落、部落）の項に挙げられているのをみると、この地名は、農村などでは村落を指す場合もあると思われる。また、そのズシの項に「組合、部落、千葉県君津郡」とある。もっとも、辻子をツシと訓ませている例もある。

荘園時代においては、荘官の下に属した田園作成者の「図子《ズシ》」という役職があったから、ズシの地名としては、これに該当するものも考えられるが、都市の町名の場合は、これに宛てるのは不自然である。

農村の場合も、横道の意にとれるものが多いと思われるが、「図師」という地名の場合は、十分考慮すべきである。

東京都町田市図師《ズシ》町（旧南多摩郡忠生村）のような農村地帯では、実地や古文書などの考証にまたねばならない〔『地名の探究』〕。

ズシ（ヅシ）、逗子、豆師、厨子、ズシ（ヅシ、ツシ）の地名は、関西の都市には方々にある。京都、奈良には、町名に◯◯辻子《ズシ》町というのがあり、横町とか小路《コウジ》または横ミチをズシというのは、古くからの呼び名で辻子が多いが、図子もあり、辞書類には図子、途子、通次などと記されている。荘園における荘官の下の「図師」は、田畑図の作成者であったから、東京都町田市図師町の場合もこれかもわからない。しかし、多くのズシは横町（小路）とか横ミチを指すものと見るべく、また所によっては村落、部落の意（おそらく横町、横ミチからの転か）にも変じているから、市街地以外のズシは、部落を指すのが多いかもしれない。ツジ（辻）とヅシ（ズシ）とは、互いに変じやすいので、ズシ（逗子）を辻に起源するとの解釈も一考に値する。

集落の発生条件が、道路の辻と認定しうる場合、この解釈は妥当であろう〔松尾『日本の地名』〕。

関東では、桐生の市街も中世末に割られたものといわれ、横町をズシと呼び、ここには大工職人や日雇などが住み、多くは表通りの住民を家主とする借家に入っていて、出身は越後その他からやって来た寄留者だったという。つまり、いわゆる長屋の店子で、その仕事は日常労務や運搬などに従う者が多かった。ズシという言葉は、敦賀の町や大津の市街地でも、表通りから入る横小路のことで、京都や奈良の街では、辻子という文字を宛てている。関東でも三浦半島の逗子をはじめ、各地でこの地名が知られるばかりでなく、荒川、多摩川下流の沖積地の農村、集落の小区画、つまり小組のことをズシという。やはり一つの地域集団であるらしい〔『民俗と地域形成』〕。

滋賀県や福井県南条郡（南越前町）などで、路次とか小路の称だが、関東地方でもこの語は用いられ、群馬県の機織唄に、

〽桐生名物三つある　ダッソウメシに空っ風
　なぜか横町をズシという

と歌っている。『新編武蔵風土記稿』では、字または区の名に使うものが多いが、これは住居地とは限らないようである。

東京都足立区梅田町などでは、組のことをズシといい、それぞれの名がある。葬式の穴掘り、婚礼の手伝いもズシ仲間であった。後に新住者と合して町内会となったが、ズシ時代の意識はなかなか消えなかったらしい。

東京北部の農村では、村内耕地の小区画の名になっ

ているが〔『新編武蔵風土記稿』〕、京都では古くから、また大津や敦賀などでも、町内の小路の名として知られている。東北では青森県の弘前などの都会で、ズシコというのがそれであり、群馬県桐生でも横町をズシという。他の地方ではこれをロジ、またはショウジというものが多い〔『綜合』〕。

京都や鎌倉の町中にあった辻子《ズシ》は、今では図子と書かれる場合が多いが、小路、横町などの意。その起源は、中世初頭まで遡ることができ、神奈川県逗子も辻子ではなかったかとの説がある。京都の辻子の場合、薬師辻子、円楽寺辻子などのように呼ぶ〔横井清『歴史百科』一九七九年初夏五号〕。

博多の町名として、宮本又次編『九州経済史論集』には「秀吉の博多復興にあたっては、いわゆる四水、四応、四神相応の計画を立て、博多の町を七像の袈裟になぞらえる七七四九爾をあらわし、博多を一山の七堂伽藍にたとえた」とあり、七小路《シヨウジ》、七堂、七口、七流《ナガレ》、七観音、七厨子《ズシ》（奥堂厨子、普賢堂厨子、瓦堂厨子、萱堂厨子、脇堂厨子、観音堂厨子、文珠堂厨子）を挙げており、「以上は『石城志』の記録だが場所のわからないものもあり、また七厨子が『筑豊記』には観音厨子、脇堂厨子、文珠堂厨子がなく赤間厨子、樋屋厨子、芥屋町厨子と変っている」〔『福岡町名散歩』〕。

愛知県尾張地方の農家では、敷地周りの柵をスジという〔『集解』〕。

スズ　①　刈稲あるいは稲わらを乾燥させるために積み重ねて作る「稲積《イナヅミ》」（稲小積、稲むら、稲ぶら、稲ぐまなどともいう）をいう。スズ（スス）、スズキ（ススキ）、スズミ（ススミ）などの語からきたものと判断される。

スズキ（ススキ）の名は、植物のススキ（薄）にあてはめて考える向きもありうるが、山名の場合は、多くの例から見てそれは当たらない。

稲積のことをニオ、ニホ、ニュウ（ニョウ）などと呼ぶ地方も多いが、スズ（スス）の類もこのニオの類と異語同義。山の形が稲積に似通っていることから、スズ（スス）の類を山名としている所は非常に多い。

稲積の形は、地域的に種々の特徴があり、丸みのある山といっても、円錐、円筒、ドーム状などさまざまであるから、同じ鈴のつく山でも決して型にはまったような山容ではないが、いずれも生活に身近な稲積の形に見立てた山名と見てよい。鈴ヶ嶺、ススヶ峰、鈴鹿山、鈴島、鈴ヶ岳など。海岸の小島や岩礁に雀島と呼ばれる円錐状あるいは鐘状の小島、スズミとスズメは、同じく雀という語で、スズミはスズメの訛で、スズミ（稲積）に雀が宛てられたものに相違ない。涼島《スズミ》というのもあるが、これもこの類であろう〔松尾『日本の地名』〕。

群馬県北境の尾瀬ヶ原の北西方に聳えるススヶ峰（一九五九メートル）は、おだやかなふくらみを呈する山で、稲積をいうススキの例にあたると思われる。鈴のつく山、たとえば彦根市南東方の県境付近の鈴ヶ岳（一一〇三メートル）や群馬県赤城山の外輪山の一つである鈴ヶ岳（一五六五メートル）は、共に円錐形の山。

秋田県平鹿郡（横手市）の南東端付近に並んでいる大鈴山（八七〇メートル）、小鈴山（七五七メートル）も、共にドーム状の山。

能登半島の北東端を珠洲《スズ》岬と呼ぶ。この地方は旧珠洲郡（珠洲市）であるが、珠洲の郡名は、この岬の名からきたものである。「須々」とも書き、また鈴御崎などとも書かれた。このスズも稲積のスズに相違なく、おそらく金剛崎の後ろのなだらかな山伏山（一七二メートル。一名鈴岳）を海上から望見した形によるものと思われる。

海岸の小島や岩礁に雀島というのがある。一つの円錐状あるいは鐘状の小島を指している場合もあるが、多くの場合、そこには小島や岩礁がたくさん散らばっている所である。時には涼島《スズミ》と呼ぶのもある。

このスズメ、スズミもおそらく田んぼに立つ稲積に見立てたものと思われる。

② 清水の湧き出る所。湧泉。秋田県平鹿郡（横手市）、山形県村山地方（『全辞』）。

盛岡市の南に伊勢川があり、伊勢の五十鈴川に対比される。『日本書紀』に神武皇后を「五十鈴媛」とあり、伊勢神宮を「イスズの宮」といい、その地を流れる川をイスズ川といった。松岡静雄によれば、イは斎〔『日本地名学』I〕。

福井県大飯郡大島村（おおい町）に清水《スズ》の前の杜《モリ》といわれるニソの杜がある〔『民俗学研究』三巻〕。

山形の最上地方では、飲料水として使う山からの出水を溜めた所をスズと呼ぶ。

東北では、水神様をオスズ様とかスズン様とかいう。スズにはスズ神様がいるといい、スズ端《バタ》などにシタゲ

(唾)とか小便をすればジジコ(チンチン)が曲るという。また橋の上からやるのも駄目。「橋の下には神様がいるからばちぁかむる」というのは、橋の下に水神様がいるからである〔『野にあそぶ』〕。

岩手県水沢町(奥州市)で神棚に上げるおみき徳利もスズ、小児のおちんこもスズ、いずれも湧くように液体の流れ出るもの〔『町の民俗』〕。

スズの徳利 (ア) 盛岡〔『御国通辞』〕、仙台〔『はまおぎ』〕、庄内〔『はまおぎ』〕、上州(登古路言葉)、秋田、山形、宮城、福島、茨城県多賀郡(日立市)、岐阜県郡上郡(郡上市)、富山、石川、和歌山、奈良県吉野郡(一部、五條市)、徳島、高知、島根、大分。(イ) おみきすず、おみき徳利。神奈川県高座郡〔『全辞』〕。

美保神社の四月七日の神事(蒼柴垣神事)の際、神船に持ちこむイスズ箱(斎錫箱の字を宛てる)には、お神酒徳利が収めてある〔『美保神社の研究』〕。スズは滴、雫、しずく。千葉県夷隅郡(一部、いすみ市)〔『全辞』補遺〕。

清水、湧泉(鈴、五十鈴、鈴川、鈴原、鈴木、鈴鹿、美箏《スス》、須々、数須《スス》、清水《スズ》、煤谷《ススガヤ》)、鈴(鈴ヶ滝、鈴ヶ岳、鈴ヶ峰、大鈴山、鈴置島、鈴子、錫ヶ岳)〔『日本の地名』〕。

東北地方から中部地方にかけては「清水《シミズ》」という地名をスズ、シズあるいはショウズ、シュウズと呼んでいる所もある。

これらの呼び名は、地名としてのみでなく、清水をいう言葉として使われている地方が少なくない。

山形県新庄城跡には「御出清水《オスズ》」と呼ばれる城郭時代からの古い湧水が、今も湧き続けているという。

シミズをソウズともいい、それはサムミズ(寒水)の転じたものというが、このソウズはショウズ、シュウズなどと相通ずるものであろう。ショウズに「生水」を宛てた地名(滋賀県高島郡新旭町〈高島市〉)もある。また、「出清水」をデスと訓むのは「出シミズ」の転とされており、これも清水と同じ。鈴川、鈴田などの鈴は、清水の訛ったスズかもしれない。スズ(篠)はスズタケ、スズカケ(篠懸)などのようにシノダケを指す言葉でもあるから、鈴川、鈴田の鈴は「篠」と考えても、あてはまるようだが、五十鈴《イスズ》川などから考え、スズは清水、清流ととるのが妥当のようだ。イスズのイは発語であろう。

東北地方のシズ、スズは、シミズの地方的な訛のように思えるが、そうでないとすれば問題である。スズが清水の古語か、またはそれに似たアイヌ語であるかは不明。

シズ、スズは静（鎮）や鈴を連想させ、静田、静間、鈴田、鈴川、鈴山などの解釈にもかかわってくる。大清水《シズ》、清水《シズ》川、清水《シズ》田、清水《スズ》端《バタ》などがある（『地名の探究』）。

また「鈴」は「錫」であるという説もある。

「『鹿苑日録』（活字本）という僧の日記に、貴人への贈答品の中に「鴟口鈴一対」という語がある（元和六年の記事）。また「鴟口錫一双、ビンドロの錫一双」という一文もある（元和十年の記事）「ビンドロの錫」とはビイドロすなわちガラスの壜《ビン》と解すべきであろう。前者の「鈴」は「錫」と同一物らしい。

神社で神酒を入れる酒ビンを御神酒鈴《オミキスズ》といい、鴟口鈴とは 鳥のクチバシに似た注口《ツギグチ》の酒ビンのことだろう。ビンがある時代に錫で作られたからだと説明すべきか」（前田泰次『朝日新聞』昭和41・10・11）。

愛媛県新居浜市新田でも、お神酒徳利をオミキスズといい、福岡県春日市でも、神前に供える灯明の油入れをスズキという（いずれも同地人談）。

スズカ ① 川上にある家。
② スズの転（鈴家、鈴家山、須受我嶺《スズカ》（『日本の地名』）。

スズガ 川上の方にある家、秋田県鹿角郡（『全辞』）。

スバリ シバリともいう。崖が両側から狭まった所。秋田県仙北郡檜木内村（仙北市）（『秋田マタギ資料』）。山中の沢目の非常に狭くなって川の屈折している箇所で、東北方面のシバリにあたる。新潟県南魚沼郡（一部、南魚沼市）（『越後南魚沼郡民俗誌』）。

スパリ 流れの裾の方の意。スパりは終りの意。スパエコは末席のこと。青森県五戸地方（『方言研究』六号）。

スバル ① 山のウネの二つ以上突き合った所を、紀州西牟婁郡（一部、田辺市）でスバルという。スバルは集合する語であったことは、昴星のスバルボシ（プレアデス星団）また水底の物をつかむスマルという鉄具の名をみてもわかる（『山村語彙』）。
吉野郡宗檜《ムヒネ》村（五條市）で屋根のスバルグチ（煙出し）、屋根の前後の側面でない側の面、すなわち切妻をいう。山のウネの二つ以上出合う所に似ている

〔『近畿方言』七号〕。スバルはスバマルと同じで「一つに集合する」こと〔『近畿方言』四号〕。統《スベ・ヘスベ》る、統一する、統合する意か。

② スバル掛けは、釣糸のあちこちに釣針をくっつけて落鮎をひっかける漁法で、熊野川、日置川、富田川の下流で行われる。和歌山県西牟婁郡近野村（田辺市）でいう。

③ 錨のスバル（鈎が三つまたは四つ付いた錨）。西牟婁郡近野村（田辺市）でいう〔『近畿方言』六号〕。

スベ 段々畑の間の傾斜地を鹿児島県肝属郡百引村（鹿屋市）でいう〔『方言』五の四〕。同県川辺郡笠沙町（南さつま市）赤生木《アコウギ》、田ノ口では、土手や段々畑などの傾斜面の急なものをいい、傾斜面の緩やかな土手はダンビラというらしい〔同地人談〕。

ズベ 土手。鹿児島〔『全辞』〕。

スマ 岩手県盛岡市門字須摩《スマ》
宮城県志田郡松山町（大崎市）須磨屋《ヤ》
三重県一志郡白山町（津市）須磨河内《コウチ》
京都府舞鶴市舞鶴町須磨通《トウリ》
兵庫県三田市須磨田《ダ》
神戸市須磨（『万葉集』で須麻とも書く）
島根県邑智郡石見町（邑南町）須磨谷《ダニ》
広島県世羅郡世羅町開須麻《カイスマ》
山口県玖珂郡錦町（岩国市）須万地《スマヂ》
同県徳山市須万
同県都濃郡鹿野町（周南市）須万
福岡県行橋市須磨園《ゾノ》

神戸市の須磨のみが海浜に立地するほか、すべて内陸に立地し、平地、盆地のスミ（隅、角）にあたる場所である。スマは隅《スミ》でスミ→スマの母音交替型である。神戸市の須磨が砂浜にあってなぜ、隅であるかといえば六甲山地南斜面の複合扇状地の平地の隅にあって、須磨から西は行きづまりの断崖であったからにほかならない。なお、神戸市では、隅《スミ》のことをスマと呼んでいる人もある。

盛岡市加賀野の字に「角子」があり、スミコでなくスマコと呼んでいる点からも角、隅をスマと呼ぶことがわかる。

『日本地理志料』のいう国郡村境の端の地をスミ、スマということもありうるので、そのようなスマもある〔『地名の由来』〕。

砂浜の遠浅になっている所（須磨、須万）〔『日本の地名』〕――という説がある。大隅などのスミは島のことであろう〔『地形名彙』〕。

スリ　群馬県片品川の沿岸の追貝《オッカイ》の少し上流に摺淵がある崖地。山形県にある掛摺山（九二七メートル）は断崖の多い山。島根県飯石郡（一部、雲南市）に摺滝山（五四〇メートル）とその麓に摺滝の部落がある。摺ノ浜（鹿児島県指宿市）は低い海食崖の連なる海岸〔松尾『日本の地名』〕。スリは崩壊した傾斜地であろう。

ズリ　①山崩れ、土砂崩れ。栃木県上都賀郡（鹿沼市、日光市）、那須郡（一部、那須烏山市など）〔『栃木県方言辞典』〕。

②材木や薪などをずり落とす山の斜面。猪の習性には直接関係はないが、狩場の地点を示す場合に使われる。宮崎県椎葉村、熊本県人吉市田野〔『えとのす』五号〕。

③硬、岩屑。九州では、石炭に混入した岩屑。北海道、東北、常磐地方で。金属鉱山では、岩屑、精煉滓もズリ〔『筑豊炭坑ことば』〕。茨城県では、石を掘りだした時に取り除いた土砂をズリという〔『茨城方言民俗語辞典』〕。

研《ズリ》。鉱気のない素石。アクともいう。その処理（廃棄）法からズリカキ、ヅリハネ、ヅリナラシなどという〔『新潟県の地名』月報〕。九州でいう「ボタ山」を北海道の炭坑では「ズリ山」という。

スリバチ　①中国日本海岸千代川下流でバルハン型砂丘をいう〔『地形名彙』〕。

②淵。埼玉県入間郡（一部、ふじみ野市など）〔『全辞』〕。

③砂丘が移動する場合に、障害物につき当たったために生ずる溝。鳥取〔『全辞』〕。

スワ　①佐渡の賀茂村で、湿地とか谷のことをいう。窪んだ湿地をいうのが原意と思われるが、今は広く谷を指していう〔『全辞』〕。

諏訪《スワ》は「谷」や「湿地」の方言スワが地名となったもの。分布上、西南日本は海岸、東北日本では、陸内にある傾向をみる〔『日本地名学』Ⅱ〕。

スワ（諏訪が普通であるが、諏方、須方、洲羽などもある）の地名は、大方諏訪神社の所在地にちなむものであるが、これと違ってスワには、湿地を意味する場合も少なくない。

静岡県沼津市西郊の砂丘海岸の内側に並ぶ大諏訪、小諏訪などは、湿地をなす地名。

熊本県玉名市片諏訪は、同市管内の伊倉集落の南部を占めているが、この片諏訪の片側は台地、片側は低湿な水田地をなす〔松尾『日本の地名』〕。

② 「諏訪神社」「周防《スワ》」による伝播地名。全国にわたって分布。諏訪、諏方、須波、周防、千須和、足羽《アスワ》ノ岨《スワ》、崎(次場《スバ》ノ)〔『日本の地名』〕。

③ 長野県諏訪湖を中心とする上代地名がスハ(諏訪、須羽)である。スワといっているが、上代はスハと呼んだようである。

諏訪湖を中心とする湿地に関係するとか、また大きな渓谷という解釈から沢の意と考えられている。

諏訪地方は、谷間にはあるが、広い盆地であり、一般にいう「○○沢」という渓谷とはスケールが異なる。

諏訪神社の祭神である建御名方《タケミナカタ》神は、出雲において建雷《タケイカズチ》神に敗れて諏訪の海に逃げ延びたという。信濃国には伊豆毛(出雲)神社という古社もあり、出雲方面からの民族の移動が考えられる所であり、諏訪地方も西からの勢力が来て、国名としてのスハ(スワ)を用いたのかもしれない。

諏訪盆地の形状からみて岨《ソワ》の国の転訛ではないか。岨とはソバともいって、山の切り立つ斜面、崖の意。

塩尻峠の急坂を下った所が岡谷《オカヤ》市であり、岡谷から海岸に沿って断層崖が延びている。反対側の下諏訪町から諏訪市に至る湖岸も急斜面で、わずかに南方にのみ平地が展開する。

信濃のシナも急坂を意味する地形語であり、諏訪のスワもソワという地形語であろう。

岡山県上房郡賀陽町(加賀郡吉備中央町)に岨谷《スワタニ》がある。

中国地方では、崖地のような地形はソワというのが普通で、山口県の秋吉台のカルスト地形の崖の下の曾《ソ》和《ワ》などは岨であろうし、石川県羽咋郡富来町(志賀町)楚和《ソワ》も、河谷の崖地で同義であろう。こうしたソワという地名が、中国地方の一部でスワとも呼んでいるので、あるいはこうした地名の伝播かもしれない〔『地名の由来』〕。

セ

セ ① 川瀬と同じく、海辺でも石多くして水深く一に磯ともいうべき所をこう呼ぶ。南薩摩で岩礁の見えるものをいう。千葉では、山頂もこう呼ぶ〔『地形名彙』）。

② 海中の礁のセの核心は、西北九州にあり、そこを核として、一つは瀬戸内（山口県下に広く分布しており、広島、香川、淡路島にも見える）を経て、東海（静岡県）に及ぶものと、他は琉球列島に沿って南下し、宮古と石垣の中間に達しているものとある。裏日本は隠岐、能登、佐渡に多い。他は、東北日本、太平洋側と共に稀疎。九州東岸は、西岸より、また南四国は、その瀬戸内側よりも稀薄である。

③ 川の水路が急激なカーブをなして渦巻き流れている所。新潟県南魚沼郡六日町（南魚沼市）付近（『越後南魚沼郡民俗誌』）。

④ 畑のうねの背に鍬で溝をたてることをセビクという。福島県耶麻郡山都町（喜多方市）（『山都町史』民俗編）。

⑤ 川の浅い所（川瀬、枕瀬川）（『日本の地名』）。

⑥ 香川県綾歌郡（一部、丸亀市、高松市）で峰をセという（『全辞』）。

橋が架かっていなかった頃、人は浅瀬や流れの石、岩瀬を渡っていた。その場所が渡り瀬。渡瀬《ワタセ》であり、石渡とか石飛または鹿飛《シシトビ》になり、猿が渡れば猿渡、猿橋で、地名が人名になる。そして上から数えて一ノ瀬（市瀬）、二ノ瀬、三ノ瀬（『おもしろ地名北九州事典』）。

セキ ① 津軽で山渓の行止まり。カッチに同じ。熊野でも同じ。行詰りをドッセキなどという。佐渡では小流をいう（『地形名彙』）。

② 和歌山県日高郡（一部、田辺市）などで谷地の奥まった部分や水源地をいう（『方言』五の五）。

③ 溝、掘割、どぶを北海道（『松前方言考』）、盛岡（『御国通辞』）、青森、岩手、宮城、庄内、福島、佐渡でセキと呼ぶ。山梨、静岡、愛知、長野、新潟でセギという（『全辞』）。

溝、小川を東北、佐渡、長野、山梨、伊豆、愛知、島根でセキ、セギ、センギ、セケ、セゲ、センゲという。山梨県北巨摩郡（北杜市、甲斐市）ではセンギ、越前でセン、石見のセキデはイ（井）デとの複合したもの。上総のセキは水門、島原半島のセキアゲ、セキグチは堰（『言語地理学』）。

長野県松本市では、田へ引く水の通る溝をセンゲと呼ぶ（『農村の魂』）。

埼玉県秩父郡白鳥村（長瀞町など）でセキは堤をい

う〔『方言』七の二〕。千葉県夷隅郡（一部、いすみ市）でセキは溜池、用水池（『全辞』）。相模（『国誌』）で用水をセギと呼ぶ（『全辞』補遺）。

堰、溜池（関谷、関沢、井関、関戸）、関所（関ヶ原、関宿、関本）（『日本の地名』）。

秋田県平鹿（横手市）地方には、次の語がある（このセキも「水路」のセキである）。

アナゼキ——水を得ようとして、水路を他水路の付近まで延長し、その先端をほとんど接触するくらいにまでにしておく。必要に応じて穴をあけて盗水する。「穴があかってしまった」とするのである。

セギ 長野県岡谷市（旧平野村）今井でいう。山村の道は、おおかた用水セギ（汐）に沿ってある。道普請（デバレエ）の触《フレ》が来ると、集まって用水汐を浚ったり、川辺の草を刈ったり、道の整地をしたりするのである。共同体が水利権を持っていて、川や道をいつも美しく使うのは、そこに住む住民の義務であった。村の東部にある山道に沿って流れている川は、隣村の用水汐で、それはこちらの村では使わないことになっていた。

セコ ① 馬琴の紀行随筆『羇旅漫録』に「山田にて横町を世古といふ」とある。伊勢国全域の通用語で、町なかの小路（『三重県の地名』月報）、茨城県では小路、横丁、路地を「セゴミジ」と呼ぶ（『茨城方言民俗語辞典』）。

岐阜県本巣郡真正町（本巣市）、稲葉郡（岐阜市など）、山県郡（山県市）などの農家で、敷地の入口。

茨城、栃木、埼玉、神奈川県の民家で、小路、横丁、幅の狭い横路地をいう。愛知県知多郡、岐阜県大垣市、三重県度会郡（一部、伊勢市）、和歌山県東牟婁郡（一部、新宮市、田辺市）、愛媛県伊予郡（一部、伊予市）で、家屋と家屋との間の細い小路をいう（『集解』）。

② 集落の中を分割する地名。「○○世古《セコ》」が伊勢から志摩にかけて多く見られる。伊勢市大世古《オオセコ》などは町名になっている。

町名の小字名としては、鳥羽市桃取町字南世古、中世古、清乃世古、東世古、同答志町の東世古、中世古、井戸世古。松阪市広瀬戸の西世古、馬場世古、中世古、東世古など。

津市中野町の中瀬古のように「瀬古」と書くものもある（『三重県地名大辞典』月報）。

愛媛県中島郡祖父江町（稲沢市）付近の農家では、集落全体を指す呼称（『集解』）。

愛知県西春日井郡西春町（北名古屋市）では、集落（郷《ゴウ》）内には、セコとかキリと呼ばれる自主性の高いムラ組がみられる。ムラは規模や仕組みの異なるさまざまのムラ組を形成している。

セコの内部区分として、さらにヤシキとかクミのある所もある。

ムラ―セコ―ヤシキ。ムラ―セコ―クミ。またムラ―セコ。ムラ―ヤシキ―クミ。ムラ―ヤシキ。ムラ―クミの諸形態がある。

現在では、セコが一般的に用いられ「瀬古」を宛てているが、藩政期、明治期には「高畑切」「沖東切」などと切《キリ》を用いた（『西春町史』民俗編）。

セセ　細流（瀬々串、渠川《セセナギ》。膳所《ぜぜ》もこれか）（『日本の地名』）。

セセナギ　小溝、細流、下水。長野県上水内郡（一部、長野市）、岐阜県養老郡（一部、大垣市）、徳島県美馬郡（一部、美馬市）（『全辞』）。

『字鏡』「湾、セセナギ、ササラク、ミツアヒ」。『浮世床』上二および『太平記』八に用例がある（『方言』六の三）。

小流を各地でセセナギというのは『類聚名義抄』に見える語で『太平記』にはセセラギとして出てくる（『国語と方言』）。

セセラギ（細流）、浅い瀬など、水がさらさらと流れる所、小川。「貞範三百余騎羅城門の前なる水のセセナギに馬の足ひやして」（『太平記』八「持明院殿」）。

セセナギ（溝）古くはセセナキと清音であった。下水、どぶ、「セセナゲ」とも呼ぶ。「不浄なる水をセセナキといふは何の字ぞ」（『塩嚢抄』三）、「溷セセナキ」（『類聚名義抄』）、「剰水セ、ナギ」（『文明本節用集』）。

セセナゲ（溝）はセセナギに同じ。「セセナゲの水に音ある蚯蚓《ミミズ》かな」（『俳、当世男』上）（以上三項、『岩波古語辞典』）。

セト　信州で両側共に岩壁をなし、渓水滝となって下り、左右両岸共に通行できないような所。肥後でも丘陵等の両方から狭まった地形である。海峡のこともいう。サコの項参照（『地形名彙』）。
瀬戸と書くが、瀬戸口とか瀬戸山という地名はきわめて多い。セトは鹿児島方言にまだ生きて使われていて、両側が切り立った崖に挟まれた狭い場所をいう。

国語辞書には狭い海峡の意味とあるが、元来、間に海が入っていても、土地が挟まっていても、両方からせまっている所は皆セトである。

長島と本土とを結ぶ黒の瀬戸は中に海のある例であり、各地によくある塞《サキ》ン瀬戸《セト》は、セトを道が通っている難所なので、塞の神という道の神を祀ってあるので、ついた地名。

瀬戸は、人工的にも作ることができ、山を切り開いて道を作る時は必ずといってよいほど、瀬戸ができる。瀬戸口、瀬戸山などは、この人工的瀬戸で、こんな名の部落は、山を背にした古い部落が多い〔『かごしま民俗散歩』〕。

新潟県南魚沼郡六日町（南魚沼市）付近では、川の水深の浅い所をセトと呼ぶ〔『越後南魚沼郡民俗誌』〕。

信州北安曇郡小谷地方（小谷村）では、両側共に岩壁をなし、渓水滝となって下り、左右両岸共に通行できないような所をいう。祖母谷には第一ノセト、第二ノセト、第三ノセト等数多ある。松川上流に瀬戸岩、楠川に瀬戸ノ橋という固有名詞になった所がある。また瀬戸川という川の名になったものもある〔『郷土』一の三〕。

奈良県十津川村、鹿児島県肝属郡（一部、鹿屋市）では、谷間の狭まった所をいう〔『全辞』〕。吉野地方でも、谷地の奥まった所のことをいう〔『綜合』〕。

三重県北牟婁郡須賀利村（尾鷲市）では岸〔『方言』八の一〕、三重県北牟婁郡、尾鷲市、山口県長門市通や境川、鹿児島県宝島（十島村）で海峡をいう。薩摩郡南部ではセドという〔『全辞』〕。

(イ)海峡。(ロ)谷間、狭い通路。関東以西に多い（北海道の「瀬戸牛」は別語）。

音戸瀬戸（海峡）、瀬戸（集落名）、勢門、瀬門、風《セ》戸《ト》、勢度《セト》、西刀《セト》、世戸入、背戸尻、狭戸《セバト》、迫戸《セバト》〔『日本の地名』〕。

セトギワ、瀬戸際、セトに差しかかる地点で危い所。

セド　①　岩手県雫石村で、木流しで流木が重なり合って流路を塞ぐことをセドラクッタといい、これを都合よく取りはずすことをセドハズシとかセドトリというから、セド（瀬戸）とは、流れの狭い所のことか〔『山村民俗誌』〕。

豊前旧企救郡で、谷をセドの谷という〔『藩政時代百姓語彙』〕。

熊本県鹿本郡菊鹿村（山鹿市）上内田で、水の豊富

な谷合をセドと呼ぶ。サコともいう〔『民伝』二〇の六〕。

② 大分県玖珠郡で、家と家との間の地のことをセドアイという。このセドは、背戸ではなくて、狭い所の意かと思われる。同県速見郡立石町（杵築市）などでセトは、家と家との間のことである〔『綜合』〕。同県南海部郡米水津《ヨノウヅ》村（佐伯市）では、往還から家に入る小路をセドミチという〔同地人談〕。大分、熊本で横丁、小路をセドという〔『全辞』〕。熊本県玉名郡（一部、玉名市）では、家と家との間のことをセドヤ、同県宇土市では小路をセドヤと呼ぶ〔『全辞』〕。

③ 富山県の西部で、家の後をセド、同県礪波地方（砺波市、南砺市）で、裏町をセドマチと呼ぶ〔『礪波民俗語彙』〕。志摩市〔『国誌』〕でも宅裏をいう〔『全辞』補遺〕。

兵庫県赤穂郡矢野村（相生市）小河で、屋後の広場ないし一般に家の後方をいう〔『民族と歴史』二の六〕。山口県長門市大峠で家の裏手、本屋《オモヤ》の裏口をセドグチと呼ぶ〔『長門市史』民俗編〕。

壱岐は、地形が平らであるから（最も高い丘ノ辻でも標高二一二メートル）冬の季節風を防ぐためスダシイ、マテバシイ、ヤブツバキなどの常緑樹を植え、これをセドノヤマといい、各家の北、西側に仕立てられている。セドノヤマは壱岐の人には不可欠のものとし、生活保護を受けている人でも、個人所有が認められているという〔『朝日新聞』昭和45・12・4〕。

宮崎県の南部では、家の後ろの空地をセドヤ、愛媛県では、家の背後の方をもダワという所があるが、関係ある語であろう〔『綜合』〕。

福島県郡山市、山梨県北都留郡（一部、上野原市）、滋賀県高島郡朽木村（高島市）、和歌山県などの農家で、敷地のうちで主屋の後方をいう。

セマチ ① 狭く長い田。長崎県諫早市。

② 田畑の一区画。「このセマチは広い」岐阜県山県郡（山県市）、高知、福岡県朝倉郡（一部、朝倉市）、熊本県玉名郡（一部、玉名市）、鹿児島県肝属郡（一部、鹿屋市）〔『全辞』〕。

肥後の矢部郷（山都市）には、百阡隅と書いて百セマチという所が、田ごとの月の名所になっていた。あるいは畝町とも瀬町とも字を宛てているが、おそらく狭い田区の義であろう。広い田をマチと呼び、その中央をマチナカなどという土地もあるが埼玉（入間郡）、町は元来は、田積の単位であった。一段が三六〇歩であった時代には、四角い一町歩の一辺は、長さの一町であった。畝町は、その一辺を細かく割った長方形の名だったかもしれないが、後には形によらず、一筆のものもあり、また山田の一セマチにはわずか一、二歩のものもあるという風である。

また、伊予の浮穴の山村などでセマチが小さいので、一段歩の畦作りに人の手が四〇人もかかるなどという。もとは東日本にも広く行われたとみえ、小さい田をコデマチといい（新潟県刈羽郡）、狭い田を広く形よくすることをセンマチという土地もある（岐阜県揖斐郡）。ただし、この意味のセンマチは、畝町ナホシの下略である（『農村語彙』）。

③畝町。一筆の圃場をいう。不整形のセマチは、端に短い畝ができる。これをマゴ（孫）という。南北に長く、南東に障害物がない日当たりのよいセマチは、南北に長いウネをつくり、日照に支障はないが、南東に障害物のあるセマチは、南北にウネを作るとマクラ（その項参照）を長くしなければならない。東西にウネを作り、マクラを横におくので、日陰地には横枕《ヨコマクラ》の地名もある。

平野部には大《オオ》セマチとか、何反セマチとかいうのがあるが、山村では、等高線に沿った細長いセマチをウナギのネドコという。一坪（三・三平方メートル）にも満たない狭いものを「笠カクシ」とか「蓑《ミノ》カクシ」とかいう。

農作業は、ヒトセマチの仕事がサバケル（終る）とヒトヨコイ（一休み）するのが通例で、ヨコワズに隣のセマチに移ることをアゼマタギとか、アゼコシ田植えとかいって、ヤトイド（傭人）に嫌われた。福岡県筑紫郡地方（春日市、白水昇談）。

④畦。鹿児島県種子島（『全辞』）。

セリ ①甲武信山地で、山の頭を沢または谷のセリという。せり上がった意か（『地形名彙』）。

②静岡県榛原郡（一部、御前崎市、牧之原市、島田市）で、川が曲流して岩に打ちつける所をいう（『静岡県方言集』）。天竜川で、巨岩に急流が当たって、渦を巻いている所（『南伊那農村誌』）。

(イ)端、隅、奥。(ロ)小石の多い所（芹川、芹田、芹谷、芹沼）。(ハ)芹（芹生）（『日本の地名』）。

ゼリ 静岡県周智郡（一部、浜松市）、磐田郡（磐田市、袋井市）で、山の小石の多い所。（『静岡県方言集』〕奥。福島。イリに同じ〔『全辞』〕。

セン ① 奥上州では、落し口から飛下する水。タキは岩面に沿って瀉下するもの〔『地形名彙』〕。

② 鳥取県に多い地名型に、山名のセンがある。名山大山《ダイセン》の影響が考えられる。大山の周囲にはセンが多い。弥《ミ》山《セン》（須弥山）、霊山《リヨウゼン》などの仏教関係の名は、全国のあちこちに見られるが、信仰の有無にかかわらず、山をセンと呼ぶ山名が集中するのは、大山周辺の鳥取、岡山県境の山にである。西は備中境の小栗《オグリ》ヶ山《セン》（花見《ハナミ》山《ヤマ》）から蒜山《ヒルセン》。因伯作州境の三国《ミクニ》ヶ山《セン》を経て、東は但馬境の氷《ヒヨウ》ノ山《セン》、扇《オオギ》ノ山《セン》までである。人形仙《ニンギヨウセン》など仙の字を書くものもある。

大山は『出雲風土記』には、大神岳《オオガミヤマ》と見えるが、いうまでもなく信仰の山であり、主峰は弥《ミ》山《セン》と呼ばれる。山岳仏教の大山寺《ダイセンジ》の創建によって、大山《ダイセン》と呼ばれるようになった。大山連峰は、弥《ミ》山《セン》を中心に烏《カラス》ヶ山《セン》、矢筈《ヤバス》ヶ山、甲《カブト》ヶ山《セン》、勝田《カツタ》ヶ山《セン》、野田《ノダ》ヶ山《セン》と、一連の「○○セン」でもって呼ばれる。このような呼称が、大山の影響の下に中国山地に広がり、集中分布をなしたのではないかと思われる。「○○セン」は、中国山地の高峰に多く、大山周辺にも孝霊山《コウレイサン》、豪円山《ゴウエンザン》など低い山はセンと称していない〔鏡味明克『鳥取県地名大辞典』「月報」〕。山伏修験道との関係ある山は多いが、これらの山はタケとかサンとかいわずセンといっているようである。

伯耆の氷《ヒヨウ》ノ山《セン》、山城の鷲峰《シユブ》山《セン》、河内の金剛山《コンゴウセン》、大和の弥《ミ》山《セン》（別称弥《ミ》御山《セン》）、金峰《キンプ》山《セン》（山上嶽）、近江美濃境の雲仙山（霊山、レイセン）、出雲の弥《ミ》山《セン》、安芸の弥《ミ》山《セン》、丹波の弥仙山《ミセンヤマ》、讃岐の大川山（大仙山、タイセン）、因幡の菅山《スガノセン》、扇山《オウギノセン》、高山（高野山、タカノセン）、伯耆の蛭山《ヒルセン》、大山《ダイセン》、船上山《フナノヘセン》、因幡美作境の沖山《オキノセン》など。

センというのはだいたいにおいて西国で、東国でも修験道宗徒と関係深い羽黒山、月山などはセンとは呼ばない。しかし甲信境の金峰山は地名辞書にキンブセンと訓ませてある。古来、修験道者が入峰して和州吉野に擬したとある〔『旅伝』一五の四〕。

○○セン、山（仙）。大山《セン》、那岐野《ナギノ》山《セン》、霊山《セン》、仙ヶ山、花知仙〔『日本の地名』〕。センはセ（峰、山頂）の意ではなかろうか。

③ 庄川や小矢部川から用水を取り入れるために川中に作ってある堰。富山県礪波地方（砺波市、南砺市）

〔『礪波民俗語彙』〕。
④瀑（アミダガセン、東セン、西セン）。
⑤わさび（方言センチ）。仙納原、専ノ沢。
⑥千（数詞）。千条滝、三千原、千石、仙石、千石原、千国、千町《ヂョー》、千刈田、千貫田。
⑦線（線ヶ滝、千ヶ滝、仙峨滝〔『日本の地名』〕。

センゲン　○○千軒と呼ばれる所は各地にあり、かつて栄えた所、たとえば、茨城県で東茨城郡内原町（水戸市）五平、鯉淵のあたりは、昔、上蔵田千軒、下蔵田千軒といわれ繁栄していた所。鹿島郡鹿島町（鹿嶋市）の片岡千軒もしかり〔『茨城方言民俗語辞典』〕。

センジョー　「ひろい」意味。センジュ、センジャともいう。千丈岳、仙丈岳、戦場ヶ原、仙寿ヶ原、千蛇ヶ池〔『山の民俗誌』〕。
①テンジョー（仙丈岳、船上山、仙千代ヶ峰、奥千丈、千城谷、善正坊）。
②小平地（千畳敷）。
③高さを示すもの（千丈滝、千丈幕）〔『日本の地名』〕。

センゾク　①山頂で千束の柴を焚く雨乞い（千足山、仙足、千咲原《センザク》）。
②「山麓などの傾斜地」にみられる地名（洗足、千足、千作）〔『日本の地名』〕。

ゼンダ　段がついている田。茨城県〔『茨城方言民俗語辞典』〕。

センダイ　河段丘。自然堤防などにみられる地名（川代、川内《ダイ》、仙台、仙代、千代、千台、千体《タイ》）〔『日本の地名』〕。

ゼンダナ　階段傾斜地〔『地形名彙』〕。
膳棚。奈良県では、台所の鼠いらずのことをいう〔『全辞』〕。宮崎県南部では、押入れを一般にゼンダナといい、たとえば表座敷の床の間と並んだ押入れを表膳棚とさえ呼んでいるが、一般には台所の膳を載せる棚のこと。戸棚が普及する以前の膳棚は忘れられたらしいが、今でも山中の地名などにあるゼンダナは、岩や小さな丘の上の平らになった所をいう。また山の麓などの段々になった田地を、鹿児島県肝属郡（一部、鹿屋市）でゼンダナダ（膳棚田）という。
棚田という語は広くあるが、特に膳棚田というのは、この膳棚が親しまれた時代の命名であろうか〔『農村語彙』〕。

センバ　①狭い場所（仙波、千葉、千波、千把野、船場《センバ》、戦《セン》場、合戦場、古戦場〈小さい狭い谷〉、仙婆巌《カヤ》、千葉崎《センバノハナ》、千葉山《センバ》）（『日本の地名』）。

② 常に魚の多く集まっている浅い場所。静岡県志太、安倍、榛原の各郡（『静岡県方言集』）。海底の高い瀬の付近にできる潮目。茨城県（『茨城方言民俗語辞典』）。

③ 千把焚《センバダ》きに由来する地名。千把焚きは雨乞いのためのものであり、長崎県対馬、三根郷では、三根の大星山上で雨乞いの火焚が行われ「三根の大星千把だき」と唄にもうたわれた大がかりなものであった。奈良県添上郡櫟本町（天理市）ではクモヤブリと称して山の頂に上り千把柴を焚くか堤灯でヒフリをする（『日本民俗学の課題』）。

ソ

ソー ソーまたはショー。アイヌ語で露岩。ソーヤ（宗谷）のヤは陸地（『地形名彙』）。

アイヌ語でソ。ソーは滝、暗礁（『日本の地名』）。

宗谷《ソウヤ》（稚内市）、ソー・ヤ so-ya「磯岩の・岸」。『北海道蝦夷地名解』（永田方正）には「宗谷郡ソーヤ或はショヤ、並に岩処の義、元来サンナイの海中にある大岩に名づく、今の宗谷村の地名にあらず、宗谷村の原名にウェン・トマリ、悪泊の義あるを以て、その名を忌み以て場所の名となしたりと云う」とある。

ソア 八丈島で谷、沢のこと。サワのつまったものか（『地形名彙』）。

ソイ 『万葉集』に急な傾斜地をソヒといっている。ソヒはソバと同一の源らしい（『言葉の年輪』）。

ソウズ 泉。ショーズの転（『日本の地名』）。大分県（『地名覚書』）や徳島県には僧都《ソウズ》という地名がある（『日本民俗学』一一五号）。

大分県速見郡日出町川崎に早水台《ソウズダイ》がある。

熊本県阿蘇郡小国町岼の湯でも、清水をソウズという（『熊本県民俗事典』）。

一方、水車をソウズと呼ぶ所がある。

ソウズ（添水）、ソーズ（古語ソホヅ）。

① 水車。石見、広島、高知。

② 米搗き水車、和歌山県日高郡（一部、田辺市）。

③ 鳥おどしの一種。広島県豊田郡（一部、呉市、三原市、東広島市）。

④ 案山子、かがし。肥前（『物類称呼』）。

添水は、山田、山畑に来る鳥獣を威嚇し追い払うために、音をさせるよう装置したもので、鳥獣駆逐法であった。本来、一種の案山子であろう。添水に臼（木臼または石臼）を設けて米を搗くのである。水車でいえば、水車の水受けの部分に杓型の水受け、または箱をつけ、流れて来る水が注ぎこむように装置してあり、杓または箱に水がいっぱいになると、その重さで水受けの杓または箱が下に傾き、水がこぼれて杵が上がって米を搗くという仕掛である。

安芸国山県郡東部地方でも、水車を一般にソウズという。山県郡壬生町（北広島町）大字大溝では、火事の後片付けの時、焼け残りの木を近所の者（講中）が、その近くを流れている二つの川の合流点に運んで行って捨てる。そこをソウズといっており、一般にケガレた物を捨てるそうである。焼け残りの木を持ち帰って焚くと、その家が火事になったりインギが悪いという（『民伝』一四の一一）。

ソウズ、サウズ、おもろ語。せうづ（清水）（『おもろさうし』二、八）。

「聞ゑ中城《ナカグスク》、泉《イヂミ》さうず出《イヂヤ》ちへ、上下《カミシモ》の下司《ゲス》の見ちへど羨《ウラヤ》みよる」（『伊波普猷全集』第一一巻）。

水車（草津《ソーズ》、草水《ソーズ》、僧津、僧都、惣津、宗津、相津、総津、早水《ソーズ》、寒水《ソーズ》、沢水《ソーズ》、清水原《ソーズバル》、清水野、早津江、財津、沢津、大総頭《ソーズ》）（『日本の地名』）。

ソウタ、ソータ　広島県で湿地のこと。山県郡中野村では、草が生えてじぶじぶした所。田植え後、草取りをせず荒れている所をソウタデンジともいう（『綜合』）。湿地、沼地を岡山県邑久郡（瀬戸内市など）、広島県芦品郡（福山市など）でソータという（『全辞』）。

ソダ、ソーダ、湿地、沼地（『方言ソータ』）。

曾田、寒田《ソーダ》、曾《ソ》田池《タン》、蔵《ゾー》田（『日本の地名』）。

ソウトクダ　家の最良の田。大分市では、田植え始めの日をソウトクという。ソウトクは早乙女に対する早男で、田の神を祀った早男の神格化したものであろう。西国東郡大田村（杵築市）木原では、田植え始めのワサ植えには、ソウトク田に苗三把を並べ、強飯をソウトク様に供えた。速見郡日出町宮下では、水口に並べた三把の苗の上にツワの葉を置き、タキハツ（炊き初穂）の握り飯とイリコ（煮干し）、篠竹の竹の子を焼いたものを供え、ソウトク様を祀り、同じ物を全員で食べてから田植えを始めた。

杵築市では、苗代田の水口に供える握り飯をソウトク様という〔『大分県史』民俗編〕。

里添）。

ソエ ① ◯◯ソエ。琉球で支配する意（下里添、西

② 沿っている、加える。

牧添、山添、川添、野副《ソエ》、これらの地名は琉球〜九州に分布〔『日本の地名』〕。

③ 佐渡の海府地方で水田の中の溝。上の田からしみる水を受けて、他へやるために設けるもの〔『綜合』〕。

④ 岩手県九戸郡（一部、久慈市）の沿岸で、潮干狩のことをいう（ソエは潮干の訛か）。

⑤ 海岸近くの地方《ジカタ》、海岸バタ、海岸際のことを大分県津久見市保戸島でいう〔同地人談〕。

ソエビラ 九州地方で山の北斜面をいう〔『綜合』〕。

ソガ ① 砂地。

② サガ（坂）日本の中央に多い（曾我、蘇我、宗我、宗岳《ソガ》、素賀国、崇賀《ソガ》、曾我野、草加）〔『日本の地名』〕。

ソコチアケ 底地明。近世後期の土佐藩の新田開発施設の一つで、伐採禁止の藩有林や荒地を、藩の許可を得て開発すること。底地（所有権）は、藩にあったので、農民は年貢のほか加地子を納めた〔『高知県の地名』月報〕。

ソデ ① ソンデ。信州北安曇や三河、遠江で山稜の裏面〔『地形名彙』〕。茨城で山の両側の裾〔『茨城方言民俗語辞典』〕。

美濃『東白川村誌』には、山または物のあなたをソデといい、金田一京助採集の信州伊那方言には、一方の山腹をソンデというとある。ソデまたはソンのデというのは、山の裏手、山の向こう側、山稜の裏面、山嶺の向こう側をいい、天竜川上流地方でもソンデというのは外で、ソトまたはソトモという語と一つであろう。古くはソガヒ（イ）といっている〔『山村語彙』〕。

愛知県北設楽郡（一部、豊田市）では、山の根をソンデという〔『全辞』補遺〕。また、茨城県多賀郡高岡村（高萩市）では、山の尽きる所をソデといっている〔『常陸高岡村民俗誌』、『方言と土俗』二の二〕。

② 岩手県九戸郡（一部、久慈市）で外庭のこと。奈良県の高市郡越智岡村（高取町）では、家の敷地の周囲の垣根をいう〔『民伝』八の八、『集解』〕。

秋田県鹿角地方では、ソンデと訛って戸外のことをいう。子供に「ソンデで遊べ」などという〔『綜合』〕。

外側（ソトより転）。曾手、袖湊、袖浩、袖渡、袖

崎、袖師〔『日本の地名』〕。
③ 鳥取県八頭郡那岐村（智頭町）で、山のソデというのは、山の木材を伐採する時に使用する語で、山に樹木のない時はいわない。たとえば木を伐る時、山の木を三分して、その中を伐る時はソデを残すといい、端を伐る時はソデを伐るという。山林の出張った所〔『日本の地名』〕。
④ 袖切りのタブー（袖切坂、袖切松、袖モギ）〔『日本の地名』〕。

ソデヤマ　菅江真澄の『すすきのいでゆ』に「袖山といひ、袖の氷などいふ名の出羽陸奥にいと多し、もと外山といふことを訛りいひしとなし」とある〔『綜合』〕。

外山《ソデヤマ》、袖山はハヤマ（端山、麓山、羽山）と同性質であろう〔『集落・地名論考』〕。

　村から遠く離れた山。福島県耶麻郡山都町（喜多方市）〔『山都町史』民俗編〕。

ソネ　① 関東、東北、中国で山嶺をいう。壱岐では海中に岩石が群がって魚群が住み、漁場となる所。南薩摩でも、海底の高くなっている場所〔『地形名彙』〕。
② 高知県南国市大埆《オオソネ》、高知市高埆《タカソネ》などの「埆」はカク、コウ〔『石地のやせ地』〕の字でソネの原義を表わしている〔鏡味明克『高知県地名大辞典』月報〕。
　磽、埆、曾根と書き、平坦でない砂礫混りの痩地とされている漢語の「磽确（墝埆《ギョウカク》）」（またコウカク）にあたり、中国では古くから使われている。わが国では、漁民の言葉として、暗礁を指す所もあり、あるいは海中の岩礁の群がっているよい漁場を意味する所もある。ソネは石根《イソネ》の約とする説は、この場合よく適合する。

　地形語としてのソネの典型的な形は「低く長く延びた高まり」で、自然堤防の型というべきであろう。

　ソネはウネ（畝、畦）、オネ（尾根）とも語源的に共通するといわれるのは、その長く延びた形状の一致によるものであろう。

　ソネはトネ（利根、刀禰）に通ずるとみる説は、尾根筋や峠の頂上をトネと呼ぶ所もあるから、おそらく当たっていると思われる。

　足の膝からくるぶしまでをスネ（脛、臑）にも通ずると思われるのは、岐阜県揖斐《イビ》郡揖斐川町脛永《スネナガ》は、揖斐川右岸沿いに立地した水田中の集落で、その適例である。砂丘上には、自然堤防を指す地名と同じものが分布する。たとえば九十九里浜砂丘では、曾根、◯◯

曾根と並んで○○園（萩園《ゾネ》、蛇園《ヘビゾネ》など。たとえば海上郡飯岡町（旭市））があり、園を地元ではソネ（ゾネ）と呼んでいるが、この園は曾根である。

(イ) 信濃川下流平野

ここは自然堤防のよく発達した所で、県のほぼ中央、弥彦山地の東側低地の旧鎧《ヨロイ》潟を中心とした地域は、曾根をはじめとするさまざまの自然堤防地名が、沼沢性水田の中に細長く集落の中に見出される。

一般的に、居住の歴史からいって、こうした低湿地域では、古い住居も道路も当然沼沢、水泥の場所を避けて、山麓、川沿いの自然堤防を選んだ。また自然堤防集落は、河川の水運が重要であった時代には、河港の役割、すなわち河岸場《カシバ》集落として栄えた所も多く、前記旧曾根町、巻町はそのよい例である。

(ロ) 仙台平野北部地域

仙台平野の北部、北上川下流とその諸支流（迫《ハサマ》川、荒物川など）の流域は、大小の湖沼の散在する低湿地の続く所である。ここにも各河川の沿岸各地に自然堤防が形成され、曾根地名の集合地域を示す。この地域では、曾根のほか、○○埣《ソネ》の地名の多いことが特徴。上埣、中埣、北埣、石埣、横埣、荻《オギ》埣、李《スモモ》埣、鶴ガ埣、牛蒡《ゴボウ》埣、芋埣、稗《ヒエ》埣など。ソネ地名にこんなに多く埣の字を宛てた所は他に見られない。

(ハ) 濃尾平野

木曾、長良、揖斐三川の中、下流の本流と支流の沿岸には、自然堤防の発達が著しく、輪中で知られた西濃は、その中心といえよう。自然堤防を指す種々の地名が散在するが、曾根の地名は案外少なく、大垣付近にやや多い。

曾根よりも須賀、高須賀、高須、大須なる須（洲）のつく地名が、自然堤防地名を代表するといえよう〔松尾『日本の地名』〕。

③ 礁の名としての曾根《ゾネ》は、暗礁や漁礁（および魚堆）で、瀬と共に漁業上大切なものである。魚堆に付された名称のため、面積の大きいものに適用される。ソネは瀬ほどに深さの制限を受けないから、ほとんど連続的に分布する傾向がある。その分布は、瀬の分布と若干類似しており、九州北西部に集まり、それから九州南部に延び、琉球列島南端までに沿うものと、他は瀬戸内から紀淡海峡に及び、北は対馬、東は阿波の小松島海岸付近に、西は韓国の済州島に至る地域に限って分布する〔『地理学評論』一八の一二、『岩礁の名

称とその分布について』、『日本地名学』Ⅰ、Ⅱ）。

ソバ　稜、傍、ソバ（ソワ）と同根。原義は、斜面または鋭角をなしているかど、斜の方向の意。日本人は、水平または垂直を好み、斜めは好まなかったので、斜めの位置、尖ったかどの場所の意は、やがて、はずれ、すみっこの意に転じ、さらにすこしばかりのものなどを指すようになった。はずれた所の意から、物の脇、物の近くの意を生じた。ソバ（蕎麦）、ソビエ（聳）のソビも同根。

①斜面「（築）山の南のソバより（光源氏ノ）御前に出づるほど」（『源氏物語』「若菜」下）。

②とがったかど「石のソバ……に尻をかけて」（『宇治拾物語』八七）。「稜、ソバ、カド」（『類聚名義抄』）。

③斜めに逸《ソ》れた方向、脇の方、はずれ。

④片はし、すみ。

⑤かたわら、近く（『岩波古語辞典』）。

(イ)サバの転。砂礫土。

(ロ)山の中腹、森林のある所。相模（『国誌』、『全辞』）。

(ハ)蕎麦（蕎麦、蕎麦畑、蕎麦沢、蕎麦ノ目、蕎麦粒山、蕎麦ヶ岳、祖母山、曾場、曾万布《ソバフ》、岨《ソバ》谷、峙《ソバ》原、蕎麦畑、(イ)の例がはなはだ多い）。

ソブ　ソブ（祖父）、サビ（佐比）、サナ（佐那）、タド（多度）、タダ（多田）はすべて、製鉄に関連する地名とされている（『日本地名学』Ⅱ）。

窪田蔵郎『鉄の生活史』は「鉄または砂鉄の産する土地を意味する古代語」と説いている。また、前川文夫『日本人と植物』は「鉄バクテリアが繁殖した赤い水、いわゆる金気のにじみ出ている所を、古くは渋《シブ》から転じてソブといった。曾祖江とか寒《サム》川とかは、その系統を引く」といっている。

尾張から伊勢を中心に広がっている語で、田や沼の水に金気の湧くのを「ソブが湧いた」という。水面に漂う赤味がかった濁りである。尾張平野中に昔から有名な町、祖父江《ソブエ》がある。飛騨から越中方面に赤祖父《アカソフ》という姓がある。越前方面にたぶん出所がある佐分利という姓も関係があるか（『原日本考』）――しかし、佐分利はソーリ（ソーリの項参照）と縁のある語かもしれない。

また鯖江《サバエ》はソブに関連する語ではないか。佐渡海府村（佐渡市）で、田の面に赤いソブの浮いている田地をソブタという。ソブは渋や錆と通ずる語であろう

〔『旅伝』一四の三〕。

富山県西太美村（南砺市）古館で、井戸の中へ、ときどき出てくるどろどろした錆色の水をソーブといい、同県西礪波郡水島村では、これをカナソブという〔『礪波民俗語彙』〕。

長野県北安曇郡松川村でも、鉄分が赤く酸化した状態のものをソブといい、ソブの出ている田をソブタ〔『長野県史』民俗編第二巻二〕。

愛知県西春日井郡西春町（北名古屋市）付近で、井戸にアカソブ（鉄分）を含むソブ水が多かった。ソブ水の出る家では、井戸から汲んだ水を濾《コ》して飲料水とした〔『西春町史』民俗編Ⅰ〕。

俳諧七部集「猿蓑」の付句に、

　人もわすれしあかそぶの水　凡兆

アカソブは赤渋で、鉄気の浮いた赤い水、今も水さびや、田の渋、地渋の類をソブという地方がある〔伊藤正雄『俳諧七部集芭蕉連句全解』〕。中部地方で、田渋をソブといっている土地があるから、水稲の不利な地をいうものか〔『綜合』〕。

ソブ、ソフ　①水さび。②昔の製鉄所。③朝鮮語、ソフル（都《ミヤコ》）。祖父江《ソブエ》、赤祖父川、祖父岳、蘇父岳《ソブダケ》、添《ソー》、添上《ソーカミ》、添《ソー》下《シモ》、層富《ソフ》〔『日本の地名』〕。


ソホ、ソボ　赤土。『万葉集』に、赤塗りの船をソホニの船といっている。「ホ」「ニ」は共に土の意。ソニは『万葉集』で赤塗りの意味。小禽ミソサザイの系統に、ソニという鳥は、特に赤色の羽色のものであることからソホ（ソボ）は赤土と解される〔『原日本考』〕。

旅にして　物悲しさに　山下の　赤《アケ》の曾保《ソホ》船《フネ》　沖にこぐ見ゆ〔『万葉集』巻三、二七〇〕

ソホは粘土で、そほ船は、それで塗った赤い船〔『万葉集注釈』第三巻〕

ソラ　①場所または年齢の上位。「このソラの山」「いちばんソラの子」。岐阜県郡上郡（郡上市）〔『全辞』補遺〕。
②和歌山県西牟婁郡（一部、田辺市）で頂上〔『全辞』〕。
③山口県阿武郡（一部、萩市）で丘〔『全辞』〕。
④淡路島、徳島県美馬郡（一部、美馬市）で川上、上流地方、美馬郡では、一般に川上、特に吉野川上流をいう〔『方言』四の二〕。香川県三豊郡五郷村（観音寺市）で谷下より谷上をいう〔『方言』六の一二〕。

⑤凍りついた雪の面。「今朝はソラにのって学校に行く」。富山〔『全辞』〕。

⑥木材を山から川に落す道。シュラに同じ。奈良県十津川村〔『全辞』〕。

ソリ、ソーリ、ソウリ ①樺太で平磯のこと。岩石が海底から反り上がって浅い磯を作る地形〔『地形名彙』〕。

②津軽で海底の岩のある箇所で、魚の巣だという。ヘダコ（海辺）の浅瀬をヘダソリという。これは陸地からちょっと三、四十間離れてあって、またさらに沖に一、二町行けばあったりする沖のそれをナガヘダという〔『民伝』四の六〕。八重山で暗礁をソーリという。イリ（西）ノソーリ、アガリ（東）ノソーリなど、暗礁をソリというのは、八重山と東北、北海道で使われている〔『民伝』六の五〕。

③北海道の西南の海で、夏の頃、雪のように波の音の高く鳴るのをそういった。ソリがあると天気がよくなるという〔『漁村語彙』〕。

ゾレ、ゾウレはソリ、ゾウリなどと共に、焼畑をいう地名であるが、このゾレ、ゾウレ、ゾウリ（嵐、草連、其《ゾレ》、蔵連《ゾウレ》、沢入《ゾウリ》、雑里、草里）の焼畑は、もともとは崖地や急斜面を指す地形名から出たものであろう〔『集落・地名論考』〕。

近世になっても、栃木県内には焼畑があった。焼畑は、古くはソリ（ソウリ）、ソレ（ソウレ）またはサスと呼ばれてサブ、サブリともいわれた。ソリは反の字が宛てられた。

栃木県上都賀郡西方村（栃木市）、芳賀郡二宮町（真岡市）には、それぞれ反町があり、宇都宮市に下《シモ》反町《ソリマチ》町、矢板市に川崎反町がある。那須郡南那須町（那須烏山市）の曲畑《ソリバタ》も同様であろう〔奥田久『栃木県地名大辞典』月報〕。

ソウリという語は、随分古くから用いられており、すでに『日本書紀』の神代巻に天国饒石彦火瓊々杵尊の降り給うた所を「日向の襲の高千穂の添山《ソホリヤマ》峰と呼曰ふ」とあり、添山はソリすなわち火耕を行った証左であると思うと、小野武夫はいっている。

木村憲治の集録した中部日本の焼畑地名の中には、沢里《ソウリ》、大嵐《オホゾレ》、曾利、草里、桃添《ゾリ》、反里《ソリ》口、草蓮《サウリ》坂《ザカ》、双里、蔵連《ザウレ》、草履《サウレ》、草嶺等多数見えている。楚里、反田、反町等の地名も焼畑に関するものであろう。

羽前、羽後等に見える雪車《ソリ》町《マチ》、轌町等は、はたして焼畑に関係するものかどうか。

『山形県地名録』より焼畑関係の地名を拾ってみると鹿野、焼山、夏刈等の類似語のみが多い。しかし、東北には、岩手県北部より青森県東部には、あらきの休閑地としてソウリが現在用いられている。

関東、中部等にソウリの地名が多く、東北地方の南半にほとんどみられず、再び北半に目立ってくるのは、南半がすでに焼畑をカノとのみ呼んでいたためであろう。『南部方言集』には、ソラシバタケを荒地のことと説明している。岩手県下閉伊郡安家村（岩泉町）では、焼畑の休耕中のものをソウリといい、翌春、これを焼くのをソウリヤクといっており、野ソウリ等の語も用いているから、一度耕した畑等を荒したものをソウリという普通名詞を現在も用いている。荒すことをソラスという動詞も、この地方ではなお聞くことができる。

反をソリというのは、戻るという意味があり、ソラシ畑というのも、もとの荒地へ返すことを意味するのであろう。

反町を段町と書きダンマチと訓ませるのは、文字の転用による語意の変化とみられないだろうか。

草里、雑里、楚里、曾里、双里、沢里、佐分利等いずれもソリあるいはソウリと語源を一にし一度耕したものを、再び荒地に戻すことを意味すると考えていいだろう。すでに熟畑が多くなり、焼畑の行われなくなった地方に多くソウリの地名がとどめられているのではないかと思う。秋田県鹿角地方では、畑の側の荒地を開かないでおくことをソラスといっている（『開拓と地名』）。

青森県上北郡（一部、十和田市）、秋田県鹿角郡で、畑をほうっておくことをソラスという（『全辞』）。

岩手県久慈町（久慈市）沢里《ソウリ》、同県九戸郡軽米町西里、同沢里、同県岩手郡葛巻町沢里で、焼畑跡地を荒すという意味でソウリといっている（『開拓と地名』）。

岩手県下閉伊郡（一部、宮古市）の山村では、ソウリは休耕中の畑（『民伝』一二の五）。

栃木県那須郡荒川村（那須烏山市）曲畑《ソリバタ》のように、曲の字を宛てたものもある（『民伝』四の四）。

奥武蔵ではゾーリを焼畑のことだという。神奈川県津久井郡（相模原市）青根村では、ソウリは焼畑で、翌年は異なった作物を作るという（『綜合』）。

山梨県南巨摩郡早川町奈良田では、新開墾地の意が強く、草里を宛てる〔『日本民俗学の課題』〕。山中の林叢を、長野県北安曇郡（一部、大町市）でソウレイといい、草莱などと宛てている。

同県東筑摩郡（一部、安曇野市、松本市）、諏訪郡などでは、ホウレイといっているが、元来はソリで焼畑跡地のことをいう〔『農村語彙』〕。

愛知県八名郡ではソーレは焼畑のこと〔『全辞』補遺〕というが、美濃、飛騨地方では、ナギハタをやめて、山に返した所をゾウレ、ゾウリなどと呼んでいる。草連、草履、草嶺などと宛てている。周防南部でもソリと呼ばれており、森反と書いてモリゾリという所が室津半島にある。焼畑の行われていた跡である。またこの半島の東に横たわる周防大島の南岸に佐連《サレ》という地名がある。古く焼畑の行われていた所であり、その焼畑は島の北岸の人が耕作に行っていたので、それには山を越えて行かねばならず、その山路を焼山越えと呼んでいた〔宮本常一「畑作」『日本民俗学大系』第五巻〕。

土佐にもソリという語がある〔『東北の焼畑慣行』〕。

ソラス、ソリ等の語意が不明になると共に、焼畑の総称にも用いられてきたのであろう。

岡山県真庭郡（真庭市）でもソウリは焼畑〔『岡山民俗事典』〕、同県阿哲郡（新見市）ではソウリというのは、原野のことをいい、同県上房郡（高梁市など）ではゾーリを野原という〔『全辞』〕のは、もとはたぶんそうしてあったための名であろうか〔『東北の焼畑慣行』、『農村語彙』〕。

島根県西部では、高地の田をソリという所がある。また同県大田市付近で少し高くて用水の掛りにくい田をソリ田という〔『農村語彙』〕。新潟県村上市大字馬下字ソリ田という所がある、北九州市門司区楠原《クスバル》の小字にソウリ、宗利《ソウリ》口《グチ》があり〔『門司市史』〕、旧町名に宗利《ソウリ》町があった。福岡県春日市惣利《ソウリ》がある。大分県にも焼畑跡の休閑地としてソリ、ゾウレがあり、ソリ畑、高サレ、サレ、宗利、惣利、棟祖利、ゾヲレ、ゾウレ平、草蓮畑、ソラスの地名がある〔『地名覚書』〕。

焼畑。東北に多い〔曾利、宗利、双里、草里、反里、沢里《ソーリ》、塩利、曲《ソリ》〕〔『日本の地名』〕。

ゾレ　信州碓氷峠付近で雪崩のこと。また、ゾレルといえば尾張知多郡などで山の崩れることをいう〔『地形名彙』〕。

山のなぎ、崩れることをゾレルというのは長野、静岡、愛知、三重、和歌山、壱岐、長崎県平戸市度島など。ズレを崩壊と解しているのは宮崎県延岡地方にもある。

長野、静岡両県にわたる山岳地の天竜川流域には険しい斜面の小部落に大嵐《オオゾレ》というのがあり、小嵐（長野県下伊那郡の秋葉街道沿い）というのもあり、崖を作っている。

ゾレ、ゾウレはソリ、ソラ、ソウリなどと共に焼畑をいう地名だが、このゾレ、ゾウレ、ゾウリの焼畑名も、もともと崖地や急斜面を指す地形語から出たもので、このような地形名利用の農耕法だからであろう〔松尾『日本の地名』、『山村語彙』、『全辞』〕。

ソーレ、ソーレイ　草の生えた所。草むらを新潟県西頸城郡（糸魚川市、上越市）、長野県北安曇郡（一部、大町市）でいう。また、焼畑のことを刈生畑とも、ソリともいう。

白馬山麓の「上ノ滝ゾーレ」「下ノ滝ゾーレ」、中土村に「クンゾーレ（葛草蓮）」、北城村山ノ手に「ソーレザワ（草蓮沢）」あり、中土村のそれは焼畑、切替畑より変じた耕地が部落となったもの〔『山岳』二年号、『郷土』一の二、『全辞』〕。

ゾロ　崖の崩れた所をゾロというのは、群馬県赤城山などに多い。大ゾロという地名はこれである。同県勢多郡横野（渋川市）でよく崩れるような山道をゾロと呼ぶ〔『山村語彙』、『全辞』補遺〕。

ソワ　茨城県稲敷郡（一部、稲敷市など）で傾斜地、滋賀県栗太郡（栗東市）、野洲郡（野洲市）でも山腹のことをいう〔『地形名彙』〕。

ソワはソバダテルのソバと同じで、耳をソバダテルは、耳をぴんととがらせること、ソバソバシは角だっていること、交際ぶりがまともでなく、斜めの感じでつきあいにくい人の形容、斜めという意からソバ目という語もできている。桐壺帝が桐壺更衣を寵愛され、人々はそれを正視できず目をソバメ、斜めに見やったのである。斜めの位置、まともでない位置をソバというようになると、ソバは物の中心からはずれている意で、物の脇、近くをいうようになる。

そば（ソバムギの略、蕎麦）のソバガラ（殻）は、三角形で尖っているし、ソバの葉も三角形だから、ソバムギと名づけられたものであろう、もっとも、蕎麦は岨《ソバ》の地に育成するからだという説もある。

『万葉集』に急な傾斜地をソヒといっているが、ソヒもソバも同一の源らしい。ソビエルは急角度に立っていることである。

神戸市灘区曾和町は断層崖の下、山口県秋吉町（美祢市）の曾和もカルスト台地の崖の下で、ソハ（岨）の意。宮崎県南那珂郡北郷町（日南市）の曾和田《ソワダ》は、岨田の意で、山の斜面を開発した耕地のこと。結局、ソワは山の急傾斜地、崖、山腹のことをいう（『言葉の年輪』、『日本の地名』、『日本地名語源事典』）。

タ

タ ① 平の意で、耕作用地の意に用いられ、ハルタ、ハリタは開墾、ムタは湿田のこと。裏作として麦栽培の可能なものはムギタ、土地高燥で水害の恐れのない田はアゲタ、そのほか畑、佃などの派生語もある（『郷土史辞典』）が、さらにタイ、タイラ、ダイロ、タッペ、タッチョー、タナ、タニ、タバなど比較的狭い平坦地を指す語ともなる。

なお、参考までに、中本正智の説を次に掲げる。

水稲耕作になくてはならないのは水田である。タの原義は何か。田は奈良朝時代からタといい、コナタ（水田、土をこなした田）のような語をつくる。タガハタ（畑、語源は火田または乾田という）やハタケ（畑、ハタ処《ケ》）をつくる。タガヤス（耕す）は、田でも畑でも、水の有無にかかわらず、土を反すことで、語源はタカヘス（タ・反す）からきたといわれるから、造語に使われたタの原義は、水田に限らず、畑をも表わしていたと考えねばならない。つまり、水田耕作以前には畑一般を表わし、さらに野原や土地一般を表わしていたと予想される。

タについてはヘタ（辺）、ハタ（端）のタや、遠近を表わすアナタ、コナタのタがあり、場所を表わすタがあったことがわかる。

琉球列島にはタカタ（高地）、ヒクタ（低地）のように使われ、古層のタをとどめる。

このタは、クマト（隈処、陰になった所）、コモリト（隠処、物に隠れて人目につきにくい所）のト、ド（いずれも甲類母音）と派生関係にある。平らな場所をタヒラ（現代語でタイラ）というが、このタも同源で、地面や場所を表わす。地名の八幡平《ハチマンタイ》のタイのタも場所のタである。ヒラは薄く平らなさまを表わし、花ビラのヒラも同じ接尾語である。

ヒラはヒラク（開く、拓く）、ヒロシ（広い）の語と派生関係にある。

琉球列島には、平坦地を表わすトーがあり、トーミチ（平坦な道）、トーバル（平坦な原）などの語をつくる。

これらの事実は、タが本来的に水田を表わす語であったとは必ずしもいえないことを語っている。つまりタ・トは場所、地面、平坦地一般を表わす同源の派生語であり、これから一支流として水田を表わすタを派生していったと考えられる。

なお、アイヌ語で原や土地を表わすtoyがあり、単独で使われるほかにuras-toy（笹原）、ki-toy（萱原）のように現れる〔中本正智「東アジア言語の古層」『言語』昭和62・16の7〕。

② 鞍部を愛知県北設楽郡（一部、豊田市）で。タオに同じ〔『全辞』〕。ツグミなどの渡り鳥を捕る網を張る場所。ターとも呼ぶ。廃語。峠を意味するタオ、タワに同じ。栃木県安蘇郡（佐野市）〔『栃木県方言辞典』〕。

タア、ダー　遠州浦川町（浜松市）で山の上の窪んだ所〔『地形名彙』〕。愛知県北設楽郡振草村（東栄町、設楽町）で、峠の低い所、鞍部のこと〔『方言』六の八〕。

ダアラ　山裾と平地の接する付近。平の意か。長崎県西彼杵郡大串村（西海市）〔同地人談〕。

タイ、ダイ　① 平は草生地など。秋田県その他で原野のことをいう。岱の字を宛てまた平の字を宛てる。アイヌ語では、森の意をもち、この方からきた地名もあるであろう〔『地形名彙』〕。

タイ（岱）、ダイ（台）――東北地方でも青森、岩手、秋田には岱の地名が多いが、南半分の岩手、山形、福島の三県では急に減少する。

台は津軽を除いては、普遍的に散在するが、秋田、庄内、相馬地方に密である。

岱、台は佐竹領にことに多く、岱は秋田県米代川流域およびその周辺に多く、その地形との関係は平《タイ》と同様である。

岱、台は海岸や平地に近く、割合低位のものをいう場合が多いが、ことに岩手県岩手郡（一部、八幡平市、盛岡市）では、川に近い場所の台地、河段丘などに見える地名で、地形的には野原にも近いが、概して山の中の広い平地をタイというから、同じく山の中の川に近い台地段丘的な広地をもいうのである。山の中では、川によって作られた平地をガデァイ、カンダェというから、これは川床台地、川床平地というべき地である。したがってタイは野原のように里近い平原または広い草生地を意味するのではなく、山の中の台地、平地をタイと称するものと解される。山中のタイは平地または平地に近い場所を意味しているが、村の方の台地は、本来は一段と高い平地をいっていて萩ノ台、源台等、ダイといっても、両者の区別の判然としないこともある。また、熊本県にも岱があり、山間部では山と山の間の平坦地をいい、海岸部でも同様の平坦地をいうとのことである。○○台と台のつく地名は、主として洪積台地などに見られ、全国的に分布するが、洪積台地の広く分布する関東平野に多い。

② タイ、ダイ（平）――東北地方の北半部（青森、岩手、秋田の三県）南部領や津軽領、磐城地方に特に顕著でタイ、ダイと呼ぶ場合が最も多く、タイラと訓ませるのは少ない。

他所よりも高くなっており、かつ比較的平坦な所、すなわち火山裾野、噴火の際の熔岩流などの停止によって生じた平坦な台地、山裾に開けた海沿いの草生え台地、低平な尾根筋、河海成段丘面等のダイ地とも見られる地形の発達する地域に多く存在する。平の代りに代《ダイ》を宛て、時にはタイに堆、袋、帯をも宛てている。

③ タイラ（平）――東北の南半三県ではタイラといい、山やその裾野の広闊な緩斜面を平《タイラ》と呼ぶことは、東北ほど多数でないにしても、関東の中部地方では普通に見られるが、この場合にはタイラと訓んでいる。

八幡平は岩手、秋田両県に跨り、秋田県では八幡平《タイラ》、岩手県では八幡平《タイ》と呼んでいる。山頂付近は一大高原で、池塘と草原になっている。磐城地方では、山間の平坦地、扇状地等のように、他より低くとも平らな部分に多いことが目立っている（タイラの項参照）。

④ タイ（鯛）――平らな地形に対し鯛の字を宛てている所もある。鯛は佳字であり、魚の体が平らであることに基づくとされ「平魚《タイラオ》」の意であるという。内陸にある地名の一例として大分県日田郡中津江村（日田市）鯛生《タイオ》は、鯛生川上流の長い峡谷部を上ってさらに奥へ入った源流付近の、局部的平坦地をなす地形からみて、この鯛（平）もタイに該当するものであろう。オは山を指す「尾」か、部落を意味する保（またはホウ）かであろう。三重県にも、志摩郡（志摩市）の山

田ノ鯛ノ谷、恵利原の鯛ノ坂などがある〔松尾『日本の地名』、『地理学評論』一八の一二、『旅伝』一五の五、『方言研究』六、『方言』八の二〕。

⑤タイ（田居）――田井、多井の字を宛て、田居（タンボのこと）で田畑を意味する。大阪府南河内郡（一部、堺市）で畑をタイエ〔『全辞』〕というのもこれであろう。大分県速見郡日出町付近で、田のたくさんある所をタイまたはテーという〔『民伝』一四の七〕。

⑥海底の山のような所を静岡県南崎でタイと呼ぶ〔『海女』〕。

⑦山間の低湿地で葦などの生えている所を、佐賀県三養基郡でタイと呼ぶ〔『全辞』〕。

ダイ、ダン、デイ、デー ①タイラと同じような台地。茨城県多賀郡高岡村（高萩市）で広く開けた台地をダイ。栃木県塩谷郡高根沢町の台ノ原は、真岡西台地にあるが、このダイは段丘面のような平坦な高い土地の意で、ハラは平坦地の意であろう。

常陸、茨城県北相馬郡（一部、取手市、守谷市）で台地、高地をダイ。

南会津郡伊北村（只見町）や新潟県南魚沼郡五十沢村（南魚沼市）でデイ。大分県大分郡湯布院町（由布市）でデー。

静岡県賀茂郡、富士郡（富士宮市、富士市）、鳥取県八頭郡（一部、鳥取市）の一部ではダンという。

②兵庫県佐用郡で山頂をダイ。平坦の山であろう〔『方言』四の一二〕。

③部落内の小区画をダイ、一五～一六戸の単位、葬式組になる。千葉県安房郡千倉町（南房総市）忽戸〔『民俗と地域形成』〕。

④シロ（代）の音よみ（東代、西代）〔『日本の地名』〕。

タイマ 低湿地の谷またははざま（当間、対間、大麻、太間、太間地）〔『日本の地名』〕。また『日本地名語源事典』は「奈良県北葛城郡の町名で『垂仁紀』に当麻邑、『記履中』に当麻《タギマ》道《ミチ》でみえる。『タギマ道』の意で、道の凹凸や曲がっていることをいう」とある。

ダイモン 大門。モンゼン（門前）と同様、寺院、神社の参道を中心に発達した集落。宮崎県西臼杵郡五ヶ瀬町三ヶ所字大門口＝三ヶ所神社〔『集落・地名論考』〕。

タイラ ①ジャーラのような山間部の平台地をタイラと呼ぶ地域は多い。ときにダイラとかデーラともいう。たとえば福島県信夫郡（福島市）、新潟県北蒲原郡（一部、新発田市など）、富山県中新川郡、礪波（砺波市、南砺市）地方、滋賀県高島郡（高島市）の一部でもそういう。

栃木県でタイラ、ターイラ、デーラと呼ぶ。

大分県速見郡（一部、杵築市）や鹿児島県肝属郡（一部、鹿屋市）でデーラと呼ぶ〔『旅伝』五の五、『礪波民俗語彙』、『栃木県方言辞典』〕。

タイラという語は、タイに接尾語のラを添えたもので、両者は元来同じであろう。

野ら（野良）、目ら（目良）、夜ら（夜等）などのらは接尾語で、それぞれ野、目、夜というのと同類である〔松尾『日本の地名』〕。

平地、盆地を○○平という例は長野県に多い。平地といっても周囲と比較してのことであるから、かなりの傾斜地も含まれるし、もちろん大小、高所、低所を問わない。山上にわずかの平地があっても、タイラはタイラである〔『地名のはなし』〕。

② 和歌山県西牟婁郡岩田村（上富田町）大字岡村の山沿いの平らな丘陵地で、集落と耕地があり、河水の氾濫から免れうる自然の一区画をタイといい、丘には七つのタイラがあり、それぞれ戸数二〇～三〇戸で○○タイラというのが小字名となっていて共同の神社がある。日常生活はタイラが一単位となって営まれる〔『民俗』一二の八、九、『民俗と地域形成』〕。

タオ ① タオリ（撓り）の約であり、タワゴエの約でもある。タワは尾根の屹《タワ》のことで、道が山稜の鞍部を越える所で、稜線がやや窪んだような地形を指している。

峠をタオというのは中国（岡山、島根、鳥取県岩美郡、広島、山口）、四国（徳島、高知、愛媛）、九州（大分県南海部郡〈佐伯市〉、宮崎県椎葉、熊本県球磨郡）などで田尾、多尾、峠《タオ》、乢、屹、辿、嵶、藤《トウ》の字を宛てている。山口県では、ひとしくタオと呼びトウゲとはいわない。

タオ道は、実際には鞍部を分水界とする二つの川の谷頭部をつなぐ急坂であり、その登りきった所はツジとかテンツジと呼ばれる。これに対してタオの麓は地形的にはサコ（迫）であり、峠ノ下、峠根、坂根などの字も見られる。タオはまた嶺の線の撓んで低くなった部分だけでなく、往々にして横の屈曲にも用いられ、たとえば長門の阿武川筋などでは、断崖の中腹に切りつけた道の曲りこみの所もタオといっている。

信州南部の遠山地方では、山中渡り鳥の通過する場所をタゴと呼んでいるのもタワの訛らしい。栃木県安蘇郡（佐野市）野上村でも、そういう鳥網の装置を設ける地形をタアというのもタワであろう。静岡県で谷をタオというのは、山稜の間の低くなった所という意であろう。山口県長門市内のタオは、山越えの道が普通であった所にはタオが最も多かった。標高の高い峠は、豊田町（下関市）や美祢市域との境界の花瀬峠（四六〇メートル）で、低いのは青海島の大日比峠（八〇メートル）で、田の浦と大浦と境される。

このように峠は、ムラ境や郡市境となることが多い。峠のテンツジには、しばしば地蔵が祀られる。俵山の木津と湯町を結ぶ古い峠越えの道（福王寺峠）には、寛政二（一七九〇）年の地蔵があり、渋木から美祢市於福へ抜ける大ヶ峠には文化九（一八一二）年銘の台座に立つ地蔵がある。そこを通る旅人は草花を手向け、食物を供えて旅の安全を祈ったのであろう。

トウゲの語源を「手向け」とする説も、あながち意味なしと退けられないのである。峠はふるさとを離れる出口であるとともに、邪霊悪鬼の侵入する所でもある。村境となる峠で災を退けるために神を祀る。塞の神でもある。三隅町（長門市）の二条窪から坂水に至るサイガ峠や、日置町（長門市）との境にある椎ノ木道祖の名は塞の神に由来するものであろう。字名として見える佐屋ヶ浴、西ノ木などこの系列に入ると思われる。峠はまたマナ（魚）の道でもある。海辺の鮮魚や四十物《アイモノ》は、峠を越えて内陸部へ運びこまれた（『長門市史』民俗編、『山村語彙』、『綜合』）。

② トカラ列島では山間、低地また広狭を問わず平坦地をタオといい、訛ってトーまたはドーともいう。平島でヒガシノタオは、島の東側にある平坦地。オーダオは島内の大きな平坦地。諏訪之瀬島のサガリドーは同島の南端部にあり、ゆるやかに海に下っている。

奄美大島の加計呂麻島でも、平坦地をトウ（トー）という（『トカラの地名と民俗』下巻）。

③ 漁船の通る水路、海の中で、船の航行に適する水路。筑後柳川市（『柳川方言総めぐり』）。

タオリ 『万葉集』では、遠くからながめる山の尾根であり、尾根からたわんだところで、狩りをする場所でもあった。山の鞍部。タワとも呼ぶ。『日本国語大辞典』では、もののたわんで、低まった所。山の稜線の低く窪んだ所。山の峠、峰、タワ〔『図説・集落』〕。谷のつめの稜線、福岡県田川郡添田町津野〔『津野』〕。

タカサゴ　砂丘の上。兵庫県高砂市は、加古川デルタの砂地が高く堆積した所〔『日本の地名』〕。

タカシマ　①　一般的には、急崖のある切り立つ島、高い島（高島、鷹島）〔『日本の地名』〕。

②　滋賀県高島郡（高島市）で鴨川の氾濫原の高洲のことをいう〔『日本地名語源事典』〕。

③　中央が盛り上がった形の海中の岩礁。志摩相差〔『志摩の蜑女』〕。

タカシミズ　高清水または高泉という。地名や高清水山もあり、この地名は東北地方に多い。小高い城跡、丘の一端、山麓の高地など付近より幾分高みにあるものが多いので「高い場所の泉」と解してよさそうにも見えるが「高知る」「高知らす」という語があり、「治め給う」の意があるが、その「高」は「たたえことば」として用いられているから、高清水の「高」は、泉をたたえる敬語と見るべきではないか〔『地名の探究』〕。

タカス　①　タカス、タカズ、タコスなどと呼ばれる所は、土砂の堆積してできた地形の称で、高知市高須はその一部が丘陵になった地形を指して呼んだものと思われる。高知県長岡郡大豊町大道の高須《タカス》は、吉野川支流の穴内《アナナイ》川に沿う砂丘の地であり、同郡本山町の田《タ》高須《コウス》もまた、吉野川に沿う同様の地形のように思われる。土佐郡土佐町の高須《タカズ》は、吉野川の支流森川の枝川に臨んだ地形であり、宿毛市和田の高石《タコス》は、松田川支流の湾曲部対岸に開けた川段丘〔『土佐民俗選集』その二〕。高巣、鷹巣、鷹栖、鷹子《ス》、高祖《ス》、高洲、高栖〔『日本地名学』Ⅱ、『日本の地名』〕。

タカット、タカトリ　山名、峠名、集落名あり。高取、鷹取などの地名は「高い」意で、原意はタカトーで、高戸山、高堂山、高塔山はその例〔『日本地名学』Ⅱ、『日本の地名』〕。

『日本地名語源事典』は「『和名抄』美濃国勝山郡鷹取郷がみえるので、古代から鷹を使って獲物を捕えた鷹匠の住んでいた土地や、そのような山をいう。東北地方のタカトヤ山というのも、このような山とみられるが、一説には高く盛り上がった山の意ともいう」とある。

タカノス　北九州の英彦山彙の一群をなす鷹巣山は、

三つの鷹巣より成り、一鷹巣三ノ岳は一〇〇〇メートル、尖峰をなし、樹間からは灰白色の峰壁が隠見される。わが国では、古くから鷹狩りが行われ、そのため藩によって狩場にあてられる山々が保護され、この種の山は「御巣鷹山」などと呼ばれ各地にあった。その一例「北多摩郡氷川日原等、甲州都留郡ニ隣接スル村々ニ現存スル官林ハ（中略）鷹隼ノ能ク巣ヲ結フ所ナリシカハ其鷹雛ヲ捕獲シテ幕府ノ用ニ供セシヲ以テ伐木禁制トナリシト云フ、故ニ此等ノ山林ヲ総称シテ御巣鷹山ト呼ヒナセリ」（『日本山林史』）。

この種、御用林は鷹巣山、御鷹山、御巣と呼ばれ、同上書所載の文献によれば「岩山の所へ隼巣懸有之様相見得申段訴出由候」などとあって、岩山と鷹の巣との関係が暗示されている。イワスには鷹や鳶がつくということと合致する（『旅伝』一五の二）。

鷹狩りの場所は、鷹場《タカバ》ともいった（『元禄文学辞典』）。

鷹巣山という山名ならば、字義どおりに解釈されるが、秋田県北秋田郡鷹巣町（北秋田市）の場合は、米代川氾濫原で、盆地の中央にあるタカス（高洲）の宛字からきたものとみられる（『日本地名語源事典』）。

タカメン　『後狩詞記』（宮崎県椎葉村）でクモウケ（雲受け）のこと。高面。ひときわ聳え立つ山頂であるが、狩りの場合、ほとんどこんなところまでは登らない。しかし、遠方の馴れない猟場に来た時の方角の目じるしとして、この用語は使われる。熊本県人吉市田野地方（『えとのす』五号）。

タキ、ダキ　①　阿波、長門で断崖をいう。壱岐でも海辺の崖を水なしともいう。ダキはタキの強化で四国で使う。特にカラタキといって滝と区別することがある（『地形名彙』）。

断崖をタキというのは中国、四国から西に多い。徳島県三好郡（三好市）祖谷地方や高知県土佐郡土佐村（土佐町）で岩壁をタキと呼ぶ。三好郡三名村（三好市）で、山中の岩の多いザレ地を、美馬郡（一部、美馬市）で水のない崖を、愛媛県では岳をタキ、瀑布をタビとかタルという。西石見地方では、海岸の崖をタキといい、滝の字を宛てている。周防長門でも海に臨む崖、壱岐でも同様で、白滝は白い色の切岸、熊本県下の山村でも、水と関係なく岩が屹立した所。宮崎県東臼杵郡椎葉村ではタキヤマ、同郡高千穂町ではタキッパラともいう。そのほか大分、長崎県下ではダキともいう。

なおタキ系統の地名（タキ、タケ、タコウ）はおよそ四、五百年から五、六百年を周期として、災害が起っているようである。災害誘発要因である豪雨とか、他の異常天然現象があれば災害が起る土地である。

　タキ地名の地形は、次の(イ)と(ロ)である。
(イ)すでに岩肌が露出して崖状になっているタキ。
(ロ)岩山は表土に覆われて見えず、地表には樹木が自生しているタキ。
(ハ)表土の流失、発生を繰返しやっている土地。
(ニ)代々の住民はタキ地名の土地には住まわない。
　以上のような特徴がタキ地名であり、豪雨のたびに(ハ)のような現象を起している。

　なかにはスケールの違う土石流という災害もあり、小豆島内海の竹生《タコウ》などはその例で、小豆島は『日本書紀』にアズキシマとあり、アズのつく地名は、土砂害のある所だと昔からの言い伝えがあるらしい。タコウは土石流の過去がある所の地名らしく、高尾田《タコダ》の例もある。昭和五十七年集中豪雨により崩壊した長崎市鳴滝も、前記(イ)、(ロ)の地形の所である（『全辞』、『日本民俗学会報』第一三号、『周防大島　海の生活誌』、『熊本民俗事典』、『地名と風土』二）。
②滝というのはもちろんだが、古典のタキは川の流れの急な所ぐらいの意で、岐阜県揖斐郡徳山村（揖斐川町）でもその意味に使っている（『美濃徳山村民俗誌』、『国語と方言』）。
　瀬をはやみ　岩にせかる、　滝川の　われても末に　あはむとぞ思ふ（崇徳院）
　これも流れの速い川瀬である。
③長崎県五島の若松町（新上五島町）有福で、屋敷の周囲の植えこみ、垣根代りの立木をタキという（同地出身者談）。
④沖縄本島の首里を中心とした島尻、中頭の地方では、村の鎮守の斎場をウタキ（御嶽、御岳）というが、これは遠く眺望の利く高所に位置しているので御タキといったもので、同様の聖地を奄美大島や沖縄の他の島々ではウガミ（拝み）、オン、ワーなどといっている。これらの聖地の多くは平地の森林である。
　八重山では、もともと御嶽といわず、オガン（拝み）とかオンといっており「御嶽」を拝殿などと書くのは新しい習慣だとのことである。ウタキ（御嶽）という語は、本土から輸入された語であろうと谷川健一

はいっている〔『地名の話』〕。

八重山の御嶽の方言は、宮良当壮によれば、オガミから転じたもので、その変化過程は、オガミ→オガン→ウガン→ウァン→ワーン→オーン→オンと六転しているという〔『沖縄文化史辞典』、『古層の村』〕。

⑤ 日本には、五メートル以上の滝が二四八八カ所あるという。

タクマ 詫間、宅間、田熊などの実例に照らして、湿地の地名とみていいようである。徳間の地名も同様と思われる。語尾に「間」のつく地名は、しばしば湿地と結びつく〔松尾『日本の地名』〕。

タケ ① 高い山、岳、嶽。高いのタカと同じ。タケは身の丈六尺（背の高さ）、ありったけ、できるダケ（一番高い限度を示す）、竹の子（タケ）、きのこ（タケ）、日がタケる、秋がタケる、タケなわ、蝿がタカる、人ダカリ（集まる）、タカ〈高〉る）など高さということに関連がある。ところで、山ではたんに高いというだけでなく、特に敬仰の対象とされているものにタケという例が多い。そしてそれは、周囲よりよほど高い山でなければ、タケとかオタケとはいわない。

甲州の白根《シラネ》北岳（三一九二メートル）を、甲州中巨摩郡芦安村（南アルプス市）でタケといっている。その土地の人々は頂上に社祠を祀り、前宮をその山麓に建てて、毎年参詣に登るという。

甲斐駒ヶ岳（二九六六メートル）もタケと呼ばれ、その表は、上伊那の高遠町（伊那市）側とされている。しかし、これには登山者の吸収を目的として人為的に頂上に白山神社を祀り、山麓の黒河内付近にその前宮を建てた。ところが甲州側の人々にいわせれば、駒ヶ岳神社の前宮のある北巨摩郡（北杜市、甲斐市）台ヶ原側が表となるわけで、呼び名も甲州側では、駒ヶ岳といわれるのが普通であった。現在は信州側からの登山者は少なく登山道も廃れ、むしろ一般から見れば甲州側が表といえる。

② 傾斜地、崖、地滑りの意で、破砕礫のことをタケという所もある。竹屋敷の所は、地滑りの土地のようである。地滑った所へ、昔は竹を植える習慣から竹平《タケダイラ》、竹《タケ》ノ内《ウチ》の地名がある。また地滑り地に竹尾（タケオ、タコウ）、竹ノ川、竹梅などの地名もある〔『地名と風土』二〕。

ダケ ① 陸中岩手郡（一部、八幡平市、盛岡市）、羽後仙北郡（一部、大仙市、仙北市）などで岩石の露出することが夥しい岩山で、比較的樹木の少ない山であるという〔『地形名彙』〕。他方土佐では、土壌の下層にあり、風化する岩石片すなわち亜土壌をいう〔小川琢治博士〕。

② 青森県五戸地方で高山または奥山をいう〔『方言研究』六〕。

③ 飛騨の蒲田、今見、丁佐谷付近では、山といわずダケ（岳）という〔慶應義塾大山岳部『登高行』大正九年〕。

④ 崖、断崖、岩壁を兵庫県美嚢郡（三木市）、徳島県美馬郡（一部、美馬市）、讃岐、香川県小豆島、愛媛県青島（大洲市）、岡山県邑久郡（瀬戸内市）、山口県平郡島（柳井市）、同県玖珂郡（一部、柳井市など）、大分、長崎〔『全辞』、『ドルメン』四の七、『旅伝』八の七、九の一一〕。

ダシ ① 陸地の目標が、海上のある位置より見出される時、その位置にある漁場が目標の名をもって呼ばれる。目標物の二つを結ぶ直線または、二つの直線の交差する点を記憶して、船位を確かめ漁場を知る。それ故、ダシは海上から陸上の目標物を引き出すことであり、その目標物との連絡線または、その点に自船をのせることである。陸岸よりさほど遠距離ではなく、多くは暗礁である。本州沿岸、四国、九州、北海道、小笠原にあり、佐渡、隠岐などの日本海の離島にはないようである。

大山ダシ、丸山ダシ、妙見ダシ、祇園ダシ等、山、神社、仏閣、著樹などを目標とする。ツガイに同じ〔『民伝』二〇の八、『水路要報』昭和25・21号〕。

なお、『東京湾沿岸漁場図』（明治四十一年復刻）によれば、富士山出シは四カ所、富士山モタレというのが一カ所ある。武山出シは二カ所、武山モタレは一カ所しかないところをみると、富士山出シは、富士山が特によく見える所を富士見町と名づけたのと、近い命名のように思われるが、モタレは、同じようにその目標が見えても、特殊な見え方でなければならないはずである〔『漁撈の伝統』〕。

② アルプス地方で、岩石土砂が谷へ押し出した所〔『地形名彙』〕。

飛騨の山間の小扇地面や、これを形成した谷の水源地部分などにみられる。山崩れ、岩石土砂を押し出した地形。

ヌケ、クズレと共に、地滑りをいうが、古屋敷、元屋敷という地名もある。地滑りのため部落をあげて、他所に移転した跡だという説もある〔『日本の地名』、『地理』昭和57・7号、『NHKラジオ第二』昭和36・3・27〕。

③　静岡県庵原郡（静岡市）で、川の出合い〔『静岡県方言集』〕。

タジマ　静岡県浜名郡（湖西市など）で、川に突出した田。徳島県では川沿いの広い田畑をシマ、和歌山県那賀郡（岩出市など）で、田畑に行くことをシマユキというのと同じ意と思われる〔『綜合』〕。

シマは一区画を意味する語。

タシロ　田代。シロは漁場をいう網代《アジロ》、苗を植える場所を指す苗代の代、神社《ヤシロ》など、そのあるべき地、敷地を意味する。したがって、田代は「田のある場所」ということになり「水田計画上の予定地」ということになりそうだが、あながちそうでないらしく「天然の水田としての条件を備えた場所」の意味で、その景観が、田んぼを連想させるような場所をいうらしい。それというのが、田代と呼ばれる所は、特に水田に恵まれない山地で、周囲がほとんど山林、原野で、川上の谷間の小盆地、水源付近の小平地、谷の最奥の谷頭的位置にあるからである。

越後の苗場山、尾瀬の平ヶ岳、会津の駒ヶ岳や田代山など山頂が高原状をなす山々で、古い火山性山地の通有性とでもいうか、一連の相似点をもっており、いずれも一八〇〇メートル以上の高度をもち、山上に広闊な平地を連ね、その中には大小の池塘が点在し、しかもその池塘の周囲や、池面には禾本莎草が、田に稲を植えたように生育するのである。

右の苗場山は、海抜二一四五メートル、広さも長さ四キロ、幅二キロの高原で、その大部分は湿原で、その内に無数の小池があり、池塘には深山葦の類が植えたように生育しており、小高い所から見渡すと名実共に「苗場山」である。

日光から尾瀬の方面では、高原の湿原が田んぼに似ているところから、そうした地形の所に田代と命名した実例が非常に多い。南会津帝釈山塊の田代山など名実共に代表的な存在である。鬼怒沼の原は、田代名こそついていないが、田代的高原である。また鬼怒沼林道を尾瀬に辿る途中の小淵沢田代もそうである、尾瀬に入ると尾瀬ヶ原の上田代、中田代、赤田代が南から北へヨッピ川の水を湛えて横たわり、さらに下って兎田代が明滅する。八海山の西麓には外田代が広がり、燧岳の北側橅平の銀山平道に沿っては三池田代、角力取田代、上ノ田代、横田代が断続して尾瀬ヶ原の幽境を形成している。さらに菖蒲平、富士見平、大清水平等いずれも田代である。

離れて上州武尊山の北麓にも田代原が大きな展開を見せている。日光にも田代がある。

戦場ヶ原はすでに涸渇して田代の形骸に過ぎないが、なお高原の美しさがあり、その西に続いてブナ、白樺の林に囲まれた小田代原の新鮮な美しさがある。これらの所はほとんど例外なしにお花畑を伴っていることは、駒ヶ岳のタシロも同様である〔早川孝太郎『民族学研究』五の五、六、塚本閤治『通信協会雑誌』三九六、松尾『日本の地名』、『日本地名学』I、II〕。

タダ　たたらの縮小語で、製鉄に関する地名とされている（多田、多駄、直《タダ》、太多《タダ》、駄太《タダ》）〔『日本地名学』II、『日本の地名』〕。

タダサ、タタラ、ダダラ　秋田県から青森県にかけて、基岩の露出した箇所をタダサとかタダラとかいう。タダラとは、川中に大きな団子石がたくさん露出した所で、水流の急な場所をいい、流れのさまは瀬とは異なり、小さなさざ波ではなく、大きくごうごうと流れる所のことである。

また新潟県南魚沼郡（一部、南魚沼市）でダオウ（山が屏風のように切り立って丸味をおびた所）に相当する所をダダラというそうである。

タタラとは元来、送風用の鞴《フイゴ》のことで、銅などの金属製錬用に使われた。製錬技術は、上古、北九州から東進して畿内に移動し、大和に入って、さらに東西に広がったものとみられる。後、製錬作業全体、鍛冶炉師をタタラといい、鑪という字を宛てている。

島根県邑智郡石見《イワミ》町（邑南町）は、中国山地の中央にある農山村だが、古くからタタラによる製鉄業が栄え、その衰退後は木炭、製紙などが行われてきた〔『図説・集落』〕。

タタラの語は、中国地方の山間でタタラのあった土地で、砂鉄採取によって岩の露出した所があるが、それと関係があるかどうか。

また、馬言葉にタタラフミという語があって、繋がれているうちは、始終前足をガタガタ踏んで、うるさい癖の馬をいうが、踏鞴と関係があるものかどうか〔『綜合』、『方言研究』六号〕。

タチ ① 日向で坂（『地形名彙』）。

② ニク（羚羊）は、犬に追われると、ひどい岩壁に逃げる。こうした急な岩場を長野県仙丈岳山麓でタチという（『山の動物記』）。

③ 和歌山県西牟婁郡（一部、田辺市）で海の深さをいう。壱岐で、海の深さをいう時「何十尋ダチ」とか、「ここは何十尋タツ」ともいう（『漁村語彙』、『旅伝』一〇の一二）。

タチガミ、タツガミ トカラ列島や奄美大島の浦々に神々しくそそり立つ海岸の岩に立神《タチガミ》（またはタツガミ）と名づけられたものが多い。多くは陸続きだが、臥蛇島のコバタチガミのように、沖合数百メートルにそそり立つものもある。タチガミは必ずしも神聖な神石とは限らないが、その威容に島人は、日々の営みの無事であることを祈り、無事であったことを謝し、自ずと首を垂れたのであろう。

鹿児島県屋久島に立生岳《タツフ》という峰があり、頂上に天柱石なるものがあって、島民はこれを立神《タツガミ》権現と称して崇めている。同県枕崎港口にもトンガリ帽子のような岩の立神岩（標高四三メートル）があり、出入漁船の目標となっている（『トカラの地名と民俗』下巻、『山と人と生活』）。

奄美大島の大和村今里に立神《タチガミ》（立神様）があり、古い島歌に、「立神うきなんて　鳴きゅん鳥な　我がかなやく　むいきまぶり（立神岩の沖で鳴いている鳥は、私のいとしいあの人の心が飛んで来てくれたのでしょう。）」がある。

タツ ① 鳴部山中で突風のこと。竜巻のタツはそれ。八丈島では確かに竜巻のこと。鹿児島で滝のことだというが別の語だろう（『地形名彙』）。

② ダツグエ――宗像郡（宗像市など）で崖（『地形名彙』）。山岳、堤防などの崩壊を「タツがくえた」「タツがぬけた」「タツがひけた」などという。豊前地方（『藩政時代百姓語彙』）。山津波が起ること（『三谷方言集』、『北九州市史』民俗編）。

福岡県早良地方で崖をタツ。「タツノ下」は「滝の下、崖の下」。崖をホキとも呼ぶ（『私の方言』）。

③ 近江の湖北地方で畦のこと。この地方では、土地の隣との境の畦に沿って稲株を一列ずつ残す風がある。この稲株をサイナイ様といい、畦をタツという。

毎年、植付前に草が生えないように、また作りものがよくできるように、上の田の作人が築き替え、あるいは塗り替えるが、その用土は、上田六分下田四分を出す。そしてサイナイ様で畝が変わらないように注意する。この稲株は畝をつきなおすと、その土で隠れがちになるから、田植えの時に手でさぐり出して株と株の間にまた苗を植えてゆくという。

境を守るということは、それほど重要なことである。上の田と下の田との間の畦だから、タツというのであろう〔『庶民の発見』〕。

④ 長野県上伊那郡東箕輪村（箕輪町）長岡新田で、追い出した兎が必ず通る道をタツといい、わなはこのタツに仕掛ける〔『山の動物』〕。

⑤ 山口県萩市見島で海底の地形をいう。ウミマツダツとは、海松の多い海底でナワをハエルに適しない所。ハリガネダツは針金のような海藻のある所。カキダツは牡蠣の多い海底をいう〔『見島聞書』〕。

タッツミ 新潟県では、春の初めに雪消の水を田に溜めて用水とするのを田堤といっていた。すなわち直接に田を溜池として使うのである〔『綜合』〕。

『新潟県史』民俗編第一巻は、タヅツミにつき具体的に次のように述べている。

「新潟県蒲原低湿地帯は以前は、湛水地として全国でも有数のところであった。この地域の灌漑は、河水の増減に応じて、水が自然に水田に出入するのにまかせるという、きわめて原始的な灌漑方式に多くは依存してきていた。臨時的なタヅツミは

① 田面に臨時の土手を土俵で築き、水を溜めて下流に給水する。水を使い尽くせば土俵を除いて、あとへすべて稲を植える（この方式は『出雲風土記』に陂《ツツミ》という字で示されている古い方法である）。

② 丘陵の谷口に築堤して水を溜め、水を放流し尽せば、そこに稲を植える。

③ 比較的窪地（あるいは川の貫流する窪地）の排水部に、臨時（あるいは常時）の土手を築き、周囲の田面にまで貯水するもの、田の部分は後に全部稲を植えつける。

④ 川に堰止めをして水を溜め、これによって田の低いところまで水を湛えたもの、これも水が減ったら稲を植える。

この①に相当するものが、本来のタヅツミであるが、西蒲原郡黒埼町（新潟市）島原の事例をあげよう。この場合、一部は低い沼田で、三方はやや高いから田小切りまでの作業をすませ、土俵を積んで、そこを堰止

め、雪どけ水を深さ三、四尺ほど溜める。これを高い部分の用水とし、水を使ったあと土俵を撤去する。これがヌマアキで、大体六月二十四、五日のことになる。貯水を出したあと、各戸総出で沼田の田植えをする。

①の原始的な型は、早くなくなってしまい、多くは②③などの方式に変っていった。

西蒲原郡巻町（新潟市）仁箇の池、コヅツミは春に水を溜めて苗代、田植えの水とし、あとに稲を植えた。②の方式である。

③の型は、同町松野尾の上堰潟で、砂丘にできた窪地に水が溜ったもので、松山地区の所有だった潟に、松野尾の田にそそぐ用水を溜めたものである。そこで松山は、松野尾に通水する春彼岸まで水を溜めるため、正月二十日頃から田を打ち、やや水が溜ったところで、上堰潟のゴミを自分たちの田に入れるゴミかきは、松山の権利である。松野尾のサツキが終ると、堰があき松山の田が現れて、今度は松山の田植が始まる。このような方式は、佐潟にも見られた。

そのほかホリアゲ田に水を溜める④の方法が、鎧潟周辺の村々に多かった。

これは分流式にするには大工事になることと、加えて江戸時代の所領が錯綜して、水路開削が面倒だったので、堰式の灌漑になったものと考えられている。その結果、常に渇水時における用水の争奪、洪水時の湛水排除といわゆる水喧嘩を惹起していたのであった」

タテ ①低地に臨んだ丘陵の端〔『地形名彙』〕。

②館は東北に多い地名。この地形は、戦争を主とする城塞を築くのに適当であるほかに、

(イ) 土地高燥で平素の生活にも適し
(ロ) 水田に近く多数の農民を居住させるのによく
(ハ) 卑湿にして敵の来攻に不便な低地を控え
(ニ) 兼ねて展望がよく
(ホ) なお戦いに不利な時は、立退きうる山地に連絡し
(ヘ) その上、清浄な飲水と燃料とがあることを条件として選定した。

常陸の下館や上州館林なども、この意味においてのタテである〔『郷土研究』一の四、『日本民俗学辞典』〕。

③「館」または「舘《タテ》」は、東北地方に多い豪族集落を示す地名として知られており、地理学では館《タテ》集落と呼んで、中世起源の集落形態の一分類としている。

山形県の楯岡、秋田県の本楯のように「楯」の字も

使われているが、多くは「館」またはその俗字の「舘」が宛てられる。この両字は、どちらを書いてもよさそうにみえるが、一部では「館」と「舘」とを区別して表示している町村もある。たとえば秋田県大館市、角館《カクノダテ》町（仙北市）などは「館」の字、福島県飯舘村、舘岩村（南会津町）などは「舘」の字で、この使い分けは慣習上の問題で「タテ」に対する宛字である。

本来、タテは林地もしくは畑地のことをいい、さらに低地に臨む丘、丘陵を意味し、中世山城の地として絶好の防禦拠点を提供した。

砦が築かれて中世城下町の形成を導いたので、武士の居住地ヤカタ（館または舘）がこれに宛てられたに過ぎない〔『地名の成立ち』、『地名を歩く』〕。それで『地名の研究』では「武人の館址」の館と解されており、「楯」で、自然の要塞の意か――と説いている。

青森県三戸郡五戸町でモリタテというのは、低地に高く土を盛り、道路などにすることで、埋立地との違いは必ず側面があることである。

同郡倉石村（五戸町）前石で、老婆の談によれば、後ろは台地続きで、山を背負い、前に低く道路に面し、側面は沢になって堀をめぐらした所という〔『方言研究』六号〕。

山形県置賜地方でも、一町歩内外の土手や堀をめぐらしたものが多い。館のある場所は、だいたい平地。たとえば寒河江《サガエ》市の中郷で、最上川の川岸から四丈ほどの断崖の上にあり、屋敷が八反歩くらいで、堀の中に一反歩くらいの本家の屋敷があり、隣に二反歩くらいの分家仲間の家がある。合計一町一反くらい。

東側に最上川へ流れる堀があり、幅三間、深さ一間半くらい、西にも堀がある。置賜の館は、だいたいの堀の幅は六間くらい、堀の内と称した。

大和（奈良県）の環濠集落の「垣内《カイト》」よりも少し狭いがだいたい同様の形式。家の南側に道路あり、その道路に面し八間幅で、奥行三〇間くらいの屋敷地が六軒並んでいる。地割して作ったものと思う。本家の屋敷から三軒おいて寺があるから、土豪がいたものと思われる。置賜には六間幅の堀をめぐらした館跡が残っている。こうした館跡がほとんどの部落にあり「館」という地名がある〔長井政太郎『地名の研究』〕。

会津盆地では、屋敷の周囲をめぐらした堀をタテボリという。タテは屋敷の館《タテ》〔『福島県史』第二三巻〕。

④ 北海道江差に館《タテ》の岬という断崖がある。長野県佐

久地方で急傾斜地〔『綜合』〕。

　秋田県北秋田郡荒瀬村（北秋田市）根子で、岩壁に獣がつくところをクラといい、狭く高いものをタチクラという〔『マタギ』〕。

タテヤマ　①　大分県国東半島で、針葉樹の植林地のこと。「鹿はタテ山には住まない」という。鹿の食物とする広葉常緑樹の葉が乏しいためらしく、また人の襲撃を防ぐに適していないことにもよると思われる〔『狩猟伝承研究』〕。
②　私有の山。大分県南海部郡米水津村（佐伯市）〔『大分歳時十二月』〕。これに対して共有の山をナカマ山といい、年の暮れに一年分の薪を区の全戸が総出で取りに行き平等に分けた。大分県の南部でいう〔『大分県史』民俗編〕。
③　西日本に多い城山《シロヤマ》に対し、東日本では「館山」が存在する〔『日本の地名』〕。

タナ、ダナ　①　信州小谷、木曾妻籠、越前大野郡（大野市）等で、山腹、絶壁、谷底の上方の緩い部分をいう。信州ではタナバともいう。丹那、丹縄、田名の地名はこれであろう。したがって水のある谷のタナは必ず瀑布を掛ける〔『地形名彙』〕。
②　山形県最上郡で、山腹の台地をタナエ、奥多摩山地で、岩石、階段状になった所をタナ、大菩薩峠付近の天狗棚、これは天狗の住むような嶮岨岩石のことである。
　長野県北安曇郡小谷地方では、谷底の階段が絶壁になっている所で、流水に臨んだのではなく渓水を截断している。したがって水のある谷のタナは必ず瀑布を掛けている。

　大棚（神奈川県足柄市山北町）や棚頭《ガシラ》（静岡県駿東郡小山町）などの棚は滝のそばの部落で、この地方でも滝のことをタナと呼ぶ。愛鷹山南西斜面の須津川にかかる「大棚の滝」は滝の重複語である。

　富山県東礪波郡（南砺市、砺波市）の五箇山地方では、山の頂上の台地をタナ、木曾、飛驒の山中で、山の傾斜の少し緩やかになった部分をダナといい、タイラというほど、広くなく、また完全に平らでもない。東京都多摩川上流の丹縄やトンネルで有名な丹那などもこれである。

　岐阜県郡上郡（郡上市）上保で、小高い所にある平地をダナといい、山にも大棚山（一〇〇七メートル）、大棚入山（一三七五メートル）、棚山（七五八メートル）がある。

棚、田奈、田名、多奈、桁という地形名は、山の斜面の平坦地や、谷底の階段状をなす所をいい、タンナ、棚場などともいうが、谷は棚と語源的につながるもののようである。

谷川をタナカワと訓ませている所もある。タナを滝というのは、棚状の谷底を流下する水からきたものであろう。

タキ、タギ（滝）には、水とまったく関係のない急斜面、断崖を意味する場合があり、一般の滝は、この断崖に水の懸ることからきた名称である。

丹那（丹奈、旦那）という地名は、たいていは山地の盆地状地形をいうが、中には山頂、山腹などの平坦地をいうこともある。

丹那の地形を照合し、かつ棚をタンナ、ダンナとも呼ぶことから考え、丹那は山間の平坦地をいう「棚」と同義であろう。丹は谷と解釈しても、谷の本義が平坦地であるとみれば、盆地状地形とよく合致し、実際的には棚と谷とが一致することになる。

アワ、ヒエ、ムギ、マメの類の種を「陸田種子《ハタツモノ》」というのに対し、水田に育つ稲を「水田種子《タナツモノ》」というが、タナは穀類の総称で、もとはもっぱら田から生ずるもの、すなわち稲を指し、転じて穀類の総称となったものとされている。かくしてタナは田と同義語とも見なされたわけであろう。このことは田、棚、谷が互いに語源的に相通ずることを裏書きするものと思う。タ（田）はタナ（棚）の約という説も、タニ（谷）を田庭とする説も、一考に値する。一枚の水田もない海岸段丘の一角に田ノ崎、田ノ浦の地名があり、まったく田畑のない小島に田島というのがあるのは、棚状地形によるものであると推定される。

種山、種崎、種子島、種子尾《タネオ》などの種は、平坦地に基づくとみれば、これら地名の実状とよく一致する。

河岸段丘の集落にも種のつく地名があるのは、段丘地形からきたものと思われる。たとえば福島県東白河郡棚倉町（種倉《タナクラ》とも書かれた）、岩手県花巻市の東隣り、和賀郡東和町（花巻市）の谷内《タニナイ》（旧谷内村）は公式にはタニナイだが、普通タンナイと呼びならわし、谷内のほか丹内とも種内とも書かれた。丘陵をめぐらすが盆地に位置し、古い社寺などのある古村である。

この一例は谷、丹、種の三者が交代することを物語っている（タニ参照）〔松尾『日本の地名』、『綜合』、

『旅伝』一五の二、『全辞』補遺）。

③ 千葉県白浜、富崎で、海中の岩にある横穴で、アワビ、トコブシがついているもの。深いものを大ダナという。同県夷隅郡興津町（勝浦市）鵜原では、磯の岩の窪みをタナミといいアワビなどが住む〔『海女』、『綜合』、『方言』六の四〕。

タニ 朝鮮の古語でタニ（谷）のことをタンといい、丹の字を宛てており、タンは現在でも朝鮮で使われているようである。九州では谷のつく地名をタンと呼んでいる所は多く、時にはダンもある（谷所《タンドコロ》、大谷《ウウタン》、池ノ谷《タン》、谷内《タンナイ》、小谷《コダン》）。

谷をタンと呼ぶ例は、九州に限らず他の地方にも広く分布する（島根県八東郡では、谷をタンヤという）。頭に丹のつく地名（丹内《タンナイ》、丹那《タンナ》、丹波《タンバ》〈国〉、丹沢、丹田、丹野、丹下《タンゲ》）。

丹は谷にあたるもの、あるいは階段状の地形をいい、棚にあたるものと見ていい。

丹波国の丹波は『倭名抄』は「大邇波《タニハ》」と注しており、普通「タニワ」の転とされているようで『大日本地名辞書』（吉田東伍）によれば古書に「田庭」の義であると記している。タンとタニが結びつき、谷と田が関連することは、地名の数多くの実態から帰納しうる。谷のつく地名の大部分は、小さいながらも谷底の平地を指して、この名称があると推定できる。谷、谷所、大谷、谷内、谷原、谷之、谷村、谷川、谷沢などの地名にあたってみると、河谷の一部がふくれた盆地状の平地、あるいは谷頭付近に開けた窪地で、そこに水田耕作の営まれているような所、谷底の平地がタニの原義であろう。

滋賀県愛知郡（一部、東近江市）で、僻地のある村落をソッポコダニというのもこれにあたるのであろうか。

なお、対馬小田では、畑をタニという。〔松尾『日本の地名』、『全辞』、『九州文化史研究所紀要』一八〕。

群馬県利根川の汻川《タニ》。「汻」には谷の意がある。タニは古い地名とは思われない。ヤ、ヤツが優先したであろう〔『地名のはなし』〕。

タニジリ 谷の尻、谷の入り口のあたり、このあたりは変災が生じやすいので、昔から「尾尻、谷尻、家《イヌー》を建つんな」といって忌まれた。豊前旧企救郡〔『藩政時代百姓語彙』〕。

タネガワ 種川。越後の三面川で鮭の産卵孵化を容易にするためにつくられた保護河川〔『三面川サケ物語』〕。

タネキ　田の水を堰止めた所。タネーとも呼ぶ。福岡県築上郡東吉富（吉富町）〔『全辞』補遺〕。

タバ　タワの転訛。タワの項参照〔『地形名彙』〕。

ダバ　タバ、ダバの地名は山地の所々にある。タバは丹波《タバ》、田場、ダバは駄馬と書き四国山地に多い地名で、盆地床や山頂、山腹などの平坦地を指す地名と見てよい。多摩川上流、丹波川（山梨県）の本流に沿う丹波（山梨県北都留郡丹波山《タバヤマ》村）の集落は、きわめて急峻な山岳地の中に、細長く刻まれた窪地で、幅狭い箱底のような平地で、丹波川流域における唯一の平地で、狭いながらも丹波の地名が、平地を意味することを示している。

丹波川は山梨県（甲斐）から東京都（武蔵）に入ったあたりから多摩川と呼ばれるが、この多摩川流域の奥多摩町の東部に大丹波《オオタンバ》、小丹波《コタンバ》の集落がある。小丹波は、多摩峡谷の北側の高い段丘を含む平坦面は東西に細長い矩形状をなし、その西端と東端とは谷の西側に挟まって、内部が自ら一区画をなす地形が、さきの丹波の場合とよく似ている。小丹波のすぐ下流で、多摩川本流へ北側から注ぐ支流、大丹波川の沿岸にある大丹波集落も、規模は小丹波よりやや小さいが、同じ矩形的凹で、相互の類似を示している。

タンバとタバとは同じ語で、多摩川や多摩郡の多摩（多磨、多麻、太婆、玉、多方、田間、田万）の語源はタバ（丹波）から出たと見るのが通説となっている。タバ、タマ、タブが同じ語であることは、たとえば漁網のタモアミ（攩網）はタモともタマ（タマアミ）ともいうが、竹や木の骨組に網を張った小型のすくい網だが、周囲が急で、底がほぼ平らな形をしている。タは要するに「平たい」を意味している。「水の深い淵」をタブといい（島根県など）、「深く窪んだ滝壺」をタビという（徳島県など）のも共通の地形に基づくものと思われる。富士山南東麓の駿東郡裾野町（裾野市）の田場沢部落はナギと呼ばれる富士の放射状侵食谷に沿う小部落で、水田がなく、畑作が主体でおそらく凹状谷を表わす前記、丹波と同義であろう。栃木県日光の西端、西町（入町）の西のはずれに口を開く田母《タモ》沢（また田面沢、大谷《ダイヤ》川の小支流）の谷は、急斜面の山裾で囲まれたやや曲った細長いU字形の谷をなし、谷底は平らで周囲の地形と明瞭な対照を示している。このタモもタバと同類であろう、田茂《タモ》という地名の所も盆地状形をなし、同類に属するものと思われる。

四国山地にはダバ（駄馬、駄場）の地名があり、ことに高知、愛媛県境に多く分布し、足摺半島などでは海岸沿いにもみられる。駄馬、大駄馬、高段駄馬、藤ヶ駄馬、伊予駄馬など多いが、必ずしもここまで馬を引いて来るというわけではない。駄馬の多くは実例からみて、平坦地を意味する地形名に相違なく、四国に多いナロ（奈路、奈呂、奈良と同義語）と同様な地形である。尾根筋にある駄馬の代表的なものに「源氏ヶ駄馬」がある。高知、愛媛両県境にある広い平坦地で標高一二〇〇～一四〇〇メートルにわたって、三段ほどの平坦地をなし広がっている。ところが、駄馬地名はこうした山地の高所よりも、谷筋に最も多く見出され、そこは谷の一部が細長く、あるいはやや丸くふくれて小盆地状をなし、谷底の平坦地にささやかな水田を営むような場所である。また谷頭付近の小ぢんまりした窪地などにも、この地名を見る。なお駄馬の地名は、河岸段丘や海岸段丘にも少なくない。

このダバは、前述のタバ、タンバ、タモと同語であろうし、山頂付近や山腹斜面における平坦地のみでなく、小水田を擁する谷筋の小盆地に多いことは、山地における位置の点よりも、平らな地形であることを第一の重点においた地名であることがわかる。山の中とか、谷間とか、海沿いとかいうことは第二義的なものであろう。

タビ ①山中の滝壺、谷間の水の淵へ落ちる所を、徳島県三好郡三名村（三好市）祖谷山でいう。

また筧をカケイとかトイとかヒとかいうが、和歌山県日高郡（一部、田辺市）では、樋の出口をタビという。いずれもタルミの約か〔『綜合』〕。

② 九州の阿蘇で晴天無風の日。上層気流によって遠方までヨナ（火山灰）が運ばれるのをタビヨナという〔『綜合』〕。

③ よそ、他所、見知らぬ土地。居村以外という語感を伴っている。よそ者をタビノヒトとかタビノモンという。タビダカという語もあり、これは他村に所有する田。富山県礪波（砺波市、南砺市）地方でいう。対馬や伊豆の島々では、他村のことをタビという。対馬の佐須奈村（対馬市）では、自村以外の村をタビといい、隣村の人でも「タビから来た人」という。伊豆の三宅島でも、島うちの他村をお互いタビといっている。

熊本県飽託郡（熊本市）では、河童のことをタビノヒトと呼ぶ地方がある。長崎県北松浦郡小値賀島（小値賀町）でも、島外を指し、幾分か自分たちの住んでいる所よりいい所という、一種のあこがれを感じている。門付けをしながら村々を回り歩く遊芸人をタビノヒトと称する地方は広く分布している。なお、柳田国男は、タビの語について次のように述べている。

飲み食うの敬語タブ（賜ふ）の命令形タベ（賜べ）から変化した名詞。古代の旅は、食糧の携行が不可能であったから、食を家々に乞い求めながら往来するのが一般のすがたであった。その乞食、勧進たちが食を乞う際「タベ（賜べ）タベ」と挨拶した。だから門口でタベと唱えて食を求める異郷人を、タビといい、やがて家を離れて、一時他郷に赴くことをタビと称するに至ったといわれる〔『礪波民俗語彙』、『離島生活の研究』〕。

ダブ ① 広島県倉橋島（呉市）、山口県豊浦郡（下関市）で湿地、沼地〔『全辞』〕。

広島県安芸郡熊野町では、湿田のことをダブタといい、ダブタはアガリジの四分の一しか収量がなく、ダブタの稲は倒れやすいという〔同地人談〕。

島根県邑智郡（一部、江津市）では淵〔『全辞』〕。

岡山県児島郡山田村（玉野市）で塩田の水溜〔『岡山県土俗及奇習』〕。

山口県周防大島で、海岸を埋め立てて、そこに住むようになったのは、二百年以前のことらしいが、そういう場所になる海岸の湿地をいう〔『海の生活誌』〕。

同県萩市見島で下水溜〔『見島聞書』〕。

同県下関市では溜池、小池、沼池、肥つぼ、野つぼ。タボとも呼ぶ〔『下関の方言』〕。

タメ ① 福島県耶麻郡山都町（喜多方市）で、ちいさな貯水池〔『山都町史』民俗編〕、栃木県で池〔『栃木県方言辞典』〕、福井県丹生郡（一部、福井市）でも池。フケとも呼ぶ〔『綜合』〕。

② 荒川下流の埼玉県戸田市で、満潮時の潮の流れが静止した状態の時をいう〔『えとのす』一二号、『川の民俗』〕。

③ 山梨県中巨摩郡白根町（南アルプス市）付近の農家で、炊事場の流しから出る汚水を溜めておく穴をタメジリという〔『集解』〕。

④ 秋田県雄物川で、川岸近くの淀みをいう。ここに

シバ（柳の小枝を束ねたもの）を二、三週間入れておき、これを揚げてそのシバの間に潜んでいる川魚を捕る漁法をタメッコ漁という〔『ＮＨＫテレビ』「伝統の川魚漁」昭和62・1・27〕。

タヤ　田屋、田舎、他屋、多屋、代家。山形県の庄内で、本間家や池田家などの大地主の田地管理人の集落を田屋という。本間家の場合、田屋には一〇〇〇坪ほどの屋敷に、家屋と土蔵一つがあり、馬一頭、二町歩の田地がついている。そこには、その地域の田地管理人である田原守がある。これは転任があり、永住しない。庄内に田屋（他家）が出てくるのは享保（一七一六～一七三六）以後。田屋は土地の名であると共に、庄内では管理人の役職でもある。米沢では、上杉藩で慶長年間から有力な武士が家来を使って開墾させ、その家来が居住している集落を田屋という。

　東置賜郡川西町北端の大塚にある田屋町、東他屋、西他屋、中ノ他屋はこれである。同じく川西町犬川にある田屋には、一町歩の田屋守の屋敷に三間幅の館堀をめぐらす。堀の外に六人の家来の家を配置して、これを家中と称し、名子とも呼んでいた。この田屋の総面積は二八町歩ほどである。

　さらに、村山盆地の寒河江市にある慈恩寺の寺司文書には文安年間（一四四四～一四四九）の記録に「八鍬の内弥勒の田屋分鹿島のわらそで五百刈年貢一貫五百文之所」とある。慈恩寺領には他に在家があり、それとは別に田屋があった。田屋のまわりに屋敷地と田地と耕作人がセットとなって在家を置いている。

　庄内、置賜、村山のそれぞれの田屋は、おのおの起源、歴史、性格を異にしているのである〔長井政太郎『地名の話』〕。

タラ、タロウ　佐賀県の多良《タラ》岳（九八三メートル）は、なだらかなスロープが海岸に達しており、火山の様相をよく示している。このタラは「緩斜」を意味するとみてよい。

　また太郎と名のつく山、たとえば上田市北郊の太郎山（一一六四メートル）、北アルプス槍ヶ岳北西方の太郎山（二三七三メートル）、山形県西置賜郡の白太郎山（一〇〇三メートル）などもタラ（太郎）を宛てたものと解すべく、これらの山はいずれも緩やかな傾斜をもっている。太郎はおそらく「平」でタラとタロウは互いに変じやすく、山地の小平地にある奈良をナロまたはナロウというのと同断であろう。

関東第一の大河利根川を坂東太郎、富士山を駿河太郎というようにある地域の主峰を地域名を冠して、○○太郎と呼ぶのは「立派な」「偉大な」の意であるが、そういう地域名のない多くの太郎山は、この範疇には入らないであろう。福島県の安達太良《アダタラ》山（安達太郎山とも。一七〇〇メートル）は、火山で緩やかな斜面をもち優美な山容をもっているが、この山はアダチタロウとも呼ぶので、この地方の名前（安達郡）を冠したのが、アダタラとなったという説と、アダタラが原名で、のちに「安達太郎」の字を宛てたので、アダチタロウと訓むようになったという説（『大日本地名辞典』）とがあるが、いずれにせよタラと太郎とが交代する例を示している。甲府市北方の太良ヶ峠（一一二三メートル）も、上の方が緩やかな傾斜があるところからみて、このタラも「緩斜」の意と考えられる。

福岡県飯塚市北郊の尾多良は、なだらかな丘の裾である。

タラ、タラオ（多良、太良、田羅、田羅尾、田良尾）の地名は、緩斜あるいは、ほぼ平らな場所を指している。茨城県勝田市（ひたちなか市）足崎《タラ》は、那珂川北方の鹿島灘沿岸にある低い台地の端にある部落で、これも同類の地名であろう。鹿児島街道の日奈久と水俣の間の赤松太郎峠（一三八メートル）、佐敷《サシキ》太郎峠（一三四メートル）、津奈木太郎峠（二七九メートル）は、いわゆる三太郎峠として知られており、これらのタロウは峠または坂の意であろうが、本来はなだらかな坂道に由来するものであろう（『地名の探究』、『日本地名学』Ⅱ）。

○○タロウは、夏の雲の峰をもいうようである。たとえば「近江太郎《オーミタロウ》」は、京都で近江の国の方向に出る入道雲をいう（『京ことば辞典』）。

タリ 伊豆大島岡田村（大島町）で、海近く人の出て沖など眺める場所。元村ではタンと訛って「タリの下」を「タンのシタ」という（『伊豆大島方言集』）。

タル 日本アルプス地方で渓谷の階段をなして、雨時には滝を生ずる所。木曾でも瀑のことをいう（『地形名彙』）。

平常は水のない渓谷で、雨の時ばかりは滝になるような渓谷で、段階をなしている所を中部日本の山地、たとえば信州、岐阜県吉城郡（高山市、飛騨市）でいう。古語で瀑布のことをタルミというが、遠江（『俚言集覧』）、静岡県周智郡（一部、浜松市）、岐阜県揖斐郡徳山村（揖斐川町）や飛驒山脈の地方でも瀑、瀑布をタルミといい、黒部川上流には口元《クチモト》ノ垂沢《タルサワ》の名が地図に出ており、伊豆に大滝《オオダル》温泉というのがあり、滝の名にもエビ滝《ダル》、出合滝《ダル》などがある。

長野県下伊那郡（一部、飯田市）では谷川の、また静岡県伊豆地方では、山の背の窪んだ鞍部をタルといい、長野県南佐久郡でも、山の沢の低い所をタルミという（『綜合』、『全辞』、『旅伝』一二の八、一五の二、『徳山村民俗誌』、『定本柳田國男集』月報八号）。佐賀県西松浦郡有田町の大樽《オオタル》、中《ナカ》樽、下樽というのは、山と山との間の平地で、集落があるという（同地人談）。

タルミ　①　垂水《タルミ》（タルミズのこともある）は「垂れ落ちる水」のことで、滝をいう古語だが、湧水をいうこともある。崖などに湧き出る水は、小型の滝となって落下するので、そういう泉には、しばしば「滝」「滝口」「滝沢」の名が見られ、滝が泉であることもある。崖から浸み出て垂れ落ちる水を、水垂《ミズタレ》と呼んでいる所もある。また「樽」の字を宛てた樽沢があり、滝のかかる沢のことである。

伊豆の天城山の南の河津川上流にかかる七滝《ナナダル》（〇〇滝《ダル》という七つの滝）のように滝をタル、ダルと呼んだ例もある（タルの項参照）。

②　峠の鞍部などのように、山の尾根が撓み窪んだ地形を指す場合もある。タルム、タユムからきた語で、山地の鞍部的地形に該当する。山地のそうした地形には大タルミ（大ダルミ）の名がつけられ「大弛《タルミ》」の字が宛てられているが、これに「大垂水」の字が宛てられていることもあり「湧水」と誤る恐れがある――東京都八王子市から神奈川県津久井郡相模湖町（相模原市）に行く新甲州街道が、都、県の境を越える峠を「大ダルミ」（三八九メートル）と呼び、旧甲州街道の小仏峠から少し南の鞍部で「大垂水峠」と記した地図もあり、滝を思わせるが実は鞍部的地形の所である（『地名の探究』）。

③　シヨタルミとも呼ぶ。静岡県の一部の海辺、和歌山県西牟婁郡（一部、田辺市）の漁村、天草島などで、潮の満干の極に達してしばらく停滞している状態の時をいう。ダラミ、トロミに同じ（『漁村語彙』）。

タワ　鞍部をいう。中国では乢を宛てる。三河、四国でもこういい、四国ではトウという。岫の字も宛てる（『地形名彙』）。

二つの峰を結ぶ線の低くなった所で、地理学では鞍部というが、これは外国語を訳したものであろう。日本語では『古事記』の「山のたわより」とか『日葡辞書』にタワとあるように、古くからタワ、タオ、タオリなどの語がある。

奥多摩の山地では、ヤマノタルという尾根の屹みがあり、穴蔵ダワといって、山上低凹をタワというとのことであるが、この地方ではタワもタルも同じ地名に使われている語である。

尾根の低い所すなわち鞍部をタルミというのは、秋田県由利郡（由利本荘市、にかほ市）、福島県耶麻郡（一部、喜多方市）、南会津郡、新潟県中蒲原郡（新潟市、五泉市）、長野県上伊那郡（一部、伊那市）、神奈川県津久井郡（相模原市）などの一部にある。奥多摩から秩父地方でいうタルミという鞍部をタルという所もある。

大菩薩から小室川、泉水谷の合流点へ引いた屋根にも一ノタル、二ノタル、三ノタルがあり、尾根の屹みをいう。ただしこの辺のタルは、信州などの山地でいうタル（沢などで雨が降った時瀑をつくる傾斜の地、あるいは瀑）とは異なり、タワミ、タルミからきた語である。


元来、尾根の屹んだ地形から出た語で、そこが峠の通路にあたる所、すなわち乗り越の通路とは限らず、越せなくても同じ呼称になっていて、むしろ尾根の窪みをいう場合の方が多い。

鞍部をタワというのは、佐渡、三河、紀州熊野地方、吉野の北山や兵庫、岡山、広島県深安郡（福山市）、比婆郡（庄原市）、鳥取、島根、徳島県三好郡（一部、三好市）などであるが、東北の早池峰山の近くには小田越があり、これをオオダワとも呼び、峠の通路となっている。

越中有峰の近くには、大多和峠（飛越界）があり、同様に道が抜けている。この種の通路をもつ峠にタワの呼び名のある良い例である。甲州南都留郡秋山村（上野原市）から盛里村へ越える峠を大ダミというが、これは大ダワの転訛で、この地方から甲州の一部にかけてタワミをトーミと発音する。後立山山脈、信州側の大越見山《トオミ》、小越見山も、このタワミの転訛であろう。

四国では峠をトウというのが多い。愛媛県東宇和郡野村町（西予市）から魚成村へ越える峠をサクラントウといい、人の姓にも中峠《ナカトウ》というのがあるが、このトウは峠のことでトウ（タウ）はタオ（タヲ）に変化したものであろう。

石見（島根県）、広島、山口県などの中国地方では、峠をタオという方が多い。

なお、この地形をダオ（新潟県北魚沼郡〈魚沼市〉）、ダワ（石川県能美郡〈一部、能美市〉、静岡県富士郡〈富士宮市〉、岐阜県吉城郡〈高山市、飛騨市〉、島根県八頭郡の一部）、タア（東京都西多摩郡、静岡県賀茂郡の一部）といい、尾瀬只見川地方では、ダオとかダオミといっている。

要するにタワ、タワミ、タルミ、タオ、ダオなどの同系語は、初め尾根の屹みを呼んだ語で、自然そこが人々の乗越えに利用されるようになって、峠や乗越えの意にも用いられるようになった。トウゲという語には、タワをコエルという行動の意識が現れている。

トウゲは手向け（タムケ）から出た語で、道の神に手向けた所であるという説もあり、峠で「手向ける」例もあるが、なおタワゴエ説の方が妥当のようである。

信飛の高山岳地方では、ノッコシ（乗越）という語が、峠にあたる地形あるいは尾根を乗り越す場所に使われているが、他の地方にも多い。三河山間部には、ノッコシというと道が抜けている所を指すが、タワは道の抜けていない場合があり、山稜の屹みをいうこともある。

また信州山地では、オネクリカエシといって、乗越に似た地形を呼ぶのがある。ここは谷の源頭にあたり、脊梁の一部を指し、乗り越せても乗り越せなくてもよいのである。

なお峠をコシバ（奥会津）やコエド（秋田県雄勝郡〈一部、湯沢市〉）ともいうが、九州の山地ではコシといい、峠より越と呼ぶ場合が多い。九重山彙のスガモリコシ（訪峨守越）、ウトンゴシ（大戸越）など、あるいは峠をタオともトウとも呼び、ホコントウ（鉾立峠）などがある。

東北朝日岳地方では、尾根の鞍部をクビレといい、奥会津の飯根村（西会津町）弥平四郎あたりでも、この呼び名があり、牛ヶ首のクビレなどという（『地名の研究』、『郭公のパン』、『綜合』、『日本の地名』、『旅伝』七の一一、一五の二、『方言』五の一〇、七の七）。

タン　能登、南薩摩で谷（『地形名彙』）。

富山県で谷。たとえば、越中タンといえば、高峰峻嶺に囲まれた越中の平野全体を谷と見る意である（『民伝』二二の九）。

ダン ① 新潟県南魚沼郡魚野川流域で、水勢が相当あり、上流が岩で断崖となって滝壺のように深くなり、大きな渦巻きを生じて流れている場所をいう〔『越後南魚沼郡民俗誌』〕。

② 山の上の平らな所を静岡県志太郡（藤枝市）〔『静岡県方言集』〕、大隅百引村（鹿屋市）〔『方言』五の四〕でダンという。

鹿児島県では、一般に段と書き、壇とは書かない。谷はタニ、タイで、ダンとは発音が違う。段だけの地名もあるし、萩之段、榎木段、馬屋段など特に大隅半島に多い。段とは、火山灰が積ってできた高い台地の平面を意味している。その周辺には水に侵食されたシラスの崖になっているのが普通である〔『かごしま民俗散歩』〕。

甑島では、田畑の一マチをいい、また畑だけに段、田の方は一セマチという所もある。耕地には傾斜があるので、事実、段になっている〔『綜合』〕。

鹿児島県川辺郡笠沙町（南さつま市）赤生木、田ノ口では、段畑の間の傾斜地の土手で、傾斜の緩やかなものをダンビラという。ヒラは傾斜地、傾斜面のこと。なお、傾斜の急な面をスベという〔同地人談〕。

タンボ ① 水溜り、小池、溜池を滋賀県蒲生郡（一部、東近江市、近江八幡市）、奈良、京都府相楽郡（一部、木津川市）、広島県豊田郡（一部、三原市、呉市ほか）、大分県速見郡でいう。たとえば速見郡日出町付近では、屋敷内の小さな池。農具や蚕のバラを洗ったりする。灌漑用のものは池といい、きわめて小さいものをタンボという〔『全辞』、『民伝』一四の七〕。北九州市でも水溜り、溝、どぶ、小さな池をタンボ、タンボウ、タンポという〔『北九州市史』民俗編〕。

② 奈良県山辺郡豊原村（山添村）では、谷間の下方で、排水が悪く、常に水が溜って少し深さもある所をタンボといい、家の捨て水の溜っている所もタンボという〔『日本民俗学会報』八〕。

③ ぬかるみ、窪地に水の溜っている所。湿地を愛媛県、佐賀県東松浦郡入野村（唐津市）、長崎市、長崎県千々石（雲仙市）、熊本県、鹿児島県硫黄島でいう。ジュッタンボともいう〔『全辞』〕。

④ 便所、主屋の土間の正面出入口の脇に設ける。三重県一志郡（津市、松阪市）、長崎県東彼杵郡でいう。トンボに同じ。長崎県五島ではダンボと呼ぶ。田畑のふちに作った肥壺を同県北松浦郡大島村（平戸市）で

こういう。上五島宇久島（佐世保市）ではコエダンボと呼ぶ。
⑤ 窪地を大分でいう。熊本県天草郡（一部、天草市、上天草市）ではダンボ（『全辞』）。
⑥ 三重県一志郡（津市、松阪市）で、農家のかど先に石を積み上げ、円または方形に囲ったものをいう。毎日の塵芥をこれに掃きこみ、一年一回くらい全部引き揚げ肥料とする（『綜合』）。
⑦ 福岡県久留米地方、三潴、八女、山門の諸郡で下水溝をいう。ゼイタンとも呼ぶ。同県浮羽郡ではドダンボリという（『全辞』、『福岡県内方言集』）。
⑧ 徳島県美馬郡脇町（美馬市）で泥（『口承文学』七号）。
⑨ 熊本県葦北郡（一部、芦北市）で沼田（『全辞』）。
⑩ 畦を宮城県玉造郡でいう。滋賀県愛知郡（一部、東近江市）ではタンポと呼ぶ（『全辞』）。
⑪ 徳島県板野郡（一部、阿波市）で畑、長野県更級郡（長野市、千曲市）では、部落と部落との間の田畑のことをいう（『全辞』）。
⑫ 北海道、関東、北陸中部、和歌山、中国東部、四国、熊本、鹿児島で、田の一区画や集合をもいう。集合をいい、一区画をいわない地域として秋田、山形、鳥取、福岡などがあり、これはタとタンボの意味が違う場合があることを示している。

語形としてはタンボが最も広く、それ以外の語形のうち、比較的まとまったものとしてはタッポ（新潟）、タナボ、タナボー（山形南部、新潟北部）、タモデ（秋田）、タモド、トモデ（山形）、トーモ、トモ（愛知、三重）。

「田の集合」の分布は、タナボからタドモデ（山形）までの諸語形が、秋田北部から新潟北部までほぼ連続しており、しかもタンボと混在して分布している。語源的に関連がありそうだと考えられる。

「田の集合」を山形でタドモデというが、これは「田のおもて」に対応する語形と考えられる――とすればタモデ、ターモデ、タモドはいずれも音声変種と見ることができる。

オードモテ（秋田）も「大田のおもて」と見てよさそうである。『万葉集』などのタノモが「田のおも」であるとされていることと合わせて考えてみることができるとすれば、地点は離れているがトーモ、トモもこれらの変種と見ることができる。

タナボ、タナボー、タノボも「タノオモ」に由来するとみることができよう。田も畑も意味する「圃」の結びついたタノホかもわからないが「田のおもて」と解したい。『綜合』では、田を意味するトウモの説明で、タンボと、もとは同一であろうと述べている〔『日本言語地図』④別冊〕。

チ

チイジ　築地。出雲の杵築平野で屋敷林。ツイジ参照などという。富山県〔『日本民家史』〕。

チカマ　近村。「あの嫁はチカマから来とるはずや」〔『礪波民俗語彙』〕。

チチブ　秩父の国は、侵食開析された断層盆地で、盆地床の第三紀層は著しく侵食され、古い段丘さえ山や峰をなし、周囲の山々と合わせると、まるで峰々にすっかり囲まれた土地である。それでたくさんの峰のある土地すなわち「千々峰」と呼んだのである。峰はブ。峰をブと呼ぶ例は多い。

秩父の北方、群馬県多野郡（一部、高崎市、藤岡市）の北境にあるミカブ山（一二〇〇メートル）というのは、ミカのような峰の意で、ミカは神に捧げる酒で、徳利のようなものに入れて神前に供えるが、その徳利状の壺は、神前に二本供える。この山も西ミカブ山と東ミカブ山とがあり、現在は御荷鉾山と書くが、本来は神酒峰山と書くべきである。奥秩父にある金峰山も正しくはキンブサンであって、キンポウサンは誤り〔村本達郎『埼玉県地名大辞典』月報〕。

チャウスヤマ　茶臼山という名は、低い小さな丘にも、高い大きな山にも見られ、全国各地に分布している。これは、葉茶を挽いて粉末の抹茶（ひき茶）にするのに用いる「茶臼」という石臼からきたもの。茶磨《チャウス》山と記したものもある。茶臼山と呼ばれるのは、山の上部一帯が緩やか、あるいは平坦で、その頂上にあたる部分がさらに、こぶのように盛り上がった形をしているか、平坦になっているお供えの大小の丸餅を重ねたような形というか、あるいは昔、上流の女性がかぶった頂の中央の突き出した市女笠の状とでもいった形が茶臼山の一般形と思われる。茶臼山は、しばしば古墳につけられており、いわゆる「前方後円墳」と呼ばれる形状のものを茶臼の形に見立てて命名したものである

——山口県柳井市柳井字水口の茶臼山、奈良県桜井市東郊、外山の茶臼山、大阪市天王寺区茶臼山町天王寺公園内の茶臼山（茶磨山とも書く）、滋賀県大津市膳《ぜ》所《ぜ》の茶臼山古墳など。古墳でない茶臼山には、栃木県北部の那須岳（一九一七メートル）は、一名茶臼山と呼ばれ、鐘状の山体の上部中央にさらにコブ状の突起をもっている。熊本県八代郡泉村（八代市）の五家荘の山地にある茶臼山（一四四五・五メートル）。

その他、山城（平山城も含めて）にも多く、茶臼山城と呼ばれる山城は城跡の名称として多い。熊本城の本丸も茶臼山と呼ばれていた場所である（『地名の探究』）。

チョウシ　銚子。酒の徳利状の地形。群馬県にはチョウシが谷、銚子沢、銚子ヶ曾根、銚子伽藍（銚子で酒を注ぐように落下する滝水、滝壺）（『地名のはなし』）。

チョッピ　静岡県富士郡（富士宮市）で山腹、岐阜県可児郡（一部、可児市）、滋賀県、愛知県ではチョンボ、福井県南条郡ではチョンボリ、宮崎県宮崎郡（宮崎市）檍村、清武村ではチョッペン（『静岡県方言集』、『日向郷土資料』第一巻、『全辞』）。

チョボ　①　隠岐や出雲で飛島のこと（『山陰の民俗』）というが、海中の露岩のことであろうか。

②　泥深い、ドタ（泥田）よりも泥深い田のこと。京都（『京ことば辞典』）。

チリトゥ　沖縄で断岩（崖）絶壁をいう（『伊波普猷全集』第一一巻）。

ツ

ツ　土地の便、不便。交通の良否を「ツが良い」「ツが悪い」という所は岡山、島根、山口、埼玉県の秩父などにある。たとえば甲から乙、丙に行く場合、甲→丙→乙に行った方がいい時、甲→丙の方がツがいいという。このように「交通位置」のツから、船着き場や港の意となった。江戸時代、年貢米を一時的に保管しておく地方倉庫である御蔵の年貢米は、定められた期日内に江戸浅草の幕府倉庫に輸送される。その運搬方法は「津出シ」といって、綾瀬川から川船で村役人付き添いで隅田川を経て回送された。津、大津、直江津、那ノ津（『国語と方言』、『日本の地名』、『米の秘史』）。ツヤ参照。

ツイキリ　築切。佐賀平野で。江湖または海を築切って干拓した土地の名称で、佐賀市嘉瀬町、杵島郡白石町などにある〔『佐賀県の地名』月報〕。

ツイジ ① 堤。島根県邑智郡石見町（邑南町）目貫〔『旅伝』一四の四〕。

② 敷地の周囲の石垣。伊豆大島、山梨県中巨摩郡白根町（南アルプス市）、神奈川県津久井郡（相模原市）、静岡、山梨、但馬、広島、島根県邇摩郡（大田市）。

なお静岡県安倍郡（静岡市）、長野県下伊那郡（一部、飯田市）ではツイジカケという〔『全辞』、『集解』〕。また、岡山、鳥取、島根各県の民家では、敷地の周囲をめぐらす垣根、石垣をいうこともある〔『集解』〕。

築地はつき（築）上げる意か。チュウジ、ツウジなどは西上州では、石垣の方言になっている。群馬県片品村の築地《ツイジ》、同県高崎市岩鼻町の築地《ツキジ》、同県千代田町上中森の対地、同県吉岡村（吉岡町）の築地、同県大泉町上小泉の築比地《ツイヒジ》のヒジは古語の「土」「泥」を意味する。それを盛ったような地形がツイヒジ、土をヒジと読むのは同県碓氷郡松井田（安中市）大字土塩《ヒジシオ》、同県多野郡上野村川和には乾処《ヒジコ》田《タ》がある〔『地名のはなし』〕。

③ 民家の北と西側に盛土をして、黒松を植え季節風を避けるため防風林、屋敷森としているものをツイジ（築地）松といっている。

ツイジ松をもつ民家の分布は、島根県簸川平野を中心に宍道湖を挟んで、東は松江市、安来町（安来市）に及び、西は大社町（出雲市）、北は松江市秋鹿《アイカ》町付近までである。築地松の最もみごとな刈りこみをして伐り揃えているのは斐川町（出雲市）、平田市（出雲市）、出雲市のものである。

民家は「築地」またはドテ（土手）と呼ぶ低い土堤を築くか、あるいは平地に直接穴を掘って「築地松」と呼ぶ黒松を必ず植えるが、マテバシイ、モチノキ、ハイノキ、シイ、ツバキ、竹などを、松と松との間に植えて（斐川町など）整然と刈りこんでいる。平野地帯からはずれている宍道湖北部の松江市秋鹿町周辺では、黒松は少なく、ほとんど雑木を植えている。平野地帯のような刈り揃えた景観からはほど遠い。安来市付近でも簸川平野のようにきちんと刈りこんではいない。

ツエ 石見で山崩れ。一般に中国では崖をいう。ツエルは土の崩れること〔『地形名彙』〕。

糸魚川——静岡県の中央構造線が、日本における大断層である。フォッサ・マグナ（巨大な割れ目）と呼ばれ、中部日本を南北に横断する大陥没地帯をつくっている。これは新潟県糸魚川市から長野県大町市、松本市、塩尻市、山梨県韮崎市を経て静岡市に至る断層で、険しい断崖が続いている。

また西日本を縦断する中央構造線は、長野県茅野市の西方杖突峠付近から下伊那郡大鹿村、南信濃村（飯田市）を経て、秋葉街道の青崩《アオクズレ》峠付近から愛知県宝飯郡御津《ミト》町（豊川市）に至り、三河湾、伊勢湾に至り、伊勢から西に向かい、紀伊半島の中央高見山（奈良県吉野郡）からは吉野川北岸を西走して四国に上り、四国の吉野川沿いをさらに西走、四国の全区間で断層地形をつくっている。讃岐山脈の南側を切断する断層は、徳島県三好郡池田町（三好市）以西に断層崖を伴って伊予灘に抜けている。

九州では、大分県北海部郡佐賀関（大分市）北辺から熊本県八代市付近に走っているとみられている第一級の活断層がある。

この構造線周辺の地名には、崩壊地名が豊富で、崩沢、柿沢、滝沢、杖突峠、青崩峠、横吹、鳴滝、猿喰、猿谷、桑原等がある。

ツエは、地滑り崩壊地名で「地滑り」と「崩壊」とは、厳密には異なるものである。地滑りは、滑り面を擁して動く場合をいう。しかし、ここでは流動的な動きとして両者をほぼ同一視して「地滑り崩壊」として扱うこととする。また移動の早いものには土石流、泥流、雪崩がある。

大分県日田郡上津江村（日田市）は、同県砂防課が対策に嘆くほどの地滑り地帯である。ツエは「杖」の字が多く使われるが、ツエは「潰える」で潰溜《ツエダマリ》、大潰《オオツエ》、大杖《オオツエ》、杖野、杖立、杖突峠、津江、大崩《ツエ》、崩《ツエ》ヶ谷などがある〔小川豊『歴史地名通信』三号〕。

奈良県吉野郡（一部、五條市）、和歌山県日高郡（一部、田辺市）、島根県鹿足郡、広島県山県郡、高知県吾川郡（一部、高知市）、安芸郡、土佐郡（一部、高知市）などで山崩れ、崩壊地をツエという。

兵庫県多可郡（一部、西脇市）、広島県、山口県、愛媛県の南部、高知県で山の崩壊することをツエヌケ、ヅエヌケ（またはツイヌケ）、ツエガヌケルなどいう。福岡県京都郡ではツエガヒクという〔『全辞』、『日本の地名』、『土佐民俗選集』第二巻、『日本民俗学会報』

二五号」)。

北九州市で土砂の崩れをツイという(『北九州市史』民俗編」)。

ツカ ① 埼玉県児玉郡(一部、本庄市)で丘、山形県最上川河口付近の十里塚、石川県河北潟の北端に近い七里塚などで砂丘を意味するツカと呼ぶ(松尾『日本の地名』、『全辞』)。
② 畑の単位面積(五畝)。全国に見られるが、山地よりは平野に多く、特に関東に多い(『日本地名』)。栃木県で田畑の面積の一区切り(『栃木県方言辞典』)、熊本県菊池地方で、農作業の場合の、広さの目安。ヒトッカ(一塚)というのは、だいたい二畝(二アール)くらい。
③ 福岡県の嘉穂盆地で冬の準備に、里芋、唐芋《トイモ》(さつまいも)などはイモヅカ(芋塚)といって、家近くの山や畑の日当たりのよい斜面やドイ(土手)を掘ったり囲ったり、小屋の中に穴を掘り、そこに籾ヌカを入れたイモガマで、冬の寒さに腐らないように保存する『聞き書、福岡の食事』)。
④ 古墳、その他、物を埋めた所(『日本の地名』)。
ツキアイ 紀州で川の落合いの場所(『地形名彙』)。デアイとかドウという土地もある(『山村語彙』)。
ツキアゲ 山脈の秀出して数沢の分水嶺の所(『地形名彙』)。
ツキジ 築地。市街地のみならず、埋立開墾の田畑にもこの語を用いた。東京都中央区の築地は、隅田川河口の右側にあり、江戸期に海岸を埋め立てて造成した土地。多摩の川岸にある東京都北多摩の築地《ツイジ》(昭島市)という村なども地形によって、容易にそれと判ずることができた。月田、築田という地名は、新潟県その他にある。また、壱岐では埋立地をツキダシという(『綜合』、『全辞』)。「ツイジ」の項参照。
ツキタチ 岩石がなく急傾斜で滑りやすく、人が通るのに困難な場所。宮崎県東臼杵郡椎葉村(『椎葉の山民』)。
ツキヨ 群馬県で、利根川本流と赤谷川がつくる段丘と段丘の間(ヨ)の段丘原(ノ)中の微高地(ツキ)。段丘部の高所あるいはその傾斜面にあたる地形。吾妻郡東村(東吾妻町)、西部にある月夜野(みなかみ町)、高山村尻高の月夜野、沼田市秋塚、下佐山、屋形原などの月夜野、鬼石町(藤岡市)浄法寺の月夜平(『地名のはなし』)。

ツクモ　九十九をツクモと訓むのは「九十九髪《ツクモガミ》」の語からきている。ツクモとは植物のフトイ（太藺）のことで、老人の乱れた白髪が、ツクモに似ていることからツクモ髪というようになったという。このツクモ髪に九十九の字を宛てるのは「百」の字から一画とりさると白髪の白の字となり、百から一を引くと九十九になることによる。ツクモという地名は、ツクモという水草の生えている土地であろう。

群馬県の碓氷川の支流、九十九《ツクモ》川《ガワ》、能登半島の九十九《ツクモ》浜、長崎県島原市の九十九島《ツクモ》（なお同県佐世保市近傍の九十九島はクジュウクシマ）。九十九島のツクモ島は、多くの島のある所の意であろう（『開拓と地名』、『地名が語る日本語』、『日本地名語源事典』）。

ツケダ　漬田。鹿児島県の沖永良部島は、珊瑚礁の隆起した石灰台地でありきわめて水に乏しい。この島には、年間を通して水を湛えておくツケダという水田がある。

旱魃の年には、急に灌漑水を得ることが困難であるから、苗代作業のためいつも水を準備しておくためのもので、いわば溜池を兼ねたものといえよう。『出雲風土記』に坡という文字で記された灌漑方式が、漬田に相当するらしいと柳田国男は考えた。

山口県見島の水田約一八〇町歩も、この方式で耕作されるというから、漬田は決して石灰岩台地ばかりの特殊耕作法ではなく、古くは西南日本各地に広く見られたものと推察される。たとえば、元禄年間までこれが全国農村に最も普通の灌漑方式の一つであったことは、当時の農書『憐民撫育法』にみえる五つの灌漑形態の一つに、これが数えられていることからも明らかであろう。すなわち「冬のうちから田に水をたたえておき、水もちのよい田の水を根水として稲を植える」というのがこれである（『民俗と地域形成』）。

ヅコウ　頭と書き、マド（その項参照）の右または左の絶壁の頂点をいう。信州、佐渡（『地形名彙』）。

白馬岳より立山連峰を展望する時コマド（小窓）のヅゴウ（頭）、大窓の頭《ヅゴウ》の名称をもって呼ぶ地名があり、マド（窓）とは豁谷の狭く深く、左右は絶壁をなし、向こうも谷、こちらも谷で、分水の脊梁をなす所をいう。ヅコウはその右もしくは左の絶壁の頂点（『郷土』一の四）。

ツザ　山頂を島根県邑智郡（一部、江津市）でいう（『全辞』）。

ツジ ①山頂をツジというのは、和歌山県日高郡（一部、田辺市）以西の中国、四国、九州を経て、トカラ列島、奄美大島、沖縄にまで分布する。四国では香川県の小豆島や豊島ではトンツジ、愛媛県では今治沖大島にツジがあり、中国の中部はツジの分布が少ないという〔『瀬戸内海域方言の方言地理学的研究』〕。

テンコツという語があるが、これはテンとツジとが結ばれたものであり、トンツジというのもある。薩摩ではヅッ、ヅッケンまたはヤマンヅッといい、ツジはテッペンと同じく頂の意味で、木のツジ、錐のツジ、頭のツジ、日のツジなどともいう。辻の山名は、四国や紀伊の山地に少なくないが、折口信夫によればツムジ（旋毛、旋風）、ツムリ（頭）なども類語であろう〔辻村太郎『定本柳田國男集』月報八号〕。

②麓からの道の集まる所が頂上だから、これをツジといい、やがて道路の交差する地点を辻といったのかもわからないが、山を越した所が異郷であるのは、坂が境であるのと同様、道路の辻は、外界との境界を意味するもののようである。「辻」という字は、日本で作られた漢字で「十」に「辵」だから、十字路は四つ辻といい、十字路や三叉路だけが辻というわけではない。

淡路島では、四辻に出る妖怪をツジノカミといい、鹿児島県の屋久島では、辻神《ツジガミ》という魔神が辻にいるという。それらの魔ものに対抗して、九州から南島の各地に見られる長方形の石に「石敢当《イシガントウ》」の字を刻んだものを辻や三叉路に魔除けとして立てるのである。

一条戻橋で有名な橋占も辻占と呼ばれ、辻に立って通行人の言葉から普通の方法で知ることもできないことを占おうとするのも、辻が霊界とこの世と交わる境界点だからである。

人間の子供も、現実に辻へ捨てられたのであって、親の厄年に生れた子を辻に捨て、拾い親に拾ってもらう形式の習俗もあり、お伽草子の鉢かずきも野中の四辻へ捨てられた。これは、ただ人通りの多い広場というだけの理由ではないだろう。

要するに、辻は交通、交易のチマタであり、手前に不要でわずらわしいものを置いてきて、禍を福に変えるには由縁ある場所だったし、精霊、旅人を送迎の場、他界に通ずる境の地でもあった。また実利的にも第一に、辻は防火区画として類焼を遮断する場であり、自衛消防団の基地として機能する。

第二に、何本もの通りがこの広場に集中するので、広場自体が複雑な都市空間の中の目じるしとなる。狭い通りが続くが、突然広がりのある空間に出ることで開放感を生じさせ、都市全体空間の強調となる。そして人の集合場所となり、辻説法とか大道芸人の見せ場にもなり、祭りや踊りなどの催場ともなる。

他方、辻斬りや辻強盗などの犯罪空間でもある。これを宮田登は、次のように説いている。

「橋や辻などは、民俗的にはある種の霊力がこもる空間であり、都市ではそれが人々の怨念や呪力となって、殺伐とした事件を惹き起こすエネルギー源となっているようだ」(『都市民俗論の課題』、『民俗のこころ』、『猫の民俗学』、小林忠雄『日本民俗文化大系』第一一巻、『毎日新聞』昭和49・7・13)。
③ 岡山県にはツジという小字がある。一〇〜三〇戸程度の部落で、ツザという所もある。部落共同の祝祭とか、共有の山とか墓地に関する仕事をツジシゴト(辻仕事)といい、各戸から出なければならない義務で強制される(『岡山民俗事典』)。
④ 石垣を長野県北安曇郡(一部、大町市)、富山県五箇山、三重県南牟婁郡(一部、熊野市)でツジというが、これはツイジのこと。富山県下新川郡入善町付近ではツズクラという(『全辞』、『集解』)。

ツチギシ 瀬戸内の倉橋島、能美島、呉線沿岸部、田島、向島、百島などに見られる段々畑の傾斜面にはまったく石を使わず、土のみで法面を形成したもの。梅雨、台風の雨食に耐えて長期に安定した農耕のできる段々畑を造成している。その築造技術は驚異に値する(『日本民俗学』一二六)。

ツチベ 三重県志摩郡御座村(志摩市)で地面、地べたのこと(『方言』五の九)。
石川県江沼郡(加賀市)、三重県度会郡(一部、伊勢市)、淡路島、徳島県美馬郡(一部、美馬市)、愛媛県、山口県玖珂郡(一部、岩国市、柳井市)でツチベタという(『全辞』)。

ツツミ ① 多くの地方で、池水をいう。豊後で山の上にあるものをアマツツミという(『地形名彙』)。
溜池、用水池、灌漑用水の溜池をツツミというのは津軽、岩手、秋田、福島、群馬、新潟、長野、富山、石川、岐阜、愛知、京都、兵庫、岡山、広島、鳥取、山口、福岡、大分、佐賀、熊本に及んでいる。讃岐ではツマとも呼ぶ。土をもって水を塞ぐのをツツムという動詞は『新撰字鏡』に見えている。堤防、土手をツツミというのは第二義であろう。なお沼をもツツミというのは仙台〔『はまおぎ』〕、秋田、福島、群馬、新潟、石川である〔『全辞』、『綜合』〕。

② 対馬では井戸をツ、チ、チー、ツツン、ツツミ、チチンという〔『九州文化史研究所紀要』一八、『対馬・赤米の村』〕。

③ 岩手県雫石村（雫石町）では、山の小沢など水が不足して、木を流すのに困難な場合などは、ツツミというものを作って流し出す。木材の沢出しの方法である。水を溜めては、その水の力で木を流す作業で、これを「ツツミ使イ」という。ツツミを作ることをハグという。沢目を狭くして懐のある所を利用して水を溜めては一度にどっと放す装置である〔『山村民俗誌』〕。

ツヅラ ツヅラフジの蔓のように、いくつも折れ曲っている山道をツヅラとかツヅラオリというが、これは「葛折」のほか、数の多い数字を宛てて、いくつにも折れ曲っていることを表わす場合が多い。この場合、多さを十、百などで表わすよりも一つ引いて九、九十九というはんぱな数の多さで、多い数の印象を強めている。

ツヅラ地名で最も例の多いのは九の数で、九折《ツヅラ》、九尾《ツヅラオ》、九曲《ツヅラクマ》、九十九《ツヅラ》、十九良《ツヅラ》、十九淵《ツヅラフチ》などと書かれ、また「廿」がよく用いられ、多くはツヅと訓む。

大阪府富田林市の廿山《ツヅヤマ》、長野県上水内郡小川村の廿越《ツヅゴエ》、島根県益田市の廿子《ツウコ》、岐阜県美濃加茂市の廿屋《ツヅヤ》、同多治見市の廿原《ツヅハラ》など。

十九《ツヅラ》の例が多いことも、この廿《ニジュウ》との関連が考えられる。九の字は苦に通ずるとして、一般には好まれないものだが、この地名型の場合は、坂道の苦しさが九の使用に実感として現れているものと思う〔『地名が語る日本語』〕。

ツド 伊豆大島泉津村（大島町）で高い所をいう。『伊豆七島誌』にも高い所をツドというなどと書いてあったようだが、大島にはツドと呼ばれる地名や山がある〔『綜合』、『全辞』〕。

ツナギ ① 岩手県、山形県などで、繫、繫沢、綱木、小繫というのは峠麓の小集落に付されていることにより、交通に関係する地名であろう。交通に利用した牛馬を繫ぐことを意味することから起ったか、または牛馬を繋ぐ杭等を意味したものか〔『開拓と地名』〕。

早川孝太郎も、牛馬を繋いだ所につけた名称ではないかといっているが、北上山地の古いダンゴ牛の交通路などには、これに類するものもある〔『福島県史』第二三巻〕。

②熊の罠をオソというが、二つ以上繋いでかける場合、二つ三つの場合はコツナギ、五、六個以上繋ぐのをオオツナギといい、この場所を地形によってツナギ沢、ツナギ曾根、コツナギ沢、大ツナギ場という。福島県〔『福島県史』第二三巻〕。

ツナワリ　綱割。土地を区画すること。ヒトツナ（一綱）とは、この土地で同一水口より用水を供給される範囲の田地。秋田県〔『秋田民俗語彙事典』〕。

ツネ　陸奥で峠頂〔『地形名彙』〕。

津軽で、山道で峰伝いのことをツネコという〔『民伝』三の一〇〕。

ツボ　①紀州日高川上流に赤壺、白壺というのがある。河流、滝をなして落下する所が深く淵となっている所で、ツボは奔流における淵を指す詞らしい〔『郷土研究』五の五〕。

島根県和田村（浜田市）本郷にはオーツボ、サクラガツボという淵がある。水が淀んでいる所〔『方言と土俗』二の五〕。大分市で淵〔『全辞』〕。

②台所の流し水を溜めておくために、樋を経て台所の外に設けられた径一メートルくらいの穴をツボといい、主屋の裏側に掘る。野菜屑などの混っている腐敗した水は、肥料として使われる。富山県の西部でいう。同県五位山村（高岡市）ではツボイケという。ツボに溜めておいた台所の流し水をツボシルという。

③肥溜を大阪府泉北郡、兵庫、岡山、島根県邑智郡（一部、江津市）、隠岐でいう〔『全辞』〕。

④屋外の便所を岩手県和賀郡（一部、花巻市、北上市）の農家でいう〔『集解』、『全辞』〕。

⑤ツボは梨壺、桐壺などのような宮殿などの中の間または中庭の平地を指していたと考えられる。『古今集』の「かむなりのつぼ」などの「つぼ」で、庭、庭園、中庭、屋敷内の庭もツボというのは、北海道から宮城を除く東北、関東を経て愛知、三重に至る連続した地域と香川、対馬、北九州、大分県東国東郡（一部、国東市）、熊本にそれぞれまとまりある分布を示している。

同類の語に

コツボ　福岡、大分（植えこみのあるものをもいう）。
ツボヤマ　山形、福島、新潟、群馬、静岡（庭に植えこみや築山のあるものをもいう）。
ツボド　新潟。
ツボドコ　新潟、長野。
ツボノウチ　愛知、伊勢、伊賀、三重、兵庫、香川、徳島。
ツボノマ　神奈川、静岡。
ツボマエ　北海道南部、青森県東部、盛岡、岩手（ツボマイ）、福島。
ツボニワ　関東中部、北九州市。
ツボキバ　長野〔『日本言語地図』④別冊〕。

⑥　山のある一定の「場所」の意。「あのツボに行けば黒檜がある」「このあたりはキノコのあるツボだ」などいう。一廓をなすの意。またそれに属する意味あいかと思われる。転じて下とか底とかの意に働くこともあるが、山の上から、沢の中すなわち下方を呼ぶのに「沢《サ》ツボ云々」ともいう。岩手県岩手郡雫石地方〔『山村民俗誌』〕。

新潟県南魚沼郡（一部、南魚沼市）でも、山のある一定の場所を指し、あのツボとか、どこのツボとかいう〔『越後南魚沼郡民俗誌』〕。

灸点のツボも、点の位置を指すものである。

⑦　坪《ツボ》の地名は、条里制に基づくものとして知られているが、条里地名とは限らず一般的な村落の意に該当するものもある。条里制が施行されたとはどうしても考えられない土地に大坪、小坪、東坪、柳坪などの地名がある。山の急斜面の孤立的な小部落に黒坪というのがあったり、岩浜の漁村に小坪の地名があったりする。また近世以後に開拓された村落にも坪のつくものもある。

坪は元来、古い条里制に起源をもつ居住区画の名であるとしても、のちにはそういう特殊な起源のものも含めて、一般の「村落」の意に転じたものであろう〔『地名の探究』〕。

村内の小区画をツボというのは、関東北部に特に多い。たとえば栃木、茨城県北部では、ツボは神仏を共同祭祀する地縁集団、栃木県日光市、安蘇郡（佐野市）、塩谷郡（一部、日光市、さくら市）では、ツボを講内ともクミナイともいう〔『栃木県方言辞典』〕。

またその構成員を坪内とも称した〔『集解』〕。

⑧　広島県豊田郡幸崎町（三原市）能地で網代（『綜合』）。

⑨　熊本県玉名郡（一部、玉名市）で、茸のきまって採れる所（『全辞』）。

⑩　和歌山県西牟婁郡（一部、田辺市）で水溜り（『全辞』）。

⑪　熊本県球磨郡で芋などを貯蔵する穴（『全辞』）。

⑫　田植えの正格植えで、定規を用いて植える場合に出る端の部分、あとで適当に植える。ママコとも呼ぶ。山口県大津郡油谷町（長門町）向津具（『向津具半島の民俗』）。

なお田植えの際、植え遅れた場合「ツボに落す」という（柳田国男談）。

⑬　ボンツボ　大分県東国東郡姫島村では新暦八月十四日から十七日まで、海岸の広場で盆踊りをするが、その広場をボンツボという。村には六カ所のボンツボがあるという（同地人談）。

奈良県天理市乙木の「ドーノツボ」は集落内の広場。広場の傍に地蔵堂がある（市川秀之『日本民俗学』一七三号）。

ツボコ　窪み、山峡。「山のツボコに家を建てる」などという。秋田県鹿角郡（『全辞』）。

ツボヤ　①庭、庭園。秋田県由利郡（由利本荘市、にかほ市）、福島県大沼郡、長野、山梨（『全辞』）。

②　薩摩で陶器の窯元のある所。鹿児島県日置郡東市来町（日置市）美山《ミヤマ》には、苗代川《ナエシロガワ》焼の窯のある所を壺《ツボ》屋《ヤ》といい、一四、五戸の窯元がある。姶良郡加治木町（姶良市）小山田には竜門司《リユウモンジ》焼の窯元がある（『朝日新聞』昭和41・12）。

ツマ　奥のことをいう。飛騨日和田を飛騨のツマというのは奥にあるからである（『地形名彙』）。

爪《ツマ》と同源で、爪先というのと同様、岬の先端や内陸平地の奥まった端の土地に命名される地名。妻崎、妻越、妻木のツマはいずれも何かの端か、ゆきづまりの地に立地する。

日向のツマは、宮崎平野のゆきづまった端にある一小地域。長野県木曾郡南木曾町妻籠《ツマゴ》は、ツマゴメ（端込）で、小谷の奥の端に入りこんだ土地をいい、群馬県吾妻郡嬬恋《ツマゴイ》は、吾妻川上流の地でツマゴエ（端越）であろう。

越後中魚沼郡小出（魚沼市）、十日町市を含む一帯の古称をツマリ（妻有）というのは、ここが越後の南の果ての山奥で、すぐ信州との国境の深山に近く越後のドンヅマリであるからである〔『地形名彙』〕。他にトマリ（泊）説もある。都万、妻、妻有〔『地名の由来』、『日本地名語源事典』〕。
群馬県多野郡万場（神流町）で家の裏。兵庫県赤穂郡で、家と家との間の細い空地をツマと呼ぶ〔『全辞』補遺〕。

ツマカサノボイ　だらだら登りの坂。佐賀県伊万里市〔『NHKラジオ』昭和54・5・12〕。

ツマド　新潟県佐渡の民家で、主屋や付属屋に囲まれた中庭をいう〔『集解』〕。

ツヤ　津屋。今は地名に残るだけであるが『津島記事』の豊崎郷西ノ津屋村（対馬市）の条に「本州ノ西限、海商湊集メ止泊ノ所トス」、『倭名抄』に「郵家《ツヤ》、商賈ヲ駐メル処」とある。
宮城県本吉郡本吉町（気仙沼市）の中心集落津谷は、津谷川が流れ、港のあった地とみられる。
筑前宗像郡津屋崎（福津市）は、平安期に貨物を取り扱った家屋のあった所という。
北九州市八幡西区の「上津役《コウヅヤク》」「下上津役」というのはツヤク（津役）で、荷役の中継をした所という〔『綜合』、『日本地名語源事典』〕。カワの項参照。

ツユ　①近畿、中国方面で露のつく地名。露口、近露がある。これは上の田から下の田へ水を引く溝のこと。
②兵庫県美方郡で、雪崩。潰《ツ》える、潰《ツ》ゆであろう。島根県浜田市東郊は浜田川に沿う丘裾の崖地〔『集落・地名論考』、『全辞』〕。

ツリ　福島県東白川郡地方で嶺筋のこと。境の山をツリザケェともいう。他の多くの地方にはツルネという語がある。宮崎県の南部では、田んぼまたは郊外のことだというが、九州の地名に多くある（津留、都留、水流と宛てる）と同じであろう。川に沿った平野、平地の意。ツルの項参照。

ツル　①九州で川の両岸の山が急に遠のいてやや広い平地をなす所の名。鶴、釣、津留、都留、水流《ツル》の字を宛てる。東国のトロと同じく静かな水を湛えている地である。そうした地形である上に川が必ず屈曲しているようである〔『地形名彙』〕。北海道を含めて全国にわたっているツルは水の澱んだ所とか、水路を伴う平地、低地の意で、瀬戸内中部に分布の空隙がある。朝鮮語のツルのように「原野」の意ではなく「水路」

に真意がある。「ツラツラ考える」のツラ、氷柱のツララは「列なる」「つづく」の意がある。

津良という地名もあるが、ツラから転じたツルは鶴、蔓、釣る、吊る、伴《ツレ》、連なる、弦などの語がある。鶴は首の長いこと、蔓、弦、吊るにも長い意味がある。

深田の中に水路を残し、そこだけは稲を植えず、耕作する時、舟を通す水路を「田ヅル道」というが、このツルは水路である。

埼玉県八潮市には、川に接していながら流作場（堤外の田畑）を持たない地区の地名に「鶴ヶ曾根」というのがある。

名古屋の中心の公園に鶴舞公園（ツルマキともツルマ公園ともいうようである）に水路がある。これは本来ツルマであったのを「鶴舞」の佳名に変えたものだという。

ツル地名は九州の中、南部で特に多く、大分市の今津留は、別府湾へ注ぐ大分川（本流）と裏川（その支流）との間に囲まれた地域である。

鹿児島にも桑水流、鶴長、栗鶴、水流添、津留園などツルのつく地名は多く、川辺をカワッイというのはツルの古い意味を示している。ツルは川のほとりにできた堆積土の土地で、肥えており、水利もいいので耕作地として最適で、農耕文化はツルが育てたともいえよう。したがって福岡県久留米市ではツル（津留）は農耕地を指す（『久留米市史』五巻）。

② 青森県五戸地方では峰続きの線、峰筋をいい、丘陵地帯となって延び、その突端は、川目または沢目で水によって断たれており、ツルには必ず川目、沢目がある。ツリ、ツレ、ツラ、ハシリともいう（『方言研究』六号）。

岩手県岩手郡雫石地方でも、峰から峰に続く地味、すなわち両者を繋ぐ脊梁のこと。「○○に行くには何何のツルを渡って行く」などといい、むしろ峰渡りまたは繋がりの地脈を伝うその連繋をいう。高地から高地へ行くのに連絡する脊梁山脈を渡り、それを「ツルを辿って行く」といい、それを横断して越えることを「ツルを越えて行く」などという。「十三保峠から北のツルを渡って見吹峠に出た」などという（『山村民俗誌』）。三河などツルネと同じ語に使われて峰続きを示すことがある（『地形名彙』）。

「九州の屋根」と呼ばれる九重連山の、阿蘇国立公園のほぼ東端に位置する「坊ガツル」（大分県久住町

〈竹田市〉）は、中岳、大船山、三俣山、久住山など標高一七〇〇メートル級の高峰が威容を競い合う山群にとり囲まれた盆地状の草原である〔『毎日新聞』平成3・10・31〕。

③　鉱脈をいう〔『新潟県の地名月報』〕。鏈《ヒ》あるいは鏈筋とも呼ぶ。昔時は、鉱脈について精密な知識が乏しく、多くの鉱脈を同じく考えており、これらを鏑《タテ》あるいは立合《タテアイ》といい、また鉉《ツル》と呼ぶこともあった。

ツルイ　釣井。掘井または深い井戸を、福島県でツルイ、群馬県利根郡（一部、沼田市）でツルイともツリイともいう。徳島、島根、広島、山口でもツルイ、島根県鹿足郡日原町（津和野町）では、山の陰の浅く掘り窪めた小さな清水もツルイという。鹿児島県ではツリ、ツレ、イガァといっている。同県出水郡長島ではツリンともツリンガマともいう。熊本県球磨郡ではツルべとさえいっている。ツルとは、水を汲むのに縄を用いることである〔『福島県史』第二三巻、『全辞』、『綜合』〕。なお、山口県長門市大坪では、ツルイを掘る時にはザトーボーサン（盲目の琵琶法師）にコンジンヨケ（金神よけ）をしてもらう〔『長門市史』民俗編〕。

壱岐では掘り抜き井戸をツルカワ。島根県鹿足郡では、浅く掘り窪めて溜めた清水をツルイという〔『集解』〕。

ツルオー　信州北安曇郡（一部、大町市）で山脈連亘の所。南部地方でも、山と山をつなぐ低い峰〔『郷土』一の四、『地形名彙』〕。

ツルガムネ　丘陵の続くさまをいう〔松尾『日本の地名』〕。青森県五戸地方でツルアムネといい、鶴ヶ峰と書く。たいてい霊泉があり、湯主の娘、鶴という美人にちなむ伝説がある〔『方言研究』六号〕。

ツルギ　越中の剣岳《ツルギダケ》（三〇〇三メートル）は峻嶮で代表的。土地の人はケンガミネ（剣ヶ峰）ともいう。信飛界の乗鞍岳の主峰にも剣ヶ峰あり、同界の御嶽山の峰にも同じ剣ヶ峰の名がある。他にも例が多い。多くは大きな山のうち、その一峰の剣のような形に聳立した峰が、この呼称をとなえる。

阿波の剣山《ツルギサン》の頂上には、大岩頂四つあり、そのうち一つはしかも剣のように聳えている〔『旅伝』一五の一〕。

ツルソネ　鶴曾根（鶴根）のツルは「連る」すなわち「連なる」意で、ツルネは連なる嶺筋（ツリとも）をいう。交尾をツルビ、ツルブというのも同類語で、ツルソネは長曾根にあたる〔松尾『日本の地名』〕。

ツルネ 連峰のこと。山脊線が著しい高低なしに続いている地形〔『地形名彙』〕。

峰、連峰、峰から峰へ続く脊梁、ツンネとも尾根ともいう。山梨、静岡、愛知、長野県上水内郡、新潟県南魚沼郡、香川県小豆島でいう〔『全辞』、『越後南魚沼郡民俗誌』〕。

信州飯田地方では、山脈の末端、突き出た所〔『方言』六の一一〕。

ツルマ 青森県五戸地方でツルの大きいもの。川目または沢目の中間をいうようである〔『方言研究』六号〕。

ツルマキ 群馬県前橋市朝倉の鶴巻、高崎市吉井町の鶴蒔、同市倉賀野の大鶴巻、小鶴巻。古墳にちなんだ地名。古墳を含んだ古墳状の地形。ツルは蔓で、蔓を巻きあげて中央を高くした蛇がとぐろを巻いた状態がツルマキ〔『地名のはなし』〕。

テ

テ 平野。青森県上北郡（一部、十和田市）〔『全辞』〕。テはタイラ（平）であろう。

テー ① 峰、高い山。奄美大島、徳之島で、タケ（岳）に対応するもの〔『方言学講座』第一巻〕。

② 田のたくさんある所。タイともいう。大分県速見郡日出町で、同県北海部郡（大分市）では平野をいう〔『民伝』一四の七、『全辞』〕。

デー ① 台、高原台地。立石《タツイシ》のデー。由布山（大分県）飯盛で城の南の台《デー》などという〔『由布山』〕。

② ドイに同じ。土手、堤防。佐賀、長崎で〔『全辞』〕。

佐賀平野（主として白石《シロイシ》平野）で、掘割と田の中間に築いた盛り土で、大きいものは幅約一〇メートル、高さ一間くらいのものもある。デーとデーとの間には、掘割と田とに通ずる水路がある。おそらく掘割の氾濫を防ぐためのものであろう。デーの土は、田の表土（耕土）と同じツクドツチである。

デアイ ① 谷や川の合流点。新潟県南魚沼郡魚野川流域、富山県太美山村（南砺市、福光町）、奈良県吉野郡、和歌山県日高郡（一部、田辺市）、伊予東宇和郡（西予市）〔『礪波民俗語彙』、『越後南魚沼郡民俗誌』『日本民俗学』二の一、『全辞』〕。

② 道の分かれ目、道の辻。奈良県吉野郡（一部、五條市）〔『全辞』〕。

デアラ 小平地を、宮崎県東臼杵郡諸塚村で〔『民伝』五の五〕。テラに同じ（その項参照）。

デイ ① 峠。茨城県稲敷郡美浦村根本〔『全辞』補遺〕。

② ダイともいう。平。新潟県南魚沼郡（南魚沼市）五十沢村〔『越後南魚沼郡民俗誌』〕。

③ 福岡県京都郡伊良原《イラハラ》村（みやこ町）大字横瀬字西原《サイノハル》の丸岳（通称伊良原富士）の頂上から、それよりも低い西側の山との間の窪地にあり東向きに扇形に広がっており、約四〇〇坪の広さが人工的に平坦に均されている。この広場は、昔平家の落人によって開かれ、住みついたとの伝承がある。昭和五十二年十二月当時は、杉の苗木が植林されていた。

ディヤーラ 熊本県人吉市田野地方で、傾斜の緩やかな所が長く続いているような所をいう。『後狩詞記』（宮崎県椎葉村）では、そのような所をヨコダヒラという〔『えとのす』五号〕。

デカド 奥能登外浦の上大沢集落（輪島市）の海岸にあって多目的に利用される空地。デカドに隣接して海寄りにオオハマがある。デカドの内側に住居地域がある〔『図説・集落』〕。

テッキ テッキンともいう。信州北安曇郡（一部、大町市）、上田等で山頂〔『地形名彙』〕、頂上を長野でいう。東筑摩郡（一部、安曇野市、松本市）でテッキネ〔『全辞』〕、テッキン、テッコ、テンピネともいう。テッピネは峰のことをいう〔『方言』六の一一〕。

テッキョ 上、頂上。会津、新潟県頸城地方〔『全辞』〕。

テッキン 頂。長野県北安曇郡小谷地方〔『郷土』一の四〕。

テッコ 上、頂上。会津、新潟、長野県東筑摩郡（一部、安曇野市、松本市）、和歌山県海草郡（一部、海南市）〔『全辞』〕。

最も高い所。「鼻のテッコが黒くなっている」などという。新潟県中蒲原郡（新潟市、五泉市）〔『全辞』補遺〕。

デッパナ 岬。千葉県夷隅郡（一部、いすみ市）東海〔『全辞』補遺〕。

テッピ 山頂。駿河、山梨、長野県南佐久郡（一部、佐久市）。テッペンともいう。長野県東筑摩郡（一部、安曇野市、松本市）でテッピネという（『全辞』）。群馬県利根郡利南村（沼田市）鹿野新町でテンガミネとウエノウチの中間くらいにある屋敷のことをいう（『綜合』）。

和歌山県で頂上をテンビという（『全辞』）。天奴《ビ》山、天秤《テンビ》山、天秤坂、テンビン山（『日本の地名』）。

天火、雷の火を京都でテンビという。遊戯唄に「京の京の大仏ツァンは、テンビで焼けてな三十三間堂は・焼け残った、あらドンドンドン、こらドンドンドン」（『京ことば辞典』）。

テッペン　山頂。信州善光寺地方その他（『地形名彙』）、栃木県で頂上、頂、木の先端（『栃木県方言辞典』）、瀬戸内海全域（和歌山、大阪はこればかり）（『瀬戸内海の方言地理学的研究』）、山口県長門市（テンペンともいう）（『長門市史』民俗編）、佐賀県呼子町（唐津市）、長崎県五島若松町（新上五島町）（同地人談）、福岡市（『博多方言』）。

デト　山の入口、谷川の下流を奥州で広くいう（『地形名彙』）。

山の入口、山の端、沢の入口、谷川の下流、山の下方、里近い山のことで、デトは里近いという意。川の上流のイリ（エリ）すなわち山奥に対する語。沢の奥、山の奥から下流の里に近い地方を指していう語である。

東北地方から新潟、栃木県あたりの山沿いの各地でいい、カッチ（カッツ）の対語で「沢のデド」「デト山」はいずれも沢の出口や出口近い山のことであるから、出口または出所の義であろう。転じて、前面または手前のことをデト、デトウ、「山のデト」、「二、三軒デト」などと津軽、岩手県上閉伊郡（一部、遠野市）でいう。

福島県田村郡山根村（田村市）などでは、部落の上の方をデトといい、同県耶麻郡山都町（喜多方市）では、山の中の村からみて平地部の村をいい、富山県礪波地方では、家や屋敷から出た所をいう。

デバ　①常州で谷の入口（『地形名彙』）、エリ（イリ）の反対で入口の意。サア（沢＝サアは水の流れる谷のことで、谷という語はこの地方にはない）のデハなどという。茨城県多賀郡高岡村（高萩市）（『常陸高岡村民俗誌』）。

②岡山県美星村（井原市）で共有林のこと。出場の字を宛てる（『岡山県史』第一五巻）。

テビ　千葉県長生郡などで灌漑用水路をスイジとかテ

ビとかいう。スイジはイデという語の変形かと思われるが確かでない。テビはおそらく手樋で、めいめいの用水路ということであろう。場所によっては、田に接して畦がなく一続きになって境のつかないものもあるが、それでも水路の分だけは深くなっている。これも一種のヌルメである。

栃木県の東南部でデビは、田の中の畦畔だというのも、この水溜りを田との区切りというのであろうか〔『綜合』〕。

埼玉県八潮市では、個人所有の用水路をテビといい、用水や井堀からの支流で、共同で管理する水路から個人の水路、苗代の水路までをいっている〔『八潮市史』民俗編〕。

千葉県安房郡（一部、南房総市、鴨川市）では、田の間の土手で、水を止めるだけのもので人は歩けない〔『日本の言語学』六・月報二〕。また同県君津郡（袖ケ浦市）、栃木県芳賀郡、神奈川県高座郡で田の中に臨時に作る畦。相模〔『国誌』〕で小さな畦〔『全辞』、同補遺〕とあるのも同様のものを指すのであろう。千葉県市原郡（市原市）、武蔵、上総〔『国誌』〕では小溝、用水路をいうと『全辞』、同補遺は記している。

テミ　苗代の水口は、水温の低い谷水を使うので、水を温めるために苗代にはテミという畦状のものを作り、谷水を直接苗代に入れず、この堀を水が通って温くなるような装置とした。テミは手で作る小さなもので、その上を歩くことができなかった。テミは小さな畝のようなもので、手で土をかき寄せて作る。特に水の冷たい水口の所に作った。冷温水対策として冷え堀などと同じ機能を有する。福島県田村郡（田村市）滝根町〔『滝根町史』民俗編〕。

デミ　大阪府南河内の山間の村で、山水を筧で引く清水をデミ（出水）という。主屋の内外から汲めるようにした装置。大樋を土間の流しの外壁境にはめこむ。湧き水、山から出る清水。栃木、富山県城端町（南砺市）、香川、長崎、五島、熊本県天草郡、宮崎県西諸県郡（一部、小林市）、鹿児島〔『全辞』、『栃木県方言辞典』、『礪波民俗語彙』〕。

愛媛県大三島（今治市）、周防大島、大隅百引村（鹿屋市）でも泉。出るをデルと発音することになれば、泉という国語もこのように変化することになる。

また徳島県板野郡土成町（阿波市）では、湧水をデユという。山口県大津郡油谷町（長門市）向津具ではデメという〔『向津具半島の民俗』、『集解』、『全辞』、『綜合』〕。

テラ　山下にある平野を大隅百引村（鹿屋市）でいう。傾斜地を鹿児島でいうのも同じであろう。平原を宮崎県西諸県郡（一部、小林市）、薩摩でいうのも、同様であろう〔『全辞』〕。栃木県の南西部では平地、平坦地をテーラッコという。

福岡県田川郡添田町津野で、山の平地をデエラともドダンともいう〔『津野』〕。

同県甘木市（朝倉市）江川でも、山の平坦になっている所をデエラという〔『江川』〕。

大分県速見郡（一部、杵築市）でも台地〔『全辞』〕、同県大野郡野津町（臼杵市）でもデエーラは緩傾斜地〔同地人談〕というのも、前出のデアラと同様である。

トカラ列島の平島はテーランシマといい、これはその姿からつけられたとすれば「平板な島」ということになる。平島は最高峰が二五〇メートルしかなく、遠望すれば平板な島に見える。テーラは平坦な地ということになる。なお口之島にもテーランヤマ、テーラジリ、ウエデーラの地名がある〔『トカラの地名と民俗』下巻〕。

寺沢、寺尾、寺谷などのテラは、一般に平地または緩傾斜地に多く、タイラ（平）と関係があるのであろう〔『地名の由来』〕。

なお石灰岩のある地方で、沖縄より奄美諸島の方が密度が高く、徳之島や沖永良部島ではどの村でも、テラと称する拝所《ウガン》があり、テラは石灰岩の多い所と密度はやや一致するといわれる〔仲松弥秀『地名の話』〕が、やはりテラは平坦地をいうのであろう。

テルコ　沖縄にはテルコ、ナルコという神がある。コはカと同じく日の意。テルコは照る日、太陽のことである。

テーラは、沖縄の久高島で、八月祭の最後の日にテーラガーミという神謡を歌う行事がある。テーラは太陽だという〔谷川健一『毎日新聞』昭和54・1・26〕。

テン　①　諏訪で干上がった田をテンというのはテンコウボシの略という。他の地方ではテントウボシといっている〔『農村語彙』〕。

②　山頂。飛騨〔『登高行』〕。

テンケ　外南部で山の頂上。土佐香美郡（香美市、香南市）ではテンギョウ、トンギョウ、阿波麻植郡（吉野川市）でテンゴウまたはテンツヅ、飛騨益田郡（下呂市）ではテンツジ、山形ではテンペという〔『地形名彙』〕。

青森県上北郡（一部、十和田市）で頂上をテンケ、高知ではテンゲという〔『全辞』〕。

テンコー 四国で高く直立した山頂。テンゴーともいう。伊豆南部ではテンゲツ、トンギョウ、テンジョウ等という〔『地形名彙』〕。

伊豆三宅島で頂上をいう〔『全辞』〕。大分県津久見市大字四浦字天甲あり、佐伯市に五カ所のテンコウがあり、佐伯市のものは丘陵上である。山頂を意味するテンコに同じ。テンコツジ（東国東郡〈一部、国東市〉）、テンコボチ（速見郡〈一部、杵築市〉）、テンコツラ（大分県）に同じ〔『地名覚書』〕。

テンゴ 青森県五戸地方で、団子岩の高く重畳した山で、丘陵地帯でも特に高く樹木の一本もない岱。草が密生していてずいぶん変った地形をなしている。昔は天狗が住んでいた所とかいい、テング沢という地名もある。テンコもテンゴも同じ〔『方言研究』六〕。

テンコツ 頂上、山頂。岐阜県羽島郡（一部、各務原市、岐阜市）、愛知県知多郡、奈良県、岡山県阿哲郡（新見市）、笠岡市、鳥取県東伯郡（一部、倉吉市）、広島県比婆郡（庄原市）、香川、徳島県美馬郡（一部、美馬市。ここではテンゴ、テンコツ、テングラともいう）、愛媛県。香川、大分ではテンコツジともいう〔『全辞』、『方言』七の七〕。

福島県耶麻郡山都町（喜多方市）ではテッコという〔『山都町史』民俗編〕。

テンコツ、テンケツ、トンケツは、瀬戸内中心に濃く分布し、「ツジ」の淡く分布する所にこの語がある。周防大島、香川、徳島にもこれが点在する。総体的には中国、四国的なものである。テンコ、テンコラがおもに徳島、香川に分布していて、これは四国的である〔『瀬戸内海域方言の方言地理学的研究』〕。

テンジョウガワ 天井川。川底がその流路付近の一般の土地よりも高い川、すなわち川底が天井のような高い所にある川の意。

滋賀県の野洲川などもその一例。滋賀県では、天井川を屋棟川という。付近の民家の棟の高さが川底になっているからである。屋棟川は、甲賀郡（甲賀市、湖南市）菩提寺山から出るものと、阿里山から出るものと二つある。その他、由良谷川、大砂川、中ノ池川、悪水川、小山川、大山川など野洲川に合流する天井川である（『地名語源辞典』）。

奈良県吉野郡天川村《テンカワ》はアマノカワ（天の川）の音読みで、高地を流れる川の意（『日本地名語源事典』）。

テンジョコダマ、テンジョクダマ　天、天井、頂上を栃木県佐野市、今市市、安蘇郡（佐野市）でいう。また同県宇都宮市、河内郡（一部、宇都宮市、下野市）ではテンジョクという。富山県礪波地方ではテンゾク（天竺）は空、天、天空のことをいう（『栃木県方言辞典』、『礪波民俗語彙』）。山口県周防では山頂をテンジュクという（『瀬戸内海域方言の方言地理学的研究』）。天竺森、天竺岳、転軸山などの山の名は多い（『日本の地名』）。

デンダイ　田代。島根県でデンダエは、田台であろうという。またデンダエは広く数十町歩の田を指すものであるともいっている。台は平らで、台のようになった土地という意味か。一方、広島、大分でいうタイ、タエ、テーを『万葉集』に出てくる「田居」であるとすれば◯◯ダイ、◯◯ダエについては、それを結びつけることもできそうである。オキダイの◯◯ダイなども、これと関連させて考えることができよう。

デン◯◯は田であるにしても、レン◯◯、リン◯◯は、デンの音韻変化とみることもできようか。かなり広い田を指すものであることからすると、「連」の意義が含まれることも考えられないか（『日本言語地図』④別冊）。

島根県安濃郡（大田市）ではクボは小さくとも、また傾斜地でも、一目で見渡せる相当まとまった水田のことだといい、山中デンダイなど地名を冠して呼ぶことが多い。

淡路島や徳島県海部郡椿村（阿南市）で、平地の田をやはりこういっているのは、田代という法制語の音訓みだと『綜合』は説いている。

デンド　日当たりのよい所。「うちの田はデンドばっかりや」などという。富山県礪波地方（『礪波民俗語彙』）。下総印旛郡遠山村（成田市）で、明るいひろびろとした場所。上を遮るもののない場所をデンドーという（『旅伝』九の四）。

テンポサキ　波止場を愛知県碧海郡（碧南市）でテンポサキ（『全辞』）、同県愛知郡（一部、長久手市、日進市）でも海岸の埠頭、波止場をテンポサキという（『郡誌』）。三重県の民謡『桑名の殿サン』に「源氏は白旗、平家は赤旗、テンポサンは沖のハタ」の歌詞があるが、三重県桑名付近は、木曾、長良、揖斐の三大河のデルタ地帯の遠沙砂地である。

　鹿児島市の天保山は山ではない。甲突川河口の右岸の埋立地である。天保年間、調所笑左衛門の画策で、甲突川を浚渫し、その土砂でここを埋め立てたものである。その少し前、大阪で安治川を浚渫し、その土砂で河口の地帯を埋め立てて、天保山と命名したのにならったものである。藩はここに芝や樹木を植え練兵場とした。島津斉彬はここで藩士らに、西洋式の兵術を調練した〔海音寺潮五郎「西郷隆盛」、『朝日新聞』昭和37・8・17〕。年号の天保には関係あるまい。

　右に掲げたテ、テンを語頭においた地形語は、いずれも上高、突端を意味している。

テンマ　①　青森県五戸地方で、天間、天満と書かれ、天神が祀ってあるので、天満と一般に解されているが、タテのように丘陵の突端で、砂混りの土塊が直下に崩れ落ちる地形をいうようである〔『方言研究』六号〕。
②　谷の上部へ上りつめた所、山の中に入りこんだ谷。天間、天方〔『日本の地名』〕。

テンミネ　犀川丘陵地方で山頂をいう〔『地形名彙』〕。山頂。山形県米沢市、新潟県西頸城郡（糸魚川市、上越市）、長野県〔『全辞』〕。

ト

ト　①　門を宛て海峡のことをいう〔『地形名彙』〕。沖縄で沖、遠い海上をトゥーともドウナカともいう〔『沖縄語辞典』〕。『採訪南島語彙稿』では沖を tu: とある。鹿児島県大島郡和泊町（沖永良部島）でも遥かな沖合がトーであり、奄美大島で島と島との間をタナカ、肥前上五島では灘をトまたはトヤといい、「志自岐ド」「江の島ドヤ」「平島ドヤ」などの地名がある〔『方言学概論』〕。トナカとかオキノトナカのトは海のことである。鳴戸は潮流の吠える海、瀬戸は狭い海である（瀬戸は宛字）。音戸、瀬戸、平戸、江戸、水戸のトも関係があろう。河水の海に入る所は湊（『万葉集』に潮をミナトと訓ませているようだが、これは水が海のようにあるさまをいったものか）という。なお、大海を意味するオオトにちなむ地名として大門、大道、大藤島《オオドウ》、乙島、大門崎、大戸鼻、大戸瀬などがある〔『漁村語彙』、金沢庄三郎『地名の研究』〕。
　由良の門《ト》を　渡る舟人　かぢを絶え

ゆくへもしらぬ　恋のみちかな　曾禰　好忠

（島津忠夫訳註『百人一首』。「由良海峡のトは水流の出入りする所」）

②　東日本でトまたはトウは獣類の足跡のこと。秋田県仙北地方のマタギ詞でもトまたはトアドという。老巧な猟師はトをつないで猪、鹿などの類を識別し、その方角を知るばかりか、通過の時期や大きさなどまで判定する。静岡県西部の奥地では、鹿は手負いになるとよく川に入り、半道でも一里でも遡って逃げる。それはトウを晦ますためだという。たいがいの犬は一里も逃げられると、跡を求めて行くことができない。秋田県角館町（仙北市）付近で、兎の足跡をドというのは特別の限定らしい。なお熊が春先雪の上を歩くと溝のような跡をつける。鳥取県八頭郡若桜町の猟師はこれをドウヲヒクといい、見つけたら必ず捕ることができるそうである。ドウは足跡のトウであろう〔『綜合』〕。

③　垂直な所をト、崖はトベタ、崖の上をトバナという。トシタというのは有名な温泉場の地名になっているが、これはトの下にある温泉場。そのトが岩でできているとイワトとなり、その規模の壮大なものがアマノイワト。岩戸という地名は熊本県下には多い〔『熊本県民俗事典』〕。

④　狭い所をいい、瀬戸、川戸、越戸、戸谷、狭所《カイト》などという〔『日本の地名』〕。

⑤　砥石（砥または礪）を産する所。砥川、砥部、砥山（外山、戸《ト》山）などという〔松尾『日本の地名』〕。

⑥　場所、処で折戸（下りる所）、行きどまり、先端。切戸、枝戸などという〔『日本の地名』〕。

ド　溜池の小さいもの。新潟県で〔『新潟県史』民俗編一巻〕。

ド、ドアイ　①　沢の合流点。長野、上野、奥州で用いる。ドアイは河岸が迫って絶壁をなす所〔『地形名彙』〕。川の合流点を静岡県で土合、渡合《ドアイ》という〔『静岡県方言集』〕。ドアイは三二河川の合流点。中部地方に多く散在する。「〇〇渡《ド》」のこともあり、渡船場とは別。本流に黒川という川が合流する地点なら「黒川渡《ド》」、西沢が注ぐ所なら「西沢渡《ド》」というぐあいである。たんに「渡《ド》」や「沢渡《ド》」もある〔『地名の探究』〕。

②　山間の低地を静岡県富士郡（富士宮市、富士市）で土合という。泥這〔『静岡県方言集』、『日本の地名』〕。

③ 伊勢湾の入口を伊良湖のドアイという。狭い海面のことである〔『綜合』〕。

④ 山口県下関市（下関の方言）で主屋と長屋（納屋）との間の通路をドアイという。北九州市でも、家と家との間の狭い道路、路地をいう〔『北九州市史』民俗編〕。

トー、トウ ① 峠のことをいう。タオの再転である。肥後でもトーは峰続きの最高所である〔『地形名彙』〕。愛媛県で峠をトーという。鶸田峠《ヒワダノトウ》など。峠の古語タワ、タオは中国地方に多く残り、その長音化のトーは愛媛県を最多とし、高知県にかけて分布が見られる。

これはタワ越《ゴエ》、タオ越《ゴエ》からトウを経てトウゲに至る変化過程でのトウになって、越《ゴエ》のつかない過渡期の語形をとどめるものである。現在はほとんどトウゲと訓み替えられているが、もとは韮峠《ニラガトウ》、水《ミ》戸《ト》森峠《モリトウ》などであった。

タオゴエの過渡期語形も、愛媛県宇摩郡別子山村（新居浜市）から高知県へ越える大田《オオタ》尾《オ》越《ゴエ》の名に見られる〔『愛媛県地名大辞典』月報〕。

南九州には、熊本県と宮崎県の境の嘉久藤があり、群馬県吾妻郡などにも○○トウという山越が多い。奈良県の多武《トウ》峰がタワムの意であることは『扶桑記勝』に見える。

『古事記』に「山のたわより」、『万葉集』にタヲリなどあるが、要するにタワ、タワリの再転である〔『綜合』〕。トウゲ（峠）はタワゴエのつまったものである〔『綜合』〕。

② 南島八重山で谷をいう〔『全辞』〕。石垣島でトーは坂、たわ、すなわち曲の義〔『宮良当壮全集』第八巻〕。

③ 琉球ではフイラの反対で、平坦な地をトウという。トウバル（桃原）という地名もあるが、ハルだけでも平らな原っぱという語感がある〔『旅伝』七の三、『民伝』三の一二〕。

トーミチ（平坦な道）という語もあり、トはタと相通ずる。

奄美大島でも平地をいう〔『全辞』〕。沖縄で広場、平地はトー、平坦な高地はトーバルという〔『伊波普猷全集』第一一巻〕。

ドー、ドウ ① 信州北安曇郡（一部、大町市）、川の合流点。越中では川の深い淵、宮城県では堰のこと、いずれも水の音からきた〔『地形名彙』〕。

川の合流点。長野県などでは渡の字を宛てた場合がある（寄合渡《ドー》、沢ン渡《ド》）。北、南安曇郡（安曇野市、松本市）など（『日本の地名』、『綜合』、『全辞』）。北九州市門司区猿喰の堂出のドウも川の合流点。デは分村または山間の部落のことだという。

② 三重県飯南郡（松阪市）森村で、山と山との間の水のない谷間をいう（『綜合』、『全辞』）。

③ タワ、タオ（峠、坂）の転じたもので、峠坂の意。堂坂、堂野窪（松尾『日本の地名』）。

④ 宮城、福島で堰をいう。宮城県登米郡（登米市）、三重県員弁郡（一部、いなべ市）で樋の水門をいう（『全辞』）。

⑤ 川船の発着場をドウという。ドウはオチ（落し）の堀をよくするため土を浚った所。そのため深くなった入口を船の発着場として使用した。付近には伊勢ド、川崎ドなどがあった。埼玉県八潮市伊勢町（『八潮の民俗資料』第二巻）。

⑥ 道。四国伊予の地は、現在愛媛県、四国の北西部を瀬戸内海沿いから太平洋沿いにかけて広がる大国である。その東の部分は東予、中央部が中予、南は南予、東予の地は道前、中予は道後、南予は宇和の地である。道前、道後の「道」は南海道の道、伊予国で中央の都から時の地方政治の中心地、今治付近にあった伊予の国府へ至るまでが道前の地で、国府を過ぎて奥地へ入れば道後であった。なお、隠岐は地域が島であるから島前、島後というが、本来ドウゼン、ドウゴと濁って呼ぶ（『地名を考える』）。

ドイ ① 土居、土井、土肥。岡山、広島、山口、徳島、愛媛などにあるが、土肥は静岡、神奈川にある。

鎌倉時代の土豪、武士の屋敷地は、土塁および堀をもってめぐらされており、この一画を土居または堀之内といわれた。一町ないし二町の面積をもち、なかには屋敷と田畑があった。戦時には防禦、攻撃の拠点として、平時には農業経営の場所として使われ、半農半武士的な当時の生活を示す。岡山県東北部では、集落（小字）を指して土居といい、それが拡大されて英田郡には土居町（美作市）がある。小字の土居の下に上土居、下土居を含むのもある。御津郡加茂川町（吉備中央町）に下土居がある。また同県苫田郡上加茂村（津山市）土居でも地縁集団小部落のことをドイと称しており、それぞれのドイで荒神様を祀っている。そのほか鳥取県八頭郡（一部、鳥取市）、愛媛県大三島（今治市）、大分県東国東郡（一部、国東市）、西国東郡（国東市、豊後高田市）でも同様である〔『郷土史辞典』、『日本地名学』地図編、『岡山民俗事典』、『民俗と地域形成』〕。

② 堤、土手。新潟県北蒲原郡、富山、静岡、三重県志摩郡（志摩市）、山口、福岡、壱岐、大分県速見郡〔『全辞』〕。北九州市では土手をドエともいう〔『北九州市史』民俗編〕。また、同市小倉区では、鉄道線路の基盤を、福岡県京都郡では、田の周辺の傾斜面をドイノヒラといい、長崎県西彼杵郡大串村（西海市西彼町）では、上の田と下の田との間の土手をドイという〔各地人談〕。

富山県栴檀野村（砺波市）五の谷、同県五位山村（高岡市）でも、上の田と下の田の間の切り立った所をいう〔『礪波民俗語彙』〕。福岡県春日市で、筑紫郡最大の溜池、白水池《シロウズイケ》の下手を大土《オオド》居《イ》という。筑後の南部では、乞食をドイモンという〔『全辞』〕。乞食は個人所有地でないドイ（土手）に居たからであろう。筑後柳川でも土手、堤防のこと、「潮土居」は干拓の潮留の堤防である。「はぜの木土居」、矢留開の土塁、「慶長本土居」、田中吉政公が作った海岸沿いの堤防である〔『柳川方言総めぐり』〕。

③ 自然堤防の後背湿地の中で、特に低い所をドイとか、フカンボとかいい、常時水のある湿田のことである〔『戸田市史』民俗編〕。

④ 腐葉土。ナス、キュウリの温床は藁を編んで長方形の枠を作り、その中にあらかじめ用意したドイを入れた。三浦半島久里浜〔『ある農漁民の歴史と生活』〕。

⑤ 荒地を富山県西太美村（南砺市）古館で〔『礪波民俗語彙』〕、不毛地を京都でいう〔『全辞』〕。

⑥ 福島県会津地方の民家で土台をいう〔『集解』〕。

⑦ 土管または竹の樋。千葉県夷隅郡古沢（いすみ市）〔『全辞』補遺〕。

⑧ 土を盛り上げて作った炭竈または猪を防ぐために土を盛り上げた所。愛知県北設楽郡東栄町振草〔『方言』六の八〕。

トイモト 水源。静岡県庵原郡（静岡市）、富山県射水郡（射水市）〔『全辞』〕。

トウキョウ 江戸の名を改めて東京とした時、これをトウケイと呼んだ。明治の新政府の人事表に、知事由利公正以下の名を書き並べたものがあって、それには「東京府」にトウケイフとふり仮名がついている。

鉄道の線の名は、起点終点の地名の一字をとって名とするのが例になっているが、東京周辺の、昔からある郊外電車の名の場合、八王子、成田、横浜などとの間は京王、京成、京浜といい、それはすべてケイである。しかしこの場合は必ずしも東京の京をケイといっていたという証拠にはならない。

最近——東京が明らかにトウキョウといわれるようになってからできた東京、千葉間の道路も、ケイヨウ道路といっているのだから、町の名の呼び方の一部が、そのままその呼称の中に取り入れられる——ということにはならないからである。けれども、明治の初めの東京人の中には、のちのちまでトウケイフ、さらに市ができた後にはトウケイシともいっていた人がいたのだから、始めは正式にはトウケイだったのであろう。

だが、ミヤコを意味する「京」は、平城京も平安京もキョウであり、例の「いろは」も、最後はエヒモセスキョウと、京をキョウといっているのだから、一般民衆はおそらく官風のトウケイをいやがって、トウキョウといい、それがいつの間にか、正規の呼称として支持を得て落ち着いたのだろうと思う。

大正に育った私などには、もうトウケイは耳なれなかった。子供の時分に歌われたパイノパイノパイという東京の歌も「東京の中枢は丸の内」「東京で繁華な浅草は」「東京の名物満員電車」など、歌い出しの文句は東京で始まるが、それらはすべてトウキョウであった。このパイノパイノパイで流行した「東京節」は、大正八年頃の流行だというが、その前に東京の「電車唱歌」というのがあって、それは明治三十八年十月の作だというのだが、その二番が、

左に宮城おがみつつ　東京府庁を右に見て

とある。しかし「岩波文庫」の『日本唱歌集』には「東京」にはふり仮名がついていないので、はたして明治三十八年に新作された当時、どう歌ったかはわからない。もちろん私たちはトウキョウフチョウと歌っていた。しかし、それは原作者の意向通りかどうかはわからない。

もう一つ、お手玉やまりつきで歌っていた「一番始めは一の宮　二に日光の東照宮」というかぞえ歌も、ナで東京招魂社——という所はトウキョウであった。江戸が東京となり、それはトウケイだったのだが、それがトウキョウともいわれ、やがてトウキョウに安定した——という経過も今となってはなかなかわからない（『塵々集』）。

トウグチ ①港。
②川の下流にある渡し場。沖縄で〔『沖縄語辞典』〕。

トウグチ 香川県の農家で、敷地への出入口をいう〔『集解』〕。

トウゲ 山稜を通る交通路がトウゲ（峠）で、普通、山尾根の一番低まった部分、すなわち鞍部を通る。中国地方では峠、岾、嵶（タオ、タワと読む）などの字を使っている。峠の字は国字で『和漢三才図会』（正徳二〈一七一二〉年）が初見であるとされている。トウゲは「タワ（撓んだ所）越エ」の約語で、コエ（越）も峠を指す語として、広く用いられているが、山越えの交通路を包括的に指す場合が多い。

峠の険難は標高と勾配で決するが、標高について、直良信夫は二〇〇～五〇〇メートルが標準で二〇〇〇メートル以上の峠は針木峠（二五四一メートル）、佐良峠（二五五三メートル）をはじめ安房峠、野麦峠、焼山峠など、主脈を横切る高峻な峠路が甲信地方に若干見られ、古くから開かれていた。

また東海道の足柄峠（七五九メートル）、神坂、碓氷峠（九五六メートル）、山陰道の遠阪峠（三六三メートル）、蒲生峠（三五五メートル）の諸峠は国境の峠でもある。

峠口の村、たとえば飛騨山脈を越える野麦峠の麓の野麦村は貧寒な集落だが、峠越えのための荷駄で生計を立てた。各地の峠口にあるカルイサワ（軽井沢）と呼ばれる地名は、山越しの荷継ぎ、荷づくろいのための拠点であった。

交通頻繁な峠には軍事的な関、休息用の茶屋やお助け小屋と呼ぶ無人の峠小屋が設けられた。

峠は多く国境、村境であった。境の神あるいは山の神が祀られてあり、柴折、柴立などという手向けの慣習のある所も多かった――トウゲはタムケ（手向）であるという説もこの慣習から出たものであろう（山形県の羽黒山には出羽三山神社あり、標高四〇〇メートル、手向《トウゲ》がある）〔『NHKテレビ』平成2・9・7〕。

しかし、峠路は人馬による交通から、車による交通に中心が移るにつれ、その面目を改めた。

峠路の改修は、勾配を緩やかにする点に進み、新道はつねに迂回路となった。鉄道の普及、自動車交通の発達、土木技術の進歩によるトンネルの掘鑿や道路改修工事による新道の発生とともに、古い峠は忘れ去られるに至った〔『日本社会民俗事典』第三巻、『日本歴史地理用語辞典』)。

トウジンボウ　東尋坊は福井県の三国港の北方にある海岸の観光地、日本海に臨む高さ八〇〜九〇メートルの断崖。荒れ狂う波と安山岩の柱状節理が美しい急崖である。

「地もとの古刹平泉寺にいた悪僧東尋坊に因んだ」名前で、この悪僧が同僚に、この崖から突き落されて殺され、その直後、暴強風が吹き荒れたので、その怨霊の祟りとして、その場所を東尋坊と名づけ、その吹き起された暴強風をもトウジンボウと呼ぶようになったという。

風のトウジンボウは、旧暦四月、八十八夜頃の大風で、西寄りの風が強く吹く時、主として西日本各地(九州ではほとんど知られていない)でいうが、あまり古くからある風名ではないようである(『風の事典』)。

ドウメキ　道目木、泥目木、銅目木、動目木、百目鬼《ドウメキ》、道目記、百目貫《メキ》、百目金《キ》、土目木、百笑《ドメキ》、泥汨《メキ》、藤貫《ドメキ》沢、道命、道面、百海《ドウミ》、百成《ドウミキ》、道目、留目《トドメ》、百々目木《ドドメキ》、百亀喜《ドウミキ》、棒目木《メキ》、棒目貫、坊目木、道免《ドウメ》、百々《ドウドウ》、百海《ドウミ》等の地名がある。牡丹幹《ボタメキ》、沢帯《ザワミキ》と共に、河谷や海岸の水音、波音であるらしく、東北地方に多い。百をドウと訓むのはトド(十十)すなわち百からきている。百笑をドメキと訓むのは「どっと笑いどよめく」という連想からきたものであろう。轟の字をトメキと訓む例も、福井県永平寺町にある(『地理学評論』一八の五、『日本の地名』)。「ドドミキ」参照。

トウモ　村の周囲の耕地のこと。それをトモといっている土地も愛知県額田郡(一部、岡崎市)、三重県員弁郡(一部、いなべ市)などにある(『綜合』)。人家のある山寄りの土地から離れて、水田の広く開けた四方八方見通しの利く所を遠州気質でトウモといい(『旅伝』七の一)、静岡県浜名郡中瀬村(浜松市)では、日当たりのよい所をトウモともいい(『民伝』一八の一二)、尾張では田んぼをトンという(『全辞』)。

田面か外面か不明だが、一方には新潟県中蒲原郡(新潟市、五泉市)で、水田をタナボまたタナシギという例もあるから、田圃と書くタンポともとは一つであったことが想像できる。たぶん水溜りを意味するタンボと、このトウモとが合体して田圃となったものであろう(『綜合』)。

トウル、トウール、トウロウ　洞穴。南島徳之島、井之川の海岸の洞穴は、死体を収めた、つまり風葬の場所であり、ここで先祖祀りをした。トゥルミという言葉もあり、トゥルを見に行くことで、先祖祭りのことである〔東靖晋「『境』の文化誌」『毎日新聞』昭和61・6・19〕。

沖永良部島のハミクブのトゥール（トールバカ）は、明治八年頃、風葬をした所だという〔『旅伝』一二の八〕。

奄美大島で現行のように改葬の風習が行われる以前は、山の斜面とか崖の中腹などに横穴や洞窟を掘り、納骨堂としてこれをトウロウ（洞籠）と称した。笠利村万屋には、これが数カ所もあり、広いのは一〇畳敷くらいのものもある。死人があれば、死体をトウロウに納め、五年くらい経て、洗骨したうえ、これを甕に入れて再びトウロウに納め、入口は固く閉ざしておく〔『日本民俗学』二の四〕。

ドエ　青森県五戸地方で貯水池のことであり、またその地名でもある。ドエはドイに同じく堤防のこと。

五戸地方では、建築用語にドエボリという語があり、今はヌノボリといわれ、地下を掘り下げること。ホリは堤防のことで、名詞ではホリツキ、また動詞ではホリック（ツクは築く）といっているから、ホリもドエも土手も同じく堤防のことである〔『方言研究』六号〕。

山口県長門市殿台、境川では田の畦をドエとかタノドエとかいう〔『長門市史』民俗編〕。

北九州市でも水田、畑の土手をドエという〔『裏門司の方言集め』、『北九州市史』民俗編〕。

トオミ　遠見。展望のきく場所、山。そこは必ず平坦地で、山ならば平頂、円頂、鈍頂である〔『日本の地名』〕。

トオリヤマ　タオリヤマの転訛。やや奥まった盆地のこと。九州に多い〔『地形名彙』〕。

中国地方以西に多い地名。丘や小山を越えて行く所だから、通山と書いているが、起りはタオリ山である。タオリという語は、山の峰の外線が一所低くなっているだけでなく、その側面の引っこんで平地の奥まった所または川の岸の屈曲した所も皆、太手利または井手手利といったようである。

新潟県北魚沼郡（魚沼市）でも、山の傾斜面を迂回して登ることをタオルまたはクオッテヌブルという。

他の山地でマク、カラムまたはヒジオッテノボルというのも同様である〔『綜合』〕。
トガイ　岬、尖りの意。沖縄宮古島〔同地人談〕。
トカエ　岩手県で山の陰、ことに山の向こう側をいう〔『地形名彙』〕。後ろの方、山の向こう。岩手。ソデに同じ〔『全辞』〕。
トガミ　縦に二等辺三角形をなして天空に尖っているトガリ山からトガミ山に転じたものか。戸神山が縦に立体的に尖った（広がった）ものがトガノで、もとはトガリノであったのであろう。川の合流点などにはこうした地形ができやすい〔『地名のはなし』〕。
ドグチ　川水を灌漑用にするため堰止めた所。これがいつ頃、五戸川の下部に設けられたかはわからないが、川に上る鮭がこのためじゃまされ、上らなくなった。青森県五戸地方〔『方言研究』六〕。
ドーケ　①緩傾斜地を佐賀県唐津でいう〔『全辞』〕。②肥溜。西神戸から播磨路にかけて〔『民伝』一八の四〕。
トコ　①山頂。隠岐船越〔『隠岐島前漁村採訪記』〕。②平坦な土地。隠岐〔『全辞』〕。③畑の黒土の下の赤土。吉野十津川郷〔『吉野の民俗誌』〕。④海草のあまり生えていない海中の瀬。伊豆大島〔『全辞』〕。
トコナメ　信州小県郡（一部、上田市、東御市）、河底の岩の平らな所に少々の水がかかりで静かに流れる所。トコは岩石、ナミは併立の義か〔『地形名彙』、『綜合』〕。
トコヨ　沖縄ではヨというのは穀物のこと。特に米とか粟のこと。常世の世は幾世代もという意味と同時に、穀物がいつもたわわに熟している世界というように、しだいに理想の世界としてのイメージが強くなっていく〔『わたしの民俗学』〕。
死者の住む国であり、豊かさの満ちあふれたパラダイス。折口信夫の「妣が国へ・常世へ」や『常世論』を見よ。
トコロ　①ヤクザ（遊俠の徒）の縄張りであるシマ（シマの項参照）より狭く使う言葉だが、親しみを加えた場合をいう。縄張り、シマ（島）、トコロをシバショ（死場所）という〔『言語生活』昭和53・3号〕。
②トコロとは「わが郷土」の意味。トコロノモンは同郷人のことで、これに対してバションシ（場所の衆）とかバショモンとは「都会の人」「町の人」のこ

と。「所」を和語で「場所」を漢語でと使い分けているのは興味深い〔『福岡県ことば風土記』〕。

ドザレ　傾斜地に砂礫畳々として、通行するのに一歩ごとに砂礫の転下する所をいう。「ドザレはさすがの猛猪も急進すること能はず。故に村田銃をもってせば、五、六歩毎に一丸を与ふることを得る也」〔『後狩詞記』〕とある。宮崎県東臼杵郡椎葉村。

トジ　①　長野県木曾郡の農家で、主屋の前方の空地、農作業の場をいう〔『集解』〕。

②　広島県安芸津湾の三津《ミツ》の漁師の言葉。陸《オカ》の言葉で、辻をこの地の海ではドジという。広く特定の土質が続いている所であり、辻の広がりを連想させる。こうしたタコ漁場を「大トジ」という〔『空からのフォークロア』〕。

ドジ　土地、地面。神奈川県津久井郡（相模原市）、愛媛県大三島（今治市）、熊本県玉名郡（一部、玉名市）〔『全辞』〕。

また千葉県夷隅郡勝浦（勝浦市）〔『全辞』補遺〕や群馬県群馬郡総社村（前橋市）〔『風色の望郷歌』〕などではドジベタという。

江戸時代には土俵から足が出ることを「土地を踏む」といったのが訛ってドジといった。相撲は徳俵から足の指先一本でも踏み出したら負けになる。それを「土地を踏む」といった。ヘマ、マヌケともいう〔『語源』②〕。

トシバタ　伐採開墾をしない地域のこと。山中で深夜に赤子の泣き声を聞き、ただちに山作りを中止して山神を祀り、トシバタとした例は愛知、静岡あたりの山地に折々ある〔『綜合』〕。

ドタ　湿田、湿地、深田。奈良県添上郡（奈良市）明治〔『全辞』〕。福岡県浮羽郡（うきは市、久留米市）で汚水溜、下水溝をドタボリ、高知県幡多郡（一部、四万十市）で谷をドタネという〔『全辞』〕。

ドタン　①　鎌倉でヤトの断崖には、必ずといっていいほど、二つや三つのヤグラといわれる洞窟が掘られているが、そこの土質をドタンといい、土や石との中間くらいの硬さをもつこの地やまは、かなり奥深く広々とした洞窟でもさしたる難工事ではない。歳月と共に地下水のにじみ出ることもなく、さっと打ったコンクリート塀くらいには固まるという〔里見弴『毎日新聞』昭和38・4・28〕。

②　山の平地。デホラともいう。福岡県田川郡添田町

津野〔『津野』〕。

トータンボ　家から離れた遠い田。富山県鷹栖村（砺波市）〔『礪波民俗語彙』〕。

トッケ　武蔵奥多摩で山の峰の尖りをいう〔『地形名彙』〕。福岡県早良郡（福岡市）で頂上をトッケッという。熊本県でトッケス、長崎県、熊本県玉名郡（一部、玉名市）で山頂をトッケン〔『全辞』〕、長崎県五島でも頂上または木の梢先をトッケンという〔『五島民俗図誌』〕。

ドッセキ　熊野地方で谷の行きづまりをいう〔『綜合』〕。

トーツチ　粘土。紀州上山路村（田辺市）〔『方言』五の五〕。

トツラサワ　山渓の地名に多く、また地形もおよそ一致している。東北でトツラ、中央部から西でツツラ。共に藤その他の蔓類を意味する語で、地名としてはたんにこの植物が多くある所という意ではなく、これを採取して利用する作業、すなわち筏を組む枝に便宜が多かったことを意味し、この植物が多い沢、すなわち木材水運の要所ということになる。弘前市に十面沢がある。『秋田植物方言』には熊柳がトツラのこととあるが、他にもまだ種々のトツラがあったことと思う。トツラの原形はツツラで藤類の総称かと思う〔『地名の研究』、『綜合』〕。

トデ　外。安房上総〔『物類称呼』〕、神奈川県三浦郡〔『全辞』〕。

（参考）ソデ　①戸外、そと。仙台（以呂波寄）、北海道（志不可起）、南部、岐阜県吉城郡（飛驒市、高山市）。

②庭。岩手県九戸郡（一部、久慈市）〔『全辞』〕。

ドテ　①崖。福島県、長野県上田付近〔『地形名彙』、『全辞』〕。

②地の傾斜面。愛知県碧海郡（知立市など）〔『全辞』〕。

③東京都八丈島の民家で、敷地の周囲の石垣の上を指す。ここに常緑樹を植えて防風林とする〔『集解』〕。

④他人所有の田畑と区別するための畔《クロ》、土堤。栃木県〔『栃木県方言辞典』〕。

⑤堤防。熊本県〔『熊本県民俗事典』〕。

⑥京都で低い山をドテヤマという〔『京ことば辞典』〕。

ドド　秋田県雄勝川、川や堰などのちょっとかかっている川、小滝などをいう〔『地形名彙』〕。

水流が堰かれて勢いよく流れ落ちる所。岩手県巻堀、山形県米沢〔『全辞』〕。

川音を表わすドド、ドウドウなどが「百々」と表記される。石川県加賀市百々《ドド》、岡山県苫田郡加茂町（津山市）百々《ドウドウ》などがある。これは「十《ト》」かける「十《ト》」で百を表わしたもの。それならば「々」は余計であるが、ドドというくり返し語という意識と、地名二字化の現れから「百々」と表現したものであろう。

栃木県の百目鬼（真岡市や塩谷郡塩谷町など）のように「百」だけで「ドウ」と訓む例もある。高知県中村市百笑《ドウメキ》、石川県七尾郡（七尾市）松百《マツトウ》などもある。栃木県の栃《トチ》の字は、元来「杤」でこれも「十《ト》」かける「千《チ》」で「万」と表わしたものである。たし算の地名では、前述のドウドウと同じく川音の「トドロク」意のトドロキに十十六木《トドロキ》（埼玉県秩父郡大滝村〈秩父市〉）と書くのは「十」の数をそのまま列挙した例であるが、同じ地名を二十六木《トドロキ》（秋田県本荘市）とか廿《トド》六木《ロキ》（山形県東田川郡余目町〈庄内町〉）と書くのは「十」たす「十」で「二十」と、たし算をしたもの。東京都八王子市にも廿里《トドリ》がある〔『地名が語る日本語』〕。

ドドミキ　信州高遠地方で、川の落ちて轟く所をいう。トドメキともいう〔『地形名彙』〕。トド、ドメキ、トドミキ、ドオメキ、トドロ、トドロキ。トトキ（十時）という姓があるがこれに関係あるか。

要するに水音からきた地形名で、谷川、瀑布、滝壺、水の落ち口、川の横堰から落ちる箇所を青森県五戸地方、羽後角館地方、岩手県上閉伊郡、秋田、山形県置賜地方、佐渡、栃木、群馬、長野、山梨、愛知、石川、京都、岡山、高知などで用いる。

高知県吾川郡春野町（高知市）弘岡中字百笑《ドメキ》、中村市中村字百笑などがある。百は十×十だから十十、トオトオ、ドオドオ、ドドと訓む。水音を衆人がどっと、どよめき笑う意味に擬らえた戯訓。類語にドウメキ、ザワメキ、ガラメキなどの地名が各地にある。トドロ、トドロキ、鳴川《ナルカワ》、鳴谷《ナルタニ》、鳴滝《ナルタキ》なども水音に縁由する地名。トドロ、トドロキには轟の字を宛てている。

トドロバエ（礁の名、宮崎県富高）、土土呂《トドロ》（延岡市）などの地名もドウメキ、ボタメキ、ザワメキと共に、水音、波音である。

トドロキ（轟）はドウメキと共に海岸の地名としては近畿、中国に少なく、東北と西南に多く分布する。南島国頭でも滝をトドロチといい、長野県東筑摩郡（一部、安曇野市、松本市）では滝壺をドドンビキという。愛媛県上浮穴郡面河《オモゴ》（久万高原町）には、土泥と記してトドロと訓ませる地名がある〔『地名語源辞典』、『全辞』、『綜合』、『日本地名学』Ⅱ、『土佐民俗選集』その二〕。

熊本県八代郡泉村（八代市）五ヶ荘で滝をトドロ。高さ七〇メートルあり。

トネ 佐渡で山背、峠、山頂をいう。ソネに同じ〔『全辞』、『地形名彙』〕。

佐渡島の北部、大佐渡のほぼ北東から南西にかけて、島の屋根ともいうべき山嶺が縦走している。その分水嶺をミズコボレザカイというが、それぞれ東側と西側に高度を低めながら、数段からなる海岸段丘をなして海に迫って尽きる。西側の外海府と東側の内側のムラをいく筋ものトネ越えの山道が結んでいて、トネのオーカン（往還）とも呼んでいる。それらの往還のうち、南部のいくつかは、海岸道路を整備するまでは国中地方へ越える通路として大切な機能を果してきた。尾根伝いの山稜線は、往来の人に長年踏み固められて山中にしては開けた交通道路になっていて、ウエヤマミチの名があり、山稜が三つに分かれている所をミツヤマザカイという。トネ越えには共通した越え方が認められる。各ムラのコーラ（川、沢、渓谷）沿いにはほぼ北西の方向をとってトネに達する。その絶頂をマトネともツンブリともツンコともいう。かつては道標が立っていた。それは大樹、地蔵、石塁などであり、ヤスミ場ともなった。

トネ越の名称は、慣習的につけられてほぼ固定しているが、北の二筋「コーラ（北小浦のこと）越」「黒姫越」は内海府のムラの名で呼び、他は関越、大倉越、石名越、小野見越で南端の「アオネバ越」以外は、外海府のムラの名をとって名づけられているが、これらは働きかける力の強い側のムラの名によったのではなかろうか。

トネの往還は、カエコト（物資の交易）の通路として、また放牧していた時代に牛を見回りに行く時、杣稼ぎに山に入る道、郵便配達、両津、国中方面から役人が海府諸村へ入る交通路、三山かける参詣の道として役立ってきた。小佐渡の山越えにくらべると、数段難儀な山道であった。
しかし、島を一周する道路が整備された今日、この山越え道もほとんど通う人もなくさびれている〔『新潟県史』資料編第二三巻〕。

トノクチ 大和の環濠垣内の入口にある地名。南葛城郡楢原垣内（御所市）に殿口という地名がある（大和の垣内）。

トハ 戸外、そと。「うるさいからトハで遊べ」などという。奥州〔『物類称呼』〕、常陸〔『常陸方言』〕、秋田県平鹿郡（横手市）、福島、茨城、栃木県芳賀郡。

また徳島県祖谷地方ではトバという〔『全辞』〕。①埼玉県鳥羽井（比企郡川島町）のトバは方言で、渡船場の意味がある。したがってトバは船着き場といってもよい。「鳥羽井」の「井」は「居」の宛字。トバは船着き場の意味があることは、先年、京都の鳥羽離宮跡から大規模な船着き場が発見されたことからも実証できる。

なお、鳥羽井河岸はかつて荒川の船運によって発達した所。明治まで帆船が走り、油、塩、砂糖の交易が行われ五、六軒の問屋があったという〔『埼玉県地名大辞典』月報〕。

愛知県碧海郡（知立市など）でも渡船場をドバという〔『全辞』〕。

② ドバ、ドハは「谷口」「渡船場」「流木を上げる所」「ぬかるみ」などの方言があり、ドハやトバの地名となっている〔『日本地名学』Ⅱ〕。

③ 鳥取県八頭郡池田村落折（若桜町）で、村の真中の広場をいう。入口に小さな祠堂がある〔『綜合』〕。

④ 賭場、賭博をする場所。賭場荒しなどという。

ドバ ① 土場。渓流の末などで磧が広がり、榑木を収集整理する所〔『地形名彙』〕。

岩手県雫石町で、木を川に入れることをドイレといい、その木をいったん置く場所をドバという〔『山村民俗誌』〕。

栃木県で山から谷へ木材運搬用の橇を通すためその都度作る梯形の木組をソリミチというが、その終点、すなわち谷までくる所で材木を積み重ねてある所、材木置き場、土場。老人語〔『栃木県方言辞典』、『安蘇郡野上村語彙』〕。

西多摩郡檜原村ではオイセギ（山から木を伐り出す時、一本を選んで伊勢大神と書き祝詞、神酒をあげ、木遣唄をもって出材の始めに川へ流し出す。この木をオイセギというが（現在は簡単に適当な木を七尺五寸に伐って立て神酒をあげるに止まる）、これを川から揚げる所をいう。なおこのオイセギを川へ流すことをドイレという〔『方言』六の五〕。

長野県南安曇郡（安曇野市、松本市）でも流木を揚げておく所〔『全辞』〕。南佐久郡では、材木を伐り出す所をドバという〔『旅伝』一一の八〕。

紀州日高郡上山路村（田辺市）では、谷から本流へ入る谷口とか、山から木を搬出して川端に堆積させておく所をドバといい、筏師の間では筏の材木を横につなぎ合わせるカヅラをもドバという〔『方言』五の五〕。吉野地方では、ソマドが仕上げた角材を運搬するにはスラ（修羅）やセギ（堰）を利用する。

水量の乏しい岩の多い川を堰いて溜めた水を一気に抜いて、その水勢で筏を押し流すのをテッポウセギというが、筏で下ろせない谷には次々にセギを作る。大きな川沿いの筏のクミバ（ドバ）まで下ろすのがダシの仕事である。ダシによって川筋へ下ろされた材木はクミバで筏に組まれる〔『吉野の民俗誌』〕。

山口県都濃郡（周南市）でも、伐り出した木材を集積しておく所がドバで、西日本で一般にそういっている。山中に一時集積しておく所を中間ドバともいっている〔都濃郡の木材仲買人談〕。

熊本県津江渓谷は、日田杉の出る所だが、この杉材を伐り出して集める場所を山ドバという〔『西日本新聞』昭和39・6・12〕。

宮崎県東臼杵郡椎葉村では、山から伐り出した木材を集める所をドバとかカンバとかいう〔『椎葉の山民』〕。

岐阜県揖斐郡徳山村（揖斐川町）では、川に流した薪材を陸揚げすることをドバアゲという〔『全辞』補遺〕。なお、山から伐り出す木材を馬に引かせて出すことを千葉県君津市ではドビキという〔『NHKラジオ』昭和60・12〕。

② 富山県礪波地方でぬかるみ、泥濘をドバドバ、しぶき、はねをドバシルという〔『礪波民俗語彙』〕。福岡県でも、ぬかるみをドバスという〔『全辞』〕。

トハリ　群馬県館林市付近で町はずれのこと。〇〇ドハリという地名もある〔『綜合』〕。

トーバル　沖縄糸満で低地をいう〔『全辞』〕。桃原の字を宛てる。

トビ　① 田へ水を引くための溝。岡山、甲斐〔『物類称呼』)。静岡で小溝をトビッチョー、神奈川県高座郡ではトビットという。
② 下水。島根県簸川郡(出雲市)(『全辞』)。
③ 岡山県美星町(井原市)宇戸谷から矢掛町へ出る道は、その沿道に美山川があり、橋はなくて川底に大きな石が敷き並べてあった。旅人はこの敷石を飛びながら川を渡った。この敷石渡河のことを「飛び」とか「飛び石」と呼び、宇戸石から矢掛へ出るまでに一三カ所の飛びがあった。宇戸谷から数えて「一の渡り」「二の渡り」と順に呼んでおり、通行の一つの目安にしていた。たとえば、往来での出来事を話す時「五の渡りあたりで日が暮れてしまって困った」などと、その位置を示すのに使っていた。その他、吉永町(備前市)の八塔寺川をはじめ各地に見られた(『岡山県史』第一五巻「民俗」一)。

広島県双三郡(三次市)で、とび石をトビイソという(『全辞』)のも同じであろう。

トビチ 飛地とは、親村と地続きでない土地のこと。もともとは飛知とも書き、江戸時代、城付きの所領に対して各地に分散している知行地のことをいった。また、村境の川が洪水などのため川筋が変わり土地に出入りが生じ、それまで甲村だった土地が隣の乙村と地続きになった場合、その土地が無高地《ムタカチ》(荒地などの年貢のかからない土地)の時は、そのまま甲村の飛地として治められた。

飛地となる理由はこのほかに分村、新田開発などさまざまで、現代でも市町村の合併などによって離れた土地を飛地と呼んでいる(『グラフふくおか』昭和16・6号)。

ドブ ① 排水不完全な足入りの地(『地形名彙』)。
② 青森県五戸地方で、自然の水溜りの所をドブといい、その大きいものは沼。サカサドブ(地名)は、灌漑用水で、地勢の関係か、逆流して河に入る故の名という(『方言研究』六号)。

栃木県では溝、溝渠をドブッコ(老人語)(『栃木県方言辞典』)。信州東筑摩郡(一部、安曇野市、松本市)では淵、溝(『方言』六の一二)。上水内郡(一部、長野市)では溜池、下水溝をドブラといい(『全辞』)、富山県では池のことをいう。おもに自然のものにいい、また人工のもの、自然のものに対してドンブルともいう(『礪波民俗語彙』)。

石川県では下水、下水溝をドブス、鹿児島県種子島で沼をドブという〔『全辞』〕。
なお、鮎独特の釣り方にドブツリというのがあるが、重いオモリを上下させ昆虫に似せて作った毛バリをおどらせ、これに飛びつく鮎を釣るのであるが、ドブとは淵のことで、主として鮎の集まっている淀みや淵をねらうことからこの名が出たという〔『毎日新聞』昭和38・5・24〕。「ドブ板選挙」という語がある。候補者自身が、裏通りのドブ板を踏みながら小集会を積み重ねていくといった、こまめな集票活動の象徴的表現をいう〔『毎日新聞』「新編戦後政治」平成3・9・8〕。

② 山梨県ではぬかるみ、鹿児島種子島で泥をいう〔『全辞』〕。

③ 沖が東南風で、岸近くが北風の時、曇天あるいは降雨。千葉県夷隅郡興津（勝浦市）〔『全辞』補遺〕。

ドフラメギ 谷地などのぬかる所。秋田県仙北郡角館（仙北市）地方〔『旅伝』八の六〕。

ドベ ① 泥。丹波〔『丹波通辞』〕、秋田、宮城県登米郡（登米市）、佐渡、富山、石川、兵庫、鳥取、島根、岡山、広島、山口、高知、福岡で〔『全辞』〕。壱岐では海底の泥土一帯をドベという。ムタに同じ〔『旅伝』一〇の一二、一一の四〕。
山口県長門市通では、海底の土質がドロ土である所をドベトチといい、海底のドロ土が盛り上がっている所をドベズカといい、アマダイが多く捕れる〔『長門市史』民俗編〕。

② 下水、どぶ。福島、大分県大野郡（豊後大野市、臼杵市）。

③ 沼、泥濘地。長野県西筑摩郡（木曽郡）、兵庫県佐用郡、長崎〔『全辞』〕、北九州市〔『北九州市史』民俗編〕。

④ 土塀。筑後柳川には、武家屋敷には独特の土と瓦で築いた厚い柳川練塀といわれた土塀が多かった〔『柳川方言総めぐり』〕。

ドベタ 地ベタ、地面。栃木、愛知県東春日井郡（春日井市）、岡山県小田郡、山口、愛媛県周桑郡（西条市）、福岡県豊前市〔『全辞』〕、北九州市〔『北九州市史』民俗編〕。

② 泥田、泥深い田、湿田。宮城県登米郡（登米市）、福島県田村郡（田村市）滝根町、長野県北安曇郡（ヒドロダともいう）、広島県倉橋島。宮城県栗原郡（栗原市）では泥田をドーベタという〔『全辞』〕。

③ ぬかるみ。長野県東筑摩郡〔『全辞』〕。

トボー ① 入口、玄関。新潟、群馬、埼玉県秩父郡（一部、秩父市）、千葉県海上郡（旭市）、八丈島。

② 戸、雨戸。茨城、栃木、群馬、千葉〔『全辞』〕。

トボト 関東一円、さらに福島県にわたって民衆の常の入口を トボグチ、トウボグチ、トンボノクチ、トボガエ、ドバグチ、トマグチ、トボウ、トマエなどと呼んでいる〔『日本社会民俗辞典』二〕。

三重県南牟婁郡、和歌山県東牟婁郡で、農作業の場としての主屋の前方の空地から庭、外庭をトボト（三重県志摩郡〈志摩市〉ではトモト）という。トンボウから分かれた語であろうが、トンボウは土地によってトウボ、トボグチなどともいい、起りはトオモ（外面）であるが、その意味は、まちまちになりかけている。

千葉県長生郡では、屋敷入口から家までの道がトウボ、新潟県東蒲原郡などでは家の土間がトンボウ、また他の多くの土地で出入口をトボグチといっている。普通、田地をタンボというのも、あるいはトオかもしれない。現に北伊勢などでは田んぼをトモとさえいっている〔『綜合』〕。

ドボリ 沼、池。宮崎県東臼杵郡諸塚村〔『民伝』五の五〕。

トマ 十和田湖近傍で、岩壁のことをいう〔『地形名彙』〕。

ドマ ① 石見の山間部や安芸の中野村で、道が突出した山裾の角を回っている時、その角をドマとかドキという〔『方言』六の三〕。

② 泥。香川県小豆島。

③ 沼。徳島県板野郡（一部、阿波市）〔『全辞』〕。

トーマ 奄美大島で平地、平野をいう〔『地形名彙』、『全辞』〕。

トマリ トマリ（泊）とミナト（湊、港）は、海の交通を原則とし、「津」「渡」は河川交通に重きをおいた地名。トマリの地名分布はほとんど全国的だが、名古屋と仙台との間の海岸に非常に少ない。トマリ地名の七五パーセントまでが海岸にある。港の意。北海道にこの地名の多いことは注目される。日本語がアイヌ語に入った例である〔『日本地名学』Ⅰ、Ⅱ〕。

大分県中津市、日出町、大分市、臼杵市に「京泊」というのがある。城下町の近くに位置しているから、参勤交代や藩の蔵米や納屋物の積出し港として利用されたことであろう。「京泊」とは、京都によって代表される上方すなわち関西方面へ就航する船の停泊地の意である〔『地名覚書』〕。

奄美大島、喜界島でトゥマイ（泊の意、港）〔『全辞』〕というが、大島はリアス式の地形で入口が格好の港でもある。

トカラ列島では、海岸線による入江がトマリ（トマイともいう）で、十島村でも海岸線の地形は、大島のそれに似ている（小宝島、宝島を除く）。そしてトマリが絶好の港をなしている。この地形を利用して、中之島は十島丸の接岸港をアマドマリに建設した。口之島、臥蛇島にはトマリの地名はない〔『トカラの地名と民俗』下〕。

一方、山の中のトマリでは、中世の古い記録に、諏訪と伊那とにオオドマリが二カ所ある。長野県小県郡丸子町（上田市）の近くに四泊《ヨドマリ》という集落がある。夜の泊である。飛騨では、下呂温泉の所を通る官道（『延喜式』記載の官道）で、美濃から飛騨の高山へ行く道に上泊《ウワツトマリ》、下泊《シモツトマリ》という駅家《ウマヤ》が記録されている。下泊が今の下呂。

トマルという言葉は、歩いていて足が止るというのと同じ意味である。

信濃川を遡った十日町市の近くに外丸《トマル》（今は津南《ツナン》町といっている。中世の頃、妻有と書いてツマリといっていた）がある〔一志茂樹『地名の話』〕。

なお、「泊」は、現在トマリと訓まれているが、元来の意味はサラシである。すなわち水は物を漂白する作用がある。したがって水偏に白の字はサラシと訓むのが本筋であり、トマリには何の意味もない。泊は洦と同義で、洦は水の中の浅いことを表わし、水が浅いと船は動かず止まるというのが元来の意味で、後に岸に繋ぐとか碇泊に変ってきたものである。

「晒」は、現在サラシと訓まれ、漂白の意味に使われているが、これは本来の意味ではない。旅に出て日が西に入るようになると宿をとらねばならないので、日偏に西と書いてトマリと訓むのが本式であるという説がある。晒は曬（サラシ、音サイ）の略字で、本字は字画が多いので、同音で字画の少ない西（サイ）をもってきただけのことである〔『船・地図・日和山』〕。

トーマン　道満、当間等と書く。アイヌ語からきたもので湿地〔『地形名彙』〕。

東国に多い地名で、多く道満と書いている。湿地をいうアイヌ語にトマン、トマムがあるが、地形がこれと合致するかどうか不明である〔『綜合』〕。斗満《トマム》川＝利別川の西支流、陸別の市街の少し下手で本流に入っている。相当な川で、山間の開けた平地を流れ下っている〔『永田地名解』〕……この川筋の平地は、明治二十九年の五万分の一図では、低湿草原のしるしがずっとつけられていて、その頃までまさにトマムであったことを示している。トマムはまた、そこを流れていた川（今の斗満川）の名として使われたらしく……。トマンケンナイ川＝利別川北支流、トマム、ケシ、ナイ「やち（低湿原野）の尻（下手の端）の川」と考えられる〔『アイヌ語地名の研究』二〕。

トメ　川水を横へ分水するために作る堰。これを設けることをドメカケルという。富山県の西部〔『礪波民俗語彙』〕。

青森県西津軽郡深浦町で用水堰をトメという。トメが完成した時、その工事の指揮者であったトメガシラ（堰頭）という老人が、神酒を供えて川上に向かって祈念する。洪水が出て流されないように祈るという〔『綜合』〕。

トモ　①　広く連なっている田んぼを伊勢〔『国誌』、『全辞』補遺〕でいうとある通り、岐阜県海津郡（海津市）、三重で田畑、野良、耕地をいう〔『全辞』〕。三重県、愛知県の一部で田畑のことをトモ、田へ行くことをトモに行く、農地委員の会合をトモ寄合い、その総代をトモ総代と呼んだりするが、北勢の輪中地域、桑名郡長島町（恵那市）では西外面《ニシトモ》、十日外面《トオカドモ》、源部《ゲンベ》外面《ドモ》などの字名は新田名に用いられた〔『三重県の地名』月報〕。

この辺から愛知、岐阜県にまたがる木曾三川下流で、田をトモ、トーモというのは新田と同様の意味である〔『愛知県地名大辞典』月報〕。愛知県中島郡（稲沢市）では、野良着のことをトモイキといい〔『全辞』〕、静岡県浜名郡中瀬村（浜松市）では、日当たりのよい所をトーモ、トーモーという〔『民伝』一八の一二〕。三重県宇治山田市（伊勢市）では、広く連なっている田んぼをトモオキという。

秋田、山形県村山地方（ここではトーモテともいう）、福島県大沼郡や耶麻郡（一部、喜多方市）で田や畑、野良をトモテという。岐阜県恵那郡山岡町（恵那市）、愛知県宝飯郡音羽町（豊川市）、滋賀県蒲生郡（一部、東近江市、近江八幡市）では、広い平坦部にある水田をトーモン、静岡県引佐郡引佐町（浜松市）では、トーモンに地名をつけて○○トーモンと呼び、水田の所在を示す用い方をしている〔『全辞』、『山都町史』民俗編、『日本民俗学』一三〇号〕。

②トモ（塘）は、元来、水を堰いただけの池のことだという〔『稲の日本史』座談会における柳田国男の発言〕。それと関連するのであろうか、熊本県地方のトモという小字名は、ムタと共に出ているのが多い。

熊本市東区画図《エズ》町の下無田《シモムタ》、大塘《オードモ》、下江津の大塘、上無田《カミムタ》の大塘《オードモ》、飽託郡飽田村（熊本市）無田口《ムタグチ》の北塘《キタトモ》添《ソイ》などがある。トモは土手や堤防やかつて堤防だった所で、ムタを伴っている。

応神天皇は誉田別尊《ホムタワケノミコト》で、また大鞆和気命という別名があったが、ムタの地名にトモが伴うのも意味ありげに思える〔『日本民俗学』三五号「地名ムタについて」〕。道路にしている川や貯水池などの堤防を九州でトモというが、開拓地の堤防をもトモという。

福岡県大牟田市の中友は、干拓地の中ほどにあるトモの意である〔『地理』昭和57・7号〕。

熊本県の干拓地には「○○塘《トモ》」の地名が多い。熊本市子飼本町に残る、加藤清正が一夜のうちに築かせたという伝承のある「一夜《イチヤ》塘《ドモ》」は土手そのものの名であるが、土手を囲んで築いた干拓地という干拓地自体の地名となっているものが少なくない。天明町の銭塘《ゼントモ》、不知火町（宇城市）の沖塘《オキドモ》、熊本市の城山大塘《ジョウザンオオドモ》町などである〔『熊本県地名大辞典』月報〕。

ドモチ　土持ち。堤の前築、水路の修理等は田持ちの責任であるので、関係田持ちは総出または交代に出る。道の修理、溝を掘ったり、川の堤の築きなおしなどである。山口県の北浦地方〔『明治大正長州北浦風俗絵巻』〕。

トヤ　①長崎県上五島（新上五島町）で灘。たんにトともいう〔『島』一の六〕。

②栃木県で尖端、峰をいう。トヤッペともいう〔『栃木県方言辞典』〕。両側の高くなった山の鞍部を同県塩谷郡（一部、日光市、さくら市）で〔『全辞』〕、また同県で小鳥を生捕る網を張る所、網張り場をトヤバという。鳥屋場。ターに同じ〔『栃木県方言辞典』〕。静岡県庵原郡（静岡市）、岐阜県吉城郡（飛騨市、高山市）でも、山中で鳥を捕る人の小屋掛けをトヤ、大分県ではトヤは鞍部のことである。大分では、普通、トヤは鶏小屋のことであるが、鞍部のトヤは鳥狩場の

意である。

鳥狩場は、多く河川、渓谷に沿った山間部、しかも山腹または稜線に設けられたから、鞍部は捕鳥の好適な場所である。鞍部は渡り鳥のみならず、鳥類が越えるに適した場所である。トヤは捕鳥の集団が命名したものか〔『地名覚書』〕。トリゴエの地形にみられる地名である。

③ 長崎県五島列島の民家で、隣り合った家屋との間の空地〔『集解』〕。

④ 草刈場。日本の中央には少なく、九州や東北地方に多い〔『日本の地名』〕。

ドヤ ① 佐渡で淵をいう〔『地形名彙』〕。

② コガネ（砂鉄）を得るための設備には、まずタズツミ（高堤？）がある。タズツミは貯水池のことでドヤともいう。ドヤは長い池で、イケにはヒ（樋）がある。カンナ（製鉄原料の砂鉄）流しの山水が乏しいため、一まず貯水して樋を抜き（これをドヤをヌクという）、一時に多量の水を切って落すための溜池がドヤである。島根県邑智郡日貫村（邑南町）青笹。『山村語彙』には、ドヤは銅屋などと字に書いて、東北では鋳物師のことだといっている〔『旅伝』一四の四、『民伝』四の六〕。

③ 柴や雑草などの密生した場所。和歌山〔『全辞』〕。

ドヤイ 川の合流点。ドアイに同じ。静岡県志太郡（藤枝市）、庵原郡（静岡市）、榛原郡川根地方〔『郭公のパン』、『全辞』〕。

ドヨ ① 濠または用水堰の水の急に落ちる所。堰を山梨、長野県南佐久郡（一部、佐久市）でいう。

② 井戸。長野県下伊那郡（一部、飯田市）〔『全辞』〕。

ドヨミ 淀。大阪府和泉市〔『口承文学』三〕。川流の淵。志摩〔『国誌』、『全辞』補遺〕。

トーリ 津軽で家並みの村や町の街道をいう〔『旅と交通の民俗』〕。

トリイ 鳥居、大鳥居、鳥居前、鳥居峠、鳥居原、鳥居戸などは神社のある場所にある地名で、これらの町を鳥居前町と呼ぶ人もある。徳島県那賀郡富岡町（阿南市）鳥居前町＝天神社。鳥居峠は、峠に神が祀られて鳥居の建つ所、あるいは著名な神社の祀られた霊山を望見する峠として鳥居が建てられた所。

鳥居所は「鳥居のある場所」の意で、鳥井戸と書かれていることもある。新居、新井、荒井が混同するように、しばしば居に井が宛てられる〔『集落・地名論考』〕。

トリゴエ　鳥越。尾根の中で定まって鳥の群れの通過する低まった所〔『日本地名学』Ⅱ〕。

北九州市門司区猿喰《サルハミ》地区でも、山の鞍部をいう〔同地人談〕。大分県でもいう。トヤと同じ地形名であろう〔『地名覚書』〕。

トロ　川水の緩流する部分。遠州阿多古や甲州中巨摩（一部甲斐市、中央市、南アルプス市）でもいう〔『地形名彙』〕。

岩手県雫石の雫石川で、川の瀬と次の瀬との間の緩い流れの部分。筏師は長いトロに入ると、筏の破損箇所を修理したり、煙草を吹かしたりする〔『山村民俗誌』〕。

富山県津沢町（小矢部市）で川の瀬の淀んだ所。船頭用語〔『礪波民俗語彙』〕。

岐阜県揖斐郡徳山村（揖斐川町）で、両岸が絶壁で水の流れの緩やかな所〔『美濃徳山村民俗誌』〕。

高知県吾川郡池川町（仁淀川町）椿山でも、川水の淀んでいる所〔『土佐民俗選集』その二〕。

広島県芦品郡（福山市）、島根県鹿足郡、大分県大野郡（豊後大野市、臼杵市）でも同じ〔『全辞』〕。

土呂、長瀞、長淀《トロ》、長殿《トロ》などがある。

ドロ　トロに同じ。奈良県十津川村ではドロという〔『全辞』〕。大阪府泉北郡でも淀をドロという〔『口承文学』三〕。

トロカイ　泥水。どろどろのぬかるみを岡山、徳島でいう。大阪ではドロカイという〔『全辞』〕。

雨のあとの赤くにごった川。宇治の鵜匠語〔『京ことば辞典』〕。

ドロボリ　火山灰土の丘陵の道路は、一般に畑より低い所を通っている。畑より高く積み上げた道路は少ない。明治以前の道路は、谷あるいはその周辺につながっている。

畑より低い道路のところどころに低い空間があり、これをドロボリ（泥堀）といい、道路の一部を人為的に拡大したものでドロダメともいう。大雨が降ると、畑の表面からあふれた雨水は低い道路に流れ、そしてさらに低いドロボリに泥水は溜る。野山からあふれ流れるノミズ（野水）はドロボリに調節され道路に流れ、谷間に落ちて行く。ドロボリは畑の小さなダムの役目を果している。ドロボリに溜った土は、腐植に富んだいい土である。

冬になると、ドロボリの肥えた土を掘り、ウセグラのオオダ（またはウセフゴともいい、縄で編んだ畚《フゴ》）で畑に運ぶ。そして畑の草や麦稈などを積んでおくと、埿泥堆肥ができるので大豆やノイネ（陸稲）の元肥として使う。野道の片隅にある三・三平方メートルにも満たないような空間のドロボリは侵食する表土の流失を防ぎ、ノミズの調節をとり、災害を防ぐ役目を果し、腐植土または肥料として畑へ返されるのである。むらには十いくつかのドロボリがある。熊本県菊池地方〔『むら』〕。

トンコ　静岡県で頂上をいう。また香川県でトンコツンという〔『全辞』〕。

トンサキ　①　山や丘などの最端。佐渡。

②　頂上、尖端。愛媛県〔『全辞』〕。

トンザク　埼玉県秩父郡日野沢村（皆野町）などで、深い渓谷をトンザクといっている。たんに渓谷のことをサーとかサーッコといっているからトンザクは外沢でなくて遠沢の意か〔『山村語彙』〕。群馬県勢多郡横野（渋川市）でも、底深い沢をドンサーという〔『全辞』〕。

ドンダ　①　田畑の畦畔、川の堤防、岸を福岡県朝倉郡（一部、朝倉市）、佐賀県でいう〔『全辞』〕。福岡県久留米市でも土手、川岸をいう〔『久留米市史』五巻〕。やや広くなるとタビラという〔『地形名彙』〕。

②　佐賀県神埼郡三瀬村（佐賀市）で、山の斜面にあるわずかな平地をいう。ここに薪を集めておいて束ねたり、荷にしたりする〔『桜田勝徳著作集』第七巻〕。大分県の南部の山村で、伐採した木材を馬に引かせて、山の斜面から引き出す作業をドンダ引キという〔『NHKテレビ』平成2・3・16〕。

③　熊本県天草郡竜ヶ岳町（上天草市）で、畑の作付けをしていない傾斜面をいう〔『天草ことば風土記』〕。

ドンド　①　ドンドロ。河流に石や板を用いて段を作り、水流を堰き、水を急に落す装置。天然の地形でできた所もいう（信州上田付近）。伊予でも急湍な河水の滝壺のような所、南薩摩で海の急に深くなった所〔『地形名彙』〕。

堰、堰かれて水の落ちる所。長野県下伊那郡、岐阜、石川県河北郡、滋賀県甲賀郡、三重県阿山郡、鳥取県沖入地方、高知でいう。

また富山県礪波地方でも、川水を横へ分水するため作る堰をドンドともドンドコともいう。水の落ちる擬音語。ドメともいい、これを設けることをドメカケルという（『礪波民俗語彙』）。

なお同県新川郡堀川村（富山市）太郎丸、石川県江沼郡（加賀市）でもドンドコ、美濃養老郡（一部、大垣市）ではドンドコサンという。

② 川の合流点をドンドという。静岡県田方郡（一部、伊豆市、伊豆の国市、沼津市）、鳥取県大原郡（雲南市）。

③ 急流をドンドという。島根県邇摩郡（大田市）（『全辞』、『静岡県方言集』、『土佐の方言』）。

④ 滝壺をドンドという。讃岐（『旅伝』九の一二）。

ドンドンメキ、ドドメキ 岩手県釜石付近で、波の打入る海岸の岩窟をいう（『地形名彙』）。

トンブラ 尖端、頂上。長野県東筑摩、大分県でいう。また長野県西筑摩ではドンブラ（『全辞』）。

ドンベ ぬかり田、湿田、泥深い田。ドンベッタともいう。栃木県足利市、佐野市、栃木市、安蘇郡（佐野市）（『栃木県方言辞典』）。

ドンベッチ 粘土。山形県最上地方（『全辞』）。

トンボ ① 頂上、尖端を加賀でいう（『俚言』増補）。富山県（トンボサキともいう）、石川県（『全辞』、『礪波民俗語彙』）。なお、京（『男重宝記』）では、木竹の末をトンボサキといった（『全辞』補遺）。岐阜県武儀郡（関市）では、山頂をトンボクレという（『全辞』）。

② 入口の雪防ぎ。雪囲を新潟でトンボ、山梨県南巨摩郡増穂町（富木川町）の農家で、敷地の入口をトンボグチという（『集解』）。

トンモミチ 公私の別なく農道をトンモミチ、アゼミチという。三尺道。愛知県海部郡大治町（『大治町民俗誌』下巻）。

ナ

ナ 地のことをナとかニとかいった。粘土をヘナ（ヘナツチ）という。ヘナのナ、地震の古語のナイ（ナイユル、ナイフル。ナは土地、イ〈ヰ〉は居で基盤、フル〈振る〉はそれをゆるがす）のナ。また土をいうナがニに変化してニも土を指す語となる。赤土をアカニ、青土をアヲニ、白土をシラニ、スナ（ウブスナ）、タナ（火山灰）などという。

新村出『語源をさぐる』によれば、人の生れた土地をウブスナといい、そのナも土（土地）のことで漢字を与えれば「産土」となる。これを中世以後「産砂」とも書いた。古くは生れることをウブス、ウブシといい、これにナという名詞をつけてウブスナとなったという。そして新村出は、相当面積の広い地面をヌともノともいう。これはナの変体であろうと説いている〔松尾『日本の地名』〕。

特定の地主に隷属する小作農の一種にナゴ（名子）というのが東北地方、新潟、島根、徳島、岡山、広島、九州地方に残っている。

普通の小作人とは違って、地主に対する契約が非定量的で、地主を親分的に見て隷属する立場のもの。一般にコというのは労力提供者の意味で、山子、掘子、網子、カコ（水夫）など種々あるが、名子のコもその点は同じである。名子のナは土地を意味するナであり、名主（ナヌシ）に対する概念である。

その成立については、血縁分家によるもの、主従関係によるものなどがあるが、賦役と併せて物納を負担する例ははなはだ多く、収穫を地主と折半するものも多かった。

名子の特色はヤトヒ、テマ、スケ、テツダヒ、ツトメ、テゴ、カモイ、オヤクなどと称する賦役奉仕にある。これは地親の家の生産労働にたずさわるほか、年中行事や婚礼や葬式など、働きに出て手伝うことも含んでいた。

『万葉集』に大名児という女性を歌ったものがある。

大名児《オオナゴヲ》　後方野辺爾《ヲチカタノベニ》　苅草乃《カルカヤノ》
束之間毛《ツカノアヒダモ》　吾忘目八《ワレワスレメヤ》　（巻二、一一〇）

この歌は、日並皇子が石川女郎に賜わったという歌。この石川女郎の字《アザナ》を大名児というと題詞にある。歌の意は「大名児を束の間も私は忘れない」ということだと『万葉集注釈』（沢潟久孝）は解いている〔大野晋「大名児のこと」、『万葉集注釈』巻六、付録〕。これは奈良時代にナゴというものがあった例である。

また、八重山地方でナイ、沖縄でナといい、土地のことで納の字を宛てている。ノ、また、野と関係があるか〔『日本地名学』Ⅱ、『地理学評論』一八の一二〕。

ナイ　①　地震を仙台〔『はまおぎ』〕、常陸〔『常陸方言』〕、上総安房〔『国誌』〕、西国、中国、四国〔『物類称呼』〕、富山県射水郡（射水市）、石川県石川郡白峰村（白山市）、島根県鹿足郡、広島県安芸郡、山口県玖珂郡、徳島、高知、宮崎、南島でナイという。

また盛岡〔『御国通辞』〕、京〔『片言』〕、肥後菊池郡〔『俗言考』〕、秋田県雄勝郡、山口、福岡、大分、宮崎、熊本、鹿児島、石垣島ではナエという〔『全辞』〕。竜美大島ではネ、ネーという〔『南島雑話』二、『与論方言集』〕。

地震の古語をナイ（ナエ）というのは当たらない。ナイは大地の義で、琉球方言のようにナイユルン（地揺る）、ナイフル（地揺る）といわなければ正確ではない。

鹿持雅澄『幡多方言』に「地震ノナイカユルト云、コレハ古言ナルヘシ古書ニ地震ヲナイフルトヨマセタリ、土佐」とある〔『方言研究』第一巻〕。

熊本県阿蘇郡南郷谷でも、地震が起ることをナエがユルという〔『阿蘇山麓の民俗』〕。

② アイヌ語で、小川をいうと訳されているが必ずしもそうではない〔『地理』昭和57・7号〕。

ナイ（内、nay 知里真志保の表音法による。従来は na と書かれている）は川のことで、また沢と訳した方がよい場合もある。

北海道一円どこに行っても、幌内《ホロナイ》、ポンナイ、平内《ヒラナイ》、オカシナイ、ウラナイ等、内のつく地名がある。ペッ（別、pet）も川のこと、登別《ノボリベツ》、幌別《ホロベツ》、猿別《サルベツ》、仁別《ニベツ》等、「内《ナイ》」に次いで多い。北海道アイヌ地名の約三分の一がペッとナイの地名のようだ。

知里真志保によれば、樺太では川を一般にナイを使い、ペッはほとんど使わなかったそうだ。また、千島ではペッが使われたそうだ。北千島に行くとナイの姿は見られない。中間にある北海道では、ペッもナイも共に全道に散在している。若干の例外はあるが、ペッは「大川」に、ナイは「小川」「沢」の意味に使われていたようだ。

しかし、千島に近い地方では比較的にペッが多く、樺太に近い地方ではナイが多い。

知里真志保は、ペッの方が古来のアイヌ語で、ナイは北西部から伝わった新来語かといった。

「内」「川」がそれほど多いということは、アイヌ時代には川は大切な食糧である魚を捕る場所だった。また海に出るにも、山に狩猟に行くのにも、あるいは山菜（根、葉、果実等）を採取しに行くのにも川が利用された。川が食べていくための最も大切な所であったから、それが地名に多く使われていたのであろう。和人が北海道に進出するようになってから、アイヌ地名に二字か三字の漢字を宛てるようになった。ほとんど全面的に漢字地名になったのは、幕末から明治にかけてである。その漢字の中で「別」と「内」は特に巧い宛字である。例外的に壮瞥（ソウベツ）、茂辺地（モヘジ）、植苗（ウエナエ）、苗穂（ナエボ）、幸震（サツナイ）などがある。

東北地方の「内」では東北本線の沼宮内《ヌマクナイ》駅が例に出されるが、川筋、沢筋に実に多くの「内」地名がある。その中には「城内《ジョウナイ》」「村内《ソンナイ》」とか、まずは日本語として読むべき地名もある。しかし、大部分は日本語では不可解である。

発音からみると、幌内《ホロナイ》、本内《ホンナイ》、平内《ヒラナイ》、笑内《ナカシナイ》、浦志内《ウラシナイ》など、北海道地名と全然同発音または酷似の地名が多数存している。

東北地方では「別」のはっきりした形は「内」ほど多くはないが、それでも今別《イマベツ》、原別《ハラベツ》、仁別（ニペッ、ニンペッともいう）、弁別《ベンベツ》、母衣別《ホロベツ》、猿別《サルベツ》などペツの転訛らしい地名が多い。いずれも川筋の地名である。東北地方の日本語らしくない地名を総合してみると、そのうち「内」地名が圧倒的に多い。

ナエバ　苗場。新潟県の南西境にある苗場山《ナエバ》（二一四五メートル）は、頂上付近から南西斜面にわたり広い緩斜面を有し、一部は平坦な湿原をなし、一面に草の生えたような苗代田を思わせるところから苗場山の名があるという。

山岳地の高所の湿原にタンボ（田圃）、タシロ（田代）と呼ばれる所があるのは、水田との類似によるものである〔松尾『日本の地名』〕。

ナカイメ　カクラの中にあるマブシ、ナカイメ（中射目）。宮崎県東臼杵郡椎葉村〔『後狩詞記』、『椎葉の山民』〕。

目ざす獲物が確かに存在する場合で、猪が最も通りやすいウジで要撃する場所であり、猟歴が古く優秀な射手が配置される。これを熊本県人吉市田野地方でナカンイメ、一ノイメという〔『えとのす』五号〕。

ナカギリ　岐阜県の南東部から愛知、長野の両県にかけてナカギリ（中切）という地名（集落）が多く分布している。これに対して上切、下切の地名もあるが、中切が最も多い。中切の「切」は「土地を切る」の「切る」で地割する。区画するの意で、開発、開墾する、「切り開く」ことであろう。

この「切」に対して「割」の地名もあるが、これも

「切」と同じく、地割の「割」である。たとえば長野県駒ヶ根市と上伊那郡宮田村とは互いに隣り合った市村であるが、どちらにも北割、南割があり、駒ヶ根市には中割、下割、市場割がある。地方の中心地からの位置や開発の順序によって上、中、下がつけられたのであろう。

それにしても「中」の多いのは「国中《クニナカ》」の思想があるのではあるまいか。

「国中」の思想は、中国流の発想に由来するのであろうが、奈良の国中、甲斐の国中、すなわち大和盆地や甲府盆地、佐渡の国中、つまり中央部の平野などにみられる中心思想の中《ナカ》ツ国《クニ》である。地方の開発の中心となったという意味で、開発を願って中心たらんとする願望であろう。〔『地名を考える』〕。

ナカサ 福井県丹生郡越前町付近の漁業住居において、公道と各敷地をつなぐ細い道。袋小路の場合も多い〔『集解』〕。

ナカジョツコ 川の中洲を富山県津沢町（小矢部市）でいう。ナカガーラともいう〔『礪波民俗語彙』〕。

ナカズ 川中の土砂の溜った洲。熊本県球磨郡五木村〔『方言』五の八〕。

博多の歓楽街となっている那珂川下流の中洲もナカズと濁っていう。

また山梨県ではナカゼ〔『全辞』〕、静岡県榛原郡（一部、島田市など）では中洲をナカンゼという〔『静岡県方言集』〕。

ナカツガワ 山奥の在所の名として折々きく。その最も奥まったのは秩父市の中津川である。奈良県（野辺川村）の中津川も外津川で、これと対立する語のあることは想像しうるが、津川の中と外という意ではなく、ナカツ、トツは形容詞の古い接続形であろう〔『綜合』〕。

ナガネ 陸中、羽後でも山脈または山脚よりやや長く派生した隆起をいう〔『地形名彙』〕。

長根。里の長く続いた丘陵をいい、村を境する分水丘ともいうべき地形。両村を境する分水界のこと。低い山続きをいう。岩手県〔『山村民俗誌』〕。

青森県五戸地方で、峰続きで横に伝わって、街道があるのをいう〔『方言研究』六号〕。

仙台地方〔『はまおぎ』〕では、長く土手の続いた所をいう〔『全辞』〕。

遠望がよくきき、川沿い路に対する語であろうが、鹿児島県奄美大島にもこの語があり、部落間の山路の中間の峠あたりに多く、赤土のトウミチ（山間の平坦地）のある地域を呼ぶ〔『綜合』〕。

ナカマヤマ　共有山。大分県南海部郡蒲江町（佐伯市）。漁の暇をみて十二月に一年間の薪として伐った。一戸当たり約四百貫が必要であった〔『大分歳時十二月』〕。

ナガラ　長楽《ナガラク》（埼玉県）。地名は都城《トキ》、越辺《オッペ》両川の沿岸にある。長楽はもとは「ナガラ」と呼んでいたものであろう。長楽の字を与えたため、本来の意味が忘れられて「ナガラク」と呼ぶようになった。

ナガラは「長いもの」の意で、川を呼ぶ古名であったようで、「流れ」という語と関係があろう。「流《ナガレ》」という地名は埼玉県内に多いが、秩父郡小鹿野《オガノ》町には「長留《ナガル》」という地名があるが、ここは古くは「長流」と書いていた。

比企郡吉見町には「流川《ナガレガワ》」の地名があり、入間郡日高町（日高市）には「清流《セイリュウ》」の名がある所もある〔『埼玉県地名大辞典』月報、『日本地名学』Ⅰ〕。

またナカラ、ナガラには次の説もある。

ナカラには中間、まん中という意があり、岐阜県の長良川は、三つの川のまん中を流れる川。大分県佐伯市にも長良があるが、河口付近で番匠川が三つの谷の水を集め、そのまん中の谷に長良がある。

岡山県総社市の長良は川流はないが、平地のまん中にぽつんとある丘陵の麓に立地。

奄美大島の宇検村名柄は海岸立地であるが、細長い湾の中間にある集落。河川の下流に「流れ」といったような地名もあるが、流れの意ではなくナガラ（中間、まん中）の意であろう〔『地名の由来』〕。

ナガレ　①山峡の水利のよい田を愛知県知多郡でいう〔『綜合』〕。

②豊臣秀吉が、九州に勢威をふるっていた島津氏を討ち、九州を平定した天正十五（一五八七）年博多の新しい町つくりに着手し、町を一〇町四方（約一〇〇ヘクタール）に区切り、南北に四本東西に三本、計七本の幹線道路で町割りし、仏教の七条の袈裟になぞらえ七堂、七番、七小路、七流（呉服町流、東町流、西町流、七居流、須崎流、石堂流、魚町流）による博多独特の町自治組織、いわゆる自由都市ができたといわれている。

このナガレは、山笠や松囃子などの行事を共同協力して行う町筋で、道路に面する両側の家は、同じ町、同じナガレであり、主として南北あるいは東北に通ずる八筋を○○ナガレと呼んだ。

元禄三（一六九〇）年の流は、東町流（一一町）、呉服町流（一一町）、西町流（一一町）、土居町流（一三町）、洲崎流（一八町）、石堂流（一二町）、魚町流（一一町）、新町流（一二町）、途子流（一一町）である。

以上通路の数九流、町数およそ一一三流（『筑前国風土記』）とある。

なお幕末になると新町流が岡新町流と浜流とに分かれ、一〇流となる。また魚町流は、博多松囃子に福神を仕立てて出すので福新流ともいい、同じように恵比須を出す石堂流は恵比須流、大黒を出す須崎流は大黒流ともいった〔柳田純孝『朝日新聞』昭和62・11・5、『福岡町名散歩』〕。

ナガレガワ　井戸をカワと呼んでいる地域では「井戸」と区別するため、人工を施さぬ「川」のことをいう。安芸佐伯津田、長門美祢市於福〔『中国地方の民家』〕、九州西部〔『日本言語地図』④別冊〕、長崎県五島若松町（新上五島町）有福〔同地人談〕。カワ参照。

なお長崎県西彼杵郡大串村（西海市）では、泉のことをナガレイドという〔同地人談〕。

ナギ　日光付近、山崩れの跡などの石塊が磊々として重なり瀑布状になっているもの。信州、紀州、遠州などでもいう〔『地形名彙』〕。

ナギクミ　静岡県志太郡（藤枝市）で山崩れをいう〔『地形名彙』〕。

えぐったような崖地や崩壊的侵食谷をナギという。富士の放射谷のような長い空堀式の谷にはナギという名がつけられている。

日光の赤薙山（二〇一〇メートル）はその名がこれをよく表わしている。しかし、ナギは必ずしも狭長なカラ谷とは限らない。カール式の崖窪にも使われており、この場合にはカマと同じ用語となっている。

赤石岳付近では、この種の崖地に白薙、赤薙、ボッチ薙などの名があり、赤石岳南西の不動岳（二一七一メートル）付近のものは鎌崩《ナギ》と呼んでいる。鎌崩は字面からいえば釜崩で、地形語の実体をよく表現している。

木曾山脈中の南駒ヶ岳（二七三一メートル）には百間ナギがあり、木曾の御嶽山の東麓にある長い大断崖

（木曾郡三岳《ミタケ》村）の所は白崩《ナギ》である。そのように長野、山梨、静岡、愛知県北設楽郡などで、山などの崩れた所をナギとかナギアトとかいう。また栃木県日光市、河内郡（一部、大野市、宇都宮市）ではナギックズレといい、日光市、塩谷郡（一部、日光市、さくら市）ではナギコケという。また集中豪雨などによる山崩れのナギに「嵐」の字を宛てている。

ナギハタ（その項参照）は、焼畑を呼ぶ名の一つだが、焼畑の場所が崖のある急斜面に多いところから、そういう箇所をナギという地形語が、そこに営まれる耕作様式の焼畑についたものと思われる〔松尾『日本の地名』、『栃木県方言辞典』〕。

ナキスナ、ナリスナ 木内小《キノウチコ》繁《ハン》（号石亭）の著『雲根志』に「丹後国琴曳浜《コトヒキハマ》ははまのこらず砂《イサゴ》紫白にして透《スキ》明らかに、他の色なし、俗に銀砂という、水晶の砂とも、琴曳の砂ともいう、甚だ清浄明白なり、この砂中を歩くに、自然として琴の音あり、雨後はひとしお調子高し、予が知れる人に琴を愛せる人あり、ここに至ってみずからこころむるに、まことにあざやかなり、十三の調子音律ともに分ると。またある人、ここの砂をおおいに求め得て、手前に敷こころむに、曾て琴の音なし」と。

鳴り砂は、音楽的に美しい音色のシンキング・サンド（ミュージカル・サンド、歌い砂）と、悲鳴にも似たかん高い音を出すスキーキング・サンド（きしり砂）に分けられる。砂の表面が汚れるにつれて発音能力がしだいに低下、スキーキング・サンドを経て最後は鳴らなくなる。再生は可能だが、照島、君が浜、新島のものは、砂の質そのものが悪いため、シンキング・サンドにはならない。シンキング・サンドの所在地は、なぜか一直線上に並んでいる。

鳴り砂の条件は、

(1) 石英質であって砂粒全体が丸みを帯びている。

(2) 砂の直径が〇・一二五〜一ミリで砂の粒がほぼそろっている――を二大要件としている〔三輪茂雄説〕。

石英砂であっても、鋭角状にとがっていたり、砂粒が大小ごっちゃに混在していては駄目である。

シンキング・サンドの所在地は、

十八《クグ》鳴《ナリ》浜（宮城県気仙沼市大島）

鳴《ナリ》浜（同県牡鹿郡女川町＝牡鹿半島）

十八《クグ》成《ナリ》浜（同県牡鹿町〈石巻市〉＝牡鹿半島）

奥松島（同県桃生郡鳴瀬町〈東松島市〉）

遅谷《オソダニ》（山形県西置賜郡飯豊《イイデ》町）
角海《カクミ》浜（新潟県西蒲原郡巻町〈新潟市〉）
琴ヶ浜（別名、泣き《ゴメ》浜、石川県鳳至郡門前町〈輪島市〉）
琴引浜（京都府竹野郡網野町〈京丹後市〉）
青谷（鳥取県気高郡青谷町〈鳥取市〉）
琴ヶ浜（島根県邇摩郡仁摩町〈大田市〉）
清ヶ浜（山口県阿武郡阿武町）
恋の浦（福岡県宗像郡津屋崎町〈福津市〉）

スキーキング・サンドの所在地は、
照島（福島県いわき市）
君が浜（千葉県銚子市）
新島（東京都伊豆七島）

〔『鳴き砂幻想』〕

右のうち今でも鳴っている砂浜は、いくつあるであろうか。

なお、秋田県田沢湖畔は、昔は真白な鳴り砂の浜だったが、今は鳴らない。

ナギハタ 飛濃山地、赤石、丹沢山地、山陰山地でソバ、ヒエ、アワ、大豆、小豆という、焼畑基幹作物のすべてが輪作体系の中に組みこまれ初年、二年目、三年目に集中的に栽培され、整った輪作体系を示す。輪作期間が四年以上に延長されると共に、コナ作（あるいはクナ作）と称してヒエ、アワを同一の輪作体系の中で二回、三回と栽培する〔『日本の焼畑』〕。

たとえば富山県子撫村（小矢部市）西中野では、山の斜面の雑木を焼いて作る畑がナギハタであるが、これをナギヤクといい、小豆を播くのをアズキナギ、ソバを播くのをソバナギスルという（ソバは盆の朝飯前に播くものだという）。

また同県五位山村（高岡市）ではナギをしたあとへ杉など植えてある所をナギアトという〔『礪波民俗語彙』〕。石川県の白山麓の旧小原村のナギハタではアワを作る〔『NHKテレビ』平成2・3・27〕。

なお北九州市門司区楠原の小字にナキ畠《ハタケ》というのがあり〔『門司市史』〕、大分県国東半島では焼畑をナギノという〔『大分県史』民俗編〕。

ナク 沖縄に名護《ナグ》、奄美大島に津名久、八代の日奈久、与奈久があり、ナクは礫の意〔『地理学評論』一八の一二〕。沖縄には「君が代」と同意同句の「石なぐ」の歌があるのは「礫」である〔『日本地名学』Ⅰ〕。

ナゴ ① 砂浜で波の音が和やかな所。内陸には川などという地名が多い〔『地形名彙』〕。

海岸に多い地名で、名古浦は古歌にも詠まれている。砂浜で波の音のなごやかな所をいうらしい。

伊豆の大島岡田村（大島町）にはナゴという地名があり、女子の浜のことという説がある。特に力弱い婦女子の貝を採るために備えた男の入らない場所が定まっていたというから「なごやかな所」という説もほぼ妥当であろう。

茨城県では内陸の地名にカワナゴというのが多い。これは川中に、川女子と書き砂地のようであるが、海岸のナゴと相通ずるものはある〔『綜合』、『漁村語彙』〕。

三重県の志摩地方ではノドカなことをナゴカといい、ナゴミ（親しみ）、ナゴメル（なぐさめる）などの用例もある。

これは徳島県海部郡で波などの静かな、なごやかなことをナゴイというのでわかるように、波風のない凪の状態から出ている〔『ことばの手帖』〕。

② 千葉県印旛郡（一部、八街市など）で、細かい砂などの飛ぶものをナゴといい、「ナゴが飛ぶ」などという〔『全辞』〕。沖縄宮古島で砂のことをンナグ、砂地のことをンナグズという〔同地人談〕のもナゴと同じであろう。

③ 霧を神奈川県津久井郡（相模原市）、山梨、静岡、愛知県北設楽郡、長野県下伊那郡、新潟県北魚沼郡（魚沼市）で〔『全辞』〕、また静岡県田方郡内浦（伊豆市）の海沿いで春、夏の交にたつ霧をいう〔『綜合』〕。

ナゴヤ　ナゴヤはナゴが語根。ナを接頭語として、コヤを語根とはなし難い。コヤが地名として現れるのは「小屋」と「興屋」（幸谷ともいう）の例があるが、「興屋」は江戸初期の開拓地名で「小屋」はそれよりも新しい地名であろう。そこでナゴ語根型の地名と考えて、ナゴヤをその中に入れるべきである。

地形図に見出されるこの型の地名には、名古屋、名護屋、名古谷、奈古屋、名幸屋、名古、名子、名越、名号、名高《ナコウ》、奈古、奈胡、那古、南越、南居、中尾、中子、中興、中講、女子、長尾、長子、長太《ナゴ》、長川《ナゴウ》、長《ナコ》、永穂《ナンゴ》、砂《ナゴ》、投《ナゴ》がある。これらの地名を地図上に点検すると、その多くは緩斜面や平坦地の上にある。山地での生活は緩斜地や小平地が特に重要視される。「中尾」という部落も、そこに尾根らしい地形は見当たらず「尾根の中程」の地名とは解しえぬ例が多い。

「中講」のそれに対する上講、下講という地名がその付近にない場合が多く「長尾」といっても、そのような地形が存在しない例は多い。要するにナゴは地名としては「平坦地」で海岸の地名のナゴもそういう意味も含んでいよう。

尾張名古屋は、今の名古屋城の南方の碁盤割の所を昔ナゴヤといっており、この土地は高燥な丘陵性の台地でナゴヤ山とも記され、その東北部には「山口」という地名があり、ナゴヤ山の入口であった。つまり、台地を刻む侵食谷が南東から入りこんでいるあたりをそういったものかと思われる〔『日本の地名』〕。

ナゼ、ナデ ①一、雪崩、二、山の崩壊すること、三、緩い傾斜面。信州北安曇郡（一部、大町市）ではこの三つの場合に用いられる〔『郷土』一の四〕。松本地方では傾斜地をいう。盛岡地方で雪崩を意味しナデアックという。秋田県仙北郡（一部、仙北市、大仙市）でも雪崩をいう〔『地形名彙』〕。

新潟、長野県上高井郡で雪崩をナゼ〔『全辞』〕、福島県耶麻郡（一部、喜多方市）で全層雪崩をナデという〔『山都町史』民俗編〕。

② 斜傾地、坂を千葉県以外の関東、山梨、静岡、佐渡、富山、岐阜、佐賀でナゼ、諏訪郡原村でノセ、山梨県北巨摩郡（北杜市、甲斐市）でナゼーという〔『言語地理学』〕。

大分県南海部郡米水津村（佐伯市）で傾斜のことをナソエという。棒などを立てて、これをも少し傾斜させる場合「もっとナソエーにせえ」と命令する〔同地人談〕。

ナダ 房州で岸部。オキに対する語。アクセントの違いで、岩も島もない全体に砂の沖へ向いた所。また荒い海をいう。一般に海の湾入した部をいうらしい〔『地形名彙』〕。

灘、奈多、奈太、洋の字を用い、海岸の意をもつ地名。大阪湾北岸の酒産地の灘《ナダ》、宍道《シンジ》湖沿岸の低地には灘地名が多く、浜、沖、洲、島などのつく地名と混って分布する。

灘組、灘分もあれば鹿園《ロクオン》寺、鹿園寺灘、多久谷、多久谷灘というように内陸側の集落と湖岸寄りの集落とを区別していることなども、地名としての用法が、浜や沖の場合とまったく同じである。島根半島北岸、恵《エ》曇《トモ》港の西方には、海岸から沖の方へ二つの岩礁が並び、岸に近いのを灘辻石、遠いのを沖辻石と呼んで区別している例もある。奈多は博多湾北岸や国東半島東岸の九州に散見する（松尾『日本の地名』）。大分県南海部郡蒲江町（佐伯市）では、海岸線の緩やかに湾曲している所をナダといい〔同地人談〕、宮崎県児湯郡富田村（新富町）日置では、砂浜をナダともヒラハマともいう〔『方言』六の一〇〕。

宮城県亘理郡、千葉県（同県白浜〈南房総市〉では夕カ、房州平館〈同市千倉町〉ではナダッパともいう）、神奈川、鳥取、隠岐では、岸近い海面、磯渚というほどの意味にいっている〔『綜合』、『海女たちの四季』、『隠岐島前漁村採訪記』、『方言』六の四、七の七、七の九〕。

山口県長門市通では、オカ（海岸近くの海）よりもさらに岸近い海をいい〔『長門市史』民俗編〕、壱岐では陸地に近い海上、海岸より半里くらい離れた所から一里くらいまでの海上をいう。

それとは反対に、非常に沖合のことをナダという所は静岡県志太郡（藤枝市）、田方郡（一部、伊豆市、伊豆の国市、沼津市）〔『静岡県方言集』〕、大分県北海部郡一尺屋村（大分市）〔同地人談〕、長崎県茂木町（長崎市）、本郷（ヘタに対する沖合）〔『方言』六の一〇〕、同県樺島（長崎市）〔『全辞』〕、同県西彼杵郡大串村（西海市西彼町）（ヘタ、オキに対して遥かな沖合）〔同地人談である〕。また熊本県天草郡竜ヶ岳村（上天草町）では、たんに沖合のことをいっている〔同地人談〕、鹿児島県出水郡長島町でも同様である〔同地人談〕。福岡県糸島郡（糸島市）では、沖に出て山の影のまったく見えなくなった所をいう〔『綜合』〕とあるから、沖合のことであろう。

志摩（糸島市）〔『国誌』〕でも遠方の漁場〔『全辞』補遺〕、鳥取県東伯郡（一部、倉吉市）、出雲では海といっており〔『全辞』〕、熊本県天草郡大矢野島（上天草市）では、漁場でない一般の海面をナダ〔『熊本県民俗事典』〕、伊豆大島では深海といっている〔『伊豆大島方言集』〕。また山口県長門市通では、岩礁群のある海域をナダという〔『長門市史』民俗編〕。

ナダレ　紀州日高郡上山路村（田辺市）で、山の春雪の崩れをいう〔『方言』五の五〕。

富山県太美山村（南砺市）臼中で、毎年雪崩のある場所をナダレバという〔『礪波民俗語彙』〕。

静岡県安倍郡（静岡市）では傾斜地をナダレ〔『静岡県方言集』〕、鳥取県八頭郡那岐村（智頭町）では、緩傾斜の山をナダシーヤマという〔『旅伝』七の一二〕。

北九州市門司で傾斜になっていることをナダリという〔『北九州市史』民俗編〕。

雪崩のナダレとナダラカの緩傾斜とが関係ありとすれば、元来山地に住んでいた人がしだいに平地に移り住むようになり、急傾斜の意味が忘れられて緩傾斜を意味するようになったものであろうといわれている。

なお雪崩は日本の山岳では、広葉樹帯で発生するものが多い。最も多いのは風雪で、もっぱら風下斜面の雪庇や吹き溜りが表層雪崩の発生源となる。無風で多量の降雪がある時、風雪の激しい時は冬山では行動すべきではない——とされている〔高橋喜平「朝日新聞」平成1・12・23〕。

秋田県仙北郡田沢（仙北市）マタギは雪崩除けの呪文を次のように行った。

「山の神頼む、このヒラマエ（斜面）をアンノン（安穏）に通らせたまえアブラウンケンソワ」「ノサ（幣）も取りあえず神のまにまに」

同県由利郡鳥海（由利本荘市）マタギは、

「南無財宝無量定覚仏南無阿弥陀仏」〔百宅《モモヤケ》の小野勘太郎家〕

「エングラ　チタラ　アビガエタ　アブラウンケンソワタカ」（水無《ミズナシ》の太田又司家）と唱えた。

同県北秋田郡阿仁（北秋田市）マタギの呪文は、

「マル（摩利）四天王　浮かすこと　此の場をお通りのうち　お待ち給えや　南無アブランケンソワカ」

「南無財宝無量、寿岳山」と二万二千遍唱えた〔『秋田民俗語彙事典』〕。

ナハ　奄美の与論島では、地理空間を示す接尾語。○○ナ、○○マ、○○ハがある。

○○ナ＝ウタナ、セーナ、スブナ、キーナ（喜禰奈）、セコナ（瀬古名）、マシキナ（増木名）、ディンナ（伝名）、ギンティナ（源テナ）。○○マ＝トーマ（当間）、ナーマ（那間）。○○ハ＝シラハ（アラバ・荒波）、イハ（イパ・伊波）、シナハ（シナパ・品覇）、コーナハ（コーナバ・幸名波）、イノハ（イヌパ）。

この地理空白を示す○○ナと○○マが複合してナーマ（那間）という地名をつくり、沖縄では○○ナと○○ハがつながってナーハ（那覇）という地名をつくっている。

与論では、そのナハは、頭にシ（瀬）を冠したシナハ。コー（幸）を冠したコーナハがあり、○○ハだけの接尾した地名にはイハ、イノハ、アラハ等がみられる。◯◯ナの接尾した地名もキーナ、セコナ、スブナ等がある。

後者の◯◯ナ、◯◯ハは共に方所を表わす語としての広がりをみせている。

沖縄を今ではオキナワと発音するが、古くはオキナバ→オキナフ→オキナハと発音したのであろう。それはP→F→Hというハ行子音の変遷に照らし合わせても、うなずけるし、与論のナハがナパと発音されていることが証明する。

オキナハのナハがナワに変ったということは、◯◯ナと◯◯ハが融合してしまって、意義素、形態素共に別々であるという語源意識が失われたからにほかならない。

それは◯◯ナハの上にオキという意味の異なる語が複合したことも影響しているのであろう。オキナワの語源は「沖縄」「浮縄」と表現されるため、一般的には「沖に浮かぶ縄のような島」という意にとられがちである。

これに対して、伊波普猷は、漁場を意味するナハ(那覇)とかかわらせ「沖漁《オキナ》場《ハ》」と説いた。沖縄の祖神アマベ族(海人部)とも深層でのつながりをもたせたわけである。

島袋源七は、ナハ(那覇)を漁場と説くのは同じだが、祝女漁場《ノロナバ》に対する「按司漁場《アジナバ》」の意としている。

東恩納寛惇は、オモロ語のオキナマス(沖膾)、ヘタナマス(辺端膾)の語をひいて、オキは海の奥を意味する「沖」、ナハは方所を表わす「ナー」「マ」などと同じものとし「沖の島」と説いた。

新屋敷幸繁は、「内の国」と説いた。方言で発音するウチナーに拠りながら、自らの島を内《ウチ》の国《シマ》とし、ウチナーと称した、という考え方である。

これらの説に対し、外間守善は、オキナハ(ワ)をオキ、ナ、ハの三つの形態に分ける。その場合のオキはオモロ語のウキハタ(大きい旗)、ウキハワ(大祖母)、オキオハチ(大祖父)、オキシマ(大島)などのウキ、オキと同じく「大きい」意味だと考える。ナとハは、いずれも地理空間を表わす語。小さい舟で島渡りをしてきた人たちの想念、あるいは与論、伊平屋、伊是名などの離れから望見する思慕の念を、ここに結びつけたい。離れなどからみる沖縄島は、決して「縄」のように小さなものではありえない。それこそ「大地」である。

ただし、ナとハが複合してナハという地理空間を表わす語が慣用化した頃には、ナハそのものが魚を捕る豊かな空間として観念されていたのではないか。

伊波普猷が着想したように、漁撈民族であるアマベたちとのかかわりをも考慮すると「大きい漁場《ナバ》」という原義に、魚がよく捕れる所、「大きい所」という意味が重なってきても不思議ではなさそうである。すなわちオキナハ（ワ）は、地理空間を表わす語であることを原義とし、それに漁場の意が付加されてきたところまで意味を広めて解釈した〔外間守善『沖縄県地名大事典』月報〕。

　内地におけるナハは『万葉集』の縄の浦（巻三、十一）をはじめ上総九十九里浜の南白亀《ナハキ》村（白子町）、伊豆半島河津町の縄地《ナワジ》、大阪の縄浦、相生市の那波《ナハ》、讃岐の難波《ナハ》郷、土佐の奈半《ナハ》郷、室戸岬近くの奈半利《ナハリ》町、日向の縄瀬などの海岸地名〔『地理学評論』一八の一二、『沖縄地名大辞典』月報〕としてみられるナハ（ナバ、ナワ）が、沖縄のナハ（ナワ）とどのようにかかわっているか検討すべきである。

ナバエ　傾斜地を徳島県美馬郡（一部、美馬市）〔『全辞』〕、同県板野郡土成町（阿波市）でいう〔同地人談〕。動詞のナバエルは斜めにする。淡路島、徳島、高知〔『全辞』〕。

ナベラ　山の緩く広い傾斜面に細流などの流れている所を北飛騨でいう。阿波の山地では、渓谷に露出した岩の上面が平坦でかつ滑らかな所をいう〔『地形名彙』〕。

　山中の地名に多い。飛騨の双六谷などで水の流れる緩斜面、和歌山県日高川沿岸で土気のない岩ばかりの所をナメラ、吉野山地でも同様、高知県吾川郡池川町（仁淀川町）椿山では川底の岩の平らになっている所をいう。

　鹿児島県屋久島や奈良県吉野郡十津川郷で、平滑な岩面をナメラというのをみれば、必ずしも水の有無に関係なく、また滑らかなという意でもなく、トコナメのように、岩の並ぶという意のナメであるらしい〔『山村語彙』、『土佐民俗選集』その二〕。

ナベワリ　深山の中の地名としては、長野県南境の村にある。たいていはこの場所から山道が二つに分かれているという〔『山村語彙』〕。

　鍋割坂という坂は皆等しく小山を横断するところの

坂で、ナベワリは鍋を割った形をいう。鍋とは、古い昔の土鍋の形、鍋を逆さにしたような小山を割いて通ずる切通し型の坂道が鍋割坂。鍋割山という山は、頂上が鍋を逆さにした形をしていて、しかも二つに割れている。

神奈川県足柄上郡、丹沢山の南方の鍋割山、神奈川県津久井郡藤野町（相模原市）牧野の鍋割山、群馬県勢多郡赤城五山の一つの鍋割山、岩手県胆沢郡（一部、奥州市）駒ヶ岳南方の鍋割山、熊本県球磨郡神瀬村（球磨村）の鍋割峠、鹿児島県種子島南端の鍋割岩。鍋割峠は峠が切通し型になっている。鍋割岩は海中の岩の頭が二つに裂けているので、船が時々この岩に座礁するという。江戸にも鍋割が四カ所あり、いずれも小山を横断する坂道であった〔『江戸の坂 東京の坂』〕。

なお「鍋」については「ナミ」の項で述べるようにナベ、ナミ、ナメは、平坦に通ずる語で鍋、滑、波、行などのつく地名は「平らな地形」を指すものであるとする方が妥当であろう。

鍋田は低平な水田地域、鍋野は緩やかな傾斜地、鍋島は鍋を伏せたような表面の緩やかな形式をなす。

鍋山は「並べ山」で三つの山が並んでいる場合もある〔松尾『日本の地名』〕。

ナマメ　ナマメスジ、ナメラスジ。魔道ともいい、ある一定の道筋に恐怖される伝説がある。たいていは動物、たとえば猿、狐、狼あるいはまったく正体不明のもののようにいうが、要するに、そういうものの通路であるといい伝えて忌み恐れられている。

岡山県津山市田町、本沢家ではそれに当たる所に、通行を邪魔しないように土塀に丸い穴を穿っている。岡山県下にその例は多くさまざまの伝説があるが、これがどのようにして成立したものか究明されていない。推定されるところでは、そこが神の使者（ミサキ）の通路として最初に神聖視され、後にはたんに恐怖感をもって記憶され、次いで奇怪な伝説がこれに付会したものと思われる。

言葉としては、意味が忘れられたことにより、さまざまに転訛が生じたが、ナメラが最初であり、これは蛇を指したものであったかと思われる〔『岡山民俗事典』〕。

ナメラスジについて『禁忌習俗語彙』は次のように説いている。

「縄目の筋を備前の東部では魔筋。昔魔の通った跡といい（邑久）、或いはナマムメスジまたはナメラスジといい、作州でもナマメスジ（久米）もしくは魔もの筋という（苫田）、多くは縄目の音変化かとも考えられるが、ナメラというのは青大将をいう土地もあるから、或いは蛇の力と解していたのかも知れぬ。家作がこの筋にかかっていると病人が絶えぬといい、新たに建築する者は十分に警戒するのみでなく、単に通り合せただけでも気分が悪くなることがあるといい、また化物の出る処だと思っている者さえある。和気郡の某処の魔筋では、火の玉が通るともいう」と。

ナミ ① 山口県長門市通で、ナミ（波）には次のようなものがある。

ナミガタツ（波が騒ぐ）、ナミガオレル（波がしらが高く上がって鋭角が崩れる。台風の時の波の状態）、オイナミ（船尾から追ってくる波）、ムカイナミ（船首へ向けて寄せる波）、ナミがオレシロになってきた（真白い波がしらが、高く上がって、覆いかぶさるように崩れる状態になってきた。オレシラムともいう）、ナミノホーラエイ（台風の時の二〇メートル以上もある波。「波の蓬莱」か。シケの時、外海上にこのような波が立つ）〔『長門市史』民俗編〕。

南島喜界島で波間をナミバラ、静岡県庵原郡（静岡市）で池などの波をいう。ナグラと同じであろうか〔『全辞』〕。

② 石並（石波、岩波）。橋の原始型で、川に石を置き並べて、石から石へと飛んで川を渡るもの。石渡《イシワタリ》（またはイシワタ）、沢渡《サワタリ》も同じく川瀬の石を踏んで渡る所である。

③ 江並（江渡）、川波、津波（ここでは津は川）などは入江とか川に沿った所、すなわちそれらの沿岸を指す。

④ 丘陵地や山地の中の小盆地には野波、小波、佐波の地名があり、周囲の傾斜地に対して、ささやかな水田の開かれた平坦地を指す。

波野、波原、野波などは、波のうねりのような起伏する丘陵面を想像しやすいが、実際はなだらかな（あるいはほぼ平らな）地形を呈するのである。河岸段丘に多い〔松尾『日本の地名』〕。

ナメ ① 積雪の表面が硬く滑らかになったもの。越前で〔『地形名彙』〕。道路が氷や雪などで凍った所を長野、愛知県、奈良県吉野郡（一部、五條市）で〔『全辞』〕、奈良県吉野郡吉野町宮滝では、川で岩が水に洗われて角がとれ、滑りやすくなっている所、川ばかりでなく道路の上でも冬に雪や霙が降って、それが凍り滑りやすくなった所がナメ。そこにナメができているから気をつけて行け——と子供に親が注意する。越中東礪波郡（砺波市、南砺市）でもナメを同様な意味に使っている〔『万葉古径』二巻〕。

② 伊勢鈴鹿郡庄内村（亀山市）で、水の流れている川底の平らな、滑らかな岩に水垢（苔かあるいは藻の一種か）が付着しているのをナメ〔『万葉古径』二巻〕、群馬県佐波郡（伊勢崎市）でも水あかをナメという〔『全辞』〕。

③ 愛知県常滑市で、基の波打際と称せられるあたりの地下三、四尺の土地には一面にある。粘土の硬いもの。海底にある時は非常に滑らかである。現在ではナメのことをクズという〔『万葉古径』二巻〕。

ナメラ ① 紀州日高郡（一部、田辺市）では土気のない岩ばかりの所。屋久島あたりでも花崗岩の一枚岩の滑らかな地形をいう〔『地形名彙』〕。

岩の上に常に水などが流れて滑る所を奈良県吉野郡（一部、五條市）、京都府竹野郡（京丹後市）でいう〔『全辞』〕。

紀州上山路村（田辺市）ではナメラ岩などといい、いくぶんの水があり、ミドリなどが生えて滑り気のある岩のある地をいう〔『方言』五の五〕。

なおナメル（動詞）を滑るというのは九州〔『日葡辞書』〕、宮城県石巻。道などの滑るというのは仙台〔『はまおぎ』、『全辞』〕。

② 砂混りの岩を山口県長門市殿台、境川でいう〔『長門市史』民俗編〕。

③ 炭層の上部にあたり、石炭と土との中間の性状のもので軟らかい石質のものをいう。山口県小野田市（山陽小田野市）付近の炭田〔『民伝』四の八〕。

ナヤ 千葉県九十九里浜の漁業集落名の「〇〇納屋」は南に、「〇〇浜」は北に連続している。その分かれ目は山武郡成東町（山武市）。「〇〇浜」の地域は江戸干鰯《ホシカ》問屋の勢力圏で、おもに江戸へ陸送した。「〇〇納屋」の地域は大阪干鰯問屋の勢力圏で、おもに海路浦賀へ集荷したという〔鏡味明克『千葉県地名大辞典』月報〕。

ナラ 中国、四国の山地に多いナラ、ナロ、ナル（奈良《ナロ》、奈路《ナロ》、奈呂《ナロ》、坪《ナル》、成《ナル》、鳴《ナラ》、平）の地名は、山地における小平坦面であるが、「平」をナラ、ナロ、ナルなどと訓ませている例がいくつも見出せることは、ナラ、ナロ、ナルと呼ぶ地名が平坦面を意味するものではないかという予見を与え、そのことを念頭において、多くの実例にあたってこれを確かめることができる。地名の実情を示す表意文字ともいうべきものである〔松尾『日本の地名』〕。

大和の奈良の地名の本源は、奈良市北郊外の平坦状の丘陵地がナラヤマ（平山、那羅山）で、このあたりの奈良坂がその根源であるという〔『日本地名伝承論』〕。

岡山県北部、真庭、苫田両郡境の大平峠《オオナル》（五六六メートル）は、緩やかな尾根越えの峠。このナルも平坦地（緩斜地を含む）のナラからきた語である。土地の高低を平らにすることをナラス（均す、平す）というのも同義語である。

ナラスを名詞にしてナラシ、習志野《ナラシノ》市（千葉県）のナラシも「平らな野」の意で、平石野《ナラシノ》、奈良志岡《ナラシオカ》、奈良志津などの地名もある。

ナス（那須、奈須、茄子）の地名もナラ、ナラシにつながるものとみていいと思う。ヘラス（減らす）がヘス。ナラス（鳴らす）がナス（打ち鳴《ナ》す鼓、搔き鳴《ナ》す琴）、ナラスがナスとなるのは自然で、ナスが平らな土地を意味する場合が考えられる。借りたものを返済することをナス（済す）というのも（ナシクズシの語もある）これと共通する語〔松尾『日本の地名』〕。

群馬県で山間の小平地、緩傾斜越地をナラというが、土地をナラス（平らにする）のナラが地名化したもの〔『地名のはなし』〕。

ナル 山腹または山裾の傾斜の緩い所。信州北安曇、中国にも多い。平、阫、坦、均などの字を宛てている〔『地形名彙』〕。

中国、四国にかけて平地をいう。ナルはナラ、ナロなどと同源。平、阫、坦、均、成などの字を宛てる。奈良県吉野郡天川村沢原でも、山中の平坦な所をナルミという〔『続狩猟伝承研究』〕。鳥取県、岡山県に多い平地のナルは大山南麓の鏡ケ成《カガミガナル》のように成の字を多く用いる。笹ケ平《ササガナル》（鳥取県の伯耆大山の東方の関金町（倉吉市）にあり標高七〇〇メートルの高原）、大平原《オオナルハラ》（江府町）などもある。岡山県苫田郡加茂町（津山市）には墓坪《ハカナル》があり、「土と平」という合意の解釈を行ってツボという字義とはかかわりなくナルの平地に宛てている。

岡山市付近には鳴《ナル》の集中分布があり、各地では鳴は水音の地名（川、海等）に多いが、局地的には平地の鳴が基本の所もあるという地域的流行字の分布が確認される。

高知県はナロが多く、奈呂、奈路など二字で表わすのに対して、愛媛県はナルを成の字を宛てるが、東予ではずばり意味を表わした平《ナル》の字がめだつ。かつて別子銅山で栄えた東平《トウナル》の鉱山町（新居浜市）をはじめ、西条市の平組《ナルグミ》、小松町（西条市）の大平《オオナル》などがある。中国地方にも大平《オオナル》峠がある〔鏡味明克〕。

兵庫県佐用郡、多可郡（一部、西脇市）でも山の平地。宍粟郡（宍粟市、姫路市）では、山と山の峡が開けて平らな地で、田などある所をいい〔『山でのことを忘れたか』、『日本民俗学会報』二五号〕、美方郡の一部では、尾根の平ら地をいう〔『旅伝』一五の五〕。

香川県坂出市では、山頂の平地になった所をナルチという〔同地人談〕。

大分県でも緩傾斜地がナルで、東国東郡安岐町（国東市）の鳴川、玖珠郡玖珠町の鳴川、直入郡久住町（竹田市）のナルコ山（カワがコーとなり、ナルコとなる）などがある〔『地名覚書』〕。

北九州市でも平地をナルという〔『北九州市史』民俗編〕。

（参考）

ナル　①稲架などの横木の棒。和歌山、淡路島、徳島。②稲木、稲架。周防大島。

ナルイ　形容詞、傾斜のなだらかな。新潟県頸城地方、奈良県十津川、京都、岡山、広島県双三郡（三次市）、香川県三豊郡（三豊市、観音寺市）、徳島県祖谷地方、愛媛県松山〔『全辞』〕。

ナレエアッコ　岩手県上閉伊郡遠野地方で、日陰のこと〔『綜合』〕。

ナロ　土佐西部でナルのこと。一般に四国ではナルを使う。ナラもナルの転訛〔『地形名彙』〕。

土佐にはナロという地名が多くあるが、高知県や愛媛県で山中の平坦な所をいう〔『綜合』〕。

元来、山麓の緩斜面をいうことばだが、こうした傾斜地に集落ができ、やがて地名にもなった。緩傾斜地を含んだ山間部の集落に奈路のつく村名や字名が多い。これに対し、平坦な所はダバ（駄馬、駄場）といった〔『高知県の地名』月報〕。

ナワテ　『和名抄』に「畷、田間道、奈八天」とある。

畷《ナワテ》道というのは、丘をとりまく「箕の手《ミノテ》」（その項参照）の道に対する「縄手」のことで、新たに縄を引いて二点間を最短距離で結ぶように設計された作り道のこと。こうした道は早く律令時代に班田収授のためになされた地割である条里制のなかで出現している。けれども条里の地割は平野のすべてを覆うものではなかったし、大和盆地のように特に早く開けた地域は別として、かつては畷道が道路として果した役割は大きくなかった。村と村が耕地で続き、その間を一本の畷道が走るという光景は、一般には近世以後のものである。したがって祖先たちが営んできた村落の生活は、それがもっていた封鎖性とか孤立性、外界との接触のしかたといったことを問題とすると、古代から中世への変革よりも、中世から近世への移行にあたってより大きな変化がみられたということができる〔『宗教以前』〕。

『日本歴史地理用語辞典』は次のように述べている。

《田を区画するアゼ道の意であるが、アゼ道は多くが直線であるためか、のち単なるアゼ道の域を超える直線計画道路の固有名にとりこまれるケースも生じ、さらに必ずしも直線ではない街道筋の一区間の名称になるケースも生じた。》

ナンバ　①山の嶮峻な所を栃木県の北部〔『栃木県方言辞典』〕や愛知県北設楽郡振草村（設楽町、東栄町）などでいう〔『方言』六の八〕。

山の神はナンバに祀るといっている所が前記の振草村や甲斐南巨摩郡西山村（早川町）にある。

山中峡陰の場所を山の神の祭場とするのも古風の一つであろう。ナンバはそういう険しい山道を通る時、特に山の神の神助を願わなければならないような場所である〔『山の神信仰の研究』〕。

②新潟県南魚沼郡魚野川流域でノリバ（水勢が強く、たえず砂利を流して水深を変え、座礁しやすい場所）もナンバといわれるが、水深の如何にかかわらず船の操縦に困難な所。難場である〔『越後南魚沼郡民俗誌』〕。

ニ

ニ　①土の古語、ン・タ（n-ta）。

②丹、アカ・ンダ。赤土の義。

「粘土にて女子は髪を洗ふ風あり、よく油のとれるものなれば今猶廃れず」。八重山〔『宮良当壮全集』第八巻」。

ニウ、ニオ、ニフ、ニホ、ニュウ　イナムラ（あるいはイナツカ、稲を刈って積み重ねたもの）と同じく、田んぼに積み重ねたものをニュウ（ニョウ）とかニオ、ニホとか呼ぶ地方は中部日本をはじめ、各地に見られる。ニホと呼ぶのが古いらしい。このニュウ、ニホはドーム状とは限らず、円錐状に積みあげる所もある。

青森県西津軽郡（一部、つがる市）の高乳穂山（七二八メートル、岩木山の西方）は、緩やかな丸形の山容からみて、ニュウの例に該当するものであろう。この山の盛り上がった形が、乳房を連想させると共に、乳がニュウという音であることから、この字が宛てられたものであろう。

盛岡市の北西方、岩手、秋田両県境の烏帽子岳（一四七八メートル）は乳頭山《ニウツムリ》とも呼ばれるが、これも形がニュウ（ニオ）に似ているのにちなんだ山名で「乳」の字を宛てたものと思われる。広島市宇品に近い仁保《ニホ》町（広島市南巳）の山地は、昔は仁保島（二一二メートル）と呼ばれた島で、丸い頂の山が海岸から盛り上がっているさまをニホに見立てて名づけたものか。

また、青森県岩木山の谷に乳穂《ニイホ》の滝というのがあり、年の境にこの滝を見にいって、凍った滝の水の姿によって年の豊凶を占ったというが、これもニュウの形をしていたものであろう。

丹生《ニュウ》（またニブ）という地名は、奈良県の吉野川支流、丹生川のほとりにある有名な丹生川上神社（上、中、下の三社に分かれる）の下社の所在地である丹生（吉野郡下市町）をはじめ近畿地方に多いが、なお全国的に数多く分布する。

この地名は、本来水銀の原鉱である辰砂《シンシャ》すなわち硫化第二水銀の形で産出し、これを含んだ土は深紅色で丹《ニ》と呼ばれる。この辰砂が出る土地に丹生という地名がついていることがある。

ニフというのはニすなわち赤土または丹砂（朱砂すなわち水銀鉱）を産出するために名づけられたもので、その最も著名なものは、伊勢の飯高郡（多気《タキ》郡）、丹生郷（丹生村、現勢和《セイワ》村《ムラ》〈多気町〉）で、ここは古くから水銀を出したことが『続日本紀』以下職人歌合等にも見え、紀州伊都郡（九度山町）の丹生川や大和吉野郡（下市町）の丹生は、その川上から赤土を産出することによってその名があると古くから説かれている。

奈良東大寺二月堂の修二会《シュニエ》の行事を「お水取り」というう。三月一日から始まる。十二日修二会の最後に境内の井戸から香水が汲まれるが、この水は若狭の国の遠敷明神《オニユウミヨウジン》の水と通じているという。壮絶無比のダッタンの行法がその際行われる。火と水との生命の根源をたたえるお水取りが済めば日本列島に春が訪れる〔『毎日新聞』「余録」昭和46・3・9〕。「お水取り」に古代のタタラ（踏鞴）の焔を連想する。大仏開眼の時代の鉱物、錬金術への讃歌の焔をおもう。そういえば、若狭のオニュウ川は小丹生であり、水銀の産地でもあった〔前登志夫『毎日新聞』昭和46・3・8、松田寿男『丹生の研究』〕。

松田寿男によれば、丹生の地名で、水銀の産出があったことが確かなものは、全国で五〇カ所近くあるといい、水銀そのものの産地は全国で三百数十にのぼるという。

しかし柳田国男は『海上の道』で、全国的に数多いこの地名を丹土の産地に結びつけて説明することは不十分で、何らかの隠れた理由があるのではないかと推測している。

丹生川上神社は、雨乞いの神様として知られており、丹生神社の分布は全国的で丹生の地名がしばしばこの神社の所在地と一致し、この神社に基づくことも多いことに注目したい〔『地名の探究』、『丹生の研究』、『古代の朱』、『朱の考古学』〕。

なお、和歌山県伊都郡大野村（橋本市）は、高野山の西北方約三里にある山村で、その地主神丹生都比売《ニフツヒメ》神社があり、天野は天野川に沿って美田があり、天野米と呼ばれる美味な米を産するが、古来高野の地主神として、一山の崇敬を集めた天野丹生都比売神社は、もとこの山奥の谷間に初めて水田を作り、村を開いた家の田の神信仰に基づくものではなかったかと思われる〔『日本民俗学』一一の三、『ニフツヒメの信仰について』〕。

ニオ（ニウ、ニフ）は、稲霊または稲の産屋を意味したものではなかろうかとの説も提出されており〔『新嘗の研究』第一巻〕、ニオは丹生で農神の信仰を伴うものかもしれないが、そのニフもまだ意味不明である〔『綜合』〕。

ニフを稲霊とみる根拠と思われるものは、古く新嘗のニホに祀られる米が赤い色をしていたのではなかったか——ということである。

古く日本へ渡来した稲の中に、赤米と称される品種があって、神祭のために作られたらしいことは、神事に小豆の赤飯が用いられることも関連して、古くニホに祀られる米が赤米であったのではないかとの推測も成り立つのである〔『ニフツヒメの信仰について』〕。

丹は古代の人々の生活において、どのように使われたか。おそらく先史時代からの生や死の思想、信仰的な生活と深い関係があったものと思われる。人間の血と同じ赤い色は、我々にとって印象的であるが、古代の人々にとっても神秘的であったのに違いない。おそらく呪術とか信仰にからんで珍重されたものと思われる〔『現代「地名」考』〕。

ニフ（丹生）という地名と、ニフ神社と稲霊信仰との関係はまだ明確ではない。

ニエリ 近江佐田付近でカルスト地形のドリネをいう。抜入りの転訛か〔『地形名彙』〕。ニエル（動詞）、へこむ、窪む。「あまりおすからニエた」などという。愛媛県松山〔『全辞』〕。

ニオ ① 阿波剣山地方、高山。
徳島県祖谷山や三好郡三名村（三好市）など剣山近くの山村で、奥山のこと。特に日当たりの悪い所をカゲニオともいう〔『綜合』〕。
② 香川県の塩浜の海水の導入溝をニオ、塩水を塩屋へ送るものはミゾという。ニオはミオに同じか〔『綜合』〕。

ニガ 耕土の底土を苦土《ニガツチ》ともニガともいう。また真土のことと説く所が広島県比婆郡（庄原市）にある。これに対して表土をアマツチという。甘土は今は小作権の名ともなっているが、起りは作物が育つか育たぬかの区別であろう〔『綜合』〕。

山口県長門市でもコエドロ（耕作に使用される地味の肥えた黝褐色の表土）の下の黒い土をニガドロといい、作物の成育には適さない〔『長門市史』民俗編〕。

同県豊浦郡豊田町（下関市）無田でも、表土の下のやや青色を帯びた層をニガという〔国分直一『毎日新聞』昭和35・12・5〕。

筑後柳川ではニガトといい、この土で黒瓦を焼くという〔同地人談〕。

熊本県の北部では、火山灰特殊土壌をニガともニガツチともいい、普通、洪積層の表土下にあって、やせた土をいう〔『失なわれてゆく村のことわざ・言葉』〕。


ニキ、ネキ そば、近く、あたり。筑後柳川〔『柳川方言総めぐり』〕。福岡県甘木市でもニキ〔『甘木市誌』〕。同県早良地方でもいう〔『私の方言』〕。ニキはネキの転。

ニクミ　讃岐の仲多度郡で地下水のしみ出すこと。キシの下あるいは段々田の下などに多い。排水のために、ここだけまず刈り取ることをヨケ刈りという〔『民伝』四の一二〕。

ニゲミズ　「武蔵野にありといふなる逃げ水の」という古歌の題材になっている。遠くに水があるように光って見え、近づくと逃げるように遠ざかっていく現象をニゲミズという。これは地面に近い空気が熱せられ、上部に比べて密度が小さくなるため、遠くの物体からきた光の通路が曲げられて丁度そこに水面や鏡があるかのように反射されるのが原因。蜃気楼の一種で地鏡、偽水面ともいう〔『朝日新聞』昭和47・8・20〕。東京の山の手から西に聳える関東山地の麓にかけて広がる武蔵野台地は、多摩川の古い扇状地が地盤運動のため隆起したもの。この地域の水不足が生んだのが「逃げ水」の伝説である。むかし旅人が遠くを眺めると水が流れているように見えるので、疲れた足を引きずって近づくと、見えたはずの水がどこへ逃げたのか見当たらず、旅人は水の幻に惑わされたという〔『毎日新聞』昭和35・8・19〕。

ニゴ　①中国東部に多い。西部のエゴ、エギに近い地形。その項参照〔『地形名彙』〕。ニゴエはニ（峰、棟）ゴエ（越）から峠のこと（荷越坂、荷坂峠）をいう〔『日本の地名』〕。

②　船乗りの詞。船艙《ハッチ》内で、揚荷した後の荷の落ちこぼれ。これを拾い集めても別段文句は出ない。船倉内の掃除にもなる。ニゴを集めるのは主として女性である。

ニシメ、シタメ　等高線に沿って山腹に立地する焼畑集落。愛媛県上浮穴《ウケナ》郡柳谷《ヤナダニ》村（久万高原町）大字西谷、中久保でいう。住居の空間的なまとまりの単位〔『図説・集落』〕。

ニタ、ヌタ　湿地。水のじくじくした田代として適当な谷間をいう〔『地形名彙』〕。

似内という地名が、岩手県花巻市北郊にあり、もとヤチ（谷地）、湿地であったようである。ニタッは低湿地のこと。北海道ではヤチという〔『アイヌ語地名考』〕。

栃木県安蘇郡（佐野市）、河内郡（一部、下野市、

宇都宮市）で湿地、じめじめしている田をニタ、安蘇郡で猪が湿地を掘ることもニタゴネ（廃語）、猪がニタを打つ所をニタバ（廃語）という〔『栃木県方言辞典』〕。

信州赤穂村（駒ヶ根市）でノタ、奥多摩や大台ヶ原山彙でヌタ、奈良十津川、熊本県球磨郡や日向椎葉地方でも猪の出る湿地をニタ、鹿児島県種子島でも湿地がニタ。東北地方にもニタという地名があり、ガラニタという語もあり、澗ニタのことで九州でいうムタという語も皆同様のものである〔『綜合』、『全辞』〕。

熊本県球磨郡水上《ミズカミ》村元野では、ニタの神というのがある。桜、樫などの木が茂り、その下に水溜りがある。猪がここに来て、この水溜に入り、木の根に体をすりつけてシラミを殺す。そこは昼でも暗く山師も寄りつかない。もしこの山の木を伐ると熱病にかかる。ニタの神様は耳も聞こえず目も見えないという〔『熊本民俗事典』〕。同県人吉市野田地方では、山腹の迫などの湿地で、猪が自ら窪所を設けて水を湛えている所をニタ、ノタ、ンタという。猪は夜、ここに来て水を飲んだり、ダニやシラミを落すため全身をひたして泥土を塗り、まさにノタウチマワッテその泥んこの身を近くの樹脂の多い松やツガなどの樹幹にこすりつける。また、矢きずを負った時、ここで身体の熱をさまし、傷口を癒すらしい。重傷の手負いの猪が時折、ニタ場の近くで倒れていることがある。このニタのにごり具合で、猪が近くに居るかどうかを判定することもあり、「赤仁田」「仁田尾」「ニガタケンシタノニタ」などニタのつく地名が山間部に意外に多い〔前田一洋『えとのす』五号〕。

ヤニの堅くついた猪をイタイという。松脂をすりつけることもある。ニタズリをする木は松、樅、栂、榁などみな香りの高い木。理由として、日向「五体がせわしくなる」、大和「オキホルから冷す」など、体を冷すためと考える。これは逃亡の時行うことが多い。一般にはダニを落すためという。この場合は、ころげ回る。追われる時にはニタにざぶりと入るだけ。これは年中やるが、秋が最も多く、春にもある〔『狩猟伝承研究』〕。

なお、谷川健一はニタについて、次のように述べている。

「しかしニタには、これ以上の意味があると私には思われる。

沖縄の宮古島の島尻という部落には、自然の湧水の溜ったくぼみをニッジヤまたはニッダアと呼んで他界への入口とみなしている。

祭のときにはパートンという仮面をかぶった男が全身に泥を塗りつけて、そこから部落に降りてくる。そうして部落の人たちに祝福を与えたり、叱責したりする神の役割を演ずる。この例からみてもニッダアまたはニッジヤはニタと同義語であり、神聖なものの出現の場所とみなすことができると思う。

これは猪の場合にもあてはまらないか」（『谷川健一著作集』第一巻）。

群馬県に多い地名型としては全国にあるが、関東では特にこの辺に多い湿地のニタの地名が下仁田町や南牧村大仁田、水上町（みなかみ町）小仁田などが見られる。

ただし、新田郡《ニッタ》（太田市、みどり市）の名は『和名抄』の郡名では、爾布太《ニフタ》の訓で、湿地のニタとは異なる。すなわちニフタはニヒタ（新田）の転で、文字通り新田《ニヒタ》の意であろう〔鏡味明克『群馬県地名大辞典』月報〕。

ニッケバ　田場所へ荷馬の通う終点。その広場を各地でこう呼ぶ。ここまで田から稲を担ぎ出す。これは各方面に設けているが、そこまで馬の通うのがマネグリという〔『綜合』〕。

ニナト　奄美大島で入江〔『地形名彙』〕。

ニバ　船着き場。広島県佐木島〔『全辞』〕。

ニフタ　新田（ニフタ）は、新しい田の意味ではない。土色から命名されたもので、この一画に地表に朱砂《シンシャ》が露頭して真赤な丘となったもの。新田と書いてニフタ《ニウタ》と訓ませる例は少なくない。宮崎県児湯郡新富町新田の付近に俗に新田原《ニウタバル》がある〔『古代の朱』〕。

ニラ　①　地滑りや土石流の起る前には、必ず「ものの腐った臭気が一陣の風と共に吹いてくる」といい、山にある韮地名もこれかもしれない。昔はニラが自生していたともいう〔小川豊『歴史地名通信』三号、『地名と風土』二〕。

②　水田の表土の下の底土。水もちの悪い水田では田の底（ニラ）まですき返すと水が洩るので、ニラに達しないように耕土の中ほどに犂を入れる。与那国島〔『南島の稲作文化――与那国島を中心に――』〕。

ニライ・カナイ　沖縄において、「海の彼方の仙郷、楽土、理想郷」を意味する語で、一語にして沖縄の古代信仰をになう語である。

ニライ・カナイは、あらゆる生命の根源としての常世の国、竜宮であり、死者の魂の行く所、すなわち来世でもあると考えられている。

ニライ・カナイでは、ネズミや害虫も満ち足りた善良な生活を送ると考えられており、生きたままの虫類を小舟に乗せて流す虫流し行事もある。

ニライ・カナイのありかは方角を問わず、海に向かって開けた所にはニライ＝竜宮の神を祀る。

一般にニルヤ・カナヤといい、方言でギレエ・カネエといわれ「儀来河内」の字を宛てることもある。琉球諸島各地にギレエ・カネエから毎年神が渡来して、幸福をもたらすという伝承および信仰があり、その祭祀が各地で行われている。

外間守善は『日本語の世界』第九巻「沖縄の言葉」において、伊波普猷、柳田国男、折口信夫、仲宗根政善、西郷信綱らの説を参照検討して、ニライ・カナイの語義につき、次のように結論した。

ニ・ラ・イと形態的には三要素で構成された語で、ニは根、本源、基底を意味し、ラは国、島、部落などの地理空間を表わす語の方所を示す語、イは方辺、ほとり、あたりを意味しヘに同じ。したがってニ・ラ・イは、ニ（根）ラ（所）イ（方）で、ニライは根所方という語義をもつ語である。

カナイは意味のない後付語で、琉球語に多い畳語法でできた造語中、ニッチリ・ケーチリ（ゆっくり歩く形容）、ニーブイ・カーブイ（しきりに座眠すること）、ノータ・ケータ（似たりよったり）のように、前付語がナ行音の時には、大方カ行音の場合が多い。

なお、ニライの意義について、

① 祖神のまします聖域で、そのために、すべての根になり基になる所、根所。

② 死者の魂の行く所、底の国。

③ 地上に豊穣、幸福、平安をもたらすセヂ（霊力）の源泉地。

④ 海の彼方の楽土、常世の国であると解説している〔『沖縄の言葉、他界をワープする』〕。

ニライ　竜宮。海の底にある神の住む浄土と考えられる。カナヤは神の国。

ニルヤ　竜宮。海底にある神の住む浄土と考えられる〔『琉球語大辞典』、『伊波普猷全集』第一一巻〕。

ニワ ① 農家の入口から入ったすぐの広い部屋で土

間になっていた。イロリと台所と仕事場が一緒になっていて、一日の生活の大部分を送った。福島県耶麻郡山都町（喜多方市）（『山都町史』民俗編）。

ニワジメイ＝一年の収穫の終り。福島県耶麻郡山都町（喜多方市）（『山都町史』民俗編）。

ニワヤ＝家内の土間。久留米市（『久留米市史』第五巻）、筑後柳川で。

ニワ＝家の中の土間。

ニワボウキ＝土間掃き箒。

ニワバキ＝家の中で履く粗末な履物。

ニワミズの入る＝土間へ浸水する。

ニワアゲ＝稲の取り入れ終了祝い（『柳川方言総めぐり』）。

ニワという語は現在、関西では家の中の土間を指していうのに用いられている。たとえば、山口県長門市大垰でも、ニワは屋内の土間で、ウチニワ（内庭）ともいい、これはトーリニワ（裏口へ通り抜けられる庭）になっている。ここは冬期、夜間、風雨の際の作業場である。

ニワノクチ＝本屋《オモヤ》の入口。

マエニワ＝中じきりより前の庭。ダェエガラ（足踏みの米搗き臼）を据え、ワラビイシ（藁打ちの石）を置いた。前庭は仕事場である。

オクニワ＝奥庭。炊事場である（『長門市史』民俗編）。

秋田地方でニワは家の外の仕事場。千葉県夷隅郡（一部、いすみ市）、東葛飾郡（野田市、柏市）の農家でも主家の前の空地、屋外農作業の場外。なおこれらの地方では、屋内土間はニワバ（庭場）という。

東京都伊豆新島地方でも、主屋の前方の空地で農作業の場をニヤァといい、富山県礪波地方ではニヤァワといっている。

現在も各地に行われている農事用語で、いずれも稲の収穫、作業に関するものであることからも知られるように、ニワは特に収穫のための仕事場としての意味が強かったと思われる。また稲収納後は、各戸で祝い餅を搗く家もある（『大分歳時十二月』）。

刈り取った稲を穂のままある期間積み上げておく「稲積」はニホ、ニュウであるが、柳田国男はニヒナメ（新嘗）のニヒは「新」ではなく、稲積を意味するものであり、その場所（稲場）または田の神を祀る一種野外の祭場であったであろうという。

「庭上げ」「庭仕事」「庭刈」「庭立ち」「庭払い」など、

それは新嘗が『日本書紀』の古訓にニハノアヒ、ニハナへ、ニハヒ、ニヒナヒ、ニヒへなどと訓まれており、また『釈日本紀』七に「新嘗者是新穀既熟、乃後餐嘗也、謂㆓之爾《ヌ》波《ハ》㆒也、今加㆓奈《ナ》比《ヒ》之辞㆒者、是師説之所読加也」などと述べていることも参考にされる。収穫作業をまず始めるべき稲積の場所は、いわば作業場であるニワの延長であった。かつては、このような平地をすべてニワと呼んだことが想像される。漢字の「庭」もまた「廷」に通じ「廷平也」と注されている〔『広雅』釈詁三巻〕。

こういう平地を指すのがニワの本義で、ニワという語によって表わされる場所は、もとこうした平地から〔戦のニワなど〕屋敷の一部へ、さらに家のうちの土間へとしだいに家屋に近く、その範囲を狭めてきたもののようである。『万葉集』中、海面を称してニワと呼ぶ歌が数首あるが、そのニワというのはウミやワタツミとは違って、やはり眼前に平らな広がりをもったある範囲の海面を特に指していう語であり、したがってまたいずれも海人《アマ》の釣船の活躍すべき作業場としての意味をも持つ場所を指していたことが、この数首の歌から想像できる。

こういうニワに稲積を設けて神を祀ることがすなわちニワノアイ、ニワナイであり、またニエスルことであった〔阪倉篤義『万葉集注釈』巻三付録「万葉の庭」〕。

日和をニワと訓む。晴天の意。すなわち船を出すのによい所、船を漕いで行く海面を日和《ニワ》といい、海の風波なく平らかな状態をニワヨシといった。

飼飯の海の　庭好くあらし　刈薦《カリコモ》の　乱れ出づ見ゆ　海人《アマ》の釣り船〔『万葉集』巻三〕

〔笥飯の海の海面は穏やかであるらしい。刈った薦を散らしたように乱し出しているのが見える、海人の釣する船が〕

飼飯の海＝けひの地名は、越前敦賀にもあるが、ここは前の歌からの続きとして淡路の西海岸、前の野島より南、五色浜の南、松帆村の笥飯野〔今の慶野〕の海岸。

にはよくあらし＝庭であるが、海にも用い、ここは海面の意。「爾《ニ》波《ハ》母《モ》之《シ》頭《ツ》気《ケ》師《シ》」〔三八八〕などもあり、「よくあらし」もほぼ同じく、海面が穏やかであるらしい意〔『万葉集注釈』巻三〕。

近世でも『雨月物語』に「日和《ニワ》はかばかしものを、

明石より船もとめなば、この朝びらきに牛窓の門の泊りは追べき」(菊花の約)、『椿説弓張月』に「世は暖になるままに日和《ニワ》うちつづきて浪風なほ静なれば「静けき春も日和をまち得て」(後篇巻二)と見える〔『日本海事慣習史』〕。

庭と庭園、園とは別々のもの、庭は「家屋の周りの平らな土地や地面が原義にあるが、これと同時に宗教的に神聖な場であった」〔『岩波古語辞典』〕。園は野菜、果樹、草花などを栽培する囲われた土地を意味し、庭は囲まれていない。庭と園とが結合して「庭園」という語ができたのは明治以降で、明治二十年代から三十年代に定着していったという。庭園には仰々しい響きがある。三重県上野市(伊賀市)比土の城の越遺跡から四世紀後半の庭——今でいう庭園らしい跡が発見された。池をめぐらし、自然石を配した庭で堂々としているから、庭園と呼んで差しつかえない。これまで日本最古の庭とされたのは奈良県明日香村の島庄遺跡で、蘇我馬子の邸宅跡で大きな池に島が浮かんでいた。それは「海東に浮かぶ三神山をかたどった島で、不老長寿の仙人が住む理想の世界」を表わしていた。蘇我馬子は六二六年に没しているから、城之越遺跡の庭の方が二〇〇年以上古いことになる。池の近くから住居跡や祭祀具が発見されているから神事の場であった可能性が高い——「宗教的に神聖な場」——という庭の原義に合致する。日本人が一戸建ての家に執着するのは、建物というより庭のせいかもしれない。庭があれば心が落ち着く。その至福感は宗教的といってもいい」〔『毎日新聞』平成3・8・10〕。

② 部落内の小区画にニワバというのがある。ニワバオヤというおもだった家が中心となる。東京都西部、神奈川県中部でいう。

この地方の農家でもニワというのは、屋敷内の空地で、脱穀、収納その他農作業をする場所である。

神奈川県中部の事例でみると、ニワバの仲間は、冠婚葬祭に手伝い合うばかりでなく、農作業の労力も交換し合い、さらに一つの神社を共同で祀る間柄を指す。この仲間に入る場合には組中の承認を得るし、古くは仲間の制裁もあったらしい。これから判断してニワバとは、一つの農作業集団の範囲を意味したらしく、別にギミョウという言葉もあった。

多摩川流域にはニワバの最もおもだった家を指す言葉としてニワバオヤという言葉もあった。オヤは労働集団の指揮者を意味するから、つまり農作業を中心とする地域社会がニワバである。多摩川上流部から相模平野にかけて、小部落の名に○○庭と書くものが多いのは、このような理由からであろう〔『民俗と地域形成』〕。

秦野盆地では、大字の中の小字の中のさらに細かい区分として「庭」という語が盛んに用いられている。一つの小字が上ノ庭、下ノ庭に分かれ、おのおの五軒内外となって、部落内の最小単位の組をつくっている場合もあるので、五人組制度との関連があるとも考えられる。

とにかく、○○庭というのが一つの地縁的まとまりを指すものとして、この地方では広く用いられている。庭には平らな場所という意味があるので、もともとは地形的に同一の場所ということからきたものかもしれない〔松尾『日本の地名』〕。

ニワタリ　岩手県江刺郡黒石村（奥州市）の北上川岸の二渡は、北上川の渡船場である。同郡伊手村（奥州市）には二渡が二カ所ある。和賀郡鬼柳村（北上市）は和賀川の南岸にあるが、見渡神社という小祠があり、この川を荷渡しした人が祀った神社。宮城県栗原郡金《カン》成《ナリ》町（栗原市）の鬼渡神社は仁和多利《ニワタリ》神、水渡《シワタリ》の意と解されており、前記の岩手県北上川の渡船場の二渡、和賀川畔の見渡神社などから考えて鬼渡神社は、交通関係の神ではなかろうか。

宮城県北部の吉田川畔には、黒川郡落合村（大和《タイワ》町《チョウ》）舞野（まいの）の仁和多利神、同村報恩寺の似当権現、同郡粕川村（大郷町）の新渡権現、同村の大二渡、小二渡〔『封内風土記』〕、刈田《カッタ》郡七ヶ宿村（七ヶ宿町）滑津の二渡権現も白石川上流の峠田と関の間にある。下流の柴田郡槻木町（柴田町）の二渡権現も白石川の屈折した北岸、船泊部落にある。

福島県北会津郡荒井村（会津若松市）蟹川は、昔は船場で鬼渡神社がある。河沼郡勝常村（湯川村）の下樽川の鬼渡神社は湯川に近い。同郡千咲村（喜多方市）宮月にも鬼渡神社があるが、宮月は只見川、日橋川の合流点で、古くより渡橋で、氾濫すると渡河が容易でない所。北会津郡荒井村真渡村の大川の船場の西側にも鬼渡神社がある。河沼郡若宮村（会津坂下町）勝方の柳津に山越えする道にも、鬼渡神社がある。

山形県西田川郡福栄村（鶴岡市）の鬼渡や茨城県新治郡石岡町（石岡市）の鬼越山は鬼に関する伝説があ

るが、古い交通に関係する峠の地名であろうか。

三重県北牟婁郡の荷坂峠は海抜五〇〇メートルで東宮山、大台原の山陰にあり古くは錦山坂といったが、今は荷坂と呼び、度会郡と北牟婁郡の境にある。

岩手県江刺郡稲瀬村（奥州市）のお荷越坂も、北上川がこの下を流れ、船着き場であって荷物を運搬した所。

この川の荷越に対し、峠に関するものとして、岩手山南麓、滝沢村（滝沢市）鬼越がある。

福島県石城郡大浦村（いわき市）仁井田、仁井田川岸に鬼越がある。

千葉県東葛飾郡八幡町（市川市）の鬼越も、江戸川の荷越場であろう。

鬼越坂は荷越えした峠。鬼越―荷越、峠または河川の荷越場に名づけられたものである〔山口弥一郎『民伝』八の一二〕。

なお、北見俊夫は『日本の民俗』第四巻、「人間の交流」において次のように述べている。

「東北地方にニワタリ、ミワタリ神といって荷渡、庭足、見渡、三渡、御渡、鬼渡、鶏、鶏足、二渡、仁和多利、似当、見当等の区々の文字を当てている神がある。その性格はまだよく分らないが、一説に、物品を逓送するのに、それを守護してくれる神だという解釈がある。そのほか今日では、子供の百日咳によく利く神だという俗信も行われている。またミワタリ神は農民にとっての水神だとか、河上航行者安全祈願の神だとも説明され、信ずる地域により諸々に説かれている。

当初、逓送さるべき荷物を、観音なり明神なりの社内一定の場所に持ってきて置くと、それが荷継ぎとなって目的の場所へ間違いなく届いたという説明もあって、その観音や明神をニワタリ神といい、荷渡りに当てたのであろう。真偽のほどは一考を要するが、峠を挟む両村落民がいつしか信用して、それに似たことが行われていたことは、無言交易の昔を考えればあながち否定もできかねる。いずれにしても結論は今後に残されている」と。

ニワバタケ　埼玉県入間郡（一部、ふじみ野市など）の農家で、家屋の屋敷内にある畑。自家用野菜をつくる〔『農村語彙』〕。

ニワバヤシ　屋敷林。香川県木田郡（一部、高松市）〔『全辞』〕。

ニワミ　香川県仲多度郡で地下水をいう〔『綜合』〕。

ニンギョウヤマ　人形山。富山県東礪波郡城端《ジョウハナ》町（南砺市）から六里、越中と飛騨との境にある四、五月頃残雪の形が手を交して立っているのに似ているので、この名がある。この手を放そうとする時に山に入り始める。
　また新潟県古志郡栖吉村（長岡市）で、裾山に見える残雪模様が人の形に二つ手をとりあうように見えたり、二叉のようなものが残ると、この雪の消え払うのを待って、霜にいたむ畑作物を播種する。これをニンギョウユキ（人形雪）とも王神雪ともいう〔『綜合』〕。

ニンドバ　山畑などの小平地。伊豆田方郡（一部、伊豆市など）で入道、我入道はこれか〔『地形名彙』〕。
　静岡県田方郡で、山畑などの平坦な所。荷ごしらえをする場所の意か。ただしこの付近には牛伏の我入道のように、○○ニウドという地名が多く、それがしばしば山から離れた土地にもあって、この二つは関係があったようである〔『綜合』〕。

ヌ

ヌ、ヌー、ヌウ　①　大阪以南、和歌山県の海岸地帯で腐植泥土をいう。京都府や和歌山県では、川や沼などの底にある軟泥ともいう。また同県日高郡竜神村（田辺市）上路では、泥土の堆積した所という。沼をヌといい、要害をヌミノトコロといったのと、もとは一つ語らしいが、現在はわずかな泥をもそういい、たとえば海水に浮遊する泥などさえヌウという〔『農村語彙』、『方言』五の五〕。
　湿性を表わす語の一つにヌが多用されている。その宛字として、本来の「野」や「沼」が、きわめて多く分布することからも察することができる。
　ヌは水気の多い水生植物の茂っている土地のことであり、こういう水溜りをヌマと称した。沼はヌであるから、沼をヌと訓む例は沼島《ヌシマ》（淡路島南部の小島）、沼田川《ヌタガワ》（広島県三原市で瀬戸内に注ぐ川）などがある。
　湿地が水田化された土地はヌタとなり、それが転じたニタなどが同義の地名として分布する。ニタは似田、仁田《ニイダ》などと宛てられるが、長音化して仁井田、二位田、新田などとも書かれ、四国、東北にも分布する。仁田、仁井田は東北や関東など東日本に多い。コンニャクで有名な上州下仁田《シモニタ》はこの種の親しめる地名で、ニタは同義
ムタは九州（西日本）に特有な地名。

のヤチなどとともに東北（東日本）に特有な地名といえよう〔『地名を考える』〕。ニタ・ムタの項参照。

② 沼名河《ヌナカハ》の底なる玉　求めて得し玉かも　拾ひて得し玉かも　あたらしき君が　老ゆらく惜しも

〔『万葉集』巻一三、三二四七〕。

（老いゆく愛人をいとおしむ心の民謡）。

ヌは玉（瓊）である。ナはノの転訛であろう。ヌナガハは、沼名河（ナはミナト＝水ナ門、マナコ＝目ナ子。ナは助詞、ヌ・ナ・カワは玉の川）〔『毎日新聞』平成1・11・26〕。ヌナガハは玉を産する川で、本来は普通名詞であろうが固定して地名となったものもある。

綏靖天皇の神ヌナガハミミノ尊の名は、地名によるものであろうし、敏達天皇をヌナクラフトタマシキと称するのは、玉を産する谷から出た大きな玉の如しという賛美と思われる。川や山に玉を産したことが知られる。この歌も、実際に川について玉を尋ねる意である。『古事記』に、八千矛神が高志国の沼河比売と婚せんとして幸行く物語があるが、沼川郷、奴奈川神社の名を存する。越後糸魚川の支流姫川には、今もヒスイ（翡翠）を出すという。越の国にはヌナ川神社が約三〇社あり、ヌナガワ姫を祀る。ヌナガワ姫はヒスイを造る集団の長であったろう。

ヒスイは日本では、縄文時代には璞石《ハクセキ》（みがかないままの石）の自然のままの形のものに孔をあけて用いたが、弥生時代から古墳時代に、しだいに攻玉の術が進み、その硬い宝石を見事な勾玉につくった。

その産地は、中国、雲南、ビルマなどとされ、すべて輸入品と見なされていたが、一九二九年新潟県西頸城郡青海《オウミ》（糸魚川市）の小滝川谷にその大転石が発見されたのをきっかけとして、国産品とすべき可能性が濃厚となったばかりでなく、国内各地の存在が指摘され、今日では国外から来たとする説は少なくなった〔『万葉集私注』第七巻、『NHKラジオ第一』昭和52・10・3、亀井千歩子『平凡社世界大百科事典』一八〕。

私のまったくの素人考えだが地殻変動により本州が糸魚川《イトイガワ》―名古屋において折れ曲ったいわゆる中央構造線（断層地帯）の断層線上の糸魚川付近で玉が出現したものか――その中央構造線、フォッサ・マグナ（大地溝帯＝糸魚川―静岡構造線）の線で本州が屈曲し、ここが東西文化の分岐点となったのも不思議である。

新潟県の糸魚川と青海町の間を流れる姫川は、日本列島の継ぎ目「フォッサ・マグナ」を流れる有名な暴れ川。大雨のあとは、川床が洗われてヒスイの転石が見つかる。上流にある支流の小滝川《コタキ》ヒスイ峡から転がってきたもの。

鰹節型のヒスイの珠玉に孔をあけたいわゆる硬玉大珠の工房跡が、姫川流域の長者ヶ原遺跡や青海町（糸魚川市）の寺地遺跡から見つかっている。硬玉大珠の加工法は竹管と研磨材を使って孔を穿ったとみられる。「沼名河の玉」ヒスイは、縄文後期または晩期から全国各地に移出される。北は北海道千歳市から南は熊本県までに及ぶ。またヒスイの産地近くに住んでいた阿曇《アズミ》（安曇）氏はヒスイ交易の担い手であったろうという〔森浩一説、『毎日新聞』平成1・11・26〕。

ヌカツカ　糠塚は、農家の作業庭におけるヌカの堆積した形に見立てたもの。ヌカは米を搗いて出る粉ヌカではなく、ヌカの古い意味であるモミガラ（モミヌカ、アラヌカ）のことで、古くはスクモ（稃）といい、粭《スクモ》島（徳山湾口にある一三八メートルの丘島）もその例。

伊豆半島東岸、網代港の南西にある巣雲山（五八〇メートル）のようになだらかなマンジュウ形の草山もその例。

糠塚は小さい山丘とは限らない。『斐太風土記』巻之十には糠塚村（高山市）について「村の中央に周二百歩許の円丘ありて恰も糠を盛りし如く見ゆる故に古来糠塚と名付るとぞ」とある。この糠塚は海抜三九四メートルのドーム状の山容をもち、その南麓に糠塚の部落がある。

兵庫県小野《オノ》市（播磨平野の東）の西方に見ゆる糠塚山（一四〇メートル）も丸くふくらんだ形のよい山で山名にふさわしい姿である。これは円錐状に近いものであるが、多くは鐘状あるいは伏椀状といった丸っこい山である〔松尾『日本の地名』〕。

ヌキ　①大貫《オヌキ》、小貫《コヌキ》、本貫、田貫、長貫といったような地名の貫は「村落」と見ていいようである。貫には人別あるいは戸籍の意があり、本貫、貫籍などの語は生れ故郷とか、本籍地の意味をもつ。

中国、四国地方の小字と呼ばれるような小区画をホノキまたはホヌキと呼んでいるのは本貫をホンヌキと訓み、それがホヌキ、ホノキとなったのではないか。

天草下島の魚貫《オニキ》（天草市）はオヌキの転と思われ小《オ》貫《ヌキ》と同じかもしれないが、漁業地であるから「魚の部落」つまり漁村の意とも解せられる。

また小田《オダ》、小野《オノ》などのオのようにたんなる発語とすれば、小貫はたんに村とか部落の意となる。ニキという地名（仁木、二木）もヌキと同類であろうか〔『地名の探究』〕。

② 山を掘り抜いて隧道としたもの、トンネル。距離は短い。大分県東国東郡（一部、国東市）、西国東郡（豊後高田市、国東市）。

③ 熊本県上益城《マシキ》郡緑川村（宇土市）は緑川の水源地で、山村であるが、飲料水はすべて崖の所を横に掘り抜いて出す仕組みになっている。だから、この村では井戸のことをヌキと呼んでいる〔『熊本県民俗事典』〕。

ヌケ ① 岩石が雨雪などのため崩れた所〔『地形名彙』〕。ナギやカマと類似の地形で、赤石山脈などにたくさんあり、断崖のふちどる谷に抜沢、蛇《ジャ》抜沢などがある。宮城県栗原郡（栗原市）の北境近くの虚空蔵山（一四〇五メートル）の南斜面を流れる腰抜沢は、沢の下流に大断崖が連なっている。ヌケは土などが陥没するとか、穴があくことなどと同じ意味のものであろう。崩田をヌゲタと訓ませている所もある〔松尾『日本の地名』〕。

ヌケは飛騨の山間の小扇地面や、これを形成した谷の水源地部分にみられる〔新谷一男『地理』昭和57・7号〕。

奈良県でも山の崩壊した所をヌケといい、長崎県諫早市、熊本県玉名郡（一部、玉名市）ではヌゲという〔『全辞』〕。

② 沼畔などの歩行困難な軟泥地。茨城郡稲敷郡（一部、稲敷市など）で。ヌ、ヌウなどともとは一つであろう〔『綜合』〕。

ヌケヤマ《ヌケヤマ》 山崩れのことを山が抜けるといい、その地形を抜山という。兵庫県に抜山という地名があるが、数年前、そこで豪雨による山崩れがあったという〔『朝日新聞』昭和56・3・22〕。

ヌタ ① ニタと同じく湿地。別に流れの緩い沿海底に沿って浮流している有機質無機質の微粒をいうことがある。後者は潜水夫の用語である〔『地形名彙』〕。

栃木県安蘇郡（佐野市）で湿田をヌタ、湿地、泥土を静岡県安倍郡（静岡市）、長野県西筑摩郡や福岡県久留米地方その他で広くいわれる〔『全辞』〕。

山梨県などで湿地地名ヌタに「垈」の字を宛てたものがある。

東八代郡境川村（笛吹市）藤垈《フジヌタ》、韮崎市藤井相垈《アイヌタ》、南巨摩郡身延町大垈《オオヌタ》、増穂町砂垈《スナヌタ》、北巨摩郡双葉《フタバ》町（甲斐市）大垈《オオヌタ》、西八代郡三珠《ミタマ》町（市川三郷町）の垈《ヌタ》など国中《クニナカ》（南、北都留郡以西をいい、大菩薩、笹子、御坂の峠が境）の各地にある。

「垈」の字は国字で、ヌタの音を「代《タイ》」で表わし、「土」の字を合字して湿潤な土地であることを表わしたもの。類字形の「岱《タイ》」の字の影響もあるであろう。岱もまたヌタと訓ませている〔『山梨県地名大辞典』〕。

また、赤汢《アカヌタ》という通称地名が高知県高岡郡越知《オチ》町にあり、同郡窪川町（四万十町）仁井田の旧村名に汢《ヌタ》ノ川がある。この「汢」という字は実態を考えた造字である〔松尾『日本の地名』、『高知県地名大辞典』月報〕。

長崎県では沼地をヌタといい、鹿児島県種子島では沼田をヌタダという〔『全辞』〕。

和歌山県日高郡上山路村（田辺市）や山口県長門市や豊浦郡（下関市）では、猪がヌタ打つことをいい、ノタ、ニタ、ムタと同じで、ノタウチ回るというのは、猪のヌタウチの所作かち出た言葉〔『綜合』〕。

② 陸地だけでなく海底の泥をも、大分県北海部郡日代村（津久見市）網代でヌタという。

潜水夫のいうヌタは、海底のふわふわと積み重なった泥のことで、その重い靴で歩くだけで湧きたつほど軽いもので、晩冬から春先にかけてこの現象は最もはなはだしいという〔『綜合』〕。

③ 新潟県刈羽《カリワ》郡（一部、柏崎市、長岡市）では、波浪のことをヌタという。ノタに同じ。

ヌタバ　猪は水の湧き出すような山中の湿地にころがり、近傍の木に身体をこすりつけるが、シラミをとるためらしい。昼はヌタの近くまたは小高い所に休んでいる。

鹿は特別な所に居ることはない。ヌタの溜った所でも打つが、乾いた所でもヌタを打つ。鹿はダニが多くついている。

ニク（羚羊）はヌタに入ることはない。奈良県吉野郡天川《テンカワ》村沢原〔『続狩猟伝承研究』〕。

山口県長門市真木でも、猪がドベ（湿地）に体をこすりつけて、かゆい所をかいたりする所をヌタバとかヌタウチバという〔『長門市史』民俗編〕。

奄美大島では、猪がヌタを打つ所をネィタ、水気のあるネィタで奥山の大木の倒れた跡の水溜りをムジ・

ネイタ。水気のない所で猪が身体をこする場所をカラ・ネイタという〔『奄美の文化—総合的研究』〕。

九州以外ではヌタウチといい、その場所をヌタバといい、山中の地名として各地に多い。

『丹波志』には、鹿の大ヌタ場の記事がいくつも見え、愛媛県、高知県などにはヌタという村名や耕地名がある。

東京近くの石老山や神奈川県丹沢山には多くのヌタ場という地名はあるが、武蔵野の大岱《オオヌタ》や、甲州街道の黒野田、静岡県賀茂郡城東村（東伊豆町）大川の奴太山は皆これであろう。

なお以前、愛知県北設楽郡（一部、豊田市）などの山村でヌタバに来ているものは、神の化身と考えられたことから、ヌタ場の猪を打つなという信仰があった。これは一つ木の猿を打つなといい、朝山に兎を撃つなというのと同じであろうか〔『綜合』〕。

また、面白いことには愛媛県の南西部の宇和海の地ノ島（無人島）や高知県の西部ではカワウソは水からあがると、身体を草で拭く習性があるといい、その場所は草が倒れているからわかる。そこをヌタバという。もちろん、草原である〔『NHKテレビ』「スタジオ102」昭和47・6・15〕。これはヌタバの転用である。

ヌマ　①泥深い湿地や沼沢を防禦物として城を構えた例はいたる所にある。「要害」というのは、地勢が険しくて敵を防ぎ、味方を守るに便利な場所をいい、転じて「城塞」の意味にもなるが、古い文献には要害を「ヌマ」と訓ませている。これは沼がその条件によく適した自然物であったことを物語っている。

さらに、またヌマは物ごとの「要点」という意味にも用いられたことを考えると、上代人が沼に抱いた感覚の一面を想像することができる。

『日本書紀』などの古書に要害をヌマと訓ませる例がいくつもあり、また国語辞書類にも同じく要害の語が、ヌマから起ったことが記されている。沼は敵を防ぎ、味方を守る屈強な自然物として重視されたのであり、要害が沼と同義語に使われたのである。

曾根や埣、沼、谷地の地名の多い仙台平野北半部に「要害」という地名がここかしこに見られる。岩手県江刺市管内には「要害沼」と呼ぶ沼があった（面積〇・三反の沼だが、明治四十五年埋め立てられた）。これは要害と沼とが同義語であることを示す語と思われる〔松尾『日本の地名』〕。

② 水の流れが行き止りになって、はけ口がなくなったものを、伊予松山付近でいう〔同地人談〕。

③ 海底のドベで黒いごみの多い所を山口県阿武郡見島（萩市）でいう〔『見島聞書』〕。

ヌリグロ 普通、田（乾田）の畦畔をヌリグロ、湿田、ミズタの畦畔はヤマグロ。秋田県で〔『秋田民俗語彙事典』〕。

ヌルミ ① 淀。島根県飯石郡（一部、雲南市）〔『全辞』〕。

② 満干の度きわめて緩い海中の場所。ナマに同じ。志摩答志、菅島、石鏡（以上、鳥羽市）で〔『志摩の蜑女』〕。

ヌルメ 冷たい灌漑用水の昇温法として「長くひき回せ」とすすめられて、冷水地帯では、長い水路を折り曲げて回りくねるヌルメが田ごとに見られるようになった。夏、川の水は下流へ行くほど温まる。このことが昇温のためには長く流すべしという根拠らしい。だが、この場合の温まりは、長く流れてきたためではなく、その間の水面の延べ面積が受けた日射のためである。日射が地面に一様に落ちることは、雨と同じである。雨水を集めるのにタライよりも長いトイが勝るとは誰も思うまい。ヌルメの水路は雨集めにトイを使うのと同じである。もっと悪いことに、水路をつくるには幅広い畦がいる。この畦に落ちる日射は畦上の水分蒸発のために消費されて、水路内の昇温にはまったく役立たない。

昇温のために無効有害な畦を、田の中にわざわざつくっていることになる。しかも、田植え前の忙しい時にである。

ヌルメは当然タライ型であるべきである。田の水口を中心に扇形に仕切って浅地とする。水を入れる時は仕切りの薄い小畦のところどころを切っておいて、水を扇形全面に広げて流す。これが最上のヌルメである。あまり簡単すぎて頼りないが、水路式の温水田がなかなか改まらないから奇妙だ〔三原義秋『朝日新聞』昭和42・6・22〕。

岩手県江刺市（奥州市）小友町山谷では、田に水が入る所にミズヌルマシというものを作り、ここで温められたぬるま湯が水田にかけられるようになっている。水ヌルマシの面積は、本田五反歩について三坪を標準としている。ここでは溝でなくて、小さな池である〔『田植の習俗』第一巻〕。

山の水の冷たさを緩和するためのヌルメ田は、岩手県紫波郡（紫波町）土館に残っている。裏手が山になっていた田で、その山寄りの角の第一水口から直接水の流れている範囲を一坪半か二坪、クロで仕切る。その仕切りの内がヌルメ田である。緩く弧を描く仕切りのクロの真中あたりに別にまた水口を作る。

ヌルメ田で水の冷たさが緩和された上で、仕切りのクロの水口から仕切りの外の田に流れている。

ヌルメ田の仕切りの外側の田のクロも水口があって、それを「尻水口」と呼ぶ。その尻水口から次の田へと水がかかるのである。

岩手郡雫石町御明神地方では、ヌルメ田のことを「水ヌルマシ」という。この水ヌルマシは道路とクロの間に一直線に水路を作って、谷川の水をこの水路に流してから曲折して田に導くようになっていた。

胆沢《イサワ》郡胆沢村（奥州市）小山では、田に冷たい水のかかることをキミズガカリと呼んでいる。キミズガカリの水口の田はソッタッなるから（ここまないから、すなわち稲が穂垂れないから）ヌルメ田を作って水を温めなければならなかった〔『日本民俗学会報』一八〕。

茨城県多賀郡（日立市）、群馬県、愛知県では、水が苗代に入るまでに温まるように作った迂回した水路をヌルメという〔『全辞』補遺〕。

長野県南安曇郡（安曇野市、松本市）で、苗代の水面部または溝のことをヌルミというのは、同県諏訪郡で用水の掛けるヌルメというのと同じで、冷水をやや温めるため日に当てる場所の意であろう。山村としては、大切なわけで他でも名はいろいろあるが、田の近くに若干の水面を置いた所はよく見かける〔『綜合』〕。

長野県の東信地方ではヌルミ、ヌルメ、ノルメ、ヌルマなどと呼ぶ。苗代を作る場合、冷たい水が直接かからないようにするため、苗代の前面にヌルミという温水田を作って水を温めてからかけるようにしたり、あるいは手アゼを盛って溝を作り、水を迂回させるなどの工夫をした。一枚の田を手アゼで苗代とヌルミを仕切り、掛け口から温めた水を入れるようにする。苗代の面積と同じくらい、あるいは二倍の広さを理想的とするなど、面積の広いほど水の温まりがよい〔『長野県史』民俗編第一巻（二）「東信地方」〕。

ヌングン・ジィマ 八重山でヌーグニは野辺の転訛で、珊瑚礁島を指している〔『地形名彙』〕。

山も田もなき野ばかりの島、野国島の義〔『宮良当壮全集』第八巻「八重山語彙」甲篇〕。

ネ

ネ ①根、嶺、富士ヶ根、筑波根、浅間根、甲斐ヶ嶺、高根《タカネ》のように、山と同義に使われた。嶺や峰をネと訓ませることも多い。しかし、根はまた山や丘の麓をも意味することもある。山や丘の裾によくある「山之根」は山麓を指している。

山城の麓にできた城下集落をいう根小屋（根古屋、根子屋）の根も山麓を指すのであろう〔『地名の探究』〕。

ネはもと山の頂上のことだったが、後に山全体を指すようになった。

敬語のミをつけてミネといったのは、天から神がこの地へ降臨するのに山の頂上へまず降りて来られたので、神のよる場所だから尊んで「御頂《ミネ》」といったのが「峰」というように受けとられていった〔『塵々集』〕。

尾根、台地、土手などの高所にあたる部分をネ（根）、ヤマノネ（山根）、ネギシ（根岸）などと呼ぶ。土手下をママネというのは、傾斜地のママの根という意。そうしたネにある家をヤマンネなどといい屋号を与えたりする。高所地名のネ（嶺）とは同じ語であっても大違いである〔都丸十九一『地名のはなし』〕。

②海中の礁。主として暗礁をいうようである。その分布は、南は伊豆諸島——北硫黄島——小笠原群島（小笠原にはセもイソも分布）——北硫黄島に及び、東北は伊豆半島を回り、相模湾に入り、房総半島から犬吠埼を経て、金華山付近を北上、青森県尻屋崎に至り、東は津軽海峡を越えて、北海道の一部と千島列島に及ぶ海域に分布するが、その中心は東京湾付近である〔『水路要報』昭和25・12・1号〕。

安房千倉町（南房総市）で、海女の用語でネは、海中の岩礁地帯をいう〔『海女たちの四季』〕。

東京湾におけるネを分類すると、

①中根、沖根、上根、横根。

根釣りをする漁業者が、各自居住する漁村を中心に、その位置から考えて命名したもの。

②古根、今根、新根。

発見の時期の新旧による。

③大根、小根、丸根、平根、鯨根、白根。

形式や色からの命名。

④　治郎兵衛根、八治郎根、久助根。発見者の名を付与したものであろう。

⑤　カサゴ根、エビ根、メバル根、海松根。そこで捕れる漁獲物をその名としたのであろう〔『漁撈の伝統』〕。

ネは個数は少ないが、瀬戸内―北九州に追跡できる。セやイソに認められたように北九州―瀬戸内―東海の経路がこの場合も見出される。裏日本には分布が見られない。

ネは木の切株と同根語であろう〔『日本地名学』Ⅰ、Ⅱ〕。

ネカ　相州北足柄村（足柄町〈現松田町〉）で獣の寝床〔『民伝』三の一〇〕。

福岡県田川郡添田町津野では猪、鹿、兎などは、自分で掘って寝床を作るが、その寝床をいう。降雪の時は岩陰や柴の下に作られる。これをネガマという〔『津野』〕。

ネガラミ　主として関東地方にみられる地名で、丘の根に沿う村居と思われる。

神奈川県の根ガラマキ、根ガラマリ、根ガラ町など、千葉県の根ガラ、根メグリ、秋田県の根ガラマリ、根カラ巻なども一連の命名であろう〔『綜合』〕。

ネキ　①　山の手。高知県長岡郡〔『全辞』〕。

②　溝。山形県で〔『田園四季』〕。

島根県隠岐島島前の民家で、敷地周囲に設けた溝。ネキジリともいう〔『集解』〕。

③　奈良県吉野郡十津川村、徳島県三好郡（一部、三好市）の農家で、主屋の背面または軒下の部分をいう。ノキ（軒）ともいう〔『集解』〕。

④　かたわら、近く、そのあたり、そば、付近。福岡県甘木市（朝倉市）、久留米市〔『久留米市史』五巻〕、近畿地方、佐渡、愛知、岡山。

徳島、福岡、佐賀、長崎、熊本ではニキ。

兵庫でヌキ、宮崎でネッキ〔東条操「方言匡正」『岩波講座国語教育』〕。

ネギシ　根岸。丘陵の根。相馬郡（一部、南相馬市）ではネッキシといい、山根または山麓を意味する〔『地形名彙』〕。

岸はもと水際のことであるのを、丘の麓まで準用したのは方言の転訛である〔柳田『地名の研究』〕。

関東から奥羽へかけて多い地名。たとえば青森県五戸地方では、ナガネの下方の称で、他地方でフモトと呼ばれる所〔『方言研究』六〕。

村が高い所から低い所に下りてくるようになり、根岸に居を構えて水田を開発するようになった時代にできたものであろう。次に荘園が小さく分裂し小名が各自館を構え、兵備を事とする際、家来と農家とを間近くその保護の下に置いたことによって発生したものであろう〔『日本民俗辞典』〕。

ネコイワ　猫岩。強い北風が吹くと猫の鳴き声のような音がするという〔松本文雄「ふる里の山名復活運動を進めて」『毎日新聞』昭和63・7・5〕。

ネコオトシ　大分県津久見市で断崖絶壁のこと〔同地人談〕。同県大分郡八幡村（大分市）の柞原八幡宮の付近にネコオトシという断崖がある。この崖は、八幡の旧道にあり何十丈とも知れぬ深い谷で、昔猫を捨てた所という。猫はどこへ捨てても必ず帰って来るが、この谷に捨てると決して帰らないという。

神奈川県津久井郡城山町（相模原市）で、西沢という流れの東岸にネコッコロバシという所があり、子猫を捨てる場所とされている。猫を捨てたためにできた地名か否かはわからないが、ここも断崖で少なくとも、そうした格好の所に子猫などを捨てる習慣があったのであろう。高知県では、川沿いや断崖の下は蛇捨て場になっているという。

霊力が強く、執念の深い動物を後の祟りなく処分するのに、そうした地形の場所をあてたわけで、いわゆる六十落しなど、老人を捨てたと称する崖や、葬送の場所として人間の死体を投げ落したと伝える崖下や谷底のある地方があり、岡山県御津《ミツ》郡（岡山市、吉備中央町）のカメコロバシは屍体を甕に入れて谷底へ落すことで罪障消滅とし、事実谷底からカメの破片や人骨が出たという。投げこまぬまでも、崖下に死体を運んで葬所とした地方はある。

こうした地形も、もと人間の葬地であったのが、特に霊性ある動物を放棄する（冥界へ送る）場所となったものであろう〔『猫の民俗学』〕。

ネゴヤ　根小屋。戦国時代における地方豪族の城砦の麓に成立した集落で、城下町とか城下村ともいうべきもので、下級武士、名子、下人など隷属百姓が集住した形態から「根小屋」の名称が生じたという。根小屋の小屋は、屋形、殿に対する小家で、ある武家の占拠した城、館のある山、丘の麓に住む家来、農民群を指したらしい。

関東地方を中心とする東国特有の地名だが秋田、山形、福島、新潟、山梨、静岡、愛知、岡山、熊本の諸県に散見している。

城下町の原始的な形態をなしたと思われるが、現在はたんに地名として残っている。

根古屋、根小屋、根古谷、根古山、禰古屋新道、半根古、根木屋、猫谷、猫山がある。

城下（千葉県八日《ヨウカ》市場《イチバ》市（匝瑳市））をネゴヤと訓ませている例もある（『日本歴史地理用語辞典』、『歴史百科』一九七九年初夏五号、『郷土史辞典』）。

ネゴロ　根来と書いてネゴロと訓ませる川沿いの地名はゴウロと関係深い地名と思われる。高知県吾川郡吾北村（いの町）日比原《ヒビワラ》から大森峠を越えトンネルを抜けると、土佐郡本川村（いの町）に出る。そこで大森川の急流に沿って根来佐古《ネゴロサコ》がある。同郡土佐山村（高知市）弘瀬の鏡川沿いにもネゴロがあり、たんなる石原の称ではなく、岩の多い地形をそう呼んだもののようである。

ネズミ　鼠と人間の交渉は、遠い昔からとみえて、鼠を付した地名は多い。鼠田、鼠谷、鼠坂、鼠内、鼠穴、鼠島など百ほどある。私の母は、正月にはネズミといわずオフクサンといい敬して遠ざけていた。

ネタ　①大風の止んだ後の大きい波のうねりを山口県阿武郡（萩市）見島でいう（『見島聞書』）。

②暁に東方に浮かぶ黒雲。茨城県多賀郡（高萩市）高岡（『全辞』補遺）。

ネダ　石城地方（いわき市）で山合いのじめじめした所（『地形名彙』）。山合いのじめじめした水気のある所。ここに猪が来て水を飲み身を浸す。つまりヌタバである。ネダはヌタに同じ。

また山形、宮城の境の地方では、茸が狭い所に群生した地（『綜合』）。

ネツボ　北秋田郡（一部、北秋田市、大館市）内のマタギ詞。熊の入った穴。藤里、金沢《カネザワ》で。

また、カモシカの雪を踏みしいて寝ている所を秋田県仙北郡西木村（仙北市）上檜木内のマタギ詞でネヅボという（『マタギ』）。

仙北郡西木村檜木内のマタギの山詞で、熊の寝場所をネツボという（『狩猟伝承研究』総括編）。

ネト　福岡県宗像郡（宗像市、福津市）、山麓（『地形名彙』）。

何かの根元、あるいはソバを指す語。ネギともいう。

「髪のネト」「井戸のネト」など。山口県大津郡（長門市）油谷町向津具〔『向津具半島の民俗』〕。

ネーノ　開墾地。長野県北安曇郡小谷地方〔『郷土』一の四〕。

ネバ　①日光尾瀬にネバ瀬あり。石灰石の霉爛するような粘気のある故か〔『地形名彙』〕。②群馬県の民家工事において、泥壁の塗り土の一種。山際の土が粘り強い粘土質で、良質土であるので、この称がある〔『集解』〕。

栃木県で粘土、へなつち〔『栃木県方言辞典』〕。

富山県般若村（砺波市）で粘土層のうち下の方をいう。粘着性が強い。なお粘土層のうち上部をガンネバという〔『礪波民俗語彙』〕。

岐阜県恵那郡（恵那市）山岡町で粘土質の土をいう〔『日本民俗学』一三〇〕。

ネビラ　秋田県仙北郡檜木内村（仙北市）でマタギ詞。大ビラともいう。底雪崩。雨が降った際、またはハデが多く積った場合など、ヒラ（山腹斜面）を走る全層旧雪雪崩（地層まで走る雪崩）。春三月にはすでに見られる。春の雪崩はネビラというが、雨催いの時に多い。マタギは雪崩を予想するとすぐ雪を取って口に含み噉いで、心の中で「火除けの法」を唱える、すると雪崩も切れる〔『秋田マタギ聞書』、『秋田マタギ資料』〕。

ネマエ　根岸の手前。青森県五戸地方〔『方言研究』六〕。

ネミズ　①静岡県大井川上流地方で泉をいう〔『全辞』補遺〕。②石垣の根代（ネジロ。石垣の居床となる地盤）にひそむ地下水。居床とは石垣の下端の占める範囲。施工基面のこと〔『日本の石垣』〕。

ネモト　①山麓。「山のネモト」などという。志摩和具村（志摩市志摩町）。②猪の足跡の始まりの所。すなわち前々夜のネバ（寝場）近くの所である。山口県長門市真木〔『長門市史』民俗編〕。

ノ

ノ、ノウ　山麓の緩傾斜。普通裾野というものがこれにあたる。大野、小野もこれである〔『地形名彙』〕。

春の野に　菫摘みにと　来しわれぞ

野をなつかしみ　ひと夜寝にける（山部赤人）

この歌は実生活でないうそを歌っているが、野に対する親近感を養ってきた功績は少なくない。

野の地形からきた名称には、大野、小野、広野、狭野、隠野、入野、高野。

季節やその他と結びついて、春野、夏野、秋野、冬野、夕野、草深野、花野、芒野、茅野。

日本は、土地が狭いから都城の外にただちに野が広がっている。

そしてそれらの野は、すでに早く人間の邑落の生活に親しく、近々しくなっている。

が、しかし信仰的には昔の印象を後まで留めている野がないわけではない。中国風にいうと、都城の外に続く村々は「郊」で、郊の外に「牧」があり、牧の外に「野」が続いている。つまり野は、人間生活とは隔絶した所に広がっている場所にある。

そういう確然たる制度的いい方は、日本にはないようだが、それでも日本で野といわれる場所は、人間生活の常時行われていない所であって、野の向こうには異なる種類のものが住んでいる——という考えがあった。

野宮《ノノミヤ》といえば京都の西の郊外にあり、伊勢へ下る斎宮が資格を得るために籠っている宮ということになっているが、それは野宮がそういう形に変化し、固定したからであって、元来は、野という場所に出て行って、向こうの世界からやって来るものを迎える場所であった。後には、悪神邪神の要求に任せて、いけにえの処女をすえておく形ができたが、元来は、それも野宮も同じことで、むしろ迎えに来る神につれ去られることは幸福な明るい将来が予約されているはずだ。

異種同士の隣り合せの生活の緩衝地帯としての野という場所を考えると、さきの赤人の歌などは、野に対する考え方、感じ方がよほど後代的に変って来ていることがわかる。

野を行く葬列——野辺の送り——の遠望などは、確かに異界に消え行く人生の最期の姿を実感してのことであろう〔『塵々集』〕。

自然物として認識された古来の「野」は野原のみならず、付近の山や丘などひっくるめた相当広い地域をいった場合が多いようである。野うさぎ、野武士、野駆（野遊）、野宿あるいは野外、野草、野生等の名称の「野」は、山とか野とかを区別したのではなくて、両者をくるめた「山野」という語に相当するもので野草、野鳥、野生などは「自然のもの」の意をいう。

このように野という語は山、野、川、村落を含めたある自然地域を指すと見なすことができる。

地（土地、大地）のことはニともナともいい、新村出によれば〔『語源をさぐる』〕、相当の面積の広い地面をヌといい、ノといい、これはナの変体であろうと説くのである。つまり野（ヌ、ノ）はそれに当たるわけである。

さすれば、野という語には、土地、地面の意があると考えて差しつかえない。そして、その土地はしばしば広い土地を指し、あるいは地域とか、地方と呼ぶにふさわしいこともありうる。「大野」という地名は、山や野を混えた相当広い地域が普通である。

野のつく種々の集落名を考える時、ある地域、場所、村落と解することができる。

温泉地では、温泉のある地名に「湯野」という所があるが、これは湯場、湯村、湯宿と解すべきであろう。同じように温泉の地元に湯原（ユハラ、ユノハラ）という地名があるが、この原も原野ではなく、ここにいう野と同義に解すべきであろう。

野崎の地名も「野原の端」で、ある地域のはずれを指すものであろう。

土をいうナとノ（野）とが互いに交代して、同義を示すと見るべき例に椎名《シイナ》、菊名、浜名、山名などの「名」は名田《ミョウデン》などの名（ミョウ）がナと呼ばれたとするよりも土すなわち場所をいうナと解するのが妥当であろう。

そして、その名が野に変って菊野、川野、山野などになることがあり、その場合、名と野とは同義である。

上野（ウエノ、ウワノ）は「一段高い野原」と解せられるかと思うが、ウエノ、ウワノ（ウワノはつめて和野と呼ぶ地名もある）のノ（野）は原野ではなく土地、場所と見て「上段の場所」と解すべきで、中野、下野もそれに準じた位置の「場所」と見なしたい〔松尾『日本の地名』〕。

野は集落、耕地の名となったものが多い。

山形県では、山中のやや平坦な草地をノヤマ、伊豆南部でノソウ、越後から西日本まで目的をもって草地とした地域をタテノといい、北九州で焼畑作りをノケズリ、ノヤキなどといっていることで、ノがどのような地形を指しているかは明らかであろう〔『日本民俗事典』）。

青森県野辺地では民有の牧野をノという。昔はオノ（御野）は藩牧のこと。今は主として牛馬の野放場である。入口には木戸がある（『方言』八の二）。

ノォ（野）は野原、田畑。「ノォへ行ってくる」といえば、田や畑へ仕事に出ることをいう。『心中宵庚申』（近松作、享保）中の巻に「つれあひ平六殿は（中略）京上り、男共は皆野ォへ行く」（『大阪ことば事典』）。

福岡県甘木市（朝倉市）秋月では、山の斜面または山全体をノといい、ノヤマという。山畑に作っているソバ、アワを刈りに行くことを「ソバノカリに行く」「アワノカリに行く」という（同地人談）。また同県朝倉郡宝珠山村（東峰村）でも、焼畑のことをノバタ（野畑）といい、ソバノにはソバ、小麦を作る（『福岡県史』民俗資料編、ムラの生活（上））。

熊本県菊池地方には「野開き三年」という諺がある。野開きとは開墾のこと。地主から荒地や山林を借りて開墾し、耕地にして作物を栽培する場合、三年間は小作料を支払わなくともよいという話し合いのこと（『失なわれてゆく村のことわざ・言葉』）。

これも山や原野を含んでのノである。また、畑に行くことを「野に行く」といい、刈野《カンノ》（山林、原野を焼き払い作付する焼き畑）など畑を野と同意義にしている（『失なわれてゆく村のことわざ・言葉』）。

大隅肝属郡百引村（鹿屋市）ではウヤマ（カクラ）とは、大木の茂っている山（大山）で、木を伐り払って草地となればノ（野）という。ヤマとノとの相違は、土地の高低などによらない（『桜田勝徳著作集』第四巻）。

野と原はもともと地形的な用語として対比されて成立したものではなく、地形的に野で始まり、後になって原が用いられたと思われる。したがって大野、小野、長野は大原、小原、長原より古い命名である。

固有名詞の場合、那須→那須野→那須野原、百舌鳥→百舌鳥野→百舌野の耳原の例がそれを示している。

ノはナ（土地）かあるいはこれに類する一つの系統から生じたと考えられるのに対し、ハラはおそらくヒロ、ヒラという地形的要素より、ハル（開墾）、ハレ（晴）という語に関係が深く、粟生、麻生、菅生などのフ（生）との関係があるかもわからない（『地名の由来』）。

池田弥三郎は「海神山神論計画」(『稲、舟、祭——松本信広先生追悼論文集』)の中で「市」と「野の宮」のことに言及し、

「野は海の神と山の神との接触する所であり、隣り合せの異種族の緩衝地帯であり、交易の場所でもあり、市が生まれ、野の宮が生まれる。野に行く、野に遊ぶという言い方のほかに『野に登る』という言い方がある——登春日野(万葉集)——野と呼ばれる地形は、単に水平の広がりというよりも、緩傾斜地を言うらしい」

山の尾根が平野に尽きるあたりには、古くは市が設けられ、そこがまた同時に歌垣の場所でもあったと折口信夫はいう(『折口信夫全集』第一〇巻「市とその形態」、『日本民俗文化大系』第一一巻「都市と田舎」)。

ノはまた葬地、火葬地を意味し、多くは山際であり、ノは平坦地のみではないことがわかる。

ノー、ノーバ　火葬場。平常あまり使わない語であるが、葬儀中によく使う。富山県礪波地方(『礪波民俗語彙』)。

ノ(野)とハラ(原)とは感覚的にあまり区別できない。「野原」として一括した方が世話はないようであるが、地名上では「野原」と用いられている例は少なく、別々に使われている。

ノは古くから地名化している。

『和名抄』では「野」につく地名九に対して「原」は一つだけである。

① 新里村(桐生市)の野、赤堀町(伊勢崎市)の野、安中市の野尻(旧上、下野尻村)、黒保根村(桐生市)水沼の野尻、赤城村(渋川市)樽の野本、たんに「野」だけの両村、相隣りしているところをみると、かつて一続きのノだったのであろう。赤城山南麓の緩傾斜地、安中市の野尻は『和名抄』の野後郷のあとでこうしたノの末端部分という意味であろう。同地の交差点表示に「下ノ尻」とあるが、これでは語のもとがわからなくなるだけではなく、品もなくなってしまう。

ノが水平面を意味しないで、傾斜面でもよかった例は、赤城村の野本がタルの急傾斜面下にあることによってもわかる。

② 渋川市金井の大野。大野はたんに地形としての意味だけでなく、かつて馬草、屋根茅などを採取した広い入会地をそう呼んで赤城山や榛名山の麓など各地にあった。むしろ村落生活の地名である。

③　黒保根村（桐生市）下田沢の横野、東横野、大横野、安中市の旧東、西横野村、赤城村（渋川市）の旧横野村。②と同様なノだったであろうが、明治の町村制施行の時、新村の名として三村も採用しているのであえて取り上げた。

それには『万葉集』の

紫草《ムラサキ》の　根延ふ横野の　春野には　君をかけつつ
鶯鳴くも（一八二五）

の歌枕として競いあって村名としたのである〔『地名のはなし』〕。

ノガタ　文政の『武蔵風土記稿』に多摩郡野方領という称呼をもって、東京の西郊にあり、十数カ村を総括していた。野方領は多摩川両岸の水田地方に対立した語。関東平原の一特徴たるいわゆる台畑地帯であった。江戸の洒落言葉に「眼の窪んだ顔を野方の井戸みたような」といったのは、この辺の地下水の低かったことを意味する。

越中の野方も、田方または浜方に対する語だったろう。野には傾斜があって、水利の便ある所もあろうが、大体に畑に適し、田には開きにくいものが多かった〔「『野方』解」『柳田國男全集』第三〇巻〕。

『大日本地名辞書』に

「野方、旧領名なり、今落合の西なる新井、沼袋、江《エ》古田《ゴタ》、鷺宮なども合せて野方村と云ふ、井草川の左右にわたり、北は中新井村、南は杉並村に至る」

とあり、「武蔵野の方の義なること瞭然とす」とある。

『新篇武蔵風土記稿』和田村の条、小字を列記した中に「方南（東南ヨリニアリ）」と注記した以外には何も書かれていないが、「南」という字が地勢を説明するものであることは明らかである。

徳川時代の野方領和田村の小字は、大東京編入以前は豊多摩郡和田堀之内村（東京都杉並区）大字方南、野方南の意〔『日本地名学研究』〕。

ノガタはノヘンともいい、高地の開墾した所（畠場）を常陸〔『常陸風土記』補遺〕、茨城県新治郡（石岡市、土浦市他）で。埼玉県入間郡（一部、飯能市他）では高台地方をいう〔『全辞』〕。

入間東部地区で畑作地帯を〔『埼玉県入間東部地区の民俗』〕。

同県戸田市で大宮台地、武蔵野台地のことをノガタとかノムキ（野向）、ノモキなどという〔『戸田市史』

民俗編〕。

千葉県東葛飾郡（野田市、柏市）では村落をいう〔『全辞』〕。

野方は「野の手」。手は方面のこと。ヤマガタに同じ〔『日本地名学』Ⅱ〕。

ノキヤマ 屋敷内の背後の空地がセドで、その背後に山がある場合には、これをノキヤマという。群馬県利根郡（一部、沼田市）鹿野新町〔『民伝』九の二〕。

愛知県三河地方の農家でも、敷地の背後にある山をいう〔『集解』〕。

ノゲ、ノギ ノゲはヌケに同じく山地の崩壊した所、崖。新潟県中魚沼郡（一部、十日町市）〔『全辞』〕。芒と書いて稲、麦などの外殻にある針毛をいう語でもあるが、地形、地名としては野毛が多く、能毛、芒、野芥、野解《ノゲ》、野木、乃木など。横浜市の野毛山や東京都世田谷区野毛町（多摩川北岸）などは地形ともよく一致する。ノゲはヌケ、ナゲ、ニゲなどの崖地名とも通ずるかと思う〔松尾『日本の地名』〕。

ノケチ 山地から平地への出口に設けた枝郷、野口〔『日本の地名』〕。

ノサン 兵庫県飾磨郡（姫路市）で共有林のこと。収入はすべて村に積立て、臨時の費用にあてる。

大阪府南河内郡高向村滝畑（河内長野市）では、これをノザンといい、屋根葺用の茅を立ててあるという。東京付近でサンヤといっているのと同じである。

宮城県刈田郡、香川県綾歌郡（一部、丸亀市、高松市）、岡山県の諸郡などでもノザンという。もとは秣場薪山であったろうが、いまは開墾地もそのうちに開かれている。

刈田郡斎川村（白石市）などの場合は、草刈場は、新の六月一日が山開きで、薪取りは十一月十五日油しめの翌日を山開きとしている〔『綜合』〕。

ノサンは岡山県下全域で聞かれる言葉。入会の山林、部落や村の共有財産である山林原野を指すこともある。イヤマ、ソウヤマ、ツジヤマ、デバ。財産区という場合もある。木材の供給、薪炭材、下草の供給、牛の放牧など地域住民の生活に大きな役割を持っていたので、その利用には厳重な規定やタブーが伝承されている〔『岡山民俗事典』〕。

昔は主づきのないノサンというのがあった。これは誰が行ってもよい所で、無縁もうとうに与えるのであった。山のない者が行って、草を刈ったり、木を伐ったり、ワラビを掘ったりした。下の方の土地のいい所は持主があるので、山の上の方の地の悪い所であった。ワラビは毎年焼かないといけない。島根県鹿足郡日原町（津和野町）曾庭（『石見日原村聞書』）。

大阪府河内長野市や香川県の民家で、屋根葺き茅を刈る集落共有地（『集解』）。

ノジ　焼畑。大分県南海部郡宇目町（佐伯市）（『大分県史』民俗編）。愛媛県の南西部で山畑をノジという。「耕して天に至る」山畑のこと。獅子文六『南国滑稽譚』にあるという語（『NHKラジオ第二』昭和62・11・25）。

ノセ　岩手県下閉伊郡（一部、宮古市）で、急でない坂の緩やかな意味の形容詞をノセチという（『綜合』）。

秋田県雄勝郡（一部、湯沢市）で山間部の台地もノセというが、こういう場合は、少し傾斜のある土地をいっている（『旅伝』一五の五）。

同県仙北郡（一部、大仙市、仙北市）のマタギ詞で、山のちょっとした平地。山中の小平地（『秋田マタギ聞書』、『狩猟伝承研究』総括編）。

新潟県南魚沼郡（一部、南魚沼市）では、山の側面の緩斜地を指している。側面というよりも丘陵の総称といってもよい。東北方面の「山のノラ」に該当する（『越後南魚沼郡民俗誌』）。

同県岩船郡（一部、村上市）の下川郷でも。なだらかな山腹、丘陵。摂津の能勢（大阪府豊能郡）もこれかもしれない（『山村語彙』）。

尾根の上の平地を長野県飯田市付近でノセ、群馬県吾妻郡の一部でナセ。

静岡県磐田郡（磐田市、袋井市）で勾配の緩やかな所（『静岡県方言集』）同県小笠郡（一部、掛川市他）で、傾斜のことをノセ、ナゾエルという（『全辞』補遺）。

兵庫県美方郡の一部では、尾根の平ら地をナルという（『旅伝』一五の五）。

ノセ、ナセ、ナル、ナロ、ナラはいずれも緩斜地をいう。

ノゾウ　静岡県伊豆半島で、原野共有地をいい、南端の賀茂郡南崎村（南伊豆町）ではノゾウすなわち村山のことと説き、そのうちにマクサバも含むが、茅山だけはその余りであるといい、茅山はその年当たった家の茅を刈り、あとは拾い茅とて個人の利用にまかすことが許されているという。ノゾウもまたノザンのわずかな改訂であろう〔『綜合』〕。

ノソウケ、ノゾケ　陸奥三戸郡階上《ハシカミ》町あたりにノウソケ峠があり。道路の両側が迫っている地形。ノゾケともいう〔『旅伝』一五の二〕。次項「ノゾキ」に同じ。

ノゾキ　①　山路などの下り坂で急に向こうの里が見開けて見える所の名〔『地形名彙』〕。

秋田県を中心に東北地方にはノゾキ（反位《ノゾキ》、荏《ノソキ》、除《ノソキ》、覗《ノゾキ》など）という地名がある。

これは「野のソキ即ち境土の原野」〔柳田国男『地名の研究』〕という説（ソキには土地の果の意があるということから）もあるが、この地名の共通点として、谷の一部が狭まって狭隘をつくる箇所にあたるものと判断される。その狭隘には崖が伴いやすいので、そうした地形がウトウ（ウトウの項参照）に似たところがある。ただしノゾキは谷の一部がくびれた狭隘であるから、その両方が広くなる特色がある。乗越しに適した尾根すじの切りこみをノゾキというのも、地形に合致していると思う〔『集落・地名論考』〕。

青森県五戸地方のノゾキは「野の果」に該当する地形で、ここで虫送りが行われたという〔『方言研究』六〕。

②　検地の際除かれた社寺領〔『日本の地名』〕。

ノタ　①　富山、佐渡地方で波、阿波剣山地方で沼地。ヌタから転訛したとすれば波は少しおかしい〔『地形名彙』〕。

②　長野県西筑摩郡（木曽郡南木曽町など）で土、兵庫県多可郡加美町（多可町）杉原谷で山の沼地、徳島県では泥、泥土、同県麻植郡川田村（吉野川市）では、田の泥をいい、「ノタウチ」というのは、早乙女が通行人などに泥土を打ちかける風習をいう。対馬では泥濘〔『全辞』、『日本民俗学会報』二五、『歌謡民俗記』〕。同じノタでも、神奈川県三浦郡や和歌山県の浜で、海底から立つ濁りをノタといっているのは、海陸を問わず泥地、湿地をヌタ、ニタと呼ぶのと関係があろう〔『綜合』〕。

③　『運歩色葉集』に「奴濤、波之事」とある〔『漁村語彙』〕。北陸から西国にかけて（北陸、山形県飽海郡、石川県河北郡、若狭日向《ヒルカ》、丹波、島根県八束郡、隠岐）波をいう〔『全辞』〕。

兵庫県飾磨郡家島町（姫路市）ではノタは風のない大きな波だという〔『綜合』〕からウネリのことであろう。隠岐島前の知夫村では、波のウネリをいい、ノにアクセントがある〔同地人談〕。

ノチ　湿地。ヤチの転か。中国、四国、九州東半に多い(野地、野地温泉)〔『日本の地名』〕。

ノヅカサ　中世まで村は、たんに自給自足を建前としていただけではなく、それぞれ山林原野や沼沢地に囲まれ、文字通り外観上も孤立していた。遠くへ行く旅人の通る道は京都や奈良、さらには鎌倉などという中央の都府から放射状に全国に及び、村々と結びつけていたが、それは山越えでなければ、平原の沼沢地を避けて、丘や野を通り、森や林の中で方角を見失わないよう「野ヅカサ」と呼んで時々迂回して小高い所に登り、前途を見定めるようになっている。まことに心細い道であった〔『宗教以前』〕。

また高取正男は『民間信仰史の研究』で別に次のように述べている。

「旅人が平野を行く場合、なるべく沼沢地を横切らないですむよう、野の道、丘陵の道が選ばれた。もともと沼沢地、低湿地には集落もなく、そのような道をつくる必要もなかった。そして丘陵の道、野の道を行くとき、森や林藪の中を方角を間違えないで行くためには、多少の迂回をしても時々は小高いところに出て前途を見定める必要があった。

昔の言葉で、そうした野中の小高い場所をノヅカサといい、野道の単調さを破るためにも、そうした所に登り、近くに清水でも湧いていれば、高清水とよんで絶好の休憩場になった。勿論、こうした野や丘の道以外に、平原の中にも無数の道はあったけれども、それはその近辺に住む人が山の幸、野の幸を採るため自然に踏み分けた道であった。他国に向う旅人の通れる道ではなかった。これに対して野や丘の道は、地形的に通れる道筋に制約があり、高低起伏によって目標も定めやすいところから、旅人にとっては、多少の坂道と迂回の苦労にかえられない便宜があった」

ノズキ　ハッケ(その項参照)の崖上広い台地をいう。ノゾキの地形と同じか。青森県五戸地方〔『方言研究』六号〕。

ノッコ　薄などの群生している草地。岩手県胆沢郡水沢町(奥州市)〔『町の民俗』〕。

ノッコシ　乗越。山の尾根が裾まで続かず、次の山に向かって上る凹形部〔『地形名彙』〕。

長野県北安曇郡小谷地方で峠。地名として棒小屋のノッコシ、ノッコシ峠がある〔『郷土』一の四〕。信飛の高山岳地方で峠または尾根を乗り越す場所をいう〔『旅伝』一五の二〕。

ノテ ① 出雲では日陰地のこと。ノテーバともいう〔『地形名彙』〕。島根県東部でノウテバともいう〔『綜合』〕。

② 群馬県邑楽郡で深山をいう。山梨県で入会山。

③ 猪、鹿などの野獣の通路を三重県飯南郡（松阪市）、奈良県吉野郡（一部、五條市）で〔『全辞』〕。

④ 新潟県南蒲原郡福島村（三条市）では、畑の中の道をノーテ〔『民伝』一八の七〕。

富山県礪波地方では、集落と集落との間などの人家のない道または所をいう〔『礪波民俗語彙』〕。

ノト ① アイヌ語。ノッ not 顎、岬。〔『アイヌ語地名の研究』一〕。なおノトロ（not-or）は「岬の・所」の意。『アイヌ語地名の研究』第二巻参照。

能登国。岬はスズで、能登郡〔『和名抄』〕は半島の基部にあるから、狭い通路（邑知潟知溝の）または「沼所《ヌト》」とも考えられている。

② ノド（咽喉）と同じく「狭い通路」〔『日本の地名』〕。

ノド ① 崖の狭まった所。信州高瀬入のウケノド・セバと同じ地形。同所セバ沢など〔『旅伝』一五の二〕。

② 海底の軽い泥土をノドという。熊本県葦北郡佐敷町（芦北町）〔同地人談〕。

③（参考）「大井川下すイカダのひまぞなき　落ちくる滝のノドケからねば」〔『新勅撰集』〕。

名詞でノド、副詞でノドという用法も古くからある。『万葉集』の「流るる水もノドにかあらまし」、『続日本紀』の「大君の辺にこそ死なめノドには死なじ」。

ノドにつき『広辞林』には適切な解説なし。

愛知県の沿海地方で、流し網のことを、待ち網ともノド網ともいうのも、のんびり待っているからの名称か。ノドは淀むのヨドと関係があろうとする説も捨て難い〔『ことばの手帖』〕。

ノバ ① 青森県三戸郡（一部、八戸市）で焼畑。コバと同じく焼畑作りにあてられた山地を、もとはいったものか〔『綜合』〕。

② カヤバ（茅刈り場）やマグサバ（秣刈り場）を秋田県でいう〔『秋田民俗語彙事典』〕。

③ 静岡県磐田郡上阿多古村（浜松市）では、山に設ける埋葬地を野場とかノバカとかノボチと称し、これに対して家の裏や寺の境内などの石碑をたてる所をオ

ハカといったが、近時しだいに両者を合してボッチと称するようになった〔『綜合』〕。

④　長崎県茂木町（長崎市）本郷で、広義の海面。ナバすなわち漁場〔『方言』六の一〇〕。

ノバクサンバク　個人所有の土地で、持主が焼畑作りをした場合、その後を再び山林に返した時、三年たっていれば、所有者でない者がそこを利用しても文句は出なかった。このように草を刈ったり、焼畑をしたりするのは、山の奥の方が多かったが、そういう所をノバクサンバクといった。福井県大野郡石徹白村（岐阜県郡上市、福井県大野市）で〔『越前石徹白民俗誌』〕。

村人所有の外にある山で、明所山ともいわれる。高知県香美郡田村（南国市）、長岡郡豊永地方（大豊町）で〔『綜合』〕。

ノバタ　野畑。鹿児島県出水郡長島（阿久根市）で切替畑のこと。その耕作をコバックリという。ハタは多くの地方で、ハタケと区別して用いられている。後者は常畑であり、ハタといえば、焼畑のことで、ハタヤクという言葉は古歌にも見える〔『綜合』〕。

ノヒキ　山の傾斜面。栃木県安蘇郡（佐野市）、河内郡（一部、下野市、宇都宮市）〔『栃木県方言辞典』〕。

ノヘラ　傾斜地。島根県那賀郡（浜田市）都野津〔『全辞』〕。ヘラはヒラであろう。

ノボク　黒土で火山灰。劣等な土質で肥料を多量に食うとのこと。以前、新渡戸氏によって開墾された三本岱はノボクだから、永年のアラキ耕作後は、土が痩せ作物が穫れなくなったが、百姓達は永年の習慣で施肥することを知らなかったため、一時非常に困って、夜逃げするとまで噂されたが、石灰が出てきて更生した。ノボクには石灰が一番適するという。開墾地の百姓は施肥することを知らなかったようである。青森県三戸郡五戸地方〔『方言研究』六号〕。

ノボリ　①　坂。大阪府和泉郡〔『口承文学』三〕。

②　伊豆七島で北に流れる潮〔『地理と民俗』〕。

③　白い波頭が風のために浜辺めがけて押し上がること。宮崎県児湯郡富田村（新富町）日置〔『方言』六の一〇〕。

④　福岡県田川地方の炭坑で、傾斜坑道の上方のこと。
〽昇りや掘りなさんな　石が目に入る　卸ろしや水つく　マサ固い（採炭唄）〔『郷土田川』一二〕。

ノマ　①富山、飛驒で雪崩、春先積雪が底からとけゆるんで頽れ落ちるものをいう。越中ではノマは落ちて溜った雪のこと〔『地形名彙』〕。富山県上新川郡堀川村（富山市）太郎丸では、大きな傾斜をもって入母屋造りの草葺屋根から滑り落ちてくる春先の雪崩をノマユキという。軒下はそのために塞がれてしまい、裏側の日陰は春遅くまでも馬の背のような残雪がそのままとけずにある〔『民伝』一二の九〕。

飛驒地方で、土壌ぐるみの雪崩のこと。アワというのは、表面のみが転がり落ちてくるもの〔『綜合』〕。

新潟県北部では、ノマというのは雪中の出水のこと。ノマは春になり地が温まってから出るもので、伐木後十年までの山が一番いけない。人命を奪うことが多い。野魔という字を宛てる人もある。

富山県東礪波郡（砺波市、南砺市）地方では、雪が半ばとけた出水のことをいい、山の木なども十分気をつけて伐らないとアワやノマのもとになるという。ノマは五月に多く、故に五月をノマ月という。ノマが出てしまうと、今度は山仕事に忙しい〔『綜合』〕。

② 千葉県安房郡富崎村（館山市）で、海底の砂地〔『海女』〕。

静岡県志太郡（藤枝市）で沖の方の海底〔『静岡県方言集』〕。

志摩〔『国誌』〕では泥砂地の漁場〔『全辞』補遺〕。

島根県八束郡（松江市）の一部では海の深所〔『綜合』〕。

③ 新潟県中蒲原郡（新潟市、五泉市）地方の低湿地部で、水面の縁辺部でガッポ（真菰）などのふわふわ浮くような所をいう。沼の意か〔『日本民俗学』四号〕。

徳島県美馬郡脇町（美馬市）で沼〔『口承文学』七〕。

福島県耶麻郡山都町（喜多方市）でも沼をノマ〔『山都町史』民俗編〕、静岡県庵原郡（静岡市）で泥〔『全辞』〕。

④ 静岡県志太郡（藤枝市）で細塵。埃の類であるという。ヌマともいう〔『綜合』〕。

⑤ 富山県東礪波郡五箇山地方で小さな谷のこと。雨が降れば水が流れるが、平素は湿っている程度の谷間〔『綜合』〕。

⑥ 福島県大沼郡本名村（金山町）で、風来《カザキ》沢の奥まで出作小屋をかけて、焼畑作りを五月から十月いっぱいぐらいまでするのをカノオコシをするという。焼畑はカノまたはカノバタケといい、これを作るのをヌマヅクリとかノマヅクリという〔『東北の焼畑慣行』〕。

⑦田の相当多く広くなっている所をノマといい、そういう所の百姓をノマヅクリといった。南山城村〔『民俗学研究』七の四〕。

ノメ　傾斜地を静岡県小笠郡（掛川市、菊川市、御前崎市）でいう〔『全辞』〕。

ノヤ　岡山県川上郡（高梁市）などで墓地のこと。共同墓地とは限らず、家に近い個人墓地の場合にもいう〔『岡山民俗事典』〕。

ノヤマ　羽前。山岳中灌木雑草が茂生してやや平坦な所〔『地形名彙』〕。

山形県では山中のやや平坦な灌木雑草の茂生した所だというが、兵庫県赤穂郡や岡山県、広島県山県郡などでは、村共有の草刈山だけをそういう地方もある。静岡県賀茂郡のノソウと同様、和歌山県日高郡（一部、田辺市）ではノサンという。ノサンやヤケノすなわち伐木跡地のことだというが、これも緑肥採取にあてた例は多い〔『綜合』〕。

筑前の福岡藩では、採草権をもっている山をノヤマという〔春日市、白水昇談〕。

大分県南海部郡米水津村（佐伯市）小浦では、共有林をノヤマといい、十二月に入れば漁の暇をみて薪を伐りに小学生まで連れて行く。山について行かないような子はろくな子ではないといった〔『大分歳時十二月』〕。ノサンの項参照。

野山、入相（合）野山、入相刈山などとも呼ばれた。各藩で性格をやや異にし、和歌山藩では、藩有山林の奥にあるものをいうが、松江、浜田、徳島藩などでは、一村ないし数カ村の入会山の呼称である。野山の主たる用途は、肥料用の落葉、下草、薪炭材などの採集にあり、また採集に際しては数量、採集時期など種々の共同的規制が行われていた〔『日本歴史地理用語辞典』〕。

ノユダ　愛知県西春日井郡西春町宇福寺（北名古屋市）などで水田（深田）のことをノマダ（沼田）といっている。ノマダは西春町一般にノマともいい、水が自然に溜った場所。それもかなりの水深になることがあり、いわゆる泥の深い水田とは別の意味に用いられている。

ノマは水量が豊富な上に相当な水流もあった。したがって、ノマでは水田一枚ごとに水管理をすることがきわめて困難であった。そのため、用水の水量調節を必要とする田植えや、田の草取りは、ノマ以外の水田と時期を別にして行わなければならなかった。

ノマ（低湿地）は、一般の水田と田植え日が異なる。ノマと呼ばれる地帯には、畦を設けることができず、水の管理はノマ全体で一括して行うからである。用水の調節は、新川に流入する位置に設けられている杁《イリ》（井堰）を開閉させることによって行われる。ノマの田植えは、必ず一日で終えるようにする。同じノマでも最も深い新川沿いから植え始める〔『西春町史』民俗編第一巻〕。

ノラ 山のノラといえば、山の側面の傾斜地の意。ノラ山といえば、野原などの丘陵性の緩い傾斜の山の総称のように使われている。岩手県岩手郡雫石地方〔『山村民俗誌』〕。

栃木県で田畑のこと。「ノラへ行く」などという〔『栃木県方言辞典』〕。

ノリ ① 勾配、傾斜面。「ノリが急だ」などという。ノリ面、線路のノリメン。新潟県東蒲原郡、長野県下伊那郡（一部、飯田市）、三重県一志郡（津市、松阪市）〔『全辞』〕。

「石垣の法《ノリ》一割」とは、石垣面の傾斜は、高さの一割の意〔『日本の石垣』〕。

② 新潟県南魚沼郡（一部、南魚沼市）で、山言葉で土砂の崩れることをいう〔『越後南魚沼郡民俗誌』〕。

③ 池の灌漑区域を南河内郡（一部、堺市）でノリという。狭山池は河内で一番大きく、そのノリは堺市の東、金田あたりまで及んでいるという。この池に限らず、一月二月の交にはノリの地主も小作人の全部も出てかかり掘りの仕事に従事する習わしである〔『農村語彙』〕。

④ 島根県能義郡荒島村（安来市）産の荒島石の石肌に斜めや縦横に石層中に入りこんでいるものをいい、ノリには大きいハダと、小さいハダがあり、小さいノリをマメノリといい、石の中にマメノリが入りこんでいると離れてしまうので嫌われる。石工の語〔『民伝一四の一一』〕。

ノリコシドテ 乗越土手。堤防の一部を故意に低くして、洪水を遊水池に導く乗越土手は、加藤清正の着想によって、菊池川に最も大規模に設けられたが、白川にもあった〔『日本の石垣』〕。

ノレチ また祟り地ともいうから、詛《のろ》いある地をいうかと思われる。青森県三戸郡田面木（八戸市）にあるノレチは、今は寺に納められ、その田の産米を餅にして若宮様という祠の祭りをする。昔、二年続けて同じ田の稲を盗まれ、三年目に同じ田に盗みに来た者を斬殺した。そうすると大いに祟ったので、若宮を祀り、その田を祟り地として寺へ上げたのだといういい伝えがある〔『禁忌習俗語彙』〕。

ノロ ① 備中北部で土地が高く傾斜した所。信州では坂道の頂上。釜石町（釜石市）では鉱滓をいうが、これは特殊用語か〔『地形名彙』〕。

② 岡山県高梁川、成羽川などの谷底に住む人たちは、吉備高原上を指して野呂と呼ぶ。野呂の人は低地を指して谷といっている。

川上郡川上町（高梁市）下大竹の人は、同町高山《コウヤマ》地区を指して野呂といい、高山の人は下大竹を指して谷といっている。

同じ高山地区でも柳田《ヤナイダ》部落の野呂の人は、上方部落のバスも通り、役場（旧高山村）、学校、農協、旅館などのある比較的開けた所を郷といっている。

井原市上稲木では、高い所にある部落を野呂といい、野呂の人は下の方を郷といっている。

井原市平井でも、旧山陽道のあたりを郷とか沖とかいうし、笠岡市のうち丘陵上に住む人たちは、水田の開けた便のよい所で、商店、学校などがあり集落の多い所を郷という。

川上郡、上房《ジョウボウ》郡（高梁市）、小田郡（一部、井原市）、後月《シツキ》郡（井原市）あたりでの吉備高原の集落で、地形の高低を表わすものとして、空→ソネ→迫→谷→沖。

丘陵地帯では、野呂→郷、野呂→沖あるいは山→郷、山→沖であるが、丘陵地帯でも、高原地帯に類似した所では、空→ソネ→野呂→迫→郷→谷→沖などともいう。空は最高所であり、ソネは低く長く続いた峰である。ソネは空と高度的にはあまり変らないが、ソネのうち最も高い所が空で、迫は山、高原の中段、郷はサトでその地域で開けた所、沖は広々と水田のある所。野呂は広い言葉として使われ、郷や谷の人からいえば、空、ソネ、迫をひっくるめて野呂である。しかし、厳密にいう場合は、郷や谷の人でも野呂の中で、谷とかソネとかいっている。

野呂と郷、谷とは地形上ばかりでなく、気候的、農業経営的、集落的、歴史的にも異なっている。

文化は河川沿いに沖、郷、谷から野呂へとのぼっていく。しかし、バス、乗用車、トラックなどの交通機関の発達、テレビ、ラジオ、新聞などの普及により郷、野呂の格差は縮小してきた〔『岡山民俗事典』〕。

広島県東北部の庄原市を中心として、吉備高原から脊梁山地にかけて、起伏のなだらかな山地をノロという〔『朝日新聞』昭和36・3・12〕。

橘正一（方言学者）は、『岡山県方言集』（島村知章）で、次のようにいっている。

ナル　平地。英田郡（一部、美作市）。

ノロ　坂道の頂上。久米郡（一部、津山市）。

ノロ　上の方。川上郡。

ノロ　土地高く傾斜したる所。上房郡。

ナルとノロが、もと同一語源ならば、一方は平地、一方は傾斜地とまったく反対の意味がどうして生じたものか。これはヒラについてもいわれることである。ヒラにも、平地と坂と相反する両様の意味のあることとナルと同様である。

村はもと、高い所にあったのであるが、それが人口の増加に伴いだんだん平地に下ったことは柳田国男の説くところである。

たとえばナダラカという言葉も、ナダレ（雪崩）と関係ありとすれば、雪崩の発生する急傾斜地をいったのが本来であろう。それが今のように緩やかな勾配を指すようになったのは、人々が山の生活から平地に移り住んだ後の転用である。雪崩の急坂もない平地では、このような言葉はもはや無用だが、言い馴れた言葉を捨てず、近くにある緩やかな坂に準用した。ヒラやナルも同様で、初めは山中至る所にある急坂を指してきたが、だんだん低い所に住むようになって、緩勾配を指すようになり、ヒラもナルも意味が全然変ってきたが、地名だけは、元通り傾斜した場所をヒラサカとか奈良坂とか呼んできたのである〔『方言と土俗』二の二、二の六〕。

③　海中の砂と泥などのぬるぬるしている所を房州安房郡平館（南房総市）でいう〔『方言』六の七〕。

筑後久留米〔『はまおぎ』〕で泥〔『全辞』〕。泥土、水気を含んで軟らかくなった泥。久留米市〔『久留米市史』五巻〕。

熊本県阿蘇一帯でも、泥をノロといっているようで、阿蘇郡山西村（西原村）でも泥をノロといい、ノロウチというのは、田植えの時、田のノロを通行人などに打ちかける風習があるという〔『旅伝』六の四〕。

九州西岸の有明海は干満の差が大きく、この海では干潮と共にノロと呼ばれる広大な干潟が出現する

〔『毎日新聞』昭和52・4・20〕。

ノロイ　新潟県北蒲原郡黒川村（胎内市）の胎内マタギの山詞で里をいう〔『綜合』〕。

ノロシバ　狼煙場。火山、火ノ山（ヒノヤマの項参照）に同じ。緊急時に煙火によって伝達する施設。概して見渡しのよい孤高の山頂に設けられ、継送の路線によって次々と狼煙を受け継ぎ、受け渡す仕組み。たとえば山口県においては藩政時代の制では、三田尻―山口間、長府―萩間、須佐―萩間のような陸路線と、瀬戸内海岸線、北浦（日本海）海岸線に配置され、藩主の発着や幕府の上使、朝鮮の上使、朝鮮信使などの通行にあたり、陸路あるいは海路に応じて急報伝達した。

寛政以降外国船が近海に出没するに至り、防備の必要上、海岸に望楼を設け、狼煙の施設を固めた。狼煙場の施設は、たとえば美祢秋吉村（美祢市）の経塚山狼煙場には、篝火場と番小屋があり、篝火場は九尺四方、深さ二尺くらいに掘り下げ、中に一間四方の石垣を作り、その上に松葉およそ一四、五荷を積み、非常の用に供したという〔『山口県の地名』月報〕。狼煙、狼煙山、火振場、茶臼山、飛山。

ノンダエ　野中にある村のことで、いわゆる田無の土地。岳に近く町に遠く、米なく主食物は粟、稗、蕎麦で往時は交通不便で、正月でも油あげ、豆腐もなかったほど粗食の部落。いわゆる「愚か村話」の地方。青森県三戸郡五戸地方で〔『方言研究』六〕。

ハ

ハ　山名にはしばしばハ行の「ハヒフヘホ。バビブベボ。パピプペポ」によって表わされているものがある。筑波《ツクバ》山、加波《カバ》山のバ。関東平野の一隅に屹立する名山の筑波山（八七六メートル）は、古くはツクハといった。ツクはイツク（斎く）で「神をあがめまつる」意か、ツキ（突き、築き）の意で「高く突き出た」ことにもとれる。

海岸付近の島をハシマ（端島、波島、羽島）と呼ぶ例がある。海にのぞむ突角の波崎、羽崎は突出をいう崎ととれる。岬に初崎という名のものがあるが、これもハザキと同類であろう。

鳩崎（波戸崎）も同類であろう。「終る」「きわまる」とかの「果つ」とも、船の行き着いて泊ることをいう「泊《ハ》つ」「泊《ハ》つる」とも相通ずる〔松尾『日本の地名』〕。なお、ハについては「ハイ」「ハエ」の解説後段参照。

パ 坂のこと。沖縄普天間で。奥から辺戸へ向ってかかる坂がメンパ（前阪）、楚洲《ソス》への道がクシンパ（後阪）〔『折口信夫全集』第一六巻「沖縄採訪手帖」〕。

バアル 三河設楽郡で険阻な場所〔『地形名彙』〕。

ハイ 鹿児島で平原のこと。一般に山腹のやや平らな地形。九州南半に何バエという地名多し〔『地形名彙』〕。

ハエ 露礁のこと。鎌倉にもハエコシあり。日向、豊後、四国、壱岐等でもいう。九州地方などでは山腹のやや平らな所〔『地形名彙』〕。

ハエという地形名は九州に点々とある。

鹿児島県揖宿郡山川（指宿市）あたりでは、畑の高い所をハイ〔『山の民俗』〕。大隅半島の南部でも、そういうらしい〔『日本の隅々』〕。垂水市では、山の峰の平らな部分をいい、マゼンハイというのがある。マゼというのは固有名詞ではなく、「邪魔になる」ことを意味し、連山だという〔同地人談〕。

北薩摩の山地では、八重と書いてヤエとは訓まず、ハエと発音している。楠八重、平八重という所を五万分の一地図でみると、そこだけ等高線がひろがっている。つまり、山地の中の開けた土地といえるだろう。ハエは、山中で人の住むに適した土地で、広がった土地を意味する言葉である〔『かごしま民俗散歩』〕。

宮崎県東臼杵郡椎葉村やその付近には、尾八重《ハエ》、野老八重《トコロハエ》、八重原《ハエバル》という地名があり、緩傾斜地で、横に長くわたっている所である〔『後狩詞記』〕。

また、佐賀県西松浦郡入野村（唐津市肥前町）では、山上にある平たい岩をハエ〔同地人談〕。壱岐でも出バエという語があり、岩盤の突出した地形をいう〔『漁村語彙』〕。対馬でも、山の岩石の突出した所、または岩のこと、平地や砂地に岩の突出したものをハエという〔『方言』七の七〕。

さらに、愛知県一宮市北方町は、濃尾平野の中央部にあるが、ここの小字に上宝江、下宝江というのがあり、これもハエで小平地を意味するという〔鏡味完二・明克『地名の語源』〕。

一方、海の岩礁にもハエがある。

『本州南東水路誌』には「この地方（室戸岬―足摺岬）では、暗礁及び水上岩を碆《ハエ》、その水深の大きいものを沚《シ》という」とある。

立碆、五丈碆、高碆などは、いずれも隠れ岩ではない。高知県烏帽子埼海中の黒碆は、高さ一八メートルの露出岩。大分県元ノ鼻海面の松碆は、礁上に松が多数ある。室戸岬東方沖合の土佐碆は、名は碆でも堆(bank)に属するもので、洲や礁よりも深所に伏在する海中の凸所である〔「岩礁の名称とその分布について」『水路要報』二二号〕。

犬吠埼(犬吠とも)のイヌは低いの意があるということだが、吠はハエのことかもわからない。もっともイヌホウはイヌボエのことで、激浪の岩脚に砕ける音を犬の吠声になぞらえたものであろうともいわれている〔『地名の探究』〕。犬吠の地名は海岸に珍しくなく、対馬の下県郡船越村(対馬市美津島町)犬吠、広島県沼隈郡浦崎村(尾道市)犬吠などがある。

石川県でも、暗礁をハエという〔『日本民俗学大系』第一巻〕。

福井県北部の海岸にある東尋坊の坊もハエのことだといわれている〔『地名の起源』〕。

ハエ、ハイを表わす「碆」は元来、矢尻に用いる石のことで、「礁」とはまったく異義のものだが、「波の下にある石」という字形からの連想で、宛字として使われたものであろう。いつも波の下に隠れて、水面上に現れない暗礁だけでなく、干潮時に現れる岩礁(干出岩)や、常時水面上に出ている顕岩のすべてを「碆」と呼んでおり、隠れている岩より、顕れている岩につけられたものが多い。ハエは礁、砠、硑の字を用いることもある〔『地名の成立ち』〕。

陸地のハエには、土佐の幡多郡(一部、四万十市)などに大茈《ハエ》山や仕《シ》併《ハエ》場《バ》がある〔『漁村語彙』〕。

要するに、陸上におけるハエは山中の平坦地、山上の岩の広いもの。海におけるハエは、海岸からせり出した岩礁、海中にある広い岩礁を指しており、両者の顕著な共通点は「せり出した広い地形」ということになるのである。

沖縄では、ハニは南の方位で、西日本一円ではこれを夏季の南風としているのは、方位からの称呼で、風名にありがちの命名法である。

地名に南風崎《ハエノサキ》、南風泊《ハエドマリ》、南風原《ハエバル》というのがあるからハエは古くから南風であったことは確かである。

南風《ハエ》は東日本太平洋海岸ではほとんど知られていない言葉で、この風は春から夏を通じて秋まで吹くいわゆる夏の季節の風で、南寄りが大部分だが、南西風を指す場合も若干ある〔『風の事典』〕。

往時、この風を利用して北上していた北前船にとってはありがたい風であった。

和歌山県の湯浅湾の出口の南側にある名南風鼻《ナバエ》（有田郡広川町）は、西に突出した半島の先端で、南寄りの風のよく当たる位置であり（北寄りの風もよく当たる）、風名によるとみてよさそうだが、ここは丘の半島で岩石海岸をなすので、ハエ（岩礁）によるものであるとも考えられる。ここは岩礁をハエとよぶ地域に属しており、付近の海岸にはハエ、ハイ、バエの岩礁名が散在する。

ナバエのナ（名）は魚の意で、ナバエ鼻は「魚礁鼻」のことで、岩礁の意と考えたい〔『地名の探究』〕。

ハインズ　水はけをよくするための溝。沖縄〔『沖縄語辞典』〕。

ハウナ　急斜面の所を静岡県安倍郡（静岡市）で〔『静岡県方言集』〕。

ハカ　① 畝。「一パカ」。栃木県、埼玉県南埼玉郡（一部、白岡市、久喜市）で。南島八重山ではパカ〔『全辞』、『栃木県方言辞典』〕。福岡県京都郡犀川町（みやこ町）では、ハマというが、ハカともいうらしい。

② 田の除草などの際の一人持ちの行数。「このハカは俺がもって行く」などという。福島〔『全辞』〕。

③ 田を植える時の一人の植手の幅。山口県豊浦郡（下関市）〔『全辞』〕。

④ （『万葉集』巻四、五一二）

秋の田の　穂田の刈ばか　かよりあはば　そこもか人の　吾を言なさむ

（秋の田の穂の出た田の刈り場所のように、お互が寄り合ったならば、その事で世間の人は私を何かと云い立てる事であろうか。農村生活の中に生れた相聞歌）〔『万葉集注釈』〕。

そのほか、巻十、二一三三、巻十六、三八八七に「刈りばか」が見えるが、刈り取る区域をいったものであろう。

また、沖縄では古い村落の呼び名にハカがある。首里王府のつけた公称であろう。

なお、ハカ口という方言がある。草刈りのときや、サツマイモを掘るとき「ここは私のハカ口だ」と占有を宣言して、最初の鍬入れや鎌入れをした。ハカとは、ある区域をいうのではないか。八重山諸島では、ハカまたはパカという。宮古にもあるようだ。これは祭祀集団の名称で、沖縄本島のマキと同様、同一御嶽の氏子集団に対する名称のようである。

現在はハカに属する家々が混じりあっているが、古代には居住区域を同じくしていたと考えられる〔仲松弥秀『地名の話』〕。

ハカチ 『地形名彙』に、「山の中腹を云う。駿河地方（『地辞』）」とある。

静岡県周智郡（一部、浜松市）などで山の中腹のこと。ハカは労働の工程をいうから、山の中でもこういう所で仕事をしたことを意味するのであろうか〔『山村語彙』〕。

ハカマゴシ 袴腰山（岳）。たんに袴腰というのもある。袴の腰板に似た地形による名称。山の上部がほぼ平らで横に長く、左右の斜面が扇形に開いている。伏せたスリバチを横から見た形であるが、山体は富士山型のように円錐状とは限らず、むしろそうでないのが普通で、ある方向の横から見て袴腰状であればよいのである。

鹿児島県桜島の西麓海岸にある袴腰（城山）と呼ばれる孤立的小丘（七二メートル）は表面がほぼ平らで、南北の方向にやや長い台地状の丘。この丘を鹿児島港の側から見れば正しく袴腰の形で、桜島をつくる火山の斜面とは地形的にも、地質的にもまったく違った部分である。

琵琶湖から流れ出る瀬田川右岸の袴腰山（三九二メートル）も、山名に背かない。

津軽半島のほぼ中央にある袴腰岳（六二八メートル）は、頂上付近が横に長い尾根をなし、表面のゆるやかな線をなしている。この山を一名「長屋形《ナガヤカタ》」と呼ぶのは、棟の長い屋根に似通っているからであろう〔『地名の探究』〕。

ハガリ 焼畑。岡山県苫田郡（一部、津山市）でハガリ。真庭郡ではハガリともカリヤマともいう。

大根を播いていれば大根ハガリ。小豆なら小豆ハガリといい、作物からいえばハガリ大根、ハガリ小豆である。

真庭郡新庄村では、一年目は大根、二年目には杉か檜の苗木を植え、間作として小豆を播く。昔は一年目はソバ、二年目は粟、三年目は大豆であった〔『岡山民俗事典』〕。

ハキ 霧島山で谷の出合っている所〔『島根民俗』二の四〕。

ハキは合流点をいう（小川吐、小又吐、吐野、流合《ハキ》、波帰）〔『日本の地名』〕。

ハギ ①日陰になる所を鹿児島県大島郡の沖永良部島の和泊町で〔同地人談〕。

②瘦地。地味の瘦せた土地を沖縄本島で〔『沖縄語辞典』〕。

③中央構造線（断層地帯）とか派生断層の周辺に時々見かける地名にハギ（萩）がある。斜面の土が崩落するのをハギ、ハガレルの意で命名したのであろうか〔小川豊『地名と風土』二〕。あるいは、ハキ（崖）の意か。

④萩のほか、ハリ、ハイ、ホキの転訛した場合もある〔『日本の地名』〕。

ハキダシ 関東で三角洲の末端の新しい堆積地をいう〔『地形名彙』〕。

ハキチ 掃地。官命によって住宅を取り払い空地にすること。またその空地。

安永年中『世説新語茶』「事とすべによつちやア此土地《トチヨ》をはき地にして、すもふ取草《グサ》にぺん／＼草《グサ》、ばつたこうろぎきり／＼すを鳴かせる法もしつて居やす」〔『江戸語の辞典』〕。

ハギモー 荒れ地、荒れ野、畑の荒れ果てた所、木のない山地など。沖縄本島で〔『沖縄語辞典』〕。

バク ①隠岐や島根県沿岸で漁場のこと。四つ張バク。地引網バクなどといい、簸川郡日御碕（出雲市大社町）あたりでは、バクへ出るにはクジによって順番を決めるなど、やかましいおきてもあったが今は自由であるという。場区か〔『綜合』〕。

②履物の裏に溜る雪のかたまり。富山県礪波地方〔『礪波民俗語彙』〕。

③国字は訓字だから、峠、辻などのようにもっぱら訓があって、音よみはないのが通例だが、高知県南国市の三畠《サンバク》は国字の「畠」をバクと音のようによんでいる。これは字面の「白」地名の連想でハク（バク、パク）と呼んだものであろう〔鏡味明克『高知県地名大辞典』月報〕。

ハケ 丘陵、山地の片岸をいう。峡、岨の字を宛てる。アイヌ語のパケから来たか。北肥後にも多く小丘の突端の辺、一般に川に臨む地形である。青森県五戸町付近にも八景という地名があり、川に臨む岩壁の聳えた所である（『地形名彙』）。

西日本にも及んでいるが、主として関東から東北地方にかけて、一般に崖というが、丘陵山地の片岸をいい、その下にある田を「ハケタ」、道を「ハケドウリ」という。ママをハケママといい、下総真間（千葉県市川市）にそういう地名があると『武蔵志料』に記している。ハケママは今の欠真間のことであろう（『綜合』）。武蔵野台地の国分寺から世田谷にかけての国分寺崖線をハケと呼び、大岡昇平の『武蔵野夫人』で有名になる。

柳田国男『地名の研究』に、「八景坂の八景は、単に上品な当字であって、ハッケまたはハケは東国一般に岡の端の部分を表示する普通名詞。武蔵には殊に此から出た地名が多い……多くは古くから峡《ハケ》の字を用いてある……峡の代りに岨若くは岾の字を用い、西多摩郡平井村では欠の字を以てハケに当てている。……利根川上流（群馬県利根郡）久呂村大字川額《ハケ》と額の字を以て川の高岸を表はしたのは例外」とあるが、秋田県鹿角郡では、頭のことをハッケといい、額をハケというから、地形のハケも元来、高い所を意味したのではなかろうか。

埼玉県入間郡入間村（狭山市）にはオオバケ（大垪）コバケ（小垪）という地名があるが、もとは高い所だったのだろう（『民伝』二〇の二）という。

「ハケは初めはカケと呼んでいたのではないか。木曾のカケハシ（懸橋）も、カケに渡した橋のことではないか」（『民伝』一九の九）ともいわれる。

「思川の川筋には（栃木県都賀郡）板荷村字川化《バケ》又は大川化などと化けるという字があててある。東北に於てはハケよりもハッケの方が多かったとみえて、八慶又は何八卦などという地名が少なくない。八景とあるのもいくらも見られる」（『地名の研究』）。

八景というのは金沢八景（横浜）、里見八景（千葉県市川市国府台）、八景坂（東京、大森）、八景原（神奈川県三浦市三崎のハッケバラ）は東京湾に面した高い崖のある景勝地。埼玉県入間郡元狭山村（東京都瑞穂町、埼玉県入間市）にもハケッパラという所あり、これも少し高くなっているという。羽毛山（長野）も崖。日蓮が下総中山（市川市）に法華堂を建て、没後法華経寺となったのは、かつてこの海岸線の坂をホッケと呼んだのでここを選んだと言われている。付近の北方《ホッケ》を近頃は、キタカタと呼んでいる。深町という町名もこの坂をホケという地形名からきている（『山の民俗誌』）。

秋田県大曲市（大仙市）角間川（旧平鹿郡角間川町）には八圭《ハッケ》という地名がある。川岸の丘をいい、崖をハッケとはいわずガンケ、ガッケといっている（『民伝』二〇の二）。

福岡県田川郡添田町津野では、崖をハケという（『津野』）。

ハゲ　中国、四国で樹木のない禿げた土地。墝、峵の字を宛てる（『地形名彙』）。
①　山で雪の消えている所。そこでよくマキグマをした。会津檜枝岐村で狩詞（『福島県史』二三巻）。
②　新潟県南魚沼郡（一部、南魚沼市）で、岩石や雪崩のため樹木が生育していない土地（『越後南魚沼郡民俗誌』）。
徳島県祖谷（三好市）で、不毛地をいいハゲッコともいう（『方言』七の七）。

土佐市に波介《ハゲ》、幡多郡西土佐村（四万十市）に半家《ハゲ》があり、このハゲはホキと相通ずる地名で、断崖の峡谷など迫っている所に多い。

須崎市新庄字波介《ハゲ》、幡多郡十和《トオワ》村（四万十町）昭和字ハゲタキなどこの種の地形に縁由した地名。

香美郡物部《モノベ》村（香美市）では、山の斜面の崩壊するのをハケルという動詞で表現しているが、ハゲと関連するようである（『土佐民俗選集』その二）。

ハゲズリ　山の崩れて赤土の出た所。鳥取県気高郡（鳥取市）（『全辞』）。

ハゲタ、ハゲト　『地形名彙』に、「ハゲに同じ（『地辞』）」とある。

ハコ　『地形名彙』に、「峡流のこと。東北地方で（『地辞』）」とある。
①　山間の川で、水量多く凄い流れで川床が一枚で、両側は直立した岩石があって、ちょうど箱のような形の地形で、下流は必ず滝になっているという。箱根名もこの地形によるものか。「ハコネ」は東北地方の山奥に多くある地名（『方言研究』六）。
なお『万葉集』には筥根《ハコネ》とあるも、『日本後紀』延暦二十一年に「廃㆓相模国足柄路㆒開㆓筥荷途《ハコニノ》㆒以㆓富士焼砕石塞㆑道也」とあるから、もとはハコニであったものか（金沢庄三郎『地名の研究』）。
②　部落の小区画。奈良県吉野郡天川村塩野（『民俗

と地域形成』）。

ハサキ　湾内などにさしてくる潮の一番先に当たる所。壱岐で（『旅伝』一〇の一二、一一の四）。

ハザマ　アイヌ語のハサマ（底）で低地の行き止りをいう。東国に多い（『地形名彙』）。

「狭」「狭間」もハサマで狭隘部で「峡」「狭」「挟」の字は本来「はさまれた」「せまい」という地形のところにつけられるが、桶狭間《オケハザマ》（愛知県）のように固有名詞としては使い分けられて固定している。「迫」も同様であり、宮城には一迫《イチハサマ》、二迫《ニハサマ》、三迫《サンハサマ》の三つの迫川《ハサマガワ》があり、迫《ハザマ》町、一迫町《イチハザマ》もある（『地名の成立ち』）。

崖に挟まれた窪地。波佐間、廻《ハザマ》（松尾『日本の地名』）。

崖というほどではないが、段になっている所。田ならば段丘田の下段の畦をいう。ママともいう。新潟県南魚沼郡（一部、南魚沼市）（『越後南魚沼郡民俗誌』）。

土佐では間、狭間の字を宛てているが、これは山と山とに挟まれた小盆地を意味する（『土佐民俗選集その二』）。サク参照。

ハシヅメ　橋のたもと。上方（『言語違』）（『全辞』補遺』）。

文化八年、『浮世風呂』三上「橋詰で箔代建立があきれる」（『江戸語の辞典』）。

屋敷、堀の内、館には橋詰という地名がある。大手門、大手の入口に架けてある橋のたもと。この橋ははね橋で、昼は下ろしておくが、夜は上げておく（一志茂樹『地名の話』）。

ハシダテ　梯子を立てたように険しい岩山。たとえば奥丹後の天の橋立も、これは湾の外側の岩山の名であったのが砂洲の方へ移ったのである。加賀江沼郡（加賀市）にも橋立村というのがある（『地形名彙』）。

ハシャギダ　乾田。ハシャグは乾く意。佐渡海府村（佐渡市）（『旅伝』一四の二）。

ハシリ　①山のドロ（製鉄原料たる砂鉄）を採取することをカンナヲナガスというが「採掘する」意で、ハシリにドロを投げこむ行為を指すらしい。ドロを流す水路がハシリで、石で積んでミゾにしてある。細い水路でツイジ（堤の意）になっている。ハシリは流し元、台所のナガシと同じ意で、ハシリは水使いから出た名らしい。島根県邑智郡日貫村（邑南町）青笹（『旅伝』一四の四）。

② 兵庫県飾磨郡八木村（姫路市）の塩田で、溜めた濃度の濃い塩水を流す溝〔『旅伝』七の八〕。

③ 田の長く続いているもの。一ハシリ。福島県石城郡草野村（いわき市）〔『磐城北神谷の話』〕。

④ 奈良県吉野郡天川《テンカワ》村沢原で、猪や鹿の通路はきまっていて、ハシリという。それぞれ違ったハシリがあるが、よそから追われてきたものも猪は猪、鹿は鹿のハシリを歩く。猪のハシリはナルく、鹿のハシリは急である。ニクのハシリは岩山。ニクはイワドリとも呼ぶくらいで、急な岩を少しの足がかりで登る。ニクの足の裏は窪んでいて、少し出張った所があれば滑らない。ニクを追う犬も少しはあるが、たいていの犬は岩山は追えない。

ハシリといってウジという語は用いられていないが、それでもハシリの要所に待ちかまえることをウチマチといっている。「撃ち待ち」ではなく「ウジ待ち」であろう〔『続狩猟伝承研究』〕。

⑤ ツリ、ツレ、ツラと多少感覚の差はあるが要は「連り」の意でハシリともいう。

富士山麓の須走も同じか。青森県五戸地方では、ハシリがうねうねと続き、丘陵地帯となり、何里も下方へ延び、その突端は川目または沢目で水によって断たれている〔『方言研究』六号〕。

ハシリミズ　走水というのは走井と同じく湧水のことで、勢いよく湧き流れる水の意。

三浦半島の東岸に、走水（横須賀市）という漁村がある。日本武尊の妃、弟橘媛《オトタチバナヒメ》の伝説のある所で、ここに豊富な湧水があり、横須賀軍港の時代、海軍によって早くこの泉を水源とする水道がひかれ、戦後、横須賀市がゆずりうけ市水道の水源とした。この走水の地名は、ここの湧水に基づくものであろう。走水をハシウドとよませている所もある〔『地名の探究』〕。

ハセ　① 富山県では、ハエというのを能登ではハセといい、クリということが文化十四年の『能登日記』に見えていると。礁のことか〔『漁村語彙』〕。

② ハセまたにオハッセ。村の近くの山の中で谷間が森厳幽邃な雰囲気に満ちた所に人の死者を葬るということがあった。そういう墓所のある所をいう。

姨捨伝説のオバステは、葬り場所の谷あいをオハッセという意味が理解できなくなり、中国からの文献を通じて伝わってきた棄老伝説と結びついてオハッセは姨捨となった〔『庶民の精神史』〕。

ハタ、ハタケ　田に対する名称。田が主として水田ことに水稲栽培地として用いられ、その他の耕地が総称してハタケである。

ハタケ（畠）は常畑、熟畑、ハタ（畑）は焼畑。焼畑は、山を焼いて種を播き、灰を肥料とし数年作付けして肥料が乏しくなると土地を休ませ、何年かしてまた焼く。常畑は、肥料を入れて連作する。

この二つの中間にあるのが、アラクまたはアラキと呼ばれるもの。アラは曠野をさす語らしく、アラク切る、アラク越すなどは常畑候補地を造成している。畝を作らぬ焼畑から、畝を作ってアラクにし、ソバ、アワなどを輪作し、三年目からハタケと呼ぶ地方もある。焼畑はおそらくこういう経過を辿って常畑となる。

ハタケのケは、畑に生えている植物のこと。水田の場合に、二毛作とか毛見《ケミ》（検見とも書く）とかいうケは稲のことだが、用法はもっと広く、生えている草木はみなケである。

『崇神紀』に上毛野《カミツケヌ》、下毛野《シモツケヌ》とあるは、草木の生えている野原の意。木の生えていない山を毛なし山というのも、頭髪からの連想とばかりはいえない。

伐り開いて畑にできそうな所も、すでに畑になっている所も同じ呼び方（ハタともハタケとも）になったのであろう〔『ことばの手帖』〕。

山口県下では、ハタとハタケと区別して呼んでいる所が多い。畠は初めからハタケとして開かれたもので、シラバタケともいっている〔宮本常一『日本民俗学大系』第五巻〕。

ハタ　① 水田。静岡県志太郡（藤枝市）〔『全辞』〕。
② 川岸、海岸（方言バタ）。ハダカは「端下《ハナカ》」の意で、砂丘や自然堤防上の地名〔『日本の地名』〕。
③ 田畑の畝と畝との間。うねま。和歌山県日高郡（一部、田辺市）〔『全辞』〕。

ハダイ　湿地。静岡県駿東郡〔『静岡県方言集』〕。

ハタガコイ　荒川による水害に対処するため、オモヤや付属屋などを含めた屋敷一帯を土盛りしている家がある。田んぼより約一～一・五メートルほどの土盛りをした。毎年、冬になると畑などから土を運び、土盛りを行った。

クラやモノオキは宅地よりも一メートルほど土盛りをしていた。また、ミズカと呼ばれる土盛りをした建物は、宅地より二・五メートルほど高くしていた。ここは水害に備えて穀類、衣類を収納しておく付属屋である。

また、堤外地であるため、各集落内での堤防が必要となる。それはハタガコイといって、各家の宅地の外側をとりまき小高く作り上げ、田んぼより約六尺（約一・八メートル）ほど土盛りした。埼玉県戸田市の西部の美女木、下笹目地区（『美女木下笹目の民俗』）。

ハダチ　ハダチとはハダツ（岩手、宮城、山形、福島、茨城県稲敷郡（一部、稲敷市など）、千葉）で、始める、着手する（『全辞』）という動詞に由来する。

東北地方も南の福島県では、ハダツという語は、あまり日常会話には聞かれないが、仙台以北ならば、「仕事をハダツ」などと用いる。

ハダツという動詞が、新田開発、開墾集落の発生により遂に集落名として新村、新宿、新町の固有名詞に発展している。

岩手県の一部より秋田にくると、新田開発の意にも用いるようになり、津軽平野には地名、村名として生長している（『開拓と地名』）。

弘前藩では「派立」もしくは「派」の字を用い、秋田藩では「羽立」の字を宛てた。

弘前藩における新田開発には「小知行派立」と「御蔵派立」とがある。

小知行派立とは、豪農、豪商による見立新田であり、しだいに藩士知行新田となった。開発者は、開発後士籍を得、あるいは地方知行の増封となった。寛文六（一六六六）年新規の小知行派立が禁止され、以後、岩木川下流の低湿地において藩営の大規模開発である御蔵派立が行われた（『日本歴史地理用語辞典』）。

ハタバ　市房山（宮崎県）や白髪山（熊本県）一帯で、猪が湿潤な地を選んで、丸い一坪ほどの水溜りをこしらえ、ここでのた打ってから付近の木の幹に全身を擦りつける。この水溜りをハタバという。ニタバ、ヌタバ、ノタバに同じ（『福岡日日新聞』昭和10・12・17）。

ハチクボ　大分県には八ノ久保、八久保、蜂久保、鉢久保の地名が多い。鉢状の窪地のこと（『地名覚書』）。

ハツ　終端の地をいう。たとえば波崎、三河幡豆郡（西尾市）四極山等（『地形名彙』）。

① 波津は北九州と東海に多く、幡豆は三河のみに限られている（『地理学評論』一八の五）。

ハツ、ハヅは「果つ」で尖端、先端のこと。したがって海岸地名となる。

② 広島県安芸郡倉橋島（呉市）では、畑の傍にある

肥溜め〔同地人談〕。

ハツギ　乾田のこと。ヒドロに対する語。宮城県登米郡（登米市）〔『農村語彙』〕。

ハッケ　ハケに同じ。茨城県久慈郡（一部、常陸太田市）、千葉県印旛郡（一部、八街市など）で崖〔『全辞』〕。

青森県五戸地方には、五戸八景あり、タテの地続きで、丘陵の先端で、川に臨み高い懸崖になっていて、一方は谷間になっている。

関東、東北のバッケは崖で、バンケ、ガンケ、ガッケ、ともいわれ、中国、四国では同じ地形をホキ、ホケ、ハケといっている。

山形では八卦、迫気、そこにある田には白圭田などと宛字している〔『方言研究』六号、『農村語彙』〕。

バッケ　九十九里地方では崖をいう。関東、奥羽で広く使われている坂下の字を宛てたものあり、バッカイともいう所があり、秋田県雄勝郡（一部、湯沢市）ではバッカという〔『地形名彙』〕。

元来はハケと同じであろうが、今はやや異なる意味に用いられている。

茨城県久慈郡（一部、常陸太田市）、千葉県印旛郡（一部、八街市など）で崖〔『全辞』〕。

『九十九里方言集』にも崖をバッケ、赭土の多いものを「アカボッケ」というとある。

関東から奥羽一般にバッケは崖であり、会津地方では「バンゲ」ともいい、坂下の字を宛てた町の名はよく知られている〔『綜合』〕。

伊豆の島々でも崖をいい、三宅島では昭和三十七年の噴火で熔岩が流れて固まった赤場暁《アカバッキョ》は、アカバッケともいわれる海崖で、真赤な玄武岩火山礫である〔辻村太郎『定本柳田國男集』月報八〕。

ハッタラ　『地形名彙』に、「アイヌ語、淵の意、八太郎が八郎に変じ、八郎潟も其の意ならん」とある。

宮城県玉造郡（大崎市）荒雄岳の入口は大峡谷である。その部分は道路から見ると脚下遥かな谿底が、あるいは早瀬になり、あるいは青々とした淵になっている。西側は花淵山で、東側は岩崖の半俵山《ハンタラヤマ》がかぶさるように聳えている。淵のことをアイヌ語でハッタラ(hattar) あるいはハッタリという。淵《ハッタラ》を間にして東に半俵山《ハンタラ》、西に花淵山が相対し、アイヌ語と日本語の対訳がしてあるようだ。ハッタラ〔淵〕の地名は十勝国上川郡、根室国根室郡、天塩国留萌郡等にある

〔『北海道蝦夷語地名解』、『アイヌ語地名の研究』三〕。

ハズレヤマ　東奥の山地でいう。この山に入った者は怪異に遭遇して帰るという。アシダニに同じ〔『新青年』一七の八〕。

バテヘ　山中の樹木を伐り倒して周囲から火をかけて作った焼畑をアラチバテヘ。これが二、三年経ったものはフルバテヘ。集落に近く丘陵や狭間の地形を利用した畑は、その土地の形状や作物を付けて○○バテヘという。傾斜地を利用して段々畑となった所はヒリャバテヘ。サトウキビを植える畑をウギバテヘ。奄美の加計呂麻島で〔川田牧人『日本民俗学』一六九号〕。

ハト　① 防波堤。愛知県知多郡、山口県長門市通、長崎県千々石（雲仙市）、熊本県天草郡、鹿児島県種子島。

② 波止場、埠頭。九州（『日葡辞書』）、神戸〔『全辞』〕。

③ 波止埼、波戸崎という岬があり、波止、波渡、波頭は宛字。

ハトは果《ハ》ツ、果《ハテ》のこと。

岡山県津山市瓜生原（津山市だから海はない）で「渡船場」をハトバというとあるから、川の渡船場である〔『日本民俗学』九〇号〕。

長崎県南松浦郡五島では「海岸」をハトサキ〔『方言』五の一二〕。

波止《ハト》（波戸）あるいは波止場（波戸場）は、船が着き船客の乗降、荷物の積みおろしなどをする港内の突堤で埠頭とも呼ばれるが、このハトは泊《ハテ》の転じたものであろうという解釈もあり、ハトバに「泊場」を宛てることもある。したがって船着場を指すハトの地名の存在が当然考えられる。佐賀県東松浦半島の北岸にある波戸（東松浦郡鎮西町〈唐津市〉波戸）はその一例。ここは呼子港の西の入口に突出した小半島にある小湾に臨む海村。波渡崎（山形県鶴岡市）「小波渡」なる小港。しかしここにも小岬が並ぶ〔『地名の探究』〕。

なお、ハトは海にばかりではなく川にもある。兵庫県赤穂郡有年《ウネ》村（赤穂市）東有年の千種《チクサ》川に沿った土手から川にさし出して大波止《オオハト》とその下流に小波止がある。これは赤穂藩の土木工事で、太い木の枠組がこの石組に続く川の中にしてあり、それに花崗岩の切石が敷き詰められている〔『しぶらの里』〕。ただしこのハトの築造目的は記されていない。

バドコ　山の頂上の高い広場。兵庫県多可郡加美町

（多可町）杉原谷（『日本民俗学会報』二五号）。

ハドッカケ　崖などの縁を伊豆大島で（『伊豆大島方言集』）。

ハドリ　石垣を関東と南奥でいう（『日本の地名』）。富山市や礪波地方でも、敷地の周囲に築いた石垣をハドリという（『全辞』、『集解』）。ハドルというのは、崖地に石を積むことらしい。大分県北海部郡（大分市）で、石垣の裏側に積んだ石をハバルという。石垣が崩れるのを防ぐために行う裏積みのこと（『綜合』、『集解』）。

ハナ　突端、崎、岬（『地形名彙』）。

岬。岩手県釜石、千葉県長生郡、伊豆大島、岡山県邑久郡（瀬戸内市）、広島県倉橋島（呉市）、島根県簸川郡（出雲市）、高知県（土佐でオハナといえば室戸岬のこと）、山口県（下関市に岬之町《ハナチョウ》あり、海に突出した小山）、福岡県（北九州市若松区に岬山《ハナノヤマ》あり、洞海湾に突出した小山）、長崎県千々石（雲仙市）、大分県北海部郡（大分市）、種子島、奄美大島（『全辞』、その他）。

　トカラ列島で、ハナベというのは眼下の見通しのきくテラス状の台地につけられた名。「ハナベ」のべはオカベ（岡）、スソベ（山裾）のべに通じる語であろう（『トカラの地名と民俗』下巻）。

「花」は枝や梢の先端につける。「先、始、鼻」はハナ。

ハナゲ　沖のハナゲ、地のハナゲ（香川県小豆島、塩屋鼻）があり、海中の岩礁をいう（「岩礁の名称とその分布について」『水路要報』一一号）。

ハナシ　奥吉野の川上村伯母谷《オバタニ》で焼畑を。カドハナシ、マエバナシ、ダンゴバナシなどの小地名がかつてのハナシヅクリの名残を留めている（『吉野の民俗誌』）。

ハナット　突出している高地、山のはな。安房（『国誌』、『全辞』補遺）。

ハナレ　南西諸島を経て奄美大島以南、宮古島まで分布する語。海岸からやや遠い沖にある小島や岩礁をいう（『地理学評論』一八の一二）。

　トカラ列島の悪石島（十島村）にシモノハナレという離れ瀬がある。南をシモ（下）という場合がある。が、これは島の北東部にあたるから、シモはシマ（島）の訛かもわからない。また同島にあるマルバナエというのは、丸い離れ瀬のこと。平島（十島村）のコバナエ（小離れ）は陸からわずかに離れている瀬

〔『トカラの地名と民俗』下巻〕。

西南諸島の「離《ハナレ》」はかつては奄美～八重山の各地で称されたが、現に標準地名としてしるされたのは、奄美の江仁屋離《エニヤバナレ》、須子茂離《スコモバナレ》、夕離《ユウバナレ》、慶良間列島の離《ハナ》り、沖縄島近傍の伊計離《イケバナレ》である。高離島《タカバナレ》（宮城島《ミヤグスク》の旧称。近年ミヤギとよむものが多い）や八重山の外離島《ソトバナレ》、内《ウチ》離島《バナレ》、鳩離島《ハトバナレ》などの「○○離島」の名に「離」の用法の痕跡をとどめる〔『地名が語る日本語』〕。

沖縄群島の本島以外の島、すなわち久米島、伊平屋島、伊是名島その他の島をハナリという〔『沖縄語辞典』〕。

ハナワ　土地の小高くさし出でた所。塙、花輪、半縄と書く。アイヌ語のハナワは下よりの意である〔『地形名彙』〕。

塙（コウ、カク）の字を国訓としてハナワと訓む。山のさし出た所の意に使われており、台地の端《ハナ》、河岸の段丘面などの高燥地、小高地をハナワまたはウワノ（上野）と呼ぶ。

ハナワに対して低湿地はアクツ（圷）、アクトであって、塙《ハナワ》の「高い土」という字面に合わせて、その反対語の文字を土偏に下と表わして低湿地の方言アクツに宛てた。塙が高い土地の端にあり、圷が下の土地にある好例である。

栃木県芳賀郡市貝町の市塙《イチハナ》、真岡東台地の東縁、小見川沿岸低地に臨む同郡益子町の塙は河岸段丘面にある。

鹿沼市の国鉄鹿沼駅前の上野町も同様な地形であろう。

ハナワは茨城県に特に多いが、北関東から福島県にかけて分布しており、千葉県や東北各地にもある。花輪、花和、鼻輪、鼻和などとも書かれる〔松尾『日本地名』、『岐阜県・滋賀県地名大辞典』月報〕。

ハニフ　現在の大阪市南部にあたる住吉を歌った『万葉集』の、

草枕　旅行く君と　知らませば　岸の埴生に
ほはさましを（巻一、六九）。

「岸」は、古写本いずれも「崖」とあり、小高い「きし」で、広く海岸にも、山際にもいう。

「埴」は、『新撰字鏡』に「黏土也波爾也」とあり、赤または黄の黏土で染料に用いた。『万葉集』では「黄土」（巻六、九三二）とも「赤土」（巻七、一三七六）とも書かれている。「フ」は、「茅生《チフ》」「律生《ムグラフ》」のようにそれのある所。

「にほはす」は、色の照ることに用いた。

白浪の　千重に来よする　住吉《スミノエ》の　岸の黄土に
にほひてゆかな（巻六、九三二）。

は、みずから染まることである。

はじめの歌は、君に衣を染めようというのである。埴生を詠んだ作八首のうち、住吉の埴生を詠んだもの五首に及んでいる。その名物の埴染めをさし上げたかったというのである。万葉の時代に住吉の海岸で、特産の黄土を使った染織が盛んだったことになる。

だが、これまでの研究では、この当時は布に草花を直接すりつけたり、植物から絞り取った染料に浸す草木染めの方法が主流で、鉱物性染料の存在は否定されていた。

大阪市の金子晋は、大阪市阿倍野区帝塚山の住宅地で黄色の土を発見し、これが万葉の黄土に違いないと直感し、公立の研究機関で分析の結果、この土が砂と粘土との中間くらいのコロイド状微粒子で、シルトと呼ばれること、黄褐色の酸化第二鉄を含むこと、色落ちや色あせにも現代日本のJIS規格並みの耐久度をもっていることがわかった〔西木正『毎日新聞』平成1・2・19、『万葉集注釈』第一巻〕。

ハネ　①　水の流れを制御するために、川の中に石などで突き出した堤防をハネという。熊本県下益城郡（一部、宇城市、熊本市）当尾村〔『熊本県民俗辞典』〕。

矢部川の蛇行の窪んだ所には、必ず水勢をおとろえさせる遊水地域を設け、水害を免れる工夫の刎（ハネ）を築いたが、これは柳河藩請役田尻惣馬の考案によると伝えられているという〔福岡県山門郡（みやま市）瀬高町『せたか史跡案内』〕。

古島敏雄『土地に刻まれた歴史』に、小渋川・塩川合流点の聖牛《ヒジリウシ》の水刎ねの写真がある。

②　波根と書いて、海岸にあることからすると岩礁の意に解されるが、羽根とも書く。

ハネは近畿に少なく、東北と瀬戸内以外の九州に少ない。波根は石見にのみ集中している〔『地理学評論』一八の五〕。

ハネは「岩礁」のことかどうか、岩礁名によって調査の要がある。

バネ　田の底にある堅くて黒い土。山形県東田川郡（一部、鶴岡市）〔『地形名彙』〕。

山形県庄内地方で、バネとは田の底にある黒くて硬い土だという。道普請などの際、これを道に敷くため掘り出すのをバネ抜くという〔『綜合』〕。

兵庫県飾磨郡八木村（姫路市）、塩田の浜溝（海水を導入するための溝）、ハシリ（溜めた塩分の濃い塩水を流す溝）などの海水の洩らぬよう川に沈澱した帯青緑色の粘土で固めてある。これをハネドロといい、付近の曾根川から採れるのが最も良いとされている。近来では明田ハネといって付近の四郷村（姫路市西郷町）明田で採れる粘土を使っている。この付近は一般に良質の粘土が採れるので、瓦や煉瓦を焼いている所が多い〔『旅伝』七の八〕。

ハネ、バネ、ハニは同じであろう。

ハバ　美濃で高地と低地の境というべき傾斜地で、樹木または芝草の生じている所。幅と書くものが多く、高地を幅上、低地を幅下という。また羽場とも書く。信濃、越中でも使われる〔『地形名彙』〕。

ハバは崖を指すが、濃尾地方およびそれ以東に多い。濃尾平野周辺の山麓台地のへりにつづく崖地などによく見うけられ、それからずっと東北地方へ連続している。

富山県西太美村（南砺市）古舘では、田の傍にある不毛の傾斜地で桑などを植える所がハバ。長野県にも多い地名で、飯田線に羽場《ハバ》駅があり、松本盆地の西縁に連なる扇状地では、扇端などのガケ地に幅、幅上、幅下などの地名がある。下水内郡（一部、中野市）では、土手、傾斜地をハバックラといっている。

山梨県中巨摩郡宮本村（甲府市）では、急斜面を畑にするために積んだ石垣をいい、ツイジともいっている。同県南巨摩郡では、田畑の端の草の生えている崖をハバ、その草を刈って堆肥にするのをハバクサという。

新潟県南魚沼郡五十沢村（南魚沼市）でも崖であるが、あまり高くないものをいう。

伊豆新島の南端に、ハバタというのがあるが、これも崖上の傾斜地であろう。

東北地方でも、岩手県胆《イ》沢《サワ》川扇状地や、北上川沿岸などに多い。川岸の段丘端には、幅津、羽場、羽々などもある。

なお『吉野西奥民俗採訪録』（宮本常一）のハバの項に、奈良県の吉野地方で、「家の周囲には畠が多い。このあたりでは段々畑はなくて、傾斜面で雨のために土が流れ落ちない様にハベとて丸太を横においてて、之を杭でとめ、この丸太で崩れ落ちる土を防いだ。之が甚しい所では殆ど一間毎にあり、之が畠を耕す足場にもなった」。このハベについて『綜合』第三巻には「ハベは同地方で山の険しい斜面のことをいうから、おそらくこれはハベ木の略であろう。東北では崖の端のような地がハバである」とある。

徳島県三好郡東祖谷（三好市）でも、ハバは傾斜地のことだという。高知県では、山の中腹よりはやや上の方で、日当たりのよい所でちょっとした広場で、主として山仕事の休み場で、昼食などもする。冬は藁仕事もここでする。北風の当たらない日当たりのいい眺望のきく所で、ハバといっている〔『民伝』二の八〕。

高知県吾川郡春野町（高知市）では、ハバは部落の共有地や墓地のことをいい、南国市稲生《イナブ》では、土手や田の畦に近く、田仕事のとき休憩したり、弁当を開いたりするナカジがあって、これをハバと呼んでいる。ナカジは部落の共有地のことで、二、三坪ばかりの雑草地である。

高岡郡佐川町の旧黒岩村分でいうハバヤマも部落の共有地のことであるが、おそらく茅や雑草の生い茂る山の一角を呼んだものだろう〔松尾『日本の地名』、『集落・地名論考』、『民伝』二の八、『土佐民俗選集』その二〕。高知県のハバはむしろババ、マバに関係するもののようである。

ババ　馬場または番場。城下町につきものだが、神社にも馬駆けの馬場があった。馬場は本来、馬を走らせる広場のことであったが、その意がひろがって、一般的に神社、寺院の参道のような直線的な広場や、たんなる広場の意味にもなった。神社のある場所にも馬場の地名がある。

群馬県邑楽郡邑楽町馬場—長柄神社

栃木県塩谷郡氏家町（さくら市）馬場《バンバ》—今宮神社

〔松尾『日本の地名』〕。

長崎県下では、村の広場をババといい、沖縄でも、村中の最も広い真直ぐな街上をいう。実際に馬を走らしたものであろう〔『綜合』〕。

また、長崎、鹿児島では、通り、街道のことをババといい〔『全辞』〕、鹿児島で、ババスヂ（馬場筋）というのは、道筋のことで、筋は道のことであるという〔『日本庶民生活史料集成』一、「南島雑話」一の補註〕。

山村におけるマバ、ババは、山仕事に行った馬の溜り場〔『山村語彙』〕だが、たんに山上の小平地をもいっている。
　ヘイケノババ（平家の馬場）阿波の剣山にて頂上付近のお花畑
　リュウガババ（竜ヶ馬場、竜の御場《オンバ》）丹沢山頂近くの草原
　なおアルプス雲ノ平の別名、ババダイラ（祖母平）がある。
　加賀山麓では、この種の高原をバンバという（『旅伝』一五の五）。
　東京の高田馬場は、旧神田上水の「谷壁《ガケ》（ハバ）の上の高い田」にちなんだものと思われる（『日本の地名』）とあるが、国電の駅名になってからタカダノババとなったが、それまではタカタノバンバであったという。
　なお子棄馬場《コステノバンバ》というのがあり、棄老伝説としての姨《ウバ》捨山《ステヤマ》に対するもので、ムラ境のガーラ（ゴーラ、ゴーロ、ゴトーと同じく石のごろごろした広い平地）だったようである。

ハバヤマ　徳島県美馬郡貞光町（つるぎ町）端山で、ハバヤマは地滑り地帯で、荒々しくなっている土地（小川豊『地名と風土』一二）。

ハバラ　熊本県南関付近で小石交りの地（『地形名彙』）。
　熊本県玉名郡（一部、玉名市）で小石混りの土質（『綜合』）。
　福岡県福岡市で小石、砂利をハバラという（『博多方言』）。
　熊本県玉名郡長洲町では平坦な海底をいう（『熊本県民俗事典』）。

ハバンクラ　信濃で崖（『夜啼石の話』）。

バビロ　香川県小豆郡土庄町付近の民家で、村落の共有地（『集解』）。

ハブ　山頂から急に崖になっている状態。富山で（『地形名彙』）。
　岩手県岩手郡（一部、八幡平市、盛岡市）で、断崖絶壁を「山のザンカケ」とか「ガンクラ」とかいうが、これと同じようなもので、高くない崖はハブとかハブカケとかいう。高い台地の一端の欠け落ちている地（『山村民俗誌』）。同県九戸郡（一部、久慈市）では、川岸の崖（『全辞』）、同県二戸郡一戸町姉帯村（一戸町）面岸では、畑と畑との間の傾斜地（『民伝』二〇の七）。

秋田県では崖、断崖をハンプカケ、同県鹿角郡で急傾斜地〔『全辞』〕、同県仙北郡角館（仙北市）でも断崖のこと。ハブカケともいう〔『旅伝』八の六〕。

土生《ハブ》（上生《ハブ》は誤り転用されたものらしい）、埴生《ハブ》（垣生《ハブ》、塩生《ハブ》は誤り転用されたものらしい）は海岸の地名として集落の名となっている。波浮と波の字のつくものは案外少ない。この地名は瀬戸内周辺にことに多い〔『地理学評論』一八の五〕。

傾斜地をいうハブが海岸地名となったものか。

ハヘ　嘴。山の足の海中に入りたる所〔『地形名彙』〕。

ハベ　①　淡路島の沼島辺で磯に出た海中の岩。分布が瀦《ハエ》の分布圏に接しているのでハエの訛であろうか。鳴門海峡の中間に横たわる中瀬は、淡路側では中瀬波《へ》倍《べ》（長さ一五〇メートル、幅一八メートルの巨大な岩礁）といい、古来著名である。沼島にも平ハベ、赤ハべ、青ハベ、鎧ハベ、薬研ハベがある〔「岩礁の名称とその分布について」『水路要報』二一号〕。

②　奈良県宇陀郡で、険しい斜面、絶壁〔『全辞』〕。同県吉野郡十津川で、畑の土の流出を防ぐためハベという丸太を横に並べ、杭で止めて土砂の流出を防ぐ。耕作の時はこの丸太を足場にして仕事をする〔宮本常一『むらさき』一〇の一〇〕。ハバ参照。

ハマ　①　海岸、河岸の意味に多く使われているが、それは実は相当の高さのある岸、すなわちガケ、土手、堤、急傾斜地になっている岸をいうのが本来で、転じてガケや急傾斜でない岸をもいうようになった。

神奈川県津久井郡（相模原市）、山梨県では土堤、岨をいう。大阪府北河内郡、豊能郡、兵庫県川辺郡などにある浜は内陸にある。大阪市では河川の沿岸、河岸のことで北浜、堂島浜、西長堀材木浜などがある。『物類称呼』巻一に「河岸、江戸にてカシといふ（本町河岸、或は浜町ガシなど云ふ）。大坂にて、ハマと云ふ（浜の芝居などいふ）。京にて、川バタといふ」。

河岸に立って淫をひさぐ女を浜君といった。近松の『最明寺殿百人上﨟』（元禄）に「エイ、銭取つて浜へ行く様な者ぢや御座せんとてぴんとする」。『冥途の飛脚』（正徳）中の巻に「大坂の浜に立つても、こなさん一人は養うて、男に憂き目かけまいもの」などあるのは、当時大坂の浜側にある納屋（浜納屋という）のかげあたりは、総嫁《ソウカ》（辻君）の出稼ぎ場所であったことを称したものである。

土手、堤、急傾斜面を意味するハバ、ハブ、ハヘ、ママと関連する語である〔『地名語源辞典』、『全辞』、『大阪ことば事典』〕。

したがってハマは海岸では、満潮時には隠れ、干潮時には現れる所を指す。広島県能美島、倉橋島、大分県南海部郡（佐伯市）蒲江町、熊本県天草郡（上天草市）竜ヶ岳村〔同地人談〕。

なお、千葉県九十九里浜では、漁業集落名となっている。山武郡（山武市）成東町を境として南を「○○納屋」、その北を「○○浜」といい、それぞれ連続している。また「○○浜」に対して「○○岡」は古村で「○○浜」のすぐ内陸に接している〔鏡味明克『千葉県地名大辞典』月報〕。

海岸でない所では、山形県南部で流木を集め支える場所〔『綜合』〕。

石川県石川郡白峰村（白山市）では川原の斜面〔『日本民俗学大系』第一巻〕。

岐阜県揖斐郡徳山村（揖斐川町）塚では、河床の急に落ちて低くなっている所をいい、これをハマダッテイルという〔『美濃徳山村民俗誌』〕。

岡山県新見市の正田地区には、兼業として高瀬船、筏に乗る舟人が多く高梁川の水運に依存していた。高梁川は新見を基点として水運に利用された。川は蛇行する所に砂石が堆積するが、この堆積斜面は好適の船着き場所である。ここをハマといい、高瀬船の積荷場所となり、船頭集落が形成された〔『日本民俗学会報』五一号〕。

同県の成羽川でもハマは渡船場のこと〔『日本民俗学』九〇号〕。

② 海底はセ（海面下の礁。ソネ、コロビ、ヤエ等）とハマから成り立っている。セ以外はハマ。ハマはスナジ（砂地。アラズナとコズナがあり、アラズナは白く、コズナは黒味を帯びている）とムタから成っている。壱岐で〔『旅伝』一〇の一二、一一の四〕。

山口県阿武郡（萩市）見島では海底の砂の所をハマという〔『見島聞書』〕。

③ 畑の畝。麦畑の畝にはいわないようである。野菜畑、イモ畑にいう。「ハマをキル」といい「ハマをツクル」とはいわない。大きいハマをオオハマというが、小さいのをコハマとはいわない。福岡県京都郡犀川町（みやこ町）〔同地人談〕。

④ 阿蘇山上の草千里は以前は「草千里が浜」といった。山田村（阿蘇市）は、外輪山の内側山麓の村であ

るが、平坦地の田畑のことをハマといっている。ハマ田というのは、ヤマ田に対する語か。「ハマに行っている」といえば農作業に出ているということである〔『熊本県民俗事典』〕。

ハマカタ 浜方。宮城県塩竈市佐藤家所蔵の宝暦年間(一七六〇年頃)の肝入徳右衛門の備忘録『塩釜町方留書』に見える用語。陸方に対する区分であるが、必ずしも漁民を意味するものではないようである〔『集解』〕。

ハマスカ 浜辺の事。スカ参照〔『地形名彙』〕。
関東から奥州にかけて、主として沿海の砂地をスカといい、安房では渚の字を宛てている。横須賀、大須賀などの須賀もこれであろう。南部領では浜辺をハマスカという。
なお茨城県稲敷郡(一部、稲敷市など)で川添地または低地の畑をスカ、千葉県東葛飾郡(野田市、柏市)で川添の空地をスッカラという〔『漁村語彙』〕。神奈川県高座郡では、海岸に近い田畑をハマスカという〔『全辞』〕。

ハマト 福井県遠敷、大飯の諸郡で海浜をいう〔『漁村語彙』〕。

ハマンクラ 上五島で海浜のことをいう〔『五島民俗図誌』〕。また五島、上五島宇久島、天草、鹿児島県で、ハマンコラという〔『全辞』、出身者談〕。

ハマンミラ 海近くの土地を千葉県長生郡一宮町でいう〔『全辞』〕。

ハミ 日本アルプスで山稜近くにある草地〔『地形名彙』〕。
① 北安曇郡小谷地方や岐阜県吉城郡(飛騨市、高山市)で、山尾根近くの草地〔『郷土』一の四、『全辞』〕。
南アルプス、ガッチ河内岳近くの大井川に面した広場をハミバという。後立山の布引岳近くにハミノ池というのがあり、この辺は草地になっている。槍ヶ岳近くのオオバミ岳も、このハミという語から命名されたもの。ハミは喰み、獣は山上の草地に出てきて草を食うのであって、ハミバはその草を食いに出る場所〔『旅伝』一五の五〕。
② 海の下方に強い魚がいるため、水面の上方に逃げ集まった鰯の群れ。静岡県〔『全辞』〕。

ハヤ 熊本県八代で干潮時に海水が洗うほどの岩礁。満潮時には瀬になって、早瀬となるのでハヤだろうと説くが、ハエ(碆)の訛であろう。

バヤイ　山口県岩国地方で都会のこと（『綜合』）。「場合」でバショ（場所）と同じであろう。

ハヤシ　京都で傾斜地。千葉県夷隅郡（一部、いすみ市）で原野（『全辞』）。

ハヤシバタ　林畑。武蔵野の平原にも、そういう語がまだ知られている。ここでも近い頃まで切替え作りをしていた名残である（『綜合』）。

ハヤマ　葉山のほか端山、麓山、羽山と書いてハヤマと訓ませている所もある。麓山はことに東北地方に多く、ソデ山（外《ソデ》山、袖山）とも同意語である（松尾『日本の地名』）。

村里近い山のことで、鳥類などの小動物を対象とする猟をハヤマ猟という。これに対して熊、猪、鹿などの大型動物を対象とする狩猟を大猟《オオリヨウ》という。長野県上伊那郡三峰川渓谷（伊那市）で（『狩りの語部』）。

阿武隈山地の両側にある間隔をおいて羽山岳が行儀よく並んで聳えている。山地の東側の太平洋側、西側の中通り地方と呼ばれている側とにおのおの六、七カ所をかぞえる。

これらは基本的な岳であるが、さらに北方に及んで、宮城県や山形県その他にいくつかのハヤマの高山を見る。

これらの山には神の社殿がなく、山そのものが信仰の対象となっている古い形のものが今もなお多い。山そのものを神とする見方でもよいが、ハヤマの場合は、ハヤマ祭りの祭場であったと見られる。祭神は神社名簿などでは、多く羽山祇命などとなっているが、民間の信仰ではたんにオハヤマサマというだけで満足している。またある人は山の神といい、ある人は田の神だと思っている。いろいろ綜合してみると、田の神になったり、山の神になったりする性格を合わせもつ祖霊であろうと考える（『柳田先生と私の細道』）。

死後魂の行く場所を、柳田国男は自分たちが「魂になってもなお生涯の地に留ま」り、子々孫々の生活を「どこかささやかなる丘の上からでも見守って居たい」と思うのが普通であったと考えた（「魂のゆくへ」『柳田國男全集』第三一巻）。そうした「ささやかな丘」は深山幽谷ではない。ハヤマと呼ばれる山がそれである。

ハヤマは奥山に対する端の山の意であり、多くは里近い田園の見渡されるような所に位置している。里に住む人々は、こうした所に祖霊が集まり、自分たちの暮しを見守ってくれるが、自分たちもやがてそこに行き「御先祖になる」と信じていたらしい。

こうしたハヤマの信仰は、福島県の海岸地方を北から南に走っている阿武隈山地の両側の村々になお残っており、その影響は宮城県の南部にまで及んでいる。また山形県にもハヤマの地名をもつ山は多いから、今はもう跡を留めぬまでになっていても、古くは同様な信仰があったものであろう。

さらに重要なことは、ハヤマの名はもたずとも、同じ内容の信仰が各地で行われていることである。庄内地方において八月二十一日から二十四日にかけて、お盆の行事の一環として行われるモリノヤマは、そうしたものの一つである。

東のモリとよばれる東田川郡立川町（庄内町）三ケ沢の白狐山と、西のモリと呼ばれる鶴岡市下清水の三森山は、庄内地方の代表的なモリノヤマのようであるが、この地方にはほかにもいくつか、かつてはモリノヤマが行われたという伝承をもつ山がある（『柳田国男の農政学』）。

ハラ、ワラ　ハラ、ワラと訓む原は、場所あるいはその場所の居住すなわち集落を意味する場合が多い。田原、小田原《オダワラ》（小俵）、大田原（大俵）の地名は方々にあるが、田原は田のある原っぱではなく「田のある村落」すなわち田村に当たる。

小田原も田原と同じで、小は意味のない接頭語であろう。大田原の大《オオ》も、小《オ》と共に、大小を表わすのではなくて、両者は同じく接頭語で区別のない場合が多いといえる。

京都市北郊の大原、小原（オオハラ、オハラ）が互いに混用され、奈良県高市郡明日香《アスカ》村にある現在「小原」と書かれている地名が「オオハラ」と呼ばれているのも、大原と小原とが区別されない例である。

小野の方が「野」の美称的接頭語であるように、小原も原と同義であろう。

大野も小野と区別されない場合がある。もちろん、字義通りに大・小を表わすことも多いが（大島、小島、大川、小川、大杉、小杉、大池、小池、大峰、小峰）、同時に上述の大原と小原、大野と小野のような場合もしばしばある。冠頭語としての大（オオ）には大小をいうのではなくて尊敬または賛美の意を表わす場合もある。大御神、大君、大前、大御門、大御酒《ミキ》など。地名としても大前、大前田、大三島《オオミシマ》（大御島、愛媛県

〈今治市〉)、大倭国《オオヤマト》、大神《オオミワ》(大三輪)など大を冠した地名には尊名のことが多い。

何原の原(ハラ、ワラ)が原っぱではなくて、場所あるいは村落を意味することが相当多い。

漁業者の住む海岸の村を「漁師ワラ」「リョードバラ」、農家部落を「百姓ワラ」、ハカワラ(墓原)は墓のある原っぱではなくて、墓のある場所つまり墓地、墓所のことである。

滋賀県、福井県あたりでは、ワラを人の意に用いて「あのワラがいった」などという。このワラは、九州でも男の子供を対象として使われるワロ(和郎)とおそらく同語源であろうが、ワロは男の子がいたずらなどをした時に、大人が「このワロ(またはワロウ)」といって叱る。昔はこのワラ(和郎)は奴《ヤツ》と同じような意味に広く一般に使われたのである。

殿原《トノバラ》、法師原などのバラは、人に関する複数を表わす接尾語で、「達」「共」「等」にあたるもので、漁師ワラ、百姓ワラと共通する語であろう。要するにここにいうハラ、バラは「同類の集団」を指すわけである。

甲州街道の旧宿場町の与瀬宿(神奈川県津久井郡相模湖町(相模原市〉)は、ほぼ東西の一本町が町並の根幹をなし、最初に開けた西端の上町から東へ中町、下町と続く。そして中町をまた中原と呼び、下町を下原と呼んだのであるが、これは町並のできる以前の空地を「原」といったかと受け取ったが、しかし、この原は家並とか地区とかにとるのが当たっていよう。

和歌森太郎『国史における協同体の研究』によれば、母をハハという所と、カカという所があるように、あるいはハラとかカラと呼ばれて、いずれも同族のことを指す語となったこと。

薩南の沖永良部島や沖縄でも、血縁、共通の一族、総門中のことをハラと呼ばれていること。

『日本書紀』『続日本後紀』『新撰姓氏録』等にも、ある一族の分枝を腹と書いた例が多いこと。

わが国のハラ、カラという古い言葉は、元来同じ意味(同族)の語であったものが、両者を重ねて用いるようになったことを説いている。

大野晋『日本語の起源』によればカラ、ハラは父系的同族集団を意味するツングース語で、その他のアジア北方民族の言語につながるという。

西郷信綱『古事記の世界』によれば、ウカラ、ヤカラ、ハラカラ、トモガラ、間ガラのカラはカラダのカラに基づく。カラは胴体の意であり、それに対する四肢がエ（枝）またはエダであった。カラダのダはエダのダと対応しているに違いない。
カラが胴の意であったことは、体つきを大ガラとか小ガラといい、『万葉集』に出てくる国ガラ、神カラなども国体、神体というが本来の意であろう。肢体もまたカラと呼ばれたのではなかろうか（ナキガラ）。ムクロのクロもカラと関係があろう。貝のカラのように外包をカラというのも、身体が魂の容器であったこととと見合うものである。
ハラやカラのつく地名――いろいろな原の地名を検討する際、それらの中には同族的集団にちなむものが存在することを念頭におく必要がある。カラのつく地名についても同様である〔松尾『日本の地名』〕。
土地利用上の呼称で、ハラという言葉はほとんど現れない。この名の土地が乾いた広い平坦地で、水利上から利用が困難だったからであろう。ハラは利用し得ない空虚な土地空間の意から出たのではなかろうか〔千葉徳爾『日本民俗事典』〕。
伊予温泉郡（東温市、松山市）で、小字名に何々原というのは、平坦地でかならず林のある所だという〔同地人談〕。

ハライ 炭坑の最先端の採炭場所。福岡県大牟田市の炭坑で〔『朝日新聞』昭和59・11・26〕。

ハラエエ 静岡県伊東市付近で、浜の船揚場をいう。船を揚げる際の掛け声から出た語かという〔『漁村語彙』〕。

ハラタテ 激流。滋賀県伊香郡（長浜市）〔『全辞』補遺〕。

ハーラドー 谷。南島黒島〔『全辞』〕。

ハリ、ホリ 元来、開墾をいうハルはホル（掘）に通ずる語で、新たに地を掘りかえして田、畑、道路、溝などをつくることであり、古語のハリはホリでもあった。すなわち「墾田」はハリタともホリタとも呼んだのであり、ニイバリ（新墾）、イマボリ（今治）はニイボリ、イマバリでもあった。そのホリ（墾）に「掘」を宛てて新堀、今堀となることは考えられる。堀田《ホリタ》（ホッタ）も一般には墾田と解すべきであろう。
ハリタ→ハッタ（八田、羽田）〔『地名の探究』〕。

バリ 谷。南島八重山〔『全辞』〕。

ハリカケ 適当な場所があると、草木を伐り倒して焼畑として、残存の灰を利用してソバやキビなどの雑穀や小豆を作った。二年目は地力が落ちるので、豆類を植えて地力を保持する。この場所が定畑化すると、畑の周辺の柴木や草を刈って、畑の上にのせ焼却して灰にした。

これをハリカケ、カリカケといった。佐渡島(『新潟県史』資料編二三巻)。

ハリタ 年中じめじめしていて麦作不能の田。泥田(治田、針田)。淡路島(『全辞』、『日本の地名』)。ハルタ参照。

ハリバ 張り場。明治初年(一八八〇年頃)の東京の下町について綴った長谷川時雨『旧聞日本橋』などに見える用語。町家の敷地を指す呼称(『集解』)。

ハル 北肥後、九州全般に台地をいう。対馬でも小さな平地のこと(『地形名彙』)。

九州から沖縄にかけて、原をハルと訓む地名が多い(奄美地域ではみられない)。

一般的には、原野としての原(ハラ)をハルと訓み、またハル(治る、墾る)という語義に通じ、村落としての集落の意味をもつという考え方である。

古代において、原を九州ではハルと呼んでいたのであろうか。

早良(サハラ)筑前国早良郡(『和名抄』)
柞原(クハラ)筑前国糟屋郡(『和名抄』)
御原(ミハラ)筑後国御原郡(『和名抄』)
桑原(クハハラ)筑後国上妻郡(『和名抄』)
葛原(カツラハラ)豊前国宇佐郡(『和名抄』)
波良(ハラ)肥後国阿蘇郡(『和名抄』)
桑原(クハハラ)大隅国桑原郡(『和名抄』)
柏原(カシハハラ)豊後国直入郡(『風土記』)
原野(ハラノ)豊後国大野郡(『風土記』)
平原(ハラ)肥前国佐嘉郡(『風土記』)
篠原(シノハラ)肥前国松浦郡(『風土記』)
子負原(コフハラ)筑前国怡土郡(『万葉集』)

右は訓注等が、はっきりハラと呼べるものだけを挙げた。

『和名抄』の原はほとんどハラとしており、わずか一つ「原木(アラキ)」があるのみで原(ハル)はない。

古代の九州でハルと呼ぶのは、
雲須(クモハル)筑前国怡土郡(『和名抄』)
春野(ハルノ)日向国諸県郡(『和名抄』)
鹿春(カハル)豊前国田河郡(『風土記』)

原を用いず、春、須を用いる。須をハルというのは鋤、鉏、須支（スキ）〔『新撰字鏡』〕によったと考えられ、土地を掘り耕す意となる。

古代におけるハルは九州においても、ハル（墾、開）であってけっして草木の生えた原野としての原でもなければ、平地を意味する原でもない。

原はハラであって、ハラとハルを区別していることを知らねばならない。

中世に下って、竹内理三編『荘園分布図』下巻（吉川弘文館）から九州のハラとハルを列挙すれば、

吉原庄（ヨシハラ）筑前国糟屋郡
桑原庄（クワハラ）筑前国志摩郡
三原庄（ミハラ）筑後国三原郡
櫛原庄（クシハラ）筑後国御井郡
宇原庄（ウハラ）豊前国京都郡
田原庄（タハラ）豊前国田河郡
田原別符（タハラ）豊後国国崎郡
大田原別符（オオタハラ）豊後国国崎郡
藤原庄（フジハラ）豊後国速見郡
三野原庄（ミノハラ）肥前国養父郡
野原庄（ノハラ）肥後国玉名郡
志原保（シハラ）壱岐国石田郡
広原庄（ヒロハラ）日向国那珂郡
柏原別符（カシワバラ）日向国宮崎郡
小原（オハラ）大隅国肝属郡

以上、〇〇原という場合は、すべてハラである。ハルは、

原田庄（ハルダ）筑前国御笠郡
原田庄（ハルタ）筑後国三潴郡
晴気保（ハルケ）肥前国小城郡

ここで原をハルと呼んでいるが、ハルダ、ハルタという同系の地名のみである。

これらは上記の〇〇原のハラとは異質である。

九州以外でのハルを前記資料から示せば、

治田野庄（ハルタノ）河内国錦部郡
春木庄（ハルキ）和泉国和泉郡
治田厨（ハルタ）伊勢国員弁郡
治田厨（ハルタ）伊勢国三重郡
春近庄（ハルチカ）越前国坂井郡
春近庄（ハルチカ）美濃国席田郡

ここでもハルは接頭型で、接尾型がみられず、九州の原田（ハルタ）と近畿の治田（ハルタ）が同義であろうことは察知される。

九州において中世に至って、墾り田を治田でなく原田と宛字を用いたことから混乱が始まった。しかし、中央でいう原は中世に至っても九州では原はハラであって、ハルと呼ばれていないことが理解できる。

九州においては近世に至って、急に原をハルと呼ぶようになった。

九州では、山の急斜面にたんに原（ハル）という地名が少なくないが、これが平地にある桑原、田原、柏原などとは異質であり、本来治か開などの文字を使うべきものであろう。

九州に多い北原（キタバル）、新田原（シンデンバル）の地名は、岐阜県あたりの北洞《ホラ》、新田洞と共通する命名で、成立の新しい地域的な地名にすぎない。

このようにハルを原と用い始めたため、中には中世まで桑原（クワハラ）、田原（タハラ）と呼ばれていた地名までクワハル、タバルとなって、もとから原をハルと呼んでいたものと誤解したものであろう。

九州のハルは原をハルと誤って呼ぶ地名を除けば、古代、中世の原とも、古代朝鮮語のバル（原）とも無関係で、洞、開、治、搦、名、丸などと関連する一種の開墾地名である〔『地名の由来』〕。

畑をバルというのは、沖縄本島および南琉球に分布し、奄美地域ではみられない。『おもろさうし』にハルがあり、複合語で現れる。バルは古代日本語のハラ（原）と同源で古代においては、山林湿地を開いて広々とした所を指した。その動詞形はハル（墾）である。遠方まで見渡すことができる状態をハロ（甲類）、ハロ（甲類）に（遥々に）といった。琉球語のバルはこれらハラ、ハロ（甲類）と同系でハロにさかのぼる形である。

古代日本語にハタケ＝畑（乙類）があるが、琉球語として文献に現れない。琉球には後世取り入れられたのであろう。

畑を表わす琉球語の最古層はバル系である。琉球全域にいったんパロが広がり、近世後期あたりからバタケ系が広まったものと思われる〔『図説琉球語辞典』〕。

ハルは沖縄では二つの意味がある。

一つは、田畑を指す場合で「あちらのハルに行く」というように使う。

もう一つは、あちら側、こちらの側というように区域を指すのに使う。東が東原《アガリバル》、北が北原《ニシバル》、西が西原《イリバル》というようになるそのハルが固定化して小字名になる。

「小字は何か」と聞くより「あそこのハルは何か」と聞く方がわかりやすい〔仲松弥秀『地名の話』〕。

沖縄のハルナーは、本土の小字名に相当する。これはハルナー（小字名）の多くが○○原（バル。鹿児島県徳之島でバレ、沖縄国頭郡でバーリ、宮古諸島でバリ）と呼称することによる。ハルナーより大きな地名である字名（本土の大字に相当）や市町村名に至る地名も、ハルナーから順次大きな地名へとつけられていったものが多い。

たとえば、宜野湾市の市名は字名の宜野湾から、字名の宜野湾はハルナー宜野《ギノ》湾原《ワンバル》（方言はジヌンバル）から名付けられている〔堂前亮平『地理』昭和57・7号〕。

鹿児島県では、田原《タバル》、笠野《カサノ》原《バイ》などハリからの変化らしいハイのよみも見られる。屋久島には原《ハロ》（現在はハラと訓みかえられている）があり、種子島にも郡原《コオリバロ》のハロの訓みがある〔鏡味明克『鹿児島県地名大辞典月報』〕。

なお、種子島や屋久島には晴《バリ》、宮古島に原《バリ》があり、これも同源の地名であろう〔楠原佑介『歴史百科』一九七九年初夏第五号〕。

与那国島でも、耕地はハルと総称され、畑（ハタギ）と田（ター）に区分される〔『南島の稲作文化——与那国島を中心に——』〕。

『沖縄語辞典』には、次の記述がある。

① 畑はハタキで、ハルは耕地一般。ハルは主として畑を指すが、畑よりも広義。耕地、田畑。ハルミチは耕地の間の道。

② 墓。墓を忌んでいう語。

③ 原。筑紫〔『物類称呼』〕、佐賀、対馬〔『全辞』〕。

対馬の下県郡豊玉村（対馬市）で、平地の広い所〔同地人談〕。

④ 台地。台地上の平地。大分、熊本、鹿児島〔『全辞』〕。

鹿児島県垂水市で、高みになった所の平地をバルという〔同地人談〕。

バール 険阻な場所。愛知県北設楽郡（一部、豊田市）〔『全辞』補遺〕。

ハルキバ 春木場。盛岡市には中津川ばたに、岩手県雫石では御明神村（岩手郡雫石町）に春木場の地名がある。

春木とは、山から流し出してくる薪のこと。この薪を流してくることを「春木流し」といい、丸太で山から木を流してくる所作を「河流《カナガ》し」とか「粒流《ツブナガ》し」といい、ばらばらに流し出してくることの謂である。

この春木を流してきて、陸に揚げる場所が「春木場」である。流してきた春木は、いったん春木場に積まれ、ここで相場が決定し、各地へ買われ運ばれていく。その土地の流してくる薪の集積地で、薪の市場ともいうべき要衝の地。山と川と村との枢要地点で、多くはその土地の町外れにある。春木場から陸は馬車、さらに下流は筏となって運ばれる（『山村民俗誌』）。

ハルギリ　春伐り。春に伐り払ってやるカノ（焼畑）。栃木県の南部で（『栃木県方言辞典』）。

ハルタ　『高知藩田制概略』に「冬より水を湛へ初夏に至而稲苗を施し、総而麦作をなすことを得ざるもの、又麦田にても其他の手入の為めに春田となすこともあり」とある。つまり、一毛作田で、年中水の溜っている泥田をいうらしく、春の字には意味はない。

群馬県勢多郡横野（渋川市）では湿田を春起す作業をハルタといい、和歌山県西牟婁郡（一部、田辺市）、山口、愛媛県松山、高知などでは年中いつも水の溜っている沼田、泥田、深田、二毛作をしない田のことをいう。神奈川県足柄上郡の酒匂川沿岸や山口県見島（萩市）や福岡県田川郡添田町津野で、冬の間休めておく田をハルタというのも同じである。

足柄のハルタは冬の間、麦や菜種、蚕豆などを作る麦田に対する語で、苗代田をハルタ、他は多くは麦田であるという。

長野県小県郡（一部、上田市、東御市）では麦を作らない田、岡山付近でも紫雲英をつくる田、淡路でもハルタというのは、フケ田と同じく年中じめじめして麦作の不可能な田をいうが一方、広島県芦品郡（福山市）では乾田のことだという。長崎県五島の小値賀町（北松浦郡）では、ハルタは苗代にした残りの耕作されない田といっている。大分県下毛（中津市）、宇佐（宇佐市）、南海部郡（佐伯市）、臼杵市では一毛作田をハルタといっている。

このハルタは、気象的にみて裏作ができないとか、地形的に排水が不可能な田ばかりではない。これが来年の田植えの準備である。

水をはくことはたやすいが、秋、水を落とすと次の田植えに水が足りなくなる田であった。

要するにハルタ、ハリタは墾田、治田から出たもので、水田開発がどのような土地を対象に行ったかということを知る上でのより所となるものである〔『綜合』、『全辞』、『郷土史辞典』、『朝日新聞』昭和36・11・28、清水正治『大分県史』民俗篇〕。

ハルチ　西茨城で明き地〔『地形名彙』〕。

冬作をしないであけておいた畑を栃木県黒磯市（那須塩原市）、河内郡、塩谷郡、那須郡でハルッチという〔『栃木県方言辞典』〕。ハルタと同じか。

ハレ　晴《ハレ》という地名が、北九州地方にある。フレの転で村落の意にもとれるし、また同じ語系としてハリ、ハル（墾）にも通ずる。鹿児島県の種子島、屋久島の「晴《バイ》」も区画とか村落にあたる語である〔松尾『地名の研究』〕。

ハレンド　長野県上伊那郡三峰川渓谷（伊那市）で、樹木の茂みに対するのびろい場所。田畑もハレンドである。他の地方でヒロミ、ヒロバなどというのに同じ〔『綜合』〕。

バロウ　険しい所でバラが生えていて利用価値のない所らしい。高知県や愛知と長野の境にもある。馬路と宛てている。

蓬生（ヨウギウ）はヨモギの生えている所、埴生（ハニウ、羽生）はハニ（粘土）を取る所、粟生、藤生、茨生、豆生などあり、新潟には稗生がある。稲生は稲の自生した所だとすれば、稲の日本自生説も出かねないことになる〔『民伝』二〇の五〕。

バン　①氷。佐渡〔『全辞』〕。

②田畑の底土。山口県長門市殿台や境川でコエドロ（地味のこえた黒い土）の下に敷く約三センチの厚みのアガドロ。「田ノバン」ともいう。

「バンをヒク」とはアカドロでシメルことをいう。「バンがエーから水がムサイ」は水もちがよいという〔『長門史』民俗編〕。

福岡県京都郡犀川町（みやこ町）、大分県東国東郡（国東市）国東町、長崎県西彼杵郡大串村（西海市）でも田の底土をいう〔同地人談〕。福岡県八女郡（一部、八女市）でバン。バンツチは粘土のこと〔『福岡県内方言集』〕。

③長門地方の炭坑で坑道の下部〔『民伝』四の八〕。筑豊の炭坑で、岩石層の上を天磐、上磐といい、下を下磐またはたんに磐という〔『火を産んだ母たち』〕。

ハンタ　喜界島で、陸上で断崖のこと。同島花良治部落では、アテ（当てによって求められた漁場）の内側

（島に面した場所）をウチバンタ、反対の外側をホーバンタという。海上で船の位置から島の方をウチ、反対の沖の方をホーという。ホーは遥かという語感がある〔『喜界島漁業民俗』〕。与論島でも断崖をハンタという〔『南西諸島の家族制度の研究』〕。

沖縄本島で、崖のふち、崖の上端、崖、坂をいう。断崖絶壁、大きく切り立ったがけをウーチリバンタ（大切りバンタ）という。また、端、はしっこをもいう〔『沖縄語辞典』、『民伝』三の一一、『沖縄のノロの研究』〕。

バンツチ　①粘土。福岡県八女郡（一部、八女市）〔『全辞』〕。

ハニ土、ハネ土の訛。

②田畑の底土。大分県速見郡（一部、杵築市）〔同地人談〕。

ハンドブチ　川や海の急に深く窪んでいる所。大分県南海部郡米水津村（佐伯市）〔同地人談〕。

ハンバ　静岡県榛原郡、山上の平地または山上、ハバと同じ語らしい〔『地形名彙』〕。

山中の地名で、わずかな平地で、山子たちが休息したりする所を長野県の北部や静岡県榛原郡でいう。飯場と宛てたものもある。ハバから出た語であろう。島根県西部でもハンバは開墾し残した大きな丘だといい、また田の間にある高地で、新潟県で稲場というもののように、稲架を立てる場所に利用されるものともいう。

一方、福井県三方郡（美浜町、若狭町）で広場のこと。また同県大野郡（大野市）では主屋の前方の空地、収穫物の乾し場をバンバ、滋賀県犬上郡ではよく人の集まる村内の広場をバンバといい、新潟県西頸城郡（糸魚川市、上越市）では、遊び場をハンバという。また、佐渡の海府地方では、根も葉もない話、罪のない話をバンバソウバともいい、「バンバソウバいうな」などという。バンバとは人家近くの大きな芝生のことだという。

加賀白山の三つの登り口、すなわち石川、富山、岐阜の各県からの三馬場といっているが、このバンバは馬場の意であろう〔『綜合』、『全辞』補遺、『集解』〕。

ハンビョウ　栃木県那須郡那須町の那珂川上流の北岸、那須野原を望む所にある集落。半俵、ハンビョウまたはハンダワラと呼ばれ、今は上半俵、下半俵に分かれている。ビョウは境界の印または峠の意味のヒョウとも考えられるが、半俵の場合はそうではない。ここは標高四三〇～五〇〇メートルの那須火山山麓にあり、火山砕屑物から成り、表土は火山灰による酸性の黒ボク土壌であるため、土地生産力は低く作物生産もたいしてよくなく、第二次世界大戦前には林野が広く、水田もわずかであった。半俵の地名は、このような農業生産状態によるものであろう〔奥田久『栃木県地名大辞典』月報〕。

ハンブカケ　断崖または端。秋田で〔『地形名彙』〕。
秋田県鹿角郡でハブは急傾斜地でハンブカケともいう。岩手県九戸郡（一部、久慈市）では、川岸の崖〔『民伝』一九の九〕。

ハンヤマ、ハソハタ、ハギヤマ、ハギハタ　ハギは萩だけではなく、もとは榛《ハリノキ》（ハンノキ）をハギともいった。

秦野盆地では明治初期までは丘陵地の諸所に切替え畑があり、仕立てる木はほとんどハンノキであった。秦野地方の切替え畑は、普通草ヤブを焼くのでは十年位、雑木を育て、それを伐り出して、その後三、四年間肥料なしで畑作した。育てる木は主としてハンノキ、これは開墾の時、クヌギ、松、杉のように根が深くなく、根起しが楽で、実生《ミショウ》で育てるには簡単で成長も早い。切り株のまま放置してもクヌギのように芽を吹くこともなく土の養分が吸いとられない。ただしクヌギのように薪としては、火力も火モチもない欠点があった。

ハリノキがハンノキとなるように、墾田《ハリタ》（治田）が半田になることもあるから、ハンも開墾の意かもしれない。

いずれにしても切替畑のことらしい。切替畑とした所は、斜面でも南向きか東向きの日当たりのよい場所で、部落から割合よい道の通じた所が選ばれた〔松尾『日本の地名』〕。

ヒ

ヒ　①航行の船舶に対して火を焚いた山。火ノ山、火山、日ノ御埼、火振埼など〔『日本の地名』〕。
②山名についているヒ（ビ、ピ）は、畝傍《ウネビ》山（大和三山の一）、何檜《ビ》山、何檜《ビ》岳、諸檜《モロビ》山（頂がほぼ同じ高さの二峰に分かれている。一五一四メートル）、男《オン》火《ビ》山（八七七メートル）、女火《メンビ》山（八五三メートル）のヒは山の意であろう〔松尾『日本の地名』〕。

③　鉱脈、炭脈をヒといい、「ヒがある」「ヒが続いている」などという。岩手県岩手郡雫石地方〔『山村民俗誌』〕。

ヒアイ　①　海底の岩と岩との間。海女の詞。静岡県南崎〔『海女』〕。

②　樋間。兵庫県西宮市の『西宮昔噺』（大正十二年）に見える用語。町家の家屋相互間の狭い空間〔『集解』〕。

③　東京都下の町家や伊豆諸島の民家などで、敷地内の建物と建物の間の狭い空間。特に土蔵と土蔵の間をいう場合が多い。ヒアワイ（廂間）ともいう〔『集解』〕。

④　新潟県上越地方の民家で、主屋の軒下をいう〔『集解』〕。

⑤　宮城県登米郡（登米市）の民家では、敷地内の家屋相互間の狭い空間をヒアエコという〔『集解』〕。

⑥　新潟県佐渡の民家では、敷地内の家屋相互間の狭い空間をヒアサエという〔『集解』〕。

ヒアタ　日向の地を鹿児島県大島郡沖永良部島でいう〔同地人談〕。

ヒアテ　田畑の日の当たる所。熊本県葦北郡芦北町〔同地人談〕。同県球磨郡神瀬村（球磨村）や同郡五木村では山の日向斜面〔『綜合』〕。また宮崎県東臼杵郡椎葉村でも日の当たる南向きの傾斜地をいう〔『椎葉の山民』〕。

ヒウケ　三重県一志郡（津市、松阪市）でオンジに対する語。日を受ける林地〔『集解』〕。

ヒウチヤマ　三角形のトンガリ状を呈する山を三角山とか火打山という。新潟県の南西端にあって妙高火山群中の最高峰の火打山（二四六二メートル）は、頂上部の三角形のとんがりが特徴をなしている。

昔の発火用具であった火打（燧）は火打石の尖鋭な角と、火打金（火打鎌）という三角形の鋼鉄とを打ち合わせて発火させたもので、この火打道具は三角形の火打袋に入れて持参した。この火打袋の三角から三角形のものをヒウチの名で呼んだものがいろいろある。襖のひずみを防ぐため四隅につけた板を火打板といい、また建築で、組み合わせた二材を強化するための斜材の取付けその他、衣服の三角形の箇所などにヒウチの名を用いた部分もある。

群馬、福島両県境の尾瀬の北方の燧岳（二三四六メートル）は頂上部に三角状に尖った峰が並立する。高知県高岡郡中土佐町の南西境にあって円錐形をなす火打山（五九一メートル）など。

なお火山、火野山、火見山は火打山と異なり、古い時代にノロシ（烽、烽火、狼煙）をあげて通信した所で、烽火《ノロシ》山、日ノ山、火焚《ヒタキ》崎なども同じ。防備上重要な海岸その他要所要所にノロシ台を設けて遠くへ連絡した所である〔『地名の探究』〕。ノロシバの項参照。

ヒウラ　近畿、中国、四国で日当たりの良い山の南斜面〔『地形名彙』〕。

一般に山の斜面を岐阜県揖斐郡、奈良、和歌山、岡山、徳島県祖谷（三好市）、高知県でいう〔『全辞』、『旅伝』七の四〕。

岐阜県揖斐郡徳山村（揖斐川町）山手部落では、山の南側の斜面をいい〔『美濃徳山村民俗誌』〕、奈良県吉野郡（一部、五條市）でも同様〔『登山とスキー』昭和17・4号〕。

紀州日高郡上山路村（田辺市）でも、日当たりのいい地形をいい、オーヂ、オンヂに対する語〔『方言』五の五〕。徳島県三好郡祖谷（三好市）でも、午前中太陽のさす所〔『日本民俗学』九一号〕。同郡三名村（三好市）でも、日当たりのいい山の斜面をヒノジヤマともいう〔『民伝』三の一二〕。

土佐の山村には日ノ浦、日浦《ヒウラ》（日裏）という地名は多い。安芸郡馬路村の日裏や、香美郡物部村（香美市）根木屋字日裏山など文字から判断すると、日陰地のような印象を受けがちだが、これらのウラというのは大平などのヒラと同じく側《ガワ》の意味で、日ざしに向いた山の斜面のことである。

高知県の各地にある日裏、日ノ裏はまた日ノ地（日野地）ともいっている。

高知市西北郊の尾立と記してヒヂと訓ましている地名も、あるいは中村市（四万十市）後川日地《ヒジ》などと同じく、日ノ浦の類名かと思われる〔『土佐民俗選集』その二〕。

また一方、日陰の山斜面を岐阜県揖斐郡徳山村（揖斐川町）塚ではヒウラといい〔『美濃徳山村民俗誌』〕、京都府竹野郡（京丹後市）、岡山県邑久郡（瀬戸内市）でも日陰地というのは「日裏」の意に解したものか。

ヒエダ　湿田でしかも冷水が常に出ている田。長野県の南部で〔『長野県史』民俗編第二巻（二）〕。

ヒカゲ　古義のカゲは日当たり地であるが、新しい意味では陰地。両方の側がある〔山口貞夫「日向、日陰の地名」『旅伝』七の四〕。

カゲの語は注意を要する。古くは日当たり地をカゲトモ、その反対語をソトモといったらしい。ヒカゲのカゲは、このカゲトモのカゲと同じで、徳川時代にも正式の文書には日照地の意に用いられた。一方、ヒカゲは日の陰地を指す意味もある。したがって地名のヒカゲには両者が混在しているはずだが、これらはその向きを調べねばならない。古義のヒカゲの地名の方が発生は古いであろうが、その例は少ない。

信濃下伊那郡豊村（売木村）日影。長根山、亀沢山等の高山の懐にあって、谷は南向き。

陸中牡鹿郡稲井町（石巻市）日向。日影。北上川河口より八キロ余りの地点。三方は山で囲まれ西へ沖積原が発達している。ここでは日向が北向きで、日影が南向き。

これに対して、普通の意味のヒカゲの地名は甚だ多い。集落立地に当たっては、日照のみが唯一の要件ではないから、始めから日陰の地に住んだことも考えられる〔『旅伝』七の四〕。

飛騨吉城（飛騨市、高山市）、大野（一部、高山市）の両郡にはヒヨモという部落がいくつか見える。川の流れの通っている沢合の土地で、流れの北面に位置し、背後に山を背負っている日当たりのよい土地。これに反して南に山を負うて川に臨んでいる地形の部落をヒカゲ（日影）という。ヒヨモはヒオモテで日面と宛字する。奥上州の山岳地帯にも、沢を挟んで日当たりの方をヒナタ、その反対をヒカゲと呼ぶ場所あり。奥秩父の沢合にも「日向」「日影」など同じ地形の部落あり、沢の名にもヒナタクボ、ヒカゲダニなどがある（雲取谷付近）〔『旅伝』一五の一〕。

ヒカゲンド　静岡県駿東郡で日陰地。同県引佐郡（浜松市）ではヒカゲンボコ〔『静岡県方言集』〕。

ヒガタ、ヒカタ　干潟、潮間帯に形成されるシルトや粘土からなる平らな土地、波浪から遮断された遠浅の入江や湾内で、潮汐作用が大きく、しかも大量の土砂を運搬する流入河川のある所によく発達する。有明海沿岸、瀬戸内沿岸などにまとまった分布がみられる。

干潟は潮の干潮によって一日に二回、干出と水浸をくり返すため、河川が運ぶ土砂や有機物、栄養塩類と海からの有機物、栄養塩類が混合し肥沃な土地となる。干潟の主要な利用形態としては漁撈、塩田、農地が挙げられる。

①干潟における漁撈としては、潟板（潟橇）でのエビ類、ウナギ、ムツゴロウ（有明海沿岸）採取や、石《イシ》干見《ヒミ》といわれる干潟に石垣をめぐらし満潮時に進入してきた魚が干潮と共に潮の残る所に集まるのを採取する漁法がある。

潟板は児島湾や有明海沿岸に、石干見は有明海沿岸や南西諸島にみられる。

②塩田としての干潟の利用は、流下式塩田が導入されるまでの自然浜と呼ばれる揚浜塩田や入浜塩田を指す。

前者は干潟の砂をかき集めて、これに海水を注いで濃い塩水をとるもので、後者は干潟を石垣で仕切り、樋門を設けた干拓形式による塩田である。

入浜式は揚浜式の発展と考えられ、起源は中世末～近世初期とされている。瀬戸内沿岸に広く分布した。

③農地としての干潟の利用は、近世の新田開発政策による海面干拓がその典型である。潮抜き、樋門の建設、用水の確保など内水面干拓よりも困難な面が多い。また潮除堤防の前面には再び干潟が形成されて旧前の干拓地が排水不能を起すため、魚鱗状に干拓が前進せざるをえない側面も海面干拓には存在した〔『日本歴史地理用語辞典』〕。

ヒキミチ　山頂から薪束を転落させるためにつくった急斜面の道。栃木県足利市、安蘇郡（佐野市）〔『栃木県方言辞典』〕。

ヒクダワ　岐阜県揖斐郡徳山村（揖斐川町）で低い向こうに越す鞍部。熊のオシはこういう所に掛ける〔『綜合』〕。

ヒケ　青森県津軽地方で水を汲む小流れをヒケという。正月はミズノモチ（水ノ餅）を持って若水を汲みにいくのもここで、洗い場とは別の位置に設ける〔『綜合』、『集解』〕。

ヒコザク　東京の西部の畑場などでは、半ぱな短い畝をヒコザクという（南多摩郡、津久井郡〈相模原市〉）。三河の北設楽郡（一部、豊田市）でも、山間の畑の剰地の不整形な部分をヒコまたはヒコバタといい、その短い畝をヒコウネとよんでいる。

田にもヒコレルという語があり、畦沿いの折り返しなど、間がだんだん曲って一株へらしまたふやして植える必要のあるものだが、その株数の添加した場合をヒコが入ったという〔『農村語彙』〕。

長野県南佐久郡（一部、佐久市）では、田畑の出張った所をヒコという〔『全辞』〕。ヒコはヘコ（凹）の意か。

ヒコダメ　窪所。秋田県雄勝郡（一部、湯沢市）〔『全辞』〕。

ヒコミメ　ヘコミメの訛。房州で山と山の低い所〔『地形名彙』〕。

ピサ　坂。南島八重山。ヒラに同じ〔『全辞』〕。

ヒザキ　奥上州、利根川の水源地方には、ヒザキ（日崎）という山が二つも見える。一番初めに朝日を受けそうな峰であるから、ヒサキと呼ばれた。アサヒの項参照〔『旅伝』一五の二〕。

ヒシ　信州北安曇（一部、大町市）で稜角のある岩壁。越中でも崖のこと〔『地形名彙』〕。

①　信州北安曇では、岩壁をヒシといい、八方尾根の黒菱は黒い岩壁を呼んだもの。越中でもヒシという。越後岩船郡関谷村（関川村）では、切り立って雪もつかないような懸崖をこう呼んでいる。北安曇郡小谷地方では、特に稜角ある岩壁をヒシという。越後焼山（糸魚川市、妙高市）地方でも、断崖をこう呼び、笹ヶ峰の俗称、鬼ヶ城は鬼ビシといわれる。後立山山脈の五竜岳は、土地の者がワリビシまたはワルビシという。ゴリウ（宛字、五竜）はこれよりもっと新しい呼名であろう。

ワリビシのヒシは稜角ある岩崖の意で、この山の頂が稜角ある岩をもって成るところからの意で、ワリは割りで、岩崖の形貌からきているものと思われる。

富山県から長野県、新潟県の境界地方では、山の崖をヒシネという〔『綜合』〕。

②　大隅肝属郡内之浦町（肝付町）の漁民は「暗礁」をヒシといい「陸続きの岩礁」をもそう呼んでいる。また同じものをトカラ列島ではフセという。フセはヒシと同系の語であろう。ヒシは干瀬《ヒセ》であろう〔上村孝二『方言学講座』第四巻〕。

奄美大島の古仁屋でも干潮時に海面に現れる岩礁、珊瑚礁をヒシ〔『旅伝』一五の二〕。

沖縄でもヒシ（古語ではピシ）といい、干瀬は宛字であるが、ヒシのシはイシ（石）のシと同じで、ヒは干上がるに関係があろう。

岩石を表わす琉球語にはイワとシーがあり、イワは通常岩石を意味し、岩石全体でも、その一端でもそういい、形状もいろいろであるが、シーはこれとは異なり、何かまとまった形をとったイワが地中もしくは海中から生えたようなものをいっているようである。『古事記』の神武天皇が長髄彦を征伐したときの歌。「神風の伊勢の海の意斐志《オヒシ》に、蔓延《ハヒモトホロ》ふ細螺《シタダミ》の、蔓延《ハヒモトホ》り、撃《ウ》ちてし止まむ」の意斐志《オヒシ》は、大石でなく大干瀬《オヒシ》であろう。

『神功皇后紀』中の「歯並はし、比斯那須《ヒシナス》、櫟井《イチヒヰ》の、九邇阪《ワニサ》の土《ニ》を云々」比斯那須は、ぎざぎざになっている干瀬《ヒシ》のことであろう。

『大隅風土記』の「必至里、昔者此村在二海之洲一……海中洲者隼人俗語云二必至一」〔東条操『日本文学講座』「方言研究と方言学」〕。

必至はおそらく干瀬であろう〔『琉球戯曲辞典』〕。

沖縄ではヒシには数多くの小地名がつけられて○○ヒシという。ヒシの切れ目で船の出入りできる所には○○グチと一般に付けられている〔堂前亮平『地理』昭和57・7号〕。

宮古島の北西約二〇キロにある大小百余の珊瑚礁群の八重干瀬《ヤエビシ》は、大潮にあたる旧暦三月三日には約一五〇平方キロの広さに干上る（昔は三月三日は「サニッ浜オリ」といい、沖縄の人々は浜辺で遊び、女性は海に入って体を清める風習があった）〔『毎日新聞』昭和59・4・7〕。

石垣島でピー・ドーというのはピフィ（干瀬）すなわち暗礁、ドーはto:（低所）になって暗礁の間の澪《ミオ》、水脈のことをいう〔『宮良当壮全集』第一、第八巻〕。

ヒジ ①どろやヌカルミをいう古語。土方（土形）をヒジカタとよむ地名や苗字がある（長崎県南高来郡国見町（雲仙市）には土黒《ヒジクロ》がある）。

日出《ヒシ》、泥津《ヒジリ》、日出生《ヒシフ》、非持《ヒジ》、菱山を比治山と書く場合があり、菱沼、菱潟、菱浦、菱田川、菱山などの菱は、水草のヒシではなく泥土、ヌカルミの意に解した方がおおむね実情に合致する。恋路《コイジ》峠などの恋地も、おそらくヌカルミをいうコヒジであろう〔松尾『日本の地名』〕。

②大和吉野郡十津川で道の曲り角。その屈曲した長い道をナガヒジという。和歌山県西牟婁郡（一部、田辺市）の山間で、山の傾斜地を行きつ戻りつ屈曲した道路をヒジオル。山形県の肱折温泉の名もこれに基づくものか〔『綜合』〕。

ヒシオ 香川県直島で干潮をいう。琉球ではたんにヒシ〔『地形名彙』〕。

沖縄本島ではフィリシュ、フィシュ、フィチシュともいう〔『沖縄語辞典』〕。

ヒジャ　鹿児島県奄美大島で、川に迫った山頂の傾斜地〔『綜合』〕。

ビシャゴ　主として西日本の小島や礁の名に多い。ビシャゴ岩、ビミャゴ瀬、ビシャゴ碆《ハエ》などがある〔『地理学評論』一八の五〕。

　ビシャゴはミサゴ（鶚）の方言（壱岐、薩摩）。この鳥は海辺や湖畔にすむ鷹の一種で、捕えた魚を岩上に蓄えておくので、それに潮がかかり自然にスシの味となり、「鶚ズシ」として珍重される。この地名は岩礁や岬の先端など、人気のない所であり、集落の名などには見当たらない。分布は西南日本型〔『日本地名学』科学篇、『日本の地名』〕。

ビショ　泥濘、ぬかるみを伊豆大島、和歌山県東牟婁郡（一部、新宮市、田辺市）でいう〔『全辞』〕。

　鳥取県八頭郡那岐村（智頭町）では、湿地のことをビショケともビショビショともいう〔『旅伝』七の一一〕。

ヒシロ　日陰山のこと。山地の日陰になっている所を播磨の北部、兵庫県多可郡加美町（多可町）杉原谷で。ヒナタすなわち日向山の対語〔『綜合』、『日本民俗学会報』二五〕。

　日陰の土地を鳥取県八頭郡池田村（八頭町）で〔『山でのことを忘れたか』〕。

ヒゼ　干瀬と書く。琉球で珊瑚礁〔『地形名彙』〕。ヒシ参照。

ヒゾエ　隠岐で日陰地。日向西臼杵郡ではヒソエビラという〔『地形名彙』〕。

　北向きの日当たりの悪い地を、九州から隠岐島などでいう。中国地方のオンジに相当する。ソエはサエル（障る）の意であろう〔『綜合』〕。

　宮崎県東臼杵郡椎葉村で北ビラの傾斜した日陰の土地〔『椎葉の山民』〕、同郡諸塚村でも谷間の日当たりの悪い地〔『民伝』五の五〕、同県西臼杵郡でも日陰地をヒゾエといい、山の側面をヒナタビラとヒソエビラとに分けている。

　熊本県葦北郡芦北町では、山陰や家の陰で作物のできない地〔同地人談〕を、また球磨郡神瀬村（球磨村）あたりの山村では、三月節供に雨が降ればヒゾエ、ヒアテのコバ（焼畑）見て払えという諺があり、ヒゾエは北ヒラ、ヒアテはヒナタの意に解している。この年は雨年になるので、北ヒラの方を払えとの意であるという。なぜ雨年にヒゾエを作るかはまだ知られていない〔『綜合』〕。

ヒタ　広島で日受の地をいう〔『地形名彙』〕。

ピダ　渚、なぎさ。南島八重山〔『全辞』〕。
　渚→ピダ→ヒダ（飛騨・富山湾岸）〔『日本の地名』〕。

ヒダマリ　日向むきの山の窪地で、風あたりの少ない所。新潟県南魚沼郡（一部、南魚沼市）、栃木県〔『越後南魚沼郡民俗誌』、『栃木県方言辞典』〕。

ピタラ　ピウカともいい、アイヌ語で石原や河原〔『地形名彙』〕。
　ピウカはアイヌ語で、石川原〔『アイヌ語地名の研究』二〕。

ピッ　アイヌ語で小石〔『地形名彙』〕。

ヒッタラ　傾斜地。紀州中部〔『地形名彙』〕。
　傾斜地。奈良県十津川で〔『全辞』〕。

ビッチャコ　泥道、ぬかるみ。福島県耶麻郡（一部、喜多方市）〔『全辞』〕。

ヒッツリ　焼畑跡で、まだ林相に復していない所。宮崎県東臼杵郡椎葉村。熊本県人吉市田野地方。『後狩詞記』ではツクリとある〔『えとのす』五号〕。

ピッポ　ピはアイヌ語で石、小石。札比内はサッ（乾いた）ピナイ（小石川）〔『日本の地名』〕。
　岩手県内に佐比内があり、がらがらの砂利底の涸れた川の意〔『アイヌ語地名の研究』三〕。

ヒヅメ　日詰、陸中紫波郡その他にあるが、日当たりの悪い地をいうのであろう〔『旅伝』七の四〕。

ヒヅラ　宮城県伊具郡山舟生村（福島県伊達市梁川町）日面。東南向きの斜面にある集落〔『旅伝』七の四〕。

ヒト　山形県でクラのこと〔『地形名彙』〕。

ヒド　越後、庄内では山の皺または窪み、多くは主脈から支脈の分かれる窪地を指す。秋田ではヒドッコという〔『地形名彙』〕。
　越後から羽後へかけて（岩手県和賀郡、山形県飽海郡、新潟県岩船郡など）山腹の窪んだ所ではクボより大きいもの、秋田県北秋田郡、由利郡のマタギ詞で山ひだ（襞）、山の窪み、仙北郡檜木内村（仙北市）の猟場では縦谷で、沢の水の流れている所、羽前小国郷（西置賜郡小国町）の猟場では、降雨によって沢になる窪をいい、マキグラに之を登ってナリコミをするという。『飽海郡史』にただ低所の義とあるのは怪しいが、米沢方面で⿱人凵の字を宛てヒトといっているのも同じ地形であろう。これをヒダ、ヒゾ、フドなどと呼ぶのをみると、ヒドは襞と同語であることが頷かれる〔『山村語彙』、『全辞』、『秋田マタギ資料』、『マタギ』〕。

ヒトカマエ　明治初年の東京を綴った長谷川時雨『旧聞日本橋』の中に見える語。「一構の百姓家」とあり、農家や町家の建物を敷地ごと数えた単位として用いたらしい。また同書には、町家で家屋一棟分という意に用いる語にヒトコマエがある〔『集解』〕。

ヒトクボ　一窪。山の窪地から次の窪地までの間。栃木県で〔『栃木県方言辞典』〕。

ヒドッコ　窪地。秋田県平鹿郡（横手市）〔『全辞』〕。ヒドに同じ。

ヒトノベ　越中で平地をいう〔『地形名彙』〕。

ヒドヒラ　石見那賀郡などで崖をいう〔『地形名彙』〕。
　島根県那賀郡（浜田市）地方で崖。ヒドは山の窪み、ヒラは側面、斜面を意味するから崖のこととなる〔『綜合』〕。

ヒドロ、ヒドロダ　岩手県で深泥、湿地、沮洳地のこと〔『聴耳草紙』〕。同県岩手郡御明神村（雫石町）に「ヒドロ谷地」というのがある。昔、竜川の流れた跡ですなわち旧河床である。今は大部分水田になっているが、なお所々に水たまりや湿地があり、一般に低くなっているが、山中ではない〔『山村民俗誌』〕。

　同県江刺郡梁川村（奥州市）でカタダヒドロというのは、硬い田に深田が半分ずつの田。また同県遠野市でヒドロダは湿田で、その深さ二、三尺〔『田植の習俗』Ⅰ〕。

　宮城県登米郡（登米市）で、ハツギに対して湿田をいう〔『綜合』〕。

　会津で水田をヒドロというのも、湿田のことであろう〔『福島県史』第二三巻〕。

　耶麻郡山都町（喜多方市）でもヒドロ田。谷地田《ヤケ》のことで、年中ぬかって乾くことのない田をいう〔『山都町史』民俗編〕。

　秋田県南部では、窪地をヒドッコ、山形県でもほぼ一様にヒドというのが、谷間の湿地で⿱人凵という宛字を用いる〔『綜合』〕。

　米沢、福島、群馬県吾妻郡、長野で泥田、水田をヒドロダといい、宮城県登米郡（登米市）、新潟、長野ではヒドロという〔『全辞』〕。

　また東京の亀戸の小木川の底土で、粘土のようにねばりのある黒土をヒドロといい、これを船でかき上げて採り、壁土として使う。この土は壁土として最適という〔『家作の職人』〕。

長野県の東信地方で、水はけが悪く、年中じくじくしている状態の田をヒドロッタとも、シケッタ、ヤチダともいう。山ぎわの田で泥水がかかったり、わき水のある田、粘土質の土壌で排水が悪い。佐久市駒込ではヒドロタは一年中水を入れなくてもぬかっていて、田の床がきまらないので、ひざ、深い所では胸までも入ってしまい、田植えは泥舟、いかだ、田植え下駄などを用いる。湿田は、暗渠、排水工事によって乾田化している〔『長野県史』民俗編、第一巻（二）東信地方〕。

また長野県の南信地方でも、山峡の田の一部に湧き水などによりヒドロがある、稲作は不良、年中水気があり、稲の生育が悪く、雑草が繁茂する。排水が悪く、地下水が田の表面に出て、いつも乾かない〔『長野県史』民俗編、第二巻（二）南信地方〕。

ヒナ　日名の字を宛てているが日受地のこと〔『地形名彙』〕。ヒナの名で日照りの地を示しているのは、西国に多い。備前、備中、美作、安芸、石見、出雲にある〔『旅伝』七の四〕。

山麓の東南に面した日当たりのよい所で、日南の字を宛てた小地名が広島県の山村に多い。同県比婆郡（庄原市）で温地がオンジ、乾地がヒナであるのも同様な地形を指すのであろう〔『綜合』〕。石見では南向きの日のよく当たる方の田をヒナジという〔『島根民俗』二の四〕。

ヒナタ　ヒナ手、すなわち日当たり地のこと〔『地形名彙』〕。

青森県五戸地方では、南向きで早春、一番先に雪の消える所〔『方言研究』六〕。鳥取県八頭郡池田村（若桜町）でも、日のよく当たる所〔『山でのことを忘れたか』〕。

ヒナタはヒウラよりも新しい語であろう〔『日本地名学』Ⅱ〕。

ヒナタッピラ　東南の山面を指し、樹木の最も繁茂する土地、日向面である。木の石数《コク》のとれるのはヒカゲッピラで、木目《モクメ》もこまかく質も良く、石数もあるところから価額も高い。ヒナタッピラの樹木は成育はよいが、質が悪くかつ石数が少なく、価額も高くない。新潟県南魚沼郡（一部、南魚沼市）〔『越後南魚沼郡民俗誌』）。

ヒナダ　紀州東牟婁郡明神村（古座川町）日南川は数軒の集落で、西南に開いた小さい谷の谷頭にある。日南川の名は、川の名ではなくて日南側ではないかと思う。陸中下閉伊郡茂市村（宮古市）日向は閉伊川支流刈屋川の南西向き斜面にある。但馬城崎郡田鶴野村（豊岡市）野上字日撫《ヒナド》（『旅伝』七の四）も南向きであろう。

　東向きのヒラッコを広島県山県郡中野村（北広島町）でヒナダという（『方言』六の三）。

ヒナタウケ　日向の地。大阪府豊能郡歌垣村（『桜田勝徳著作集』第四巻）。

ヒナタビラ　日の当たる斜面。日向地を宮城県栗原郡、越後、群馬県利根郡（一部、沼田市）、宮崎県都城市（『全辞』）。東西に細長くある河谷盆地の北半分、丘陵部では南斜面にあたり、日照条件に恵まれた所を広島県賀茂郡大和《ダイワ》町（三原市）、河内《コウチ》町（東広島市）で（『ダムに沈む村』）。

ヒナタミズ　「日当見ず」か。日隠場所を栃木県で（『栃木県方言辞典』）。

ヒナタンボコ　静岡県引佐郡（浜松市）で日向地（『静岡県方言集』）。

ヒナテ　ヒナの手すなわち側であろう。相模津久井郡牧野村（相模原市）日向。小集落で正南を向く（『旅伝』七の四）。

ヒナビラ　鳥取県八頭郡那岐村（智頭町）で、青々と木の茂った山の側面の日のよく当たる所。鹿はこんな所に寝ている（『旅伝』七の一一）。ヒノヒラに同じ。

ヒヌルワ　愛媛県の民家で、主屋の前の空地。作業場である。

　徳島県三好郡（一部、三好市）の農家では、主屋の前の空地。農作業の場をヒノリワともヒノルワともいう。

　また岐阜県美濃地方東部や飛騨地方の農家で主屋の前の空地、農作業場をヒノリバという（『集解』）。

ヒノ　水門。長野県上水内郡（一部、長野市）（『全辞』）。

ヒノキバタ　檜の植林をしている山。杉の植林をしている山をスギバタ。山口県長門市殿台や境川で（『長門市史』民俗編）。

ヒノジ　日の当たる地であろう。

　土佐高岡郡新荘村（須崎市）安和字日ノ地

同　佐川町小字日ノ地山
同　窪川村（四万十町）小字日ノ地〔『旅伝』七の四〕。

ヒノヒラ　山口県都濃郡（周南市）で山の日向地。大分県東国東郡国東町（国東市）でも日向地〔各地出身者談〕。

ヒノヤマ　火ノ山、日ノ山。のろし（狼煙、烽火）をあげた山〔松尾『日本の地名』〕。ノロシバの項参照。

ヒヤマ、ノロシバともいい、狼煙によって伝達継送する施設をもつ山。ヒタテ（火建）山ともいう。近世期、山陽道や出雲路、瀬戸内海岸線の見渡しのよい高山の山頂を指定し、藩主の参勤道中の発着や公儀役人の通行、朝鮮通信使の通航などにあたり、陸路や海路に応じて次々に狼煙をあげて継ぎ送り急報した。火山の制度は寛永年間（一六二四〜四四年）天下送り御用に際して行われてからである。火山は篝火場と番小屋を設けたが、寛政（一七八九〜一八〇一年）以降近海に外国船が出没するようになると、沿岸防禦の必要上特に海岸線の火山設備を整備した〔『歴史地名通信』一一号〕。

ヒノラ　戸外の広場や屋敷内の外庭を愛媛県八幡浜市日土でいう〔同地人談〕。同県喜多郡（一部、大洲市）では、農家の表庭をヒヌルワ〔『全辞』〕、同県東宇和郡宇和町（西予市）皆田では前庭をヒノウラ、同県松山市浮穴でも前庭をいう。農家にとって前庭は穀物の干し場、作業場として重要である〔『四国地方の民家』〕。

岐阜県郡上郡（郡上市）でも前庭をいい、いずれもヒノリバという〔『全辞』補遺〕。

ヒバ　奈良県吉野郡十津川村などで、田のへりの短い草の生えた地。日場もしくは干し場のことか〔『綜合』〕。

ヒバルバタ　乾燥して不毛に近い畑。焼け畑。

ヒベラ　日向地。東か南側向きの地。大分県津久見市で。これに対し日陰地をカゲベラという〔同地人談〕。

ヒホッダ　水もちの悪い田地。壱岐〔『全辞』〕。また、たんにヒホッともいう〔『農村語彙』〕。

ヒミズ　①　日陰。一日中太陽の当たらない所。栃木県栃木市、安蘇郡（佐野市）、上都賀郡（鹿沼市、日光市）〔『栃木県方言辞典』〕。

②　吉野地方の筏師は、川の水が少なくなることを「水がオチル」といい、その状態をヒミズ（干水）と

いう。これに対して出水、増水をタイスイ（大水）という。上流に豪雨が降って、にわかに増水することをニワカミズ（俄水）といい、こんな時には筏の尻を括って流れないようにするが、それでも綱が切れたり、ネジキが切れたりして筏が流れることがあった〔『吉野の民俗誌』〕。

ヒメシマ 次はいずれも小さい島で、1、3、4、5、6、7は人も住めないような小岩島である。最も大きい大分県姫島で面積六・五平方キロであるが、上古は四つの小島であって、これが砂洲によって一つに連なって今の姿となった。

1、愛知県渥美郡田原町（田原市）姫島
2、大阪市西淀川区姫島
3、島根県八束郡美保関町（松江市）市日島（姫島）
4、山口県阿武町姫島
5、高知県幡多郡大月町姫島
6、北九州市若松区姫島
7、福岡県糸島郡志摩町（糸島市）姫島
8、大分県東国東郡姫島村（この姫島は、上代より知られ、比売許曾《ヒメコソ》神社にちなむというが『延喜式神名帳』には摂津国の比売許曾神社があっても豊前国にはみえない）

ヒメガキ（姫垣）は城壁の上にめぐらした低い垣、小さい垣を指すらしいが、これで知られるように「姫島」とは小さい島の意である。

3の島根県の例は『出雲風土記』にみえる「姫島」であるから、古代においても小さい島を姫島と呼んでいたことが知られる。「姫」という地名をすべて小さいの意とすることはできないが、山口県の「姫山（山口市と防府市にある）」は小丘で小さい山の意に該当しよう。新潟県両津市の「姫崎」は小さい岬であろうし、広島県深安郡加茂町（福山市）の「姫谷」は浅い小さい谷の意であろう〔『地名の由来』〕。

ビャク 関東で崖の崩れた所。下野、常陸ではジャクという〔『地形名彙』〕。

① 武蔵〔『国誌』〕、上総、安房、神奈川県津久井郡中野町（相模原市）で山崩れ、崖崩れをいう。「ビャクがくむ」などという〔『全辞』補遺〕。千葉県山武郡千代田村（芝山町）で土崩れ。ビャグともいう〔『方言』五の六〕。

② 伊豆大島で崖の斜面。崖〔『大島方言集』〕。

③　伊豆三宅島で村境のこと。鬮の意だという〔『綜合』〕。

ヒヤケ　①　雨が少ないと穫れない田。長崎県北松浦郡小値賀島〔『離島生活の研究』〕。

河川がないため、水源の確保が困難で余水とか湧水に頼る田をヒヤケかヒエタとか呼び、社会的に不遇な農民が耕作した。福岡県春日市で〔白水昇談〕。

②　ヒアケの訛音であろう。

筑前糸島郡前原町（糸島市）糸村日明。山間の広い谷間にある集落で、南面する数軒の家がある。

遠江磐田郡下阿多古村（浜松市）日明《ヤリ》。天竜川に面する東南向の小集落。ヤリと訓ませているがヤケの誤りではないか〔『旅伝』七の四〕。

ヒャケ　泉を長崎県五島で〔『五島民俗図誌』〕。

ヒーヤマ　森。南島与論島〔『全辞』〕。

ヒヤリミゾ　周防大島では、田の水を温めるための水路をヒヤリまたはヒエボリといい、オンマシという所もあるという。『玖珂郡誌』にもヒヤリミゾの語があり、「小みぞなり」とあるが、これもまた田の水をぬるめる溝と思われる〔『農村語彙』〕。

ヒョウ、ビョウ　関東で峠のこと。鋲、𡽶の字も書く〔『地形名彙』〕。

千葉県独特の地名字として、我孫子市中峠《ナカビョウ》の例がある。柳田国男も『地名の研究』（「峠をヒョウということ」）で述べているように、峠の境に立てた標木から出た用法であろう。同書に小字名として中峠《ビョ》（山武郡）、中瓢（同上）、境俵（君津郡）、中𡽶（君津郡、市原郡〈市原市〉）、稲荷峠《トウカンビョウ》（東葛飾郡〈野田市、柏市〉）、峠《ヒョウ》道（山武郡）などを挙げている。

「𡽶」の字は国字ではないが、「峠」と「標」の字面を理解した借字であろう〔鏡味明克『千葉県地名大辞典』月報〕。

ビョウブ　吉野川水源地にあたる大台ヶ原渓谷には屏風岳、屏風谷があり、この辺の地質は秩父古生層の岩帯で、岩壁が直立し、屏風を立てたような状態をなしている。信州穂高山彙には有名な屏風岩がある〔『旅伝』一五の二〕。

ヒヨセ　灌漑用水が冷水である美作地方などでは、稲の栽培に悪いため昇温するための回水路をつける。これをヒヨセといい、山地に近い湧水地帯に多い回水路には冷害に備え稗（美作では赤米）が栽培され、土地の高度な利用が行われていた〔『岡山民俗辞典』〕。

山口県豊浦郡（下関市）でも、灌水の冷えるのを避けるため、水口から溝形に小さな畦を作ったものをヒヨセという〔『農村語彙』〕。ヒヤリミゾに同じ。

ヒヨモ　日向地、ひなた、日当たりのよい所を静岡県磐田郡（磐田市、袋井市）、愛知県北設楽郡（一部、豊田市）、岐阜県吉城郡（飛騨市、高山市）でいう〔『全辞』〕。岐阜県郡上郡（郡上市）上保化筋では、ヒユーモ〔『全辞』補遺〕、岡山県邑久郡（瀬戸内市）ではヒョーモン〔『全辞』〕、美濃益田郡（下呂市）には、日《ヒ》面《ヨモ》平、日《ヒ》面《オモ》平という小字がある〔『旅伝』七の四〕。
　ヒカゲ参照。

ヒヨリヤマ　ヒヨリ（日和）とは、晴れて和ぎたる空合のことをいう。

　楫《カジ》を取る　その舟人に　あらぬ身の　明日のひよりを　いかが祈らむ〔『弁内侍日記』〕。

　播磨路や　空はひよりに　ならぬとも　しばしは出でじ　室の泊を〔『夫木集』〕。

いずれも海、船、航海と密接な関係にある。

ヒヨリ（日和）という語は、元来海上の空模様をいう語であったらしいのである。

ところで、日和山というのは文字通り日和を見るすなわち観天望気して天気を予測するために登る展望のよい山をいう。江戸時代から明治時代まで物資輸送の主役を果していた回船の船頭や船宿の主人によって出港の適否を判断するための観天望気が行われた展望のよい小山をいう。

江戸幕府が開かれ、江戸という大消費都市が出現し、それらの人々の生活物資を上方や日本海沿岸から輸送しなければならなくなった。

江戸開府直後から物資輸送専門の回船業が発生し、まず大坂—江戸間（南海路）に菱垣《ヒガキ》回船、続いて樽《タル》回船が、そして日本海沿岸の穀倉地帯から江戸、大坂へ東回り、西回りの航路が開発され、これらの航路が江戸時代の経済の大動脈として発展した。さらに江戸中期になって蝦夷地（北海道）の産業開発が進められるようになると、米、塩、筵《ムシロ》、古着などをかの地へ運びこみ、その復路に鮭、鰊、昆布を積み帰る北前船と呼ばれる回船が大坂—北陸—蝦夷地間に往復するようになった。これら回船は一般に千石船という名で知られているが、正式には弁財船《ベザイセン》といい、標準積石数が千石ということで、千石船と通称されるが、実際は二百石から二千石ぐらいまでの大小があった。

幕府の鎖国政策の影響を受けて、外洋航海に不向きな構造——竜骨構造や甲板はなく主檣一本、一枚帆という日本独特のいわゆる和船であった。

建造技術は優秀で、積載能力も大きかったが、一枚帆なるため、順風時以外の帆走性能が悪く、甲板構造がないので荒天時に浸水沈没事故を起す危険性も大きかった。

このような船に対しては、その出港にあたってよくよく天候を見定め、航海の安全をはかる必要があった。そこで回船の寄港する港では、展望のよい小山を選び、これを日和山と名づけてそこで観天望気を行ったのである。

日和山は約八〇余りあるが、その大半は日本海沿岸にあり、太平洋側は外海に面した所、特に紀伊半島東岸と志摩、伊豆半島南部とに集中している。

紀州では潮岬から北東海岸沿いに志摩鳥羽へかけての熊野灘の難所に面する諸港に日和山があり、それと対照的な位置にある伊豆半島の相隣接する諸港に日和山が多いのは、鳥羽と下田間七五里の遠州灘の難所を乗り切るための「沖乗り」には十分に天候を見定める必要があるのは当然のことである。

日和山という名称はおそらく十七世紀も半ば一六五〇〜六〇年頃の鳥羽の日和山あたりが最初ではなかったか。このことは文書記録や石像銘文によっても裏づけられる。その後一種の流行があり、急速に各地にひろがったものであろうといわれている。瀬戸内海のような内海の航海には、さしたる荒天航行が予想されないので、日和山の数もきわめて少ないことも頷ける。

日和山に共通している条件としては、港から至近距離にあること、あまり高くないこと（せいぜい標高一〇〇メートルまで）、低いわりには展望が利くこと、特に観天望気のために空や沖合がよく見えると共に、港内もよく見渡せることなどが条件である。日本海側に多い砂浜海岸で、河口港であった所では、砂丘の高みを利用したり、新潟の日和山のように砂丘の上に望楼を建てた例もある。日和山の例外として紀州の須賀利（三〇一メートル）、北海道の登別（三七二メートル）のように高いものは、これに登って日和を見るのではなく、麓や海上から仰ぎ見て、山にかかる雲や噴煙の流れを見て天気の変化を占ったのであろう。

前述のように、日和山は天気予報のための観天望気の場所であるが、回船の出入りする港町の船宿には経験をつんだ日和見の専門家がいて、船頭衆と共に毎日早朝寅の刻（午前四時頃）に起きて日和山に登り、夜明け前の雲行きを見て（これが観天望気の秘訣とされている）、その日から数日先までの天気や風向きを占ったということである。

この天気予報は帆船のためのものだから、天候だけではなく風向きの予報が大切であった。そのためか、日和山には子、丑、寅、卯……の十二支で方位を示した方角石（方位石、方石、台石、船時計、日時計ともいう）が据えられているものが多い。

港によっては、日和山に人を配して沖合を監視させ、入港船をいち早く発見して、その帆印を見定めて船宿に急報する。船宿ではそれを受けて付け船（水先船）や食事などの準備をする。

日和山の頂上には大樹を植えたり、常夜灯を設けて入港船のための目標とした。さらには出港船に対し、船宿の者や馴染みの遊女が登ってこれを見送る場所でもあった。

なお日和山の頂上には、海や船、航海の守護神たる住吉神社、戎神社、金刀比羅宮、稲荷神社や観音像、不動明王像、地蔵尊などの石仏が奉祀されているのが普通である〔上田雄「日和山―江戸時代の海洋気象台」『地名と風土』一、北見俊夫「海の道・川の道」『日本民俗文化大系』第六巻、南波松太郎『船・地図・日和山』、大島熊太郎談〕。

ヒラ 信州では傾斜面のこと。白馬地方ではビラと濁っている。盛岡付近でも坂のことをサカッビラともいう。北肥後、南筑後、大隅等も同じ〔『地形名彙』〕。

① 山の中腹、山腹。岩手県の山地で急な斜面をすてたマタギ〔『銃をすてたマタギ』〕。秋田県鹿角郡〔『全辞』〕。山口県長門市でも山腹。ヤマノヒラともいう〔『長門市史』民俗編〕。群馬県多野郡万場町（神流町）で、山の一部が平らになっている場所をヒラ〔『全辞』補遺〕。

② 山の斜面。福島県耶麻郡、山梨、静岡県榛原郡、長野県南安曇郡（松本市、安曇野市）、岐阜県益田郡（下呂市）、鳥取、島根県鹿足郡〔『全辞』、『山都町史』民俗編〕。佐賀、大隅肝属郡百引村（鹿屋市）〔『桜田勝徳著作集』第四、第七巻〕。新潟県南魚沼郡（一部、南魚沼市）では、山のヒラは傾斜面をいい、ヒラ山は傾斜面だが畑にすればできるほどの緩斜面で、土質が悪くて畑にしても収穫が得られない場所。多くは茅場になっている〔『越後南魚沼郡民俗誌』〕。新潟県岩船

郡朝日村（村上市）三面で、ゼンマイ群落のある山の斜面をゼンマイッピラという〔『季刊人類学』二〇の一〕。

長野県北安曇郡小谷地方では、タイラとヒラとを明らかに区別している。タイラとは水平の場所でネブカダイラ（白馬岳のお花畑の葱平）のように、ヒラはネブカビラ（同山の小雪渓下の斜面）のようなものである〔『郷土』一の四〕。

③　傾斜面、斜面。青森県野辺地町、岩手、山形県最上地方、新潟、群馬県吾妻郡、伊豆大島、三宅島、広島県安芸郡、大分、鹿児島県肝属郡（一部、鹿屋市）、トカラ列島、南島〔『全辞』〕。

群馬県勢多郡横野村（渋川市）では傾斜地をヒラマ〔『全辞』補遺〕。

また大分県には、尾方平《ヒラ》、三尾之平、高平などという地名が山間の傾斜地に多い。同県速見郡大神村（日出町）軒之井の赤ビラは赤粘土の坂、同村真那井の金糞ビラは、昔のタタラの跡で金糞の出る坂、日出町の妙見平は昔、妙見のあった山へ登る非常な急坂、豊岡町（日出町）の平道《ヒラミチ》という部落も階段耕作の部落で、坂ばかりの所。屋敷名も同様でヒラという屋敷は坂の上か中腹の屋敷であり、ヒランクチというのは坂の登り口にある屋敷である〔『民伝』一四の七〕。

鹿児島県の地名、姓名の平はタイラではなくヒラである。千貫平は千貫のねうちのある景勝の傾斜地。平田は山の傾斜地面に作った田のこと。指宿に鬼門平《オンカドヒラ》という岩が垂直に切りたった崖の面があるが、これでもヒラである〔『かごしま民俗散歩』〕。

『後狩詞記』では、ツチダキ（土滝）という所を、熊本県人吉市田野地方では、岩石のない急傾斜地で滑りやすく、人も猪も通るのに困窮するところをヒラという〔『えとのす』五号〕。

『古事記』にいうヨモツヒラサカ（黄泉比良坂）のヒラは、現世とヨミヂとの境にあるというから断崖絶壁でなければならない。

カタヒラという地名が各地にあるが、一方が傾斜になった下の地、たとえば仙台の片平《カタヒラ》町は、一方は平地、一方は広瀬川に臨んだ断崖絶壁をなしている所である〔『方言学概論』〕。

なお、アイヌ語でヒラはピラ（pira）で崖の意〔『アイヌ語地名の研究』四〕であるから、ヒラの語源をアイヌ語とする見解もあるが、ヒラ、ピラが東北地方に特に多いならともかく、日本全土に分布し、しかも九州地方にかえって密であることから考えて、アイヌ語源は無理であって、むしろ日本語がアイヌ語に移入されたとみる方が自然である〔松尾『日本の地名』〕。

なお、建築用語としてのヒラは切妻屋根の両方の流《ナガレ》（斜面）をヒラ、ヒラジ、コビラ、オオビラなどという。出雲でも屋根の傾斜面をいうが、傾斜の意より面（広さ）の意味が強いという〔『民伝』四の三、『集解』〕。

④ 平原。熊本〔『全辞』〕。ヒラタ（平田）はロクナ（平坦な）タともいう〔『長門市史』民俗編〕。

⑤ 長門地方の炭坑で、炭層の板目〔『民伝』四の八〕。

ヒライソ、ヒラセ　平坦な岩礁で、海食によって生じた台地状のもの。常陸の平磯町は最も大きなヒライソ。樺太、北海道、東北には平磯、平磯埼、平磯岬などがある。

佐渡の外海沿いでヒラセまたはヒラウミというのは、海底の砂地や砂利地をいう。ヒラセの名は中国以西に多い。島根県隠岐郡五箇村（隠岐の島町）では、海底のなめらかなセ（岩）をヒラゼという。

イソもセも同じ岩礁で、分布の地域がそれぞれ分かれている（その項参照）。

海岸段丘の発達している東北日本にヒライソの地名が多いのは当然と思われる。ヒラトコ（平床、平床磯）の地名も見られるが、右に同じ〔『民伝』六の一、『離島生活の研究』、『漁村語彙』〕。

ヒラキ　① 遠浅の有明海沿岸の干拓は、藩政時代から柳川、佐賀など沿岸の各藩できそって行われ、そのため新しく陸地が増えていった。地名にヒラキ（開）、コモリ（籠）、カラメ（搦）という字がついているのは当時の干拓の跡。

今では大半が水田地帯となっている。ヒラキは主として筑後川の東部、つまり筑後すなわち福岡県側の扇状の干拓地である。干拓地名も時代の推移で改変される。たとえば佐賀県杵島郡白石町の香焼（もと荒野開）、佐賀郡久保田町（佐賀市）の上、下新ヶ江（もと新開）など〔山口恵一郎「地名を考える」『歴史地名通信』三号、『朝日新聞』昭和39・8・19〕。

② 開墾地。○○ビラキと地名になっている。富山県中野村（砺波市）にはオベラク宮というのがあり、同県五位山村（高岡市）でヒラギダというのも同様〔『礪波民俗語彙』〕。

ヒラコ　南部で崖あるいは坂の勾配の急な所。岩手で坂〔『全辞』〕。ヒラに同じ。

ヒラコジ　平らな地。野でも田畑でも傾斜地に対していう。愛知県知多郡〔『全辞』〕。

ビラシ　三重県下の熊野灘に面した海面で、岩礁をビラシまたはビラセ、ベラセという。

室ビラシ、イノキビラシ（三重県志摩郡五箇所港〈南伊勢町〉）、大島出しビラセ、サカベラセ（三重県北牟婁郡三野瀬村（紀北町））はその一例。この分布は三重県志摩郡の南西岸から同県北牟婁郡桂城村（紀北町）付近に至る海面で、狭い範囲内であるが個数は比較的多い。他の海域には見られない〔「岩礁の名称とその分布について」『水路要報』二一号、『民伝』六の五〕。

ヒラシミズ　平清水《ヒラシミズ》、平泉《ヒライズミ》（平泉《ヒラシミズ》もある）や平出《ヒライデ》のヒラ（平）はタイラの意とともに傾斜面（時には断崖）の意もある。

平清水は山や丘の傾斜面あるいは麓などの地形に見出されるようで、平清水のヒラは傾斜面を指すものと思われる。伊豆七島の御蔵島は、全島が山地で周囲を高い断崖が取りまいている。その主峰の御山（八五一メートル）の中腹から湧き出る清水は、南斜面に深い谷を刻んで流下しており、「平清水川」と呼ばれている。平泉、平出の場合も、山腹や山麓などの斜面の泉をいうのである〔『地名の探究』〕。

ヒラタ　表作（稲）には十分に水があり、裏作（麦、菜種）には排水のよい土壌。砂土壌で牛馬、農具の使用運搬に適した広さがあり、肥沃な田。これをヒラタ、アマダ、ヤスダ、マエダなどという。福岡県春日市で〔白水昇談〕。

ヒラッコ　緩傾斜地。ハツより緩やか〔『地形名彙』〕。

長野県北安曇郡小谷地方で緩傾斜地。ヘラッコともいう〔『郷土』一の四〕。

ヒラッパチ　静岡県で山の傾斜面〔『地形名彙』〕。

ヒラトコ　ヒライソ、ヒラセに同じ。ヒライソ参照〔『地形名彙』〕。

①志摩相差方面で、畳状をなす海底の岩礁をヒラトコシマという〔『志摩の蜑女』〕。

②　ヒラトコ（平床）、ヒラバトコ（平場床）というのは、福岡県北九州市門司区で農閑期に一年中の自家用の燃料をカケキ（掛木、割木の二本の長さ分の木）、枝などを一～三里の道のりをそれらの荷を背負い運ぶ

が、途中の山道の平たい、これらの荷を置き休む場所のことをいう。門司区の吉志《キシ》の共有林の山道は三里半あり、途中、五カ所のヒラトコ、ヒラバトコがある〔『裏門司地方の方言集め』〕。

ヒラナカ　山の側面。この語は全国にある。それから転じてすべての傾斜面がみなヒラで、平の字を宛てたヒラと混合する。

伊豆の三宅島でもヒラまたはヘラが傾斜地。鹿児島県の桜島で特にこれをヒラナカといっているのは、平地のヒラと区別するためであろう〔『綜合』〕。

ヒラナメ　会津尾瀬沼で滝をいう〔『地形名彙』〕。

日光国立公園の尾瀬沼方面で滝。平滑の字を宛てる物もあるが、このヒラも斜面の意であろう〔『綜合』〕。

ヒラバイ、ヒラバエ　徳島県海部郡由岐町（美波町）阿部で、海底で大きい石のひろがった所をヒラバイという〔『海女』〕。

壱岐で小さいセ（海面下の礁）などのある浅い砂のハマが長く続いた所をヒラバエ〔『旅伝』一〇の一二、一一の四〕、また、佐賀県東松浦郡入野村（肥前町〈唐津市〉）では陸上の大きい岩の平たいものをヒラバエという〔同地人談〕。ハイ、ハエの項参照。

ヒラハマ　砂浜。ナダともいう。宮崎県児湯郡富田村（新富町）日置〔『方言』六の一〇〕。

ヒラマ　奥利根でヒラッパチと同様な地形〔『地形名彙』〕。

群馬県利根郡白沢村（沼田市）で山腹〔『旅伝』一三の一二〕。

ヒラマエ　秋田県仙北郡田沢村（仙北市）玉川でマタギ詞。傾斜面。雪崩除けの呪言に、

山の神　頼む　此のヒラマエを

アンノン（安穏）に通らせ給え

アビラウンケンソワカ〔『秋田マタギ聞書』、『マタギ』〕。

ヒラミ　平らな土地で見通しの利く所。紀州田辺付近で平見の地あり〔『地形名彙』〕。

奈良県吉野郡（一部、五條市）で平らな広い緩傾斜地をいい、和歌山県東牟婁郡（一部、田辺市、新宮市）、熊野地方で台地の畑〔『全辞』、『綜合』〕。紀州串本町有田で山を開いて（平地がないので）段々畑にした所。サツマイモ、麦を作る。主として女の仕事〔『NHKテレビ』「南紀・枯木灘の子守唄」昭和52・12・12〕。

ヒラミザコ　宮崎県東臼杵郡椎葉村で「凹所急ならず弧状をなし、水なき迫の竪に引きいる」所をいう。セイミは大概ヒラミザコにある〔『後狩詞記』〕。

ヒル　ヒルのつく地名たとえば蛭、蛭田、昼田、比留田、蛭間、蒜間《ヒルマ》、昼川、蛭谷、蛭野、蛭島、蛭山、蛭沼、蛭川、蛭窪など。

蛭という吸血虫のいる場所や蒜の生えた場所の意ではなく、湿地湿原を指す地形に基づくものと思われる。

岐阜県郡上郡高鷲《タカス》村（郡上市）の蛭ヶ野高原は標高約九〇〇メートル、美濃、飛騨の国境付近にある広い湿原。

源頼朝ゆかりの地という蛭ヶ島跡（蛭ヶ小島、静岡県田方郡韮山町〈伊豆の国市〉）は狩野《カノ》川右岸の低湿地帯にある微高地。水戸市の南東に涸沼《ヒヌマ》というやや大きな湖は古名を「蒜間《ヒルマ》の江」と呼び「日沼」とも書いた。今は涸沼をヒヌマというが、ヒルヌマとも呼んだのである。ヒヌマはヒルと同じく低湿を意味するものと推定したい。この湖は水深二、三メートルの浅い湖で、湖を含む付近一帯が低湿地をなし、淡水魚のほか海水魚も住み、魚類が豊富でよい釣場となっている〔松尾『日本の地名』〕。ヒロも同じであろう。

ヒロ　低地の地名にヒロがある。広島、弘岡、広岡、広田、広井など。ヒロは普通、広い所の意に解されているが、広のつく地名の現地は必ずしも広いとはいえない。すなわち広くないヒロがほとんどである。

広島県の広島市は毛利輝元が五箇庄《ゴカノショウ》といっていた地を広島と改名した所で、太田《オオタ》川河口部のデルタ地帯で、広いというよりは土地が低いとみる方が当てはまる地形である。

徳島県板野郡松茂町広島も旧吉野川と今切《イマキレ》川に挟まれた狭隘な土地で、土地幅百数十メートルの広くない低地である。

ヒロ地名のほとんどは浸水被害の歴史をもっており、土地の人は広い土地と信じこんでいる。

このヒロは『岩波古語辞典』によれば「ひろい（従）（ヒロキ〈広〉の音便形）同じ位階のうちの低いほう」とある。

全部が全部低い土地とは限らず、広い土地もある。しかし、土地の人達がたんなる文字からの印象で「このあたりでは広い土地なので」というのは当てにはならない。したがって低地か広い土地かを見きわめる必要がある〔『歴史地名通信』第三号、小川豊『地名と風土』二号〕。

ビロウ　蒲葵島（高知県西方の沖ノ島の東方）、大ビロー・小ビロー（宮崎県細島沖の礁）、大ビロー・小ビロー（宮崎県門川沖の礁）、枇榔島（大隅半島佐多岬沖、志布志湾内）、秋目の沖秋目島（ビロウ島、周囲約二キロの島）、美郎《ビロウ》島（長崎県五島小値賀島笛吹港外）、美郎島（五島福江島の大宝《ダイホウ》沖の美郎島、中美郎、小美郎島）、五島福江島の南東沖の赤島の属島のビロウ、黄島の属島の大ビロウ、中ビロウ（中の瀬）、小ビロウ、飛竜島（熊本県三角の小島）。

その分布から考えて植物のビロウである。ことにこの地名が陸内になく、小島にのみ与えられていることは、気候が亜熱帯的（年平均等温線一三度C以上）にあるための要件であるに違いない。

南日本の亜熱帯林は紀州、土佐、九州南端にみられ、リューピンタイ、オータニワタリその他の羊歯類、フヨー、クロガシ、クスなどに混ってビローが発見される。

柳田国男によるとビローの葉でたき上げた御飯をあおぐことが記されているように、上方の史籍に載っており、ビローの産地は今日の地名に残る地方よりもさらに上方に近い瀬戸内にもあったようである〔『日本地名学』科学篇〕。ビロウは小笠原の民家では、屋根葺き材料の一つである。ヤシ科の亜熱帯常緑高木。耐用年限二十年位。壁材料としても使用される〔『集解』〕。

ヒロギ　谷間の湿田地帯に対比して、大きな川筋で二毛作ができるような地帯をヒロギという。熊本県鹿本郡（山鹿市）三玉村〔『熊本県民俗事典』〕。

ヒロコウジ　「広小路」は字だけから見ると「広い小さい」という表現法は一見矛盾するようだが、元来「小路」を広くしたの意味が、「小路」の語が接尾語として使われるうちに「通り」と同様の意味に転訛し、「小」の字の実質的な意義が意識されず「広道」「大道」とほぼ同義に「広小路」「大小路」というふうに用いられたものであろう。つまり「広い路」ということになったのである。著名なものに、東京の上野広小路と名古屋の広小路通がある〔『地名が語る日本語』〕。

明暦三（一六五七）年の江戸大火後の諸記録に見える用語。火除け地とともに江戸の諸地に設けられた防火用の広場。大工町および中橋、長崎町、四日市などに初めて造られたと伝える〔『集解』〕。

ヒロセ　高知県で弘瀬、広瀬というのは、主として山村の川沿いにある地名。ここまでくると川幅は広くなり、せせらぎの音もさわやかに、比較的広い田畑が開け、日ざしが明るい集落のたたずまいがある。それが弘瀬部落であった。

鏡川の上流にある土佐郡土佐山村（高知市）の弘瀬や、四万十川上流の幡多郡大正町（高岡郡四万十町）の弘瀬などはこの表現にぴったりする地形である。

類似の地名には、

安芸郡東洋町野根字弘瀬

安芸郡北川村弘瀬

吾川郡伊野町（いの町）三瀬字弘瀬

幡多郡十和村（高岡郡四万十町）十川字弘瀬

宿毛市の離島沖ノ島の弘瀬は、海洋に向かって開けた集落〔『土佐民俗選集』その二〕。

ヒロッパ　北海道の民家で、街の中にある空地、広場の意〔『集解』〕。関東や東北地方では、都会地のことをヒロバという〔千葉徳爾「ヒロシマに行く話」『日本民俗学』一五七、一五八号〕。

ヒロニワ　①　広庭。明治初年の東京を綴った長谷川時雨の『旧聞日本橋』の中に見える語。郊外の記述に「大百姓の広庭」とあって、農家の家屋前の空地を指している。

②　香川県の農家で、主屋前方の空地。屋外作業場として使用される。カドともいう〔『集解』〕。

ヒロミ　①　広場。対馬〔『集解』〕。この語は『平家物語』にも出てくるという〔『国語と方言』〕。和歌山県で、広々とした平野地帯をいう〔『日本庶民生活史料集成』一〇、「地方の聞書」〕。

②　富山県礪波地方、岐阜県吉城郡（飛騨市、高山市）、和歌山県有田郡で都会〔『全辞』、『綜合』〕。

関東、東北では都会の意味に今日もヒロバ（青森県野辺地町、秋田県鹿角郡ではヒロッパ）という語が使われている。町は実際ははなはだ窮屈なのだが、そのとりとめのない戻って来にくい状態が、遠くから眺める者に広場という感じを抱かせた。

ヒロミまたはヒロシと都市繁昌の地をいっているのも、むしろそこまで行く途中の自由でかつたよりない主観が元になっているらしいことは、九州南部のウゼケン（大世間）と同じであったように思われる〔『定本柳田國男集』第一五巻〕。

ビワクビ　『地形名彙』に「諸国に多き地名。川曲流して琵琶首状をなす所ならん。ビャクと縁あるやも知れず」とある。

円形から楕円形の土地（島、岬、河岸、海岸などの）「枇杷の実」形をいうか。この地名例が最も多い（枇杷、琵琶瀬、琵琶ノ郷、琵琶窪、枇杷谷、琵琶の首、枇杷島、美谷《ビヤ》、ビヤノ岬）。

ビンカ　『地形名彙』に岩壁を信濃、越後で云う（『地辞』）とある。

越中、信州の山人夫など岩壁をビンカという。越中黒部川（木挽山の南側）に臨んでクロビンカという黒緒の岩壁がある。ビンカはヒシと関係あるか（『旅伝』一五の二）。

黒部峡谷に黒ビンカ、大立《オオタテ》ガビンがある。信州で菱《ヒシ》餅《モチ》を重ねたような岩壁をヒシという。そのヒシ壁の訛ったのがビンカであろうか。大立ガ菱の訛ったのが大立ガビンであろうか。それともビンカとガビンはどちらかが音の転倒（山茶花サンザカ→サザンカ、竜胆リウタン→リンドウの類）であろうか。いずれにしても信州系の語であろう〔広瀬誠『地理』昭和57・7号〕。

フ

ファタビー　谷。南島八重山（『全辞』）。

フィラ　盛岡で坂（『地形名彙』）。

琉球で坂をフィラ。盛岡では勾配のことをサカッピラともいうそうだが、琉球でもサカビラといって坂を指している（『旅伝』七の三）。ヒラに同じ。

フエフキトウゲ　笛吹峠。『遠野物語』にたびたび出てくる笛吹峠や界木峠（駄賃を業とする笛の名人が笛を吹きながら通ったという）。

山梨県の笛吹川（洪水で流され行方不明となった母を、親思いの若者が笛を吹きながら探し続けたが、自分も川に落ちて死んだという伝説）。

『日本書紀』継体天皇二十四年条の、

枚方ゆ　笛吹き上る　近江のや　毛野の若子い
笛吹き上る

という淀川を船で遡る時の歌謡は、喪船の楽奏らしく川を遡ったり、渡ったりする時の呪法かもしれない。

夜、笛（口笛）を吹いてはいけないというタブーは広く伝えられている。夜の笛の音は、恐ろしいものを呼ぶ力をもつから、タブーとなるのである。
『義経記』巻三では、千振りの太刀を奪おうとする弁慶は恐ろしい者として語られているのに対して、お伽草紙『橋弁慶』には、牛若丸が平家千人斬りを祈念して夜の町に出る恐ろしき者に語られている。つまり、弁慶も牛若丸も同格である。見るからに恐ろしき者として語られている弁慶を圧倒する力を持つ牛若丸は、女のような少年として語られているが、弁慶を倒すことができる力は笛吹く行為に秘められているように読める。恐ろしきものを呼びこんでしまうものとしてタブーとなる夜の笛は、吹く者自身を恐ろしき者にする力をもつのである。

　夜歩く場合には、笛を吹かねばならなかったのではないか。夜は神の時刻、恐ろしい者の跳梁する時だから、人は忌み籠らなければならない。夜の通りに出るには、恐ろしいものに遭わぬために、それなりの準備が必要であった。

　按摩が夜の町をながして笛を吹くのは、客に知らせようということ以上に恐ろしい時を通過するための呪的な行為だった。牛若丸が弁慶に遭い、その弁慶にうち勝つ力をもつことも笛を吹くという行為をぬきにしては考えられないのである。

　さらには「笛」と同じ呪力をもつ「琴」を名にもつ地名も、祭祀と関わる土地らしい。

「笛」や「琴」という名を含む地名の多くが、神の出現する場所である「境界」に位置する峠、川、山であることを考えれば、そこで行われたであろう祭祀における楽奏とかかわるものであり、そうした場所は霊威の充満する場所として、いつまでも恐れられる土地であり続けたのである〔三浦佑之『歴史地名通信』二号〕。

フカダ　水田底が深泥の田をいう。谷津田や河川沿岸の後背低湿地、三角洲低湿地や干潟干拓地に多い。水田発達史からみれば、蓮田、藺田《イダ》、稲田を含めて現在の全国の水田面積の約四〇パーセントが深田である。深田は有明海沿岸ではムタ（牟田）、中国地方や畿内ではウタ、関東地方ではヤチと呼ぶ。深田は排水不良の湛田で、有機物の分解が不十分で、生産力が低く、一般に二毛作は行われない。西日本の干潟干拓地は数十年ごとに乾田が深泥田に変質する。干拓堤防の前面に干潟ができて排水不良となることが原因であり、深泥田がしだいに内陸部に広がっていく。

近世熊本藩では耕作不能となり、人口減少、村落衰微をみることがあった。

深泥田では、田下駄を使って田植えをした地方もあった。最近は排水工事が進んで乾田化している（『日本歴史地理用語辞典』）。

山間の水田の特徴は、フカダが多く分布することである。フカダは地下水が湧き出て床土のないもので、田植えには股から腰まで入るものが多い。フカダは畦の上で人が揺すると、水田全体が揺れるとまでいわれる水田でもある。

これらのフカダには、耕作を容易にするため、松、栗などの丸太を沈め、田に入る場合は丸太を探り、丸太の上に乗って作業する。この丸太を岐阜県恵那郡山岡町（恵那市）ではネタ、愛知県宝飯郡音羽町（豊川市）ではマセという。松、栗は水中では腐りにくく、一代はもつといわれ、丸太があまり深く埋った場合は、その上にさらに載せる。大分県日田郡中津江村（日田市）では、木を埋めこれを足場にして田植えをしたが、これをワタリギという。

フカダの部分が狭い場合は、丸太を平行に並べて入れる程度だが、広範囲の場合は井桁状に入れる。

フカダの作業は危険を伴うことから、岐阜県山岡町（恵那市）ではユイによる田植えでも、深い部分は男が行うか、水田の所有者が植えるものとする事例がある。

愛知県豊田市堤町では、フカダの田植えは笠を被って行われた。それは人が沈んでも笠が浮いているので、その下に人が埋っていることがわかるからだというのである。

愛知県音羽町（豊川市）でも、フカダはチョンギリガサを被って入る。岐阜県恵那郡岩村町（恵那市）では、フカダのネダから落ちると二里ほど離れたシモの飯羽の山王様まで地中を流されるといわれている。また岩村町には、馬が落ちて死んだフカダがあり、その田をヤミダといい、死んだ馬の霊がとり憑くという。

これらの事例からも、フカダでの耕作はきわめて困難で危険なものであったことが知られる（『日本民俗学』一三〇号、『大分県史』民俗編）。

フカンボ　①　淵を栃木県安蘇郡野上村（佐野市）で（『安蘇郡野上村語彙』）。また同県足利市、安蘇郡（佐野市）、河内郡、那須郡でも淵。なお水の淀んで深い所をフカンド（『栃木県方言辞典』）。埼玉県幸手市でも川の深い所をフカンボという〔『方言』七の二〕。

② 埼玉県戸田市は、荒川の左岸に東南一〇キロにわたって位置しており、旧入間川の氾濫、堆積によってできた沖積低地である。そのため、市内の随所に微高地の自然堤防がみられ、それに伴って後背湿地が形成されている。自然堤防の後背湿地には水田が作られてきた。後背湿地の中で特に低い所はフカンボとかドイと呼ばれ常時水のある湿田であった〔『戸田市史』民俗編〕。

千葉県印旛郡遠山村（成田市）や東葛飾郡富勢（柏市、我孫子市）では、深い泥田、深田をフカンボーという〔『民伝』三の六、『全辞』補遺〕。

フキアゲ 丘または端山の遠望しうる地形、吹上げは風当たりのこと。ハキダシ（ハキダシの項参照）やその他自然堤防などの新堆積地に多い地名〔『地形名彙』〕。

吹上という語は、一般的には「風の吹きあげる高み」という意味に解される。

台地のはしとか山麓緩傾斜地の末端あるいは水田地帯の中で幾分高みの自然堤防などにみられる地名。

江戸城の吹上御苑もそうした場所にあたる。

海岸の場合には、砂が吹き上げられてできた砂丘のある海岸に該当することになる。駿河湾北部、富士川口付近の吹上ノ浜、和歌山県紀ノ川口から南へ雑賀崎に至る砂丘は古名を吹上浜といった。現在も和歌山市内に吹上の地名が残っている〔松尾『日本の地名』〕。

淡路島の阿万町（南淡町〈南あわじ市〉）阿万浦吹上に白い砂浜がある。太平洋からの風浪と鳴門の潮流のためできた砂浜で、ここの砂は神戸の浄水池に使われているという〔同地人談〕。

鹿児島県日置郡（鹿児島市、日置市、他）の吹上砂丘の砂は、薩摩半島西海岸に注ぐ神之川、万之瀬川などの河川が流域のシラス台地を削り、運んできたものが多いとされている。豪雨などで濁流となって流れてきたシラス成分のうち、微細な火山灰などは海流に乗って遠く沖合に流され細粒、粗粒の砂が沿岸流と北西の強風によって選別され運ばれたのが吹上浜（フッキヤゲハマ）で、薩摩半島の西岸、串木野市（いちき串木野市）から加世田市（南さつま市）にかけて二八キロにわたって美しい弧を描く。最大幅三キロ、最高標高三八メートル。空気の乾燥した風の強い日、砂煙を強風が砂を巻き上げて襲いかかるのを鹿児島の方言で

「砂ボコイがフッキャゲッひとか」という〔「土に詩う」『毎日新聞』昭和58・5・10〕。

フクイワ　山林の地ごしらえに掘ってよく砕ける岩を、三重県一志郡（津市、松阪市）の山間でいう。

　これに対して硬くて割れない岩をカナイワという〔『山村語彙』〕。

フクジ　川辺の肥えた土地。奄美大島〔『地形名彙』〕。

①　川沿いの肥えた土地を鹿児島県奄美大島でフクジという。フクはただ水のほとりの意であったかも知れないが、水田に開きうるので、今では福地（佳字としての農村の意）と解され地名となったものであろう。

　愛知県西部でもフクチは上田をいい、クロブクチの語もあり、何物でも作は上出来だという。同県豊橋市の神明宮の正月行事にも、福地方、乾地方《カンジカタ》とに分かれて年占の行事があった。そして後者は畑場のいつも雨の多いのを喜ぶ地方を意味していた。

　元禄頃の著作と推定される『百姓伝記』には、黄色のねばりなき真土に小砂まじりの土地を第一の福地とし、この土畑につくるものは真性にして味よしといい、以下白色、赤色、青色、黒色の順をあげている〔『綜合』、『郷土史辞典』〕。

　集落は、初めマキヨとよばれ、血縁を意味するマキと同義で今は死語となっているが、その対語としてフダ（またはクダ）という語がある。『おもろさうし』に出るフクニ、フタメ（またはクタメ）のフも果報、幸運を意味し、フタ（フ田、ク田）の意で、田の美称、良田の意となる〔仲原善忠『日本民俗学大系』第一二巻〕。

　フ田もフクジも同じであろう。福のある土地の意で、部落のほめことばとして用いてある〔『おもろさうし辞典』〕。

　対馬の豆酘では田、特に湿田をフクタという〔『対馬、赤米の村』〕。

②　フクジは吹師で、炭火を吹くにちなんで鍛冶をいう。古代の製鋼業者伊福部《イフキベ》の定住地であるという〔『鉄の生活史』〕。

　岡山市伊福《イフク》（伊福部氏にちなむ）

　岡山県津山市吹屋町（吹屋すなわち鋳物業者、鉄工業者）

　岡山県川上郡成羽町（高梁市）吹屋《フキヤ》（銅をとった所）〔藤井駿『地名の話』〕。

ブクダ　作ると祟りがあるという田。三河北設楽郡

(一部、豊田市)にある。ブクとは忌のこと。もと井戸のあった地といい、あるいは田植えの用意に畦を塗っておくと夜の間に赤子の足跡が一面につくなどともいっている(『禁忌習俗語彙』)。

フクナ 長野県南部で、焼畑の地力の衰えたものをクナまたはフックナというのに反して、伊豆七島の三宅島では常畑をフクナといい、ノウギリ畑すなわち切替え作りのアラコに対立する語としている(『農村語彙』)。

会津檜枝岐村でも、焼畑が常畑化したものをフクノといっている人があるが、カノまたはアラク(焼畑)に対して熟畑のことをいうらしい(『福島県史』第三巻)。

クナスという動詞は、信州にも行われ地味が悪くなって休ませることをいうらしいが、焼畑の地力が衰えて使えなくなることをクナといい、したがってクナ畑またはクナ作といえば、三年目または四年目のことである。よい所だけ飛び飛びに粟や豆を播きもしくは楮を立てる(下伊那郡〈一部、飯田市〉)。

ある村では、四年目をヨウナといい、クナと区別するが、もう畑として使えないことは同じである。

隠岐の牧畑でも、牧を四区に分け、秋山、粟山、本牧の他にクナ山がある。クナ山は空地の意で、その年は休ませるという。あるいは田畑の周囲をクナという例が島後にはあるが、そのクナ山にも時として大豆小豆の類を播くことがある。

クナという語の起りは不明だが、別に同一種の穀物を連作しうる焼畑をもクナという(津久井郡〈相模原市〉、宮崎県児湯郡)から、悪いという意味ではないようである。

豌豆、胡瓜などが連作を嫌うということを、土佐では「コナをきらう」というそうだから、クナとコナとは同一の詞と思われる。

四国に多いコナはたぶん水田のコナ田という語とも関係があろうが、阿波では地開きがコナ、『祖谷山昔話集』では、瓜子姫やカチカチ山の昔話にも爺が山へコナ打ちに行くという話がある(『農村語彙』)。

フクラ 海浜および山村にある水流の屈曲によってできたやや広い平地、小川内である。岩手県では坂の意に使う(『地形名彙』)。

福浦、吹浦、福良は海岸地名であるが、海岸以外にもこの地名がある。

① 袋状の谷頭、小盆地、山麓の小さい入り谷。
② 海岸の小彎入、海岸の小平野。
③ 曲流河川で囲まれた氾濫原や河岸段丘。
フクラの地名は、フクロ(袋)やフロ(風呂、不老)の地名と共に見出されることがまれでなく、またフクラ、フクロ、フロの三つの地名が、右の地形に存在している例も少なくない。

海岸でフクラという地名はムロ、ナコという地名とよく似ている。

フクラやフクロの地名には、岐阜県に多いホラ(洞)に相当する地形にあたるものもある(『日本地名学』I)。

田地でフクラというのは、畦畔が外へふくれ出ている部分。鋤をはずさずに鋤き回しをするので十分に細かく鋤けない。富山県上新川郡(富山市)(『農村語彙』)。

『倭文緒環』には「この肝属隈には狸の化物多し」とあって、隈の字にフクラと仮名をふっているが、盛岡あたりではこれをまた坂と解しているようである(『山村語彙』)。


フクロ 水に囲まれた袋状地形。沼袋、池袋(『地形名彙』)。

武蔵には○○袋といった地名が多いが、いずれも水のほとりである。九州にも奥羽にもこの名はまれではない。『奥民図彙』には「ブクロという所々の川の落来る所なり」とある。しかし現在は少なくとも水に囲われて袋のようになった土地と解せられている。

奄美群島の沖永良部島では、多くの田が連接している地帯、田ブクロ、中ブクロなどと呼ぶ(『綜合』)。

津軽で山峡めいた林のある所をフクロという地名がある(『方言』八の二)というが、これなどはフクラの転じたものであろう。

これは関東〜奥羽に多く、海岸には例が少ないという(『日本の地名』)。

フクロガマ 『代奕雑折』上に「遊水地のこと」とある。近世の河川工事に多く作られた。イケブクロの項参照。

フクロダ 袋田。周囲を他人の田に囲まれている田。栃木県宇都宮市、真岡市、芳賀郡(『栃木県方言辞典』)。

フケ 湿地のこと。ヤチ参照(『地形名彙』)。
① 深田。三重県一志郡(津市、松阪市)、和歌山県

西牟婁郡、島根県鹿足郡、愛媛県大三島（今治市）、大分、長崎県北松浦郡小値賀島。
② 湿地、泥沼。福島県南会津郡只見町（池、溜池などの低湿地に水の溜った所）、静岡、和歌山県日高郡（泥の深い沼沢地）、兵庫、滋賀、愛媛県温泉郡（東温市、松山市）、高知〔『全辞』など〕。
更、深、瀁、湫、泓、澍、福家、布気、浮気などと宛てる。

フケは一般にフカダ（深田）ないしは沼沢地を意味し、「深い」ことに基づく地名。

近畿、中国地方では、泓の字を宛てることが多く、北陸地方ではフゴと称するのも同義である。奈良県などでは、沼田のことをフケタンボという。福井県の福井平野や敦賀平野にはフケ地名が多く、それらは複合扇状地間や扇状地、浜堤間の低地に位置する場合がほとんどである。

このような地形は、原始耕作には最も適しており、本来的に生産性は高くないが、渇水、洪水などの危険が小さく、比較的安定した農地として古くから開発が進んだ。

福井平野には通称として、伊井のフケ、坂井のフケ、春江のフケなどがあり、九頭竜川左岸と三里浜砂丘とに挟まれた低地は、千石沖とよばれる七五八ヘクタールに及ぶフケである〔『日本歴史地理用語辞典』〕。

新潟県中頸城郡の旧大瀁《フケ》村（上越市）。瀁は日本の造字（国字）ではなく漢字でヨウと訓み、漾の古字とされ、水が広々とひろがっているさまをいう語であるから適切な字である。

千葉市道場北町大瀁《フケ》
京都市伏見区深草泓《フケ》ノ壺《ツボ》
同市左京区修学院沮《フケ》沢町
大阪府の南西海岸にある深日《フケ》（泉南郡岬町、深日は宛字）は海岸の低湿地形。

兵庫県南部、滋賀県（守山市）に浮気《フケ》村がある〔松尾『日本の地名』、『地理』昭和57年7号〕。

『門司市史』には、門司の楠原の小字にウノフケ、ヲノフケというのがある。

フケダ 泥深い田、湿田。伊豆田方郡内浦（沼津市）では、湿地で猪のよくつく場所。ヌタともいう〔『郷土研究』五の二〕。佐渡の海府村で湿田〔『旅伝』一四の二〕、奈良県では、沼田をフケタンボ〔『全辞』〕、兵庫県赤穂郡で年中水のある田〔『全辞』補遺〕、広島県山県郡中野村（北広島町）で沼田、底なし田（『方言』六の三）、佐賀県、長崎県西彼杵郡（一部、長崎市、諫早市、西海市）、島原半島の加津佐町（南島原市）でも湿田で、一毛作しかできない田をいう（同地人談）。

フケヌキ　鳥取県八頭郡（一部、鳥取市）あたりでいう語。カジタ、ナベタ、ナメ、ヌマダなどという田をフケともいい、みなフケヌキをしているから、カナケダはないという。つまり田の泥深きを意味する語であろう（『綜合』）。

フゴ　北陸でいう関東のヤチ（『地形名彙』）。

底の知れない沼地。蟹谷の地名起源になっている蟹池がこれで、昔ある人が縄におもり石をつけて下げたが一束《ソク》（三百尋）下げても届かなかったのでやめたという。富山県北蟹谷村（小矢部市）八伏（『礪波民俗語彙』）。

大阪府大東市深野《フコノ》のフコもフケと同義で、近世大和川の改修に伴って新田となった沼沢地（深野池）の跡である（『日本歴史地理用語辞典』）。

フシ、フジ　①「藤波」という地名は、文字通り藤の木が連なり生えている平地。たくさん生えている平地（野、原）ともうけとられるが、フシは柴《シバ》の古語で、藤原、藤野が柴原《フシハラ》、柴野《フシノ》の場合も少なくない。古くはフシヤマ（柴山）とかアオフシガキ（青柴垣）などという言葉が使われている。柴は山野に生える小さな雑木の総称でソダ、シバなどともいい、燃料として大切であった。「伏原《フシハラ》」はおそらく柴原のこと。

フシはまたヤスともいい柴などの生えた瘦地を指し、安岡とか安原などもそれであろう。

藤はつるを綱などの用途に貴重な生活資材で藤蔓はフジカズラともいい、藤の蔓のみならず、蔓草の総称（カズラ類）でもあったので、藤のつく地名の多いこともわかるが、「藤」についてはなお考慮すべき点がある（松尾『日本の地名』）。

②「富士」について『日本地名学』Ⅰ、Ⅱは次のように述べている。

「〇〇フジという地名の九〇パーセントは集落の名である。『富士見』その他を除き地形名（急斜した長い面）で、近畿中心の周囲分布を呈する。

藤の花のフヂ、淵のフチ、縁辺のフチのほかに『虹』のことをフヂ（羽後飛島、静岡県志太郡）、山の急に嶮しくなった所、山の急傾斜面（奈良県吉野郡）、澪《ミオ》のことをフチ（南島小浜島）。

以上のことから『垂れ下る状態』という共通の概念があるとみることができる。

富士山のフジと同一命名心理に基いている急斜した地形をフジという地名の例は多い。例えば赤城山の裾野には『藤木』という部落あり、『長藤』（榛名山）という集落も、雄大な裾野の下部に位置する。

フジは古語で『長いスロープの美しい形態』に与えられたものと解される」。

フシミ 見下すことのできる傾斜地上の地名。伏見、俯見。

フジミ そこから富士山の見える所。駿河富士の可視圏内に分布。

東京都には、富士見坂、富士見町、富士見台など「富士見」とつく地名が二二カ所ある（『東京都地名大辞典』）。富士見坂と富士見町は八つずつある。富士見の渡し、富士見池もある。

昭和六十二年九月、山梨県では最も富士山に近い樹林地帯には、原則として樹高を超えた建物は建てられない方針を決めた（『朝日新聞』昭和62・9・17、『毎日新聞』昭和62・9・18）。

フジョー 川に近い低地の田地。鹿児島県肝属郡高山（肝付町）で。フジョーデン（不浄田）とは、往々洪水に荒される田地（『全辞』）。

フシンダ 千葉県夷隅郡興津町（勝浦市）で、新しく開いた田（『民伝』六の五）。

フスマ 焼畑で、土地の悪い尾根筋ではフスマがよくできる。フスマというのは根が網目のようになって、かさかさになっている所。マツタケの生えるような所には、フスマが深さ三〇センチ以上にもなる。よく燃えるからそんな所へヤマ焼きの時火が移ったら、始末におえぬ。地下の方でどんどん火がひろがっていく。高知県吾川郡池川町（仁淀川町）椿山（『焼畑のむら』）。

フタタイ 奈良県吉野郡（一部、五條市）の民家で、家屋相互間の狭い空間。ここが通路になっている場合はフタツヤである。和歌山県有田郡では、家屋相互間の狭い通路をフタタヤという。

また吉野郡十津川村付近の農家で、馬屋や藁小屋などの付属小屋相互の間の狭い空地をフタツバといい、蚕棚などを積んでおくのに利用したという（『集解』）。

兵庫県赤穂郡では、家と家との間の細い空地をフタツアイ〔『全辞』補遺〕。

山口県長門市大垰では、ホンヤ（おもや、屋敷内の中心家屋）とナガヤ（長屋、納屋ともいう。その内部はコンノーバ〈脱穀、籾摺りなどの作業場〉とウシンダヤ〈牛小屋〉とにしきってある。現在、牛を飼っている家は大垰には数軒しかない。牛を飼っていない家ではウシダヤを農機具の置き場としている）との間の空地をフタヤという〔『長門市史』民俗編〕。

また、鹿児島県奄美群島沖永良部島の民家では、主屋の居住用の棟と炊事場がある棟との間の部分をフタナといい、板または石を敷いて通路にする〔『集解』〕。

ブタバ 新潟県の北蒲原郡長浦村（新潟市）内沼地方ではガッボ（真菰）などの古根の積み重ったのをブタといい、そういうものの多い土地をブタバという。ブタカスという語もあり、ガッボの根の埋れたイグレ（葦やガッボの古根、古茎、古葉などの泥炭化したようなもの）であるが、北蒲原郡葛塚（新潟市）や新鼻地方（新潟市）では、細かに区別があり、また同じくチャガラカスと呼ぶ地形は、ガッボの根とヨシの根との埋った所をいった。

葦の根のイグレと思われる所を同地方でアクタカスと呼んだ。ただしブタカス、チャガラカス、アクタカスの三語を、他地方ではあまり区別せず、同じようにいっている所もある。

カスと呼ばれる植物の堆積した泥炭化した緩い地層は、今も盛んに潟底から上がってくるが、その固まらない地層は北場では一〇尺くらいもあるというが、鳥屋野潟のそれが実測一、二メートルもあり、スポンジ状を呈し、水面に浮遊している。ここに試みに稲を植えたが、そのまま移動したという。

中蒲原郡（新潟市）鳥屋野地方などでガッボ（真菰）がふわふわ生えて、田にも畑にもならないような荒地をブタワラという〔『日本民俗学』四号〕。

フチ 沖縄で崖のこと〔『地形名彙』〕。

崖、きりぎし、山腹の険しい所。

断崖、絶壁をフチバンタという。沖縄本島で〔『沖縄語辞典』〕。

澪を南島小浜島（竹富町）で〔『全辞』〕。

海の急に深くなっている所を広島県能美島（江田島市）で。フにアクセントがある〔同地人談〕。

川の水勢が緩くなって、水深が深く淀んでいる所。淵のこと。新潟県南魚沼郡六日町（南魚沼市）付近で

〔『越後南魚沼郡民俗誌』〕。これが一般的なフチ（淵）であろう。

ブチ　山の急に険しくなった所。奈良県吉野郡（一部、五條市）〔『全辞』〕。

ブッチ　痩地で土肌、岩などを露出している所をいう。アレ、アラト、ガラッポなどともいう〔『地形名彙』〕。

フーツケ　山の行き止り。茨城県久慈郡（一部、常陸太田市）〔『全辞』〕。

フッツケ　山の西北側の面。福島県田村郡滝根町（田村市）〔『滝根町史』民俗編〕。西北側は風がよく当たるからであろう。

ブッツケ　河川の急角度に曲折した所で、ここは必ず淀んでノロミになっていて深いが、フチとはいわない。青森県五戸地方〔『方言研究』六〕。

ブットメ　沢の奥、水源地。新潟県岩船郡（一部、村上市）〔『全辞』〕。

フッバラシ　吹払し。西風が強く当たる場所で雪が溜らない所。このような所は山や峰ばかりでなく平地にも道にもあり、いくら降っても雪が飛んでいても土が出ている。青森県五戸地方〔『方言研究』六〕。埼玉県幸手市で、風通しのよい所をフッパラシという〔『全辞』〕。

フト　ホトに同じで窪地〔『地形名彙』〕。

東京湾東岸は長く突き出た富津洲《フッツノス》（千葉県富津《フッツ》市）などのフはハ行（ハヒフヘホ）の山の意。水平的に水面に斗出する地形で斗出のホとつながるもの。トは処（戸）であろう。

茨城県鹿島灘海岸と利根川下流に挟まれて細長く南へ斗出した砂丘半島の先端部の波崎《ハザキ》（波崎町〈神栖市〉）なども正しく穂崎の類に該当するものと思う〔松尾『日本の地名』〕。

フトは陰《ホド》であることや「程」もこの部類であることは柳田國男『地名の研究』の通り。

歩渡《ブト》、払戸《フット》、普当《フト》、布土《フット》、古渡《フット》、富渡、古渡、風戸、富士、富戸、布都、風道野、風戸峠、不動野、府殿などがあるが、海岸の地名のフトには集落が多いが『地名の研究』に説かれるような窪地にはことに、それが海岸では港として発達するわけである。海岸地名のフトは内地の中央部に多い〔『地理学評論』一八の五、『日本の地名』〕。

フナクボ　『地形名彙』に、「信濃、越後地方。小断層によって生じた窪地〔『地辞』〕」とある。

フナコシ　『地形名彙』に「小舟を担いで運んだ地峡の名。内地に多し。琉球島尻郡玉城村（南城市）富名腰又同郡佐敷村（南城市）、八重山石垣島伊原間等にフナクヤの地名あり」とある。

船越は陸繋島の頸部やリアスの小半島の首の細くなった所、あるいは非常に幅の狭い地峡等の地名としてしばしば見出される。

この地名が文字通りの交通を意味することは、多くの人の説くところである。

なお、船越類似の地名には堀越、越ヶ浜、満越、通がある。「堀越」は船越のできるような地峡を掘り割って交通に便した意味であり、「越ヶ浜」や「通」の地名はやはり、船越地形になっている。「満越」は満潮を利用して初めて交通のできる意であって、三越も満越の転用かと思われる。満越、堀越は比較的容易に船越ができたのであるが、船越のつく地名の所では、ずいぶん高い峠を隔てて一方の海から他方へと舟を越させたものがあるらしい。

① 曳舟（舟越）。

たとえば、対馬の厳原港の小船越は大船越の北方にあり『対馬島誌』には「飛鳥時代に積荷をおろして、舟を引き丘をこえた」と記され、現在でも、時折、小型船を引いて丘を越えている。

② 渡船。この例が最も多い（船越、船引）。

たとえば対馬の厳原港の大船越は、室町中期の文明三年、東叔舟『海東諸国紀』に今の「大船越」は「吾《ア》甫羅仇時《ホラクシ》」とあり、五〇戸の集落があった。寛文十二年（江戸前〜中期）ここの地峡が開削された（長さ一三三間、幅一二〜二七間、宗義真が志賀甚五左衛門成広に命じこの地を開き、舟を通ずるようにしたもの）。それまではここに「古里《フルサト》」と「古老世《コロセ》」の二つの集落があったが、それ以来「大船越」と呼ばれるようになった。

要するに、今の「大船越」にはアホラクシ→フルサト、コロセ→オオフナコシの地名変化があったことになる。寛文十二年運河が開けてからの名であることに誤りがなければ、この運河のできたために曳船の必要がなくなってから「船越」の名が与えられたことは、フナコシが曳船のことでなく「渡船」の意であることになる。

③ 船形に窪んだ山の鞍部（船越、鮒越、船越山、船越峠）。

佐世保湾の西側の半島の一部分で、その地峡部に近く「船越」の集落名がある。その地峡部には四〇メートルの丘が連なり、現在はトンネルを穿っているほどの嶮岨な地形、船でなく人が越えた意味の「船越」であろう。

姫路市西郊の「舟越山」は横から見ると船形に見えるはずで、内陸部では「船のような形をした地形のところを越す」という意味の「船越」（『日本地名学』Ｉ、『地理学評論』一八の五、『綜合』、『日本の地名』）。

フナツ、フナヅ ① 漁師町。長崎県西彼杵郡（『全辞』）。

② 船着き場（船津、舟津）（『日本の地名』）。

フナト、フナド ① 渡し場。福島県、茨城県、長野県埴科郡（一部、千曲市）、下伊那郡（一部、飯田市）（『全辞』、『日本の地名』）。

② 船処《フナド》の意で波状にうねる地表の一つの谷（凹地帯）が船形になっている所。船面船道《フナドウ》、船戸《フナド》の地名がある。秦野盆地の船道、船戸は緩い高地帯と低地帯が幾つも並んでいる所である。房州の船形《フナカタ》その他諸所にある船形山は、同じ船でもこれを伏せた形からきたものが多い。道も戸も同じく処の意（松尾『日本の地名』、『集落・地名論考』）。

③ 高知県下の船戸の地名は、かつて行路の安全を守る道の神、岐神《フナト》が祀られていたであろうことは、香美郡香北町（香美市）太郎丸の船戸ノ森の小祠、船戸神社の存在でも明らかであり、同じ町の萩野《ハギノ》字クナドの地もおそらく同様の神の鎮座地であったと思われる。さらに岐神を祀る神社で隠れた広い信仰圏を持っているものに吾川郡春野町（高知市）西畑《サイバタ》字岐山《フナトヤマ》鎮座の岐《フナト》神社がある（『土佐民俗選集』その二）。フナトはクナトに同じ。

フバサミ 文挟《フバサミ》という地名が栃木県高根沢町、上三川町、南河内町（下野市）などにある。今市市（日光市）の文挟町は、日光線の文挟の駅名にもなっている。ハサミは氏家町（さくら市）の狭間田《ハサマダ》のように台地のハサマすなわち谷の意であろうが、フの意味は不明（鏡味明克『栃木県地名大辞典月報』）。

フミ（踏）、ハザマ（狭間）の約化で、台地を整地して開発した開拓地名（『日本地名語源事典』）と解釈している。

フミツケミチ 佐渡で海沿いのムラでは、昭和の初め頃まで砂浜、尾根、鼻など、はげしい起伏を越えるより船の方が便がよかったので、陸上はほとんどフミツケミチの域を出なかった。
浜通りでは、汀と住家との間の空間が狭いので、家の軒先を通り、ノキサキミチとかベンギ（便宜）ミチとかいった。
ムラから山手の方へは行商や牛飼いが通ったフミサラシミチもあった。こうした道がつながって旧道となったものも少なくない〔『新潟県史』資料編二三〕。

フモト 近世の薩摩藩における在郷武士団の居住集落。鹿児島県、宮崎県の旧島津領内に百余カ所ある。
鹿児島の本城（内城）に対して、一種の出城（外城）的な役割をもたせた集落で、実際には城郭はなく、外城衆中《トジョウシュウジュウ》と称する郷士を配置し平時は農業に従事し、有事には武装する一種の屯田兵村であったという。天明四（一七八四）年外城を郷《ゴウ》と改称。フモト（麓、府下、府本、府元）には地頭仮屋（政庁）などの諸役所が置かれ末端の地方行政を管轄した。
フモトには臨戦態勢の士族屋敷、馬場、射場があり、道路形態も遠見遮断、丁字形道路など軍事的機能を備えていた〔『日本歴史地理用語辞典』〕。山城の「麓」説と「府の下《モト》」説とがある〔鏡味明克『京都府地名大辞典』月報〕。

フラ 崖。鳥取県西伯郡（一部、米子市）〔『全辞』〕。クラに同じ。

ブラ 草木の生い茂っている所。栃木県佐野市、日光市で。ボラ、ボラッカに同じ。同県南部ではボラッカという〔『栃木県方言辞典』〕。

フラギ 石肌の地。隠岐島〔『全辞』〕。クラ地のことか。

ブラリ 小部落。鹿児島県奄美大島の北部で。沖永良部島ではブラルと呼ぶ〔『民俗と地域形成』〕。

フリキリ 山と畑との境。奄美大島〔『奄美の文化―総合的研究』〕。

フリヤマ 未墾地のこと。伊豆の利島で〔『綜合』〕。

フル アイヌ語で丘の意〔『地形名彙』〕。
① 永田方正の『北海道蝦夷地名解』に石狩川の一番川下の地名として「フル 丘（砂丘なり）」と記録されている。少し見晴しが利くと思うくらいの高さの所だが、そういえば丘に違いない〔『アイヌ語地名の研究』四〕。
② 長門地方の炭坑で廃坑〔『民伝』四の八〕。

フルガシロ 河川の増水の際、水勢によって流域が変り、以前の川代のある部分が切断され取り残された所をいう。そこには水が池のように溜って鮒などがいる。古川代という小字がある。青森県五戸地方〔『方言研究』六〕。

フルコ　沼。京都〔『全辞』〕。

フルノ　焼き跡などに作物を植えつける場合、それが二年目以後であれば、その焼き跡をフルノという。フルノでの収穫はアラヂでの収穫よりずっと劣ることが多い。福岡県田川郡添田町津野〔『津野』〕。

フレ　フレ（触）は村落内の小区画をいい、壱岐島に集中しているが、松浦市や生月《イキツキ》島の一部にもあるという。

　福岡県筑紫郡那珂川町本町の現人神社に現存する絵馬で嘉永六（一八五三）年に奉納されたものに、中国の『十八史略』の故事を描いたものがあるが、これに「三宅触中奉納」とあるから、その頃、福岡周辺でも「触」という呼称が行われていたことがわかる〔『那珂川の地名』前篇〕。

　また、春日市中央公民館の民俗資料館に「那珂郡上百水村軸帳・三宅触」なる文書もある。また、小倉村（春日市）の大庄屋白水喜四郎の庄屋文書中、

○比恵触産子養育方並猟見が締役加役申付
○井相田触養育方免除

なるものがあるから、触地名は相当あったらしい。福岡藩では、大庄屋をフレクチ（触口）庄屋といい、大は十戸村くらいを担当したというから、フレは村を意味したのであろう。

　村落もしくは、その一部の家屋集団で地域社会として一単位をなすものをフレ、ムレ、ブラリなどの同系語で呼んでいるものには、壱岐島のフレのほかに、

　喜界島　パーリ　小部落
　奄美大島北部　ブラリ
　沖永良部島　ブラル
　徳之島　パレ　ブラレ
　沖縄本島国頭郡　パーリ
　沖縄本島島尻郡　ダカリ

などあるが、そのほか、

　神奈川県足柄上郡山北町字湯触《ユブレ》
　隠岐諸島知夫里島（知夫村）の仁夫《ニブリ》
　新潟県西頸城郡青海町（糸魚川市）市振《イチブリ》
　和歌山県東牟婁郡古座《コザ》川町一雨《イチブリ》
　同県西牟婁郡中辺路町（田辺市）石船《ブリ》

福井県大野市飯降《イフリ》

宮崎県東臼杵郡北浦町（延岡市）市振《イチブリ》

などあるが、このフリは朝鮮語プル（火・村）に由来するもので、壱岐のフレや前述のフリ、ブリは、かつて広がった古語の残存であろう〔松尾俊郎説〕といわれるが、一方各地にあるイチブリ（市振）、イシブリ（石船）、チフリ（知夫里、千振）、ヒブリ（火振）、オツフリ（於豆振）、ウップルイ（十六島）、ナブリ（名振）などのフリは、海食崖、河食崖を意味する語だという説もある〔吉田茂樹説〕。

壱岐における現在のフレ（触）は九九個あり、藩政期において、平戸島の領域で耕作権が与えられ、十年ごとに耕地の割替えをして分かちなおすという慣行が明治初年まで続いており、フレはフリで「振り分け」（割り当て分かつ、分配する）の意で、土地の分割にも用いる語で、農地に田租を賦課するための土地の小分割名であるともいわれている〔『新・地名の研究』、『地名の由来』、『集落・地名論考』〕。

なお、松尾俊郎の『地名の探究』中の「フレ（触）」の解説を左に掲げる。

「長崎県壱岐島には『何触』とよぶ地名があり、部落のことである。散村型農家である。

江戸時代には村々の庄屋の下にフレごとに枌頭《サスガシラ》があり、百姓と庄屋の間の連絡にあたった。フレは三〇～五〇戸位の部落をつくった。」

なお、同種地名として『大日本地名辞書』（吉田東伍）の地名総説には左の例をあげている。

福岡、佐賀県境の脊《セ》振《ブリ》山（一〇五五メートル）

愛媛県南西沿岸の日《ヒ》振《フリ》島（豊後水道）

神奈川県の大山（また雨《ア》降《フリ》山、阿夫里山）の阿布利神社

福井県大飯郡旧佐分利《サブリ》村（おおい町）

千葉県館山安布里《アブリ》（館山市の東郊）

また同書にはフリがなまって「堀《ホリ》」となるものもあろうと記している。

フロ　フロ（風呂）はムロから転じた語で、「籠る所」の総称であった。またフクロとも関連する語でもあろう。

新潟県岩船郡（一部、村上市）や福井では鼠いらずをフロ。

津軽、秋田県河辺郡（秋田市）、山形、会津、新潟県古志郡（長岡市）、富山、岐阜県郡上郡（郡上市）、

福井県今立郡（一部、越前市）などでは戸棚のことをホロ、フロ、フロダナ（『全辞』）。

富山県西礪波郡（南砺市、高岡市）では、台所の戸棚をフダナ、フルダナ（『民伝』一八の一）。また同郡では、仏壇や仏壇の仏具を並べてある壇の下の空間の前に戸を入れて物を入れるのに使っている所をオフロ（『民伝』一八の一）。

漆器を製作する工程で、ウルシを塗った品（手箱）のウルシを乾燥させるため入れておく戸棚をウルシブロ（『NHK教育テレビ』昭和54・12・31）。

なお、塗師屋の隠語で、蒲団のことをフロといったそうである（『江戸語の辞典』）。

かまど（竈）を長崎、宮崎、鹿児島でフロ、対馬ではフロトロ。七厘、こんろを出雲でフロ、秋田県平鹿郡（横手市）でフロコ（『全辞』）。福岡県や大分県北西部で、七厘をハヤフロ（早風炉）というのは、火が早くできるからの意であった（『綜合』）。

フロはムロに同じで土窟、石窟、洞窟、岩屋などの意味のほかムロ、ミムロ（ミモロ）と同じで、もともと神のいます所を意味するものとされている。

森もまたフロであって、愛知県南設楽郡鳳来寺村（新城市）の門谷には杉風呂があり、森のことをブロとかボロとかいうようであるが、杉風呂は杉の森のことであろう（『地名の語る郷土史』）。

青森県三戸郡地方では、稲荷様の祠の下に穴を設けてこれをオムロという。ただし稲荷様以外の祠にはオムロはない。佐渡にもこれがあるという（『民伝』三の六）。

静岡県西部で神社境域の森林を風呂といい、「神明さま風呂」「天王様の風呂」とかいう（『民伝』一七の八）。

浜松市都田《ミヤコダ》町神明風呂北区都田町にある須倍《スエ》神社は、天照大神を主祭神とするので、いわゆる神明社のわけで、神明風呂の「風呂」はまさしく神社の意にとられる（『集落・地名論考』）。

美作地方、備中北部地方で、樹木の鬱蒼と茂った祭地をいい、聖地とされる。荒神ブロ、ミサキブロなどという（『岡山民俗事典』）。

石見には、風呂の地名が各村に二、三カ所あり、神の鎮座地名の称であるという（『民伝』二の一〇）。

島根県仁多郡で、神を祀る場所をミヤブロといい、風呂ノ谷などという地名が多い（『綜合』）。

高知県南国市国分《コクブ》字フロノマエというのは、国分寺の森の南西、遍路宿のある一地域の地名であり、吾川郡吾北《ゴホク》村（いの町）柳野字風呂本は桂神社に合祀された中山神社のふもとにかけての地名であった。長岡郡大豊町立川字下名のフロノ谷には星神社があり、香美郡土佐山田町（香美市）のフロ谷には山祇《ヤマヅミ》神社が鎮座している。高岡郡窪川町（四万十町）興津《オキツ》の小室《オムロ》の浜のオムロなどは、おそらく興津八幡宮の聖林を指してそう呼んだものと思われ、フロという土地が神仏を祀る神聖な場所を指していることが察知できる〔『土佐民俗選集』その二〕。

山口県豊浦郡菊川町（下関市）保木にフロノモトがあり、山の裾にあたる斜面に一反足らずの狭田の段々にある所で、その畦の一所に森（一本の樹）があり、モリサマといい、その水上の山の麓に小祠がある〔『民伝』二の一一〕。

フロは対馬にも多く、神地を意味するという〔『民伝』三の六〕。

北九州市門司区大里の上柳一区に、ちょっとした茂みの中に一メートル四方くらいの浅い井戸があり、これを「風呂の井戸」または「不老の井戸」といい、良質の水が湧き付近を不老町、不老公園という。寿永の昔、安徳天皇がここの柳の御所におられた頃、この井戸の水を飲料とし入浴の風呂の水としたといい伝えられている〔『西日本新聞』昭和39・4・14〕。

フロク　土地の平らでないこと。長野県下伊那郡（一部、飯田市）、愛知県知多郡〔『全辞』〕。ロクでないこと。

ブンギ　用水を分岐して水をひくための堰。岡山〔『全辞』〕。

へ

へ　①　山名にはハ行（ハヒフヘホ）によって表示されているものがある。サンベ（三瓶）のべもこれであろう〔松尾『日本の地名』〕。

②　青森県南部から岩手県北部にかけて、へ（戸）のつく地名がある。一戸《イチノヘ》から九戸《クノヘ》まで、こちらはイチ、ニ、サン、シ……と読む。四戸《シノヘ》は小さな集落としてしか残っていないが、特に八戸が有名。ここは昔、名にし負う牧馬の地、平安の末頃、官牧を設置した際、九戸四門と称して牧の区画を設定した。門はカドで区画

の限界を示し、同時に入口でもあったからモンともなった。一戸と二戸は南を画するので南門《ミナミノカド》、三戸、四戸、五戸は西門《ニシノカド》、六戸、七戸は北門、八戸、九戸は東門《ヒガシノカド》であった〔『地名を考える』〕。

一戸、二戸……九戸は放牧の柵の番号である〔『北上の文化―新遠野物語』〕。

③ 宮崎県延岡市島野浦で海中の顕岩をヘーといい、これに対して暗礁をセという〔同地人談〕。ヘーはおそらくハエであろう。

宮崎県沿岸の漁場でべというのは、海浜のセで、デクチベ、オキセカタベ、オリベ、ナリトベ、ココべなどがあり、磯から地つづきになっている岩礁をいうようである〔『民伝』二〇の八〕。これもハエ（碆）であろう。

ヘイ　越中の薬師岳は、一ノ塀、二ノ塀と数え五ノ塀を経て、絶頂に立つ（一合目、二合目というのに同じ）。これは山の主稜から横へ張り出した支脈の尾根を塀に見立てたものであろう〔広瀬誠『地理』昭和57・7号〕。

ヘエジク　山中の水の少し湧いている草生地。長野県下伊那地方で。ジクテともいう。ジクは湿地のこと。ヘエは「冷え」であろう。水が冷めたくて稲作に向かない土地をしばしばヒエという例がある〔『綜合』〕。

ヘグリ　盛岡地方で、河岸の下の水ために窪んだ所。あるいはペグリともいう〔『地形名彙』〕。

① ヘグリは山中に多い名。山の突端を迂曲している道路などにつけられている名称で、山国の往来筋には珍しくない地名。山麓の迂回跡、丘の腰元の道などにこのヘグリの名が見えるのは経繞《ヘメグリ》の意か。岩手県岩手郡で〔『山村民俗誌』〕。

秋田県仙北郡西木村（仙北市）檜木内字上戸沢のマタギの山言葉で、斜面を横切って歩くことをヘグルという〔『狩猟伝承研究』総括編〕。

② 山形県で川の曲流部の地名でヘグリ、ヘングリという〔『開拓と地名』〕。

ヘゴッタマリ　窪所、窪地。千葉県夷隅郡布施（いすみ市、御宿町）〔『全辞』補遺〕。

ヘシロ　日陰側。但馬〔『全辞』〕。

ヘソヤマ　九州南部の山地でいう。この山に入った者は怪異に遭遇して帰って来るという。アシダニに同じ〔『新青年』一七の八〕。

ヘタ　佐渡で河海などの岸に近い崖端の所。南薩摩、上五島などでも沖に対し陸地をいう。房州では山の中腹の急でない所をいう〔『地形名彙』〕。

① はしとかへりとかをヘタという。たとえば「道のヘタ」などという。壱岐、熊本県葦北郡〔『全辞』〕。渚に接した陸地をいったものが、陸地に近い海上一帯、沖に対するヘタになったものではなかろうか。この語は、佐渡、石川、三重、高知、長崎、壱岐、熊本、鹿児島、トカラ列島あたりまで分布している〔『全辞』、『方言』、その他〕。

海岸にあるヘタ（辺、端、辺田、戸田、部田）のつく地名は、陸の端すなわち海岸を意味する。

沖（奥）に対する言葉で、海岸に近い島を「辺島《ヘタ》」（江田島もこれか）、遠いのを「沖ノ島」と呼び区別している例もある。

富山県の東部海岸にある辺ノ島、中ノ島、沖ノ島はその例で、海岸から順次沖の方へ並んだ岩礁。海岸村落にも辺田《ヘタ》、戸田《ヘタ》の地名があるが田には関係はない。

ヘタの地名は海岸に限らず、内陸にもよくある。丘のへりの野辺田（野部田）、山や川のへりの山部田《ベタ》、川部田その他、何ヘタあるいはたんにヘタがある。それらは何らかの地形、地物のヘタを意味するのである。

ヘタは茄子、胡瓜のヘタに通ずるもので、フチ、ヘリ、ハシ、ハタ、ベタと同義語である。

海岸に近接した小島に畑島、畑瀬と呼ばれるハタは畑ではなく端《ハシ》で「海岸ばた」を指すものであろう〔松尾『日本の地名』〕。

② 千葉県君津郡亀山村（君津市、鴨川市）では、山の中腹の急でないところをヘタともヘタッコヤマともいう〔『綜合』〕。

ヘダ 茨城県稲敷郡（一部、稲敷市、牛久市、つくば市）〔『全辞』〕、千葉県印旛郡宗像村（印西市）で山麓。ヘタッコともいう〔『方言』五の六〕。ヘタの①と同じであろう。

ベタ 泥。宮城県登米郡（登米市）、長野県西筑摩郡（木曽郡）、香川県、宮崎県椎葉〔『全辞』〕。富山県礪波地方では、ぬかるんだ土をベタドロ、ベチャドロといい、ぬかるみをベチャという〔『礪波民俗語彙』〕。大地のことをヂベタというのもこれから出た語であろう。

ヘチ ① ふち、へり、はじ。静岡県志太郡（藤枝市）、長野県下伊那郡、滋賀県神崎郡（東近江市）、三重県飯南郡（松阪市）、奈良県吉野郡、和歌山県東牟妻郡、兵庫、岡山、愛媛県今治市。

② 畦。香川〔『全辞』〕。

③ 和歌山県に大辺路筋（オオヘチスジ）がある。周参見（西牟婁郡すさみ町）、串本両町間の沿海町村を大辺路という。中辺路筋（ナカヘチスジ＝田辺本宮間の沿道町村）といえば大辺路地方、中辺路地方という意味。スヂは流域、地方、沿線等の意。また大辺路、中辺路の幹線道路に沿う土地をも指す。大辺路、中辺路などのヘチは街道、往来を意味した語であろう〔『郷土研究』五の五〕。

京都から熊野詣をする場合、南鳥羽から川船で淀川を下り、大坂八軒屋（今の淀屋橋付近）に上陸してから紀州路に入り、一路南下して牟婁《ムロ》の津（田辺）に至るが、これから道は二つに分かれ、そのまま海岸伝いに東南行して浜の宮から大雲取、小雲取の嶮峻を越えてゆくのを「大辺路《オオヘジ》」という。牟婁《ムロ》の津（田辺）から潮見峠、逢阪峠を越えて本宮に入るのを「中辺路《ナカヘジ》」といい、古代中世を通じて熊野道者の通行はほとんど中辺路を利用していたもので、大辺路の利用は比較的新しいという〔『日本民謡大観』近畿篇〕。

ペッ　アイヌ語のペッ、ナィは、いずれも日本語で「川」と訳されることが多い。このうち、ナィは「沢」「沢川」と訳されることもあり、従来、ペッは大川、ナィは小川と使い分けがあるのではないかと言われてきた。ところが実地にあたってみると、そう簡単にわり切れない。また地域差もあり、樺太ではナィは「大きな川」につけられるとも言われている。

この地名について、更科源蔵氏は、

「元来はペッが大川で、ナイを小川と訳しているが……その支流にペッがついているのは注目すべきことで、必ずしもペッが大川ではなく、ナイが小川でない一つの証拠となる。これと同じ例が日高にもある。知里博士はペッとナイを使った人種がちがうのではないかと言われる」

と述べている。

……概観してペッは「川、川筋」を意味する。つまり「水のルート」を表現しているようで、さらに「他方面との連絡、関係づけをする川筋（水のルート）」の意味あいをもっている。これに対して、ナィは「川筋をふくむその流域」を意味し、日本語の「沢」の意味に近いという。いいかえればペッは線、ナィは面という傾向があるように思う〔伊藤せいち『地理』昭和57・7号〕。

ヘツリ　急斜面を横断する動作からこの名詞になまったものである。「五郎作ヘヅリ」などという〔『地形名彙』〕。北安曇郡小谷地方でヘヅル〔『郷土』一の四〕。

長野県、新潟県北部から山形県南部、栃木県、福島県などの山中の岩石地を横切る岨道にこの名が多い。新潟県岩船郡三面村（村上市）の方言では、絶壁のへりや川岸などのようやく通行できる道という。北蒲原郡（一部、阿賀野市、新発田市、胎内市）の臼挽唄に、

　いとし殿《トノ》さは　新谷のてんま
　馬は荒いし　馬子は若い
　石は高いし　駄荷《ダンニ》は重い
　冬は峰道　今ヘツリ（山麓）通る
　　察しられます　みのが原

中蒲原郡（新潟市、五泉市）では、山側を山のヘツリというだけでなく、炉のヘツリへ寄れなどともいう〔『綜合』〕。

南魚沼郡（一部、南魚沼市）では急傾斜でほとんど通行できない箇所に蔓で棚をかけて、通れるようにした所をヘツリといい、この棚を架けることをナブリという。シラクチの蔓で架ける〔『越後南魚沼郡民俗誌』〕。福島県南会津郡檜枝岐村でも、のぞけば落ちこみそうな崖のふちで、ヘッテトオルというと崖涯に這いついて通行することで、塔の弟などと弟の字を宛てている。中国地方では、これをホキと訓ませている〔『福島県史』第二三巻、『民俗学研究』五、六号、『綜合』〕。

越後粟島でも、絶壁をヘツリともヘツラともいう。〔『旅伝』六の一一〕。長野県佐久地方で山の岨道をヘツラ〔『全辞』〕、群馬県勢多郡横野（渋川市）で、はじ、ふちをヘツラといい、「山のヘツラ」「畑のヘツラに手鍬が置いてある」〔『全辞』補遺〕というからヘツラもヘツリも同じであろう。

下伊那郡地方でも、ヘツリは非常に険しい道をいい、また両手で物につかまりながら歩くことだという〔『山の動物記』〕。今でも、登山家は渓流に沿って登ることをヘツルという。

熊野地方の大ヘチ、中ヘチもヘツルと関係があろう〔『綜合』〕。

ヘツレ　常陸久慈郡（一部、常陸太田市）などで崖下の道をいう〔『地形名彙』〕。

茨城県久慈郡で、崖下の道路をいい、信濃（『俚言集覧』）、長野県上田地方では、畦の傍だという（『全辞』）。ヘツラ、ヘツリに関係ある語。

ベトバ　南アルプスの聖岳（三〇二〇メートル）のシイナ谷にベト場と呼ばれる谷がある。鹿や日本カモシカが遠くから、そこの土を舐《ナ》めにやって来る。動物たちは、ベト場の土の何にひきつけられるのだろうか。塩分は含まれていないという。試みに、この土を採取して動物園のニホンザルやマレーバクに与えたところ、食べるのである。調査の結果、この土には燐酸が含まれていることがわかった。南アルプスは二〇〇万年前は、海であったが地殻の変動により、陸地となったものとされており、海であった時代の燐酸が堆積残留したものと推測されるとのことである。（『NHKテレビ』「南アルプスけもの道の森」昭和60・10・20、『民放一チャンネル』「ザ日本百影」昭和62・1・1）。

ヘドロ　泥濘を神奈川県津久井郡（相模原市）で（『全辞』）。

　泥を奈良県宇陀郡宇太（宇陀市）でいう（『全辞補遺』）。

　海底の地質が泥状で、潜水夫が作業のため入ると、煙のように立ち上って仕事がしにくいものをいう。東京湾の羽田沖で（『NHKテレビ』昭和41・2・7）。

　ヘドロの語源は、文部省の国語審議会の説明によれば、「三浦半島の漁民が何の役にもたたない泥を『へにもつかない泥』といったのが、ヘドロとなった」とのことである（『読売新聞』昭和46・7・26）。学術語の「軟弱沖積粘土層」にあたるもの（『朝日新聞』昭和41・2・24）。

　土木や工事関係者などの俗語。大きな川の川口などに溜る軟弱な粘土層（『毎日新聞』昭和45・7・27）。

ベトンジャ　地面、地べたを新潟県西蒲原郡（一部、新潟市、燕市）（『全辞』）。

ヘラ　越後関山村で斜面。信濃、飛騨でもいう（『地形名彙』）。

①傾斜地を静岡県磐田郡（磐田市、袋井市）、新潟県西頸城郡（糸魚川市、上越市）、大分県で。南島八重山で坂。ヒラに同じ。

②山の側面を山梨県、和歌山県西牟婁郡（一部、田辺市）、山口県豊浦郡（下関市）で（『全辞』）。山の斜面。兵庫県多可郡加美町（多可町）松原谷（『日本民俗学会報』一五号）。階段状になっている山の側面。

「山ンヘラ」。福岡県京都郡犀川町（みやこ町）〔同地人談〕。同県北九州市小倉南区でも、山の緩い斜面を〔『三谷方言集』〕。

ヘラッコ　山川等の極端の場所。近江で〔『地形名彙』〕。長野県北安曇郡小谷地方で緩傾斜地。ヒラッコともいう〔『郷土』一の四〕。

ヘンジョ　僻地、遠方、辺鄙な所を奈良県でいう。また、富山県礪波地方、和歌山県、大阪府泉北郡ではヘンドという〔『全辞』、『礪波民俗語彙』〕。

ベンノー　信州北安曇。巌面一壁の所〔『地形名彙』〕。北安曇郡小谷地方で巌面一壁の所〔『郷土』一の四〕。

ヘンベミチ　つづら折りの道。岐阜県吉城郡（飛驒市、高山市）〔『全辞』〕。

ホ

ホ　群馬県の赤城山は『万葉集』巻一四に「上毛野久《ク》路保《ロホ》の嶺ろ」とみえるのは「黒秀《クロホ》」の意であろう。伊香保も「巌秀《イカホ》」で、黒い高峰、険しい高峰の意。赤城山の一峰、黒檜《クロビ》山《ヤマ》の名とクロホにはつながりがあるかもしれない。

赤城の名も神名としてまず現れ、『続日本紀』の承和六（八三九）年の記事に赤城神が見えるのがその初出である〔鏡味明克『高知県地名大辞典』月報〕。

ホウギリ　方限、町内のこと。鹿児島市で〔五代夏代『西日本新聞』昭和54・4・23〕。福岡県北九州市小倉南区三谷地区でも、町内の中での一つの集落。だいたい隣組にあたるものをホウギリともホウリともいう〔『三谷方言集』〕。

ボウジ　傍示、榜示、牓示、法事。ボウジ（ホウジ）はムラの四至のこと。ことに村境を示す標本や石（傍示石）や山（峠）などをいう。

高知県長岡郡大豊町大杉の北端、徳島、愛媛、高知三県の境になっている三傍士山（一一五六メートル）はこの例。そのほか、

高知県安芸市奈比賀《ナビカ》字中傍士
同県室戸市吉良川町傍士
同県香美郡物部村（香美市）中谷川口字傍爾《ホウジ》口《グチ》

などがある〔『土佐民俗選集』二巻〕。

のち、転じて榜示の標木にかこまれたムラ、部落をそう呼ぶようになった。

信州、遠州の境の方面に、青年衆をボウジバンという所があるが、地縁共同体における若者組の機能をよく発揮している。土地の境界を「番」するとは、その村全体の番をすることを意味する（『中世協同体の研究』）。

兵庫県淡路島の属島である沼島《ヌシマ》（南淡町〈南あわじ市〉）では、ムラを区とする大正末年以前には、ホウジと称していた。徳島県海部郡阿部村（美波町）でもそう称しており、鳥取県八頭郡地方にも同様なものがある（『日本を知る事典』）。

方地《ホウジ》。兵庫県旧脇坂藩の町方藩政記録である『万覚帳』（貞享元～宝永三〈一六八四～一七〇六〉年）に見える用語で、敷地などの境界を示すもの（『集解』）。

また、山中の地境に植える境木を肥後の球磨郡あたりで、ホウキという。地名としては標木の字を宛てたものもある。なお、近畿、四国などの山間では、山の境の木をホウジキという。榜示木である（『山村語彙』）。

ホウトヤマ　香川県小豆郡土庄町の農家で、集落共有地（『集解』）。

ホウバ　樹木が立てこんでいるが、見通しのよい所。すなわちセイミ、モッコク、ヤゼハラ、ドサンなどと反対の地形。猪は遁走するにホウバを避ける。したがって狩人がこれを包囲するにも、人手の多い場合に限って下手な者をここに配置するだけである。宮崎県椎葉（『後狩詞記』）。

ボウバナ　榜端、棒端。宿場のはずれ。棒を立て「是より何宿」と書いてあったのでいう。

享和二年、『東海道中膝栗毛』初「はやかな川のぼうばなへつく」（『江戸語の辞典』）。

宿境に榜示杭《ボウシグイ》といって、棒の先端に印をつけ、宿駅の境界を示す杭が立ててあったので、榜端と呼ぶようになった。

品川は東海道第一の宿駅であり、江戸への出入口であるので、大木戸が設けられて厳重な監視が行われていた。品川の榜端は、いわば江戸庶民にとって江戸のはずれであったわけである。ここから先はもう見送ることのできない、ほんとうの旅路であった（『五代目古今亭志ん生全集』第一巻）。

大阪、吹田、高槻、八尾あたりで、町はずれのこと。通行人の荷物を持ったり、車の後押しをするためここに、いわゆる「便利屋」が屯していた。晩はここで浮かれ節（浪花節の前身）を半くろうとがやって人を集めていた。大正初め頃のこと〔『私のための芸能野史』〕。

ボウミチ　山梨県には「信玄の棒道」と呼ぶ道がある。これは戦国時代に武田信玄が領国経営と膨張政策を支える軍用道路としてつくったもので、その一つを「佐久の棒道」と呼び、韮崎から信州の佐久に向けて、その名の通りまっすぐに北上している。他は八ケ岳西麓を西北進して上、中、下の三本あるが、いずれも信玄の居地甲府を起点とし、他はこれらの道をつくる時、近くにある木はどんな由緒のある木でも、かまわず伐り倒し、それで橋を架けよと命令したという。

これとは別に、「鎌倉街道」と呼ぶより古い中世の道が残っている。これは信州から甲斐を経て幕府のあった鎌倉を結んだもので、棒道と違って、山麓の等高線に沿ってうねうねと曲りながら続き、高低差の少ない代りに、川はわざわざ大回りして上流を渡り、大きな橋を架けなくてもすむようになっている。

こうした古い道とくらべると「信玄の棒道」のもっている歴史的な意味は明らかであろう。「信玄の棒道」は、彼の居地甲府を中心に、領国内の村々をがっしり掌握するなかで強引に建設されたものである。

このことは、他の戦国大名でも同じであったし、やがて彼らに続く近世大名たちの領国経営のための城づくり、町づくり、道づくり、治山治水の事業に発展し、新田開発に進んで平場農業を展開させたから、村々の孤立はこれを境に消滅し始めたといえる〔『宗教以前』〕。

ホカ　山口県大津郡（長門市）、佐賀、熊本県阿蘇地方、宮崎県宮崎郡（宮崎市）、鹿児島などの農家で、主屋前方の空地。干し場や作業場として使用される。

山口県大津郡、佐賀県武雄市、鹿児島市では、ホカニワ（外庭）、佐賀県杵島郡白石町では、ホカイマともいう〔『集解』〕。

ボカ　水の落ち口、堰から水の落ちる所。栃木県栃木市、今市市（日光市）、河内郡（一部、下野市、宇都宮市）〔『栃木県方言辞典』〕。

ホキ、ホケ　日本アルプスにて断崖絶壁を控えた危道。土佐でもホキミチといい同義。三河でも。ホキはハケと同語源か〔『地形名彙』〕。ハケの項参照。

千葉県印旛郡（一部、八街市、白井市、印西市、富里市）の各地で、崖をホッケ、ホッケラ、ボラッコ、ボラッケ、ボラというのもホキと同系の語であろう〔『綜合』〕。

千葉県市川市北方《ホッケ》

君津郡八重原村（君津市）法木作《ホッキサク》（作は迫《サコ》のことか）

印旛郡公津村（成田市）ボッケ

同郡遠山村法華塚《ホッケヅカ》

同郡安食町（栄町）卜杭《ボックイ》

など必ずしも険しい所ではないが、水に臨んだ崖のある所である〔『サンデー毎日』昭和29・1・31〕。

崖を意味するホキ、ホーキは鳥取県には特に多く、因幡地方では小字名として「⿱山川」という字を宛てているが、この地方での作字らしい。隣接する美作の賀茂町にもこの字が見える。崖の字体にならって、山と川の迫った所の意を、このような冠脚に構成したものであろう〔鏡味明克『鳥取県地名大辞典』月報〕。

土佐人には甫木山《ホキヤマ》、甫木本《ホキモト》という苗字がある。地名としては広く中国、四国、九州に分布している。元来は崩壊によって生じたものであろうが、山岳や谷間などの切り立った崖をいい、その代表的なものが吉野川峡谷の大歩危《オオボケ》、小歩危《コボケ》。高知県香美郡土佐山田町（香美市）新改《シンガイ》の甫木山、吾川郡伊野町（いの町）神ノ谷《コウノタニ》の保木平《ホキダイラ》、高岡郡越知《オチ》町鎌井田のホキノ峰などのほか類名は数多い。高知市近郊に鏡川の深い峡谷に臨む土佐郡鏡村（高知市）のホケがある。宿毛《スクモ》市北方の楠山《クスヤマ》では、山の斜面の崩壊するのをホケルと表現している〔『土佐民俗選集』その二〕。

北九州には断崖の箇所をホキと呼ぶ言葉が残っている。この地方では穴のことをホゲ、穴のあくことをホゲルという。

大分県中津市大字伊藤田《イトウダ》洞《ホキ》ノ上は、ホキの地形にあてはめるので、洞の字を用いたものであろう。佐賀県神埼郡三瀬村（佐賀市）では、崖の穴のある所をホキといっている。

堀切をホッキと訓ませている例は多い。これは水沢地などの掘割や、坂道の切通しをいうもののほかに、崖からきたものがあろう。山梨県八代郡山保村堀切《ホツケ》（西八代郡市川三郷町）は確かに断崖地である。仏沢、仏木《ホッキ》峠などもこれであろう〔『集落・地名論考』〕。福岡県久留米市では、山間の谷のように新たに崩《ク》えて深くなった所をホキという〔『久留米市史』〕。

大分県の平安末期の代表的建築である富貴寺も、地名蕗を寺名にしたのだから、フキと訓むべき地形はホキである〔『地名覚書』〕。

鹿児島県で、火山灰の地質（シラス）が、雨水のため侵食されて深い溝状の窪みをなしているのをホキという〔本田保喜談〕。

地層の呼称には、ナガレ目、サシ目があり、一般的には地形の背斜（山形の地形）、向斜（谷形の地形）の傾斜地形のナガレ目箇所が崩壊しやすいので、ここに崩壊地目がついている。

このような危険地帯をいろいろな表現で示唆して、暮しの中に生活の知恵として生かしていたのであろう。

崩壊は風化作用によって起り、地表の岩石は大部分、火成岩であるから、化学的に侵されやすいものである。大気中の炭酸ガスを溶かした雨水によって、地表の岩石は粘土、砂、炭酸塩に分解されるのである。

ホキ、ホケ、ボキ、ハゲ、ハカ、バカ、フキの同類の地名は、地層の傾斜しているナガレ目側の崩壊しやすい箇所についていて、川に限らず山にも命名されている。

飛騨の白川村で懸崖をホキといい、歩危《ホキ》という字を宛てているが、四国の吉野川の大歩危、小歩危も昔は、オオホキ、コホキといっていたが、今はオオボケ、コボケと呼称している。

ホキ、ホケは保木、甫木、保喜、堀切、房木、仏木、保危、法鼻、伯耆、法木、法吉、朴《ホギ》、宝亀、宝喜、宝来、宝城、宝木、歩岐、防己、甫家、法京、宝慶、法華津、宝ケロ。

ハゲは波介、半家、兀岳。

ハカには犬の墓、墓谷、芳賀、バカ谷。

フキには蕗、吹、歩木、山吹、穴吹があり、いずれも構造線付近にみられる地名。この一連の崩壊地名の変化をみると、ホキは五十音のハ行、キはカ行で、他のフキとかハゲ等もハ行とカ行の組み合わせであることがわかる〔小川豊『歴史地名通信』三号〕。

ホーキ　兵庫県赤穂郡の千種川流域には、◯◯ホーキと呼ぶ所が二、三カ所ある。淵、水の淀んだ所である〔『方言と土俗』二の五〕。ホキに関係があろう。

ホキタン　海に臨んだ絶壁。長崎県北松浦郡大島村（平戸市）〔同地人談〕。ホキに同じ。

ボク　耕作の用水に設けた堀を福岡県久留米地方でいう。広島県比婆郡（庄原市）の奥地では、森林の下木や灌木矮樹のこと〔『綜合』〕。

ボクボク 湧き出る清水。群馬県勢多郡（渋川市、前橋市、桐生市、みどり市）〔『全辞』補遺〕。長野県南佐久郡（一部、佐久市）で泉をボクボクミヅという〔『全辞』〕。

ホケ ① 山などの水辺に接した崖を長野県下伊那郡遠山（飯田市）で〔『方言』六の一二〕。大分県西国東郡大田村（杵築市）でも崖。「ホケがはなから落つる」といえば「崖の端から落ちる」という意〔『民伝』二〇の二〕。ホキに同じ。

② 煙。対馬豆酘（対馬市厳原町）〔『対馬・赤米の村』〕。

九州で湯気をホケ。

ホゲ 佐賀、熊本、鹿児島県で穴、孔をいう。福岡県糟屋郡で窪み〔『全辞』〕、同県春日市付近でも窪み。「穴をホガス」などという〔『筑紫の里ことば』〕。

ボケ 元来は崖のこと。四国吉野川では岩石のきわめて奇怪で行歩がすこぶる危険な地をいう〔『地形名彙』〕。

ボケ、ボッケは崖。ホキに同じ。

土佐の長岡郡で、ボケ土というのは赤黒いさらさらした土で粘着性のないものをいう。ボケ地というのは、山の一部が崩れてボケ土の堆積した所をいう。さらに山がボケているから近寄るなという時は、石灰岩が水食のため亀裂を生じて今にも崩れようとしている状態をいう。

楊梅にボケモモというあまりよくないのがあるが、それは水気も甘味も少なく、赤茶けている。これをみると、ボケとは土が水気を失って、ほろほろと崩れることになるようである〔『民伝』一二の六〕。ボケもホキからきた語であろう。

ホーケ 崖。京都〔『全辞』〕。ホケ、ホキに同じ。

ホケンド 大和の十津川で芥棄場をホケンド。山一つ越えた紀州の日高郡（一部、田辺市）ではホキンドといっている。二者いずれが古いかを決めにくいが、掃くという語と関係がありそうに思われる〔『居住習俗語彙』〕。

ホコタテ 羽後鳥海山の一峰にホクダテという峰頭があり、甲斐鳳凰三山の地蔵ヶ岳近くにはホコタテ（鉾立）と称する突起がある。土地の者は、コクタテ頭とも、コクタテともいうが、いずれも鉾立でその形状からの命名〔『旅伝』一五の一二〕。

ホコラ　古くはホクラといった。岩手県二戸郡姉帯村（二戸町）でホコラをハヤシあるいはカミサマのハヤシと呼ぶのは、ハヤシがホコラであったからであろう。静岡県榛原郡の川根地方、愛知県北設楽郡（一部、豊田市）、飛騨で神社をモリというのも同じであろう。昔はヤシロをモリと呼んだ。『万葉集』でも社をモリと訓ませている。熊野でも氏神様はお宮がなくて森や林がそれであるという〔『民伝』二〇の二〕。

ボサ　灌木の叢。福島県石城郡草野村（いわき市）〔『磐城北神谷の話』〕。

ボサッカ　草木の生い茂っている所、やぶ。ボラ、ボラッカに同じ。栃木県の南部で〔『栃木県方言辞典』〕。

ボサラ　草の生い茂っている所。静岡県小笠郡（掛川市、菊川市、御前崎市）で。栃木県塩谷郡（一部、日光市、さくら市）ではボサッコ〔『全辞』補遺〕。

ホズワタ　富山県礪波地方の農家で、敷地の入口付近の堀端に設けた洗い場〔『集解』〕。

ボソイシ　近江の石は花崗岩が主で、赤、青、白の三種があり、そのうち青と白は硬質で、赤はボソ石である。ボソ石はもろくて弱い駄目な石という。ボソ石というのは、石積みの専門家が使う言葉であろう。石塔、石仏には赤い花崗岩を用いたものもあり、長い年月の間に風化していい味になっている〔『日本のたくみ』〕。

ホソジキ　山の境の樹。滋賀県東浅井郡（長浜市）〔『全辞』補遺〕。

ホタ　滋賀県犬上郡、山頂〔『地形名彙』〕。

① 畦畔の斜面、土手を滋賀、三重で、石崖を三重県飯南郡（松阪市）でいう〔『全辞』〕。ホテ参照。

愛知県西春日井郡西春町（北名古屋市）で水田に接する畑の傾斜面をホタという。ホタは畑の耕作者に権利がある。水田と畑の落差が大きい場合は、必然的にホタも大きな面積になるが、一般にはホタは二、三尺程度である。シマバタ（シマバタの項参照）なら、その周囲がすべてホタになる。

水田と畑の境は、どうしても畑の土砂が水田に流入することになる。そのため、畑耕作者は水田に流れ出た土砂をかき上げ、ホタのこわれるのも防がなければならなかった。この作業をホタツケ、ホタヌリといい、毎年十二月から一月、あるいは四月から五月にかけて行われる。

畑の端とホタの上部を、草と一緒に鍬で削り取る。

土を畑へ上げた時、密着しやすいようにするためである。境に堆積した土砂は砂を多く含んでいるので、そのまま水田の中に入れておく。そして、畑と水田の境を稲株の一列（一条）おいた側に、シーキリガマ（地切り鎌）、スジヒキガマ（筋引き鎌）で筋を入れ、この一株分がホタツケ用にあてられる。この土を先に削り取ったホタにかき上げて備中（鍬）で押さえる時に、肥柄杓でホタに水を打つこともある。時には、二条目を使うこともある。いずれも一条分だけの土をかけ上げることに変りない。

ホタツケは畑のホタの保全を目的とするほか、水田の水がかりが悪くなることを防ぐ役割もしている。それで、畑と水田の耕作者が異なっても、水田耕作者は田植え近くまで、ホタツケ用の一条分を耕作せずに残しておいた。

西春町（北名古屋市）沖村では作物をホタに播くことが禁じられているが、ムラによってホタモノとして豆類を栽培することもあった。もっとも豆の中でもササギは稲の出穂以前に収穫できるので播いてもよいが、収穫が遅くなるシロマメを播くことは認められないとか、シマバタの周囲に限って、ホタマメを播くことが認められるというように無制限ではなかった〔『西春町史』民俗編第一巻〕。

② 『後狩詞記』ではカタヤマギ（片病木）と記されている。熊本県人吉市田野地方では、大木の反面が腐朽して、そのまま生存している木をいう〔『えとのす』五号〕。

ボタ　佐渡で水気ある土地。陸奥、飛驒では草生地。ところが近江犬上郡では崖で、さらに尾張では沖鳴りをボタという。これは別の語だろう〔『地形名彙』〕。

① 田の土手を静岡県周智郡（一部、浜松市）で、また崩れかけた土手を同県榛原郡（一部、御前崎市、牧之原市、島田市）でいう。

堤、堤防、土手を静岡、愛知、岐阜でいう〔『全辞』、『静岡県方言集』〕。

② 畦畔を長野県東筑摩郡（一部、安曇野市、松本市）、岐阜でいう〔『全辞』〕。

③ 斜面畑の石垣、田畑のふちの斜面の草生えの地。そこは石垣にもなっているが、屋敷まわりの石垣はボタとはいわない〔『綜合』〕。静岡県磐田郡（磐田市、袋井市）〔『静岡県方言集』〕、愛知県北設楽郡振草村（設楽町、東栄町）で〔『方言』六の八〕。

④　佐渡島では炭をボテという〔『全辞』〕。
山口県小野田（山陽小野田市）付近の炭坑では、ナメラ（ナメラの項参照）よりさらに炭に近いもの〔『民伝』四の八〕。
筑豊炭田で、石炭を掘るのに地表から炭層まで坑道をつくる。その中にある岩石や粘土もボタだが、普通ボタと呼ばれるものは炭層と炭層との間にある岩石のこと。炭坑ではハサミというが、ほとんどは第三紀層（石炭層）の頁《ケツ》岩と砂岩で、非常に風化しやすい。
筑豊ではよい炭層が少なくなり、坑内から掘り出す原炭一〇〇のうちボタが五〇、三池炭坑ではわずか六、七パーセントしかない。北海道では九州のボタをズリという。
かつての筑豊炭田の名物のボタ山は石炭採掘の際、炭層に混っている燃えない岩石を坑口近くに捨てて山となったもの。
⑤　尾張（尾張方言）、名古屋でポタを沖という〔『全辞』〕。

ホタカ　峰高の意〔『地形名彙』〕。
穂高《ホタカ》岳（飛騨山脈の最高峰、奥穂高岳三一九〇メートル）、武尊《ホタカ》岳（群馬県北東部二一五八メートル）、霧島火山の高千穂峰（一五七四メートル）のホ、穂《ホ》は秀《ホ》と同源で、稲、麦、ススキなどの穂、あるいは山の峰などのように突き出ており、他から秀でて人の目につきやすいものをいう。槍の穂先、筆の穂先なども同類。榛名山の古称、伊香保山（伊香保嶺、伊香保呂などともいう）のホも山の意の穂と同義。イカはイカズチ（雷）のイカ、あいは厳めしいなどのイカと同じくオゴソカとか神々しいことで、この山の霊に畏敬の念を表わした語〔松尾『日本の地名』〕。

ホタテ　阿波麻植郡（吉野川市）で山の尾の端〔『地形名彙』〕。

ホダワラ　雪の深い場所。新潟県岩船郡（一部、村上市）。ホダに同じ〔『全辞』〕。

ホタンコ　洞穴。伊賀〔『国誌』、『全辞』補遺〕。

ボチ　堀、肥溜、水溜を愛知県でいう。また三重県志摩郡（志摩市）では蛸穴のこと〔『全辞』〕。

ホツ　越前、遠州で側稜のこと。尾根から谷へ向って縦に出ている側線〔『地形名彙』〕。
愛知、静岡の山間部から長野県伊那地方にかけてこの語がある。信州飯田地方では山脈の末端の突き出た部分を山のホッといい、長野県下伊那郡遠山（飯田市）ではツルネという〔『方言』六の一二〕。静岡県周智郡気多村（浜松市）でも山頂から渓谷へ向かって下がった山背、嶺背をいう〔『方言』五の一〇〕。

同県榛原（一部、御前崎市、牧之原市、島田市）、周智（一部、浜松市）、磐田（磐田市、袋井市）の各郡で山の小高い所、峠を〔『静岡県方言集』〕。愛知県北設楽郡振草村（設楽町、東栄町）でも山の峰とか峠をいい、ネともいう〔『方言』六の八〕。

こういう簡単な高地は越えて行かれるから、あるいは峠といっても誤りではないだろう〔『山村語彙』〕。

静岡県周智郡では峰をホッッペーといい〔『全辞』〕、同県の大井川上流地方で峰をホッテンコというのはホツ・テンコであろう。また八丈島では峠をホッキリという〔『八丈志』〕〔『全辞』補遺〕。

ボツ　遠江で峠をいう〔『地形名彙』〕。

ホッキ　渓谷沿いの急斜面に通路の開かれた所を長野県下伊那郡（一部、飯田市）でいう〔『民伝』二〇の二〕。

ホキに同じ〔『全辞』〕。

ホック　畑の間に挟まった少しの田。常陸には地名となって所々にある。発句、堀句などの字が宛ててある。あるいはホッパとも呼んでいる村もあり、起りは開墾の意であったのが、ホルという語の感じから、自然に狭いものだけに限られることになったかと思う〔『農村語彙』〕。

ホッコ　日当たり。静岡県磐田郡（磐田市、袋井市）〔『全辞』〕。

ボッコウダ　フカダともいう。湿田のこと。湿田はクワを使用して耕す。また収穫時に湿田で稲刈りをする際、山から葉のついたままの柴を刈ってきて、それをフネがわりにして稲をその上に載せ田の外へ出していた。福岡県鞍手郡宮田町（宮若市）倉久〔『福岡県史』民俗資料編〕。

ボッソクネ　信州下伊那（一部、飯田市）で谷底のこと〔『地形名彙』〕。

長野県下伊那で山ふところ〔『全辞』〕、または谷底のことという。クネは天竜川一般に地境のことを意味するようである〔『山村語彙』〕。

ボッタ　不毛地。静岡県志太郡（藤枝市）〔『静岡県方言集』〕。

ホッタコ　洞穴。伊賀〔『国誌』、『全辞』補遺〕。

ボッチ　高ボッチなどいう。峰の最も高い所。志摩では海中の岩と岩との間を指す〔『地形名彙』〕。
①　峰の最も高い所を茨城県久慈郡（一部、常陸太田市）八溝山麓でいう〔『全辞』補遺〕。
赤石岳付近にボッチ薙あり、山梨県御岳《ミタケ》（八七〇メートル）の西方にあるボッチ峠（一一一七メートル。北巨摩〈北杜市、甲斐市〉、中巨摩〈一部、甲斐市、中央市、南アルプス市〉両郡の境）、愛知県鳳来町〈新城市、鳳来寺山の南東〉の南境山地にある鳳地岬（ここは峠道に崖が著しい）など、ボッチ、ホッチは崖や窪地を指す語か〔松尾『日本の地名』〕とあるも、やはり峰の高所を指すものとすべきか。
②　志摩布施田（志摩市）で、海中の岩礁と岩礁との間の深く窪める所。フカリ。ドンブリ、ドンボチなどというのに同じ〔『志摩の蜑女』〕。

ボッチャリ　塚。千葉県山武郡（一部、山武市）〔『全辞』〕。

ホッツペー　峰。静岡県周智郡（一部、浜松市）〔『静岡県方言集』〕。ホッに同じ。

ホットサカ　宮崎県日南市と都城市の箋にある牛ノ峠。日南―都城両市のちょうど中間で、両側から八キロずつの急坂が続き、その頂上標高六二〇メートルの所。自動車の運転者たちはホット坂と呼び、必ず一休みする。日南署は無料休憩所を作った〔『朝日新聞』昭和37・7・31〕。

ホッポ　①　山の峰で鹿が体や角をみがくために平たく掘った所。獣類の砂浴び。「ホッポする」などという。栃木県安蘇郡（佐野市）。
②　十月頃の産卵期にヤモ（魚の一種）が瀬のある砂利を二尺平方くらいに掘るが、その掘った産卵場をいう。栃木県〔『栃木県方言辞典』〕。

ホテ　尾張（尾張方言）、畿内、近国および中国、四国〔『物類称呼』〕、愛知、香川、徳島、愛媛県新居郡では腹のこと。
富山県礪波地方で側面〔『全辞』〕。
同県西太美村（南砺市）古館では山腹をホテカス〔『礪波民俗語彙』〕、長野県下水内郡（一部、中野市）では山の中腹をホテッパラ〔『全辞』〕、和歌山県日高郡上山路村（田辺市）では山の尾の端をホテといい、休み場であるという〔『方言』五の五〕。佐渡島や徳島県麻植郡（吉野川市）でも山の尾根の尾の端。岡山県では堤の傾斜面をホテ〔『全辞』、『新潟県史』資料編二三〕。神戸市西北部では、麦畑の畝からタニ（畝と畝との中間の溝）にかかる斜面をホテともへリともいう〔『民伝』一六の五〕。

また岡山県苫田郡（一部、津山市）では、畦をホテラというのもホテに同じで、島根県大原郡（雲南市）では畔をホトリという〔『全辞』〕のも、この類であろう。

ホド　三宅島で噴火口〔『地形名彙』〕。

伊豆三宅島で噴火口をいう〔『綜合』〕。

火所の意であろう。炉の中央の火をたく所がホドである。ホトという「ふところ」「陰門」「噴火口」などの方言が地名となったもので、河谷の名となったものが多い〔『日本地名学』Ⅱ〕。

ボトウ　三河で日向〔吉川利明『地理』昭和57・7号〕。

ホトラヤマ　新潟県魚沼地方で採草地となっている羊歯類や茅などの茂った山をいう。ホトラというのは、同県中魚沼郡（一部、十日町市）で草混りの柴のことだという。オドロの訛と思われる。滋賀県滋賀郡（大津市）鵜川村では肥料用の雑木をそういう。オドロ、ヨドロも同じ語で、燃料などにも刈る灌木の叢生のことかと思われるが、同仰木村では肥料用の若草のことだといっている〔『綜合』〕。

ホノキ　中国西部（広島県、山口県東部）でホノキ、ホノギ、ホノゲ（田の一区画）は地番や小字によるまとまり〔『日本言語地図』第四巻、別冊〕。

島根、山口、愛媛、高知各県で、小字もしくは耕地の数筆〔『民俗と地域形成』〕。

田畑の一団地の小地名。小字《アザ》、穂の毛ともいう。検知帳は穂ノ木を肩書して田畑の地目、反別、石高、作人を登載し、田畑の位置を表示する第一の拠所とする。明治の地租改正以来地番制がとられ、穂ノ木は字として記載されたが、統合併されたものや消滅したものが多く、田畑の固有名称として残るものもある〔『山口県の地名』〕。

ホボロセ　ホボロというのは山陽、山陰で編目の細かな竹籠をいう。石見では口が小さくて紐をつけて腰にさげる籠。山口県見島（萩市）では、赤子を入れる藁製のフゴ。岡山県では、竹を黒や赤に染めて編んだ美しいホボロをハナホボロといって子供の摘草に用いる〔『綜合』〕。

同県阿哲郡哲西町（新見市）では、ヨモギなどを摘む時の竹籠で、竹の柄がついている。「ホボロをウル」

というのは、折合いが悪く嫁が無断で実家に帰ることをいう〔同地人談〕。

広島県佐伯郡能美島（江田島市）では、ホボロフルという言葉はあるが、ホボロカゴは存在しないという〔同島出身者談〕。

同県安芸郡倉橋町本村（呉市）には、各戸にホボロカゴがあり、磯行きや山行きに使用する。円筒形で高さ一尺二、三寸、直径七寸くらいの籠で竹の柄が尻までぐるっとまわっていて坐りがわるいので、嫁が実家に帰ることをホボロフルという〔同地人談〕。

『伊予漫録』には「大小数種、大なるは鐘の形、小なるは半鐘に似て短し、秋腰に結び附けて木綿つむ料とす、種ホボロというは湯桶ばかりにして、種物など入れて田端に持ち行く、形によりて名異る」とある〔『綜合』〕。

中国地方西部の瀬戸内にホボロ島、ホボロ瀬という小岩礁がある。おそらくホボロカゴの形状から出た名称であろう。

志摩の南部沿岸にも一つのホボロ瀬がある〔『民伝』六の二〕。

ホヤ　群馬県の一部で雪崩のこと〔『地形名彙』〕。

①　群馬県で雪崩〔『綜合』〕。

②　島根県能義郡荒島村（安来市）で、石の中にある軟質部をホヤまたはシヨという。白くて塩のようである。石工の語〔『民伝』一四の一二〕。寄生のホヤと同語らしい〔『日本の石垣』〕。

③　南九州で火山の噴出による軽石の層を赤ホヤという〔『朝日新聞』昭和36・6・25〕。

ホラ　日本アルプスで水の出ない谷で、サコの大きいもの〔『地形名彙』〕。

ホラと称する地形の特徴は、

(1)　短小な渓谷。

(2)　谷壁が簡単で、支谷が侵食谷をつくることが少ない。

(3)　谷頭が閉塞されている。

(4)　谷底が緩傾斜で、水田や湿地を伴うことがある。

このような地形は、山村では集落の好立地形を提供し、集落の発達をみた〔『日本地名学』Ⅰ、Ⅱ〕。

九世紀の漢和辞書『新撰字鏡』の「洞」の項に「深日谷、浅日洞《保良》」（享和本）とあり、この記述は現在のホラ地形にも方言にも適合する〔工藤力男『地理』昭和57・7号〕。

『桃渓雑話』に「長きもの三間鎗の秋の月天下野ほらに和久の勘兵衛」という水戸義公の歌をあげ「ホラとは此辺の方言にてその間に田畑ありて道を通ずる所をさす」と記している〔『綜合』〕。

ホラ（洞）のつく地名は、岐阜県に集中的に分布しており、平地よりも山地に多い。この地方を中心に他地方へも広がっているが、中部地方から西の方よりも、東の方へより多く見られる。

「洞」の一字の部落もあるが西洞、中洞、宮洞、上ヶ洞、田之洞、大洞、本洞、小洞、池ヶ洞、栃洞、奥洞戸、下洞戸という類が多い。

ホラは「短い谷の行きづまり」をさすという説があり、その点南関東を中心とするヤト、ヤツ（谷戸、谷、谷津）に類似する。

しかし、ホラの地名はそればかりでなく長い谷の途中や、長い谷の行きづまりや、山腹の緩斜面や峠道にも、あるいは各務ヶ原（岐阜県各務原市）のような平らな台地にも、その他さまざまな地形の場所にある。

実際にはそういう地形的規定を離れて存在するものが至る所にある。

東洞、南洞などの東西南北の方角を示すものや、前洞、後洞、上洞、中洞、下洞、奥洞のように関係的位置や、大洞、小洞のように大小をいうものが特に多い。

これらの洞地名から推察して、これは部落を指すものとみてよさそうである。『斐太後風土記』を見ると、洞（ホラ、ボラ）が「村」の意に使用されている例が見られる。このホラは開墾をいうハリ、ハルから転じたものではないかと思われる。ハがホに、リ、ルがラに変ずることがよくある。したがってホラとハリ、ハルとが通じやすいことは、ホラが部落を意味することを裏書きするように思う。岐阜県本巣郡本巣町（本巣市）木知原《ボラ》は大垣市から樽見線によって根屋川の谷を上った所にある。同県加茂郡七宗町木知洞《コチボラ》は、美濃加茂市から飛騨川を少し上った川の左岸、峡谷に臨む部落で、谷に沿って白川街道が通っている。

このように原をボラ（ホラ）と訓み、しかも木知原と木知洞のまったく同じ呼び名の例があるのは、原と洞との同義性を示す一証左となりうるであろう〔『地名の探究』、松尾『日本の地名』〕。

ホラがムラ（小部落）を指すのは福島県田村郡御館村（郡山市）、埼玉県戸田市（ここは小字単位のまとまりで、戸数四、五〇戸でホラごとにホラ惣代がいて、常会を開いてホラの運用にあたった＝『戸田市史』民俗編）、千葉県印旛郡宗像村（印西市）や岐阜県揖斐郡春日村（揖斐川町）など関東から中部地方にかけて広く分布し、この単位で冠婚葬祭互助協力などを行っている〔『日本を知る事典』〕。

東北地方の東北部に多い沢目《サメ》とほぼ同様の大きさか、やや小さいと思われるホラは部落を意味し、地縁的小集団を表わす言葉で、地形から発して部落組織の単位となり、地名となった。東北では沢に似ている地形はホラで、北上山地中部には洞の地名が多く、和賀（岩手県和賀郡〈一部、北上市〉）地方では、沢目よりはやや短く、盆地状で一方でだらだらと沢に開けている地形をいい、地形の上ではむしろ、岩手県北部に特に多いクボと似ている〔『社会経済史学』一三の二〕。

岩手県中南部の山地や宮城県北辺の山地にはホラの地名があちこちにあるが、豪族、地主などの屋敷になっている地形上、山に囲まれた要害の地で、もと武士等が逃れ隠れるには格好の地であった宮城県本吉郡大谷村（気仙沼市）岩尻に、直実の子孫で熊谷家を名乗る旧家がある。もと武州から入った武士で後に地方の豪族として名子一三名を持っていた。この屋敷をホラと呼び洞のダンナ、洞のナンゴ（名子）と呼んでいた〔『東北の民家』〕。

福島県田村郡滝根町（田村市）のホラについて、『滝根町』民俗編は次のように述べている。

「組、部落、区のように行政側からの要請、指示によって作られた組織とは異なり、一定の範囲に居住している家々のあいだに、きわめて自然発生的に作り上げられた私的な社会組織である。したがって地域社会の事情によって、構成や役割に違いが生じることもあり、また歴史的な状況の中で、その仕組みを変える経過も異なることが予想される」と。

部落のホラについて豊田武は次のように述べている。「洞《ホラ》は竹藪や闊葉樹などの四壁林で覆い隠された群落をいう。その周縁部にはおおむね水田や畑地が開けている。ホラは岐阜県に著しいが、関東でも『結城家法度』に洞が見える。武蔵にも多く、江戸時代、蕨には土橋、下蕨、法華田など一〇個を超える洞があった。この付近の佐々目郷では番匠免が番匠免洞となるなど、かつての名田、免田などが洞名となっている。

垣内など旧群落の洞への転化あるいは洞の新たな生成は、郷村制の成立と密接な関係をもっている。耕地の開発は洞内の本家を指揮者とする」(『歴史百科』一九七九年初夏第五号、『日本地名事典』「中世の地名」)。

『古事記』中の巻（景行紀）、『日本書紀』に倭建《ヤマトタケル》命《ミコト》または景行天皇の歌として、次のような国ほめの歌が伝えられている。

　倭は国のまほろば　たたなづく
　青垣山隠《ヤマゴモ》れる　倭しうるはし

板橋倫行は「大見の洞」など各地の地名から洞の例を検討し、先の「国ほめの歌」で「倭は国のまほろば」を、山に入りこんで外から見えない安住に適した場所としての洞を少し拡大して大和の国の讃辞にしたものとされた。

奈良時代に孝謙上皇は近江保良宮で、道鏡を看病禅師として登用したと伝える。離宮保良宮の跡はホラの名にふさわしい場所がらである。先の「国ほめの歌」を『日本書紀』に「国のまほらま」と伝え、その語に「真区」の注がある。青垣でしきられた場所（区）として、板橋説は説得力をもっている（『高取正男著作集』第四巻）。

「まほろば、まほらま、まほらば、まほら」などの語は、いずれも同じ意味で「すぐれている所、国」をいう。マは美称であるから、このマホラ、マホラバなどのホラもここに述べるホラ（洞）と同系統のもののように思われる。

またホロという地名がある。

母衣とか褒の字を宛てている。ダムで知られた岐阜県白川谷の御《ミ》母衣のように何母衣というのがあり、中部地方およびそれ以東の山地に見られるが、このホロもホラの転ではないか。その分布区域がホラ（洞）と一致するからである。

アイヌ語のポロ（幌別《ホロベツ》などのホロはポロからの転訛で「大きい」という意）からきたホロとも考えられるが、意味の上から該当しないように思う。

ホロはホラと同じく部落の意ではあるまいか（『地名の探究』）。

なお、建築用語におけるホラには次の三項目がある。

ホラ　洞。岩手県遠野市付近の農家で、茅葺き屋根で、棟がL形に配される合わせ目に生ずる谷。

ホラシタ　洞下。その谷の下にある小室。

ホラマエ　洞前。その棟がL字型に配される合わせ目の軒下を指す語。ここに土間の正面入り口がある。ホラメエともいう（『集解』）。

ボラ ① 三重県志摩郡（志摩市）で横穴〔『全辞』〕。② 千葉県印旛郡（一部、八街市、白井市、印西市、富里市）で崖。ボラッケ、ホラッコヒともいう〔『方言』五の六〕。③ 石垣を積む時、石がぐらつかないよう入れる石の破片をボラとかグライシという。大阪府南河内郡加賀田村（河内長野市）〔『民伝』三の一二〕。④ 茨、荊棘、草木の茂っている所をボラとかボラッカという。栃木県の南部で〔『栃木県方言辞典』〕。⑤ シラスと共に南九州の農民を悩ます土にボラ、コラというのがある。粒のあらい黄色の軽石の層で、安永八年と大正三年に桜島火山で噴出したものとされており、桜島の東部、大隅半島の北部から宮崎県南西部、諸県《モロカタ》地方に分布している。

ホーラ 川。鹿児島県大島郡与論島〔『与論方言集』〕。

ボーラ 志摩で洞穴〔『地形名彙』〕。

ホラアナ 海に臨む陸地の洞穴〔『地形名彙』〕。

ホラダ 岐阜県恵那地方で、山の谷筋にある水田。ヤマボラともいう〔『日本民俗学』一三〇号〕。

ホラッケ 下総佐倉付近で崖〔『地形名彙』〕。

ホラッコミ 洞穴。静岡県田方郡（一部、伊豆市、伊豆の国市、沼津市）〔『静岡県方言集』〕。

ホラッコモリ 地の窪み〔『地形名彙』〕。

ホラヌケ 山で水が突出してくる所。昔、ホラガイが住んでいて、それがぬけ出たので、その穴から水が出るのだと老人はいう。石や木を激しく崩す。兵庫県宍粟郡奥谷村（宍粟市）戸倉〔『山でのことを忘れたか』〕。大阪では豪雨によって山崩れして洪水になることを「ホラがでる」という〔『全辞』補遺〕。

ホランボ 洞穴。静岡市〔『静岡県方言集』〕。

ホリ 堀。① 土地を掘ることからでている。空堀のようなものもあるが、通例は水を通じてある。その用途、開発の目的によって種々に分類できる。

(1) 外敵を防ぐための消極的なもので塹、壕、濠などの文字を用いた。中世の豪族屋敷の多くは周囲に堀をめぐらした。直接の防禦と平素の生活を兼ねていた江戸時代の城にあっては城にこの堀があった。これらの豪族や城下町が衰退すると、堀之《ホリノ》内《ウチ》などという農業集落が形成される。集落の周囲に堀をめぐらしたのは環濠集落などと呼ばれて奈良盆地に多く、垣内の代表のようにいわれている。

(2) 洪水などの災害から守るために設けられた堀。古くは仁徳天皇の勅によってできた難波の堀江。しかし結果として「四方の国より献る貢の船」に便があった。

(3) 疎水や運河などの積極的利用の面がある。利根川下流の水郷地帯などでは、この堀が道路の代りになっている。

(4) 灌漑用水、雑用水のために設けた堀がある。たとえば天狗岩堰(群馬)では開発者によって越中堀、備前堀と分けている。

その他、釣堀とか養魚目的のものとか、遊覧用のものはむしろ池に近い(『郷土史辞典』)。

筑後、佐賀平野にあるホリは、普通クリークといっているが、これは中国大陸やベトナムに渡った人たちが、現地でクリークと呼ばれる水利施設を見て帰国後、言い広めたらしい。

中世、各地に割拠した領主たちが湿地の未開地を埋め立て、思い思いに領地を広げていった。その結果が大川市、柳川市などに多いクリーク密集地帯である。この時期、外敵防禦にも利用されたらしく、各所に「水城《ミズキ》」を思わせる環濠集落が残っている。近世に入ると、大名たちは領土拡張を海に求め、干拓が進むとクリーク網も広がった。筑後、佐賀両平野では、大部分が標高五メートル以下の低湿地なのに、筑後川はそれよりもまだ低い所を流れ、導水がむずかしい。ところが有明海は干満の差が五メートルで日本一激しい。そこで激潮時には川の水は、久留米地区まで押し戻され、陸地より高くなるという現象が生れる。住民たちはこの潮の上に乗った淡水(アオと呼ばれる水)を平野に導き、少ない川の水と合わせて溜めて使う工夫をした。一方、大雨が降れば排水しなければならない。

このためクリークには各所に、水量を調節する水門や水を流す樋管《イビ》、堰埭《ナメシ》などがあるほか、クリーク自体も幅、深さなどをいろいろに変えてある。

このクリークと同じようなものは琵琶湖、木曾川下流の輪中、霞ヶ浦などにもある。

筑後川の両岸でも水利、地形によりクリークの規模、密度などにかなり違いがある。たとえば佐賀平野は全体にゆるやかな傾斜があるので、むらがなくクリークの入り組み方も、福岡側ほど複雑でない。筑後平野では大川市、柳川市などでクリークが発達、地区によってはクリーク面積が田の三〇パーセントを超える所もある〔『朝日新聞』昭和43・11・16〕。

広島県府中市では、築山に掘る小池。
② 新潟県岩船郡粟島で、海の深い所〔『綜合』〕。
③ 鮭が川を上って子を置く所をホリという。北海道〔『松前方言考』〕。
ホリにつく＝鮭などが産卵のため瀬につくこと。北海道〔『松前方言考』〕。新潟県中蒲原郡（新潟市、五泉市）。

ホリほる＝鮭が産卵のため川瀬を掘ること。青森県上北郡（一部、十和田市）〔『全辞』〕。

ホーリ ① 大和で垣内をめぐる濠で、溝というよりも濠の方が実際に近い〔『大和の垣内』〕。
② あたり。「そこホーリ探してみろ」などという。大分県日田郡（日田市）。
③ 付近、便宜のよい地。「ホーリがよい」「ホーリポーリに店を出して繁昌している」などという。壱岐。
④ 遠い所、遥かな所。「ホーリの島」などという。南島喜界島〔『全辞』〕。
ホリイド 掘井戸。① 明治初年の東京の下町について綴った長谷川時雨『旧聞日本橋』に見える語。町家の掘り抜き井戸。
秋田市、富山県、大分市では池のこと〔『全辞』〕。
② 各地の民家において、井戸の掘り方の一種。簡便な器具と人力で掘る井戸。井戸の枠を設けないものもある。深さ一〇メートルほどのもの〔『集解』〕。
ホリキリ 切り通しを山口県豊浦郡（下関市）でいう〔『全辞』〕。
愛媛県西宇和郡瀬戸町（伊方町）堀切は佐田岬半島の最狭部（半島の中央より東寄り）でその幅六〇〇メートル、かつて宇和島藩主はここを掘って運河とすることを計画したといい、その作業のため死亡した者を祀る地蔵尊があるという。ホキの項参照。
ホリケ ホリキともいう。岡山県邑久郡（瀬戸内市）で掘池のこと。飲料には供せられない。たんに宅地または耕地の一部に設けられた小貯水池で、農用または防火用に備えられている。堤防も水門もない池だという〔『綜合』〕が、『集解』は「岡山県の民家で掘り抜き井戸。掘り池の意か」としている。
愛知県海部郡（一部、あま市、弥富市、愛西市）の民家で、掘り抜き井戸をホンノキ、福井県の坂井郡（酒井市、あわら市）、吉田郡の二郡でホンノケというのも掘抜きの訛だというが、あるいは掘池ではないか〔『綜合』〕。

ホリコ ① 小溝。安房（『国誌』、『全辞』）、福島県石城郡草野村（いわき市）（『磐城北神谷の話』）。相模（『国誌』）ではホリッコ（『全辞』）。

② 小鳥の砂浴びした跡の地面の窪み。岩手県二戸郡（一部、二戸市、八幡平市）（『全辞』補遺）。

ホリコシ 堀越は船越のできるような地峡を掘り割って交通に便した地形。

ホリゴメ 堀籠。中世に起源をもつ集落。在地領主が丘陵や台地に居館を営んだ場合、その山麓や崖下にこの集落が成立することが多い。

堀米、堀込は堀籠と同じ。関東地方では、根古屋、堀の内、箕輪《ミノワ》、寄居《ヨリイ》などが堀籠とともに、このような集落の地名として残されている。

栃木県佐野市の堀米は、中世の佐野庄堀籠郷で、堀籠氏は同地の豪族として成長した（『日本歴史地理用語辞典』）。

ホリノウチ 静岡県に特に多い地名。愛知県以東の中部、関東、東北に多く、中世の豪族屋敷村と称すべきものである。

一般には中世から近世の城館、寺院など堀をもった区画を示す地名とされている。多くは中世城館に関して用いられるが、城としての機能より、生活、開発の拠点としての性格が強い。したがって堀の内は城塞的なものよりは、領主層または豪族の居住地としての屋敷および周辺の耕地を指すと考えるべきであろう。

『新編武蔵風土記稿』に掲げられたものだけでも八四の字があるといい、かつての城址としての口碑が少なくないが、堀の内は必ずしも戦術上のものばかりではなかった。すなわち戦時はともかく、平時には中世の豪族は平地に住んでいたからである。そのため堀は農業用水の貯水池、用水路、排水路、ヌルメ（温水池）としての役目を果したのである。このような機能をもつ堀の周辺にある生産性の高い耕地こそ領主支配の経済的基盤をなすものであった。

関西におけるカイト（垣内）、西日本におけるドイ（土居）もこの類である（『郷土史辞典』、『日本歴史地理用語辞典』、『綜合』）。

ホリマヤ 愛知県宝飯郡（豊川市）の農家で、敷地内に掘った塵溜の穴をホリマヤという。これは堆肥に使う。あるいは幡豆郡（西尾市）のホルメと関係のある語かも知れないが、塵溜の用途も堆肥だから、マヤと誤り呼ぶのも無理はない。

越中下新川（一部、黒部市）の海岸地方では、塵棄場の便所近くにあるものをセンチャブロという。フロは沖縄でも肥料溜であり、また豚の厩舎でもあった。東北地方の馬小屋も、多量の青草を刈りこむために深く掘ってある。千葉郡でも塵溜をホックワといっている。マヤと塵溜とは、もとは近いものであったらしい〔『居住習俗語彙』〕。

ホルガマテ　堀上手。屋敷の池に引く水の取り入れ口およびその水路。富山県の西部〔『礪波民俗語彙』〕。

ホルバタ　屋敷内の池を富山県礪波地方で。ホルワタ、ホワタとも〔『礪波民俗語彙』〕。

ホルメ　愛知県幡豆郡（西尾市）で、炊事に用いた水を溜める堀。肥料に使うための下水溜。主屋の裏側に掘る〔『集解』〕。これとは別に、清浄な馬を洗ったり農具を洗ったりする池も家の傍によくある〔『綜合』〕。

ホレコ　宮城県伊具郡筆甫村（丸森町）で灌漑用溝をいう〔『綜合』〕。

ホレッコー　土佐で窪み、窪んでいる所〔『土佐の方言』〕。

ボーレン　叢、くさむら。大分〔『全辞』〕。

ホロ　①岩手県や青森県方面に多い母衣《ホロ》（また袰のつく地名（たとえば袰岩とか母衣下山《ホロオロシ》〈遠野市〉）は険しい斜面や著しい断崖と結びついており、ホロは崖を指す語であろう〔松尾『日本の地名』〕。

ホロはオリ、オロからきた語で、山や島などが侵食され、削られて崖のような地形になった所。土地が削り落とされた所がオ＝折（多くは接頭語に用いられる）は多くは崖を伴う山谷に立地する。オリ（折）の地形は折り曲げられた所、オリ（下）、オチ（落）の地形が削り落とされた所と地名の命名ではほぼ同一に扱っている。

地名として下立（オリタチ）、折立（オリタチ）、下付（オリツキ）、折付（オリツキ）などがあり、崖を伴う山谷に立地している。また下石（オロシ、オロジ）、折瀬（オロシ）崎、折瀬（オロシ）鼻などがある。

ホロの多くはオリ→オロ→ホロと変化したものであろう。

②母衣部《ホロベ》＝青森県下北郡東通村——poro-pet（大きい・川）でホロベッとすべきところを語尾が約されホロベとなったというが、比較的低平な所を流れ、日本語のホロ（崖地）には当たらず、アイヌ語であろう。

母衣《ホロ》内《ナイ》＝青森県北津軽郡小泊村（中泊町）
幌内《ホロナイ》＝青森県上北郡十和田町（十和田市）
保《ホ》呂《ロ》内《ナイ》＝宮城県玉造郡鳴子町（大崎市鳴子温泉）

右三例は、いずれも谷沢にあたり、崖地とも関係するが、北海道の場合と類似の立地であるし、アイヌ語poro-nai（大きい・沢）と考えた方が妥当であろう〔『地名の由来』〕。

③　藪。雑木林の通りにくい所を愛知県北設楽郡振草村（東栄町）〔『方言』六の八〕。

『岩波国語辞典』によれば、「幌《ホロ》は幌馬車のホロの如く、風雨、日射、ほこりを避けるため、車にかける覆いをいう。母衣は昔、よろいの上からかぶって矢を防いだ布製の袋状のもの」とあり、ホロ原義は「包む、覆う」であるなら、母衣という字を宛てたのは適切である。

ホンデン　乾田。湿田はシッケダという。福岡県鞍手郡鞍手町室木字下方で〔『福岡県史』民俗資料編〕。

マ

マ　間、澗、馬。

①　海岸地名として「間」「澗」のつく地名は多い。湾をいうこともあれば、湾岸の船着き集落をいうこともあり、また湾、入江に限らず直線的な砂浜海岸の集落をいうこともある。

時にはマが「馬」のこともある。島根県の中海の西岸にある馬《マ》潟《カタ》港（松江市）は宍道湖の水が大橋川によって中海に注ぐ口にある。このマもまた港を意味する。

佐渡島南岸の小木《オギ》港は城山のある小半島を境に内ノ澗《マ》と外の澗《マ》の二つの湾に面している船着き場である。北海道の函館の港内の旧称内澗《ウチマ》、美国町（積丹町）の船澗《フナマ》などの船着き場を意味する「澗」という字は津軽深浦町の大澗《オオマ》などと共通する。「澗《マ》」という字は「渓澗《マ》」などというように本来は谷水の意味で、これらの地名の場合は、船着き場をいうマという言葉に文字面の連想から宛てたものである。

北の澗《マ》、掛澗《カカリマ》、船間、間口、大間など「澗」「間」のつく地名は、湾入が多く、中には船着きの集落もないたんなる小湾の所もある。これらのことから、マはもともと陸のひっこんだところ、つまり湾や入江のことで、そこが船がかりに適するところから、ミナトの意になったものであろう。湾入をなさない船着き場にもマがあるのはこのためである。

宮城県気仙沼《ケセンヌマ》市は同名の細長い湾の奥にあり、もとはケセマヌといい、古くはケセマ（『延喜式』気仙麻）と呼んだというが、このケセマのマもおそらくこれで、それを気仙間（気仙之間）と書けばまさしくここに述べた例の一つである。

マとは柱や壁で仕切った部屋が居間（居間の柱と柱との間のマド〈窓〉である〔松尾『日本の地名』、『地名が語る日本語』〕。

福井県丹生郡国見村（福井市）では、船をつけたり、引きあげたりする所で、各自のマがきまっている〔『綜合』〕。

② 瀬戸（海峡、水道）の意味もあるらしい。瀬戸は湾のように行き止りではないが、陸の切れ目の窪地である点が共通している。

島根県の中海の中央にある大根《ダイコン》島の東岸に馬渡《マワタリ》という部落があり、瀬戸を隔ててそのすぐ北に接する江島（中海の島）に渡る渡船場にあたる。この馬渡の馬は瀬戸を意味するものであろう。宍道湖と中海とを結ぶ瀬戸（馬潟瀬戸）に臨む船着き場である。この水路は松江大橋にちなんで、大橋川の名があるが実情は瀬戸と呼んでいい。

日振島（豊後水道にある）とその北端に近い沖ノ島との間の海峡を「豊後ノ間」と呼んでいるが、この「マ」も瀬戸の意味。

下関市はかつては赤間関《アカマガセキ》（赤馬関）といったが、このマも瀬戸からきたミナトの意だろう。

大分県佐伯湾の南を限る鶴御崎半島の先端部と大島との間を「元ノ間海峡」と呼んでいるが、この間も同類で、大島の北端に接する「小間島」の「間」も海峡を指すものであろう。

間に馬《マ》を宛て、瀬戸を渡る渡船場を馬渡《マワタリ》と呼ぶ所もある。

③ 海岸でなく内陸部の馬渡《マワタリ》（またはマワタシ）は、きまって道路が川や谷や沼沢などの水溜りを横ぎる地点である。馬堀《マホリ》や馬淵などの地名も水に関係したものである。馬越《マゴシ》も川岸にあって川を越える地点。これらの馬《マ》はウマとは考えられず川や谷などの水のある窪地とすれば実情に合致する。湾や瀬戸を意味するマが、同じく川や谷、沼などにも適用するとしても不自然ではなく、水のある窪地という点で共通している。沼、野間、赤間、福間、浮間、鹿《シカ》間、牛間なども湿地と結

びつき、池沼や川の一部などの「水溜り」を指すのであろう〔松尾『日本の地名』、『地名の探究』〕。

④ ハマ（浜）、ヤマ（山）、ヌマ（沼）、クマ（隈）、シマ（島）などのマは地形を表わしたものであろう〔『日本語の語源』〕。

⑤ 沖縄には島名に鳩間《ハトマ》、来間《クリマ》、多良間《タラマ》、池間《イケマ》、加計《カケ》呂麻《ロマ》などが多いが、集落の地名にも当間《トウマ》は中城村、東風平《コチンダ》村（八重瀬町）その他に、仲間《ナカマ》なども恩納村、浦添市やその他にある。なお波照間《ハテルマ》島はハテ・ウル・マで沖縄の果ての意。ウルは珊瑚礁、ウルの島がウルマ。

このマはおそらく琉球方言の場所代名詞 kuma（ここ）nma（そこ）ama（あそこ）などの ma と関係のある要素であろう。

島、村落、港などの名にこれをもつものが多いことは、沖縄のみならず全国的に認められるが、あるいはバ（場）はもとこのマと音韻交替の関係にあった語かもしれない。ただしバはニハ（庭）の転じたものと一般には説かれている〔『日本語の語源』、仲松弥秀『地名の話』〕。

住居の語彙のイマ（居間）、ドマ（土間）、スマ（隅）、マド（窓）のマも所在空間を表わす語であろう。

⑥ 越中で支流に対し本流、主流を真川《マカワ》、常願寺川の真川は固有名詞になっているが、古い記録では黒部川の本流を黒部真川と書かれており、普通名詞であった。

洪水の記録で、二瀬に分流したうち何村へ向かった瀬が真川などと書いた例もある。

いくつかに岐れた枝谷のうち、主たる谷を真谷《マタニ》というのも真川に準じて考えたい。

本格的に深い淵を真淵《マブチ》、最も荒い重要な瀬を真瀬《マセ》という。山崩れで堰止められた一時的な淵に対して、本来の淵を真淵《マブチ》と称した例もある。常願寺川の馬淵について、魔の淵とか、戦国の軍勢が馬で渡ったとかいう説があるが、本来の真淵に対して「馬」を宛てたまでであろう〔広瀬誠『地理』昭和57・7号〕。

⑦ 志摩石鏡で海の平底〔『志摩の蜑女』〕、同じく和具（志摩市志摩町）あたりでは暗礁の前の砂地〔『方言』五の九〕、湘南方面では岩礁と岩礁との間だという〔「岩礁の名称とその分布について」『水路要報』二一号〕。大分県南海部郡米水津村（佐伯市）では、島とセ（岩礁）との間とか、セとセとの間をヨコシマのセとか地のセのマとかいう。大体岩礁と岩礁との間を

いう〔同村人談〕。

⑧ 島根県八束郡恵曇村（松江市）片句浦の沖にカンナカといって長さ一二、三里、幅二里あるマがある。瀬になっている。これをカンナカノマといい一番浅い所で三〇尋位ある。この瀬はカナ、ボッカなどの魚が多くとれる〔『出雲八束郡片句浦民俗聞書』〕。

マイコミ 水流の合流点。奈良県吉野郡（一部、五條市）〔『全辞』〕。

マイゴミ 山水などによって堆積した土。愛知県知多郡〔『全辞』〕。

マイタ、マエ 田のこと。関東から以西に点在する語。マイタ、マエは紙のように平らで薄いものを数える時の語と同源であろう〔『日本言語地図』④別冊〕。

マイダマリ 愛媛県松山地方で、細かい粉のような砂のこと。植木にマイダマリを入れるなどという〔『綜合』〕。

マイネ 畑の畦。静岡県富士郡〔『全辞』〕。

マイマイズ 栃木県那須郡の民家で、掘り抜き井戸の一形式。地表をらせん状に階段をつけて掘り下げ、直接地下水面まで降りることのできた大規模な井戸〔『集解』〕。

マイリ 近江坂田郡（米原市）でニエリのこと。舞入る義か。ニエリ参照〔『地形名彙』〕。

マインホカ 鹿児島県の農家で、主屋の前方の空地。農作業場の一部である。ホカともいう〔『集解』〕。前のホカ（外）の意。

マエゲ 田の前方。奈良県宇陀郡榛原（宇陀市）〔『全辞』補遺〕。

マエゼキ 青森県黒石市の町家で、道路の両側を流れる側溝。川から取水し下水を合わせ流すことで市中の衛生をはかったものである。明治以降、側石積からコンクリート溝に移行するとともにしだいにたんなる下水溝へと変ったという〔『集解』〕。

マエダ 有力な神社、寺、有力な人の住んでいた所、特殊な屋敷などの前の田で上田《ジョウデン》で、多くはそこで穫れたもので同族の寄合いのお祝いに使うとか、氏神のお祭りのお祝いにその米で赤飯を炊くなり、餅を搗いてあげる風習の所が多い。長野県で〔一志茂樹『地名の話』〕。山口県長門市大垰でも屋敷の前方の田〔『長門市史』民俗編〕。

マエバ 前場。山口県都濃郡（周南市）でワデに対する語。ワデは上のクボと下の岸のクボとの岸の根。したがってマエバはその反対の方の畦のこと〔『綜合』〕。岡山県で土地の低い方をマイバ〔『全辞』〕、富山県礪波地方では、マエバは主屋の前の庭のこと。農作業場の一部である〔『礪波民俗語彙』〕。

マカド　神奈川県三浦郡葉山町間門は、葉山海岸の御用邸付近で海に注ぐ下山川の上流にある部落だが、標高五〇～六〇メートルの丘陵の先端が河岸に臨む所で、二〇メートルくらいの落差をもって丘の側面が水田地に落下している。

横浜市中区間門町の間門は、市街地区の南部を占める本牧《ホンモク》の台地だが、根岸湾に終る地帯の一部に当たり、そこで台地のへりの高さが四〇～五〇メートルほどの崖をなし、湾岸に沿って南へ長く続いている。この海岸の一部を屏風ヶ浦と呼んでいるのは、正しく「崖海岸」を意味する名称である。この台地の一部を根岸台と呼び、根岸の地名は海岸地帯から台地の方へひろがっているが、根岸というのは、山裾や台地べりの急斜地からきた言葉であるから、本来はこの崖海岸付近を指す地名として起ったのが、あとで台地へもひろがったものと思われる。

間門も根岸も屏風ヶ浦も、この地の同じ地形から出た名称であろう。

葉山町の間門の地形もこれに類するものであろう。なお横浜市港北区新羽《ニッパ》町間門谷《マカンドヤト》があるが、これは横浜から八王子へ通ずる横浜線の小机《コックエ》駅から北方二キロ余りの所にあり、台地に南から北へくいこんだ小谷の集落で、台地の急なへリによって囲まれているが、ことに東側は崖の線がふちどっている。

マカドという地名は、崖からきた地形語であろうと推測するに最も適切な例は、青森県の奥入瀬川の岸にある馬門岩と呼ばれる断崖である。

十和田湖から奥入瀬川が流れ出る口から七キロ下流にあって、左岸の断崖が屏風岩、これに相対する右岸のが馬門岩。奥入瀬川に沿う十和田道はこの両断崖の間に通じている。

屏風岩は断崖で、これと一対をなす同形状の馬門岩も断崖を意味するものであろう。

馬門岩のうしろに馬門山という山地が細長く延びているが、これは馬門岩という名称がもとになってつけられたものとみるのが妥当で、山地の名が特殊な岩の名に採用されたとするのは不自然である。

青森県陸奥湾の支湾である野辺地湾に面した上北郡

野辺地町馬門がある。ここには海岸台地の端が高さ一〇メートルほどの崖をなして海に迫る所で、波打ち際と崖との間にわずかに青森に至る陸前街道が通じている。

静岡県沼津市にも東間門、西間門がある。ゆるやかな弧線を描く駿河湾北岸には砂丘に松林が続き、沼津の海岸は千本松原と呼ばれ有名だが、東間門、西間門はその千本松原の一部の地名。この松原の砂丘は六、七メートルの高さをもち、海際から急に土手のような高まりを示しており、間門はそうした地形に基づくものと思われる。

房総半島の南海岸には真門《マカド》がある（千葉県安房郡江見町〈鴨川市〉東真門、西真門）。ここは岩浜で、海食台地が丘陵のふもとをふちどっている所である。そこに東真門と西真門の両部落が隣り合っており、前面の海際に低い海食崖の連なっている状態はマカド地形の類型に適応する。

柳田国男『地名の研究』にはマカド地名の例五カ所が示されている。

静岡県吉原市（富士市）間門町は、同市の中心から北東へ約四キロの所にあり、富士の裾野と愛鷹《アシタカ》の山裾との接合線に沿って細長く延びた空堀状侵食谷に接した部落。

愛媛県上浮穴《カミウケナ》郡美川《ミカワ》村（久万高原町）馬門は、県の南東部山地にあり、仁淀川上流の面河《オモゴ》川の深い渓谷に臨む小部落。

山口県都濃郡鹿野《カノ》町（周南市）馬門は、町の南部山地にあり、両側の山麓が急斜する小谷の小部落。

栃木県佐野市の渡良瀬川に近い馬門は、今は大部分が干拓された越名沼の排水口付近に位置し地形に関連していると思われる。

そのほかマカドの地名は、

栃木県芳賀郡茂木《モテギ》町馬門

山梨県東八代郡境川村（笛吹市）間門

千葉県安房郡富山《トミヤマ》町（南房総市）真門

などがある。

マカドのマは「湾」の意があり、海岸におけるマ（間、潤、馬など）のつく地名には湾とか「船着き場」の意があるが、内陸のマカド地名にはあたらない。「谷」「水の溜った窪地」の意味もあり、そうした場所の一角という意もあるかと思うが、多くの実例には、これに適合しないものもある〔『集落・地名論考』〕。

なお柳田国男『地名の研究』で「アイヌ語のマカ（開く、開ける）ト（湖水）の語から出たものか」と説かれているが、山田秀三『アイヌ語地名の研究』第三巻一五五頁に「マカは『拡げる』意」、第二巻二一七頁に「トーは『沼』の意」とある。

つまり「湖沼の入口」という意となる〔奥田久『栃木県地名大辞典』月報〕。

マキ ①屋敷林。志摩の国府で〔『日本民家史』〕。

②巻、間木、牧。マキは同族、同族集団を表わす古い語である。古代の民族、中世の一家一門、近世の本家・分家などに見られるような同族的関係にあるものがマキである。

本来、そういう性質をもつ集団の村落が、マキのつく地名でマケも同様。

昔は住民の顔つきにも地方的な特色があり、マキの顔といって、その一族の特色が挙げられていた。たとえばある部落では丸顔が多かったり、マキヅラというものがあったという。親類をイチマキというのは一族、一門など「同一のマキ」の意。

同族を意味するマキの語は、琉球列島にも及んでいる。巻、間木、牧などのつく地名には、この同族集団の意味から、もっと一般的に「自分たちの部落」という意味に広がったものがあると考えてよい。

またマキは農村の共同作業をもいうことがある。牧または牧のつく地名（大牧、小牧、古牧、新牧、牧野）は牧場を指すものもある。間木も同様である。しかし、地形などの環境から牧場があったとは考えられない場所があり、部落の意に該当するものが少なくない〔『地名の探究』〕。長野県で近所。冠婚葬祭に手伝いに来る範囲をマケというのはマキの訛であろう〔『聞き書 長野の食事』、『日本の食生活全集』第二〇巻〕。

③地名例としては「小平地」にあるものが多い。また「〇〇マキ」は丘や山麓を取り巻いたり川沿いに半円形に連なる集落名にある〔『日本の地名』〕。

④槇（マキ）のつく地名の所は、地すべり、土石流、泥流のいずれかが起る土地のようである。土石流というのは、土砂が水で運ばれた量よりも異常に多く流出した場合をいうのであるが、その土石流は先端に巨岩や段波を伴って流下し、あとに柔練《ヤワネリ》のコンクリートを流したような流れをいう。その先端が地物を捲きこんで流下するさまはもの凄く、捲きこむさまをみてマキ

地名にしたものであろうという。
　昔、土地の人は土石流が発生するや「マク（捲きこまれる）られるゾー、ハヨ逃げや」とおらんだ（叫んだ）そうだ〔『地名と風土』二、小川豊『歴史地名通信』三号〕。
マキガワ　巻き川。長崎県壱岐の民家で、周囲を石で築き上げた掘り抜き井戸〔『集解』〕。
マキィ・グスク　牧の石垣の義。この石垣は石垣島の東北半島平久保《ペーブグ》より西南半島富崎《フザキイ》に至る延長約一〇里の間に築いたもので、往時西北方の山地から山猪襲来して農作物を害するのでこれを設けて防備した。石垣の上部には竹木で矢来を備え、その外側には陥穽を設けた。俗にこれを八重山の万里の長城といった〔『宮良当壮全集』第八巻〕。
マキタ　蒔田、水田に直接種子を播いて水稲を栽培する田または方法。ジカマキ田、ジキマキ田ともいう。丘陵や台地の侵食谷にみられる谷津田《ヤツダ》では水が乏しかったり、田植えと養蚕とが労働競合を起したり、深田のため作業がはなはだしく制約されるなどの理由から、水田に直接播種する慣行がみられた。『万葉集』にも「蒔きし田」「蒔ける田」などが見られる。関東地方の大宮台地や入間川、高麗川間の台地などに広く分布していた〔『日本歴史地理用語辞典』〕。
マキハタ　牧畑。牛馬の放牧と畑作とを交互輪転して行う土地経営法。隠岐島、対馬、山口県熊毛郡上関町八島などの離島で行われてきた〔『日本民俗事典』〕。
マキヨ　村落の呼び名。マキヨは沖縄島と奄美島だけに見出せる。王府任命のノロ（神女）地域とマキヨ地域とは一致することから首里王府のつけた公称で、自然発生的な呼称ではなく、そう古くない呼び名であろう〔仲松弥秀『地名の話』〕。部落を形成した血縁集団というのが原義であろう。
マギリ　間切。沖縄で王国時代から明治四十一年まで続いた現在の町村にあたる行政区域。マは「島」または「処」の意で、間切は処切、区別のこと、転じて区切られる区画の意。地縁的、血縁的に一円化していた地域が行政区画化し、それを按司《アジ》が領有していた。
　しかし『南聘紀考』に永徳元（一三八一）年薩摩に間切があったことを記しており、岡山県の「輪切」などと並んで、日本の古語から発したものかもしれない。沖縄で行政区画の間切が実施された時期は不明〔『日本民俗事典』〕。

間切はさほど古いものではなく、シマやサトなどの小さな集落から支配の関係でもっと広い地域が行政的に呼ばれるようになってからできたもので、その間切がさらに村《ソン》と改称された〔仲松弥秀『地名の話』〕。

マク　信州北安曇郡（一部、大町市）で断崖千仞のこと。八丈島でも堅岩または堅岩と土層とからなる高き絶壁〔『地形名彙』〕。

マグサヤマ　福岡県春日市春日で、部落共有の草刈り場、稲干し場で、必ずしも山ではなく樹林をいう〔同地人談〕。

マクラ　①　トカラ列島の悪石島にモトノマクラという浅瀬がある。マクラとは海岸線近くの珊瑚礁の浅瀬〔『トカラの地名と民俗』下巻〕。暗礁を南島硫黄島でいう〔『全辞』〕。

②　木曾三川下流の河口地域には、水際に形成された砂洲を表わす名に、たとえば三重県北牟婁郡長島町（桑名市）横満《ヨコマ》蔵《クラ》は「○○枕」の意で、枕状に砂洲の盛り上がった所〔鏡味明克『三重県地名大辞典』月報〕。

③　田畑の片端を枕と呼ぶ土地は広い。実際に畝が枕のようにそこだけ横になっている。

山城の相楽郡（一部、木津川市）などこの枕を作ると田が櫛の形に似るといい、普通東に向けて、畝の列を直角に手を入れるために作るのだという。

横枕という地名も、地割りの際にそこだけ境の線を他と直角にしなければならなかった地形らしい〔『農村語彙』〕。

神戸市の西北部地方では、隣の田畑が自分のでないため牛が進めず、鋤の方向を替えて使うのでできる両端の横畝をマクラという〔『民伝』一六の五〕。

香川県仲多度郡では、麦畑のマクラおよび畝端だけに排水のために溝を掻いたのを枕溝という。マクラ畝は、畑の両端に一堺ずつあって牛を使う便宜のためだといっているが、人が鋤踏をする土地の畑にもやはり枕畝はあるようである〔『農村語彙』〕。

福岡県春日市では、田畑の排水をよくするための高い植床をウネ（畝）、その間の溝をウネミゾ（畝溝）といい、牛馬耕作では牛馬をアトシザリ（後退）をさせるのはむずかしいので、方向転換の幅だけウネの方向を違える。このウネをマクラという。

南北に長く、南東に障害物のない日当たりのよいセマチ（畝町、一筆の圃場）は、南北に長いウネをつくり、日照に支障はないが、南東に障害物のあるセマチは、南北にウネを作るとマクラを長くしなければならない。東西にウネを作り、マクラを横におくので日陰地にはヨコマクラ（横枕）という地名もある〔『筑紫の里ことば』〕。

マクリ 降雨のため渓流が氾濫し俄然土砂岩石を押し流すことをいう〔『地形名彙』〕。

これは「マキ」の④と同じ。

① 淵を新潟県中蒲原郡（新潟市、五泉市）で〔『全辞』〕。

② 木呂を沢に落す所をマクリ場という。木落し場。

マコ 三河北設楽で断崖絶壁の所〔『地形名彙』〕。新潟県南魚沼郡〔『越後南魚沼郡民俗誌』〕。

静岡県磐田郡（磐田市、袋井市）、周智郡、愛知県北設楽郡で岩、岩のかたまった所、崖。断崖絶壁〔『全辞』、『静岡県方言集』、『方言』六の八〕。

マゴ 田の隅の畦。和歌山県日高郡〔『全辞』〕。

紀州の日高、那賀（紀の川市、岩出市）の二郡などで、麦田の端の曲った所にできる短い畝をいう。稲田にもマゴということはある。いびつな田はその隅がそうなる。田植の折など、マゴだけは別に下手な者に植えさせ、または主人自ら植える土地もある。

マゴとマクラとはやや異なり、マクラは耕地の一端に、特に他の畝と直角に横に立てる畝で、理由はわからないが古来の地割にも用いられ横枕という字の名の所もある。マゴは田の形の必要から生じたただ、はしたの畝に過ぎない。マゴといいヒコというのも並の一畝にも足りないからの称であろう〔『農村語彙』〕。

『久留米市史』第五巻は、マゴを次のように説明している「田畑のアゼのうち、マクラ（枕）の一方にだけ届いて他の枕に届かぬもの。マゴウネとも」（福岡県久留米市）。

マコヤマ 越前。斜面の岩場または岩山〔『地形名彙』〕。

長野、愛知の県境山地で斜面の岩場または岩山をいう。青森県東部のマッカという語が坂あるいは崖の険しい所をいうのと同じ語のようである〔『綜合』〕。

マサ 赤土の層、たんに地層の意にも用いている。相州〔『地形名彙』〕。

① 花崗岩風化土で中国地方の大部分、九州、四国、近畿地方の一部に分布し、中国地方ではマサツチと呼んでいる。粘質乏しく、通気性、透水性が高いため、

水分が留りにくく、旱魃を受けやすい上、わずかな降雨で崩壊流失が起るので、これが防災対策の必要がある。

したがってこの地帯では、道を切り通すときは直角に崖を削り取らねば、降雨のため崩壊するといわれる。島根県南部の雲南地方ではマサドという〔『NHKテレビ』昭和52・5・22〕。

中国山地の中枢部は、ほとんどマサ土に覆われており、最も多く砂鉄を含んでいる。砂鉄は純花崗岩のもので粒度が大きいものを荒マサ、粒度が小さいものをマサといい、砂鉄採錬はできるだけ地便のいいマサ土を選んで、そこにカンナバ（鉄穴場）を設け、カンナ流しを行うことから始められた〔『日本の石垣』、『鉄の生活史』〕。

大正の初期まで山口県下関を通過して日本海を北上した北前船は、下関市長府町外浦でマサツチをばら積みにして、これを底荷《ソコニ》（バラスト）としていた〔鬼頭某談〕。

大相撲九州場所の土俵作りをする福岡市の岡本義助、岡本金太郎の談によれば、

「土俵はアズと呼ばれる質の落ちる土を、マサという上質の土をくるむようにして作る。叩きあげているうちに中のアズが外側に出てきてムラになることがあるが、そんな土俵で本場所をやらせるわけにはいかん。土俵の土の主体となるマサはさらさらしていて乾いているときは、息を吹きかけても飛ぶくらいである」と〔『NHKラジオ』昭和38・11・10、『毎日新聞』昭和41・11・10〕。

② 富士山の東方山麓の静岡県御殿場市一帯は、富士山の活動で噴出した火山灰、火山砂、火山礫などが溶岩上に堆積してできた不透水層で、コンクリートより硬い富士マサといわれる溶岩が敷きつめられ、表面に黒ボクといわれる火山灰土が重なっている。富士マサはその面積四万六千七百ヘクタールに及ぶという。

溶岩のため木は根を張らず、酸性の強い砂地は農耕に適さない。富士の冷たい山肌は、駿河湾からの暖風をさえぎり、この地方に降る年間雨量三千ミリの多量の雨は、砂地を素通りして地下水系に吸いこまれ、直接三島に注いでしまう。雨はうんと降るが、水不足に悩まされることになり、部落対抗の激しい水争いは最近まで繰り返された。

③ 柾目《マサメ》の略称で、石炭の炭壁が切羽面と直角になる

ことをいい、マサメはどんなに力一杯、ツルハシを打ちこんでも、そのあたった部分だけしか石炭は崩れてこないので、その一方の隅を深く切り破って、破れた方の口から横なぐりに掘りかえさねば一片の石炭も崩れてこない。筑豊の炭坑で〔『郷土田川』一二号〕。

マサゴ　『山岳』（辻村太郎）に「岩山の山腹に転落した岩片はサグをつくり、サグの領域が山頂まで拡がり岩屑が山巓を蔽ふようになるとマサゴ山と化する」とある。サグより細かく岩石が砕けるとマサゴとなる〔『旅伝』一五の二〕。

浜石の小さいものを壱岐でいう〔『全辞』〕。

海浜の丸い小さい石を長崎県北松浦郡（平戸市）大島村や上五島（佐世保市）の宇久島でいう〔各地出身者談〕。

マシ　田の区画のことを奄美大島の大島郡瀬戸内町古志でマシという〔『奄美の文化―綜合的研究』〕。与論島には角マシ、川増、コトリマシという小字がある。沖縄と同じように水田をマシという〔『日本民俗学会報』二四号〕。

マージ　①　赤土質の土壌。沖縄〔『沖縄語辞典』〕。パイン、さつまいも、砂糖きび、麦などが実る〔『図説琉球語辞典』〕。

沖縄で風化してできた土壌のことをマージやジャーガルと呼んでいる。マージに二種類あり「国頭マージ」と「島尻マージ」。

島尻マージは琉球石灰岩からなる台地で、鍬を入れると下層土が非常に硬い。それで水や空気はとても深くまで入りそうにない。その土が海洋博に伴う大型工事の後遺症をはじめ、パイン畑の開墾、大規模の土地の開発や造成などのために降雨と共に流出しはじめた。そして沿岸の広い海域を赤く汚濁するという異常現象となって現れた〔玉野井芳郎『朝日新聞』昭和54・2・15〕。

②　○○マージ――真地。琉球王の使用する馬場の意か。平良《テーラ》馬場《マージ》、識名《シチナ》馬場《マージ》の二カ所がある〔『沖縄語辞典』〕。

マス　河尻の水田と海との間に設けた淡水を貯めておく所。岡山県児島郡（岡山市）〔『全辞』〕。

マスガタ　枡形。城の第一の門と第二の門の中間に空地を設け、敵が攻めこめば袋の鼠にする。城兵が出撃する時、最初の内門を開けて城兵を枡形に一杯入れ、それから外門を開いて外へ出す。枡形は五間と八間あり四〇坪。騎馬なら一坪一騎で四〇騎。徒歩の兵は一坪六人で二四〇人が一杯分。出陣した兵力がわかる〔『うきぶくろ』〕。

城の一の門と二の門の間の武者屯《ムシヤタムロ》をいう。馬屯ともいい、方形または矩形の平地で、侍や馬を置き、人数をはかり出すことから名づけられたという。

城の内へ築き出したものを「出し升形」といい、左右へ出すのを「袖の升形」と称した。枡形をもつ城門を枡形門という。敵の侵入を防衛するための枡形は城下町にも設けられた。

金沢では道路の要所に、盛岡では町はずれにもつくられ、宿場町にも設けられる場合があった〔『日本歴史地理用語辞典』〕。

新潟県の城下町には方形またはやや長方形の広場をその形態から枡形というが、越後新発田城下では、その機能から人数溜《ニンズダマリ》と呼んでいる。

大都市化した城下町では、道路の拡張整備のため枡形は自然消滅したが、高知などでは枡形は地名として残っているだけである。これに反して地方の小城下町では、比較的原形を保っているものが少なくない。越後村上では、現在なお肴町枡形という町名入りで呼ばれているものが残存する。

これら枡形人数溜は兵員の隊伍編成の広場だが、また非常の際の施粥の場所となったり、犯罪者の処刑の場所に使用されたが、今はもっぱら祭礼時の集まりの場所となっている〔『集落地理講座』第三巻〕。

青森県東津軽郡野内村は、藩の関所の址だから村はずれにマスガタというのがある。二〇間ばかりの所を道路の幅を広くしてある。有事の際の兵士の集合屯所だという〔『民伝』三の一〇〕。

宿駅は貨客の輸送、宿泊を機能とする集落だが、宿泊の方が重視されたため、一般には「宿」とか「宿場」とか呼ばれた。宿場は城下町を除いては、通常一本通りである。入口付近には「枡形」といって城門のように道を屈曲して小さな広場が設けられることが多い。これは保安と防禦の目的からである〔『日本の民家―その伝統美』〕。

マセ　①　マセ（馬柵）は広い牧場を囲うもので、上州の高原などに見られる。胸の高さほどに丸太を横たえたものや、自然石を野積みした程度の簡単なものが多い〔『滅びゆく民家、屋敷まわり、形式』〕。

②　トカラ列島で田んぼのこと。水田は十島村では口

之島、中之島、平島、小宝島、宝島の五島にあるが、マセの名は平島と宝島とにしかない。

宝島では字名に、大間瀬、平間瀬があるが、水田から出た語かどうか。平島では、大きい水田をオーマセ（一反余の水田）、小さいものをコマセ。このマセはマチの転訛したものか。

奄美大島の加計呂麻島にはシマーシ、ヒリャマシ、ナーマシなど○○マシの地名が多いが、これも同系の語か。

イシマセ　岩の沢山ある田。

ナカマセ　水田地帯の中ほどにある田。

ミョートマセ　夫婦マセ。二つ続きの田。

ヨコマセ　畑名。里から前浜へ通る道の横脇にある。昔は田だったものか。

カンジャマセ　カンジャはカジキ（鍛冶屋）の訛。以前部落所有の鍛冶屋小屋があった。その小屋付近の田〔『トカラの地名と民俗』下巻〕。

マタ　沢の支流をいう〔『地形名彙』〕。

① 岩手県岩手郡（一部、盛岡市、八幡平市）で、山中の沢に多く見える名で、多くは又の字を宛てているが、分岐した沢の意〔『山村民俗誌』〕。

② 香川県では、個々のデスイすなわち用水路または池の灌漑区域をマタといい、マタごとにカンボウ（看抱）、ミズヒキ（水引）などの世話人がいる。引水が始まると番の役が出た。

マタは水路の意らしく、諸国の山中にも北俣、南俣などの地名あり、岐の字を用いられる〔『綜合』〕。

③ 南島国頭で谷〔『全辞』〕。

マタギッチョー　ハネットに同じ。

① 畦の切ってある所。静岡県庵原郡（静岡市）。

② 小さい溝。山梨県中巨摩郡（一部、甲斐市、中央市、南アルプス市）〔『全辞』〕。

マータリ　家の付近。近傍。「マータリの田だって他人のものだ」などという。富山県上新川郡（富山市）〔『全辞』補遺〕。

マチ　① 本来の意味は、土地の区画を意味し、田の区画をセマチ、コマチ、ナガマチ、オホマチなどという。「マチハリ」「飯田町張」「ヒトセマチ田」などという語があり、比較的広い平地があって、そこには地形的に限界づけられた不整形の田ではなく、畦畔を方形に区画することのできた、めぐまれた場所の田のことらしい。セマチは一畝ごとに区画したものをいう。

畑にはマチをつけたものはない〔『民俗と地域形成』〕。『倭名類聚鈔』の「天地部田野類」の項に「町和名未知田区也」とあり、縦横に通じる畦に囲まれた田地の一区画をマチと訓じている。

農耕地の中に新たに区画して宅地を方形に割ったのが、市街の起源でマチ（町）の名が起ったと思われる。あるいは市《イチ》立のある祭礼をマチと呼ぶのが古語であるところから、常設の市立の場所としての市街をもマチと呼ぶことが始まったとも考えられる〔『日本民俗事典』〕。

マチはマが接頭語で、チはミチ（道）と同源同義で、巷街の意に用いられイチ（市）と同じく人の群集する所をいう。

要するにマチは畦＝道から発して、それによって囲まれた区画を指し、それに似た構造をもつ都城制の都市計画における街路によって区画された特定の境域を意味するようになっている〔内藤昌『朝日新聞』昭和58・2・2〕。

長さを表わす町《チョウ》は、一町歩平方の奥行きの長さが一町で、マチという語は最初区画を意味していた。

町という言葉は、少なくとも近代に至るまでは、村の一部分、一区画のことである。

たとえば、鹿児島県曾於郡岩川村（曽於市）の町屋のある所を岩川町。同郡末吉村（曽於市）の中心を末吉町といった。

岡山県苫田郡（津山市）東加茂の大字桑原の中に川に沿った一区画の民家のかたまっているところは字桑原町となっている。山口県都濃郡久米村久米市（周南市）などもその好例。

イチ（市）をマチという例は、東北各地をはじめ全国各地に多い。マチは祭りと同義語らしい。

イチが祭礼と関係深いのも、イチがイツキ（心身を浄めて神に仕えること、またその人）系統の言葉といわれる。

東北地方では、口寄せミコをイチコといい、茨城県には、多くの神社に大市、小市あるいは市子、若市子と名づけて祭礼にたずさわる者があった。伊豆の三宅島でもそのような立場の人をイチコという。

市《イチ》の起源は、物資の交易に人々が特定の場所に集まるのは、神社の祭礼や寺院の縁日の機会が多かったことから、そのことをイチともマチとも呼んだという説がある。のちには社寺と関係のない所でも、人が大勢住んでいる区域を町と呼ぶようになった〔『ことばの風土』〕。
② 新潟県岩船郡粟島浦村の民家で、主屋の前の空地や通路をいう〔『集解』、『綜合』〕。
③ 岐阜県揖斐郡徳山村（揖斐川町）戸入では、田植えの苗を植える間隔〔『全辞』補遺〕。
④ 三重県一志郡（津山市、松阪市）で、猪の通り道〔『全辞』〕。
⑤ 長野県上水内郡（一部、長野市）で、川の分岐点〔『全辞』〕。
マチバ 中心街。仙台〔『全辞』補遺〕。
マチバタ 市場のほとり、市のそば。沖縄本島で一般には、イナカから都会地を指すようである。〔『沖縄語辞典』〕。市はマチである。
東京で、古くから十一月の酉の日、浅草鷲《オオトリ》神社をはじめ、都内各地の大鳥神社に「お酉さまの市」が立つ。これをトリノマチという〔『ことばの風土』〕。
マチムケ 街かた。「あの娘はマチムケへ嫁入りしたがっとる」などという。富山県礪波地方〔『礪波民俗語彙』〕。
マツ ① マツ（松）は松が生えている所の松尾、松生が多いが、松の木以外に一区画の土地の意だったり、町の意だったりする場合がある〔小川豊『歴史地理名通信』三号〕。
② 熊などを撃つため待つ場所をマツ、マッバという。マタギ言葉。福島県南会津郡檜枝岐村〔『日本人とたべもの』〕。
マッカ 青森県東部。嶮しい坂または崖〔『地形名彙』〕。
青森県の東部。南部、岩手県九戸郡で坂あるいは崖の険しい所〔『方言と土俗』二の二、『全辞』、『綜合』〕。
青森県北津軽郡小泊村（中泊町）で、断崖の岩場をマッカイシ〔『NHKテレビ』昭和36・3・21〕。マッカイシという部落あり。
マッキュウ 崖の崩れて赤土の現れた所。九十九里〔『地形名彙』〕。
マッタキ 断崖。高知県幡多郡（一部、四万十市）。マッタキ参照〔『全辞』〕。「まっすぐに立つ」意か。マッツ。マタテともいう。馬立山、廻館山、真立島〔『日本の地名』〕。
マッタジ 迂路。まわり道。秋田県仙北郡角館地方（仙北市）〔『旅伝』八の六〕。

マッチ　粘土を大阪府豊能郡歌垣村（能勢町）、和歌山県、徳島県美馬郡（一部、美馬市）、広島県芦品郡（福山市）でいう〔『近畿民俗』一の一、二、『全辞』〕。

真土山、亦打《マッチ》山、待乳《マッチ》山（『日本の地名』）。

埼玉県大里郡男衾村（寄居町）では、少し赤い粘土質で湿るとぐちゃぐちゃで、固まるとこちこちになる重い土で、大麦や甘藷はマッチの方が収穫が多いとされている〔『民伝』九の八〕。

同県戸田郡（戸田市）では、荒川沿いの堤内の土壌はシルト質の粘土混りのものが帯状に広がっている。これを真土といい、薄褐色で作物の栽培においてアラギダ（堤外地の砂。粘土質の土壌で非常に肥沃なもの、灰褐色でやや固く、すべての作物に適する）に準ずるといい、耕作面積の大半を占める〔『戸田市史』民俗編〕。

高知県吾川郡池川町（仁淀川町）椿山では、焼畑で土壌に水分が多く粘り気がある。小石が多く、どんな作物でもよく穫れる。雨が降り続いたらよく固まる。七〇〇メートル以下のヤマに多い〔『焼畑の村』〕。

粘土分の多い粘土質土壌で、一般に土は肥えているが乾燥すると硬くなる。根付き（発芽）が良いと穀類などの収量はある。現在の土壌分類では埴土（C）〜埴壌土（ch）に属する。古い記録での彊塩と同じであろう。

またマッチの中で特に赤味を帯びているものをアカマッチという。粘土質の強いものをいう。現在の土壌分類で埴土（C）程度のもので、古い記録での赤彊塩であろう。熊本県菊池地方〔『失なわれてゆく村のことわざ・言葉』〕。

また、熊本市の人が次のように語った。「黒土と赤土とが混った土で、畑としては上等の土をマッチという」と。

長崎県北松浦郡小値賀町で、マッツチというのは上等畑で土がやさしいという〔『離島生活の研究』〕。

なお福岡県京都郡犀川町（みやこ町）では、山の褐色の赤土をマサツチといい、苗代田や田、畑にこれを入れると収穫が多いという。山を持たない人は、買ってまでこの土を入れる。このことは近頃のことで、昔はマサツチを田畑に入れることはしなかった。なお土地の人は、この土は無菌だから、サシ木に用いると最良であるという〔同地人談〕。これもマッチと同様ではなかろうか。

マツバ　熊を射撃するために待機する場所。秋田県仙北郡西木村（仙北市）檜木内のマタギの山言葉〔『狩猟伝承研究』総括編〕。

マツバエキ　長野県上田市諏訪形で、道の分岐点をいう〔『長野県史』民俗編、第一巻（二）東信地方〕。

マド　『地形名彙』に、「渓谷の狭く深くして左右は絶壁を成し、向うも谷、此方も谷で分水の脊梁をなす所」とある。

山稜が切れこんで窓の形に低下した地形。信越の高地でいう。九州の九重山彙でも、同じ地形の所をマドという〔『旅伝』一五の二〕。

剣岳の大窓・小窓・三ノ窓などでよく知られているように、山稜の深く切れ落ちた地形を越中では窓という。谷頭がU字形にまるく開き、そこから雪渓が垂れ下がりいかにも明かりとりの窓という感じである〔広瀬誠『地理』昭和57・7号〕。

徳島県美馬郡（一部、美馬市）では峠というが〔『全辞』〕、このような地形が峠となるのであろうか〔『綜合』〕。

山の間の水道をマドといい牛窓、牛窓瀬戸はこれである〔『日本の地名』〕。

マドー　わき道。常陸〔『国誌』、『全辞』〕。

マナイタグラ　山の岩場のこと。そこにかかった熊は捕えるのに好都合なこと、ちょうど俎に載せたようであるというので、秋田マタギの住む山村には所々にこの地名がある〔『秋田マタギ資料』〕。

マノセ　鞍部を千葉県印旛郡遠山村（成田市）〔『方言』五の六〕。馬ノ背。

マバ　山仕事に行った馬の溜り場。山上の平地。長野県下伊那郡（一部、飯田市）で。馬場〔『綜合』、『全辞』〕。

マブ　土地によって著しく異なった意味をもつ。宮城県では崖、宮崎県でも道の頭の傾斜地、奈良県南部では山田の畦畔の草生地、遠野地方でも山の端の荒蕪地、佐渡では低い所を望む地であり、秋田雄勝郡では雪の吹き積った所、北および南肥後では横穴のことをいう〔『地形名彙』〕。

①　崖。断崖を新潟県岩船郡（一部、村上市）で。アブの項参照〔『全辞』〕。

②　傾斜した小谿の水源または小谷の頭に塚状をした地形を宮崎県東臼杵郡椎葉村でマブという。猪はだいたいこのようなマブ下を通過し、巨猪は群犬をここに

引き受けて闘う習性があるという〔『綜合』〕。
③「御前《ゴゼン》マンブ」などと称している最良の石があるが、鉱山にもマンブの語があり、鉱脈の意のようである。「御前マンブ」とは殿様御用の砥石脈の意。崖のハブと関係あるか。岩手県岩手郡〔『山村民俗誌』〕。伊豆半島の西岸の土肥町（伊豆市）で金山の鉱道、坑道をいう〔『RKBテレビ』昭和61・11・6〕。
④山形県庄内、新潟、富山、福井、出雲、広島県双三郡（三次市）、熊本県南関町で横穴〔『全辞』〕。佐渡、山口、福岡、長崎、熊本県では礦坑、炭坑の坑道をいい〔『全辞』〕、礦道の支柱に使う木材（坑木）をマブキという〔『綜合』〕。

大分県速見郡日出町付近の山間部では、トンネル（隧道）のことをマブという〔『民伝』一四の七〕。

マブという語は、要するにハブに同じく「仰ぐ」（アブク、アブキ、アビキ）に語源を発する語である。

マブシ 猪の通路に構えて要撃する一定の場所をいう〔『後狩詞記』〕。『和名抄』などにある古い語〔『綜合』〕。『曾我物語』巻一に、「赤沢山の麓、八幡山の境にある場所を尋ねて、椎ノ木三本小楯にとり、一の射翳《マブシ》には近江小藤太、二の射翳には八幡三郎、手だれなれば余さじものをと立ったりけり」〔『日本民俗学辞典』補遺所引〕。

茨城県久慈郡八溝山麓（大子町）では、猪、鹿の通路に居て餌などを求めに出て来るのを待つことをマブル（動詞）といっている〔『全辞』補遺〕。

マホカ 鹿児島川辺郡笠沙町（南さつま市）で、家敷内の外庭をいう〔同地人談〕。

ママ 信州北安曇郡（一部、大町市）などではハバより急で、水平面からほとんど直角に立つ地面、すなわち崖のこと。伊豆新島、神津島、御蔵島でも崖をそう呼んでいる。羽前米沢地方でも河に接した崖をいい、河に接してないものはたんにガケと呼ぶ。安房では土手のことであり、静岡県田方郡ではママネは石垣の意に用いている。遠江安倍郡（静岡市）では水勢で細土の堆積した所を呼ぶという〔『地形名彙』〕。

崖の意で、『万葉集』に地名として真間之井（巻九、一八〇八、葛飾の地の井の名）、真間の浦（巻十四、三三四九、同上の浦名）があり、そのほか「石橋の儘に生ひたる顔花の」（巻十、二二八八）、「足柄のままの小菅の」（巻十四、三三六九）などがある。

崖をママというのは岩手県気仙郡、秋田、山形、福

島県信夫郡（福島市）、茨城県久慈郡、栃木県安蘇郡（佐野市）、河内郡、佐野市、日光市、群馬県佐波郡、神奈川、新潟、長野県上高井郡、伊豆、駿河、遠江、三河、八丈島、広島県安芸郡、高知県、昔は上総にもあった（『全辞』、『方言学概論』）。

新島の間々《ママ》下《シタ》浦は、西向きの崖で、純白な流紋岩火山礫層（辻村太郎『定本柳田國男集』月報八）。マブ、ママカケ、ママッカケ、ママッコケ、ママクド、ママックネともいい、ハバもママの訛語であろう（岩手県に、矢巾という所があるが岩ハバの訛であろう）（『方言と土俗』）。

間々、儘、万々、魔々、真間、圸、堹、壗などの字を宛てている（『綜合』）。

元来は洪水などで、川岸などの崩れた所をいうが、欠けたままでまだ修理を加えない意とするのは、儘の字を宛てた誤解であろう。

長野県北部では、ハバよりも急で水平面とほとんど直角に交わる急斜面をいい（『小谷口碑集』）、静岡県磐田郡（磐田市、袋井市）、庵原郡（静岡市）でも崖、段々になっている地の直立面をいう（『静岡県方言集』）。

新潟県南魚沼郡（一部、南魚沼市）では、ハバ（崖であるがあまり高くない所）の欠けた場所とか、崖というほどではないが段々になっている所、田ならば段丘田の下段の畦をいい、ハザマともいう（『越後南魚沼郡民俗誌』）。

上総、信濃（『物類称呼』）、山形県村山、東田川郡、福島県、茨城県久慈郡、群馬県吾妻郡、埼玉県秩父郡、千葉県安房郡、神奈川県中郡、静岡県庵原郡（静岡市）、長野県北安曇郡、新潟県古志郡（長岡市）では土堤、どて（『全辞』）。

山形県飽海郡、会津、長野県西筑摩郡（上田市）では、堤などの崩れた所（『全辞』）。

岩手県気仙郡、宮城県玉造郡（大崎市）、栃木県河内郡、宇都宮市、今市市（日光市）では畦畔（『全辞』、『栃木県方言辞典』）。

福島県大沼郡では、畦畔の大きいもの（『綜合』）。

茨城県多賀郡高岡村（高萩市）では、道に崖の臨んだ所とか、畦の高低のはなはだしいものとかいっている（『常陸高岡村民俗誌』）。

新潟県中魚沼郡、長野県下伊那郡、静岡県磐田郡（磐田市、袋井市）では、水辺のえぐれて窪んでいる所をいい〔『全辞』〕、静岡県榛原郡では、海岸の岩などが刳れた魚の隠れ所をいう〔『静岡県方言集』〕。

山形県米沢市、群馬県山田郡（みどり市）、伊豆大島でママ、静岡県東部の一部でママネといい石垣のことをいっている〔『綜合』、『全辞』〕。

また山梨県中巨摩郡芦安村（南アルプス市）では、山畑の傾斜を流れる砂止めのために根の張る木（ウツギ、ケヤキ、クワなど）を植えて土を壊さぬよう石などそこで止るようにしているのをママといい、植えた木は常に刈って上へ伸ばさないようにしておくという〔『綜合』〕。

ママガキ　群馬県利根郡（一部、沼田市）の農家で、敷地の周囲に築いた石垣〔『集解』〕。

ママカケ　長野県下伊那（一部、飯田市）で崖をいう〔『地形名彙』〕。

山形では、川が屈曲した部分が川水のため、しだいに欠けていくような所をママニナッテイルとかママカケとかいう〔『民伝』二の八〕。

下伊那で小さい崖〔『方言』七の八〕。

信州上水内、高井、筑摩地方で崖、峻崕をママッカケ〔『方言』六の三〕。

東筑摩郡でも峻崕、あるいは横へ掘れた穴をママッカケともママアナともいう〔『方言』六の一二〕。

ママクド　ママックネともいい下伊那で土の崩れた所〔『地形名彙』〕。

下伊那で小さな崖〔『方言』七の八〕、また土の崩れた所〔『全辞』補遺〕。

ママコウネ　二つの丘陵の突き出した中間にまた一つの小さな突出部のある地勢を愛媛県北宇和郡（一部、宇和島市）でこういう。そこを屋敷地にすると家が衰え亡ぶという。ウネはこの地方で低い尾根通りを意味する方言〔『禁忌習俗語彙』〕。

ママッコ　嶮岨なる畦。安房〔『国誌』〕。険しい土堤。千葉県安房郡豊田（南房総市）〔『全辞』補遺〕。

ママミ　米沢で岸〔『地形名彙』〕。

ママヤ　飛騨山脈の一部でカールのこと。マヤクボも同じか〔『地形名彙』〕。

マル　①四国にはマルという山が多い。天神丸、高尾丸、日ノ丸山、神丸山（いずれも阿波）などで空線が丸い形のもの。

中国にもマルという山名あり、秩父、奥多摩地方にも多い。正丸《シヨウマル》峠、鷲丸《ワシマル》山、茅丸《カヤマル》山、萩之《ハギノ》丸《マル》山、二丸頭《フタマルアタマ》など。

飛越境の黒部五郎岳（二八三九メートル）を双六谷側の人はマル岳と呼ぶ。この方面から見ると大カアルが見えず、円い穏かな山貌を呈しているからという〔『旅伝』一五の一〕。

マルはモリ（森）の訛ったものとも、ムロの転ともいう〔『郭公のパン』〕。

語尾に丸のつく○○丸は、山を意味する〔『地名の探究』〕。

② 山ではないが、平地より幾分か高みの平坦地をもマルというようである。たとえば富山県上新川郡堀川村（富山市）の太郎丸、新潟県柏崎付近の太郎丸は山寄りという〔同地出身者談〕。

大分県東国東郡国東町（国東市）の次郎丸は、高い台地になっている〔同地出身者談〕。

島原半島の深江村（南島原市）の丸山は、雲仙岳の山裾で、同村中、最も高い所の平地〔同地出身者談〕。

③ 菊丸、五郎丸などの人名のつく地名は、おもに中世における名田《ミヨウデン》からきたもので、田地の所有者をつけたもの。

④ 本丸、二ノ丸、三ノ丸など何ノ丸という城郭にちなむ地名。

⑤ 村落の意と見なすべき丸。諏訪神社のある部落を諏訪丸。上・下の部落を上丸、下丸、その中間にある部落を中丸。このマルはおそらくムラの転訛であろう〔③④⑤『地名の探究』〕。

マルオ 丸尾。丸みをもった尾根で、そのような丘や集落の名となっている〔『日本地名学』Ⅱ〕。

山口県吉敷郡秋穂町（山口市）の丸尾は、山裾の高い地という〔同地出身者談〕。

マルコ、マリコ 丸子、鞠子、円子、毬子、麻利子、川崎市の多摩川沿岸に丸子《マルコ》がある。東京側（東京都）に下丸子、川崎側に上・中丸子がある。もとはマリコであった。

マリコの地名は川べりにあり、それもたいてい、街道が川を横ぎる渡河地点にある。

下丸子に接して矢口《ヤグチ》（大田区）がある。丸子、矢口は江戸時代以前の東海道の通過した所で、矢口ノ渡や丸子ノ渡は、鎌倉、平安時代の古い渡頭にあたっていた。

酒匂《サカワ》川は古名をマリコ川といい、神奈川県足柄上郡山北町の西郊に、酒匂川にかかる鞠子橋というのも、この川の古名をとったものと思う。

静岡県丸子《マリコ》は、東海道五十三次時代の丸子（鞠子）宿で、府中宿と安倍川を挟んで相対した渡河地付近の宿駅。

長野県小県郡丸子町（上田市）は、小諸市の西方にあたり、千曲川の支流依田川に沿って長く延びた街村で、上田方面へ向かう街道の川を横ぎる地点にある。

茨城県の久慈川下流北岸にある栗原（常陸太田市の南西端）の地域内には、上鞠子、下鞠子の小字がある。ここは水戸市の中心部から北へ常陸太田を経て棚倉（福島県）方面へ向かう棚倉街道が久慈川を渡る渡河地点に接しており、栗原西隣の島部落に上・仲・下鞠子の小字がある。

これらの例からマルコ、マリコは川岸にあり、街道がその川を渡る渡河地点付近に位置したことがわかる。

この丸子（鞠子）の地名は、丸子部の居住地であったことからきたものである。

『常陸風土記の歴史地理学的研究』（野口保市郎）に「丸子部はどこでも河流の河畔に居住していて、土器のようなものを作っていた部民である」と述べている。

『姓氏家系大辞典』（太田亮）によれば、

「丸子（マリコ、マルコ）はワニコともよむ、丸は和邇（鰐、和仁）で古代の大族であり、丸子部はその部曲すなわち配下の民をいう。椀子《マリコ》もこれに同じ。ワニコベを後世多くはマリコ、マルコとよみ、おもに東国に栄える」と述べ、また同辞典には「鞠部」の項に、「職業部の一にして、椀を作るを職とせし品部と考えられる」とある。

マリ（鋺、椀）は水、酒などをもる古の瓦器で、俗にモヒともいうことは辞書類に記す通りである。

これによっても、丸子部は川辺に住んで土器などを作る職業の部民であったと思われる。

それはそれとして、丸子部は渡河に関する仕事つまり、渡し守りの仕事に携わっていたのではないかと想像される。これは街道と川上の交差地点と丸子の位置とを結びつけて推量するのであるが、とにかく丸子の地名を渡し場集落とみなすことは認めてよかろう〔『集落・地名論考』〕。

マルビ　丸尾と宛て富士の新期熔岩流をいう。山梨県北都留郡でも石などの集まった所を指す〔『地形名彙』〕。

山の崩れて欠けた所を山梨県巨摩地方でナギ、八代地方ではザレというが、郡内では富士に限りマルビという。マルビは崩れるという語を忌んだ富士山の山詞であろう〔『山村語彙』〕。

山の崩れて石礫のごろごろしている所を北都留郡でマルビという〔『全辞』〕。

マンダ　舟曳き場、すなわち浜の上の広場を志州の片田（志摩市）あたりでマンダと呼ぶ。普通はここが盆の踊場になる〔『漁村語彙』〕。

マンダラミチ　辻。十字街。南島八重山〔『全辞』〕。

マンプ　近畿、山陰、北陸一帯で隧道のこと〔『地形名彙』〕。

福井県大野郡（大野市）で隧道。出雲ではマンブ〔『全辞』〕。

マブに同じ。

マンボ　①　三重県員弁郡などで、山を掘り割って作った道のこと〔『綜合』〕。

②　静岡県安倍郡（静岡市）で洞をマンボウ〔『静岡県方言集』〕。

③　新潟県岩船郡、長野県東筑摩郡、愛知県北設楽郡で隧道、トンネルをマンボまたはマンボウ〔『全辞』、『方言』六の一二〕。

富山県礪波地方、石川県江沼郡（加賀市）、福井県南条郡、滋賀県栗太郡（栗東市）、三重県阿山郡（伊賀市）、京都府何鹿郡（福知山市など）では、隧道をマンボ〔『全辞』〕。

④　霧を佐渡外海府、隠岐、出雲十六島でマンボウ〔『全辞』〕。

⑤　島根県簸川郡北浜村（出雲市）などで、赤潮のこと。昼は赤いが、夜は青光りする〔『綜合』〕。

⑥　三重県北部地方の傾斜の急な扇状地に作られている独特な横穴式の井戸。高さ一メートル前後の穴で奥行は五〇〜八〇メートルにも及ぶ〔『三重県の地名』〕。

鈴鹿山麓の内部川扇状地にある横井戸の一種であるマンボは、扇状地の自然を巧みに利用した灌漑法である。これは幕末から昭和の初めにかけて、人力だけで造られた。冬の地下水位の低い時期に桟俵《サンダワラ》に腰をおろし、小型のツルハシで掘り進んだ。掘り屑を地上に引き上げるための竪穴《タテアナ》が二七メートルおきに連なっているのでマンボの位置は容易に確認できる。長いものは一キロを超える。マンボ掘りはつらい仕事だったらしい。「小男はマンボ掘りに適してござる」と揶揄《ヤユ》されたものだという。

扇状地は扇端部以外は水に乏しく、土地利用はクワ畑と相場が決まっていた。ここに水田を開くために考えられたのがマンボである。

ミ

ミ　御室と三室、御諸と三諸の例でわかるように、御《ミ》と三《ミ》とはしばしば交代する。

御坂と三坂、御浦と三浦、御崎と三崎なども同様。ことに三坂と御坂の例が多く神《ミ》坂のこともある。御岳とよぶ山はあちこちにある。ミタケは山をいうタケの美称とも、あるいは発語ともいわれ、サカ（坂）やサキ（崎）をミサカ、ミサキという場合と同じとされている。

しかしミタケと呼ぶ山は、そこに神社が祀られているのが普通だから、たんなる美称ではなく、神のいます山としてあがめた名称と思われる。

「木曽のオンタケさん」で名高く、信仰登山者の多い信濃、飛騨国境の御嶽《オンタケ》（三〇六三メートル）は昔は一般にミタケと呼ばれ、その麓には三岳村（御岳神社がある。木曽町）がある。

また、東京に近いので登山者の多い奥多摩（青梅市）の御岳《ミタケ》（九二九メートル）や、甲府市北郊の観光地御岳昇仙峡《ミタケシヨウセンキヨウ》（甲府市管内の御岳部落の金桜神社があり、その山宮はさらに北方国境の金峰《キンプ》山（二五九五メートル）の頂上にある）などもその例である。

島の山は、島全体が山体を形づくるものが多く、まさに島山の名にふさわしい。ことに火山島にはこの型がある。そして孤立的な島山は、その姿が美しく信仰の対象になりやすい。

伊豆七島の御蔵島には御山（八五一メートル）が聳え、薩南諸島の硫黄島には御岳《ミタケ》（七〇四メートル）の火山があり、屋久島の宮ノ浦岳（一九三五メートル）は、九州一の高峰で御岳《ミタク》として崇拝される。桜島の北岳（一一一八メートル）もまた御岳と呼ばれる。

沖縄では、村々の守護神を祀られた所はお嶽《タケ》と呼ばれる森で、お嶽には社殿はなく、ただその前方の拝所に香炉があるだけ。お嶽はつまり、村のオガンジュ（拝所）のわけである〔『集落・地名論考』〕。

ミオ　①ミオ、ミホ。ホ（穂、秀）は大空高く聳える山嶺をさし、ひいては山体そのものを意味するが、同じホまたは水平的に陸地の一部が岬角をなして水面に突出する地形にも当てはまるのではないかと思われる。

島根県島根半島の先端部の美保関、静岡県清水市（静岡市）の三保松原。ミは接頭語あるいは敬称的接頭語〔松尾『日本の地名』〕。

「ミオを三倍もろうても、コーマエの方がよい」と昔からいわれる。コーマエは集落近くにある低い山に対して、ミオは遠くて高い山を指している。いわゆるタカテであり、ケタヤマともいう。高度によって山を大きく二つに分類している。高知県吾川郡池川町（仁淀川町）椿山〔『焼畑のむら』〕。

② ミオは澪で、松岡静雄によると「ミヲ（澪）ミ（水）ヲ（尾）。ミヲツクシ、ミ（水）ヲ（尾）ツ（助詞）クシ（串）で、河川可航水脈を示す杙（クヒ）という。このミヲに棲んでいる鳥がミホドリで『かいつぶり』をニホドリというのは、ミホドリの音便である」と述べている。千葉県では、この鳥を「みお」といっている。

『全国方言辞典』にはミオ（澪）がなく、ミヨがあり「溝や小堀（茨城、千葉）、淀（愛知）、洪水後の水溜り（美濃、尾張、伊勢）をミヨー」となって、火山湖（伊豆、三宅島）のこととなっている〔『日本地名学』Ⅰ〕。

水流に関する地名とみられる三保谷（埼玉県）は『吾妻鏡』にみえる水《ミ》尾谷《オノヤ》十郎の在所である。三保谷の「三保」は、古くは水尾、三尾、美尾の字を宛てている。したがって三保谷は「ミオノヤ」と呼ばれていたことがわかる。ミオは澪《ミオ》あるいは水尾の字を宛てるのが正しく、ミオには水路、淀の意がある。したがって、荒川の水路または淀からその名が生じたものと思う〔韮塚一三郎『埼玉県地名大辞典』月報〕。

東京都大森区（大田区）大森、森ヶ崎町（大田区）、蒲田区（大田区）糀谷町で船入堀をミオという〔『民伝』四の七〕。

山口県下関市で船の可航水路、転じて春の彼岸過ぎの暖流をミオという〔『下関の方言』〕。一般に船乗りは可航水域をミオという。

ミカマド 長野県上水内郡（一部、長野市）のお善鬼様は、奥の院の洞穴を土地の人たちは御竈と呼んでいる〔『綜合』〕。

ミーコ 溝。常陸（常陸方言）、茨城県新治郡（石岡市など）〔『全辞』〕。

ミザ　佐渡市小木で地面のこと（『地形名彙』）。八丈島で土の上（『円翁交語』）をミザ、また八丈島（『寝覚草』）で地。同島中之郷で土間をミジャという（『全辞』補遺）。ミタに同じ。

ミサカ　ミサカは坂の美称で三坂、御坂、神坂などと記されているが「神坂」が本来の意味と思われる。

①　出雲国をめぐるミサカ

中国地方のミサカ名は、出雲国をめぐる山岳地帯に集中していて、出雲国に入る幹道にある。

そしてその位置は

(1)　出雲国と隣接国との境界上にある。

(2)　隣接国にあるもの（出雲国に通じるルート上にある）。

(3)　出雲国にはない。

ミサカのあるルートをみると、

ⓐ南の瀬戸内沿岸から北上してくるもの（瀬戸内の海上交通を利用すれば、ヤマトから出雲国に至る効果的なルート）

ⓑ中国山脈の脊梁部を西進してくるもの（直接ヤマトに通ずる道）

これらのルートは、杵築平野に集中する。この杵築平野には、出雲国における二大社の一つである所謂天下大神を祀る杵築大社がある。

ミサカルートが杵築平野に集中するということは、この地における地域集団がその対象であろうことに誤りなかろう。

ミサカの年代については、島根県邑智郡石見町（邑南町）の三坂峠付近の祭祀遺跡や、広島県高田郡高宮町（安芸高田市）の三坂付近の遺跡の調査結果から、六世紀後半頃と比定されている。

杵築平野における政治的地域集団が、六世紀中葉以降顕著な盛行をみせ、杵築平野に集中するミサカルートの時期が六世紀後半とすれば、『記紀』に記載される出雲服属伝承におけるヤマト政権の出雲進出の歴史的事実が、このミサカに象徴されているのではないかと推測される。

すなわち、ミサカはヤマト政権の政治的、軍事的伸張に伴って出現した坂であって、その時期は六世紀後半か七世紀前半までに成立したものと考えられる。

②　信濃国をめぐるミサカ

信濃国をめぐるミサカは、信濃国に四例、越後国、甲斐国、相模国に各一例。いずれもその位置は、信濃国の周縁部にあたっている。

信濃国阿智村の神坂《ミサカ》は、信濃国に入る東山道入口にあたり、栄村深坂《ミサカ》、牟礼村（飯綱町）見坂《ミサカ》、小谷村三《ミ》坂《サカ》は、共に信濃国と越後国の境付近にあり、北陸道にはミサカが見あたらないので、いわば信濃国の出口といってもよい。ただ新潟県十日町市に三坂があるが、これは会津（福島県）へのルート、あるいは越後国蒲原平野へのルート上にあたり、やはり信濃国の出口とみられ、北陸道とは直接関係なさそうである。

信濃国から他国に出るルートは、他に上野国との境の入山（碓氷）峠、伊那盆地から遠江国への道があるが、ここにはミサカは見あたらない。ただ信濃、甲斐国境には見出されないが、甲斐国内と相模国にミサカがある。

『古事記』倭建命東征の帰途の記事に「足柄の坂本に到り……即ち其国より越えて甲斐に出でまして、酒折宮に坐し……其の国より科野国《シナノクニ》に越えて、乃ち科野の坂の神を言向《コトムケ》て、尾張国に還り来て」とあり、このルート上にミサカがある。記事は帰途であるが、道を考えれば信濃国よりの出口にあたる。

以上のようにみると、畿内地方より東進して来た道は、阿智村の神坂から信濃国に入り、越後、甲斐国との境を経て拡散していくように見られる。まさに、出雲国をめぐるミサカとは反対の現象を呈している。

信濃国は、神坂峠から入り、入山（碓氷）峠を経て陸奥国に至る東山道の、いわば通過地域であるが、信濃国には坂は多い。しかし、国内の坂にミサカ名はない。ミサカは国の周辺部に特異な分布を示している。このことは、ある時期における信濃国の政治的情勢を反映しているのではないかと思われる。

なお、ミサカ付近の祭祀遺跡発掘調査の結果、その時期は六世紀中葉から後半とみられる。ヤマト政権の政治的軍事的東進は、いく度かあったであろうが、ミサカ名の出現に関係するその東への伸張期は、この時期と考えられる。継続期間の長い神坂が五世紀頃すでに盛行していたとしても、それがミサカと呼称されるようになったのは、おそらくこの頃からと思われる。

とにかく、同じミサカでも、ミサカの出現は国々によって、またそれぞれの坂の機能によって差のあることが知られる〔寺村光晴『地名と風土』二「地名起源の考古学的考察」〕。

三坂山、三坂峠、深坂《ミサカ》越、神坂《ミサカ》峠、御坂峠。峠は古

くは坂《サカ》といった。『万葉集』の「ちはやぶる神のみ坂に幣《ヌサ》奉《マツ》り斎《イハ》ふ命は母父《オモチチ》がため」は美濃の恵那郡(中津川市)から信濃の下伊那郡に通ずる道筋の神坂峠のことで、『記紀』には「科野坂《シナノ》」と記してある。地方から都市へ向かって行く場合、地方の人はこれをミサカという。

箱根の足柄峠は足柄坂で『万葉集』には「み坂」となっている。これは、都からみた場合「向かっていく前方の郡名を坂につけ、相模の足柄郡に出るから足柄坂といった。信濃から上野の碓氷郡(安中市)に出る峠を碓氷坂。北陸道の近江から越前に越える有乳山越えにも深坂《ミサカ》越えがある。

大和朝廷によるいわば重要な国道的な道に限ったものと思われる。地方から都を指しての場合のほかに、荒ぶる手向けの神のいます坂をも「御坂」といった場合もあろう〔一志茂樹『地名の話』〕。

ミサキ 半島のように海中や湖中に突出したサキの部分をいうが、なぜミという敬語がついているのか。ミサキは「御先」で、神の先駆け、使者のようになって、大きな神様の先に立って働く小さな神のことで、そのため神のお使いのように思われた。熊野や厳島ではカラスをミサキといった。

江戸にもミサキガラスという梓巫子《アズサミコ》の口寄せ用語があり、このカラスは死者の近くにいて、手向けた供物などを奪い食う恐ろしいカラスであった。

キツネをミサキという所もあるが、これは稲荷信仰と関係があるのであろう。東京神田の三崎町《ミサキチヨウ》もミサキ稲荷→三崎稲荷→所在地三崎町となったものである。

山梨県では、野ギツネをトウリミサキといっている。甲府の町には、御崎町《ミサキチヨウ》があり御崎大明神が祀られているが、そのミサキの中にヤマミサキ、カワリミサキ、トウリミサキというようなものがある。トウリミサキというのは、目に見えないが、これと行きあうと急に寒気がし、頭が痛くなったりする。それを「トウリミサキにあった」「ミサキと行きあった」「通り神にあった」「ミサキカゼにあった」などという。祀る者もなく、さまよえる精霊であるミサキ神に祟られたり、憑かれたりすることを「ミサキカゼにあう」という。カゼとはたんなる自然現象ではなく、正体の知れない妖怪じみたモノ、またはその霊威を指す語で、「風邪」もそうだが、夜道を歩いていて急に悪寒をおぼえることをミサキに行きあったという。ミサキ神は行きあい神であること、カゼにあうとは行きあい神に祟られることを意味するのである。

横死者の浮かばれない霊魂を岡山県阿哲郡（新見市）ではミサキといい、徳島県三好郡でもミサキというのは一種の亡魂である。広島県の宮島では、山の上や海辺から人を呼ぶ声が聞こえたりするのをミサキという。まださまよっている恐ろしい霊魂に七人ミサキというのが、愛媛県、高知県にある。海で遭遇したり、非業の死を遂げたり、苦しいことをして死んだものはミサキになろうとしてうろうろしている。七人ミサキは七人一組で、新しいミサキを引き入れ、一人加わると八人にはならず、最古参のミサキは昇格して仏になるので、いつも七人だという。これは海の七人ミサキで、山ミサキといって山でいう所もある。

岬角は航海をする者にとっては、目印として便利なものだが、反面岩礁があって危険でもあるので神が祀られている。御崎権現、明神などの神社を祀る例は多く、航行する船は、そこを通る時は帆を下げて礼帆を行い、敬意を表し、米を投げて拝むとか神酒や捕った魚のお初《ハツ》を捧げる儀礼は広く行われている。サキは防守（サキモリ）のサキと同じく、辺境の地という意であり、海上交通の目標となるべき重要な地点であり、魚群を見張る地点として、また漁場や行政上の境界ともなる所である。岬はあたかも陸上交通における峠に対応する性質をもっている（『日本民俗事典』、『日本社会民俗辞典』第四巻、『民間信仰辞典』、『道の文化』、『海の民俗学』）。

ミシロイキ　ぼたん雪、大きな雪。北飛驒（『全辞』）。

ミズ　魚群がわいている様を「ミズしちよる」という。宮崎県延岡市宇島野浦で（同地人談）。

ミスイ　ムスイともいう。水掛りのない田。無水と解せられている。香川県仲多度郡で。関東では天水場というのが普通である（『農村語彙』）。

ミズイリ　分水嶺。和歌山県日高郡上山路村（田辺市）（『方言』五の五）。

ミズオチ　分水嶺、分水山脈、分水点。栃木県（『栃木県方言辞典』）。

ミズオチキリ　鹿児島地方で分水嶺（『地形名彙』）。石川県鹿島郡（一部、七尾市）などで分水嶺を水落切りという（『山村語彙』）。また栃木県安蘇郡野上村（佐野市）ではこれを、ミズオチザカイともミズナガレともいう（『安蘇郡野上村語彙』）。

ミズカ　利根川流域の低地部すなわち埼玉県、栃木県小山市付近、群馬県邑楽郡明和村（明和町）付近、千葉県下総地方などの低地部では、干拓や埋立てによって農地が開かれてきたのであるが、この地方の人々は昔から洪水時の水害を防ぐため敷地の一部を土盛りして、屋敷地よりも二、三尺高くしてその上に物置、蔵などの建物を設けている。埼玉県ではこの場所をタカヤマ、タカクラと呼び、水塚《ミヅカ》ともいいその上に建てた蔵をもミヅカという。栃木県小山市付近では、ミズツカ、ミツカ、ミズヤなどともいう。埼玉県八潮市の市域のかつての民家が分布する微高地は、比較的水害にあわないため水塚はさほど高くないが、高さが三、四メートルにも及ぶものもある。

　そして、水路には閘門を設けたりしたが、沿岸の農家ではアゲ舟を軒下などに備えているものが多い〔『集落地理講座』第三巻、『八潮市史』民俗編、『集解』〕。

ミズクムリ　堀、沼。南島八重山〔『全辞』〕。

　コモリに同じ。

ミズクレ　宮崎県都井岬で野生馬（岬馬）の水のみ場〔『毎日新聞』昭和39・1・12〕。

ミズコボレ　三河で山の峰通り。相州津久井（相模原市）では分水界をミヅコボレザカヒという〔『地形名彙』〕。

　分水嶺のこと。中部日本の山村（たとえば南佐久郡）〔『旅伝』一一の八〕で、山林の境などについて水こぼれ境という語がしばしば用いられている。一滴の雨でも流れ落ちる方向が定まっていて左右の区域がおのずからわかるという意〔『山村語彙』〕。

　栃木県今市市（日光市）、安蘇郡（佐野市）、上都賀郡（鹿沼市、日光市他）では、ミズナガレという〔『栃木県方言辞典』〕。

　ミズナガシ、ミズナガレ、ツチコロビに同じ。

ミズシマ　水面に近く位置し波を被る岩礁。

　菅江真澄『男鹿の鈴風』に、男鹿郡（男鹿市）北浦村の水島を「いと広き島国の水とひとしう平磯のごとし、いさゝかしほ風の吹ても、此島の波の下にうちかくれぬれば水島の名はありける也」。

　ミズシマのほかに潮被岩、波カブリ、溺島、水越島などの地名も同様の呼称であろう〔『民伝』六の二〕。

ミズナガシ　分水嶺。山の境界は分水嶺できめていたという。山口県都濃郡（周南市）〔同地人談〕。

ミズナシガワ　水無川またはミナセガワと発音している。岩手県から大分県に至る各県に分布しているが、いずれも弘法大師と結びつけられている。むかし弘法大師廻国の際、ある家に立ち寄り水を乞うたが、家人が忙しくて水はないと答えたことから、杖を立てて川の水を減じたというのである（『綜合』）。

ミズナシダ　天水田をミズナシダ（新潟県東頸城郡安塚町〈上越市〉朴ノ木）、テンジクダ（同郡松之山町〈十日町市〉天水越）、カミナリタンボ（新潟県新井市〈妙高市〉長沢、新潟県北蒲原郡中条町〈胎内市〉並槻）、ヒヤケダ（秋山郷）などと呼ぶ。

朴ノ木では、秋のうち代かきをして雪水を溜めておく。春に丈の長い苗を植える。水が減るとアゼや水口をアゼガチギネで叩き、地割れは土を塞いで叩いて雨を待つ。降雨があるとすぐアゼ踏みをして漏水を防いだ。

天水越では、この仕事をヒヤケダ直しといって、日照りに臨時に行うほか、定期的には、秋田打ちの際実施していた。

天水田は常時湛水のため、冷害に対しては水温上昇に効果的であった。東頸城郡（上越市、十日町市）では「天水田は日照り作よい」という言葉がいわれている（『新潟県史』民俗編）。

ミズヒ　沢の行き止りをミズヒという。新潟県中蒲原（新潟市、五泉市）地方で。福島県南会津の山村でイデシといい、秋田県雄勝郡（一部、湯沢市）でミズボシというのも同じらしいから、水涸の意かと思われる（『綜合』）。

ミズボシ　秋田県雄勝郡（一部、湯沢市）で沢の行き止りをいう（『綜合』）。同県仙北郡（仙北市）西木村上檜木内のマタギ詞で、分水嶺のこと（『マタギ』）。

ミズマシ　水害。岩手県遠野（遠野市）（『北上の文化―新遠野物語』）。

ミスマヤシキ　宅地の形の三角なものを三角屋敷といって非常に嫌う地方がある（岩手県上閉伊郡〈一部、遠野市〉）（『禁忌習俗語彙』）。

「三角屋敷にするとヤウチ（またはエノチ）の伸びん」（死に絶える）。三角屋敷というのは、三角形をした屋敷のこと。昔の農家の家の構えは、二つ家造りかカギ家造りでカンモングラ（納屋）を別に土地の形に合わせて建てていたが、三角形の屋敷では穀類を干すツボ（庭）の干場の位置が少なくなり、角の三隅は遊休地となるので、農作業の方から不便であり利用率が悪い。それでこうした土地には家を建てるなと教えたものである。エノチおよびヤウチは家内で、家の生活のこと。昔は家が中心であったから、家はたんなる住居でなく、家を中心とした生活である。熊本県菊池郡（一部、菊池市、合志市）の諺（『日本談義』三〇二号、松岡智『失なわれてゆく村のことわざ・言葉』）。

ミスミヤマ　山の上部が侵食の関係などで、三角形のトンガリ状を呈するもの。火打山（ヒウチヤマ項参照）や燧岳《ヒウチ》などもこの部類。

北九州市門司区の三角山（山頂に城趾あり）。

熊本県宇土郡三角町（宇城市）に突端に近く急な三角岳（四〇六メートル）あり、三角港の名はこれによるのであろう。トロイデ状死火山（『地名の探究』）。

ミズユキ　霙。富山県礪波（砺波市、南砺市）地方（『礪波民俗語彙』）。

ミズワカゼ　寒過ぎの水っぽいなだれ。秋田県仙北郡（一部、仙北市、大仙市）内のマタギ詞（『マタギ』）。

ミセニワ　奈良県北葛城郡（葛城市）新庄町付近の農家で、主屋の土間の前方外側の空間。土間正面入口への通行部分。ソトニワともいう（『集解』）。

ミソ　千葉で小さな谷のこと（『地形名彙』）。

ミゾ　① 水のない谷間。富山県太美山村（南砺市）臼中（『礪波民俗語彙』）。

② 三重県国崎（鳥羽市）で、海底の岩と岩の間のミゾが切れている所に鮑がひっついている。カワラという。山口県大津郡油谷町（長門市）大浦でも、海底の岩に三尺くらいの溝のような割れ目のある所で、鮑が多いという（『海女』）。

③ 溜池や河川の水源から田んぼまでの導水路。丘陵や平地林に近い集落のミゾは山裾、辺縁《ヘリ》に沿い迂回しながら掘られていて、ミゾの距離、配水所要時間、工事費などが余分にかかり、不経済のように思われるが、丘陵や平地林からの湧水をミゾが受入れ、また冷い湧水を温めて稲田に灌水する効果があった。ミゾは素掘り故、湧水が多いが、この湧水や上流の余水は、水利権を持たない下流の集落農民にとっては重要な水で、勝手に改修することは遠慮した。

しかし、ミゾの直下の田んぼでは漏水のため、ウラサク（冬作）に障害があるので、シツマイ（湿米）という補償慣行もあった。福岡県春日市（『筑紫の里ことば』）。

ミゾー 水路、みお。三重県尾鷲市〔『全辞』〕。

ミタ ① 土を表わす琉球語は、ミタ系、ンチャ系、ンタ系が優勢で、これらはミタ mita に遡る。古代日本語の土を表わすニよりも古い形であろう。

ミタまたはミチャは奄美大島、喜界島、沖永良部島、与論島および沖縄北部に分布し、南琉球の宮古島、八重山、西表島、古見や小浜島にもある。このように沖縄中南部を挟んで、南北両端の地域にみられるのは、この語が古い層であることを示すものであろう。

沖縄中南部を中心にンチャになっている。おそらく mita → nita の変化を経たのであろう。

鹿児島県徳之島のインチャの成立を説明するのは難しいが、ンチャへの変化過程において、発音しやすいインチャへと変化したのであろう。

宮古にはムタ mta とンタ nta があるが、ムタを一つ溯った形はミタであるから、一時代前までは宮古もミタであったことがわかる。ムタが変化してンタとなる。

ニは古代日本語のニ（土、丹）と同系統語で、琉球ではさらにミに遡るものである。

『おもろさうし』にツチとミチャが出る。

「しよりもりあせらは　つちぎりにきらせ」（首里杜あらせ等は土斬りに斬らせ）と、「まだまもりあせらは　みちゃぎりにきらせ」（真玉杜あらせ等は土斬りに斬らせ）のようにツチとミチャが対語で使われている。類義語のチ（地）も用いられている。

琉球語の祖形ミ mi があり、これがティ tï（地）と複合し、さらに指示辞 a がついて mita ができた。これは nita に変化していく。一方、ミ mi が十五世紀頃には mi に変化し、これがティ tï（地）と結合してチニのような形になった。琉球全域でミタ系が生き残って現在に至っている〔『図説琉球語辞典』〕。

② 茨城県稲敷郡（一部、稲敷市など）で苗代以外の水田をいう。本田、御田ではなくヌタやムダと同系の詞と思われる〔『農村語彙』〕。

ミタニ 三谷。三つの谷の合流点〔『日本地名学』Ⅱ〕。

ミタノハラ 羽後鳥海山の頂付近の湿原。御田原大神を勧請するといわれるもの。この種の湿原には雪どけの溜り水など湛える小池が多く、その中には水生植物などが見える。この種の植物を稲に見たてて信仰者が御田と呼んだ場合もある。ここの御田ノ原は、一名ナハシロとも呼ばれている。

飯豊山にもオタノハラがあり潴水を見る。

越後八海山中にあるミタノハラは、青草美しい平地でやはりその原には小池がある。

羽前月山にもミタノハラと呼ばれる山上の湿原があり、いわゆる御田が多い。小祠あり、御田原神社と名づけられる。御田ノ原または弥陀原とも書く。

越中立山のミタガハラもだいたいにおいて同じ地形のところだが、弥陀ヶ原とも御田原とも書かれる〔『旅伝』一五の五〕。

ミタマノオネ　ミタマヤマともいう。東京都西多摩郡氷川町（奥多摩町）にある。山の形が位牌に似ているので、位牌山ともいい、非常に悪い所だとして登ることをいやがる〔『綜合』〕。

ミチアェ　川や道の分岐点。岡山で。

淡路島、徳島県美馬郡（一部、美馬市）ではミッチャイ〔『全辞』〕。

ミチガカリ　道路端の土地。熊本県菊池地方〔『失なわれてゆく村のことわざ・言葉』〕。

ミチグヮー　道が三方に分かれる所。沖縄本島。なお、小道をミチグワーという〔『沖縄語辞典』〕。

ミチチガイ　辻。岩手県上閉伊郡（一部、遠野市）で。

遠野市ではミチマタ〔『全辞』〕。

ミチヌシマ　十島（トカラ列島）と奄美群島。薩摩への道の島の意〔『沖縄語辞典』〕。

ミチャ　山の尾が止って谷が狭くなっている所。猪はこのような所をよく通る。山口県長門市真木〔『長門市史』民俗編〕。

ミチワカレ　合流点。島根県八束郡（松江市）〔『全辞』〕。

ミツアイ　三叉路。愛知県北設楽郡（一部、豊田市）、奈良県吉野郡（一部、五條市）〔『全辞』〕。

ミツガネ　ミツガナともいう。道の三叉路。福岡県春日市では、一月七日の早朝焼くホンゲンギョーの火祭りを行う所も、男性四十一歳、女性三十三歳の厄年に、これも早朝、厄の餅を落してくる所もミツガネである〔『むかしの生活誌』〕。ツジの項参照。

ミツケ　見附は城の外門で、番兵の見張る所をいう場合が多く、東京の赤坂見附、四谷見附などの地名が残っているのは、江戸城の外堀の城門を指し、いわゆる三十六見附の名があったのである。

このほか、宿場町の出入口にあった関門的構築からきた名称の場合もあった。宿場町では街道に沿って長くのびた街村式町屋の一定区域をかぎって宿内《シュクウチ》とし、宿場の繁盛によって自然に宿外にのびた部分と区別した。

問屋場と本陣、脇本陣、旅籠《ハタゴ》などの宿泊機関は、宿場の生命とする機関で、それらはすべて宿内に限られていた。宿外の茶屋などで旅人を宿泊させることは禁ぜられた。宿内はいわば正規の宿場区域で、その出入口に見附があった。そこでは、道の両側から中央へ石垣の土手が突き出して道路をいく分狭めており、見附の構造には、この種のものが多かったようである。

見附は所によっては木戸（キド）とも呼ばれた。見附では石が方形に積まれて、いわゆる枡形《マスガタ》をなす所もあり、信濃追分宿では、この枡形の周囲に茶屋が連なっていたので「枡形の茶屋」と呼ばれて、追分節などにも歌われている。

見附の構築が、木の柵に門をつけた柵門のこともあっただろう（『地名の探究』）。

ミツコシ　フナコシ参照。

ミッチン　近道。対馬豆酘（『対馬・赤米の村』）。

ミツモジ　三つかど。三叉路。愛知県碧海郡（豊田市など）。福島県信夫郡（福島市）ではミツモンジ（『全辞』）。上総（『国誌』）ではミツモカイ（『全辞』補遺）。

ミト　①田の水の落し口をオチミト、シリミト（この語がよく使われる）、オトシなどという。富山県礪波地方（『礪波民俗語彙』）。

山口県下関でも田の水口をミトという（『下関の方言』）。

②奈良県十津川で河流の中央部をいう（『全辞』）。和歌山県日高郡上山路（田辺市）でも水路、あるいは瀬の中心をいう（『方言』五の五）。

筏の通過する狭い水路をイカダミトという。大川でも川筋の悪い箇所に筏師が筏を流しやすいようにミトを掘り、真ん中に川原があって流れが二股になっている所では、広い方の流れをざっと堰止めて、小さい方の分流を深くしてここを通した。これをワキミトといった。奈良県吉野地方（『吉野の民俗誌』）。

ミトゥッティ　沼を南島八重山でいう。鹿児島県宝島ではミドイジともいう（『全辞』）。

ミドコ　小溝。和歌山県有田郡（『全辞』補遺）。

ミナ　沖縄県先島列島の民家で、主屋の前方の空地。蓆を敷いて穀物を乾かしたりする場所（『集解』）。また南島八重山では家の前の広場、庭をミナカという〔『全辞』〕。ミタ（エ）に同じか。

ミナカミ　ミズカミ（水上）、ミズモト、ミナモト（水元）、ミズクチ、ミナクチ（水口）、いずれも泉の湧く箇所〔松尾『日本の地名』〕。

ミナクチ　水田の水の取入れ口。富山県礪波地方〔『礪波民俗語彙』〕。田に水を入れる口をミナクチというのに対して、水を落す水口をシリミナクチという。福島県石城郡草野村（いわき市）〔『磐城北神谷の話』〕。

ミナト　入江。千葉県夷隅郡興津町（勝浦市）鵜原〔『方言』六の四〕。

ミヌダ　小さくて蓑の下になっていた田。福島県石城郡草野村（いわき市）〔『磐城北神谷の話』〕。

ミノウ　福岡県の筑後川左岸の連嶺に◯◯ミノウという名が多く、いずれも郡村の境の線をなしている。ミネという語から出たかとも思われるが耳納と書いている。

東部日本で屏風山というのと同じく、外線の変化の少ないのが特徴になっている。

鹿児島県下甑島にホトケミノウなどの山名があって、ここを交通路にもしているようである〔『山村語彙』〕。

久留米市の東に耳納山があり、またそれを含めてその南方の丘陵を水縄山地ともいう。美濃国があり、古図には太田盆地付近に「三野」と記されてある。いずれもこれらの山地は波状の丘陵。ミノは、以前はミヌといったようで語根は「野」であろう。

一方が山地であり、またわずかな高低のあることを意味したもの。耳納山地も美濃の国もそのような地形〔『日本地名学』I〕。

ミノオ　峰であり、山嶺でありまた分水嶺でもある〔『地形名彙』〕。

熊本県南関町で峰〔『全辞』〕。

ミノコシ　高知県内には見残、見ノ越、三ノ越、箕ノ越、三野越があるが、ミノコシ本来の意味は不明。ただ地形的にみると小さい尾根を越える小みちのようで、土佐郡大川村井野川《イノカワ》字青木の下のミノコシは、吉野川の川段丘の突出した尾根の突端にあり、ここから尾根を横断する旧道があった。これは高知市朝倉城山の箕ノ越や同市瀬戸のミノコシなどと共通するものである。コシの項参照。

類名の中で著名な地名は、土佐清水市千尋岬《チヒロザキ》の先端にある名勝見残《ミノコシ》。この地名の由来につき画人河田小龍

（一八二四～一八九八）が竜串《タツクシ》の景観のみを見て見残すことから命名したというが、寺石正路は、小竜より百年ほど前に創作された盆踊りの口説《クドキ》の中に「見越しの鼻」の文句のあることを指摘してこれを否定している〔『土佐民俗選集』その二〕。

ミノチ　盆地のこと。カワチの項参照。

「水の内」の意。小河谷や小盆地などの湿地または低地を呼ぶ名〔『日本の地名』〕。

ミノテ　①種池を千葉県一宮町でいう〔『全辞』〕。

②田の水口を安房〔『国誌』〕、上総でいう。

また大雨のため田の水口付近の苗が掘れて流れてしまうことを、千葉県長生郡でミノテホレという〔『全辞』補遺〕。

③〔堀などで〕湧き水の出る所をミノデという。「水ノ口」の対。栃木県芳賀郡〔『栃木県方言辞典』〕。

④「箕《ミ》ノ手」で丘をとりまく道。ナワテ〔畷道、縄手〕に対する語〔『宗教以前』〕。

ミノワ　近畿以東ことに関東に多い地名。箕輪と書くのが普通。寄居、根古屋と同じく、城下の地名と考えられる。突出した丘の周囲を取り囲んだ部落の形が、箕の縁に似ているからという〔『綜合』、『日本地名学』Ⅱ〕。

曲流部や曲った海岸、台地などの半円形の土地、水《ミ》ノ輪《ワ》の意か〔『日本の地名』〕。三ノ輪、箕和。

ミノワタ　福島県大沼郡川口村小栗山字箕輪田〔金山町〕は本村の西五町、家四、山腰に位置し、東は野尻川に沿うといい、東京都北多摩郡狛江町〔狛江市〕小足字箕輪田も曲っている野川の川内を家田とするという。

大阪府豊能郡箕面村〔箕面市〕ミノワタや埼玉県入間郡川角村〔毛呂山町〕字箕和田など箕輪と称する地は多い。水曲とも箕の輪の形とも見られる〔『綜合』〕。

ミミズ　溜池。岐阜県恵那郡〔恵那市、中津川市〕〔『全辞』〕。

ミミトリザカ　大分県津久見市〔旧四浦村〕の海近くのオネとオネとの間の低くなった坂道で、冬は北風が激しく、ススキの葉が風でさされるほどであるという〔同地人談〕。

長崎県南高来郡小浜町〔雲仙市〕から雲仙に行く所にも耳取という所があり、風が激しくて寒く耳が取られるくらいだという〔『綜合』、『日本伝説名彙』〕。

鹿児島県枕崎市から坊津町（南さつま市）坊に行く途中にも耳取峠があるが、ここは風が激しいという言い伝えはないらしい。

ところで、獅子と獅子とが咬みあって、負けた獅子が耳を食い切られたとか、それを埋めた塚だという話は、秋田県に広く分布している。

『雪の出羽路』には、左の例が挙げられている。

平鹿郡造山村（横手市）に耳取という所がある。獅子頭を埋めた場所だという。

同郡東里村（横手市）耳取谷地にも同じ伝説がある〔『土の香』一五の一〕。

山形県にも耳切、見取《ミトリ》という地名もあるが、秋田県仙北郡金沢西根村（美郷町）にも耳取がある。三河国額田郡乙川荘（岡崎市）小豆坂の近くの耳取堤《ナワテ》は、日暮れに通ると耳取というヘングエの者が出て、人の耳を引き切って去るというが、実は寒風が強く吹いて耳が凍え切れるばかりにおぼえる故というから、西根村のもおそらくこれかという。

柳田国男は「多く村端れにあり、恐らく信仰、生贄等に関する耳取り行事のあった地名であろう」といっている。

耳は贄の変形であり、境に祀られた耳塚は他所から侵入する悪霊や病魔を遮る呪力があると信じられた。

耳取峠にもかつては、○○の耳がこの峠でもぎ取られたという伝説や、その耳が峠に埋められたという言い伝えがあったことであろう。そして峠には耳塚が祀られていた時代があったのかもしれない。峠や坂は、典型的な境である〔『峠―文学と伝説の旅』〕。

なお、ミミは人体語の耳の意から物の端、隅の地をいい〔『日本地名語源事典』〕、ミミトリは下部を切り取られた台地などをいう〔『日本の地名』〕。

参考に記すと、大分県津久見市保戸島には山（遠見山）の八合目にミミトオリという所がある。昔は海で死んだ仏（無縁仏）を葬った所だといい、今は耕地に開かれているという。ここは風が激しいという話は聞かれなかった〔同島出身者談〕。

ミムロ　ミムロ、ミモロ（御室、三室、御諸、三諸）は、神社をいう古い言葉で、この地名は近畿に多い。

奈良県生駒郡三室山《ミムロヤマ》（奈良盆地西方、斑鳩町《イカルガ》）は麓を竜田川が流れており、丘の上に竜田神社が祀られて、神南備山《カンナビ》（神名火山、神南山、甘南）ともいわれる。

カンナビ山、カンナビ森、カンナビ（カンナベ）は諸地方にある地名で、本来神の森の意。

奈良県高市郡飛鳥《アスカ》（明日香《アスカ》村）の神名火山も古くから知られ、三諸山といわれた所。

島根県簸川《ヒノカワ》郡斐川村（出雲市）にある仏教《ブツキョウ》山（三六六メートル、出雲市の東南）も古名を神名火山と呼び、神を祀る山である（この西麓登山口に氷室の部落がある）。

埼玉県浦和市（さいたま市浦和区）三室（旧北足立郡三室村三室）は氷川《ヒカワ》女体社からきた地名。

奈良県磯城《シキ》郡大三輪《ミワ》町（桜井市）の大神《オオミワ》神社は古来の名社であるが、この神社は拝殿のみで本殿はなく、背後の三輪山（四六七メートル）を御本体とする神社としても知られているが、この三輪山もまた三諸《ミモロ》山（ミムロ山）と呼ばれる。

大神神社（祭神大物主神）を祀った所には、折々、三輪あるいは大神《オオミワ》の地名がつけられている。

埼玉県児玉郡神川村（神川町）二ノ宮にある金鑽《カナサナ》神社も本殿がなく、ときわ木の茂る御室ヶ岳（または室ヶ岳）を御神体とする神社として名高い。

広島県府中市三室山には、甘南備《カンナビ》神社が祀られている。

またオムロ（御室）もミムロも同じ意味に用いられている。ミムロ、ミモロはヒモロギ（神籬）からきた語で、ヒモロの転じたものとされることからみて、氷《ヒ》室《ムロ》もこれと同義で、神社を意味するという説は注意すべきである。一般には氷室は昔、冬の氷を夏まで貯えておく穴室のことと解されているが、神社のことをいう場合もあるのではないか。

フロ（風呂）はムロから転じた語で、土窟、石窟などの意味のほかに、ムロ、ミムロ（ミモロ）と同じく、もともと神のいます所を意味するものとされている。

浜松市都田《ミヤコダ》町神明風呂にある須倍《スエ》神社は天照皇大神を主祭神とするので、いわゆる神明社のわけで、神明風呂の「風呂」はまさしく神社の意にとられる。

ムロにはいろいろの意味があり、土ムロ、麹ムロなどのムロや僧堂などのほか、地名として注意すべきは山（ムレ、ムロ）、村（ムレ、ムロ）、ムロノキ（榁）、ムロアジ（室鰺）などであろうが、また一方、ムロはミムロやフロと同様、神社の義があると考えると、方々に見られるモロ（室、牟呂、諸、師など）のつく地名には考えるべきものがある〔『集落・地名論考』〕。

ミヤ　島袋源七によれば野原の意。琉球列島全体にある地名で、宮国、宮良、宮里、宮古、宮城《ミヤグスク》（野越の意味で、通路に横たわる原野のこと）。以上の地名のほとんどが集村である。

「宮」の地名は、九州の東西両側にもある。宮ノ尾、宮ノ入、宮入（小さい谷が平地から山地に入りこんだ所）、宮地、宮脇《ミヤワキ》（平地《ミヤ》に対し山麓や谷壁の場所で、平野の脇の意）など（『地理学評論』一八の一二）。

ミヤコ　長崎県北松浦郡小値賀島で。島外の都会地（博多、長崎、佐世保程度の都会）を指す。東京などは、当時来る人もほとんどなく、身近に感じなかったので別扱いにしていた。つまり洋服を着、ネクタイでもしめておれば、ミヤコの人ということになる（『伝承と創造』）。

ミヤダ　宮田。石川県珠洲郡若山村（珠洲市）で神田のこと。収穫米をそのまま祭りに用い、または金に代えて入費にあてるという。毎戸一年交替で耕作するので、生涯に一、二度回ってくる程度だが、どんなに貧しい家でも引き受けるという。

滋賀県愛知郡旧東小椋村（東近江市）では、御供田ともいい、注連を張って他の田と区別し、下肥を使わないで耕作する。世襲神主が祓いをし、田植えは宮座加入の氏子全部で行う。若衆組が管理する（『祭祀習俗語彙』）。

ミヤブロ　フロともいう。フロの語の分布する中国地方で、神社の森のことをミヤブロともいう。フロは神聖な樹叢の意。ミヤブロといった場合は、氏神の森を指していることもある。その他、山の神のフロ、荒神ブロ、ミサキブロなどの用例もある（『綜合』、『祭祀習俗語彙』）。

ミヨ　伊豆田方郡、駿東郡などで峰をいう。有明海では澪と書いてガタ中の水路をいう。三宅島では池（『地形名彙』）。

茨城県北相馬郡、千葉県匝瑳郡（匝瑳市、山武郡）で溝、小溝（『全辞』）。千葉県印旛郡でも溝。またミヨッコともいう。同郡内郷村（佐倉市）で小路（『方言』五の六）。

埼玉県八潮市で、川の流れの箇所（『八潮市史』民俗編）、神戸で水路（『方言』五の一一）。九州、瀬戸内でも、一般に船の可航水路をミオという。

伊豆大島では、海の流れの中心で深い所。ミヨは青く澄んでいるという（『伊豆大島方言集』）。

愛知県碧海郡で淀。美濃、尾張、伊勢（『俚言集

覧』）では、大水の時に堤が押し切られ、土が深く掘られてうずまらない所（『全辞』）という。伊豆の神津島では、海中の伊勢エビの住み家をミヨという。伊豆大島などで一般にエビ穴と呼ばれるものであるが、この海中の岩礁のエビの住み家には、それぞれ家名がつけられていて、そのミヨに住むエビの網によるその家限りの漁撈が村人から公認され、しかも他の村人から侵されず、かつ漁撈権が家代々世襲されている。ミヨには多く発見者の名がつくという（『伊豆諸島民俗考』）。

ミョウ　①火山湖。伊豆三宅島（『全辞』）。

②愛知県北設楽郡、長崎県西彼杵郡、北高来郡（諫早市）で部落（『民俗と地域形成』）。

　平安朝末期から中世にかけて成立した名田百姓村のミョウデン（名田）を約したもの。荘園地名の一種で、領主の許可を得て村人が開発した田地。長崎県南部の「名」は、島原藩で農地の田租を賦課するための土地小分割名で、ゴウ（郷）と同義（『日本地名語源辞典』）。

③淡路島には、灌漑の単位として名がみられる（『日本民俗事典』）。

ミョーガ　『日本の地名』にはミオの転より「河谷中の水溜り（名荷、茗荷谷、茗荷峠《ダワ》）」とあるが、「茗荷」は、不思議に木地屋と関係があるらしいが、その理由はわからない。

次に資料を列記する。

木地屋に関係する土地として、

岐阜県吉城郡河合《カワイ》村（飛騨市）明ヶ瀬（メウガセ）

同県郡上郡奥明方《オクミヨウガタ》村（郡上市）

土佐国茗荷山（『きじや』）。

木地師はまったく農耕をしなかったかどうか記録もないのでわからないが、少しくらいはしていたかもしれない。

茗荷を植えていたという話は、各地に伝えられており、事実彼らの住地だったと思われる地域には「茗荷谷」とか「メウガ」の小字地名が残っている（『木地師の世界』）。

ミンジャ　メンジャともいうが水屋である。

日本海沿岸では津軽以南、山陰地方までこの語があるが、北の方では家の中の流し元をいうのに対して、鳥取県などの水屋は川戸すなわち水使い場のことである。新潟県では、台所をミンジャまたはミンジョーといい、字には水場と書く者もあるのは、水屋の屋という意味がすでに解し難くなっているのである。

飛騨の白川村では、ミズヤは勝手元の用水場ともいい、屋敷の前に引いた水流れの場というのは、そこに雨覆い小屋があったからの名である。

ム

ムカイ 淡路北部、徳島県和田島、香川県坂出、周防の島々で本土のことをムカエといい、ムコージという所もある〔『瀬戸内海域方言の方言地理学的研究』〕。集落近くの名で、地形上、集落（本部落）に対峙した所。トカラ列島で。

ムカイ　口之島。カワを挟んでムラと向かい合っている。明治以降、ムカイの地にも集落が開け、現在はムカイブラと呼ばれ、ブラ（集落）の一部を成している。

ムカイ　臥蛇島。ムラに向かい合って建つ一軒家の名。風の当たらない地を捜した末、ここに家を構えるようになった。

ムカエ　平島。集落に向かい合った地で現在、田が開かれている〔『トカラの地名と民俗』下巻〕。

ムガツネ 前方の山峰。青森県上北郡（一部、十和田市）〔『全辞』〕。

ムギタ 二毛作田を麦田。大分県下毛郡（中津市）、宇佐郡（宇佐市）、南海部郡（佐伯市）、臼杵市〔『大分県史』民俗編〕。

ムグリ 畦、うね。静岡県榛原郡（一部、御前崎市、牧之原市、島田市）〔『全辞』〕。

ムケバタ 道路のほとり、道ばた。長野県佐久地方〔『全辞』〕。

ムサ、ムサワ 陸中、羽後で渓谷の本流の上部をいう。ムサワとは主流の約か〔『地形名彙』〕。

東北地方の山地で、親沢すなわちいくつかの小谷にわかれるもとの谷をムサという。

北海道でも用いられて、渡島半島の福山町（松前郡松前町）付近にも有名なムサがあった。秋田、青森両県で、沢の本流をムサワ。ムサともいう〔『綜合』〕。

ムジリメ 道の曲り角。仙台〔『全辞』〕。会津で四辻の角をムジリカドという〔『全辞』補遺〕。

ムタ ヤチの項参照〔『地形名彙』〕。

ムタは、ウダ、ヌタと同義で、元来低湿地、沼沢地を指す地名。牟田《ムタ》（無田、六田、務田）、沼田《ヌタ》（またはヌマタ）、仁田《ニタ》（ニッタ）、野田、怒田《ヌタ》（奴田）、悪田、矢田というように田の字をつけて表現したものが多い。ムタ（九州に集中的）、ヌタなどは、本来は田を意味するものではないが、氾濫湿原に分布する古賀《コガ》（これも九州に多い）が空閑地の開発を意味するように、ムタも排水、埋立てなどによって水田化されるのが普通の経過で、実際に田と結びついた場合が多いので、田を宛てたものと思われる〔『日本の地名』〕。鹿児島県肝属郡（一部、鹿屋市）、種子島では泥田、深田、湿田をムタダといい〔『全辞』、垂水市出身者談〕。また同県では藺牟田池が知られているが、「池」から「湖」になって藺牟田湖などとも書かれるようになった〔『地名を考える』〕。

鹿児島県では、ナベ鶴をムタツルという。関東ではノダと発音し、野田などの地名が宛てられている〔『綜合』〕。

なお、宮崎県児湯郡富田村（新富町）、壱岐、長崎県北松浦郡宇久島（佐世保市、宇久町）などでは、海底の泥地をムタといっている〔『方言』六の一〇、『旅伝』一〇の一二、『離島生活の研究』〕。

ムツシ、ムツジ　加賀の白山を中心として美濃、越前の山地にはムツシ、山ムツシというのが焼畑耕作の意であるという。ムツシはムツ地であり、焼畑跡を荒しておくことらしく、美濃の徳山村（揖斐川町）などではその跡地をムツシといっており、ムツシは普通十五年から二十年ほどの間荒らしておくといわれている。

岩手県北部の下閉伊郡（一部、宮古市）などでは、百姓持高をムヅと呼ぶ言葉がある〔『東北の焼畑慣行』〕が、これと関係ある語であろうか。藪を秋田県北秋田（北秋田市）地方でムツジ、青森県津軽地方でムツジハラ、宮城県加美、黒川の二郡ではモダというが、すべて藪のことである。

岐阜県から石川県白山の山地にかけて、焼畑をムツジ、ムスジ、ヤマムツジ、ムツトコロと呼んでいるのと、もとは一つ語であろう〔『綜合』〕。

なお、宮本常一は次のように述べている。

「ムサシという国名は焼畑に関係ありと見られており、武蔵、相模、甲斐にかけて、焼畑をサシとかサスとか呼んでいて、ムサシと通ずるからである。石川県白山地方でいうムツシ或はムサシなどに通ずるものがありはしないかと思われる」〔『日本民俗学大系』五「畑作」〕。

ムッタ　乾田、麦田。乾田には麦の二毛作をなしうるからムギという〔『鹿児島方言辞典』〕。ムギタに同じ。

ムネ　①峰。飛驒の蒲田、今見、下佐谷（高山市）付近で。有峰はアルムネと発音する〔『登高行』〕。香川県三豊郡五郷村（観音寺市）でも峰〔『方言』六の一一〕。

同県坂出市では山頂の部分が、平坦な場合はその部分がナルチ。肩の部分がムネ〔同地人談〕。

②畦、うね。秋田、富山県福野（南砺市）地方、石川県鹿島郡（一部、七尾市）、熊本県玉名郡（一部、玉名市）〔『全辞』〕。

ムラ　沖縄においては、ムラは集落の単位だが、村《ムラ》の呼称は、島津藩が沖縄に侵入して支配してからのものだといえる。今でも「私のシマ」とか「私の村」というが、これは集落を指し、現在の行政上の村ではない。本土でも江戸時代の村は、今はだいたい大字になっているから、その点では一致する。しかし現在でも市町村の行政単位を本土では○○村という。だからそれと比較できるのは村《ソン》である〔仲松弥秀『地名の話』〕。

ムラカタ　ソネ（漁礁）がいくつものセになっている場合。あるいはソネに盆地がある場合など、そのソネの中央部にある砂地のハマをいう。壱岐で〔『旅伝』一〇の一二〕。

ムラック　土地の高く盛り上っている処を南島八重山で〔『全辞』〕。

ムラバイ　ハヤシが「生ヤシ」の意であることを示す例かと思うが、讃州五郷村（観音寺市）では共有林をムラバイまたは共有バイという〔『山村語彙』〕。

また、ムラヤマ（村山）、モ山（モヤイ山のこと）、垣内山、郷山、地山、庄山などともいい、福島県や香川県ではノザン、宮城県本吉郡（一部、気仙沼市、登米市）ではヤシナイヤマという。共有山林は肥料の供給源としての意義は大きく、また村落結合にとって山林の果す役割は重要であった〔『日本民俗事典』〕。

ムリ　丘、岡。南島〔『全辞』〕。

ムレ　九州で山と書いてムレと読む〔『地形名彙』〕。

九州では今も山のことで、山と書いてムレと訓む地名はまれでない。鹿児島県曾於郡（一部、曾於市、志布志市、鹿屋市）の神の牟礼だけでなく、山口県、滋賀県から東では長野、埼玉、東京、神奈川などの各都県にも同じ名が残っている〔『綜合』〕。

ムロ　常州で、付近で秀でた相当に高い山を◯◯ムロと呼ぶ〔『地形名彙』〕。

①大室山、高室山、室根山、氷室山などのように室《ムロ》のつく山は丸味のある形の山が多い。

ムロ（室）はムレ（牟礼、群）と同じく「山」という意味があるが、室の字を宛てている場合はアナグラというムロの丸い形に似通うためではあるまいか。

伊豆半島東岸に椀を伏せたようなドーム状の大室山（五八〇メートル）、山室山（三二一メートル）は室山の代表型であろう。茨城県の日立市の北西方の大室山（四二〇メートル）も丸く整った形の山〔『地名の探求』〕。

② 地形的に囲われた所で、河谷や海岸に多い〔『日本地名学』Ⅱ〕。

土佐の室戸、室津、瀬戸内の室などはよく知られている。牟妻の字を宛てることもある。

和歌山県東牟婁郡那智勝浦町の森浦湾も、ムロに相当するものであろう（モリもムロも同じであろう）。

関東地方で冬期、空地を掘り窪めて屋根だけをつけた共同作業場をムロといっているように、周囲が障壁で囲まれた場所がムロである。

長野県北安曇郡（一部、大町市）の小正月のオンベヤキ行事の小屋をムロといい、地面を少し掘り窪めて木を組んで半球形にする。これはまた神の在す所でもある〔『綜合』、『熊野―鯨に挑む町』〕。

御室《ミムロ》山、三室山、三諸山というミムロ、ミモロは「神社」を意味する古い言葉で、御室山は神を祀った山すなわち、「宮山、神山」ということになりフロと同じである〔『地名の探究』〕。

なお、オムロというのは、山口県豊浦郡（下関市）では神を祀る所。祠のこと。熊本県南関町では仏壇をいう〔『全辞』〕。

茨城県久慈郡八溝山麓（大子町）では、山中の樹木が茂って森になっている所をムロといい、狩人はここに宿る。フロに同じである〔『全辞』補遺〕。

③ 冬の氷を夏まで貯蔵しておくための特別の室または山陰の穴は氷室であるが、氷室という集落名もある（例、宇都宮市東郊。これは付近に氷室山があるのではなく、氷室そのものの存在からきた名前であろう）。

大室、小室、小諸《コモロ》、室田などのムロ（モロ）はムレ、ムラに同じく村落の意もある〔『地名の探究』〕。

④ 東京都北多摩郡多磨村（府中市）の農家で、敷地

内に横穴状または竪穴状に掘られた貯蔵用の穴ぐら。桑の葉や甘藷などの貯蔵に用いる〔『集解』〕。

メ

メ ①深い泥の中に潜む鰻の穴。鹿児島県肝属郡（一部、鹿屋市）〔『全辞』〕。②石にある自然の亀裂。これには刺し目と受け目とがある。イシメともいう〔『日本の石垣』〕。

メー 広場。山中に設けた広場。南島八重山〔『全辞』〕。

メイシ みかげ石。鹿児島県肝属郡（一部、鹿屋市）〔『全辞』〕。

メクライワ 暗礁。大分県北海部郡（大分市）〔『全辞』〕。
　水面下にあるからであろう。

メグラ 奈良県天理市付近の民家で、敷地の周囲〔『集解』〕。

メグリ 山口県大津郡宇津賀村（長門市）で、階段状の田の、上の田と下の田との間の傾斜面をいう〔同地人談〕。

メクリイシ 雲母。奈良〔『全辞』補遺〕。

メド 東国〔『物類称呼』〕、常陸〔『俚言集覧』〕、上総〔『国誌』〕、宮城、山形県置賜地方、佐渡、福島、関東全域、神奈川、静岡、三重県度会郡（一部、伊勢市）で穴。針の穴には限らない〔『全辞』〕。周防大島町で耳の穴をミドという〔『周防大島町誌』〕のも同じであろう。
　静岡県田方郡（一部、伊豆市など）では、穴をメドンコ。
　茨城県多賀郡高岡村（高萩市）では、縦穴も横穴もメドンコ、メド、アナメド、アナンコという〔『常陸高岡村民俗誌』〕。
　銚子半島の北端付近に「夫婦ヶ鼻」があり、文字通り読めば「メオー（ミョウト）ヶ鼻」だが、土地の人は「メドヶ鼻」とか「メト鼻」と呼んでいる。台地の一端が海中に突出した断崖岬で、先端にポッカリと通り抜けの穴が一つあいている。メドと呼ぶのが本当だ。赤松宗旦の『利根川図志』にも目戸《メド》ヶ鼻と記されている。五島列島老松島の南東端にあるハルノメンド（針のめど）もこの類で、小突角の一方から他方へ貫通した海食洞である〔『地名の探究』〕。

メーバル　「前の原」の意で、海（漁場として）のこと。喜界島で沖言葉〔『喜界島漁業民俗』〕。

メラ　「福良」は川の屈曲によってできたやや広い平地。袋状の地形をなす所で、転じて海岸線の屈曲した所のちょっとした平ら地につけられることが多く、メラ（米良）が、またこれと同じである。

房総半島では「布良《メラ》」、伊豆半島には「妻良《メラ》」があり、各地の海岸線にある地名だが、日向の米良荘《メラノショウ》のように、山地内にあるのは特異である〔『地名の成立ち』〕。

メラは傾斜地、山腹をいい、ヘラの転の説がある。

メンカベ　香川県小豆郡で粘土〔『全辞』〕。

メンジ　日当たりのよい土地。岡山〔『全辞』補遺〕。

メンチ　前の家。栃木県足利市、今市市（日光市）、安蘇郡（佐野市）〔『栃木県方言辞典』〕。

メンドウ　鹿児島県屋久島宮之浦で大きい穴。

小さい穴はホゲ〔『綜合』〕。

メンボ　水溜り、湿地。高知県幡多郡（一部、四万十市）〔『全辞』〕。

メンポ　穴。千葉県山武郡（一部、山武市）〔『全辞』〕。

モ

モ　モ瀬、長藻瀬、藻曾根などの地名は、海中に藻の生えた岩礁を指すらしい。苅藻島、苅藻鼻は、藻の刈れる場所であろう。たんにモといって岩礁を意味する場合もある。中ノ藻、沖ノ藻、浅藻、高藻など、モの分布は伊勢湾、瀬戸内、北九州の海面にある〔『民伝』六の二〕。

モー　沖縄で野原。毛《モウ》と宛てる〔『沖縄のノロの研究』〕。南島国頭村で原、南島（八重垣）で山野〔『全辞』〕。「ノ」と派生関係にある語とみられる〔中本正智『言語』一六の七〕。

モウイ　沖縄で馬場のこと。村の大通りをもいい、すべての遊戯、モウアソビなどもここでする。馬追いの意か〔『綜合』〕。

モガリ　垣根、生垣。栃木県〔『栃木県方言辞典』〕。

モグチ　目口。島根県隠岐郡島後の五箇村の民家で敷地の入口。目は門の意〔『集解』〕。

モジ　富山県西礪波郡五位山村で、田の隅〔『礪波民俗語彙』〕、同県上新川郡（富山市）で、田の脇にあるわずかな林地〔『綜合』〕。

モダ　荆棘、やぶ、くさむらを岩手、宮城、福島でいう〔『全辞』〕。宮城県の加美、黒川両郡で、柴などをとる藪地〔『綜合』〕。

モダとは、やまの蔓草の総称で、灌木叢にこの蔓草類の繁茂している所をモダワラという。

塵芥のことをゴンド、ゴンドモヅ、ゴモヅなどというから、モヅとモダとは手に負えない、厄介な、始末の悪い意味のことか。

蔓草をまじえた灌木叢を「モダ原で行かれない」「モダで漕がれない」「モダに引懸った」などという。岩手県岩手郡雫石町地方〔『山村民俗誌』〕。

モダレ　隠岐の島後（五箇村）で往還に通ずる入口の辺をモグチ（門口）といい、島前黒木村ではモグチのことをモダレといい、その近くの畑をモダレ山という〔『民俗』一六の二〕。

モチ　小盆地の傾斜地。微形盆地にモチ地名がある。用石《モチイシ》、持井《モチイ》、持田《モチダ》、稲持《イナモチ》など。

高知県土佐市用石は波介《ハゲ》川の堤防と背後の山に囲まれた微形盆地で、豪雨のあとは湖水となって困っていたが、堤防の強化と排水ポンプの設置により以前ほどではなくなった。

愛媛県松山市持田町は、住宅地だが豪雨のあとは床下浸水があった。

モチ地名の中には、河川沿いの場合、傾斜地になっているものがあるが、長い年月のうちに侵食されて、盆地地形の半分が削られたものもある〔小川豊『地名と風土』〕。

モチズナ　瀬戸内の塩田で、最下層が海底の砂―その上にツケ砂―その上に張砂―さらにその上に絹ふるいにかけ細かくし、しかも泥の混じらない持砂を一寸二分敷くという四層からなっている。この砂層づくりが塩田の良し悪しを決めた〔『日本民謡大観』四国篇〕。

モックレ　秋田県南秋田郡（一部、潟上市、男鹿市）で芝生〔『全辞』〕。

モッコク　シクレの中に枯木の枝が打ち混じり、シクレの層はなはだしく且つ小区域の所をいう。モッコクは猪の好潜伏場とする。宮崎県東臼杵郡椎葉村〔『後狩詞記』、『椎葉の山民』〕。

モト　石見で地面のこと〔『地形名彙』〕。

石見、広島、山口県で地面、地べた、大地、地上、足許。モトヂともいう〔『全辞』、『見島聞書』、『下関の方言』、『周防大島町誌』)。千葉県富崎(館山市)では、海底の平らな所(『海女』)。

モトグチ 田の畦から田へ水を入れる口。また出す口。

モトボリ 雨などの後で大水が出て、上の田のモトグチから下の田へ水が流れこんで田に穴をあける。これをモトボリという。以上二項、石川県鹿島郡(七尾市)能登島別所(『離島生活の研究』)。

モトヤマ ①『日本庶民生活史料集成』第一〇巻所収「猪狩古秘伝」の補註には「猪が生まれてすみなれた奥山をいう」とある。

② 端山《ハヤマ》。地名で本山(毛止夜万)――『倭名抄』讃岐国山田郡の郷名(井手至『地理』昭和57・7)。

生ふ楉《シモト》 この本山《モトヤマ》の ましばにも 告《ノ》らぬ妹が名 象《カタ》に出でむかも(『万葉集』巻十四、三四八八)

(この本山の柴ではないが、しばしばも、めったに口に出さない妹の名がトの象に出るであろうか)。「本」は麓の意と思われたが、「この本山」は山の名であろう。所在不明。ここまで柴と暫とをかけた序(『万葉集注釈』巻一四)。

なお、山口県宇部市の本山岬は、山ではないが竜王山(一三〇メートル)の麓にあり、海に突き出た岬角である。

モノミイワ 物見岩。長野県諏訪郡の諏訪神社上社の御柱を伐り出す御柱山にある。この岩に登れる者と、登れない者があって、幸不幸の運だめしをしたという。静岡県安倍郡梅ヶ島村(静岡市葵区)では、武田氏の軍が敵状を視察した所といい、愛知県北設楽郡振草村(設楽町、東栄町)では、村の若者が、この岩上に立って、村の入口を警戒した石という(『綜合』)。物見山、物見岡、物見岩、物見ヶ岳、斥候《モノミ》峠のモノミは展望のきく山をいう(『日本の地名』)。

モハト 播州加古郡高砂町(高砂市)の海岸で、浜から三尋ほどは砂地で、これをスといい、その先一尋ばかりは少し固い泥地の部分をモハトといい、それからスシタ、スナゴと続く(『漁村語彙』)。

モミ 樅《モミ》は山や谷の褶曲部が破砕されている場合が多く、地形が揉めている破砕帯で山水が集まる。モミは揉めるの義。樅《モミ》ノ木《キ》という地名がある(小川豊『地名と風土』二)。

モミヌキ 掘抜き井戸。福井県遠敷郡(若狭町、おおい町）〔『全辞』〕。

モモ　桃のつく地名にはガケを指す場合がある。植物地名の一つとして桃からきた地名が普遍的であるが、桃瀬、桃崎、桃谷、桃島、桃井などの中には、ガケと結びつけて考えても不自然でない場所が多い。桃を百におきかえた百瀬、百崎、百谷（百渓）なども同様である。

富士の愛鷹《アシタカ》山から南東へ流れる桃沢川（黄瀬《キセ》川支流）は深い谷で、諸所に大きな断崖がある。沿岸に桃沢の小部落がある。この川の名は、地形に基づくものとしてよかろう。

桃はママというガケ地名の変化したものであろう〔『集落・地名論考』〕。

最上（モガミ）川は、日本三急流の一つで、山形県最大の河川。『和名抄』に出羽国最上郡があり、今の山形県新庄盆地一帯を指している。庄内平野から上った所が最上峡で、その上が最上郡。最上峡の横谷は巨大なモモ（崖）の地。このモモの上《カミ》にある広い盆地がモモカミの地で、この約化されたものが最上《モガミ》である。

和歌山県那賀郡桃山《モモヤマ》町（紀の川市）に最上《モガミ》があるが、桃山は崖地の山である。峡谷の上《カミ》とか、崖地の上《カミ》などの地をモガミと呼んだのであろう〔『地名の由来』〕。

モヤ　上州で水のもり上ること〔『地形名彙』〕。

①　樹木の枝が繁茂している所。茨城県久慈郡八溝山麓。

②　小枝。愛知県北設楽郡（一部、豊田市）〔『全辞』補遺〕。

モヤアモンイド　佐賀県東松浦郡（唐津市）厳木町付近の民家で、集落共同の掘り井戸。モヤアはモヤイの意〔『集解』〕。

モヨリ　部落の最小自治単位。兵庫県養父郡（養父市）。一〇〜一五戸の単位〔『民俗と地域形式』〕。

モリ　奥州で孤山、岡をいう〔『地形名彙』〕。

①　森、盛。森が山そのものを指す例は東北地方に最も多く、それに次いで四国地方である。

東北地方では青森、秋田両県に集中分布し、青森、岩手、秋田三県では、岡、小山、塚のように円く盛り上がった小丘（森林ではない）をいい、狐の住む塚は狐森、蝦夷《エゾ》の遺物の出土する古墳を蝦夷森という。

秋田の山間部のモリのつく山名は、高さ八〇〇メートル内外のものが多く、岩手、青森にも六〇〇〜七〇〇メートル級のものが多い。福島、新潟にもある。

なお飯盛、鉢盛、八森、鍋盛などの山名は、その形状により付与された名称である。

四国においては、愛媛、高知の二県に集中している。三ッ森山（愛媛県や東北にあり、三峰山などと同類）、大森山、黒森山のように、森の下に山をつけて呼ぶのは、森が山を指す古語であることが一般に通じなくなったことによるものである。

高知県安芸郡には一〇〇〇メートル以上の山で森と呼ばれるものが七つもある。盆田丸という一〇〇〇メートル余りの山があるが、マルはモリの転訛であろう。徳島県那賀郡（一部、阿南市）には大森山一〇九四メートルがあり、徳島、高知県境には綱附森一六四三メートルがある。

なお沖縄では、小さい丘、小山をムイグヮーといい、西表島には波照間《ハテルマ》森《モリ》がある。

右のように、東西相隔たって集中分布が見られるのは、周囲残存分布ともいわれるもので、太古に山をモリという用法が、現在よりも数多に全国的にあったものが、東西に分かれて残存したものであろうことが考えられる。

山をモリという語は、九州、中国にはほとんど存在せず、近畿中心の配置関係をとっている。

奥州では北部にモリ、南部にはモリヤマがあり、中部山岳地方と熊野とではモリヤマ、四国ではモリで、東部にモリヤマが少々存在する。

すなわち、奥州と四国では、近畿に近接してモリヤマ、その外側にモリが分布する。奥州では、モリの集中的分布地域は山岳重畳した地方で、その周囲の低山地域にモリヤマが分布する。

つまりモリ→モリヤマはあるが、ヤマ→モリ、モリヤマ→モリという例はない。

モリは「盛り」であって、本来は「小高い所」「土などの盛り上がった所」を指すもので、それが「木がこんもりと茂った所」を指すようになったのかもしれない。

林（モリ）、森（モリ）は林（ヤマ）、森（モリ）あるいは林（ハヤシ）、森（モリ）に隣接して全国に点在する。

これはモリの意味内容が、各地で安定していないために、ヤマとモリあるいはハヤシとモリの意味が各地で個別的に混合されて生じたものではないかと思われる。

このような現象が見られる背景には、古くは全国的に林と森とを区別していなかったという事情があるのであろう。

② 森、森戸、大森、森山、森脇など森のつく地名は、神社の所在地を意味することが多い。この場合、森はたんなる樹林の場所を指すのではなく、神社のある木立、つまり鎮守の森を指すのである。

森戸のト(戸)は「処」の意で、森戸は宮地、宮居、宮内などにあたり、森山は「森のある山」ではなく、お宮のある山すなわち宮山や神山と同じである。わが国のように、山に樹木のない所はほとんどない国では、森山を「森のある山」とみるのは、むしろ不自然である。

森という語は本来、鎮守の森からきたもので、それが普通の木立の意味にも使われるようになった——と解される。「モリ」はフロ、ムロ、ヒムロという語と共に、おそらく神祭りをする神聖な樹林を指したものであろう。

古くは「神社」をモリと訓ませており、「杜」という字が中国から伝わってきたものではあるが、社と木との二字を合わせて作られたものであることから考えても、モリが元来「社の森」に由来することがうなずける。北九州市小倉南区三谷では、モリサマといえば寺社の森をいう。

神社といえば建物があるものと思っている人には、杜をモリと訓ませた祖先の心意は解きえないであろう。沖縄でも首里城の中にあるシュリムイグスク(首里森城)というようにムイが本来のいい方だが、標準語的にはマダマモリグスク(真玉森城)、チネンモリグスク(知念森城)などといい『おもろさうし』ではモリとしている。

モリには神の祀られているところを表示する意味があり、ムイタキ(森嶽)は拝所のある山をいうのである。

モリが神社、聖地であるという事例は、枚挙に遑はないが、二、三述べると、静岡県川根地方、愛知県北設楽郡(一部、豊田市)、飛騨では神社をモリといい、愛媛県温泉郡(東温市、松山市)、松山市付近では、小さい丘で必ず少々でも樹木のある所で、ここにはたいてい神祠があるのをモリといい、島根県鹿足郡上来原(津和野町)では、樹木が集まって藪をなすものを「モリヤブ」といい、神聖な場所として伐採を禁じている。和歌山県日高郡上山路村（竜神村〈田辺市〉）でも、以前は山村の中にいくつも「モリ」という神聖な地域があり、その聖地の跡をモリアトといって、よくない所とされている。

八丈島では、路傍に上の尖った石を立て、トウゲサマと呼んでいるが、その上の樹を「モリギ」といい、水神様にもモリギがあったという。モリギだけの霊場があってよいわけである。

また吉野の賀名生村（五條市）黒滝では、墓地をモリといい屋敷ごとにある。家数が四八あるので、四十八モリの地ともいう。

福岡県宗像郡津屋崎町（福津市）大字在自《アラジ》字犬王の森の中に、古い無縁仏の墓があり、「犬王《イヌウ》ドン」と呼んで寄りつかない。親切心で詣ると、霊が家まで来ると伝えられ、森に入るのを嫌う。

青森県八戸市付近では、雷が田に落ちるとそこはモリと称してそのまま神聖な場所にしておき、畑だとそこだけは作らないという。

巫女、いちこのことを盛岡（『御国通辞』）、常陸（『常陸方言』）、茨城県北相馬郡（一部、守谷市、取手市）でモリコというのもモリに関係ある語であろう。

聖域として有名なものに、奄美の神山、種子島のガロー山、鹿児島県指宿市付近のモイドン（森殿）、対馬のシゲ、九州西部のヤブサ、西石見の森神、美作の荒神ブロ、若狭におけるニソの杜、福井県大飯郡の七森、木曾谷のモロキ、山形のモリノヤマなど、いずれも「モリ」に関連した神の祭場である。

木綿《ユフ》懸けて　斎《イハ》ふこの神社《モリ》も　越えぬべく　思ほゆるかも　恋の繁きに（『万葉集』巻七、一三七八）

このモリは社殿がなく、森そのものを神の座すところとして祀ったものであろう。

「森は大あらきの森、しのびの森、ここひの森、木枯の森、信太の森、生田の森、木幡の森……うたての森というが耳とまるこそまずあやしけれ、森などいふべくもあらず、ただ一木あるを何ごとにつけたるぞ」（『枕草子』一一五段）

ここでは聖域の「ただ一木」の巨木を「モリ」と呼んで、特別視していたことがわかるが、一本だけなのになぜモリといったのかと、清少納言が疑念をはさんでいるのは、聖空間としての宮居の森の衰退がすでに始まっていたためであろうか。

なお、琉球の沖縄島以南では林（ヤマ）、森（ウガミ、ウガン〈ジュ〉、ウタキ）などの地点が多いが、ウタキは「森を含めた拝所の意。木の集まったこんもりした所だけの名称はない」「杜が中心でなく、まつられたものが中心として考えられている」、ウガン（ジュ）は「拝所全体を指す、森だけの名称はない」。

ウガミ、ウガン（ジュ）、ウタキなどは各地に分布する（オ）ミヤ（サン）、ケイダイ、ヤシロ、シャチなどと共に、木が（こんもりと）生えた所を意味するというよりも、むしろ神社（の敷地）そのものを指す語であると考えるべきであろう。『沖縄語辞典』には、「ウガン＝神を祭ってある所。木や石の囲いがあり、前に広場がある。〈御嶽〉よりも小さく一部落にいくつもあって、拝む人の範囲も限られている」。「祠」とでもいうべきものであろうか〔松尾『日本の地名』、『日本地名学』I、『郭公のパン』、『綜合』、『旅伝』一五の一、仲松弥秀『地名の話』、『祭祀習俗語彙』、金田久璋『地名と風土』二、『全辞』、直江広治『民伝』一二の八・九、『福岡県史』民俗資料編、『日本言語地図』四別冊〕。

モロ　千葉県印旛郡（一部、八街市など）で洞穴のこと。モロッコともアナモロともいう〔『全辞』補遺、『方言』五の六〕。

同県佐倉市では、鹿島川下流で春から夏にかけて、フナ、ナマヅのモロをさがして手に入れ手づかみにする〔『日本民俗学』一一〇号〕。

静岡市ではモロアナ〔『静岡県方言集』〕。モロはムロに同じであろう。

モンキ　秋田県南秋田郡（一部、潟上市、男鹿市）、由利郡（にかほ市など）の民家で、敷地の周囲に植えた生垣〔『集解』〕。

モンゼン　門前。社寺の参道を中心に発達した集落を門前集落（門前町）という。門前の地名は寺院、神社に共通してある。

山口市上宇野令《レイ》伊勢門前―高嶺《タカネ》神社（この神社は天照皇大神を祭る伊勢宮にあたるので伊勢門前と呼ぶ）〔『集落・地名論考』〕。

石川県鳳至郡門前町（輪島市）は、総持寺の門前町からきている〔『日本地名語源事典』〕。

ヤ

ヤ　江戸では草茂り水のある所を呼んだ。ヤチの略か。これと別にイハをヤと発音する所は多い〔『地形名彙』〕。

①　水、流水の意がある。

ヤチ（谷地、萢《ヤチ》、谷内《ヤチ》、野地、矢地、八知《ヤチ》、屋地、八千、八道《ジ》、家地、矢次、矢治、養地、屋治は湿地）。

ヤワラ（関東に多い湿地地名。谷原、野原、矢原、矢知原、家知楽）。

ヤツボ（矢壺は段丘崖の根元から湧く湧水の穴）。

矢口《ヤグチ》（東京多摩川下流沿岸。古い渡船場の「矢口ノ渡」の跡）。

矢切（東京都葛飾区の矢切の渡し）。

矢野口（東京都稲城市、多摩川南岸）。

矢向《ヤコウ》（横浜市鶴見川下流沿岸の矢向町）。

ヤパセ（八橋、矢橋、矢走、矢馳。琵琶湖岸、草津市矢橋＝近江八景の一）。秋田県北西郊、雄物川沿岸の八橋（油田あり）。

通り矢（神奈川県三浦市城ヶ島）。

矢田の渡し（松江市の矢田の渡しは、宍道湖と中海との間の水道にある一三〇メートル間の渡し）。

矢田、大矢田（大谷田）、矢田部、矢ノ原、矢野などはたいてい湿地地名とみなしうる。

矢島（谷島、八島）も湿地地名を指すものもあり、この場合、島とは「部落」の意のシマ〔松尾『日本の地名』〕。

江戸近郊では「草茂りて水のある所」〔『俚言集覧』〕といい、千葉県印旛郡成田町（成田市）、遠山村（成田市）では沢〔『方言』五の六〕。

②　岩を指す場合。

地名として岩作《ヤサコ》（愛知県愛知郡長久手村〈長久手市〉）、岩熊《ヤクマ》（滋賀県伊香郡西浅井村〈長浜市〉）、岩滑《ヤナベ》（愛知県半田市）など岩をヤと訓ませている。ヤッカ（岩塚、岩石を積み重ねたもの）、ヤアナ（岩穴）、ヤサコ（岩窄）、ヤグラ（鎌倉市に多い岩窟。岩倉、矢倉を宛てている）。

赤石岳北方の板屋岳（二六三六メートル）には、頂上付近から大日影山、小日影山に続く大断崖が走っている。屋は岩であろう。矢ヶ崎なども岩崎の意であろう〔松尾『日本の地名』〕。

地曳網の下端の錘石を茨城県の海岸でヤといい、宮城県や静岡県あたりの一部の漁でイヤという。他地方ではイワというそうだから、このヤもイワのことであろう。イワをヤと発音することは、名古屋の東に石作と書いてヤサコ。長野県川中島あたりで石塚をヤツカという地名もある。長野県諏訪湖の冬期の漁法に魚寄せに石を水中に積むものをヤツカというから、石塚の意で、このヤもイワであろう〔『綜合』〕。

ヤー 洞穴。八丈島〔『円翁交話』〕、八丈島末吉〔『全辞』補遺〕。

ヤアナ 信州諏訪で山の沢にある洞穴をいう。このヤは明らかにイハのこと〔『地形名彙』〕。

長野県諏訪郡で山の沢にある洞穴〔『方言』四の一〕。

ヤァヌカク 沖縄県八重山群島の民家で、石垣をめぐらした一団の敷地。敷地内には庭園や主屋、井戸、付属屋、菜園などを配する。ヤァヌカチともいう〔『集解』〕。

ヤァヌクシ 沖縄本島の民家で、主屋の後方の空地〔『集解』〕。

ヤァネ 種子島の民家で、敷地境に植えた防風林。発音はヤーネ〔『集解』〕。

ヤウラ 栃木県那須郡（一部、那須烏山市、那須塩原市、大田原市）の農家で、主屋の背後の方の敷地内に植えた樹林。エグネともいう〔『集解』〕。

ヤエグロ 田のくろの小さいもの。千葉県夷隅郡千町村（いすみ市）〔『全辞』補遺〕。

ヤオモテ 家表。東京都下の民家で主屋の表側をいう〔『集解』〕。

ヤガカイ 土佐の平野部で屋敷林〔『日本民家史』〕、島根県大原郡（雲南市）ではヤガコエ（屋囲）という〔『全辞』〕。

ヤカゲ 屋陰。三重県飯南郡（松阪市）、奈良県吉野郡地方の農家で、主屋の庇下、または軒下などをいう。また愛媛県松山地方の民家では、主屋などの軒下をヤギネという〔『集解』〕。

ヤカタ 屋根形の山で屋形山（家形山）という名の山は少なくない。福島県北境の吾妻《アヅマ》火山群中の屋形山（一八八〇メートル）、津軽半島の北東部の袴腰岳（七〇七メートル）の南隣りの丸屋形岳（七一八メートル）はきれいな円錐形をいったものだろうが、津軽半島中央部の袴腰岳を一名「長屋形」というのとは対照的である〔『地名の探究』〕。

ヤキ 焼畑。春と夏の二度焼き、それぞれ春ヤキ、夏ヤキという。昔は春ヤキにヒエ、アワ、夏ヤキにソバ、大豆を作ったが、今ではまったく定まっていない。富山県西礪波郡五位山村（高岡市）〔『礪波民俗語彙』〕。岩手県あたりでヤキと称する地名は、だいたい畑に開墾した集落。八木と書いているが、「焼」であろう〔長井政太郎『地名の話』〕。

ヤキカノ　焼畑。福島県南会津郡大川村（南会津町）〔『全辞』補遺〕。

ヤキハタ　ヤキマキ（焼蒔）、ヤケノ、カノヤキなどといい、焼畑は近世の公称で、農民の言葉ではない。東日本の山地ではカノ、カニョ、カノンなどと呼び、勧農畑は宛字である。

西日本ではヤブカキ、ヤボキリ、コバキリなどといい、いずれも焼畑を開くことを意味した。

中部日本ではクナ、ナギ、サス、ムツシ、ソウリなどが焼畑の名称として行われた。

ソウリ、ソレは焼畑を放置したあとが荒地となり藪となることで、焼畑を放棄することをソラス、アラスなどと表現する。

以前は林地と畑地の切替え休閑方式が一般的であったが、耕地の要求と新作物の増加が、施肥の改良や労動の豊富と相まって次第に焼畑の常畑化を進めた〔『日本民俗事典』〕。

ヤギリ　狩猟の際の障碍物をいう。雑木や藪などがあって、射つ邪魔になる時などにいう。福岡県田川郡添田町津野〔『津野』〕。

ヤグラ　静岡で山の険阻な所。岩山。ヤグラはイハクラか〔『地形名彙』〕。

①　静岡県で山の険阻な所〔『静岡県方言集』、『綜合』、『全辞』補遺〕。

②　静岡県磐田郡横山地方（浜松市）で大岩をヤグラという。狐の住むという狐ヤグラ、戦争のとき物見をしたという遠見ヤグラなど固有名詞のついたものもある〔『郷土』石特集号〕。

③　鎌倉及び上総〔『物類称呼』〕、神奈川で岩窟、洞穴を。エグラに同じ〔『全辞』〕。

鎌倉のヤトの断崖には必ずといっていいほど二つ三つの洞穴が掘られており、ヤグラと呼ばれ、農民はワラ、丸太、竹ザオ、肥タゴなどを入れている。凝灰岩の軟質な地層を利用して作ったもので、埋れたものを合わせれば三千カ所におよぶだろうという。「腹切やぐら」（新田義貞の軍勢に追いつめられた北条高時一族郎党が、葛ヶ谷東勝寺において自刃、戦死した旧蹟）、「百八やぐら」、「朱垂木《シュダルキ》」、「日月やぐら」、「瓜が谷《ヤツ》やぐら」など、いずれも鎌倉案内書にも出てくる〔永井龍男『朝日新聞』昭和60・10・20〕。

また横浜市金沢区六浦《ムツウラ》では、凝灰岩の岩山に刻まれた中世の横穴墳墓群をヤグラという〔『歴史地名通信』昭和61・7・1、第8号〕。

④ マタギ言葉。秋田県上檜木内（仙北市西木町）で。マタギはナラの枝など（マツカ）を折って居場所をつくる〔『日本人のたべもの』〕。

⑤ 石垣。三重県飯南郡（松阪市）〔『全辞』〕。

ヤケ ① 岐阜県揖斐郡徳山村（揖斐川町）の農家で、敷地全体をいう〔『集解』〕。

② 赤穂塩田で、その土質から蒸発のよすぎる塩田をいう。冬期の採鹹に適性をもっていた〔『塩の道』〕。

③ 石炭の露頭。炭層は傾斜して地底に深く潜入するが、一方では地表に頭を出している。炭分は酸化して見えず、酸化鉄の錆色が土に染まって赤く見える。これをヤケ（焼ケ）またはヤケサキという。筑豊や山口県小野田（山陽小野田市）付近の炭坑で〔『筑豊炭坑ことば』、『筑豊方言と坑内言葉』、『民伝』四の八〕。

ヤゲ 岐阜県揖斐郡徳山村（揖斐川町）塚で藪、開墾しない荒地〔『美濃徳山村民俗誌』〕、島根県那賀郡（浜田市）でも灌木の茂み〔『全辞』〕、同県鹿足郡では、川や池などで岩や木の陰に覆われて魚の隠れるのに適した場所〔『綜合』、『全辞』〕。

ヤゲタ 三重県一志郡（津市、松阪市）で手入れを怠ったため笹や茅が侵入して、ほぼ不毛になった畑また葛が一面にひろがって木の見えないような山林をヤゲタという〔『綜合』〕。

ヤケノ 土佐中村（四万十市）で平坦な原野ではないが、山上の雑草を一度焼き拡った跡で、樹木の繁茂しない所〔『地形名彙』〕。

和歌山県日高郡上山路村（田辺市）でノサン（焼畑。緑肥採取用のが少なくない）に同じだといい、また同郡では焼野は木を伐った跡を焼いた地に茶が生えているもので、焼畑とは同じでないともいっている〔『綜合』〕。

ヤケハシリ 焼走りで、岩手山東山腹にあたる。噴火の際流出した熔岩流の堆積した所。里人はさらにここを焼崩れ、鍾鬼形、虎形などと呼ぶ〔『旅伝』一五の二〕。

ヤケヤマ 焼山、山の一部の赤禿げた所。地名として多い。赤坂、赤ひらに似ている。青森県上北郡野辺地町で。また高知県香美郡（香美市など）では焼畑をいう〔『綜合』〕。

ヤゲン　薬研の形。クボを利用した緩傾斜の坂で両側が高いから〔『地形名彙』〕。『日葡辞書』には九州で野原をいうと。大分で暗礁をいう〔『全辞』〕とあるが、これは暗礁の固有名詞であろう。

茨城県多賀郡高岡村（高萩市）で薬研状の狭く深いサア（水の流れる谷）をヤゲンノサアという〔『常陸高岡村民俗誌』〕。栃木県でヤゲンボリは竪穴〔『栃木県方言辞典』〕。江戸両国矢ノ倉薬研堀も、底が狭く薬研の形をした堀のあったためである〔金沢庄三郎『地名の研究』〕。

ヤゴシ　主屋の横や後の総称。富山県南谷村（小矢部市）〔『礪波民俗語彙』〕。

ヤシ、ヤセ　歩行困難なほど丸石の磊々たる海岸。タカヤシはその丸石はなはだしく大きい場合、伊豆でいわれる。八丈島ではヤセは谷の意を持つ〔『地形名彙』〕。

伊豆七島で歩行困難なほど丸石の堆積している海岸をヤセまたはヤシといい、はなはだしい大石のある所を特にタカヤシという。八丈島では谷をヤセという〔『綜合』〕。

ヤシ、ヤジ　家屋を構える一区画の土地のことを長野県上伊那郡（一部、伊那市）、滋賀、京都、徳島県三好郡（一部、三好市）、島根県鹿足郡、宮崎でヤジという〔『集解』〕。

平安中期頃の記録には、屋敷にあたる語として、家地というのがみえ、文献の上では屋敷よりも屋地、家地の方が古いようである。屋地、家地はヤジと訓むのであろう。奈良期には、舎宅とか宅地という語が出てくるが、家地に先行する語であろうか〔『日本民俗事典』〕。

徳島県三好郡祖谷山（三好市）では、四角地形の敷地をカクヤジという〔『日本民俗学』七一号〕。

また長野県下伊那郡（一部、飯田市）、香川県三豊郡（三豊市、観音寺市）では、家屋敷を全部手離して家族一同離村することを「ヤジひいて行く」という。鹿児島県甑島では、家屋を建てるため山を崩して敷地を造ること、またその作業をヤジビラキといい、宮崎県児湯郡高鍋町付近では、敷地の整地作業をすることをヤジモチという〔『集解』〕。

上総の富津付近で家の周囲の畑をヤシというのは〔『農村語彙』〕、ヤシキジリのことである。山口県大島では、宅地を畑にした土地をヤシキジリという〔『全辞』〕。

なお山形県東田川郡（一部、鶴岡市）では、山中のほぼ平坦な場所にある藪地をヤジといい、山塊や傾斜面のものはヤジとはいわないというが、これは湿地を意味するヤチに関係ある語であろう〔『綜合』〕。

ヤジカ　下総佐倉付近で沢のこと〔『地形名彙』〕。福島県田村郡滝根町（田村市）で湿地をヤジッホ、ヤジ、ドべという〔『滝根町史』民俗編〕。千葉県印旛郡川上村（八街市）で沢をいう〔『方言』五の六〕。湿地を意味するヤチに同じ。

ヤシキ　ヤジ（屋地、家地）、イジ（居地）、カマチ、カマエ、カイチ、カコイなど、それぞれ多少の差はあるが、屋敷ないし屋敷地とほぼ同義に用いられる方言がある。家屋の建築される土地あるいは住居にあてられる地積の意であるが、本来屋敷は、主屋や付属小屋、作業場としての庭などのほかに菜園や屋敷森などを含んだかなり広いものと考えられていたらしい〔『日本社会民俗辞典』第四巻、『日本民俗事典』〕。

またヤシキには、個々の宅地以外に次のように地域結合を指してヤシキと呼ぶ事例もある。

(1)　宮城県本吉郡唐桑町（気仙沼市）所在の安永九（一七八〇）年の文書によれば六六〇軒の漁民住居、農家をすべて「屋敷」という語で表わしている〔『集解』〕。

(2)　部落内の地縁集団。五、六戸の単位。共同の地神をもつことあり（福島県田村郡山根村〈田村市〉、奈良県添上郡月ケ瀬村〈奈良市〉、徳島県木頭地方〈那賀町〉）。

(3)　一族の居住地区。同族集合体をも指している（宮城県北部、鹿児島県揖宿郡今和泉村〈指宿市〉、出水郡大川内村〈出水市〉、肝属郡佐多村〈南大隅町〉）。

(4)　村内の小区画（岐阜県揖斐郡春日村〈揖斐川町〉、愛知県西春日井郡西春町〈北名古屋市〉、熊本県八代郡鏡町〈八代市〉）〔『民俗と地域形成』〕。

なお個々の屋敷内には、屋敷神、ウチガミを祀るものもあり、山口県長門市ではこれをモリサン（森神様）とかオムロ（お室）とかいっている。そして屋敷内に植えることを忌む樹木もいろいろある（『長門市史』民俗編、『日本俗信辞典』動・植物編）。

ヤシキッタ 屋敷ッ田。栃木県の農家で、敷地に隣接する田畑。管理が行き届くという（『集解』）。

ヤシキモリ、ヤシキバヤシ 民家の屋敷地内に植えられた樹木。防風林としての役割があったから、西北に植えて南と東側を塞がないように仕立てるのが通例であった。

風除け、潮除け、猪鹿《シシ》除《ヨ》け、防火、防盗、防雪、防塵、防砂、区画たて、自家用材、農作業用資材、燃料の補給、気温調節などの機能をもつと共に、家の古さのシンボルとしてその威容を誇示するにも役立った。

屋敷林の造成については、江戸時代でも幕府、諸藩ともに農産の妨げにならない範囲で、その植栽を奨励した。

居久根《イグネ》林、山、居懸り（仙台、盛岡、山形、白河、米沢諸藩）
百姓居垣根（金沢藩）
家森（越後、関東諸藩）
四壁山（静岡、鹿児島藩）
合壁山（山口藩）
屋敷林（松山藩）
付軒林（徳島藩）
家懸林（高知藩）
屋敷添山、藪（盛岡、人吉、福岡藩）
屋敷廻り木（小倉藩）
家根《ケネ》山（飫肥藩）
区木《ツボキ》（厳原藩）（『郷土史辞典』）。

なお各地における屋敷森の名称は次の通り。

イエモリ、エダテ、イチグネ、シセキ、ヤマ（関東平野）
イガカリ（福島県いわき市付近）
イグイ（山梨県韮崎市付近）
イグネ（宮城、福島、山形、静岡）
イケガキ（房総半島、三重県志摩半島、京都府北桑田郡〈京都市、南丹市〉）
イセキ（山梨県東地方）
シセキ（神奈川県藤沢市、津久井郡〈相模原市〉、静岡県伊豆半島）
シキセ（山梨県）
エグネ（岩手県北上平野）
オオカゼガキ（岡山県邑久郡〈瀬戸内市〉地方）

カイナ〈富山県礪波〈砺波市、南砺市〉地方〉
カイネ、カイニ、カイニュウ、カイニョ、カイギョウ〈富山県平野の散村集落〉
カクイ〈鹿児島県沖永良部島〉
カケ〈和歌山県伊都郡〈橋本市〉〉
カシグネ〈栃木県上都賀郡粟野町〈鹿沼市〉付近〉
カゼクネ〈東京都八丈島〉
カセグネ〈伊豆大島〉
カマエ〈津軽〉
カッペキ、バベ〈淡路島、四国〉
クネ〈秋田、山形、福島、埼玉、東京、大分、宮崎〉
クネキ〈長野県北部〉
クネギ〈佐渡島〉
ケネヤマ〈鹿児島県肝属郡〉
コセ〈兵庫県宍粟郡〈宍粟市、姫路市〉、岡山県和気郡、邑久郡〈瀬戸内市〉、美作地方〉
シヘイ〈東京都、神奈川県〉
シヘキ〈宮城県〉
ショグネ〈三宅島〉
ツイジ〈島根県出雲平野の散村集落〉
ツケギ、ツボキ〈愛知県北設楽郡〈一部、豊田市〉〉
セエキ〈島根県八束郡〈松江市〉〉
セドヤマ〈栃木県佐野市〉
ドイキ〈徳島県、愛媛県〉
ドテ〈八丈島〉
ヒイブラ〈沖永良部島〉
ボタカケ〈愛知県北設楽郡〉
ヤネ〈大分県東国東郡〈国東市〉〉
ヤァネ〈鹿児島県種子島〉
ヤネヤマ〈鹿児島県肝属郡〉
ヤウラ〈栃木県那須郡〈一部、那須烏山市、那須塩原市、大田原市〉。エグネとも〉
ヤシキバエ〈香川県〉
ヤシキモリ〈新潟県西頸城郡〈糸魚川市、上越市〉〉
ヤマ〈埼玉県八潮市、埼玉県〉
ヨウガイ〈徳島県三好郡祖谷山〈三好市〉〉
（『日本社会民俗辞典』、『日本の集落』第一、二巻、『集解』、『津軽の民俗』、『長野県史』民俗編第四巻（一）、『藤沢市史』）。

現在、濃尾平野から近畿、瀬戸内地方に至る列島中央部の平野の村々には、整備された屋敷林と呼べるものは少なく、代りに土塀や生垣が発達しており、その外側の島根県簸川平野、富山県礪波平野、武蔵をはじめとする関東平野の村々には防風林としての屋敷林がよく発達していて、その屋敷林の大きさが家の古さや、家格の高さを示すシンボルとなっている。

さらにその外側の北関東から東北にかけての東北日本と南九州の西南日本の古い由緒をもっている村々には、屋敷に防風林が付属しているという形ではなく、反対に森や林の中に家や集落があるという例が多くなる。

このことは、屋敷構えの歴史を空間的に表わしているのではないか――つまり土塀、生垣で囲まれたものよりも、屋敷林で囲むものがより古く、さらに森や林の中に家があり、集落があるという形が最も古い住まいのあり方を示しているのではあるまいか〔『高取正男著作集』第四巻〕。

かくて、原野にひらけた新田村落にあって、屋敷の周囲に計画的に植林され、日常生活に役立てるように考えられているのは、村として本来もつべき山林を離れた地に村が開かれたためであった〔『日本民俗事典』〕。

平地でも木のある所をヤマ〔その項参照〕というのと思い合わせると興味深いことである。

ヤシキヤマ　『後狩詞記』ではコウマとあり、村里近くの場所を、熊本県人吉市田野地方で〔『えとのす』五号〕。

ヤジッタ　湿田。常にじめじめしている田。栃木県〔『栃木県方言辞典』〕。東北日本で湿地をヤジロー（弥次郎、弥四郎、矢代、屋代、八代、弥次右衛門）というのはヤチの転。

ヤシネエバ　養ねえ場。大分県玖珠町付近の農家で、共同で所有する土地。田植えの前に刈ってそのまま田に踏み入れる青草を刈る畦地などである〔『集解』〕。

ヤシャジ　瘦地のこと。佐渡加茂村（佐渡市）〔『旅伝』一三の一二〕。

ヤス　①シシ（熊）は秋の土用から入って春の土用まで穴籠りする。例年四月十日前後にヤス（穴）から出る。ヤスには岩ヤス、木ヤス、土ヤスがある。しかし冬籠り中の穴熊は山が浅い関係でめったに捕ったことはなく、巻狩りの際に傷ついたハデ熊の土ヤスに入ったのを捕る。岩ヤス、木ヤスに入る熊の身ぼろぎの際に埃が落ちる。雪の汚れをアタリという。ハデにした熊が土ヤスに入る。穴の中では絶対かからないから蓑を着て中に入り背中で押し出して槍で突く。福島県南会津郡南郷村（南会津町）〔『日本民俗学』七七号〕。ヤスは岩巣か。

② 八洲《ヤス》。川の流れの枝分れの多い河口の地。地名「相海之安河《ヤスノカハ》」（『万葉集』巻十二、三一五七。近江国野洲郡〈野洲市〉の川名）〔井手至『地理』昭和57・7月号〕。ヤは水、水流。スは洲。

ヤズ　秋田で沮洳地。ヤヂすなわちヤチの訛であろう〔『地形名彙』〕。

① 千葉県印旛郡（一部、八街市、白井市、印西市、富里市）で谷。同郡遠山村（成田市）では谷合いのことをヤズァウェ。同郡酒々井町では丘合いにある田をヤズタという〔『方言』五の六〕。

② 草木の茂っている所。雑森を岡山県小田郡（一部、美作市）、香川県で〔『全辞』〕。岡山県阿哲郡哲西町（新見市）でも雑草、雑木の茂った所をヤズ。竹藪をタケヤズ。シノ竹の生えている所をシノヤズ〔同地人談〕。鳥取県八頭郡那岐村（智頭町）でも藪〔『旅伝』七の一二〕。広島県安芸郡熊野町でも藪をヤズともヤブともいう〔同地人談〕。

ヤヅカ　① 長野県上水内郡の裾花川の谷では山でお善鬼様に会い、ヤヅカにふせられたという人の話を聞く。所々に丸い石を積み重ねたヤヅカがあり、これをゴウロともいう。

畑にこのヤヅカの石のたくさんあるほど作物の出来がよいという。ヤヅカは岩塚であろう。

山口県豊浦郡（下関市）角島には、麦畑の中にところどころ石垣の崩れ残ったようなものがあり、これを矢塚といい、触れれば祟るとてこの地を耕さない。落人の墓とも、ある強弓の人の遠矢の跡ともいうがやはり岩塚であろう〔『綜合』〕。

静岡県安倍郡（静岡市）では、草叢または山が崩れたり、川が切れたりして出た石や土を集め積んだ所〔『静岡県方言集』〕。

同県磐田郡（磐田市、袋井市）、愛知県北設楽郡（一部、豊田市）では石垣〔『全辞』〕。

② 愛知県北設楽郡園で垣根〔『全辞』補遺〕。

ヤスバ　奈良県吉野地方や十津川でヤスバと呼ばれるものは、たいてい五、六丁に一つ、見晴しのよい水の湧くような所に腰の高さくらいに石を置き、荷担ぎの者の休憩の便にしており、小祠などもある〔『綜合』〕。

和歌山県日高郡上山路（田辺市）でも、山道越しに大杉、大松の下、地蔵などがあり、休息所となっている。ヤスミバという。ホテに同じ。ヤスバといささか区別している語感があるらしい（『方言』五の五）。

徳島県三好郡祖谷山（三好市）にもヤスバがあり（『祖谷昔話集』）、高知県吾川郡池川町（仁淀川町）椿山でも、山道のカミ（山手の側）にあって、荷を背に負うたまま休めるようにした場所をヤスバという（『土佐民俗選集』その二）。

佐渡外海府、関でも山から帰る時、里近くにヤスミバがあり、ここでわざわざ、きっと休むことにしている。これを「山の神さんをおいてくる」という（『民伝』五の九）。

大阪府南河内郡（一部、堺市）でもヤスミバ、静岡県でヤスミショ、ヤスンド、磐田郡（磐田市、袋井市）では、山畑などのわずかな平地をヤスミド、島根県でタバコバ、鹿児島県大隅半島の南端で、山路の峠をヨクという（憩の転訛）のも皆同様（『静岡県方言集』、『綜合』）。

ヤゼ　①　熊本県人吉市田野地方で、シクレが広いところ。『後狩詞記』で、ヤゼハラ（宮崎県東臼杵郡椎葉地方で、やや広い区域にわたり荆棘が茂って人の通過しがたい所）というのに同じ（『えとのす』五号、『綜合』）。

②　島根県鹿足郡で辺鄙な地方を指していう詞（『綜合』）。

③　高知県香美郡（香美市、香南市）の農家で、敷地内で主屋の後の方をいう（『集解』）。

④　島根県の民家で、家屋の軒下（『集解』）。

ヤタ　①　雑魚の隠れ場所。兵庫県佐用郡（『全辞』）。

②　湿田。常にじめじめしている田。ヤジッタともいう。栃木県（『栃木県方言集』）。

福島県でもいう。ヤダともいう（『農村語彙』）。

同県田村郡（田村市）滝根町で湿田をヤダという（『滝根町史』民俗編）。

茨城県西茨城郡七会村（城里町）では、牛馬も入れない湿田をヤダという。ヤダが多いので、水を抜くのにいろいろ苦労している。昔は田の中に松丸太を傾斜させて埋めこみ、上にソダ（木の枝）を載せ、下を水が通るようにしていた。その後、竹を使って排水するようになった。竹の節を抜き、ところどころに切れ目を入れておき、最後の所は土管を出しておく。水の足りなくなった時は穴を塞ぐ。深さ一メートルほどのところに本線を掘って、竹なら二本を埋め支線を出す。それが理まってくると、方々から渋水が湧いてくる。今は秋に土管を埋めて暗渠排水をしている〔『伝承と創造』〕。

ヤチ ① 湿地、沼沢地。津軽〔『俚言集覧』〕、常陸〔『常陸方言』〕、東北、茨城県久慈郡、多賀郡（日立市）、群馬県勢多郡（渋川市、前橋市、桐生市、みどり市）、利根郡、千葉、新潟、長野、愛知県北設楽郡〔『全辞』〕。福島県耶麻郡山都町（喜多方市）ではヤヂ〔『山都町史』民俗編〕。

ヤチには水草類の炭化したサルケ（草炭）というのができ、燃料となった。これを所によってネッコとかヤチワタとかヤチマグソなどと呼んだ。ヤチには萢《ヤチ》、谷地などの字を宛てている〔松尾『日本の地名』〕。

アイヌ語でもヤチは湿地。北海道釧路の湿原で、草の根の株の大きいものをヤチボーズといい開墾の邪魔になるという〔『NHKテレビ』「新日本紀行」昭和52・6・13〕。

青森県三戸郡五戸地方では、谷地と書きオカヤチ、タテヤチ等の地名があり、丘の両方から狭まった所で、湿地で地質が軟かで流れが緩慢で、地底が固まっていないので上を歩くとゆらゆらと揺らぐような所をいう。田にするような条件のよい所でも、年中水が捌けず、泥が深い田をヤチ田といい、田植えにはオオアシという大きな箱下駄を履いて苗を植える〔『方言研究』六〕。

新潟県中蒲原郡（新潟市、五泉市）地方では、ヤチ（谷内、谷地）となるまでにはノマ（沼）時代を経過せねばならないが、ノマと称せられるようになるまでには相当の期間があって、ガッボ（真菰）が一番先に生えるようになり、これが浮遊状態から集団的に半固定時代に入るとノマと称せられる。

これに杭を打ち、板張りをし内側にイブレ、フンダギリ、ゴミ、スナ等で埋め、波除けを十分にしてドブ田ができる。

このガッボを刈ることをノマガリという。ノマに生ずるのはガッボが代表的植物であるから、そこをガッボノマ、ガッボワラまたはガッボヤチという。

ノマ時代を経過してから、そろそろヨシが生えだし、やがて少し高くなると、ガッボはヨシに地面を譲って、その前面の水面に進出する。すなわちノマが発達したもの。このヨシの生ずる所をヨシヤチといい、平常

（水の多くない時）は水面上に現れている。ドブヤチというのは、ヨシヤチよりまだ地盤の固まらない常に水を浅く被っている所をいう。

シブタレヤチとは、鉄分を含んでいるため赤茶気た水などを浅く湛えたヤチのこと。

ウキヤチとは、水位の昇降に伴って浮いたり低くなったりするヤチ。

キヤチとは、ヤチが少しずつ固まってきて、ハンの木などのぼつぼつ茂ってくるようになった所。

タカヤチとはキヤチよりも地高のヤチ。

田にするには、灌水し軟かにして切り下げる。くぼんだ低地をクボヤチといい、これを田にするとヤチ田と呼び、所によっては深い田もドブ田も同じように解されている〔『日本民俗学』四号〕。

茨城県多賀郡高岡村（高萩市）では、草生えて水のじぶじぶしている所〔『常陸高岡村民俗誌』〕。

群馬県利根郡白沢村（沼田市）では沼地〔『旅伝』一三の一二〕。

長野県南佐久郡では、湿気の多い葦の生えているほどの土地をヤチ〔『旅伝』一一の八〕。

また鹿児島県でも低湿地をヤチといい、同県薩摩郡宮之城町（さつま町）と出水郡野田村（出水市）には屋地という低地があり、指宿市には弥次ヶ湯という温泉が泥田の中にある〔『かごしま民俗散歩』〕。

ヤツ、ヤトは多くの実例から帰納して、小谷の地形に結びつくのであるが、ヤチは小谷のような場所とは限らず、広い平らな低湿地などにも沢山あるから、湿地を表わすヤチとヤツ、ヤトとは別個のものである〔松尾『日本の地名』〕。
② 忌地。ヤジとも。ヤジリキラウとは、同じ土地に何年も同じ作物を連作すると生育が悪くなること。連作の害がひどい作物と、あまりひどくない作物があるが、トマト、ナス、メロンなどは連作を嫌う作物。この連作の害のイヤチ（忌地）のことをいう。熊本県で〔『失なわれてゆく村のことわざ・言葉』〕。

ヤチカ 千葉県印旛郡遠山村（成田市）で湿地をいう〔『方言』五の六〕。

ヤチタ 秋田県鹿角郡で深田、千葉県印旛郡で谷間にある田〔『全辞』〕。
関東地方には谷地田《ヤチダ》が多い。場所によってはヤトダともヤツダともいう。

洪積台地の卓越した広い関東平野ほどヤチダを見事に見せてくれる所はない。ヤチダは多くの場合、一番上流の部分すなわち谷頭に小さな溜池をもっている。溜池がない場合には小さいながら流量の安定した川がこの谷地を流れている。

周囲の丘陵や台地から流れ出るシボリ水は、意外な量の流れをつくり出している。

ヤチダはこういった水を有効に使うため、いつも湿田状態にあるものが多い。いったん水田に入れた水を逃がさないようにするためである。

故にヤチダの稲作は生産力が低いのが普通だが、開発当初はむしろ「優等地」であったろう。

ヤチダは水源地域が狭く、台地や丘陵だから、一度に大量の洪水が流出することも少ないし、その破壊力も弱い。急流、大河の流域とは様子が違うヤチダは、むしろ安定した収穫を保証する水田であり、開発するも技術的に容易であった。大河を制禦する必要はなく、大規模な溜池をつくる必要もなく、多数の労働力も要しない。在地の土豪にとってヤチダの開発は、まことに都合のいいものであった〔『稲作文化と日本人』〕。

ヤチボ　ヤチ参照。磐城地方で水がじみじみしている所〔『地形名彙』〕。

山迫のじめじめした田。福島県石城郡草野村（いわき市）〔『磐城北神谷の話』〕。

ヤツ、ヤト　湿地。この語の中心は武蔵、相模だが、静岡県谷津《ヤツ》あたりがほぼ西限である。ただし引佐《イナサ》郡引佐町（浜松市）にも谷津がある〔鏡味明克『富山県地名大辞典』月報〕。

相州鎌倉、上総辺〔『物類称呼』〕、茨城県北相馬郡、千葉県長生郡で谷、静岡県小笠郡（掛川市など）で谿谷〔『全辞』〕といい、谷をヤツとかヤトと訓ませる場合もあれば、ヤトに谷戸、ヤツに谷津を宛てていることが多い。

鎌倉を中心とした地域では、丘地に刻まれた小さな谷を○○谷《ヤツ》と訓ませている。

「白浪五人男」の台詞《セリフ》に「ヤツ七郷を食い詰めて」とあるのは、語呂のよさから勝手にそうしたものであろう。鎌倉あたりでは今日、普通名詞ではヤトといい、「あすこのヤトは日当たりがわるい」などといい、固有名詞ではヤツになる。比企ヶ谷《ヒキガヤツ》、扇ヶ谷《オオギガヤツ》、松葉ヶ谷《ヤツ》、佐助谷《サスケガヤツ》などと〔里見弴『毎日新聞』昭和38・4・28〕。

相模原台地を含む地域や横浜市郊外の丘陵地などで

は○○谷《ヤト》と訓ませ、また谷戸《ヤト》というのは長谷戸《ナガヤト》（小田原市小字名）、鍛冶ヶ谷戸《カジガヤト》（秦野市小字名）、川崎市の小学校名に残る大谷戸などがある。

武蔵野台地や神奈川県の東部丘陵に多いヤツ、ヤトことにヤツの地名は、東京湾口の水道をへだてて相対する房総半島中部地域に密に分布するのは、両地域の文化交流を暗示するかのようである〔松尾『日本地名』〕。

ヤが水の意をもっていることは矢沢、八沢、矢田、矢口ノ渡などからも考えられるし、矢板というのが、水の浸入を防ぐために建築物の礎の周囲に打ちこむ板であることからも推察される。東秦野村大字西田原（秦野市）の谷戸をはじめ、谷戸は湧水地が多く、集落としても古い〔『集落・地名論考』〕。

集落単位としてのヤトは、呼称系列からいってカクラ、コガ、コバ、カイチ、タイラと同系列に入り、一つの地域区画を意味する。

ことに東京都や神奈川県では、規模的には村落内の字以下に相当する小集落をいい、地縁的な村落共同体として強く結合し、行政単位でない地域社会をなしている〔『日本歴史地理用語辞典』、『民俗と地域形成』、『綜合』〕。

ヤツとは要するに、台地面を侵食した浅い湿った小さい谷をいう語である。

なお、昭和六十二年三月号『図書』掲載の阪倉篤義の「新村出先生とその学問」中、昭和六年十二月二十四日付、鎌倉在住の荻原井泉水から新村出あての書翰がある。曰く「鎌倉土着の老人はすべてヤトと発音し、これは独立語としても用ひ、又地名にしても申します。例。あのヤトに家を立てる。扇がヤト、泉がヤト。若き人は地名の場合には扇ガヤツ、泉ガヤツと発音し、単独語としての場合はヤトといふやうであります（中略）。御承知とおもひますが、ヤト（ヤツ）は谷といふ事ではなく、二方又は三方に山のある平地、山の懐といふやうな感じの所であります。又秩父辺にてヤチと申すのは山間の僅かな土地を墾して田畑としたる傾斜地のやうにききました」と。

また同記事中、新村出の手記「谷地攷」に「やつはしノやつハやちトハ関係ナキヤ」というのがある。

ヤツカ　耕地中にある石の堆積をいう。岩塚である。諏訪湖では秋に石をわざわざ湖底に積んで冬季に魚族の集まるのを氷を破って捕獲している。此の石積をもヤツカと呼ぶ〔『地形名彙』〕。
① 耕地の中などの石の堆積で岩塚の意。開墾にあたって取り除いた岩石を積んでおく場所。長野県東筑摩郡（一部、安曇野市、松本市）〔『郷土研究』四の三、『夜啼石の話』〕。
② ナツボともいい、信州天竜川筋で魚を捕る一つの方法。春先魚の集まる場所を見立てて、一間四方くらい地を掘りまわりに石を積んでおき、頃合いをみて、そのまた外側を簀で取り巻き、一方口に大きな筌を当ててから中の石を一つずつ除けて行く。夏は鰻が多く、暮れには赤魚が取れるヤツカは石塚、ナツボは魚坪の意〔『漁村語彙』〕。
長野県南佐久郡佐久町（佐久穂町）下川原では、大日向川で秋、川底に石を積み、冬、このまわりに簀を張り石を出してハヤ、ニガッパヤなどの魚を捕るのをヤツカという〔『長野県史』民俗編第一巻（二）東信地方〕。

ヤツカアラ　千葉県印旛郡豊住村（成田市）で沢、河原〔『方言』五の六〕。

ヤッカラ　埼玉県八潮市で、堤外の田畑をリュウサクバ（流作場）というが、ここに茅《カヤ》（屋根茅）を繁茂させておく所をいう〔『八潮市史』民俗編〕。

ヤックラ　岩倉から出た語で、石の小山をなすもの。イワをヤと約、クラは天然の岩組のこと〔『地形名彙』〕。
長野県北部や群馬県勢多郡（渋川市など）で敷地の周囲の石垣をヤックラ、その石垣に設けた穴をヤックラアナという〔『綜合』〕。石塚をヤックラというのは信州の下水内、上高井、南佐久、上伊那の諸郡〔『郷土研究』四の一二〕。『北佐久郡誌』には石の集まり、『下水内郡誌』にはヤックラ、エシヤックラ、小石の山をなすものとある。
信州佐久地方では、人の手で石を集めた場所〔『夜啼石の話』〕。

ヤッコ　岩子と書く。長野県東筑摩郡（一部、安曇野市など）で石垣のこと。多くは人工をあまり加えない稜角のあるままの岩を積み重ねた石垣をいう〔『郷土研究』四の三、『夜啼石の話』〕。

ヤッコー、ヤッパチ　断崖絶壁を静岡県榛原郡（一部、御前崎市など）でいう〔『静岡県方言集』〕。

ヤッタ　ヤツダ　谷間の田。茨城〔『全辞』〕。八田《ヤツダ》、八津田、谷《ヤツ》田〔『日本の地名』〕。

谷地田《ヤチダ》ともいう。谷間の水田で、高台からの浸透水または湧出水を用水源とするが、一般には地下水位が高いため湿地になっている。

関東地方に広く分布する台地には、侵食谷がよく発達し、これら侵食谷のうち谷幅の狭い侵食谷は崖端湧水、谷底勾配の緩急、土壌の性質による高い保水性などが原因して、低湿地の様相を呈するものが多く、古くから水田として利用されてきた。このような水田は関東地方のみならず、各地の台地や丘陵地域に分布する（『日本歴史地理用語辞典』）。

ヤッツケ　天竜川で岩（『南伊那農村誌』）。

ヤッヅメ　袋谷を千葉でいう。ヤツの詰りであろう（『地形名彙』）。

ヤッマッ　焼蒔すなわち焼畑のこと。大隅肝属郡百引村（鹿屋市）（『桜田勝徳著作集』四）。

ヤド　神奈川県愛甲郡で谷間（『地形名彙』）。

徳島県海部郡阿部村（由岐町〈美波町〉）で、貝などの多くいる場所で自分の見つけた所（『綜合』）。

北九州市門司区で、魚の隠れ棲む穴。アクセントはヤド（『裏門司の方言集め』）。

ヤトダ　東京都青梅市の東部で、山と山とに挟まれた谷《ヤ》戸の川沿いに開かれた細い田。古くからの家が持っているが、一戸当たりのヤト田は五反以下と小規模である（『食生活の構造』）。

神奈川県藤沢市で、谷（ヤト）の田をヤトダといい、一枚一枚が小さいものが多く、頂上の田は三角形でいわゆる三角田である。この三角田は自然ににじんで出る水を使うので、冷たくなく思いのほか、稲はよくできる。にじみ出た水は、流れているうちに冷たくなるので、田の脇に溝を作り直接田に入らないように工夫した。ヤトダは日当たりが悪い田が多く稲草はのびるが、収量は平地の田に比べて少なかった。

しかし、縄や莚の藁細工をするには、ヤトダの藁の方が丈が長くてよかったという人もある。

相模地方でかなり広く行われていた摘み田（苗代を作らず直接種を田に播く方法で、大正頃にはほとんど行われなくなった）がヤトダでは、比較的遅くまで残っていたようである（『藤沢市史』第七巻）。

ヤナ　千葉郡（千葉市）で土堤の下の意（『地形名彙』）。

①上総で田畑の周囲をヤナという。あるいは畑のへりだけに限っていう所も長生、君津（君津市、袖ヶ浦

市）、安房（一部、南房総市、鴨川市）などの各郡にある。『方言歌仙』に、

菜ばたへの　ヤナはけばちの　かいねなり

というのが見える。ケバチは木槿の俚称（『農村語彙』）。

②君津郡亀山村（君津市）では、山と山とのはざまの窪み（『綜合』）。

③畑の小道。安房（『国誌』、『全辞』）。

④一般にヤナ（簗）は、川を堰止め、その一部をあけて魚を簀《ス》棚に落して生け捕りにすることであるが、福岡県築上郡椎田町（築上町）城《キ》井《イ》川のヤナは川の中に石を積むだけである。

ヤナセ　捕魚のため簗を装置した所。大分県に簗ヶ瀬、簗釣、簗ノ上、簗瀬平などの地名がある（『地名覚書』）。

ヤネ　①家の陰になる所。日陰地。山のきわ。岡山（『全辞』）。

②大分県東国東郡（一部、国東市）の民家で、敷地境に植えた防風林。北西の季節風に対するもので、椿、椎、樫などの樹木を植える（『集解』）。同県竹田市でも屋敷林をいう（『大分歳時十二月』）。

鹿児島県肝属郡（一部、鹿屋市）の農家で、敷地の周囲の防風林をヤネヤマともケネヤマともいう（『集解』）。

同県種子島で、屋敷内の木立のことをヤーネ、防風の植込みもヤーネといい「貧者のヤーネに木はたたん」という諺もある（『綜合』）。

③やぶ。竹藪を筑後久留米（『はまおぎ』）、山口県防府、大分、福岡で（『全辞』）。

ヤバ　狩場のこと。群馬県利根郡水上町（みなかみ町）などではヤバの最も重要な場所をホンヤバとて一番上手な者が、二番目はカタヤバとて次の者、あとはすべてオイコとなる（『綜合』）。

ヤハラ　西国で湿地のこと（『地形名彙』）。

ヤビツ　矢櫃。谷櫃。ウトウ（ウトウの項参照）に似た地形にヤビツ峠、ヤビツ沢がある。

峠道あるいは、沢の両側に崖が切り立ち、その間が窪地をなす地形である。

神奈川県秦野市のヤビツ峠（八〇〇メートル）は町の北方、大山（一二四六メートル）の南斜面をへて、丹沢山地に入る道にあたっており、峠の頂上付近はよくこの地形を表わしている。

福島県南会津郡檜枝《ヒノエ》岐《マタ》村南部にある矢櫃平（尾瀬沼の北東）は急な山地によって囲まれた矩形の窪地をなし、内部はごく平らで、天然の唐櫃といった形で、これはヤビツを代表する地形といってよさそうである。
　秋田市管内の矢櫃沢は、秋田の町から北東へ太《タイ》平《ヘイ》山（一一七一メートル）に登る道の付近にある深い急な谷。鳥海山（二二三〇メートル）の北斜面には、谷櫃滝があり、断崖の間にかかっている（『集落・地名論考』）。
　熊本県玉名郡南関町で、谷の狭く入りこんだ湿地をヤベツというのも（『綜合』）、ヤビツと同じであろう。

ヤブ　津軽で雪の積って固まらない所（『地形名彙』）。
①雪深く積って、まだ固まらない所。青森（『全辞』）。雪が深く積り、また吹き溜りで道のついていない所（『日本庶民生活史料集成』一〇、「奥民図彙」）。
　漕いで行く雪の中をいう。「マタギはヤブを漕いでエライ奴だ」などという。秋田県仙北郡檜木内村（仙北市）（『秋田マタギ資料』）。
②嶮峻。山の険しい所。山の斜面の険しい所を栃木県大田原市、那須郡（一部、那須烏山市、那須塩原市）でいう（『栃木県方言辞典』）。
③福岡県田川郡添田町津野で焼畑をいい、ヤボ、コバ、ナギと同義とされている。林地を焼いて数年間は粟、小豆などを畑作し、地力が落ちると、そのまま放置して他の場所に切り替える。昭和十年頃まで行われていた（『津野』）。
④藪《ヤブ》を青森、岩手県釜石、秋田県鹿角郡、山形でヤブカラ、千葉県長生郡でヤブッカラ、長野県上水内郡（一部、長野市）、茨城県新治郡（石岡市、かすみがうら市他）、千葉でヤブッカヤ、高知でヤブゴッソ、大分県大野郡（臼杵市、豊後大野市）、熊本でヤブロ、長崎県樺島、対馬でヤボクラ、鹿児島でヤボ（『全辞』）。

ヤブローテ　山腹の村のある所。八丈島末吉（『全辞』補遺）。

ヤマ　①林。立木のある所をヤマという地方は、
岩手県下閉伊郡（一部、宮古市）（鎮守の森をヤマ）
福島県岩瀬郡（一部、須賀川市）（林をヤマ）
茨城県結城郡（一部、常総市、下妻市）（山林をヤマ）
栃木県（林をヤマ。権現様の森をゴンゲンヤマ）
群馬県（林、森をヤマ。竹藪を竹ヤマ）

埼玉県（屋敷林〈森〉、森、林をヤマ、竹藪を竹ヤマ。浦和市〈さいたま市〉野田のかつて鷺の集まった竹藪をサギヤマといった）

千葉県（林をヤマ）

東京都北多摩郡（林をヤマ）

同　三鷹市（緩傾斜地で雑木の生えている所をヤマ）

神奈川県小田原（林をヤマ）

静岡県小笠郡（掛川市、菊川市、御前崎市）（木の茂った所をヤマ。屋敷林をヤシキヤマ）

愛知県豊橋市（雑木林や屋敷林をヤマ）

同県知多郡美浜町（カワ鵜の群集する赤松林を鵜のヤマ）

濃尾平野一帯（林をヤマ）

三重県亀山市（松林のある平地をヤマ）

大阪府の東南部（炭を焼くため仕立てた雑木山をカマヤマ＝竈山、薪とするための山を柴山）

徳島県那賀郡（共有林をツジヤマ＝辻山）

山口県都濃郡（周南市）（林をヤマ）

同県大津郡（長門市）（木の生えている所をヤマ）

福岡県北九州市（立木のある所をヤマ）

同県春日市（共有林をノヤマ）

佐賀県東松浦郡（平地にある林をヤマ）

長崎県西彼杵郡（林をヤマ。松ヤマ、杉ヤマなど）

大分県東国東、宇佐（宇佐市）、速見、大分（大分市、由布市）、大野（臼杵市、豊後大野市）の各郡（林をヤマ、雑木ヤマ、杉ヤマ、松ヤマ、竹ヤマなど。大野郡津野町では、竹ヤブというのは、女竹が生えていて人も通れない所をいう。大分県では、山というのは高い峻嶮な地、山岳のことではない。開いて田にするほどの高さの地をいう。これは「山田」という地名の多いことからもわかる）（『地名覚書』）。

熊本市（竹藪のことをタケヤマという）

鹿児島県出水郡（一部、出水市）（立木のある所で、平地でもヤマ。ヤマは森、林という語の代りに用いられ、林という語はない）

同県川辺郡（南さつま市、南九州市）、肝属郡（一部、鹿屋市）（ケネヤマは屋敷の四周にある樹木林。防風のため殊に大切にしていて、持ち主は最後まで手放さない。ケネは家内、ヤネヤマともいう。ヤネヤマは家の山、常緑樹木をクロヤマと呼ぶ）

奄美大島（屋敷近くに芭蕉を植えた所をバシャヤマ

という。娘を嫁にやるとき、芭蕉の繊維で自分や夫の着物が織れるようにと心がけておくのである。バサヤマが醜女の代名詞になっているのは、バサヤマをつけなければ嫁に貰い手がないということから出たことばで、要するにどんな醜女でも、バサヤマをつけたら貰い手があるというほど、バサヤマは田や畑より高く評価されたわけである）〔『奄美生活誌』〕。

喜界島（竹藪をデーヤマ）

琉球（木が生えていることが特徴で、地形とは無関係。木が群生していればよく、地形が屹立していても、平地でも谷間でもかまわない。荒れた畑が草だらけになるのもヤマ、ムイは地形の盛り上がった所をいい、大きい山も小さな丘をも指す。ムイは地形の特徴をいう語だから、木の有無は無関係。オカという語はない。「もり」（ムイ）は本来、高いところを表わす。

タケ（嶽）は神の在す聖域をいい、必ずしも高くなくてもよく。クバ（檳榔樹）など高い木が繁茂していればよい。クバは神の降臨に必要だからである。ヤマとタケとはほぼ同義〔『図説琉球辞典』〕）。

林をヤマというのは、心理的に集まった物と、高いものとが深いつながりをもっているため、林のことをヤマと呼ぶのであろうと考えられる一方、山には林があるので高低を無視して、ヤマという語が林を指すようになったものと考えられる〔『郭公のパン』〕。

ヤマは本来、「人里を離れ、生活にかかわりのある木などがある場所」を意味した語であると思われるが平地、傾斜地の区別も本来はないのであろう〔『日本言語地図』四、別冊〕。

② 一方、畑などの耕地をヤマという所は、

福島県耶麻郡山都町（喜多方市）（田畑のこと。山のことではない）

福島県岩瀬郡（一部、須賀川市）（開墾した畑をヤマ）

栃木県（野良をヤマ、ヤマ仕事。野良着をヤマギ）

群馬県勢多郡（渋川市など）、千葉県、八丈島中之郷（畑をヤマ）

山口県岩国地方（ヤマシゴトは野外の農事をいい、ヤマイキの山は桃畑、ヤマシマイの山は芋畑、ヤマテシマの山は耕作場、ヤママワリの山は農家。ヤマヤサイ、ヤマユキウタの山は春の野のこと）

同県大津郡（長門市）（田畑に行くことをヤマに行く）、対馬（耕作に行くのをヤマに行く、働き着をヤ

マギ、ヤマジタク、労働の装いをヤマスガタ。もっとも対馬は段々畑が多い)。

新潟県と長野県との境、いわゆる秋山郷ではヤマという語を非常に広い意味に使っている。地形としての山はもちろん、山の地理、地形、狩猟の場としての山から狩猟そのものまでをヤマといい、また焼畑耕地としての山から転じて現在耕作している元は山であった自分の農地までもヤマと呼んでいる。

猟師の口から、ついに林も森も一度も出なかったし、それに該当するものはすべてヤマであった。「ここらのヤマは……」という場合は、山そのものであり、「ヤマをやる」は熊とりをすることであり、「ヤマを知る」「ヤマを覚える」「ヤマを習う」のヤマは、狩猟の場としての山の地理、地形であると同時に、狩猟そのものまで含まれている。「ヤマへ行く」はたんに山へ行く場合もあり、熊とりに出る。昔は山だった所を開いて作った田畑へ行くとさまざまに用いられる。「あっちのヤマ」といえば、向こうのナワバリのことである場合もある(『山と猟師と焼畑の谷—秋山郷に生きた猟師の詩』)。

ヤマという語が林、立木のある所の意から畑、耕作地などに及び、広く生活関連の資料採取の空間という意味にもなるのである。

一方、ヤマという語の使用頻度が高まると共にヤマという語感には、粗末、粗野、武骨という感じを含むようになり、同時にやや無責任に、毎日の生活とは別な印象をもっているが故に、隠語的に使いやすい言葉ともなったのである(井之口章次『日本民俗学会報』五八)。

ヤマ(山)はアマ(海、天)に相通じ、産むという原義がある。特にヤマは多数を表わすヤ(弥)を冠している。

ウミ(海)は『和訓栞』に「産《ウミ》の義、魚鰕珍怪を錯り出すよりいふといへり」とある。

海の古語はアマでア→ウとなり、マ→ミと同行相通ずる。

ヤマ(山)はヤアマがヤマとなったものであろう。山は生産の場で、鳥獣虫魚が生息し、火水を求めやすく、建築資材、衣料、食料にこと欠かない。ヤマの語源はマで、マはメとも通じ、生物の芽、女、妻を意味するメで、女性の繁殖器もメ、マである(『山の神信仰の研究』)。

③ 葬制、墓制関係の民俗語としてヤマがある。墓穴掘りを「山行き」「山仕事」「山拵え」「山トリ」、墓地の点定を「山ギメ」「山ギワメ」、埋葬役を「山シ」、火葬見舞を「山見舞」など多い。また、隠岐では墓地をエーヤマ、愛知県下でクサヤマ、奄美大島では、最近まで死者をグショヤマという叢地に風葬したり、両墓制のうち埋墓をヤマバカというのは青森県碇ケ関（平川市）、西宮市広田。実際に遺骸を埋葬する墓地を愛知県佐久島ではヤマバカ、五島の浜ノ浦村（新上五島町）では棺をヤマオケ、対馬の峰村木屋では、かつて士族が喪屋を野べに作って住むことを「山上り」といった（『葬制の起源』）。

墓地は初めは、田畑や林野の一隅あるいは小高い地形の所に設けられた。そういう所を漠然とヤマと呼ぶような語感が生じてから——そういう年代になってからヤマのつく葬制用語が生れたのである（井之口章次『日本民俗学会報』五八）。

④ 『全辞』には常陸（『全辞』補遺）、茨城県稲敷郡（一部、稲敷市など）で暗礁をヤマとあるが、ここは海に面しておらず霞ヶ浦に面しているから湖の暗礁をいうのであろうか。

喜界島では、峠をヤマ（『シマの生活誌』）、能登半島の輪島崎（輪島市付近）では、海岸の陸地をいう（『綜合』）。

⑤ 採石の時、岩石や土砂の崩れること。根切脇の崩れるのにもいう。「ヤマが来る」という（『日本の石垣』）。

ヤマアカ 鳥取県で山林の落葉の腐食したものをいい、これを採取して葉タバコの堆肥とする（『NHKラジオ』昭和36・1・13）。

ヤマアテ 山を目標として海上での船位を測定する方法。アテはこの方法の総称だが、山アテは最も広く分布する。魚介のつく瀬などもこのアテによって記憶する。

大阪湾の泉州沿岸でヤマタテ、駿河でヤマヲミル、伊豆でヤマヲミル、ヤマガタツ、能登半島ではヤマダメ。瀬戸内沿岸でクイアイというのは、山と山との重なり具合を指す語であろう。

房州千倉町（南房総市）白間津の海女も漁場位置を割り出すのに、二方位からの見通し線を交差させてヤマダテを行う。それには一子相伝とされる「ヤマの帖面」「ヤマ立て帖」とよばれる漁場位置図があり、トッツオ（自分だけが知っている漁場）のありかを示したものがある。
ヤマダメの指標の山は、口能登羽咋郡外浦では宝達山、石動山があり、鳳至郡門前町（輪島市）にかけては高爪山（俗に能登富士）、奥能登輪島付近では鉢伏山、珠洲郡（鳳珠郡能登町）では山伏山、内浦の鵜川から穴水にかけては甲の丸山、能登島から灘浦にかけて石動山、富山県の氷見市では朝日山、二上山がおもな対象になる。これらの山々は、陸上からはさほど目立たなくとも、海上からは実に特徴のある形をとっていて、昔からそれを御神体とする山岳信仰があったのである。
特に注目されるのは、石動山、高爪山、鉢伏山、山伏山など、いずれも中世以来の歴史をもつ山岳信仰の重要な対象であった。中でも石動山は、緩やかな山並から飛び出た御前峰と称せられる山頂をもち、口能登の外浦、内浦の沖合からは特に目立ち、漁民にとって格好の目印となっている（『能登――寄り神と海の村――』、『日本民俗事典』、『海女たちの四季』、『志摩の蜑女』）。
ヤマカタ　三重県志摩郡志摩町（志摩市）和具で、山国をいう（『方言』五の九）。
ヤマガタ　石見で、山の多い所に点々とある田をいう（『島根民俗』二の四）。山の手を山方。手は方面のこと（『日本の地名』）。
ヤマキシ　津軽で山の麓に添う道（『民伝』三の一〇）。
ヤマギシ　山裾を栃木県の西部でいう（『栃木県方言事典』）。福島県耶麻郡山都町（喜多方市）でも山のふもとのこと（『山都町史』民俗編）。
ヤマグチ　山口は山あるいは森林の入口をいう地名（『日本地名学』Ⅱ）。宰水神が祀られる。西部中国と四国に空洞をもつ広い分布（『日本の地名』）。
ヤマクボ　中国秋吉台地方では、カルスト地形のドリネを指す（『地形名彙』）。
ヤマグロ　コダレをうつ所はヤマグロが多い。ヤマグロのクロは、アゼクロのクロと同義。
コダレをうつ所のヤマグロの土手草は、田の持主と山の持主とで七分三分か六分四分で刈り分けた。熊本県菊池地方（『失なわれてゆく村のことわざ・言葉』）。
ヤマゲト　愛知県知多郡。山道、谷間（『地形名彙』）。
ヤマゴエ　長崎県五島の小値賀《オジカ》群島で、島内の他の場所を指す語。小値賀島などは山というほどの山もないのだが、山を越えようが越えまいが、他村や他部落をいう〔『離島生活の研究』〕。

ヤマゴシ　山際。岐阜県郡上郡（郡上市）〔『全辞』〕。

ヤマザワ　山の奥深くまで入っている沢。奥深い沢。栃木県〔『栃木県方言辞典』〕。

ヤマシオ　九州で広く山崩れをいう〔『地形名彙』〕。山津波。長雨がつづいたり、大雨のとき起る地崩れと共に水が出ることを山口県下関市や北九州、熊本県で〔『下関の方言』、『全辞』〕。

「ヤマシオが抜ける」という。

大隅肝属郡百引村（鹿屋市）ではヤマショ〔『方言』五の四〕。

ヤマシタ　山の下の意。山科言継が織田信長をたずねて岐阜の城下に泊った時、岐阜城の追手口をも山下と呼んでいた。信長の安土、秀吉の八幡山も、その城下は山下と呼んだ。江戸の初めには、江戸城の追手を山下といった。

岡山地方では、古城址の近くでも、大山の城下でもみな山下という地名がある。徳島の城下も山下である。しかし後になると、東国にはこの地名は消えたようである。関東では山下より寄居、根子屋、箕輪という地名がある〔豊田武『歴史百科』五号〕。

ヤマソデ　山の向かい側。岐阜県吉城郡（飛騨市、高山市）。ソデに同じ〔『全辞』〕。

ヤマダ　愛知県宝飯郡音羽町（豊川市）で、山に囲まれた水田をヤマダ、ウダ、ウダンボ、ミズタという〔『日本民俗学』一三〇号〕。山口県長門市殿台、境川で、山中や山裾にある小さな田を〔『長門市史』民俗編〕。大分県ではヤマは、山岳のことではなく、開いて田にするほどの高さの地をいい、そこにある田がヤマダである〔『地名覚書』〕。

ヤマダシ　洪水。伊豆八丈島〔『全辞』〕。

ヤマト　阿波の三好郡東祖谷山村（三好市）、西祖谷山村（三好市）では、前庭が狭い場合、前庭から三尺ほど前庭と水平に石垣の上に張り出して棚をつくり、その上に土を置いている。これをヤマトという。

前庭を広くするためにヤマトをつくる場合と、屋敷内に付属建物を収容しきれない場合にヤマトを作って、厠や鶏舎、時には風呂を設ける場合もある〔『四国地方の民家』〕。

紀伊山地ではこれをタナという〔『民家のなりたち』〕。

ヤマネ　山麓〔『日本の地名』〕、山際。福岡県北九州市小倉南区で〔『三谷方言集』〕。

ヤマノアイ　峠。兵庫県飾磨郡（姫路市）〔『全辞』〕。

ヤマノオー　山頂、峰。京都府竹野郡（京丹後市）、鳥取県気高郡（鳥取市）、香川県小豆郡〔『全辞』〕。山口県下関市〔『下関の方言』〕。

ヤマノカミノハナタテ　峠路にあって旅人が小枝を折って捧げる霊地のことを、秋田県雄勝郡（一部、湯沢市）では山の神の花立といった。シバオリサン、シバタテ、ハナタテバなどと呼ぶ例も多い。概して東北や南九州にある〔『綜合』〕。

「山の神の花立て場」は、東北や南九州の国の端々ばかりに残っているのではない。

北伊勢から鈴鹿山脈を近江の方へ越す八風峠の近くにハナイチバという小字がある。こんな山上に花の市場があるのではなく、イチバは山の神を斎き奉る所という意である〔『山の神信仰の研究』〕。

ヤマノコシ　山麓近くの部分、ヒラ（山腹）とスソ（山麓）との中間の所。山口県長門市〔『長門市史』民俗編〕。

ヤマノツジ　山頂、峰を香川県小豆島、島根県邑智郡（一部、江津市）、大分県東国東郡（一部、国東市）、南島でいう〔『全辞』〕。沖縄ではヤマヌチヂ〔『沖縄語辞典』〕。

ヤマミ　魚見をヤマミ（山見）と称している地域は広い。千葉県夷隅郡興津町（勝浦市）鵜原では、魚群を発見したり、海上の天候を望見する場所をヤマミバといい、小高い岬の上にある〔『方言』六の四〕。周防大島では、海に迫って山のある外浦には山の松の樹の上や、畑の畦の櫓などから見張りしているヤマミがいて、魚群が網代の一番よい所へ来た時、ホテで手船からそれを見てとって、これをさらに網船に伝える。

これとほぼ同じ例は、広島県の走島、長崎県の五島にもある。中通島の山のない海ばたでは、魚を見るため海中に脚立を立て、これをもヤマミと称した。漁船はそのまわりを動きながら待機した。

宮崎県児湯郡富田町（新富町）日置では、舟を乗り出して網代などの瀬のあり方を知るために、陸上の目標をつきとめることもヤマミと称している〔『綜合』〕。

山口県大津郡（長門市）油谷町向津具では、鯨の来遊を発見する見張小屋をヤマミといい、川尻には津黄鼻、喜平崎（踊り段）、境、滝、岬、河内神社下のハザシ小見と六カ所設けられていた。ここに配置された見張人は視力、聴覚とも優れた者ばかりで、飯炊きともに四名が詰めている。鯨を発見すると「火たき場」と称される所に常時準備されている青松葉に火をつけてノロシを上げる。ノロシを上げる位置によって、鯨の通過する場所を示した〔『向津具半島の民俗』〕。

佐賀県小川島でも、山見といって、鯨の来遊するのを常時見張る場所があった〔『NHKテレビ』昭和55・11・22〕。

高知県室戸岬西岸の漁港津呂《ツロ》（室戸市室戸岬町）では山見《ヤマミ》というのは、漁場に近い山の上の小屋で潮に乗ってくる鯨を見張りしている役で、二七〜三〇歳の若手から選ばれた総勢一一人で平《ヒラ》の水主《カコ》で見こまれて山見にとり立てられた。山上に山見小屋があり、鯨を発見すると、竿竹の采《ザイ》で鯨の進行方向や鯨の種類を判断して勢子船に知らせる〔『仏トンボ去来』〕。

ヤマムケ　山手、山の方面。「ドッカヤマムケへでも行きゃあるかもしれん」などという。富山県礪波（砺波市、南砺市）地方〔『礪波民俗語彙』〕。

ヤマムルシ　藪。南島八重山〔『全辞』〕。

ヤマンカップ　長崎県で山頂。ヒザンカップはひざ頭〔西島宏『朝日新聞』昭和38・11・17〕。カップーは頭。長崎県平戸市。ガッペは頭。津軽〔『全辞』〕。

ヤマンダイ　山頂。播州赤穂郡〔『方言』四の一二〕。

ヤラ　樹木、草蔓等の叢生する状態をいう。藪の意に近い。たとえば笹ヤラは笹叢生地、樺《カンバ》ヤラは樺の叢生地、ノラヤラの語もある。福島県南会津郡檜枝岐村〔『民俗学研究』五の五、六号〕。

ヤリミズ　東京都八王子市鑓水がある。地下水を筧で家に引いたというのが地名の起りだというが、鉄砲水の出る所をいう。山崩れや出水で決潰したさまが『年貢割付状』に記録されている。田畑や人家が雨で流失した〔辺見じゅん『東京都地名大辞典』月報〕。

ヤワラ　①沢。茨城県新治郡（石岡市など）。②険阻。静岡県志太郡（藤枝市）〔『全辞』〕。

ヤンゴ　鹿児島県奄美群島の加計呂麻島で、飲料水を汲む川をいい、これに対して村内の共同の掘り井戸をソッという〔『綜合』、『集解』〕。

ヤンゴは山川の意〔『大奄美史』〕で、ソッは徳之島や沖永良部でショージといい、これはショーズ（清水）のことで、ソッも同様であろう。

加計呂麻島の須古部落のヤンゴは、川全体の名称というよりもむしろ、その上流の川が屈曲しかかって水の淀んで水浴に適し、一方には浅瀬のできている個所を意味しているらしい。古くは巫女たちが祭儀などの折、斎戒沐浴した川の一つの淀みがヤンゴで、後それが固有名詞化され川全体の名称ともなった〔『奄美の文化―総合的研究』〕。

ヤンザ　山林などの灌木などが乱れ茂った所。愛媛県大三島（今治市）〔『全辞』〕。

ヤンメエ　沖縄列島の農家で、主屋の前の空地〔『集解』〕。

ユ

ユ　ユは井すなわち泉の意。井（泉、井戸、用水路、井堰などの意がある）のイがユ（湯）に転ずる例がしばしばある。

泉の湧く井ノ元がユノモト（湯ノ元）と呼ばれ用水路の水をいう。「井ノ水」を「湯ノ水」といい、用水路の底を浚えることを「湯浚《ユザライ》」。用水路を調節する井堰を「湯」と呼んだりするように井と湯とは盛んに混用される。

「湯舟沢」という地名は、たいてい「井舟沢」の意で、井水を水槽（舟）に溜めて水道の水源を作っている沢のこと。

神奈川県足柄上郡山北町湯坂《ユザカ》は、温泉とは関係なく部落の北裏の山裾に豊富な湧水があり、小さな沢（小谷）をつくっていて、この「泉の小谷」をイザクと呼び、それが部落名となったものであろう〔松尾『日本の地名』〕。

三重県飯南郡（松阪市）で、水田を養うため水車へかけるためなどに、水を堰いて溜めた所をユカブという。ユデはその水道をいう〔『綜合』〕。

三重県宇治山田市（伊勢市）、大阪府泉北郡で溝、溝川をユ〔『全辞』〕。和泉で、池より田に引く水溝〔『口承文学』七号〕、福井県丹生郡（一部、福井市）で、田の用水を引くことをユアゲという〔『全辞』〕。

神戸市垂水区伊川谷町前開上、前開中では、トテをユという。

前開下や白水では、小さな川や溝などの落差があって、底の少し掘れている箇所をいう。自然にできた水溜りは大きくてもユという人は多い。宍粟郡（宍粟市、姫路市）の一部では、井戸のことをユッという人があるという〔『民伝』一六の一〕。

但馬で、木地屋はその住居を定める際、水の手をどこからとなく上手にユ（細い溝）を掘り、ひと所に水を溜めソオズ（水車よりも簡単な水力応用の米搗き道具）を仕掛ける〔『神戸新聞』昭和11・7・16〕。

八丈島で井戸または涌水をユイド、広島県安芸郡（一部、江田島市、呉市）、宮崎県西諸県郡（一部、小林市）で井戸をユガワ〔『全辞』〕。

奄美大島では、船にはいった海水をユといい、海水の入ることをユヌイリユンといい、船中に溜った海水を汲みとる道具をユトゥリという〔『奄美の文化―総合的研究』〕。

高知で、川の辺に立てた杭、水陸の境に立てた杭をユグイ。鹿児島県肝属郡（一部、鹿屋市など）で、水垢をユゴケという〔『全辞』〕。

ユウ　越後東蒲原郡、会津などで渓谷の岩の多い所。奥上州では岩窟をこのようにいう〔『地形名彙』〕。

岩、岩屋、岩窟を群馬県の北部、新潟県東蒲原郡東山村（阿賀町）や津川町（阿賀町）付近でいう。会津地方で岩組をユゥという。新潟県では岫の字を宛てているが、岫はクキ（洞）にも宛てられている。

伊豆八丈島で、岩窟、洞穴をヨウというのも同じで、また渓谷の岩石の多い所と解するものもあり、平維茂夫人の伝説によって御前ユウと呼ぶ地名も東蒲原郡にある。

リウもまたこの語の音訛と思われる。新潟県中蒲原郡（新潟市、五泉市）ではイユと発音する〔『綜合』〕。

ユキ　東京付近に二、三のユキという地名がある。由木、柚木、油野などの地名は全国に多い。

ユウは楮の一種で、野生の繊維植物であった。

ユキも同じで、この地は最初その採取地であった山野が、後に農地に開かれた所をいうのか〔『綜合』〕。

ユキガキ　雪垣。秋田県男鹿市、富山、石川県石川郡（白山市、野々市市）、鳥取県東伯郡（一部、倉吉市）などで、敷地の周囲に立て並べた松枝、茅、藁《ワラ》などの垣根。冬季の風雪の防止のため、東伯郡ではカキともいう〔『集解』〕。

ユキガタ　峰の雪がとける頃は、田植えの準備期にあたるため、昔から農民たちは山肌の残雪や雪間が特別の形になるのを農耕の目安としてきた。

「雪形」という語は、岩科小一郎が、昭和十八年刊

『登山講座』で、それまで残雪絵などと呼んでいた現象に対して用いたのが始めだという。その後、『広辞苑』第三版（昭和五十九年）に採用された〔倉島厚『読売新聞』昭和59・4・13〕。

『新潟県史』民俗編一巻には左のようにユキガタを挙げている。

○守門岳のタネマキジサにタネマキをする（栃尾市〈長岡市〉木山沢）

○粟ヶ岳のアワマキバサにアワマキ（栃尾市〈長岡市〉本所）

○巻機山の残雪、ツルの羽根が出ると、熊の冬眠あけ（南魚沼郡塩沢町〈南魚沼市〉姥沢新田）

○前山の鯛形の目があくと、マメマキ（新潟市大江山）

○二王子山のアワマキジサに畑の種播き（北蒲原郡紫雲寺町〈新発田市〉藤塚浜）

○鋸山の残雪、川雪（川の字形の雪）にスジマキ（長岡市福島町）。スジは種籾のこと。

○白山のマメマキジサにスジマキ（五泉市大蔵）

○エブリサシ山のエブリサシにマメマキ（岩船郡関川村）。

また、中央アルプスの主峰、駒ヶ岳の中岳東斜面にくっきりと浮かぶ「降り駒」の雪形もそのひとつ。全国に駒ヶ岳と名のつく山は一〇座に達し、その大部分の呼び名は、その山に出現する馬の雪形に由来するのである。

そのほか北アルプスの白馬岳の代掻き馬、蝶ヶ岳の蝶、鉢伏山の雁、中岳の舞姫、南アルプスの鳳凰山の農牛、間ノ岳の鬼面、鹿島槍の鶴、東天井岳の仔犬、宝剣岳の島田娘、常念岳の常念坊、前穂高の御幣、金北山（新潟）の種まき猿、八海山（新潟）の鯉、栗駒山（宮城）の駒など〔『山の紋章、雪形』〕。

なお、福島県耶麻郡山都町（喜多方市）でも、遠くの高山（飯豊山、磐梯山、黒森山）の雪形を見て農作業の目安とした〔『山都町史』民俗編〕。

ユキグラ　福井県丹生郡越前町付近の漁業住居で氷室の一種。雪を集めて土蔵の地下に溜め、それを踏み固めて水をかけ、また踏み固めて水をかけて保存したものを冷熱源とした。近所の女たちが、雪踏みの人夫として動員されたという〔『集解』〕。

ユクイ　沖縄の八重山で峠〔『綜合』〕。憩いのことか。

ユズリハ　譲葉《ユズリハ》は出葉《イズリハ》、論鶴羽《ユヅルハ》などの地名で呼ばれるが、砂防指定地や地滑り指定地の中にある地名。譲葉の木があった説と、地面が動く説の二つがある。後者の土地が揺れる、揺するがユズリハになった地名のようである〔小川豊『地名と風土』二〕。

ユタ 徳島県海部郡阿部村（美波町）で、満ち引きのない時〔『綜合』〕とあるが、満潮時の頂点で、潮が停止した状態の時を指すものか。

大野晋は『言葉の年輪』で次のように述べている。

「万葉集では『海辺に寄せてくる波がユタケク思われる』といっている。

ユタカと同じ源のユタクという言葉は、ゆったりとひろびろとしている意味だった。又、万葉集に、美人の形容として『胸ユタケク、腰が蜂《ハチ》のように細い』という表現がある。胸が豊満という意であろう。ユタケキ海といえば、広い海というだけでなく、ゆったりとした内容が充実した気持をこめている。だからユタケキ胸というようにも使われたわけである。その源の余裕のある気持は、ユッタリという現代の擬音語が受けついでいる。つまり、ユタカはユタという擬音語から成長したらしい。しかし、その内容の充実という点が強められてくる物が豊富だという意味になっている」

ユツ 兵庫県佐用郡、赤穂郡、相生市付近で、掘り抜き井戸〔『綜合』、『全辞』、『集解』〕。赤穂郡矢野村（相生市）小河では、ハネツルベが付いていて車井戸はほとんどない。井辺の流しをユツノハタ、その水溜りをユツのハタのダールといい、ここは小便は許されない。ユツの傍に茂生するユキノシタのことをユツグサという。また灌漑用の井戸にはヤブのユツ、コマチのユツがある〔『民族と歴史』一一の六〕。ユ参照。

ユテ 日陰の凍った土地。千葉県印旛郡川上村（八街市）〔『方言』五の六〕。

ユデ 井堰。水を堰止める所。兵庫県佐用郡、イデに同じ〔『全辞』〕。イデ＝ユデ、イロリ＝ユルリと同じ。

兵庫県宍粟郡奥谷村（宍粟市）では、飲み水を引いた溝〔『山でのことを忘れたか』〕。

ユドネ 佐賀県杵島郡福富村（白石町）では、炊事の流しの水を溜る所をいう。ここに田イモ（水イモのことで里イモではない）を作るとよくできるという。蛇足ながら備忘のために――同地ではサツマイモ（甘藷）は作らなかった。さつまいもは天草イモといい、天草からウワンという三、四〇トンの大和型の帆船に積んできて、米と交換していた〔同地出身者、小野九州男談』)。

湯殿の捨水の溜めを淡路島でユードン、便所を熊本で、大便所を広島でユドノ、流しを鹿児島県肝属郡(南大隅町)佐多でユドノという(『全辞』)。

ユトリ　溝。三重県三重郡(一部、四日市市)(『全辞』)。

ユトロ　広島県比婆郡敷信村《シノウ》(庄原市)で粘土質の田地。この田地にはアラガキを略す。これにはアラボリと称してクレカエシの後、もう一度、水を入れる前に犂をいれる(『綜合』)。

ユナ　砂、砂利を岩手県下閉伊郡(一部、宮古市)でいう。イノーに同じ(『全辞』)。沖縄でも砂、砂利。ユナミチは砂の道(『沖縄語辞典』)。ヨナともいう。

与那は琉球列島の中部以南に多い地名で、海岸と台地とに立地しており、海岸に位置するものは町や集村が多く、台地にあるものは散村、疎村が多い。与那原、与那城、与那国、与那覇、世名城、世名間がある(『地理学評論』一八の一二)。

ユーニ　八重山で砂丘(『地形名彙』)。

洲。南島石垣島。ユナに同じ。八重山で洲をユニ。ユナに同じ(『全辞』)。沖縄で砂。スィナの雅語(『沖縄語辞典』)。また宮良当壮は「宮古島で海岸から切り出す粟おこしのような石をユニイシという。ユニはヨネ(米)と同義であろう。この石を沖縄地方ではアワイシと称して石垣を築いた所がある」という(『民族学研究』八の三)。

ユビタ　奄美群島の沖永良部島で、胸まで浸するような強湿田。ムタの深さ四、五尺以上もあるので板または竹に乗って耕作される(『綜合』)。

沖縄でも泥田、底なしの泥沼をユビタともユビともいう(『沖縄語辞典』、『全辞』補遺)。

ユブ　佐渡の内海府(両津市〈佐渡市〉)地方で湿地をいう(『綜合』)。

ユミゾ　兵庫県神崎郡(一部、姫路市)などで灌漑用水路。川の堰をもユといっているから、これがイミゾの訛であることがわかる。北国一帯でこれをエンゾというが、それも同じ語の変化であろう(『綜合』)。

ユラ、ユリ　紀州印南町付近の由良《ユ》町などその他各地の海岸に多い。これは風波が砂を淘り上げた地形である。山地にもあるがこれも崩れた山の土を水流が淘り平めたわずかな平地である。対馬与良郷、陸前名取郡(名取市)閖上浜、伊勢桑名郡(一部、桑名市)汰上も同じ。丹波などは岼や嶝を宛てる〔『地形名彙』〕。

ユラは「揺ぐ」で「川の水の動き」をいったので、太古はユラは直ちに「川水」すなわち「川」のことをいったのであろう。やはり「水の動揺」に由来しているのであろう〔『日本地名学』Ⅰ〕。

ユリに通ずるのはユラ（油良、由良、油羅）で、ユラは海岸の平らな砂地を指すほか、内陸部の窪地の底などの平坦地をいうことも多い。また表面のなだらかな丘を、由良山という場合もある〔松尾『日本の地名』〕。

由良という地名が海浜に特に多いのは、風や波で砂を淘り上げてできた平地ということであろう。宮城県名取郡閖上浜《ユリアゲハマ》、三重県桑名郡汰上《ヨリアゲ》、対馬の与良郷などはその例であろう。

川の両岸では、アクツという地名が関東には多いが、兵庫などではユリという地名が多く岼や嶝の字を宛てている。

神奈川県あたりのヨロギや高知県のユルなども同じ意味の地名か〔『綜合』〕。

丹波には岼と書いてユリと訓ませた字名がある（天田郡〈福知山市〉三和町）。ユリの地名は丹波、丹後に多く、舞鶴町（舞鶴市）高野由里《ユリ》、同岡田由里、綾部市五津《イツ》合町遊里《アイチョウユリ》も同じ地名型と思われる。丹波の山地における小平坦地の地形をいう。百合ヶ丘や百合野の地名も台地や丘陵の平坦面にちなむ地形地名であろう。汰、崩、汻などの字を宛てているが、崩れた山の土を水流が淘汰して平らにしたわずかな平地と思われる。江戸時代の『丹波通辞』では、ユリを「山の峡道」と記しているのは、鳥取県八頭郡池田村（若桜町）で、山の電光形にくねくね曲った道をユリという〔『山でのことを忘れたか』〕とあるのは、山の土が崩れて岨道をなしたのをいうのであろうか。

また滋賀県高島郡今津町（高島市）の小字名に「東ユリ」「西ユリ」「新ユリ」「藤太夫ユリ」があるが、鉱石選別の淘板《ユリイタ》、淘鉢《ユリハチ》などによる淘り（淘汰）の作業を推測させる言葉である。そして木炭との関係でとりわけ注意したいのが「藤太夫ユリ」の藤太という呼称である。この名は諸国に広く分布する炭焼藤太の昔話・伝説との関連を暗示する。この人物はさらに芋掘藤太、金掘藤太と名をかえて知られている。その人名は金属精錬に結びついており、藤太も淘汰に基づいたものではないかとの説さえある〔橋本鉄男『地理』昭和75・7号〉。

伊豆八丈島、壱岐では地震をユリという〈『全辞』〉。

ユーラバタ 河岸を大分県速見郡（一部、杵築市）でいう〈『全辞』〉。

これもユラ、ユリに関係があろう。

ユリタ 湿田を山口県豊浦郡（下関市）で。乾田のカタタに対する語。

カタタは雨を待つために手がかかり請作には喜ばれない田〈『綜合』〉。

ユリターユビターユブは共に関係があろう。

ユル 溝。土佐〈鹿持雅澄『方言研究』一「幡多方言」〉。

ユワ 東北で岩の訛〈『地形名彙』〉。

ユワガンケ 山で岩のある所。栃木県上都賀郡（鹿沼市、日光市）、芳賀郡。

ユワッカシ 岩場。岩場で特に岩の突き出ている部分。栃木県佐野市、日光市、下都賀郡、那須郡。

ユワッカラ 岩の多い所、岩場。栃木県栃木市、安蘇郡（佐野市）〈『栃木県方言辞典』〉。

ユン、ユノ 奄美大島の笠利町（奄美市）は用《ユン》、用安《ユーアン》があり、竜郷《ゴウ》（龍郷町）に円（昔はユンといったと思うが今はエン）、宇検《ウケン》村の湯湾《ユワン》、与路島（昔はユンの島といった）がある。

珊瑚礁は、干潮時には水溜りができて魚が寄ってくる。水溜りをユノという。

水溜りに寄る魚をユリムン（寄り物）といい、部落全体で採って平等に分配する。笠利町の用《ユン》は、今でもこの慣習がある。ユリムンが沢山来るようにという古謡がある〈『南島歌謡大成』奄美編一三二頁。二月コエモン祭りのオモリ〈神歌〉コエモンは二月のよい日和にアシャゲとトネヤで行って特に海幸をお願いするお祭り〉。

寄り物の寄る場所がユノ。そしてたくさん寄ってくるのをコエムン。そのオモリをコエムンという。旧の二月、黒潮に乗って魚が寄ってくる時、魚がたくさん寄ってくるようにとコエムン祭りをするのである。

漁業関係の地名にユリムン関係が多いのは、ユリムンが生活に重要であったからで、魚のユリムンと同様、麦、粟の高く積もったものをユニというのも、これが転訛したものではないか〈大山麟五郎『地名の話』、『奄美生活誌』〉。

ユンゲリ 佐渡で峠をいう〈『地形名彙』〉。

ヨ

ヨー　洞穴。伊豆八丈島三根で。また同島でヨァともいう〔『全辞』、『全辞』補遺〕。ユウの項参照。

ヨウテ　安房で傾斜地〔『地形名彙』。ユの項参照。傾斜している耕地。安房『国誌』。山麓の傾斜地を千葉県安房郡（一部、南房総市、鴨川市）でいう〔『全辞』補遺〕。同県君津郡亀山村（君津市、鴨川市）で傾斜地〔『綜合』〕。

ユウロウは「緩い」でヨウロウは緩斜を意味し、そのような地形地名がヨウロウであろう〔『日本地名学Ⅱ』〕。

ヨーラ（副詞）は、静かに、そろそろ、徐々にで、西国および常陸〔『物類称呼』〕、伊豆八丈島、福岡県八女郡（一部、八女市）、佐賀、長崎で。熊本でもヨーラット〔『全辞』〕ということから、「緩斜地」「緩流」をヨーロ、ヨーラというのか。養老、用路、用呂、丁《ヨーロ》、与保呂、養呂地、漸々《ヨーヨー》、常路《ジヨーロ》井、与良木、夜這路《ユルイ》峠など〔『日本の地名』〕。

ヨーガイ　①徳島県三好郡祖谷地方（三好市）で、敷地周囲の防風林、屋敷林〔『全辞』〕。②警戒を要する交通上の要地。③谷底、デルタ、山麓、海岸など「低地」にも多い。奥州の中央に集団分布。要害、要害山、要谷《ガイ》〔『日本の地名』〕。

ヨク　鹿児島県大隅半島南端で、山路の峠をいう。ヨクはヨクフでイコイからきた語で休所の意〔『綜合』〕。

ヨケ　①溝、排水溝を飛騨、大分、長崎、熊本県南関町、鹿児島でいう〔『全辞』〕。

広島県山県郡では、水をぬるめまたは次の田に送るために設けられた溝をヨケミゾ、ふけ田にはその必要がないので付いていない。

石見邑智郡（一部、江津市）などの農村で、田の水口の冷水にあたる所は、幅二尺くらいの所に小畦を二、三間ほど塗っておき、田一面に冷水の入らないようにするものをヨケイリという〔『農村語彙』〕。

山口県長門市大垰では、屋敷まわりの溝をヨケジという。大雨の時などに屋敷内の水がここに流れて浸水を防ぐ〔『長門市史』民俗編〕。

福岡県北九州市門司で、水田の排水溝〔『裏門司の方言集め』〕。同県春日市では、溜池や河川の水源から田んぼまでの導水路をミゾといい素掘りであった。昔はこのミゾの傍にヨケという水溜りを所々に作った。これは旱魃時の補水や水温上昇の役をした。稲刈り後は、ヨケを干してドジョウ掘りをした〔『筑紫の里ことば』〕。同県田川郡添田町津野でも、山田で冷水が直接本田に入るのを避け、日当たりのよい土手の下に用水路を作り水温を高めるものをヨケ〔『津野』〕、同県甘木市（朝倉市）江川でも同様〔『江川』〕。

長崎県西彼杵郡大串村（西海市）では、田に水を引く溝をイデともヨケともいうとのことだが、ヨケはあるいは田から水を落す（引く）溝をいうのではないかと思うと話者は語ったが、イデもヨケも同じもののように考えているようである〔同地人談〕。五島の若松町有福でも、田に水を引く溝をいうが、冷水をさけるものかどうか不明〔同地人談〕。

長野県の東信地方では、苗代に温い水を入れるため、手あぜで溝を作り、この溝をヨケとかマワシミズと呼ぶ。あぜに沿って溝を作ったり、手あぜを左右から交互に盛ってジグザグに溝を作るなどの例がみられる。

南佐久郡小海町親沢では、田の水口に水を温めるための細い溝を作り、これをヒエセンギと呼び馬糧用の稗を植えた。

清水や冷水のかかる田ほどこうした温水を必要とし比較的用水の水が温かい所では、こうした配慮をあまり必要としなかった〔『長野県史』民俗編第一巻（二）東信地方〕。

② 長野県上伊那郡（一部、伊那市）で、断崖に沿った細路。○○除けというように用いる〔『綜合』〕。下伊那郡（一部、飯田市）でも崖ぎわの通路〔『全辞』〕。

ヨゲ 愛知県春日井市付近の農家で、集落の周囲に築いた土堤。河川による水害防止のためである〔『集解』〕。

同県西春日井郡西春町（北名古屋市）では、水田への用水路の堤防をヨゲという。ヨゲを重要視するのは、それぞれの杁《イリ》（井堰、用水の水門）の下方に、水田を所有する人々である。イリのすぐ手前のヨゲは、構造的に若干軟弱であっても、あまり問題にしない。

イリで堰止められた用水は、イリのすぐ上手に設けられた土管や、アト（水の出入口）によって水を引くが、ヨゲから直接水田に水が回っても構わないからである〔『西春町史』民俗編第一巻〕。

ヨコ 横山、横須賀、横島などは「横に長く伸びた」

の意で、縦に対する横ではない。横浜は浜または砂嘴全体の横長な感じを表わしたものであろう。下北半島の陸奥横浜、越前海岸の横浜などいずれもまっすぐ横長な海岸である〔鏡味明克『福井県地名大辞典』月報〕。

ヨコアナ ① 長門地方の炭坑で斜坑〔『民伝』四の八〕。

② 山口県長門市大垰で山の横穴。これにトエ（樋）をつけて、地下水を炊事場のハンド（水がめ）にまでみちびき飲料水とする〔『長門市史』民俗編〕。

ヨコイ 横堰。香川県三豊郡（三豊市、観音寺市）で川の流れをせいて水位を高くした所。すなわち田に水を入れるために川水を堰止めた所。ヨコイドともいう。この水を引入れて田へ送る大小の溝がイデ〔『綜合』〕。

ヨコイド 福井県今立郡今立町（越前市）付近の農家で、山裾に掘った横穴式の井戸。飲料水を得るためのもの〔『集解』〕。

ヨコウズ 山腹の横道を広島県高田郡（安芸高田市）でいう〔『綜合』、『全辞』〕。

ヨコガイ 山の中腹を横に貫いて通る道。山口県豊浦郡（下関市）〔『全辞』、『下関の方言』〕。

ヨコクラ 秋田県北秋田郡（一部、北秋田市、大館市）のマタギ詞。広い岩壁〔『マタギ』〕。

ヨコスカ スカは砂地、砂浜の意。赤須賀（三重県桑名市）、白須賀（静岡県浜名湖の西）の須賀も同じ。神奈川県の横須賀のほか、静岡、愛知、茨城にもあり、いずれも海岸、湖岸にある〔『地名語源辞典』〕。横に長いスカ。

ヨコダイラ 緩傾斜地が横に長くわたっている所。日向椎葉で〔『後狩詞記』〕。

ヨコタテ 山嶺横路。日向椎葉で〔『地形名彙』〕。

ヨコツミチ 山の中腹を通る路。栃木県安蘇郡（佐野市）野上村〔『野上村語彙』〕。

ヨコテ ① 山腹の横道を広島県山県郡中野村（北広島町）で〔『方言』六の三〕。和歌山県日高郡上山路村（田辺市）や同県西牟婁郡（一部、田辺市）ではヨコデ、ヨコデミチという。東北地方でナガネというのと同じであろう〔『綜合』〕。ヨコタテ、ヨコツミチも同じ。

② 奈良県山辺郡豊原村（山添村）で、谷間の冷水への対策としてのヌルミに相当するものをヨコテという。冷水に耐える品種のミトモチ、ショウズモチがヨコテ

やミトに植えられている。ヨコテは冷水を温めるためと、貯水用の池がないので、したたる谷間の水をほそぼそと絶えず流して田に入れる必要があった。

マチアワセ（田の併合）が進み、一枚の田の面積が広くなれば、田植えごしらえになって一斉にどの田にも水を引くことになると、ヨコテでは必要な水量を十分に流すことができないので、灌漑用の池や川が築造される。ツツミ（堤）ができて川は相当の流水量が確保されるようになると、ヨコテの意義はだんだん少なくなってくる。マチアワセがこれ以上に進展すれば、灌漑水利権の問題も起ってくるであろう〔保仙純剛『日本民俗学会報』八号〕。

広島県安芸郡熊野町でも、谷の冷水を田に引く際、田の周囲に幅一尺くらいの溝を作り、冷水を温めた。この溝をヨコテという〔同地人談〕。

ヨコデイラ 傾斜緩やかな地で、横に長くわたっている所を宮崎県東臼杵郡椎葉村でいう〔『椎葉の山民』〕。前出のヨコダイラに同じ。

ヨコヒラ 傾斜地を大分県大野郡（臼杵市、豊後大野市）でいう〔『全辞』〕。

峰が横に走っている地形を熊本県人吉市田野地方でいう。『後狩詞記』では、この地形をヲタケという〔『えとのす』五号〕。

ヨコマクラ 開墾地の地割りをするとき、地形の関係上、幹線と平行して割れない部分、すなわち他の大部分の田の上端に、横に長い形の地面ができたのを横枕というのであろう。田地の大割りは、山や林の陰を考えてだいたいどの田も、日当たりのいいように縄を引くから、横枕の多くは日当たりのわるい、不利益な地面に違いない〔『地名語源辞典』〕。

ヨコミズ 沖縄でユクミヅィ。横に引いた水。田などで水の流れから直角の方向に引いた水〔『沖縄語辞典』〕。

ヨコミチ 大阪府泉北郡、福島県信夫郡（福島市）で傾斜地〔『口承文学』三号〕。宮崎県東臼杵郡椎葉村では、平らな道〔『椎葉の山民』〕。

ヨコワ 山口県長門市殿台、境川で、山をめぐっている山腹の道。ヨコミチとも。ヨコワザカエは、山腹の道が山の所有の境界をなしていることをいう〔『長門市史』民俗編〕。

ヨシアゼ 新潟県の蒲原低湿地帯で、冬期湛水のはなはだしい地域では、畦が崩れるので、ヨシ（カヤ）アゼ、ガッボ（マコモ）アゼ、モアゼにしておく。そして適宜の箇所に楊柳を植えて柳境にすることが行われていた。

冬期湛水田のヨシアアゼにはいくつかの効用があった。冬の北西風によって起きるカザ波のため表土が流されるのを防ぐこと、さらに上流からの漂流物を停溜させ、地を高めつつ肥沃度を増大しようというものである。そのために田の区切りを狭くしていた。また、ゴミ、土の溜り方はヨシアゼの管理の良否に左右されるから、一枚の田についていえば、風上側のアゼはその田の耕作者が管理し、風下側のアゼは隣地耕作者の管理という所が少なくなかった（『新潟県史』民俗編第一巻）。

ヨシリ　福井県大野市付近の農家で、炊事場などから排出される下水。また下水溝をヨシリザワという。なお、下水溜めをヨシリダメといい、主屋の裏側に穴を掘る（『集解』）。

ヨセ　①　潮流の寄せ合う所。良い漁場である。愛媛県温泉郡（東温市、松山市）神和村（『方言』八の一）。

②　伊豆大島で外輪山の縁の意か（『伊豆大島方言集』）。

③　隅、側。「田のヨセ」「道のヨセ」などという。常陸（『常陸』補遺）、福島、茨城（『全辞』）。

栃木県塩谷郡喜連川（さくら市）では隅をヨセッコ。「ヨセッコへ寄せておけ」などという（『全辞』補遺）。

④　阿波那賀郡（一部、阿南市）で、田のはたへ狭い水の通路を作ること。たぶんこれは畦の内側へ作るのかと思う。ヒヨセの項参照（『農村語彙』）。

⑤　千葉県香取郡（一部、成田市、香取氏、旭市）で畦畔のこと。土を寄せる意か（『農村語彙』）。茨城県多賀郡高岡（高萩市）では、畦の草刈りをヨセカリ、群馬県勢多郡横野（渋川市）では、最も簡単な頂上が三角形の畦をヨセグロという（『全辞』補遺）。

ヨツアイ　十字路、よつつじ。筑後久留米（『はまおぎ』、『全辞』）。岩手県下閉伊郡岩泉町で四辻のことをヨッスミ。道路の十文字になった所をヨツムツジとかツジという所もある。千葉県で四辻をヨツアイ。三辻をミツモアイ、福岡県久留米地方でヨッツゲ、長野県松本地方でヨツムジ（『綜合』）。

香川県でヨツミチ、ヨツカイド。下総（『物類称呼』）、上総山武郡（一部、山武市）でヨツマタ、福島、愛知県碧海郡（安城市、知立市他）でヨッモジ（『全辞』）、上方（『言語違』）、愛媛県周桑郡（西条市）でヨッツジ。同県同郡田野でヨッド。上総〔『国誌』〕でヨッモガイ〔『全辞補遺』〕。福岡県春日市ではヨッガナという〔同地人談〕。

ヨド ①伊豆大島で、大波と大波との間で、波の静まる時をいう。アカともいう〔『伊豆大島方言集』、『伊豆諸島民俗考』〕。

②秋田県仙北郡（一部、大仙市、仙北市）で山の窪地。〔『綜合』、『マタギ』〕。

ヨドミ 淵。千葉県安房郡（一部、南房総市、鴨川市）曾呂。老人詞〔『全辞』補遺〕。

ヨドメ 渓谷。広島県安芸郡（一部、江田島市、呉市）〔『全辞』〕。

ヨナ 阿蘇山麓で降灰をいう〔『地形名彙』〕。

①火山灰の方言で、昔は九州の阿蘇地方だけで使ったが、今は全国どこでもヨナといっているようである。火山灰は火山の爆発や噴火の際、火口から噴出してくる非常に細かいもので火山塵《ジン》ともいう。酸性であるので、農作物や山林には悪影響を及ぼす〔『朝日新聞』昭和34・5・3〕。

ヨナによって黒くなった葉をヨナバという。熊本県阿蘇郡（一部、阿蘇市）南郷谷〔『阿蘇山麓の民俗』〕。

火山灰のヨナの堆積したものをヨナッチ、またヨナの降るような天候、春先の黄塵のくもりも一緒にいうことがある。熊本県菊池地方〔『失なわれてゆく村のことわざ・言葉』〕。

②ヨナ、ユナは、沖縄で砂、砂地のこと。海岸地帯に多い。ヨ（ユ）は寄る（集る）意。ナは庭（広場）の意。つまり石や土、砂が寄ってできた広場。すなわち沖積地のことで、それからなる土地名のこと〔『沖縄文化史辞典』〕。

ヨナガタ 熊本県葦北郡日奈久町（八代市）などで、洲と潟との間のような所の呼び名。

ヨナは砂のことだが、ヨナゴという地名はこれに由来するか〔『総合』〕。

ヨナバル 沖縄で与那原はたんなる平地。伯耆米子もこれであろう〔『地形名彙』〕。

ユナバル（与那原）、ユナグニ（与那国）、ユナグスィク（与那城）などの地名のユナも砂の意と思われる〔『沖縄語辞典』〕。

ヨビミズ 東京都多摩地方の農家で、谷川から水を引く設備の一種。割竹の節を抜いてつなぎ合わせ、末端では大桶に受けて用いる〔『集解』〕。

ヨマタ　阿波の那賀郡（一部、阿南市）で低い所の田。七月十七日のヨウタカと呼ぶ神踊の唄に

　ことしゃ豊年穂に穂が咲いた
　ヨマタのつべまで大豊年

ツベはその最も低い所（『農村語彙』）。

ヨリアゲ　沖縄の海岸には、古くはヨリアゲの名のつく土地があった。材木、海藻、魚類、海獣などが波によって打ち上げられる浜のこと。海の神の贈り物を待ち望んで暮す人たちの住んでいた所にヨリアゲマキウという地名がつけられた。マキウは本土のマキ、すなわち同族集団のこと（『現代「地名」考』）。

ヨリイ　足利時代より戦国時代にかけて、丘陵や台地を利用してつくられた豪族の居館の麓に、家人その他のものの居宅が集合してできた集落を意味し、中世豪族屋敷村の一種である。

埼玉県大里郡寄居町はその一例。特にここの場合は、谷口集落の性格が強い（『日本歴史地理用語辞典』）。

埼玉、栃木、茨城、宮城、新潟、静岡、香川などにある地名。「城下」にある地名だという（『日本地名学』）。

ヨリバ　またはヨリ。房総地方で漁場をいう。魚が寄るからの名（『方言』六の四、『漁村語彙』）。

ヨロ　洞、魚の隠れ場所。京都府中部。ウロに同じ（『全辞』）。

ラ

ライ　ゆとり、間。新潟県東蒲原郡、石川県金沢、三重県飯南郡（松阪市）。「ライがない」は狭い、席がない。仙台（『はまおぎ』）。「ライはない」は直ちに、すぐ。島根県鹿足郡（『全辞』）。

新潟県東蒲原郡東川村（阿賀町）で場所のこと。ライアルは場所がある。「俺がライ一ペイナ」とは「俺の場所は一杯だ」の意（『方言』六の六）。

ラチ　田を植える時の苗株と苗株との間隔。栃木県芳賀郡、埼玉県北葛飾郡（一部、春日部市など）、富山、山口県大島（『全辞』）。石川県鹿島郡能登島別所（七尾市）ではラチアイという（『離島生活の研究』）。

ラチがアク（埒が明く）は、仕事がはかどる、きまりがつく。ラチは馬場の周囲の柵のことで、もと、加茂の競馬の時に、見物人が馬場の柵の開くのを待ちくたびれていい出したのに起るという（『大阪ことば事

典』〕。

リ

リ　里をリと訓むことが、佐賀県ではきわめて多い。伊万里（今里の意か）をはじめ同市の早里《ハヤリ》、唐津市の久里《クリ》、佐賀市の江里《エリ》、鳥栖市の於保里《オボリ》、藤津郡太良町の田古里《タゴリ》など全県にわたる。特に「○○ヶ里」を「○○がり」と訓むものが多い。神埼郡神埼町田《タ》道ヶ里《ミチガリ》（神埼市）、小城郡小城町（小城市）布施ヶ里《フセガリ》、同牛津町（小城市）大戸ヶ里《オトガリ》、杵島郡有明町（白石町）戸ヶ《トガ》里《リ》など。

　これらは条里制の里の遺講の場合が多い。なお佐賀市の厘外《リンゲ》も、もと里外《リンゲ》村であった〔鏡味明克『佐賀県地名大辞典』月報〕。

リウ　岩窟を福島県会津地方でいう。文字には利府などと宛てているが、それらしく牛リウなどという例が報告されている〔『綜合』〕。

　会津から信州にかけて、岩壁の窪んだものをリウという〔『狩猟伝承研究』〕。ユウの項参照。

リウサクダ　流作田、川岸にあって水害で収穫のあてにならない田。福島県石城郡草野村（いわき市）〔『磐城北神谷の話』〕。

リュウサクバ　埼玉県八潮市で、堤外の田畑。ここは甘藷の作付けに適した〔『八潮市史』民俗編〕。

リュウズリ、ケンズリ　リュウ（竜）ズリ（磨り）。ケン（剣）ズリという地名が、長野県の各地にあるが、河川、渓流の急湍、飛沢をなすところに見られる凹穴をリュウズリまたはケンズリという。この窪みは竜の尻尾にある剣によって磨られてできたという伝承によるものである〔『虹の話』〕。

リューグン　志摩で海神または海を、また志摩片田では、海神の住む所をリューグンといい、志摩答志和具では、海神または海をリングウカイという〔『志摩の蜑女』〕。また、愛知県知多郡日間賀島では、海をリューゴンサンという〔『全辞』補遺〕。南島八重山では、海の神をリュンガンという〔『全辞』〕。

リョード、リョードバラ　漁村を指していう。福岡県北九州市小倉南区で〔『三谷方言集』〕。

ル

ルイチ、ルチ　類地は紀伊ではルナ（高野山文書）、大和ではルイチ（春日神社文書）と呼ばれているが、際目（サイメ）と共に最も普及した四至（所在地の堺目を示す語）の語。

　その使用範囲は少なくとも西日本全体に及んでいたようである。いかなる意味かは不明であるが、『東寺百合文書』には「……雖然千代原類地領主各別之時者各々可令検断也……」とある。現今法律の方で地租の専門語として類地転換の語あるよし、この場合類地は地目を示すものらしい。

　地租条例第三十四条に「本法ニ於テ開墾ト称スルハ第二類地ヲ第一類地ト為スヲ謂フ」とある。第一類地は第一類有租地のことで田畑、郡村宅地、市街宅地、塩田、鉱泉地等。第二類地は池、沼、山林、牧場、原野、雑種地等のことであるが、何らかの関係があろうか〔津田秀夫『民伝』八の一〕。

レ

レンゲ　信飛越界の蓮華岳（別名三俣岳）、白馬針ノ木蓮華などはカール地形の窪みを中心として、それを囲む外壁が空に向かって花が開いたような形になっているからの命名〔『旅伝』一五の三〕。

ロ

ロー　水門。三重県飯南郡（松阪市）。ドーに同じ〔『全辞』〕。

水門、峡谷、方言ドー（信州では渡《ド》の字を宛てる）より。大呂、下呂、中呂、上呂、上路《アゲロ》、久津呂〔『日本の地名』〕。

ロウカ　二つの岩壁が平行して連なったのをいう。黒部の廊下など〔『地形名彙』〕。

黒部川の上《カミ》ノ廊下、下《シモ》ノ廊下のように、谷川の両岸の岩壁が垂直に切り立った状態の地形が長く続いたもの。ロウカの語は、信州の山人の呼称に始まるとのことである〔広瀬誠『地理』昭和57・7月号、冠松次郎談『NHKテレビ』昭和40・12・20〕。

ロク　ロクイ、ロキーは平らな。九州、山口、広島の瀬戸内沿岸に見られ、東は淡路島、小豆島に見られる。四国、岡山、近畿の瀬戸内沿岸には見られない〔『瀬戸内海域方言の方言地理学的研究』〕。

茨城県多賀郡高岡村（高萩市）で高低のない地をロク〔『常陸高岡村民俗誌』〕。奈良県吉野郡十津川村でも、傾斜のない平坦な所をロク〔『NHK教育テレビ』（Eテレ）「木馬と筏流し」昭和55・11・26〕。また奈良県で「平らな」をロック（副詞）という。「鉋でロックに削れ」〔『全辞』補遺〕。

伊予松山付近や大分県南海部郡蒲江町（佐伯市）では、平らな（なるい）土地をロクジといい〔同地人談〕、香川県では、平坦な道のことをいう〔『全辞』補遺〕。福岡県北九州市小倉南区三谷地区では、あぐらをかいたり、横に坐ったりして楽な姿勢をとることをロクニスルという〔『三谷方言集』〕。

ロジ、ロウジ ①庭園。岩手県気仙郡（一部、大船渡市）、宮城、福島、新潟北部、富山、福井、長野東部、京都、兵庫、その他鳥取、広島、福岡でも一、二カ所ある。茶道に使われる「露地」と関係があろう〔『日本言語地図』④別冊、『全辞』〕。

石川県輪島市付近の民家で、泉水などを設けた庭園をロウジ〔『集解』〕、広島県山県郡中野村では、座敷前をロジといい、カドニワ（家前の空地）をオーテという塀で区切りロジモンがついている〔『方言』六の三〕。

富山県礪波地方で中庭をナカロージという〔『礪波民俗語彙』〕。

秋田、福井、長野県信濃地方北部などの町家で、敷地の一隅に設けられた小さな植えこみ。坪庭のこと〔『集解』〕。

②宮城県伊具郡丸森町、兵庫県城崎郡（豊岡市、香美町）などの農家で、敷地内で主屋の前方などにつくられている畑〔『集解』〕。

③和歌山県、香川県の民家で裏口、裏門、裏木戸〔『全辞』、『集解』〕。

④群馬県利根郡水上町（みなかみ町）、山梨県東山梨郡勝沼町（甲州市）、岐阜県飛騨地方、愛知県北設楽郡（一部、豊田市）などの農家で、主屋内の土間〔『集解』〕。

⑤明治初年の東京の下町について記した長谷川時雨『旧聞日本橋』に見える語。下町の町家や長屋の間などの通り抜けのできる小路を露路という〔『集解』〕。

ロジ ①路地とは、家と家との間の狭い通路で、行き止りの袋路地と、通り抜けのできるものとがある。木村荘八の『両国界隈』に「板ジンミチ」「石ジンミチ」という付近住民による俗称がある。ジンミチは、新道で「路地の路面に板が敷いてあるか、石が敷いてあるかによって、わかり易く分けて呼んだ通称」で、その板は「大下水の蓋」であったと記されている。

大正十三年、東京の赤坂の一ツ木通りの路地裏に居住した野口冨士男（作家）は、「その路地の幅員は、一メートルにも充たなかったから、むしろヒアワイと呼ぶべきかもしれないが、その道路の中央には朽ちかけた木の蓋に覆われたドブがあって、全く陽の射さぬ態様であった」と述べている。

三遊亭円生の『江戸散歩』に、少年時代に父の使いで、御徒町の貧乏長屋へ行くと、路地の入口の両側に二つずつヘッツイ（カマド）が据えられていたから、長屋の住人は時間をきめて交替に飯を炊いたのだろう、と書かれている。ヘッツイが両側にあっても、人間が通れたということは、極度に狭い通路ではなかったことを意味する。

また永井荷風の『濹東綺譚』に、玉の井には、「ぬけられます」という標識のある通りぬけの路地が複雑に入り組んだ迷路であった、とある。

東京の横丁や路地は、大半舗装されたが、戦前は陰湿な所であったが、アオキ、ヤツデ、イチジクを植えたり、ヘチマ棚があり、朝顔やホオヅキの鉢植が路地に並び、軒にシノブを吊し、金魚鉢などがあった〔野口冨士男『朝日新聞』昭和62・6・12〕。

東京の路地には信仰が生きている。一万四千体の石地蔵が並び、江戸の昔の殿様が、写生に使った虫の霊を慰めるために建てた「虫塚」や、恋のために放火した八百屋お七の墓も、路地の奥にあり、花や供物が供えてある〔「天声人語」『朝日新聞』昭和61・10・11〕。

② 福島県田村郡滝根町（田村市）では、庭をロジ〔『滝根町史』民俗編〕。

ローマル ① いくつかの丸い丘、山脚（太郎丸、五郎丸）。

② 円頂峰の対地名（太郎丸岳と次郎丸岳）。

③ 氾濫原、自然堤防、小谷盆地、崖錐、扇状地、台地、海岸の小平地など一般に低地に見られる（太郎丸、次郎丸、三郎丸、四郎丸、五郎丸、九郎丸、十郎丸。太郎丸が最も多く、五郎丸がこれに次ぐ。北九州に特に多い）〔『日本の地名』〕。

ロンジ 小盆地。秋吉ではドリーネ。谷頭、小さい谷などにみる地名（論地、論地畑、頓地）〔『日本の地名』〕。

ロンデ、ロンデン ① 堤防『方言ドンタ』。
② 沼地（ドンタ）ドンタを論田と書いてロンデ、ロンデンと訓んだものか。低湿地や谷頭に見られる地名（論田《ロンデ》、論電《ロンデン》、論手、頓田、道田《ドデン》、ドンデン池）〔『日本の地名』〕。

ワ

ワ 関門海峡の東口で、下関市前田沖にあった金伏瀬《カナブセ》をカナワ、また西口、彦島の福浦沖にあった俎瀬《マナイタセ》をマナワといったが、これらの瀬（暗礁）をワというのは、イワの意であろう。ただし、右の二つの瀬は現在除去されている〔松永〕。

ワァマイシ 鹿児島県奄美群島の沖永良部島の民家で、カマドを築くのに用いる卵形のほぼ同形同大の三つ石。発音はワーマイシ。ワァマガナ（イ?）シともいう〔『集解』〕。

ワカサレ 辻。追分を長野県下伊那郡（一部、飯田市）、愛知県北設楽郡（一部、豊田市）でいう〔『全辞』〕。宮崎県東臼杵郡椎葉村で岐れ道をワカサレミチ。いぜんはここには十字路などはなく、ワカサレミチだけであったという〔『椎葉の山民』〕。

ワカタ 土地の高い部分、高地。隠岐〔『全辞』〕。

ワカレマタ 道の左右に分かれる所、追分。愛媛県周桑郡田野村（西条市）高松で。八丈島ではワカレド〔『全辞』補遺〕。

ワキクチ 泉を熊本県阿蘇郡南郷谷（阿蘇市）〔『阿蘇山麓の民俗』〕。
沖縄で泉をワクといい、特にその水の湧き出てくる所、水底にあって見えないようなものを多くいう。湧き口。イジュンは湧き口の見えるもの〔『沖縄語辞典』〕。
　有明海で、長崎県北高来郡（諫早市）小長井沖と、佐賀、長崎両県境の海底の二カ所から清水が湧き出る所をワキミズといい、冷たい。ボラ、スズキがここに集まる〔北高来郡北高来町湯江出身者談〕。

ワク 下駄の歯の間に溜った雪を、富山市でいう〔『全辞』補遺〕。

ワゴ ① 静岡県榛原郡（一部、御前崎市など）で海波の腹のこと、または荒波に侵食されてできた岩の洞〔『静岡県方言集』、『全辞』〕。

② 道路などの曲っている所、それに囲まれている場所〔『全辞』〕。

③ 山中の日当たりが悪くじめじめした湿地。だいたい東北方面のヒドロに該当する。新潟県南魚沼郡（一部、南魚沼市）〔『越後南魚沼郡民俗誌』〕。魚沼地方で山中の広い窪地〔『綜合』〕。

④ 隠岐では入江をワゴミ。ワゴム（動詞）とは、長野県下伊那郡（一部、飯田市）、山口県大島で曲る、歪むこと〔『全辞』〕。

ワサビザワ 山葵畑を静岡県賀茂郡下田（下田市）でいう。また同県田方郡上狩野（伊豆市）ではワサビザ〔『全辞』補遺〕。

ワシ 盛岡地方で積雪が凍雪上を滑ること。初冬に多い。秋田仙北でも同じ〔『地形名彙』〕。

① 岩手、秋田などでマタギの山詞。ワバ、ワンパとも。寒中の雪崩で堅雪の上に積った降りたての雪の走るもの。音もなく急に来る雪崩で、斜面でこの流れてくる雪に襲われるとたちまち足をとられ滑るので危険で生命にかかわる。これで死ぬのは圧死というよりもむしろ窒息死するらしい。非常に速力が速く、ちょっとした咳払いでも来ることがある。ワシの走った跡は扇状に下に広がっている。マタギは非常に恐れる。ワシとはワシユキまたはワシナデの略とも上走《ワハシリ》の意ともいう〔『綜合』、『山村民俗誌』、『秋田マタギ聞書』、『マタギ』〕。

② 鹿児島県種子島で深山の細道をワシといい〔『山村語彙』〕、佐渡では、波が荒した海岸の道をワシリという〔『全辞』〕。

ワシガス 越後岩船郡（一部、村上市）の岩崩《イワクズレ》部落の近くには鷲ヶ巣山がある。越中五色ヶ原の大鷲岳は越中の人たちはワシガ岳と呼んだ。

鳶や鷲は、イワス（岩の多い所）に棲むもので、この山には岩巣があるせいか、この種の鳥が多く、この山続きに大鷲、大鳶、小鳶などという名の山もある。信越界の鷲羽岳を以前はワシ岳といった。おそらくは鷲や鷹が巣喰うことから名づけられたものであろう〔『旅伝』一五の二〕。

群馬県榛名山の峰の名に、鷹ノ巣山と書いてワシノスヤマと訓ませる山がある〔『言語生活』九四号〕。

ワジュウ 輪中。環状堤に囲まれた水防のための集落。濃尾平野の西部にあり、南北四五キロ、東西四〇キロ、岐阜、三重、愛知の三県にまたがり、木曾、長良、揖斐の三川の間で岐阜大垣付近から河口にかけて低湿地帯に多い。江戸時代には八〇カ所以上点在したが、明治の三川分流工事など河川改修で削られ次々に姿を消し、昭和三十七年現在で輪中の数約五〇。

規模は小さいが完全な形で残されていたのは福原輪中だけ（愛知県海部郡立田村〈愛西市〉）。福原輪中は木曾三川が合流する千本松原の対岸。長良川と木曾川に挟まれた所にあり、寛永十二年築造。上流に向かって6字形をしており、堤の高さ約五メートル、延長約二キロの環状堤で昭和四十二年まで完全な形で残った唯一の輪中堤で、地域共同体の自治の象徴的存在であった。

輪中の成立については『百輪中旧記』なる旧記類によって、すでに十四世紀には成立したとされているが、記載内容からみて、近世中期以後の記録と判断される。現在残されている諸史料の中「輪中」という用語を求めると、寛永期（一六二〇〜四〇年代）に現れるのが初見のようである。そこでは「輪中」は「輪之内」と併用されており、両者の表現するところは異なっており、「輪之内」は囲繞する一定の堤内の地域を指し、「輪中」はその地域内の住民の結合関係、すなわち村落社会を意味するものと解される。それは中世以来村落の連合体として成立した惣中、郷中と同性格の用語と理解できる。

たとえば「或は堤切、或は破損仕り候へば、其輪中の人足着到次第出すべし、其外郷中人足をも加へ普請仕るべき事」の文言にみるように輪中は郷中に対置される一つの地域社会として現れてくる。まだこの段階では「輪中」が「輪之内」と併用されているところに、輪中の地域社会の枠組みとしての未熟さがうかがわれるが、十七世紀末には「輪之内」という表現は文書上から消え、「輪中」が一般化して定着した。

そして他方では「何輪中何カ村百姓」を差出人とする訴願も頻発することになる。いわば、輪中はその地域の農民の連帯を支え、彼らの政治にかかわる自覚を生みだす基盤となった。

要するに木曾三川下流における輪中の成立は、十六、七世紀における農民の成長と村落共同体の形成とかさなりあって実現し、独自の輪中村落社会をつくりだしたものであろう〔原昭午『朝日新聞』昭和51・10・23、53・4・28〕。

なお、ジュウという語につき『綜合』は「ワチという語と関連があるようである。和地という地名も中部地方には多い。島根県八束郡（松江市）や能義郡〈安来市〉には何々輪という地名もある」と述べている。ワチの項参照。

ワゼキ　岩手県稗貫郡（花巻市）でワゼキは小川のことだというが、上堰すなわち上水の訛と思われる。

田より高みにあるからそう呼ぶのである。

秋田県南秋田郡（一部、潟上市、男鹿市）でも水田用の水溜めをアゲ、長野県諏訪郡で井堰の口をアゲトという〔『農村語彙』〕。

ワセダ、ワサダ　東京都新宿区の早稲田大学の東南方一帯。ここ以西は高台で高田馬場などがあったし、以東は田んぼであった。ワセは早熟種のことで、ナカテ（中熟種）、オクテ（晩熟種）に対する語。新潟県岩船郡朝日村（村上市）にも早稲田部落がある。早田（ワサダ）という地名が、大分、山形などにある。早稲田とは早熟性の稲を作る田のことで『開拓と地名』によれば、前田、屋敷田と共に、自家用の食糧米確保のために早稲を作った田だという〔『地名語源辞典』〕。

『日本の地名』によれば、ワセダ、ワサダは、

①　早稲を植える田。

②　本田に対して二、三日前に家人で植えてしまう田。

③　用水路のとどかぬ山間の田（方言ワサ）。南奥～関東中部に分布。

としている。

ワタ、ワダ　①　ワタはウミ（海）の古語。ワタナカ、ワタノハラ（海原）のワタで海の意。ワタツミ（海神）のツは遠つ神のツに同じ、ミは山祇（ヤマツミ）のミで神の義であるが、たんに海の意に用いるようになった〔『万葉集注釈』巻一〕。

喜界島の北西岸、すなわち大島と喜界島の間の海峡をワタ〔『喜界島漁業民俗』〕といい、南島八重山で海をバタ、静岡県賀茂郡、岡山県邑久郡（瀬戸内市）では入海、入江をワダという〔『全辞』、『国語と方言』〕といっている。

ワタは古書には海のほか和田、綿などとも宛てている。地名としては沼和田、岩和田、岸和田、和田山、綿貫、渡内《ワタウチ》などあり、中でも和田の地名は非常に多い。そのことからカイト、カワチ、コウチなどと同様、所によっては「部落」の意味にまで発展することもありうる。壱岐で小部落をワダという〔『全辞』〕。

海岸のワタ、ワダは海およびそれに結びついたミナ

トの意をもつ。海岸には和田地名が多く、集落名のほか岬の名（それも付近の集落名からきたものでないもの）などにある。

海のワタは「渡る」意からきたといわれており、ワタリは渡津で、兵庫の港は古くは大輪田、大輪田の泊といった。滋賀の大輪田（大和太）は、天智天皇の滋賀大津宮《オオツノミヤ》（大津市内、琵琶湖岸）にあった渡津であった。駿河湾岸の由比《ユイ》町（静岡市）付近の海を古くは大和田ノ浦といったという。ワタにはミナトの意があり、それはまた海の意につながる〔松尾『日本の地名』〕。

神武巻に珍彦釣魚於曲浦とあり、曲を和田と訓み、また『枕の冊子』に玉の七曲《ワタ》などがある〔中山太郎『補遺日本民俗学辞典』〕。

ワタは曲（ワ）処（ダ）であろうが、川や海岸の曲る所の意もあるから、海岸の湾を指すこともあろうが、海岸の和田地名の実例は、必ずしも彎曲部ではない〔松尾『日本の地名』〕。

② 千葉県香取郡古城村（旭市）で、突出した山地を輪のように囲んだ所をワダというようである〔『民伝』一二号〕。

③ 横須賀市、愛知県知多郡、同県大府市では洞穴のような所をワダといっているようである〔『民伝』二の二〕。

④ 対馬では山の窪みもしくは低い所〔『全辞』〕。

⑤ 奈良県吉野地方で川水の滞留した部分をいう。コウラは川原のこと。コウラギとはワタに流れつく筏木のこと。昔は各ワダに個人個人の権利が認められていて、この権利は売買されていたともいう〔『吉野の民俗誌』〕。

⑥ 神津島の周辺の漁場で、魚の集まってくる場所をワダともワンドともいう〔『日本民俗学』六七号〕。

⑦ 輪田、月の輪田、三カ月田などと呼び、その田を作ると祟りがあると恐れられ、一定の場所を耕作せず荒しておいたり、小祠を祀ってあったりする。闇夜に月の輪がうつるのでそう呼ぶといったりするが、飛騨の車田などと同類で、岡山県阿哲郡神郷町（新見市）本村の例のように円形の田であり、田の神の祭場であったものと思われる〔『岡山民俗事典』〕。

ワタシ、ワタリ ①渡し。川や海を渡過する方法がワタシ、ワタリだが、これには渡渉《カチワタシ》、渡船、綱渡シ、籠渡シ、橋渡シなどがある。

わが国は、荒川《アラカワ》が多いので、徒渉のためには、浅瀬を求め、渡し舟は緩流の地を選んだ（『日本民俗事典』）。

青森県五戸地方では、川の浅瀬を人馬が徒歩で渡れる所をワタリという（『方言研究』六）。

岩手県岩手郡（一部、八幡平市など）でも、山中の川や沢目でワタリというのは、人馬の往来の流れを横切り行く場所の地名である。徒渉して向こう岸へ渡る場所を「ワタリ」と総称する。舟で向こう岸へ渡る場所はワタリ（自動）ではなく、ワタシ（他動）で「〇〇のワタシ」「〇〇ワタシバ」「〇〇舟場」のように他動で、「ワタシ」と「ワタリ」とはまったく違うのである（『山村民俗誌』）。

富山県鷹栖村（砺波市）で、渡渉点をワタルゼといい、人馬が渡るための川の浅い所をいう。昔はほんのちょっとした川にも橋はなかったという（『礪波民俗語彙』）。岡山県久米郡柵原町（美咲町）高下で渡船場をワタシアガリ（『日本民俗学』九〇号）。広島県山県郡中野村（北広島町）で、谷川の飛び渡り場所をワタデ（『方言』六の三）。沖縄で渡る所、ちょっとした渡し場をワタイ、渡し場、渡船場をワタンヂ（『沖縄語辞典』）。

宮城県の東南隅に亘理郡、亘理町、亘理駅がある。福島市街の南、阿武隈川沿いに渡利（もと村名）がある。日理と書く地名が、長野、岐阜、富山、新潟、鳥取、大分、熊本に郷名として使っており、また、今もある所があり、渡、亘、渡里などとも書く。川を渡る所の地名か。もと日理と書いたのが正しく、日の字音watだからワタと訓む。のち互と書き誤って亘と書き、また渡とも書く（『地名語源辞典』）。

② 中国山地の村々では、ウジ（野獣の通路）という言葉の代りにワタリという。ここを通って猪や鹿が季節の変り目に移動して行くからである。

島根県の西部でもワタリというが、その地方では猪は、春になると長州方面から移ってくるという。『防長風土注進案』によれば、山口の城下でも冬になると、日本海沿いの山間から猪が寒さを避けて渡って来ると記している。

大分県西国東郡香々地町（豊後高田市）夷でもシシ（鹿）の通路を昔の人はウゼ、若い人はワタリと呼ぶ。昔はウゼが谷や耕地を横切る場所をワタリといった。

野獣の季節的移動現象は、若狭、飛驒、会津など各地で注目、記録されている（『狩猟伝承研究』）。

③　茨城県多賀郡高岡村（高萩市）では、峰の長く続いて平らかな路〔『常陸高岡村民俗誌』〕。

④　島根県の中央部の江川の上流にある通称渡りの山（甘南備山、五二一メートル）の山腹には無数の無縁仏が散在する。甘南備の語から神霊の籠る山ということがうかがえる。この山が古くからの葬所であり、死霊の往きつく所であって、祖霊となって鎮まる山の聖地であったと考えられる。古くは屍を遺棄したが自然石を乗せるに過ぎなかったであろう頃からこの辺一帯、他界への地だったこの山に仏教が入り、家の近くに墓を設けるようになって、かつての葬地は忘れられたものと思われる。

「渡りの山」の下流二〇キロにある通称、島の星（星高山、四七〇メートル）にも、山上から中腹にかけて無数の無縁仏が散在し、その様子は渡りの山と同様である〔白石昭臣『日本民俗学』七五号〕。

隠岐島前地区（隠岐の島町）愛宕山の北東の大山脇の山中にワタリ（和多利）の小祠がある。付近の大きな森は入らずの森となって、かつてこの木を伐ったために大きな祟りをうけた者もいるという。

ワタリは渡りで他界を示す名ではなかろうか。入らずの森は、地獄谷と同じく地区の先祖の人々の葬地であったのであろう〔白石昭臣『日本民俗学』九二号〕。

ワタリアガリ　対岸の一番近い所、または家を福岡県北九州市小倉南区三谷地区でいう〔『三谷方言集』〕。

ワチ　①　中部日本の山地で、広く猪害を防ぐ田畑の外囲い。転じてこれを共同にする一部落のことで、村名や地名にもなっている。

ワチという地名は『日本歴史地名総索引』によると、和知—岐阜県加茂郡、京都府船井郡（一部、南丹市）、広島県双三郡（三次市）、宮崎県宮崎郡（宮崎市）

和池—兵庫県美方郡、などがある。

濃尾平野の西部で、川除けの堤に囲われた一地域をワジュウ（輪中）というのも、元はこの輪地であったと思う。

たんに垣をワチという長野県下伊那（一部、飯田市）地方も、これから出ているが、愛知、静岡の山間では近年までこれを用いた所が多い〔『綜合』〕。

太輪といい敷地を示す四至（所在地の境目）として春日神社文書に、南限手懸太輪とある。手懸とは同書の他の記事からすると手懸山であるが〔津田秀夫『民伝』八の一〕、この太輪のワも、ワジュウ、ワチのワも共に、一定の区域、地域、範囲を示す語ではあるまいか。

兵庫県に「雨月」と書いてワチと訓ませる集落がある〔落合重信『地名と風土』三〕とのことだが、雨降りお月さんで笠をかぶっていて、ぼうとその所在がわかるのでワチといったものと思われる。

山梨県西八代郡大河内村（身延町）椿草里では、猪が畑へ入るのを防ぐのにワチ（垣）を作り、一カ所にアナを作っておいて猪がそこからもぐると、エノソ（馬の毛）で引いたオキズッが発射するように仕掛けた〔『日本民俗誌大系』第一一巻〕。

長野県下伊那郡の遠山地方（飯田市）では、ワチは個人でもこしらえるが、村中共同でもこしらえた。『熊谷家伝記』には、村中で総ワチを結ったという記事がある。ワチの高さは一メートルくらいで、材料は栗の木を用いた〔『山の動物記』〕。猪は飛び越すことは不得手だから、ごく低いものでも十分間にあった〔『南伊那農村誌』〕。

静岡県西部では、天然の雑木の上部を切り去り、そのまま生垣として所々に杭を打ち、竹、枯木、細丸太などを横たえ蔓などで結ぶ。外側を掘って土塁を築いておくのが普通で、時には石垣を作って外を塹壕のようにするものもある。これをドイボリといい、昔はこれに陥穴を設けて猪、鹿を捕えた。

愛知県東部の山間部では、焼畑などに設ける必要が多く、二本ずつ杭を打ち、それを骨組みとして横木をたがい違いに組んだ。焼畑以外の畑には丈夫な杭を隙間なく打った。

また愛知県北設楽郡（一部、豊田市）の山村では、嫁入り行列の通る道にワチと称して木を組み合わせてさえぎり、子供たちが番をしていて菓子をくれなければ通さないという習慣があった。以前は必ずしも子供たちだけの仕業ではなかったようである〔『綜合』〕。

② 徳島県三好郡祖谷山村（三好市）では、猪、鹿の通路をワチという〔『祖谷山民俗誌』〕。

③ 熊本県阿蘇郡（一部、阿蘇市、上益城郡山都町）で、防火のために森林の中に作る空地をワチ〔『熊本県民俗事典』〕。

④ 『播磨国風土記』の神前郡多駝里（姫路市）の冬に「大わちを刈りめぐらして垣となしたまひき」とあり、刈られるのは草木で、萱か葦の類のようである。

播磨東部では今でも「わちを刈る」という語がある〔落合重信『地名と風土』三〕。
兵庫県では、畦の草刈りのことをワチギリ、ワチガリなどというから、ワチは畦のことと考えていい。畦をワチのこととは地名にも残っている。また大分県宇佐郡（宇佐市）では、刃の厚い鎌をワチキリという〔『綜合』〕。
⑤段々田の場合、一番上の田と山との境は、丹波の山中では、田の面から一間とか二間とか上の所にきめていた。これをワチという。古証文には「ワチ一間、ワチ二間」などとあり、ワチの広いほど田の値はよかった。一番よい草の生える所で刈敷にした〔『民伝』一八の一〕。
このワチは、ウワチ（上地）の意ではなかろうか。ウワテ（上手）をワデという地方（長野県南安曇郡〈松本市、安曇野市〉など）があり『全辞』には「ワテ（上手の意）、沖の反対側、山手。広島、島根県鹿足郡」とあるのは参考とすべきである。

ワッミン 泉。長崎県五島〔『五島民俗図誌』〕。湧水であろう。

ワテ 沖の反対語。山手、上手の意。広島、島根県鹿足郡〔『全辞』〕。

ワデ 島根県美濃郡（益田市）で、上のクボと下のクボとの岸の根をいう。マエバに対する語〔『綜合』〕。

ワド 愛知県知多郡で谷間のこと。上処の意か。東北では多くワノ。これは上野の意か〔『綜合』〕。
ワドはワンドに同じであろう。
青森県野辺地町では、沼の小さな入江〔『方言』八の二〕。

ワネ 壱岐で畑の高みをいう。コジリに対する語〔『綜合』〕。ウワネであろう。

ワミ 対馬、谷間の窪地〔『地形名彙』〕。
対馬南部地方で谷間のこと〔『綜合』〕。
『対馬島誌』には、「小谷の意」とある〔『民俗』三の六〕。

ワモト 長野県下伊那郡（一部、飯田市）で、傾斜地に段々になっている田面のうち、上の田に寄った部分をいう。ウワモトの意か。これに対して下の田に寄った方をアゼモトという〔『農村語彙』〕。

ワラ ①津軽で、海底のアオサの生えている地帯をアオサワラ、その沖がモワラ（藻原）という〔『民伝』

四の四」。林、くさむら。「草ワラ」「檜ワラ」などという。岐阜県吉城郡（飛驒市、高山市）（『全辞』）。
② ……地帯。……集落。「漁師ワラは漁師の集落」などという。福岡県久留米市（『久留米市史』第五巻）。ハラ参照。

ワリ ① 鹿児島県のワイテにあたる語すなわち干潮前の潮合いがタチャーなのに対して、満潮に先だつ潮合がワリである（『漁村語彙』）。
② 澪。南島喜界島（『全辞』）。
③ 京都市左京区大原で、猪の通る道（『毎日新聞』昭和39・2・2）。
④ 小字をさらに細分した区画。おもに田地の場合に使う。田地割（加賀藩下で行われた農地制度で、ほぼ二十年ごとに各自の持高に応じて、くじで田を交換したもの）の際のくじ一本に相当する広さの単位をいうのであろう。富山県西太美村古舘（南砺市）（『礪波民俗語彙』）。

ワリゲスイ 割下水。本所割下水は『江府名勝志』に「北南両所に在、昔は田地の用水堀也といへり」とあるように、南割下水と北割下水とがあるが、たんに割下水という時は南割下水のことをいう。万治二（一六五九）年に、本所奉行によって開かれた幅九尺の下水である。『本所雨やどり』に「本所に北割下水、南割下水とて有り、広き道の中を流すによって道を割りたれば割下水というなりとぞ」とあるように、道路を二つに割った形であったところから割下水と名づけられた排水路。なお南割下水は、今の江東青果市場前から錦糸公園の方に行く割下水通りで、北割下水は、本所二、三丁目あたりの厩橋通りとなっている（『五代目古今亭志ん生全集』第一巻）。

ワルバチ 崖。静岡県大井川上流地方（『全辞』補遺）。

ワンデンサン 波止場。長崎県五島（『全辞』）。

ワンド ① 洞、洞穴、岩の洞穴を岡山県邑久郡（瀬戸内市）、愛媛県大三島（今治市）、隠岐、大分、佐賀県東松浦郡（一部、唐津市）、長崎、五島でいう。また隠岐ではワンゴともいう（『全辞』）。
② 青森県上北郡小川原湖（東北町）あたりでワド（『旅伝』九の一〇）、宮城県亘理郡荒浜（亘理町）などでワント、佐賀県呼子町（唐津市）、長崎県南高来郡西有家町（南島原市）などでワンドというのは入江のこと。同県北松浦郡大島村（平戸市）でも、自然の入江をいい、上五島宇久島でも入江で、口の大きい人

を「ワンドのごたる」などという。岡山県児島市〔倉敷市〕では、イリワンドという。長崎県南高来郡国見町〔雲仙市〕では、ワンドといわずワンズという。これは老人の詞である〔いずれも各地その出身者談〕。③種子島にワンドミチという語がある。海に沿った通路のこと。福岡市東区志賀島では、小路のことをワンドウという〔『綜合』〕。

ン

ン 沖縄の地名の語尾に「ン」で終わるものが目立つのに対し、本土ではあまり例がない。○○ケン（堅）の他に馬天《バテン》、運天《ウンテン》、与論《ヨロン》、瑞慶覧《ズケラン》、勝連《カツレン》などロン、ラン、レンの語尾をもつ地名は、台湾の東海岸にも多いと金関丈夫は指摘している。鹿児島県にも知覧《チラン》がある〔『現代「地名」考』〕。

ンチャ 土。南島。ミタに同じ〔『全辞』補遺〕。沖縄本土で、土、土壌また土塊。土くれをンチャブリ〔『沖縄語辞典』〕。

（付録）はじめに

一、人は、当然のことながらこの大地の上に生活を営み、「われここにあり」とて他人に知らせて互いに交通する。その存在を示すにはできるだけわかりやすいのが得策である。

人々の生活が複雑になり、人間が多くなると、地形名ばかりを頼りにするわけにはいかなくなる。そこでいろいろと地名を発明して、その所在を示すことになる。

つまり、地形名は地名発生の最初の段階であるとみるべきである。そして地名は、共有のものである以上、広く容易に理解さるべきものでなければならない——これは一般の言語と何ら変ることはない。

一、「地形名」という語は「地表空間の名称」とでも言い換えてもいいと思うが、常識的に分類すると以下のようになる。

① 自然地形名（これは説明するまでもない）

② 人工（人為）地形名（田、畑、道路、屋敷、堀など）

③ 抽象地形名（ニライカナイ、チクラガオキ、ヒロシマ、ミヤコ、セケンなど）

一、第二次大戦後、市町村の合併、廃合が行われたが、本書中の市町村名は、採取当時のものをそのまま掲げ、現市町村名は付記しなかった。

一、本書は、山口貞夫（明治41・10・22—昭和17・6・22——存命ならば私よりも丁度一歳年長である。略伝については『日本民俗学大系』第六巻、昭和33・4刊参照）の『地形名彙』に触発されたものであるが、同氏はその緒言において「地形名の調査は、地名研究に当つて、その第一歩を成すものである」として約七五〇語を発表して、「尚将来も新しい語彙の発見はあるであらうが、その数は著しく大きいものとは思はれない」と述べたが、その後の地名研究の進展と、私の欲張った採取の結果、その量は本書に見られる如く増加した。学問の道は常に遼遠である。

平成四年晩秋　　八十三歳　松永美吉

（付録）序

谷川健一

松永美吉氏は若い頃に海難事故関係の事務処理にたずさわっていたこともあって、本書には地名のほかに海象や気象に関わる興味ある民俗語彙がかず多く収められている。本書は読む事典としての資格を充分備えている。その数例を紹介して置きたい。それはどの箇所を開いてもよい。上巻から見ていくことにする。

「イワオコシ」「山口県見島ではネハン（涅槃）のイワオコシ（岩起こし）」というのは、涅槃会は旧暦二月十五日、新暦で彼岸の頃で、その頃の突風は海中の岩もゆるがすほど激しいので漁師は用心した。二、三月頃の北風は冷たく、海が荒れることを「春のヤシェギタ（やせ北）」「春の北風はアバラトーシ（あばら骨を刺し通すほどだとの意）」という、とある。これは漁師の体験から出た風言葉である。

「エイノオ」『江漢西遊記』に、長崎県北松浦郡生月島について「此海よりエイノ尾といふもの天に登ることあり、是は竜なりといふ、登らんとすると黒雲下がりて海の瀬を巻き次第々々に天に登るに雲中よりエイといふ小魚の尾の如きものひらひらと見え遠ざかる故にエイの尾が登るといふなり」とある。竜巻のことを指し、鱏の尾に似ており」……壱岐では竜巻をエイノオと云い、五島の三井楽の漁民たちは夏のベタ凪のとき沖合に真っ黒になって立つ竜巻を「エーの上がった」という。その形状がエイの魚に似ているからであると、同地出身の漁夫の談をわざわざ紹介している。

ふつう竜巻は竜が空にのぼると思われているが、鱏が空にのぼるというのは本書ではじめて知った事実である。宮良当壮の『八重山語彙』を開いてみると、竜巻は「イノー、カジ」という。「イノー、ヌ、ブー」は竜巻の水柱が中断して蛇尾の如く天上より垂下せるもの、とある。とすればイノーはエイノオが訛ったのかも知れない。沖縄ではイノーは海岸に近い浅い海をあらわす語であるが、この竜巻ではエイノオのつづまった言葉と解するほうが適切であるようにおもう。

「サカリ」は傾斜地（下《サガ》り）のことであるが、徳島県阿南市に十八女《サカリ》の字がある。十八歳が女盛りであるとし、それを下《さかり》のこととしたのである。ところで「ククナリ」という地名になると同じ十八をククと読ませている。宮城県に多く、牡鹿町白浜十八《クク》成《ナリ》、また気仙沼市大島十八《クク》鳴《ナリ》浜などがある。そのななめ向いの唐桑町無根には九九《クク》鳴浜《ナキハマ》がある。これは海岸の砂が鳴るということでつけられた地名であるが、それのくわしい説明が下巻の「ナキスナ、ナリスナ」の項目に見られる。それによると、鳴り砂には、音楽的に美しい音色のシンギングサンド（ミュージカルサンド）と悲鳴にも似たかん高い音を出すスキーキングサンド（きしり砂）に分けられる。砂の表面が汚れるにつれて発音能力がしだいに低下、スキーキングサンドを経て最後は鳴らなくなると説明されている。また木内石亭の『雲根志』の文章を引いて、丹後国琴引浜《ことひきはま》が琴の音を発することを紹介している。この琴引浜は京都府竹野郡網野町にあるが、島根県邇摩郡仁摩町には二キロに及ぶ海岸があって琴ケ浜と呼ばれている。その鳴き砂にあやかって同町では平成三年に大きな砂時計をこしらえて話題を呼んだ。

「ナグラ」は沖に出た時に、風が吹いて立つ高い波を指す。神奈川県藤沢市では海がふくれたように見えることをナグロという。トカラ列島の中之島では波をナゴイと云い、奄美大島では波をナゴリと云う。八重山では大波や波濤をナグイと呼んでいる。と説明されている。これから分ることは、古歌に見る「なごり」を波の余波、波残《なのこ》りと一概に解することが誤りであるということである。

『万葉集』巻七の

名児の海の朝明《あさけ》のなごり今日もかも磯の浦廻《うらみ》に乱れてあらむ（一一五五）

また「催馬楽」の

凪しも吹けば名己利《なごり》しも立てれば水底霧《みなそこき》りてはれその玉見えず

という歌の「なごり」は波の余波ではなく、高い波を指すのである。

さきの万葉集の「名児の海」であるが、「ナゴ」の項目には、砂浜で波の音がおだやかなところを指す。また細かい砂などをナゴと呼ぶ。千葉県印旛郡では「ナゴが飛ぶ」などという云い方をすると説明されている。

「ナザ」は千葉県富崎、夷隅郡大原町、徳島県阿部《あぶ》で海岸のことをいう、とある。このなかで、徳島県阿部の事例が注目をひく。『阿波国風土記』逸文に次の記事がある。

「阿波の国の風土記に云はく、奈佐《なさ》の浦。奈佐と云ふ由は、其の浦の波の音、止む時なし、依りて奈佐と云ふ。海部《あま》は波をば奈《な》と云ふ」

ここに出てくる奈佐の浦というのは徳島県の南端にある海部郡海南町の海岸で、今日でも那佐という地名が残っている。その北どなりの由岐町阿部は潜り海女で知られたところである。その阿部でナサ（ナザ）は海岸を指すということであれば、『阿波国風土記』逸文の、波の音のやむ時がないから奈佐というとする説明が、まちがっていることが分かるのである。

ナザに近い発音をもつ「ナダ」は房州ではオキに対する語で、岸辺を指すが、岩も島もない全体に砂の沖へ向いた所、また荒い海を云うとある。大分県南海部郡蒲江町では、海岸線のゆるやかに湾曲している所を指す。また岸近い海面をいうことも多い。それと反対に沖合のことをナダと呼ぶところが静岡県などにある、と説明されている。

このようにナダという語はさまざまな使い方をされる。ちなみに徳島県の海部郡では日和佐町を中心とした上灘地方、また由岐町を中心とした下灘地方という呼び方もする。

「ナハ」については、与論島では「ナ」「マ」「ハ」というのは地理空間を示す接尾語であることから、著者はこのうち「ナ」と「ハ」をむすびつけてナハ（那覇）という地名ができあがったと考えている。島では岩礁のことをシ、またはセと呼んでいるが、瀬名波《せなは》は珊瑚礁の干瀬《ひし》にとりかこまれた地理空間ということになる。伊波普猷はオキナハは沖漁場《おきなは》と解しているが、そこが漁場として格好の場所であったことも手伝って、ナハには漁場の意味が付加されてきたものと考えられる、と云っている。

さきに述べた徳島県海部郡由岐町阿部では満ち引きのない時を「ユタ」とあるが、満潮時の頂点で、潮が停止した状態の時を指すものであろうか、と著者は説明を加えている。ユタケシ、とかユタカというのはこうした潮が満ちた状態から派生した形容であることが分かる。ゆらゆらとたゆたうさまをあらわすタユタニという古語はユタニに接頭語のタがついたものと理解されているからである。満々とした海を表現するのにユタニもタユタニも共通した雰囲気を備えている。『万葉集』巻二十に

海原のゆたけき見つつ葦が散る難波に年は経ぬべく思ほゆ（四三六二）

という大伴家持の歌がある。これまで見てきたように、海に関わる地名や気象にかず多くの示唆が含まれていることを知ることができる。ここに紹介したのはごくわずかにすぎない。民俗語彙をひろく、こまかにあつめた本書はこのように分類別に拾い読みするだけで充分楽しい。しかし読者のあじあう楽しさは、七百にのぼる参考文献に目を通し、半世紀

を優に超える歳月を本書の編纂についやした松永美吉氏の根気と執念の賜物であることを忘れてはならないのである。

（付録）解説

佐藤伸二

本書は、福岡県下の民俗学の草分けの一人である松永美吉氏が、五十余年の歳月を費された労作『地形名とその周辺の語彙』（平成元年）に増補したものである。若くして民俗学に興味を持たれ、その中から「地形名」を中心とした民俗語彙の採録に向われるが、その経緯から述べることにする。

松永美吉氏は明治四十二年十月二十日、長崎県西彼杵《にしそのき》郡喜々津《ききつ》村（現諫早市）の生まれである。大工であった父親の仕事の関係から、幼年期を朝鮮半島の釜山、広島県の呉、福岡県の門司（現北九州市門司区）などの諸都市ですごされている。若松（現北九州市若松区）に住まわれるようになったのは小学生のころである。そこから、折尾《おりお》（現北九州市八幡西区）の旧制東筑中学校（現東筑高等学校）に通学された。民俗学に興味を持たれたのはそのころからである。旧制中学卒業後は門司の熊本逓信局海事部に勤務されながら、民俗学の研究を続けられた。民俗学への興味は自分の性分から自然に出たものだと言われるが、幼少年期の幾度かの転居によって、色々な風俗習慣に興味を持つ素地ができたのであろう。

しかし、日本民俗学の勃興期と松永氏の青年期とが重なっていたことも見のがせない。大正二年に『郷土研究』が、大正十四年に『民族』が発刊され、日本民俗学は科学的研究の段階に入った。民俗学の普及啓蒙に大きな役割をはたした『旅と伝説』が創刊されたのは昭和三年である。昭和四年には、福岡県内にも民俗を研究するグループが生まれた。佐々木滋寛氏、三松荘一氏などの発起による九州土俗研究会である。翌年には梅林新市氏、安部幸六氏などが加わり、九州民俗学会が結成され、機関誌『九州民俗学』が発刊されている。このころになると『旅と伝説』や『郷土研究』（昭和六年復刊）などの中央の機関誌にも、福岡県内から数名の投稿者が見られるようになる。松永美吉氏も「紙上問答―豆大師なる張護符の事」を『郷土研究』（七―八　昭和八年一月）に発表されている。当時二十歳代の中ごろであった。

昭和十年代柳田国男氏の還暦の祝賀会の席上で、全国的な学会組織である民間伝承の会が設立され、機関誌『民間伝承』が創刊された。松永美吉氏は壱岐の山口麻太郎氏などと共に加わられ、報告を次々と寄せられている。特に昭和十一年から十二年にかけて、集中的に『民間伝承』に投稿されている。「山神とヲコゼ―下関」（二―二）、「船霊」（二―九）、「乗り初め」（二―十）「魚見の役」（二―十一）、「風呂という地名」（二―十一）、「船霊様」

（三―一）、「船に於ける職務」（三―一）、「流れ仏」（三―三）などである。船や魚など海に関係したものが多い。地名関係のものもあり、このころから地名に興味を持たれたようである。この後、昭和十九年まで、二年に一度の割合で『民間伝承』『ひだびと』に投稿されている。

小倉郷土会が発足したのも昭和十年で、機関誌『豊前』には曾田共助氏、須田元一郎氏などが民俗に関する調査研究を発表されているが、松永美吉氏の名は見えない。福岡県内の機関誌に発表されたのは、昭和十八年二月に福岡市の野間吉夫氏、佐々木滋寛氏、梅林新市氏などの呼びかけで結成された九州民俗の会の会報がはじめてのようである。「ツケフネ聞書」（『九州民俗』一　昭和十八年二月）を発表されている。

戦後は目立った活動はない。本書のもとになった『地形名とその周辺の語彙』の原稿作成を進められていたのであろう。それは小倉郷土会発刊の『記録』第五冊（昭和三十二年十二月）に「地形名彙抄1」を、第八冊（昭和三十七年四月）に「地形名彙抄2」を発表されていることから窺える。

前書きに記されているように、本書の出発点は、山口貞夫氏の「地形名彙」（『地理学』三の五・六　昭和十年五・六月）である。山口氏は昭和十一年に福岡県京都郡伊良原村（みやこ町）を調査されている。その際に、どの程度の接触があったか明らかでないが、松永美吉氏がその刺激をうけられたことは確実であろう。それは昭和十二年七月に「風呂という地名」を『民間伝承』に発表されていることから推察できる。また昭和十一年一月に柳田国男著『地名の研究』が古今書院から出版されている。この影響もあったのだろう。ちなみに、『地名の研究』の出版には山口貞夫氏が深くかかわられている。そのことは自序に「我が山口貞夫君が、自身この『地名の研究』の全篇を精読せられたのみならず、之を総括して改めて世に遺すことを慫慂せられ、更に其整理校訂の労までを引受けてくれられたことは、自分としては抑制し能はざる欣喜である。」と記されていることによって知ることができる。

そこで、山口貞夫氏について一言触れておかなければならない。山口氏は地形学専攻の自然地理学者で、同時に民俗学の業績も残されている。「地形名彙」は柳田国男氏が明治末年から進めてこられた地名に関する研究を、自然地理学者の目で整理されたものといえよう。地理学と民俗学とを総合し、独自の研究領域を開拓されつつあったが、昭和十七年六月、三十五歳の若さで他界された。

本書のもとになった『地形名とその周辺の語彙』の前書きの中に、山口氏の「地形名彙」の緒言が全文引用されている。そこに、松永美吉氏の姿勢を読み取ることができる。「地形名彙」を引継ぎ、その後の地形研究の成果を取り込んでいこうとされたのである。またそのあとがきの中に「山口貞夫の『地形名彙』から五十数年を経た今日、やっと辿りついてこの始末である。存命ならば、私より丁度一つ年長の在天の山口氏が、これを悦んでくれるかどうか。」「柳田先生には、数多くの『分類民俗語彙』があり、十年毎にこれを増補すべしと述べられたようだが、これが実行されたためしはさらさら無い。淋しい限りである。」と記されている。そこには柳田国男氏から山口貞夫氏へと続く地名研究の流れを引き継いだという松永美吉氏の思いが籠められている。

このように本書は山口貞夫氏の「地形名彙」を基礎にしているが、採録の範囲はより広い。『地形名とその周辺の語彙』のあとがきには「海・山・川などを含めた自然環境を具体的に表すことばが「地形名」とするなら、同じくもっと広い意味での自然環境を表す気象・天象・海象なども（周辺の語）と認めていいのではないかと思い併せて採録した」と記されている。地形名だけでなく気象、天象、海象まで採録されているのである。松永美吉氏は範囲を広げた理由を明確には述べられていない。たぶん人間を取巻いている自然環境を表す民俗語彙を、できるだけ多く採録したいと考えられたのであろう。この発想は、長らく海事部で海難事故関係の事務処理を担当された経験から出たものに違いない。

気象や海象が、一般に地名になるとは思えないが、全く無縁というわけでもないようだ。長崎港など深く入りこんだ湾内で、顕著に見られる潮汐の副振動のことを「アビキ」「アブキ」というそうだが、これとかかわりそうな地名が宇土半島（熊本県宇城市）にある。「網引」と書いて「アビキ」「アビク」と呼んでいる。近世初期にはすでに村名として記録に見える。現在の海岸線からはかなり離れ、谷の奥に位置するが、古くはそこまで海が入っていたように思われる。文字通りに漁業に関係した地名かもしれないが、「アビキ」といわれる海象との関係にも考慮する必要はあろう。

「エイノオ」「エイノウ」というのは竜巻を意味するそうだが、宇土半島の南側、宇土郡不知火町（宇城市）に「永尾」と書き「エイノウ」「エイノ」と呼ぶ地名がある。江戸時代に書かれた『肥後国誌』に説話が収録されている。それによると、西方の海から大きな鱝魚（エイ）が山の尾根を越えて飛んで来たので、そこを「エイノ尾」といい、その魚を祭って、その尾の剣を取って御神体にしたので、剣大明神というとのことである。エイを祭るのは、尾にある毒を恐れただけでなく、竜巻に似たその形も恐れたのかもしれない。山の尾根を越えてくるというのは、まさに竜巻を思わせる。

松永美吉氏は採録にあたって客観的に、できるだけ私意を加えないとの基本方針で進めてこられた。そのため本書には色々な説が網羅されている。また、それぞれに出典が明記されているので、そこからさらに調べていくこともできる。私は、近年考古学的な調査で得られた成果を踏まえ、地形との関係を重視しながら、地名の研究をはじめたところである。本書は、私のような地名研究の初心者にとっては、極めて好都合である。

参考文献
大間知篤三「山口貞夫君を偲ぶ」（『日本民俗学大系』第6巻　昭和三十三年四月　平凡

社）
小川徹「民俗学と地理学、とくに人文地理学との関係」（『日本民俗学大系』第1巻　昭和三十五年四月　平凡社）
野間吉夫「研究動向　福岡県」（『日本民俗学大系』第11巻　昭和三十三年十月　平凡社）
日本民俗学会編『日本民俗学文献総目録』昭和五十五年五月　弘文堂
大塚民俗学会編『日本民俗事典』　昭和四十七年二月　弘文堂
柳田國男著『地名の研究』（定本柳田國男集第二十巻）昭和四十五年一月　筑摩書房

ちくま学芸文庫版解説

小田富英

日本地名研究所の事務室にいると、時折、地名についての問い合わせの電話がかかってくる。それは、自分が住んでいる近くの変わった地名や、干支地名や災害地名など、その時々の世相を反映したものが多い。なかには、テレビ番組や雑誌作りの情報提供依頼もあり、問い合わせ内容は多彩である。突然の電話対応に困った時や、確かめたい時に、私たちは、電話片手に『民俗地名語彙事典』を開く。この文庫版の底本、三一書房刊の日本民俗文化資料集成第一三巻『民俗と地名I民俗地名語彙事典上』と第一四巻の『同II 同下』の分厚い二冊の事典だ。どんな地名でも網羅してあり、調べることができる便利な本としての評価が、今回の文庫化の動機となっている。

私は、この企画が通ったと聞き、早速、著者松永美吉のご子息、松永武さんの携帯に電話をかけた。二〇一八年一〇月八日のことであったと思う。電話の向こうで、武さんは「父の仕事がだんだん忘れられていき、淋しい気持ちだった。天国の父にいい報告ができる」と感激された。次の日には、武さんから電話をいただき、「私も、父が語彙事典を出した時の年齢と同じ八三歳になるが、近年特にうれしくて涙が流れるほどの知らせだった」と言われ、夕方検査の為にCTを撮る予定が入り、電話に出ることができないとのことであった。武さんが、その五日後の一四日にお亡くなりになったことを知ったのは、しばらくたってからの奥様の編集部宛ての手紙からであった。もっと早くにこの企画が実現していれば、武さんは土産話だけでなく、この文庫本を棺に入れて旅立つことができたのにと私たちは悔やんだ。

冒頭から、解説とはかけ離れたような話にお付き合いいただいたが、亡くなってから知った武さんの人生が、この本の著者松永美吉と重なって見えたことに触れたかったがためのこととお許しいただきたい。

ここからは、敬称を略して述べさせて頂くが、松永武は、永年勤めてきた海運関係の会社を定年で辞めた後、自宅に「松永文庫」を開設して、膨大な資料の活用の道を探った。平成九（一九九七）年のことである。私たちが知ったのは、その文庫開設を知らせる一〇月二九日付けの新聞記事からで、父美吉が集めた民俗や地名関連資料が主なもので、中に柳田国男が美吉に宛てた書簡があるとの情報が先行していた。ここでの「私たち」とは現在刊行中の『柳田國男全集』の編集委員会と筑摩書房の編集部のことで、早くに編集委員の佐藤健二が取材に行き、書簡編の具体的な作業に入る頃、私が編集者と共に小倉を訪れた。しかし、その時、不覚にもこの「松永文庫」は美吉関連資料だけと思っていた為、取材は、書簡類を所蔵する北九州市立近代文学館が主であった。「松永文庫」本体は、美吉資料と同等かそれ以上の、武の手によって収集された映画関連資料であることを知らされた。武が勤めながら集めた一万数千点の映画研究資料である。映画監督を夢見てチャレンジしたものの、子供の頃から病弱であったことで肉体的な限界を感じ映画評論と研究、資料収集に転向、六〇年かけてこつこつと集めてきたというから、驚きである。現在、「松永文庫」の正式名称は、「北九州市立映画資料室「松永文庫」」で、映画愛好者のメッカとなっていると言う。父美吉が、出張や転勤の度に、各地の民俗や地名の伝承を書き溜めていた執念の血が、息子武にも引き継がれて流れていたと言っていい。

武が生まれたのは、昭和一〇（一九三五）年のことで、この頃、父美吉は、門司地方海難審判庁に勤める公務員であった。明治四二年生まれというから、この時、美吉は二六歳ということになる。折しも前の年の昭和九年に、小倉駅前の開業医曾田共助が地域の文化サロン小倉郷土会を創ったばかりで、美吉は、この会にすぐに参加している。それだけに留まらず、柳田国男が、昭和一〇年に創設した民間伝承の会にも、小倉郷土会の誰よりも早く入会している。『民間伝承』第二号の「新入会員紹介」に、「門司　松永美吉」の名が載っている。「一〇月七日現在」というから、『民間伝承』の創刊を知ってすぐに申し込んだに違いない。息子武の誕生と重なって、美吉の熱い息づかいが聞こえてくるようである。会長の曾田共助や有力メンバーの須田元一郎、川崎英一ら先輩たちが新入会員として紹介されたのは、翌年の二月に刊行された第六号で、「二月一〇日現在」とあるので、四カ月も先をいっていたわけである。松永は、この後、同誌に船や魚にまつわる習俗を発表していくことになるが、この辺りのことは、底本の佐藤伸二（現熊本地名研究会会長）の解説に詳しいので、本書に収録した「付録」を参照してもらいたい。

前述したように、「松永文庫」開設の新聞記事から、この昭和一〇年代初頭の松永美吉に宛てた柳田国男の書簡の存在が明らかになった。柳田は、昭和一一年、一四年、一六年と三度にわたって小倉を訪れ、曾田をはじめ小倉郷土会の会員たちとの交流に努めた。松永宛て書簡からは、若い松永美吉に対する柳田の期待を読みとることができる（『柳田國男全集』別巻Ⅲ書簡編収録予定）。

これらの書簡から、昭和一四年に柳田が山口と松山での講演の合間をぬって小倉入りした行程が次のようにわかってきたのである。以下は、私が作成した「柳田国男年譜」（『柳田國男全集』別巻Ⅰ）の条である。

「九月七日　門司の松永美吉に、一八日の小倉の会に出席できることを伝え、二〇日には松山に行ける方法を考えてほしいと頼む葉書を出す。

九月一四日　松永美吉宛てに、旅程を伝える葉書を書いたあと、孝を伴い、中国・四国地方の講演旅行に発つ。

九月一八日　小川五郎が勤める山口高等学校で「文章道の革新」を講演し、校長より揮毫を求められ署名する。門司の海難審判庁に勤めていた松永美吉が迎えに来たので、一緒に小倉に向かう。途中、県立図書館を見学し、県史編纂会の『玖珂郡誌』に注目する。山口から汽車に乗り、厚狭あたりで松永に「寝太郎餅」の話をする。にしき丸の船中で、牛尾三千夫に礼状を書く。門司からは、松永の同僚の松永弦男が用意した車で小倉の曾田家に向かう。曾田共助宅で開かれた小倉民俗座談会に出て、会員からの質問に答えるなどして深夜十一時ごろまで懇談する。」

旧制中学時代に『海南小記』と出会って以来、柳田の著作が出る度に愛読していたという松永美吉にとって、山口から小倉までの柳田と過ごした時間は、たとえ短くとも、至福の時であったに違いない。

こうした昭和一〇年代初頭の柳田国男と松永美吉の関係に、潤滑油のようにかかわってきたのが、地理学者の山口貞夫であった。山口は、民間伝承の会の母体の木曜会から柳田のもとで学び、昭和九年から始めた「山村生活調査」では中心的存在となり、柳田の信頼も厚かった。柳田の最初の小倉入りの後、山口は、調査対象地となった福岡県京都郡伊良原村（みやこ町）に入っている。その調査報告は、一〇月刊行の小倉郷土会の機関誌『豊前』第六号に「山仕事～京都郡伊良原村」として、共に村に入った、小倉郷土会会員で洋画家の安廣戊六（氷人）の絵と共に発表された。松永美吉が、自分とさして歳も変わらない山口から大きな刺激を受けたことは容易に想像できる。この山口との関係についても、前述の佐藤伸二の解説と、私が小倉取材の後に発表した「柳田国男年譜に見る地名への視座―柳田国男・山口貞夫・松永美吉を結ぶ線―」（『地名と風土』第九号、二〇一五年一一月刊）を参照されたい。

平成二年（一九九〇）四月二一日、川崎市総合自治会館で開かれた「第九回全国地名研究者大会」において、松永美吉の長年の地名研究の成果であった『地形名とその周辺の語彙 上・下・補遺』全三巻（上巻 平成元年二月一日刊、下巻 補遺 平成元年一〇月二〇日刊）が、日本地名研究所地名研究賞として表彰された。これが、この文庫本の底本三一書房版の母体となった私家版である。

同書の「はじめに」で松永は、「本書は、山口貞夫（経歴略）の『地形名彙』に触発されて成ったものであるから、その緒言の全文を左に掲げて敬意を表したい」として、山口が雑誌『地理学』昭和一〇年四月号、五月号に連載した「地形名彙」の「緒言」を載せている。その「緒言」のなかでとくに紹介したい点は、次の一節である。

「本名彙の多くが、曾て柳田国男先生の発表したものに拠る事、尚その後先生から貴重な地名カードの借覧を許された事は幾重にも感謝する所である。（略）

尚将来も新しい語彙の発見はあるであらうが、その数は著しく大きいものとは思はれない。」

山口が柳田から借りたという「地名カード」とは、明治一七年前後に内務省地理局によって集められた「字名集」の抄出カードであった可能性が高い。この膨大な「字名集」は、関東大震災で焼失の被害に遭い、柳田を落胆させたものである。柳田はこの焼失前の「字名集」を、一年かけて約六千の小字名をカードに写しとっていた。その貴重なカードを山口に託したわけで、山口への期待が、いかに大きかったかがよくわかる。

松永は続けて、山口が将来的にも「その数は著しく大き」くはならないはずだと述べたことに対して、自分の欲張った採録の結果、本書のようにかなりの数が増加したと誇らしく述べている。さらに、松永は「地形名」の定義として、次の三点に分類できると述べ、なぜ「周辺の語彙」としたのかの説明を加えている。

「①自然地形名（これは説明するまでもない）

②人工（人為）地形名（田、畑、道路、屋敷、堀など）

③抽象地形名（ニライカナイ、チクラガオキ、ヒロシマ、ミヤコ、セケンなど）」

（略）

さらに本書は、地形名だけでなく、気象（風位名を除く）、天象、海象等、生活環境に関する語彙をも併せて採録したので、タイトルを『地形名とその周辺の語彙』とした。」

こうして発表した松永の全三巻、一四一五ページに及ぶ同書が地名研究賞に相応しいものと推薦する理由書が日本地名研究所に残されている。推薦人は、選考委員の根本順吉である。要約すると次の通りである。

「一、今や手に入れ難い古典となった山口氏の名彙をそれぞれの項目にカッコ付きでふくませ、さらにこれよりはるかに多くその後の研究成果を取り入れ、山口氏が全く予想もできなかったと思われるほど、桁違いに膨大な集成をなしとげたもので、地名研究の一つの伝統の上に積み上げられた労作であること。

二、地名民俗学として豊かな内容で読み始めたら止められないほどのもので、従来の地名辞典ないしは語彙集とはちがっていること。

三、可能性のある様々な考えが併記されていて、地名研究の基礎的集大成として貴重であること。

四、本書は地名についての膨大なアンソロジーでありながら、著者のオリジナルな発想のきらめきがあること。」

そして最後に、「研究書を越え、啓蒙書としてもすぐれている」ので、索引をつけて刊行するようにと根本は結んでいる。その根本の提言は、それから五年後の平成六年（一九九四）に実現し、三一書房から刊行されたのである。根本は、その第一三巻に挟み込まれた「付録」に、「松永美吉著『地形名とその周辺の語彙』を読む」という一文を寄せ、次のようにその業績を称えている。

「地名についての他の語彙集が無味乾燥というわけではないが、この本は私が今までに見てきたもののうちで、もっとも面白い。各項の記載から、様々な思いが発散し、汲めどもつきぬ、といった趣向が本書にはある。」

そのあとに続けて、松永が「本書でたったひとつの収穫」と謙遜した「はい」という返事詞を地形名として捉えた事例を引き、南島の「南風泊」地名から民謡、歌謡、さらには「林」の語源、「隼人族」にまで連想がつながっていくと指摘して次のように結んでいる。

「私はこの長大な項目の要約を試みながら、これには異論も多いのではないかと思った。しかしそれは著者は承知の上でのことなのだ。私はそこに言葉の意味にとりつかれた人の、あたかも詩人的発想の展開を感じた。そしてこのような荒削りの提示こそ、読む人の様々な発想を触発するのではないかと思う。」

この根本の思いに私たちも共感するもので、この文庫化への動機となっているのだが、ここで、ひとつ私の個人的な「発想の触発」を紹介したい。崖地名の代表「ハケ」は、アイヌ語の pake が語源で、「ボケ・ボッケ・ホケ・ホッケ」と拡がっていくことは今や周知のことである。東京多摩地区に住み、国分寺崖線「はけの道」に馴染んできた私にとって「大歩危・小歩危」、「八景」「北方」などの崖地名解釈は、地名世界が広がる魅力のひとつであった。一方、根本も指摘した「ハ」の古語まで遡ると「刃、羽、葉、端」から「鼻、岬、始、花」へと繋がる漢字語源論もまた更なる魅力となる。ということで、「ハケ」をアイヌ語解釈だけでなく、古語解釈を加えて考えてみたいというのが、私の拙い「触発された発想」のひとつである。

話をもとに戻そう。谷川健一もまた、松永の三一書房版が刊行された時、『日本地名研究所通信』第九号（一九九四年七月一日）の巻頭言において、次のように述べている。

「第九回全国地名研究者大会で地名研究賞を受賞した松永美吉氏の私家版『地形名とその周辺の語彙』に大幅に加筆増補した『民俗地名語彙事典』上下二冊がこのたび完結、三一書房から刊行された。私どもはそれを心から喜びたい。

地名辞典は吉田東伍の『大日本地名辞書』にとどめをさすが、これは地名を項目とした地域別の地誌のおもむきを呈している。戦後はいくつかの五十音引きの地名辞典が刊行されているが、歴史や民俗の知識のとぼしい執筆者によるものであり、一つとして信用できるものがない。それらは誤った解釈を読者に押しつけひろく害毒を及ぼしている。本格的な地名辞書の編纂が急がれるゆえんであるが、その先駆として本書が刊行された。本書は半世紀を優に超える松永氏の根気と執念の賜物であり、私たちはそれを享受する機会にめぐりあわせたことを、著者にふかく感謝したいのである。」

吉田東伍の『大日本地名辞書』を毎晩、寝る前に読み続けた谷川健一が、「とどめをさした」その辞書以上の意味ある刊行と喜んでいる。地名研究者が、自説にこだわりその殻を脱しないでいるうちに、「大地に刻まれた過去の索引」である地名が消されていくことへの苛立ちが、谷川にはあった。「著者にふかく感謝したい」という谷川の言葉には、安堵と地名研究の未来への信頼が隠されている。

柳田国男も『後狩詞記』において着目した「コバ」地名の項の一部をここに紹介して、松永の執念の仕事の再評価の一助としたい。

「コバ　木場。小場。古庭。小庭の字を宛てるが（「補遺編」では、「小葉」「古葉」）、中には「畑」の字で畑地であることを表わしてコバと訓ませたものもある（人吉市の大畑《オコバ》とか内畑《ウチコバ》などコバに畑を宛てたのは、その実体を表したもので、畑といえば、焼畑が主であることを暗示しているといえよう）。

コバの畑名は、九州に多く小部落の地名が多い。九州以外の諸地方にも広く散在する。地名として単独の木場のほか、今木場、木木場、稗木場、木場山など。（略）

『後狩詞記』（宮崎県椎葉）で、イレソデ（入袖）というのを、熊本県人吉市日野地方ではコバという。焼畑または旧焼畑の跡がはっきりしていて、山林区域に対して袖状に見える所。

また『後狩詞記』にシナトコというのを人吉市日野地方ではコバアトという。大豆、小豆、ソバ、ヒエなどを焼畑の内で叩き落とし収納をした跡、猪は落穂などをあさりにくる。畑跡、収納床（『えとのす』五号）。（略）四国山地、九州山地で焼畑、雑穀栽培型が中心となっているが、ムギ類やイモ類の栽培もウエイトを占めている（『日本の焼畑』）

畑をコバ、コハと発音する場合には、焼畑、切替畑を意味するものが多い。山村では独特の焼畑耕作が行われ「コバ作り」「コバサク」などと呼ばれ、山地の新開拓地である「園」とか「木場」とかの地名が生まれる（『地名の成立ち』）。

山間の地に開いた畑。長野、熊本、鹿児島県種子島（『全辞』）。山地利用の農作地をコバと呼ぶのは、九州では普通のことで、「木場すなわち木を伐らぬと行えない農作の意」ではないか（『農村語彙』）。」

ここまでならば、単なる辞書的な集計で、便利なものを作っただけの評価で終わるのであろうが、松永の努力はここからである。なかには、次のような「NHKラジオ第一」の放送や、自身の聞き書きによる情報までもが採録されている。

「熊本県五木村でもコバヤキ（コバ作のため伐った木を焼くこと）、コバ作がある（『NHKラジオ』昭53・4・26）

（略）山口県でも、山中の小平地で、木材をここに伐り出して貯めることをコバ出シという〔松永美吉採取〕。（略）

長崎県上五島の宇久島（佐世保市）では、段々畑の斜面をコバといい、斜面側の畑の端の畦はダマといっている〔同地人談〕。」

「コバ」の項目だけでも、三ページ弱に及び、圧倒的な情報量である。この松永の努力を山口貞夫や柳田が知ったら、どれだけ喜んだことであろうか。松永もまた、私家本「あとがき」で次のように書き、二人の学恩に応えようとしている。

「一、昭和十年、山口貞夫の『地形名彙』から五十数年を経た今日、やっと辿りついてこの始末である。存命ならば、私より丁度一つ年長の在天の山口氏が、これを悦んでくれるかどうか。

一、柳田先生には、数多くの『分類民俗語彙集』があり、十年毎にこれを増補すべしと述べられたようだが、これが実行されたためしはさらさら無い。淋しい限りである。」

山口の『地形名彙』から六〇年後の三一書房版、そして、それから四半世紀経ってからの本文庫刊行で、美吉の仕事に再び魂が吹き込まれたことになる。改めて、もう一度、冒頭の武さんの言葉を噛みしめたい。

文庫化にあたって、根本順吉の提案通り、索引をつけて、調べたい地名の検索を可能としたが、残念なことが次の二点である。

ひとつは、三一書房版の二冊の事典の四割近くを削除したことだ。削除にあたっては、地質、天候や海洋関係の小項目と、重複部分、さらには松永の個人的な見解のうち、削除してもよさそうなものを選んだ。根本の言う「荒削り」の魅力を損なわないように努力したつもりだ。しかし、それでも、次のような松永らしさのある文章を削除してよかったのかと、今、繰り返し煩悶している。

「カマ」の項で、松永は「淵のこと」「えぐれた所」「穴」「井戸」などの説を列挙し、各地の「釜」や、鎌倉などの「鎌」地名を紹介している。削除したのは、次のような箇所である。

「高知県吾川郡池川町椿山〔『土佐民俗選集』その二〕。紀州日高では、石と石との隙間をカマ〔『国語教育』〕とあるのは、いささか説明不十分。

芋を貯蔵するための穴をイモガマというのは一般的だが、島根県石見の山間部の匹見町あたりで、大根を地中にいけて、その上に藁帽子をかぶせたものを大根ガマという。〔『聞き書　島根の食事』〕。

トカラ列島の諏訪之瀬島でもトン（唐芋。奄美大島北部方言）を埋めて保存しておくための直径一メートルほどの土盛りをトンガマ。ガマは大島方言で、穴または深みのある窪地のこと〔『トカラの地名と民俗』下〕。

田に一間四方、深さは人の胸あたりくらいの穴を掘り、畦に穴（トンネル）をあけ小溝に通ずる水路をつくる。掘った穴に木の枝をかぶせ板を載せ前と同じ状態にしておく、二月頃このカマにナマズ、フナが沢山集まっている。新潟県〔『新潟県史』資料編二二巻〕。」

項目の中の説明を削除しただけでなく、項目自体の削除も多い。「カイ」から始まる語彙では、「カイギ」「カイグミ」「カイコンダ」「ガイシ」「カイスナ」「カイダナ」「カイテイカザン」などである。項目を消してしまうと検索できなくなるのがつらい。例えば、次の項目を削除してしまったが、それでよかったのか今でも迷う。

「コエット　岩手県の山地で、マタギの親方は、一番見晴らしのきく所に立って要所要所に輩下を配置する。コエットは鞍部のこと。稜線一帯は、日本海側から吹き上げる風によってカゴ（雪庇）が張り出しているから、熊が谷を逃げのぼってきても越えることができなくて、どうしても鞍部へやってくる。そこへ射手（コエットで張っている待ち子）が張りこむわけで、ここが一番の要所になる。

獲物（熊）をコエットに向かわせるように追い立てなくてはいけない。そのため獲物と反対側のヒラ（斜面）へ向かって空砲を撃つ。その音が反響して谷中にひびいて、獲物を目的の場所へ追い立てる〔『銃をすてたマタギ』〕。」

「コエット」の項目を削除するのはしかたないことと思うが、これにより「マタギ」文化の検索が困難になり、それだけでなく、斜面を「ヒラ」という重要な情報も削ってしまったのである。

根本の言う「膨大なアンソロジー」で、読み始めたら止められないほどの箇所を泣く泣く削除してしまったことを記しておきたい。

もう一つの反省点は、せっかく索引を作ったのだから、地名語彙索引だけでなく、種類別の索引も作ればよかったということである。例えば、前述の「コバ」で紹介した「焼畑地名」には、他にも「サス、サシ」や「ソリ」など多くの語彙がある。一部は、「コバの項参照」と他の「焼畑地名」に誘導できる項もあるが、それらは松永のつけた注であって、私たちが作業したものではない。「たたら製鉄」名残の金属地名に興味をもった方が、その項目を索引で引けば、「タタラ」だけでなく、「タダ」「カネ」「カジ」から「イモ」「ニユウ」にいたる多くの関連項目に辿り着けて、新たな発見や発想に導かれることが可能となったであろう。今回、そこまでの配慮を入れ込む余裕がなかった。願わくは、読者の皆さまそれぞれが、ご自分の関心項目の索引を作り、本書を片時も手離すことなく、ボロボロになるまで愛読されんことを。

本書は、松永美吉が一生かけて遺した、「昭和の文化遺産」であることは間違いない。今後、これを「遺産」で終わらせるのか、それとも、次の世代に引き継ぐ「バトン」とするのかは、これからの私たちの本書の生かし方にかかっていると思われる。

本書を、「一家に一冊、勤め先の一課に一冊　必備の書」と呼びかけたいが、本書の普及は、もしかしたら、我が日本地名研究所への問い合わせが少なくなることを意味するかもしれない。が、地名研究新時代のためには、それはそれでよいことと私たちは腹をくっている昨今である。

なお、底本からの削除編集、新地名付記、索引項目抽出の作業は、日本地名研究所事務局長菊地恒雄と同理事高橋治と私の三人の協働作業である。著者松永美吉の努力を損なうものがあり、武さんが見てがっかりしただろうと思われることがもしあったとしたなら、その責は私たちにあることを付しておきたい。

（おだ・とみひで　日本地名研究所理事、『地名と風土』編集長、『柳田國男全集』編集委員）

民俗地名語彙事典主要引用文献目録

この文献目録は、底本とした一九九四年刊行の『民俗地名語彙事典』に引用された、単行本・叢書、雑誌などの主なものをあげ、殊に地方誌、民俗誌などの地方出版物に重きをおき、単行本・叢書と雑誌との二部に分けて編さんしたものである。その配列順序は、それぞれ書名、または誌名の五十音順とした。（文庫本収録にあたって多少の修正を加えた。）

単行本・叢書の部では、書名、編著者名、発行所名、発行年の順で記し、雑誌の部では、誌名、編者名、創刊年月、発行所名を掲げた。本文に略称で記したものは、〔　〕で正式書目名の下に示した。（雑誌の部の「〜刊行中」は底本刊行時点の一九九四年の情報。）

単行本・叢書

あ

アイヌ語地名の研究　全四巻（一　アイヌ語地名考　二　アイヌ語地名の川と峠　三　北方史の旅1　四　北方史の旅2）　山田秀三　草風館　一九八二〜八三

赤城の神　今井善一郎　煥乎堂　一九七三・三

赤子塚の話　定本柳田國男集　第一二巻　柳田國男　筑摩書房　一九六九

秋田郡邑魚譚　武藤鉄城　アチック・ミューゼアム　一九四〇

秋田たべもの民俗誌　太田雄治　秋田魁新報社　一九七二
秋田マタギ聞書　武藤鉄城　慶友社　一九七四・一一
秋田マタギ資料　高橋文太郎　アチック・ミューゼアム　一九三七・二
秋田民俗語彙事典　稲雄次　無明舎出版　一九九〇
阿蘇山麓の民俗　北九州大学民俗研究会　一九六七
阿呆旅行　江國滋　新潮社　一九七三・一二
海女　瀬川清子　古今書院　一九五五・九
甘辛の職人　小菅桂子　鎌倉書房　一九八〇
甘木市史　上・下　甘木市史編纂委員会編　甘木市史編纂委員会　一九八一〜八二
天草ことば風土記　山下時義　龍ヶ岳町公民館　一九六九
海女たちの四季　田仲のよ　新宿書房　一九八三・四
奄美生活誌　恵原義盛　木耳社　一九七三・七
奄美の島かけろまの民俗　鹿児島民俗学会　第一法規　一九七〇
奄美の文化—総合的研究　島尾敏雄編　法政大学出版局　一九七六・三
有明海の天気のことわざ　有明海海難防止対策推進連絡会　一九八六
ある農漁民の歴史と生活　辻井善弥編著　三一書房　一九八〇・一
阿波祖谷山昔話集（祖谷山昔話集）　武田明　古今書院　一九五五

い

家作の職人　伊藤ていじ　平凡社　一九八五年
壱岐島民俗誌　山口麻太郎　一誠社　一九三四
いきな言葉野暮な言葉　中村喜春　草思社　一九九二・五
石の民俗　野本寛一　雄山閣出版　一九八〇・七
伊豆大島方言集　柳田国男編　国書刊行会（一九四二年の復刻）一九七七
伊豆諸島民俗考　坂口一雄　未来社　一九八〇・一〇
出雲八束郡片句浦民俗聞書　宮本常一　アチック・ミューゼアム　一九四二・二
伊勢安濃郡　全国民事慣例類集　風早八十二　日本評論社　一九四四
五馬聞書　野間吉夫　ハレルヤ書店　一九六七

稲作以前　佐々木高明　日本放送出版協会　一九七一・九

稲作文化と日本人　玉城哲　現代評論社　一九七八・七

稲、舟、祭――松本信広先生追悼論文集――　「稲・舟・祭」刊行世話人編　六興出版　一九八二・九

伊波普猷全集　全一一巻　服部四郎等編　平凡社　一九七四〜七六

茨城方言民俗語辞典　赤城毅彦編　東京堂出版　一九九一

祖谷山民俗誌　武田明撰　民俗学研究所編　古今書院　一九五五・八

伊予大三島北部方言集〔大三島方言集〕　藤原与一　中央公論社　一九四三

磐城北神谷の話　高木誠一　日本常民文化研究所　一九五五・一二

岩崎卓爾一巻全集　伝統と現代社編集部編　伝統と現代社　一九七四・六

岩波講座国語教育　全九巻　岩波書店　一九三六〜三七

岩波古語辞典　大野晋他編　岩波書店　一九七九・一二

石見日原村聞書　大庭良美　日本常民文化研究所　一九五五・九

う

上田市史　上・下・挿図三冊　藤沢直技　上田市編　信濃毎日新聞社（一九四〇年の複刻）　一九七四

魚津だより　池田弥三郎　毎日新聞社　一九八二・四

うきぶくろ　田井真孫　日本海事新聞社　一九六〇

失なわれてゆく村のことわざ・言葉　松岡智　日本談義社　一九七七

海の道・川の道　北見俊夫　日本民俗文化大系第六巻　小学館　一九八九

海の民俗誌　小川博　名著出版　一九八四・一二

裏門司の方言集め　自刊　麹谷良三郎（北九州市門司区白野江東町）　一九七八・六

雲根志　木内小繁　一八〇一　日本古典全集第三期

え

江川　福岡県甘木市江川地区緊急調査報告書　江川地区民俗資料緊急調査委員会　福岡県甘木市教委　一九六九・五

越後頸城郡誌稿〔頸城郡誌稿〕　越後頸城郡誌稿刊行会編　豊島書房　一九五九

越後三面村布部郷土誌　丹田二郎　アチック・ミューゼアム　一九三八・九

越後南魚沼郡民俗誌　渡辺行一　慶友社　一九七一・八

越前石徹白民俗誌　宮本常一　民俗学研究所編　三省堂　一九四九・四

越中奥山の地名　広瀬誠　富山県国語学会・方言民俗談話会刊　一九五八

江戸アルキ帖　杉浦日向子　新潮社　一九八九

江戸散歩　全二巻　三遊亭円生　集英社　一九七八・三

江戸大辞典　前田勇編　講談社　一九七四

江戸の坂 東京の坂　横関英一　有峰書店　一九七〇

続江戸の坂 東京の坂　横関英一　有峰書店　一九七五

ＮＨＫ福岡放送局郷土資料報告書　一九五八

えみしのさへぎ　菅江真澄遊覧記　東洋文庫　一九六六

沿海手帖　一九三七～三九年の調査　郷土生活研究所

お

大奄美史　昇曙夢　奄美社　一九四九・一二

大分県史　民俗編　大分県総務部総務課編　大分県　一九八六・三

大分県方言の旅　全三巻　松田正義・糸井寛一　ＮＨＫ大分放送局　一九六一・八

大分歳時十二月　染矢多喜男　西日本新聞社　一九七九・三

大阪ことば事典　牧村史陽　講談社　一九七九・七

大野城市史　民俗編　大野城史編纂委員会編刊　大任町（田川郡）　一九七〇

大治町民俗誌　名古屋民俗研究会編　愛知県大治町　一九七九

岡垣町史　岡垣町史編さん委員会　岡垣町（遠賀郡）一九八八
男鹿寒風山麓農民日録　吉田三郎　アチック・ミューゼアム　一九三八・五
岡山県史　一五　民俗一　岡山県史編纂委員会　岡山県　一九八三・三
岡山県土俗及奇習　島村知章撰　桂又三郎編　文献書房　一九三三・五
岡山県方言集　島村知章　岡山文献研究会　一九三〇
岡山の民家　鶴藤鹿忠　日本文教出版　一九六五
岡山民俗事典　岡山民俗会　日本文教出版　一九七六
隠岐島前漁村採訪記　桜田勝徳・山口和雄　アチック・ミューゼアム　一九三六
沖縄語辞典　国立国語研究所　大蔵省印刷局　一九六三
沖縄古代の水信仰　大井浩太郎　沖縄文教出版社　一九七三
沖縄の言葉　外間守善　中央公論社　一九八一・六
沖縄のノロの研究　宮城栄昌　吉川弘文館　一九七九・一〇
沖縄文化史辞典　真栄田義見他　東京堂出版　一九七二
沖縄歴史物語　山里永吉　勁草書房　一九八二・四
沖永良部島民俗誌　柏常秋　凌霄文庫刊行会　一九五四
御国通辞　服部武喬　福井久蔵編国語学大系第二十巻所収　白帝社　一九六五
小谷口碑集　小池直太郎　郷土研究社　一九二二
おもしろ地名北九州事典　瀬川負太郎・植山光朗・古荘智子編著　小倉タイムス　一九九一・七
おもろ語辞書　沖縄の古辞書混効験集　外間守善　角川書店　一九七二
おもろさうし辞典　総索引　仲原善忠・外間守善　角川書店　一九六七・三
折口信夫全集　第二八巻　折口信夫　中央公論社　一九六八・二
尾張の方言・続篇〔続尾張方言〕　加賀治雄　一九三一～三二

か

開拓と地名　山口弥一郎　日本地名学研究所　一九五

七
甲斐の落葉　山中共古　郷土研究社　一九二六
加賀なまり　福井久蔵編国語学大系第二〇巻所収　竹中邦香　白帝社　一九六五
香川県の歴史　県史シリーズ37　市原輝士・山本大　山川出版社　一九七一
頂吉《カグメヨシ》　北九州教育委員会編　北九州教育委員会　一九七二・三
掛川志稿　斎田茂夫・山本忠英編　名著出版　一九七二・六
鹿児島方言辞典　嶋戸貞義　国書刊行会（一九三五年刊の複刻）　一九七四
鹿児島方言集　鹿児島県教育会　国書刊行会　一九七五
鹿児島方言小辞典　加治木義博　南日本新聞開発センター　一九七七
かごしま民俗散歩　小野重朗　南日本出版文化協会　一九六六
春日村方言集〔春日方言集〕　春日第二小学校　一九四〇・七
上総掘りの民俗　大島暁雄　未来社　一九八六
風色の望郷歌　伊藤信吉　朝日新聞社　一九八四
風の事典　関口武　原書房　一九八五・三
郭公のパン　中平解　大修館書店　一九九〇
角川地名大辞典　〇〇県〔〇〇県地名大辞典〕　全四七巻　別巻二巻　角川書店　一九七八～一九九〇
かな　小松茂美　岩波書店　一九六八・五
神と村――沖縄の村落――　仲松弥秀　琉球大学沖縄文化研究所　一九六八・一一
歌謡民俗記　臼田甚五郎　地平社　一九四三・二
狩りの語部　松山義雄　法政大学出版局　一九七七
続々狩りの語部　松山義雄　法政大学出版局　一九七八
川の文化〔川の民俗〕　北見俊夫　日本書籍　一九八一・四
岩礁の名称とその分布について　水路要報三号　跡部治　一九二二
観世流改訂謡本　丸岡桂訂　観世流改訂謡本刊行会　一九三六・五

き

消えていく百姓言葉　図書館だより97　原田角郎　佐賀県立図書館　一九七一・八
喜界島漁業民俗　岩倉市郎　アチック・ミューゼアム　一九四一・一〇
菊池俗言考〔俗言考〕　永田直行　一八五四　福井久蔵編国語学大系第二十巻所収　白帝社　一九六五・五
木地師の世界　渡辺久雄　創元社　一九七七
きじや　杉本寿　名古屋営林局　一九五二・三
北上の文化――新・遠野物語――　加藤秀俊・米山俊直　社会思想社　一九六三・四
北九州市史　民俗編　北九州市史編さん委員会　北九州市　一九八九
北小浦民俗誌　柳田国男　三省堂　一九四九・四
北佐久郡志　全四巻　北佐久郡志編纂会編　北佐久郡志編纂会刊　一九五五〜六七
北の田舎の物語　高橋金三　どうぶつ社　一九八五
北飛騨の方言　荒垣秀雄　国書刊行会　一九七五
北前船の時代　牧野隆信　法政大学出版局　一九八九
吉備高原の神と人　神崎宣武　中央公論社　一九八三・一二
九州経済史論集　全三巻　宮本又次編　福岡商工会議所　一九五四〜五八
旧聞日本橋　長谷川時雨　岡倉書房　一九三五
京ことば辞典　井之口有一・堀井令以知編　東京堂出版　一九九二・三
京築文化考　一　高辻安親　京築文化考出版会編　海鳥社　一九八七
郷土史辞典　大塚史学会編　朝倉書店　一九五五・六
郷土民謡舞踊辞典　小寺融吉　冨山房　一九四一
居住習俗語彙　柳田国男・山口貞夫　民間伝承の会　一九三九
漁民文化の民俗研究　亀山慶一　弘文堂　一九八六・三
漁撈の伝統　桜田勝徳　岩崎美術社　一九六八・三
禁忌習俗語彙　柳田国男　国学院大学方言研究会　一九三八
近畿地方の民家〔近畿の民家〕　杉本尚次　明玄書房　一九六九
近世日本農業の構造　古島敏雄　日本評論社　一九四三

く

草木覚書　宇都宮貞子　草木と民俗の会　一九六八

熊野の太地―鯨に挑む町　熊野太地浦捕鯨史編纂委員会　平凡社　一九六五

熊本県の地名　日本歴史地名大系44　平凡社　一九八五・三

熊本民俗事典　丸山学　日本談義社　一九六五

雲を読む本　高橋浩一郎　講談社　一九八二

暮らしの中の日本語　池田弥三郎　毎日新聞社　一九七六・三

久留米市史　全三巻　久留米市史編纂委員会編　久留米市　一九八一〜八五

群馬県の地名　日本歴史地名大系10　平凡社　一九八七・二

け

玄海島　福岡県立戸畑中央高等学校　一九六五

言語地理学　土川正男　あしかび書房　一九四八・一一

現代「地名」考　谷川健一編　日本放送出版協会　一九七九・二

現代の迷信　今野円輔　社会思想研究会出版部　一九六一・一二

現代民俗論の課題　宮田登　未来社　一九八六・一一

建築用語漫歩　矢田洋　文化出版局　一九八一・三

原日本考　正篇　福士幸次郎　白馬書房　一九四二

原日本考　続篇　福士幸次郎　三宝書院　一九四三

元禄文学辞典　佐藤鶴吉　新潮社　一九二八

こ

講座日本の民俗　全一〇巻　大藤時彦他編　有精堂　一九七八〜八七

広辞苑　新村出編　岩波書店　一九五五・五

広辞林　第六版　三省堂編修所編　三省堂　一九八三・九

巷談本牧亭　安藤鶴夫　桃原社　一九六三　角川書店　一九六五

口訳手前味噌　三代目仲蔵自伝　小池章太郎編　角川

書店　一九七二・三
国語史と方言〔国語と方言〕　金田一春彦　松村明編　講座国語史1　国語史総論　一九七七・二
国語史の方言的研究　二冊　奥里将建　一冊目は賛精社　一九三三　二冊目は大阪宝文館　一九三六
国史における協同体の研究　和歌森太郎　弘文堂　一九八〇・六
語源をさぐる　新村出　岡書院　一九五一・三
古事記の世界　西郷信綱　岩波書店　一九六七・九
故事俗信ことわざ大辞典　尚学図書編　小学館　一九八二・二
古層の村　仲松弥秀　沖縄タイムス社　一九七八
古代再発見　上田正昭　角川書店　一九七五
古代信仰研究　近藤喜博　角川書店　一九六三・三
古代地名発掘　池田末則　新人物往来社　一九七八・一二
古代の朱　松田寿男　学生社　一九七五・八
五代目古今亭志ん生全集　全八巻　川戸貞吉・桃原弘編　弘文出版　一九七七～一九八三
古典落語　文楽集　桂文楽　飯島友治編　筑摩書房　一九八九・一〇
孤島苦の琉球史　伊波普猷　春陽堂　一九二六
五島民俗図誌　久保清・橋浦泰雄　一誠社　一九三四・一一
言葉――風土と思考――　中平解　芳文堂　一九四三・九
ことばのくずかご　見坊豪紀　筑摩書房　一九七九・八
コトバの歳時記　山本健吉　文藝春秋新社　一九六五・二
ことばの手帖　井之口章次　早川書房　一九六五
ことばの博物誌　金田一春彦　文藝春秋　一九六六・一一
ことばの風土　北見俊夫　三省堂　一九七七
米の秘史　高瀬勝治　丸ノ内出版　一九七七
米はどこからきたのか　李家正文　木耳社　一九八八
こやしと便所の生活史　楠本正康　ドメス出版　一九八一・六
ごりょんさんの古箪笥　長尾トリ　葦書房　一九八一

さ

西鶴語彙考証　真山青果　中央公論社　一九四八・一
祭儀の空間　池浩三　相模書房　一九七九・一
採訪南島語彙稿　宮良當壮編　第一書房　一九八〇・一
佐賀平野の干拓地名　福岡博
桜田勝徳著作集　全七巻　桜田勝徳　名著出版　一九八〇〜八二
讃岐のため池　四国新聞社編集局　美巧社　一九七五
さようなら木谷の人たち　島地川ダム水没地域緊急民俗資料調査団〔新南陽〕山口県新南陽市教育委員会　一九七五・一一
山陰の民俗　島根民俗学会編　島根民俗学会刊　一九四八・七
山岳誌　藤原肇　東明社　一九八一
サンカの社会　三角寛　朝日新聞社　一九六五・一一
山郷風物誌　長尾宏也　竹村書房　一九三四
残雪絵考　岩科小一郎　山の民俗　岩崎美術社　一九六八
山村記　高田十郎　桑名文星堂　一九四三
山村語彙　続編共　柳田国男　梓書房　一九三二　大日本山林会　一九三五
山村小記　続編共　向山雅重　山村書院　一九四二〜四三
山村生活の研究　柳田国男編　民間伝承の会　一九三七・六
山村民俗誌　田中喜多美　一誠社　一九三三
サンダカン八番娼館　山崎朋子　筑摩書房　一九七二・七
三谷方言集　むかし話をする会編・刊　一九八七・七

し

椎葉の山民　野間吉夫　慶友社　一九七〇・一
塩の道　平島裕正　オリオン社　一九六〇・八
四国地方の民家　鶴藤鹿忠　明玄書房　一九六八・一〇
辞書生活五十年史　斎藤精輔　図書出版社　一九九一・一一
静岡県方言集　内田武志　麗沢叢書刊行会　一九三四

自然暦　川口孫治郎　日新書院　一九四三
時代別国語大辞典　上代編　上代語辞典編修委員会編　三省堂　一九六七・一二
しぶらの里　西山松之助　吉川弘文館　一九八二・六
志摩の蜑女　岩田準一　アチック・ミューゼアム　一九三九
シマの生活誌　野間吉夫　三元社　一九四二・二
島めぐり　中山主膳編　門司郷土会　一九六〇・二
志免町誌　志免町総務課　福岡県志免町総務課　一九六九
下関の方言　冨田義弘　赤間関書房　一九七七
下水内郡誌　長野県下水内郡教育会編　下水内郡教育会　一九一三・六
宗教以前　高取正男・橋本峰雄　日本放送出版協会　一九六八
習俗雑記　宮武省三　坂本書店　一九二七
集落・地名論考　松尾俊郎　松尾俊郎教授出版記念会　一九六三
集落地理講座　全三巻　木内信蔵編　朝倉書店　一九五七～五八
銃をすてたマタギ　黒瀬広治　藤森書店　一九七八
修験道史研究　和歌森太郎　平凡社　一九七二・七
朱の考古学　市毛勲　雄山閣　一九七五・一
狩猟伝承研究　続・後篇共　千葉徳爾　風間書房　一九六七～七七
荘園分布図　全二巻　竹内理三編　吉川弘文館　一九七五～七六
蕉斎筆記　平賀蕉斎　百家随筆三
昭和雲根志　第一編　益富寿之助　六月社　一九六七
食生活の構造　宮本常一・潮田鉄雄　柴田書店　一九七八
食生活の歴史　瀬川清子　講談社　一九五六・三
植物和名の語源新考　深津正　八坂書房　一九七六
庶民の精神史　和歌森太郎　弘文堂　一九八一・二
庶民の発見　宮本常一　未来社　一九七六・二
新修香川県史　松浦正一・和田正夫　香川県教育委員会　一九五三
信州の峠　市川健夫　第一法規出版　一九七二
新選古語辞典　中田祝夫編　小学館　一九六三
神秘の水と井戸　山本博　学生社　一九七八・五
新編大言海　大槻文彦　冨山房　一九八二・二
森林の思考・砂漠の思考　鈴木秀夫　日本放送出版協

会　一九七八

す

水上語彙　幸田露伴　智徳会雑誌　第一〇号　一八九七
随筆山村記　高田十郎　桑名文星堂　一九四三・六
随筆田園四季　結城哀草果　八雲書店　一九四六・五
周防大島町誌　山口県大島町誌編纂委員会　大島町役場　一九五九・一二
周防大島方言集　原安雄　中央公論社　一九四三
周防大島を中心としたる海の生活誌　宮本常一　アチック・ミューゼアム　一九三六
図説・集落　西村睦男　西本建築学会編
図説琉球語辞典　中本正智　金鶏社　一九八一・一一

せ

世界大百科事典　全三四巻　平凡社　一九七二〜八一
世間話の研究　柳田国男　総合ジャーナリズム講座Ⅱ　内外社　一九三一・一一
瀬戸内海域方言の方言地理学的研究　藤原与一　東京大学出版会　一九七六・二
全国方言辞典〔全辞〕　東條操　東京堂出版　一九五一・一二

そ

綜合日本民俗語彙　全五巻　民俗学研究所編　平凡社　一九五五〜五六
葬式仏教　圭室諦成　大法輪閣　一九六三・一一
葬制の起源　大林太良　角川書店　一九七七
〈増補〉大日本地名辞書　全八巻　吉田東伍　冨山房　一九六九〜七一
続信濃民俗記　向山雅重　慶友社　一九六九
蕎麦史考　新島繁　錦正社　一九七五・九
空からのフォークロア　香月洋一郎　筑摩書房　一九八九

た

田植の習俗　Ⅰ　民俗資料叢書　文化財保護委員会編

平凡社　一九六五
高取正男著作集　全四巻　高取正男　法藏館　一九八二〜八三
滝根町史　第三巻　民俗編　滝根町史編纂委員会編　福島県滝根町　一九八八
但島国神塚山—木地山紀行〔木地山紀行〕　あしなか134　一九七二・一一
谷川健一著作集　第一巻　谷川健一　三一書房　一九八〇
旅と交通の民俗　北見俊夫　岩崎美術社　一九七〇
旅まくら小沢昭一的こころ　小沢昭一・宮腰太郎　新潮社　一九八七
旅ゆけば俳句　江國滋　日本交通公社出版事業局　一九八六
ダムに沈む村　鮓本刀良意　未来社　一九七一・二
丹波通辞　日本古典全集　第四期　六　正宗敦夫編纂　日本古典全集刊行会　一九三一・一〇

ち

地域と伝承　千葉徳爾　大明堂　一九七〇
筑豊炭坑絵巻　山本作兵衛　葦書房　一九七三
筑豊炭坑ことば　金子雨石　名著出版　一九七〇
地形名彙　山口貞夫　地理学三の五、三の六　一九三五・五〜六
地名覚書　染矢多喜男・大分鶴舞高校地名研究グループ　いづみ書房　一九六二
地名が語る日本語　鏡味明克　南雲堂　一九八五・六
地名語源辞典　山中襄太　校倉書房　一九六八
地名語源辞典　続　山中襄太　校倉書房　一九七九・一二
地名と植物　武田久吉　山岡書店　一九四八
地名の研究　柳田國男　古今書院　一九三六
地名の研究　金沢庄三郎　創元社　一九四九
地名の語源　鏡味完二・鏡味明克　角川書店　一九七七
地名の語源と謎　丹羽基二　南雲堂　一九八八
地名の探求　松尾俊郎　新人物往来社　一九八五・七
地名の成立ち　山口恵一郎　徳間書店　一九六七
地名のはなし　都丸十九一　煥乎堂　一九八七・五
地名の話　谷川健一編　一志茂樹　山田秀三　長井政太郎　尾崎喜左雄　池田末則　藤井駿　加藤義成

中野幡能　大山麟五郎　仲松弥秀　奥村慎哉　平凡社　一九七九・五

地名の由来　吉田茂樹　新人物往来社　一九七九

地名を歩く　山口恵一郎　新人物往来社　一九七六

地名を考える　山口恵一郎　日本放送出版協会　一九七七

中国地方の民家　鶴藤鹿忠　明玄書房　一九六六

銚子湊昔絵がるた　常世田令子　三省堂　一九八五

朝鮮地名の考察　中村新太郎　地球　四1〜6、五1〜2　一九二六

塵々集　池田弥三郎　雪華社　一九六六・九

ちんちん千鳥のなく声は　山口仲美　大修館書店　一九八九

つ

津軽口碑集　内田邦彦　郷土研究社　一九二九

津軽の民俗　和歌森太郎編　吉川弘文館　一九七〇

月と不死　N・ネフスキー　平凡社　一九七一

筑紫の里ことば　白水昇　春日市郷土研究会　一九七八

対馬・赤米の村　城田吉六　葦書房　一九七七・八

対馬の神道　鈴木棠三　三一書房　一九七二・一

津野　筑紫豊等編　田川郷土研究会刊　一九六七・四

て

提醒紀談　山崎美成　吉川弘文館　一九七三・一二

鉄の生活史　窪田茂郎　角川書店　一九六六

伝承と創造　井之口章次　弘文堂　一九七七・四

と

東京の坂道——生きている江戸の歴史——　石川悌二　新人物往来社　一九七一

東京の風俗　木村荘八　冨山房　一九七八

東京湾沿岸漁場図

東京湾の漁撈と人生　千葉県民俗総合調査団　千葉県教育委員会　一九六七・四

峠と人生　直良信夫　日本放送出版協会　一九七六

峠ふところの村　今井あい　東京書籍　一九七三・三

登高行　慶応義塾大学山岳部　一九二〇・六

東北地方の民家　小野高次郎　一九六九
東北の民家　小倉強　相模書房　一九五五
東北の焼畑慣行　山口弥一郎　恒春閣書房　一九四四・五
東和町誌　宮本常一・岡本定　山口県大島郡東和町　一九八二・九
遠江積志村民俗誌〔積志村民俗誌〕　中道朔爾　郷土研究社　一九三三・二
トカラの地名と民俗　上・下　稲垣尚友　ボン工房　一九七三
土佐漁村民俗雑記　桜田勝徳　アチック・ミューゼアム　一九三六・一二
土佐の海風　桂井和雄　高知新聞社　一九八三
土佐の方言　土井八枝　国書刊行会　一九七五
土佐民俗記　桂井和雄　海外引揚者高知県更生連盟　一九四八
土佐民俗選集　全三巻　桂井和雄　一九七七〜八三
登山講座　岩科小一郎　一九四三
都市民俗論の課題　宮田登　未来社　一九八三・二
戸田市史　民俗編　戸田市編　戸田市　一九八三
栃木県安蘇郡野上村語彙〔安蘇郡野上村語彙〕　倉田一郎　一九三六
栃木県方言辞典　森下喜一　桜楓社　一九七七
土地に刻まれた歴史　古島敏雄　岩波書店　一九六七・一〇
礪波民俗語彙　佐伯安一　高志人社　一九六一
利根川図志　赤松宗旦　岩波文庫　一九三八
杜陵方言考　小林村司　南部叢書第一〇巻　一八八九

な

那珂川の地名考　那珂川町教育委員会編・刊　一九七八
長崎市史　風俗編　長崎市市役所編　長崎市市役所　一九二五
長崎方言ばってん帳　松浦直治　長崎新聞社　一九七四
長門市史　民俗編　長門市史編集委員会編　長門市　一九七九・一二
長野県史　民俗編第四巻㈠、㈡、㈢北信地方　長野県史刊行会　一九八四〜八五
民俗編第一巻㈠、㈡、㈢東信地方　一九八六〜八七

民俗編第二巻㈠、㈡、㈢南信地方　一九八八～八九
民俗編第三巻㈠、㈡、㈢中信地方　一九八九～九〇
鳴き砂幻想　三輪茂雄　ダイヤモンド社　一九八二
浪花聞書　日本古典全集　第四期　六　正宗敦夫編纂　日本古典全集刊行会　一九三一・一〇
南西諸島の家族制度の研究　大山彦一　関書院　一九六〇・九
南西諸島の民俗　全二巻　下野敏見　法政大学出版局　一九八〇～八一
南島歌謡大成　第四奄美篇　外間守善・新里幸昭編　角川書店　一九七九・四
南島雑話　補遺篇共　名越左源太　平凡社　一九八四・三～四
南島村内法　奥野彦六郎　法務府法制意見第四局　一九五二・二
南島の稲作文化――与那国島を中心に――　渡部忠世・生田滋　法政大学出版局　一九八四・六
南方文化の探究　河村只雄　創元社　一九三九
に
新潟県史　民俗編　第一巻　新潟県編　一九九二・三
資料編
新潟県の地名　日本歴史地名大系15　平凡社　一九八六
新嘗の研究　一　にひなめ研究会編　創元社　一九五三・一一
丹生の研究　松田寿男　早稲田大学出版部　一九四〇・一一
西頸城郡誌　西頸城郡教育会編　一九三〇
西日本民俗博物誌　谷口治達　西日本新聞社　一九七八
虹の話　安間清　おりじん書房　一九七八
西宮むかし話（その一）　西宮市立郷土資料館編　西宮市教委　一九九〇・三
西春町史　民俗編　Ⅰ・Ⅱ　西春町史編集委員会編　愛知県西春町役場　一九八四
日葡辞書　イエズス会宣教師編　一六〇三　岩波書店　一九六〇・一二
にっぽん文化考　W・A・グロータース　ダイヤモンド社　一九七六
日本アルプス　全四巻　小島烏水　大修館書店　一九

七九～八〇
日本を知る辞典　大島建彦他編　社会思想社　一九八二・一一
日本海事慣習史　金指正三　吉川弘文館　一九六七・三
日本言語地図④　別冊　国立国語研究所編　大蔵省印刷局　一九七〇
日本建築辞彙　中村達太　丸善　一九〇六
日本国語大辞典　全二〇巻　日本国語大辞典刊行会編　小学館　一九七二～七六
日本語表と裏　森本哲郎　新潮社　一九八五・三
日本語源　井口丑二　平凡社　一九二六・六
日本語源　賀茂百樹　全二巻　名著普及会　一九八二・一
日本語語源辞典　清水秀晃　現代出版　一九八四
日本語最前線　毎日新聞社編　毎日新聞社　一九八〇
日本語の起源　大野晋　岩波書店　一九五七・九
日本語の世界　第九巻　外間守善　中央公論社　一九八一・六
日本山林史　遠藤安太郎編　日本山林史刊行会　一九三四・五
日本社会民俗辞典　全四巻　日本民族学協会編　誠文堂新光社　一九五二・六～一九六〇・一
日本庶民生活史料集成　全三一巻　谷川健一他編　三一書房　一九六八～八四
日本人と植物　前川文夫　岩波書店　一九七三・二
日本人の造語法　藤原与一　明治書院　一九六一
日本人のたべもの　小幡弥太郎　河出書房　一九六一・二
日本人の知恵　林屋辰三郎他　中央公論社　一九六二
日本星名辞典　野尻抱影　東京堂出版　一九七三・一一
日本地名学　全二巻　I科学篇　II地図篇　鏡味完二　日本地名学研究所　一九五七～五八
日本地名学研究　中島利一郎　日本地名学研究所　一九六九・一〇
日本地名語源辞典　吉田茂樹　新人物往来社　一九八一・二
日本地名事典　梅沢良作　池田書店　一九六一・一〇
日本地名大辞典　全六巻　沢田久雄編　日本書房　一九三七～三八
日本地名大辞典　全七巻　渡辺光他編　朝倉書店　一

九六七・六〜六八・一二
日本の石垣　田淵実夫　朝日テレビニュース社出版部　一九六七・七
日本の言語学　第六巻　月報二　服部四郎他編　大修館書店　一九七八・一〇
日本のことば――今と昔――　飯泉六郎　社会思想研究会出版部　一九六〇
日本の集落　矢島仁吉　古今書院　一九六七
日本の食生活全集　全五〇巻　農山漁村文化協会　日本の食生活全集編集委員会編集〔〇〇県の食事〕　一九八四〜一九九二
日本の食物　紀田順一郎　新潮社　一九七六・一
日本の隅々　宮良當壮　第一書房　一九八一・八
日本のたくみ　白洲正子　新潮社　一九八四
日本の地名　鏡味完二　角川書店　一九六四
日本の地名　藤岡謙二郎　講談社　一九七四
日本の地名――歴史のなかの風土――　松尾俊郎　新人物往来社　一九七六
日本の方言区画　日本方言研究会編　東京堂　一九六四・一一
日本の民家　今和次郎　鈴木書店　一九二二
日本の民具　磯貝勇　岩崎美術社　一九七一・四
日本の民具　中村たかを　弘文堂　一九八一
日本の民具　全四巻　日本常民文化研究所編　一九六七・二　慶友社
日本の民俗　全一一巻　宮本常一他編　河出書房新社　一九六四〜六五
日本の民俗　四〇　福岡　筑紫豊　第一法規出版　一九七四
日本の焼畑　佐々木高明　古今書院　一九七二
日本の離島　全二巻　宮本常一　未来社　一九六九〜七〇
日本舞踊総覧　日本舞踊協会編　日本週報社　一九五二
日本文化のかくれた形　加藤周一他著　岩波書店　一九八四・七
日本民家語彙集解〔集解〕　日本建築学会民家語彙集録部会編纂　日外アソシエーツ　一九八五・一〇
日本民家史　藤田元春　刀江書院　一九二七
日本民俗学辞典　中山太郎編　梧桐書院　一九八〇・五
日本民俗学大系　全一三巻　大間知篤三・岡正雄・桜

田勝徳・最上孝敬編　平凡社　一九五八・三〜六○・八

日本民俗学の課題　日本民俗学会編　弘文堂　一九七八・一○

日本民俗誌大系　全一二巻　池田弥三郎他編　角川書店　一九七四〜七六

日本民俗事典　大塚民俗学会　弘文堂　一九七二

日本民俗資料事典　祝宮静他　第一法規出版　一九六九

日本民俗文化大系　全一四巻　谷川健一他編　小学館　一九八三〜八七

日本民俗文化の研究　国分直一　慶友社　一九七○・一一

日本民謡大観　四国篇　日本放送協会編　日本放送出版協会　一九七三・二

日本歴史地理用語辞典　藤岡謙二郎　柏書房　一九八一・八

人間の交流　桜井徳太郎・北見俊夫　河出書房新社　一九六五・九

ね

猫の民俗学　大木卓　田畑書店　一九七五

寝覚草　赤川誕英編　寛永三序

の

濃洲徇行記　美濃叢書　第四編　樋口好古　一信社出版部　一九三七

農村風土記　結城哀草果　養徳社　一九四六・一○

後狩詞記　柳田國男　定本柳田國男集二七　筑摩書房　一九六四・四

能登――寄り神と海の村――　小林忠雄・高桑守史　日本放送出版協会　一九七三

野にあそぶ　斎藤たま　平凡社　一九七四

は

俳諧七部集芭蕉連句全解　伊藤正雄　河出書房新社　一九七六

博多仁和加集　竹田秋楼　金星堂書店　一九一四
博多方言　原田種夫　国書刊行会　一九七五
畑作の民俗　白石昭臣　雄山閣　一九八八
幡多方言（写）　鹿持雅澄　一八二八（昭一五、土佐民俗研究会複刻）
八丈島　大間知篤三　創元社　一九五一
はまおき〔はまおぎ〕　野崎平人　黒岩万次郎　久留米郷土研究会　一九七三
早物語覚之書　安間清　甲陽書房　一九六四・一二
藩政時代百姓語彙　門司郷土叢書第十巻　国書刊行会（昭一八～四五年刊の複刻）一九八一・九

ひ

美女木・下笹目の民俗　戸田市史編纂室　戸田市　一九八五・三
常陸高岡村民俗誌　大間知篤三　刀江書院　一九五一
常陸風土記の歴史地理学的研究　野口保市郎　古今書院　一九五一
常陸方言（写）　中山信名　国語学大系第二十巻　一八九九
檜枝岐民俗誌　今野円輔　刀江書院　一九五一・七
日間賀島民俗誌　瀬川清子　刀江書院　一九五一・五
日向郷土史料集　全七巻　日向郷土史料刊行会　一九六一～六五
漂泊と定住と　鶴見和子　筑摩書房　一九七七・六
漂民の文化誌　田中幸人・東靖晋　葦書房　一九八一・二
火を産んだ母たち　井手川泰子　葦書房　一九八四

ふ

福岡県史　民俗資料編　西日本文化協会編　西日本文化協会　一九八五
福岡県地理全誌　全三巻　西日本文化協会編　西日本文化協会刊　一九八八～八九
福岡県内方言集　福岡県教育会本部編　久留米郷土研究会　一九七三
福岡ことば風土記　岡野信子　葦書房　一九八八・二
福岡町名散歩　井上精三　葦書房　一九八三・一一
福島県史　第二三巻　民俗一　福島県編　一九六四
藤沢市史　藤沢市史編さん委員会編　藤沢市役所　一

九八〇・一〇
豊前方言〔豊前の方言集〕 岡村利一 一九三三
船・地図・日和山 南波松太郎 法政大学出版局 一九八四
ふるさと雑記帳 手塚辰夫 佐賀新聞社 一九八一・一〇
分類漁村語彙 柳田國男・倉田一郎 民間伝承の会 一九三八
分類祭祀習俗語彙 柳田國男 角川書店 一九六三
分類山村語彙 柳田國男・倉田一郎 信濃教育会 一九四一
分類食物習俗語彙 柳田國男 国学院大学日本文化研究所 角川書店 一九七四
分類農村語彙 増補 二冊 柳田國男 信濃教育会 一九四七〜四八
分類方言辞典 附・全国方言辞典補遺 東條操編 東京堂出版 一九五四・一二
分類民俗語彙 一二冊 柳田國男他 国書刊行会 一九七五

ほ

方言学概論 橘正一 育英書院 一九三六・五
方言学講座 全四巻 遠藤嘉基他編 東京堂出版 一九六一・一〜六
方言の世界 柴田武 平凡社 一九七八
北海道蝦夷語地名解 永田方正 草風館 一九八四
仏トンボ去来 桂井和雄 土佐民俗選集 その一 一九七七
滅びゆく民家・屋敷まわり・形式 川島宙次 主婦と生活社 一九七六
本州南東岸水路志 海上保安庁・水路部 海上保安庁・水路部 一九四九年から断続的に刊行

ま

真澄遊覧記 全一〇巻 菅江真澄 真澄遊覧記刊行会 一九二九〜三〇
マタギ 太田雄治 八幡書店 一九八九
又鬼と山窩 後藤興善 書物展望社 一九四〇・一二

町の民俗　森口多里　三国書房　一九四四
松前方言考　九冊　淡斎如水　一八四八
祭り風土記　宮尾しげを　住吉書店　一九五四
万葉古径　二　沢潟久孝　中央公論社　一九七九
万葉集私注　新訂版　全一〇巻　土屋文明　筑摩書房　一九七六～七七
万葉集大辞典　正宗敦夫・森本治吉　日本古典全集刊行会　一九四三
万葉集注釈　全二二巻　沢潟久孝　中央公論社　一九五七～七七
み
三重郷土誌　永浜宇平　三重郷土誌刊行会　一九二二
三重県の地名　日本歴史地名大系24　平凡社　一九八三
三面川サケ物語　須藤和夫　朔風社　一九八五
見島聞書　瀬川清子　民間伝承の会　一九三八
見島と鯨　多田穂波　見島と鯨編さん会　一九六八
水の文化史　富山和子　文藝春秋　一九八〇
道の文化　山田宗睦他　講談社　一九七九
南会津北魚沼地方に於ける熊狩雑記　金子総平　アチック・ミューゼアム　一九三七
南伊豆伝説集
南伊那農村誌　竹内利美他　慶友社　一九七五
美濃徳山村民俗誌　桜田勝徳　刀江書院　一九五一・
七
美保神社の研究　和歌森太郎　弘文堂　一九五五
三宅島方言集　浅沼悦太郎　稿本
宮古島旧記〔宮古旧記〕平良市史第三巻　資料編1　一九八一
宮崎県史　資料編民俗Ⅰ・Ⅱ　一九九二
宮良當壮全集　全二二巻　宮良當壮　第一書房
民家巡礼　溝口歌子・小林昌人　東峰書院　一九六一
民間信仰　桜井徳太郎　塙書房　一九六六
民間信仰　堀一郎　岩波書店　一九五一
民間信仰辞典　桜井徳太郎編　東京堂出版　一九八〇
民間信仰史の研究　高取正男　法蔵館　一九八二
民俗学辞典　民俗学研究所　東京堂出版　一九五一
民俗採訪　石と日本人　野本寛一　樹石社　一九八二
民俗と地域形成　千葉徳爾　風間書房　一九三三
民俗の四季　森口多里　熊谷印刷出版部　一九六三

民俗の事典　大間知篤三他　岩崎美術社　一九七二

む

むかしの生活誌　春日井市の民俗一～五　春日井市郷土研究会編刊　一九八一～八五
昔話は生きている　福田浩二　三省堂　一九七七
向津具半島の民俗　三宅英利編　北九州大学民俗研究会　一九六八・一二
武玉川を楽しむ　神田忙人　朝日新聞社　一九八七
むら　松岡智　熊本日日新聞社　一九八二
ムラの移り変わり　藤原善一　日本経済評論社　一九八一
ムラの生活（下）　福岡県民俗資料編　二　西日本文化協会編　西日本文化協会刊　一九八五
村の生活の記録　全二巻　中村寅一　刀水書房　一九八一

め

明治大正長州北浦風俗絵巻　小西常七　マツノ書店　一九七六・五

も

もうひと花　小沢昭一　文藝春秋　一九九一
門司市史　伊藤尾四郎　門司市役所　一九三三

や

八重山語彙　全二巻　甲篇　宮良當壮　第一書房　一九八〇～八一
八重山生活誌　宮城文　私家版　一九七二
焼畑のむら　福井勝義　朝日新聞社　一九七四
八潮市史　民俗編　八潮市史編さん室　八潮市役所　一九八五
八潮民俗資料　八潮市役所　八潮市役所　二巻―一九八二　三巻―一九八三
屋敷神の研究　直江広治　吉川弘文館　一九六六
柳川方言総めぐり　松石安兵衛　柳川商工会議所　一九八五
柳田国男の農政学　岩本由輝　御茶の水書房　一九七

六
柳田先生と私の細道　岩崎敏夫
山県郡誌　岐阜県山県郡教育会編　一九一六
山がたり　斐大猪之介　文藝春秋　一九六七
山口県の地名　日本歴史地名大系30　平凡社　一九八三・二
山口福岡両県接境地域言語地図集
山田市誌　山田市誌編さん委員会編　宮田町役場　一九八六
山でのことを忘れたか　沢田四郎作　創元社　一九六九
山都町史　第三巻　民俗編　山都町史編さん委員会編　福島県山都町　一九八六
山と人と生活　高橋文太郎　金星堂　一九四三
山と猟師と焼畑の谷――秋山郷に生きた猟師の詩　山田亀太郎・山田ハルエ　白日社　一九八三
山に生きる人びと　宮本常一　未来社　一九六二
山の神信仰の研究　堀田吉雄　伊勢民俗学会　一九六六
山の神の像と祭り　大護八郎　国書刊行会　一九八四
山の動物記　松山義雄　吾妻書房　一九五〇
山の民俗誌　高須茂　角川書店　一九八〇
山原の土俗　島袋源七　郷土研究社　一九二九

ゆ

由布山　加藤数攻編　湯布院町　一九五八

よ

宵越しの銭　林えり子　河出書房新社　一九九一・七
吉野西奥民俗採訪録　宮本常一　日本常民文化研究所　一九四七
吉野の民俗誌　林宏　文化出版局　一九八〇
夜啼石の話　小池直太郎　筑摩書房　一九五六
与論方言集　菊千代　与論民俗村　一九六六

り

俚言集覧　太田全斎　一七九七頃　増補部分一八九九
離島生活の研究　日本民俗学会編　国書刊行会　一九七五

離島めぐり十五万キロ　本木修次　古今書院　一九九一
琉球戯曲辞典　伊波普猷　郷土研究社　一九三八
琉球与那国方言の研究　平山輝男・中本正智　東京堂出版　一九六四

わ

若者の民俗　天野武　ぺりかん社　一九八〇
和訓栞　谷川士清稿　野村秋足補　岐阜成美堂　一八八七
忘れられた日本人　宮本常一　未来社　一九七一
私の酒造り唄　秋山十三子　文化出版局　一九八七
私のための芸能野史　小沢昭一　新潮社　一九八三
わたしの民俗学　谷川健一　三一書房　一九九一

雑誌

い

出雲民俗　石塚尊俊　創刊号（一九四九・一）〜二一号（一九五三・一一）　出雲民俗の会
因伯民談　島取民俗学会　一巻一号（一九三六）〜五巻六号（一九三八）　島取郷土会

う

海の世界　海洋協会　〜二四巻四号（一九七七・四）　日本海事広報会

え

えとのす　一号（一九七四・一一）〜三二号（一九八七・四）　新日本教育図書

か

海事史研究　日本海事史学会　一号（一九六三・一二）〜刊行中　日本海事史学会

海洋の科学　日本海洋学会　一巻一号（一九四一・六）〜六巻一号（一九五〇・六）

き

季刊人類学　京都大学人類学研究会　一巻一号（一九七〇・一）〜二〇巻四号（一九八九）　社会思想社

九州文化史研究所紀要　九州大学九州文化史研究所　一号（一九五〇）〜刊行中

郷土　郷土教育聯盟　一号（一九三〇・一一）〜六号（一九三一・四）刀江書房

郷土研究〔郷研〕　一九一三年三月創刊　一九一七年休刊　一九三一年復刊　一九三四年廃刊　郷土研究社

郷土田川　田川郷土研究会　一号（一九五四・一一）〜二七号（一九六八・一二）

近畿民俗　近畿民俗刊行会　一巻一号（一九三六・一二）〜二巻二号（一九三七・五）　復刊一号（一九四九・二）〜刊行中

く

グラフふくおか（月刊）　福岡県　58号（一九六一・一〇）〜刊行中

け

言語　一巻一号（一九七二）〜刊行中　大修館書店

言語生活　言語生活編集部　一号（一九五一・一〇）〜四三六号（一九八八・三）　筑摩書房

こ

口承文学　口承文学の会　一号（一九三三・九）〜一二号（一九三六・三）

国語教育　一巻一号（一九五九・四）〜一四巻三号（一九七二・六）　三省堂

午前　一号（一九四六・六）〜四号（一九四六）　南風書房

さ

サライ　一号（一九八九）〜刊行中　小学館

サンデー毎日　一号（一九二二）〜刊行中　毎日新聞社

し

市報かすが　一九八八・九・一五〜

島　柳田國男・比嘉春潮　一巻一号（一九三三・五）〜一巻六号（一九三三・一〇）　昭和九年前期（四月）　一誠堂

島根民俗　一巻一号（一九三八・九）〜二巻四号（一九四〇・八）　再刊第一輯（一九四二・八）　復刊一号（一九四九・八）〜二号（一九五〇・二）　島根民俗学会

社会経済史学　社会経済史学会　一巻一号（一九三一・五）〜刊行中

週刊朝日百科　日本の歴史　一号（一九八六・四）〜一三三号（一九八八・一二）　朝日新聞社

週刊新潮　一号（一九五六）〜刊行中　新潮社

週刊文春　一号（一九五九）〜刊行中　文藝春秋

週刊読売　一号（一九三八）〜刊行中　読売新聞社

す

水路要報　一巻一号（一九二二）〜刊行中　運輸省水路部→海上保安庁

せ

全国地名保存連盟会報

全測連（季刊）　全国測量業団体連合会　〜刊行中

た

ダ・カーポ　一巻一号（一九八一・一二）〜刊行中　マガジンハウス

旅　一巻一号（一九二四・四）〜刊行中　日本旅行文

化協会→JTB日本交通公社出版事業局
旅と伝説〔旅伝〕一巻一号（一九二八・一）～一七巻一号（一九四四・一）三元社

ち

地学　日本地学教育研究会　～三八号（一九六〇・六）
地名と風土　日本地名研究所　一号（一九八四）～五号（一九八六）三省堂
地理　一巻一号（一九五六・一〇）～刊行中　古今書院
地理学評論　日本地理学会　一巻一号（一九二五・三）～刊行中　古今書院
地理と民俗

つ

土の香　加賀治雄　一号（一九二八・四）土俗趣味社

て

逓信協会雑誌　～刊行中　逓信協会

と

図書　一号（一九三八）～刊行中　岩波書店
土俗と伝説　文武堂　一巻一号（一九一八・八）～一巻四号・通巻四号（一九一九・一）
ドルメン　一巻一号（一九三二・四）～五巻七号（一九三九・九）岡書院

な

波　一巻一号（一九六七・一）～刊行中　新潮社

に

西日本文化　西日本文化協会　一号（一九六二）～刊行中

日本談義　一号（一九三八）～八巻六号（一九四五）春秋
復刊一号（一九五〇）～三七七号（一九八二）
日本談義社

日本民俗学会報　日本民俗学会　一号（一九五八・七）～六六号（一九六九・一一）

日本民俗学　日本民俗学会　日本民俗学会報を改題
六七号（一九七〇・一）～刊行中

は

はーもにー　名古屋勤労者音楽協議会　一号（一九九一・四）～

ひ

ひだびと　江馬三枝子　三年一号（一九三五・一）～一二年五号（一九四四・五）飛騨考古土俗学会

ふ

文藝春秋　一巻一号（一九二三・一）～刊行中　文藝春秋

ほ

方言　一巻一号（一九三一・九）～八巻二号（一九三八・五）春陽堂

方言研究　日本方言学会

方言と土俗　橘正一　一巻一号（一九三〇・八）～四号（一九三四）一言社

防長文化　防長文化研究会　一巻一号（一九三七・一一）～二巻三号（一九三八・一〇）

本　一巻一号（一九七六・一二）～刊行中　講談社

ま

松ケ江ウィーク　吉岡成夫　北九州市門司区畑

み

民間伝承〔民伝〕　民間伝承誌友会　一巻一号（一九三五・九）～四七巻三号（一九八三・六）

民俗学　民俗学会　一巻一号（一九二九・七）〜五巻一二号（一九三四・一二）　岡書院

民俗学研究・日本民俗学研究会　一輯（一九五〇）〜三輯（一九五二）

民族　一巻一号（一九二五・一一）〜四巻三号（一九二九・四）　民族発行所　復刻一号（一九八五・五）〜岩崎美術社

民族と歴史　喜田貞吉　一巻一号（一九一九・一）〜八巻六号（一九二二・一）　日本学術普及会

民俗文化　一巻一号（一九四〇・五）〜四巻二号（一九四三・六〜七）　山岡書店

む

むらさき　一巻一号（一九三四・五）〜一一巻六号（一九四四・六）　復刊一号（一九六二・一二）〜刊行中　紫式部学会出版部

ゆ

ゆうらいふ　二九巻一号（一九八九・一）〜刊行中　全日産・一般業種労働組合連合会

れ

月刊歴史と旅　一巻一号（一九七四・一）〜刊行中　秋田書店

歴史百科　一巻一号（一九七八・五）〜三巻二号（一九八〇・一二）　百年社

ヤ　行

ラ　行

ワ　行

タ　行

ナ　行

サ　行

カ 行

索　引

ア　行

本書は、一九九四年一月三十一日、一九九四年六月十五日に三一書房より『日本民俗文化資料集成』の第十三、十四巻として刊行された。文庫化にあたっては、編集の上合冊とした。なお、本文中には、現在の人権意識に照らして不適切と思われる箇所があるが、著者が故人であることと作品の時代的背景とを鑑み、そのままとした。

差別の民俗学　赤松啓介

人間存在の病巣〈差別〉。実地調査を通して、その実態・深層構造を詳らかにし、根源的解消を企図した赤松民俗学のひとつの到達点。（赤坂憲雄）

非常民の民俗文化　赤松啓介

柳田民俗学による「常民」概念を逆説的な梃子として、「非常民」こそが人間であることを宣言した、赤松民俗学最高の到達点。（阿部謹也）

日本の昔話（上）　稲田浩二編

神々が人界をめぐり鶴女房が飛来する語りの世界。はるかな時をこえて育まれた各地の昔話の集大成。上巻は「桃太郎」などのむかしがたり103話を収録。

日本の昔話（下）　稲田浩二編

ほんの少し前まで、昔話は幼な子が人生の最初に楽しむ文芸だった。下巻には「かちかち山」など動物昔話29話、笑い話123話、形式話7話を収録。

増補　死者の救済史　池上良正

未練を残しこの世を去った者に、日本人はどう向き合ってきたか。民衆宗教史の視点からその宗教観・死生観を問い直す。「靖国信仰の個人性」を増補。

神話学入門　大林太良

神話研究の系譜を辿りつつ、民族・文化との関係を解明し、解釈に関する幾つもの視点、神話の分類、類話の分布などについても詳述する。（山田仁史）

アイヌ歳時記　萱野茂

アイヌ文化とはどのようなものか。その四季の暮らしをたどりながら、食文化、習俗、神話・伝承、世界観などを幅広く紹介する。（北原次郎太）

異人論　小松和彦

「異人殺し」のフォークロアの解析を通し、隠蔽され続けてきた日本文化の「闇」の領野を透視する。新しい民俗学誕生を告げる書。（中沢新一）

聴耳草紙　佐々木喜善

昔話発掘の先駆者として「日本のグリム」とも呼ばれる著者の代表作。故郷・遠野の昔話を語り口を生かして綴った一八三篇。（益田勝実／石井正己）

ちくま学芸文庫

民俗《みんぞく》地《ち》名語《めいご》彙《い》事《じ》典《てん》

二〇二一年四月十日　第一刷発行

著　者　松永美吉（まつなが・みよし）
編　者　日本地名研究所（にほんちめいけんきゅうじょ）
発行者　喜入冬子
発行所　株式会社　筑摩書房
東京都台東区蔵前二―五―三　〒一一一―八七五五
電話番号　〇三―五六八七―二六〇一（代表）
装幀者　安野光雅
印刷所　株式会社精興社
製本所　加藤製本株式会社

ISBN978-4-480-09930-3 C0139